Ομάδα καθηγητών Αγγλικής γλώσσας

ΕΛΛΗΝΟ-ΑΓΓΛΙΚΟ ΛΕΞΙΚΟ

GREEK-ENGLISH DICTIONARY

Με προφορά όλων των λημμάτων

ΕΚΔΟΣΕΙΣ PUBLICATIONS ΚΑΛΟΚΑΘΗ

Θεμιστοκλέους 31, 106 77 Αθήνα
Τηλ.: 3306 397, Fax: 3306 398

Γενική επιμέλεια έκδοσης: ΜΑΓΚΥ ΣΤΑΓΑΚΗ

ΠΡΟΛΟΓΟΣ

Οδηγίες για την ευκολότερη χρήση του λεξικού

1. Το λεξικό είναι γραμμένο στη δημοτική με μονοτονικό σύστημα.
2. Το λήμμα γράφεται με έντονους χαρακτήρες. Το ίδιο ισχύει για τα παράγωγα και τις εκφράσεις που παρατίθενται.
3. Το λήμμα αντικαθίσταται από το σύμβολο (~), όπου υπάρχουν παραδείγματα ή εκφράσεις, για λόγους οικονομίας χώρου.
4. Η προφορά περικλείεται από αγκύλες και έχει αποδοθεί με λατινικούς χαρακτήρες, ώστε το λεξικό να είναι πιο εύχρηστο. Έχει καταβληθεί κάθε δυνατή προσπάθεια για την πιστότερη απόδοση της προφοράς.
5. Για κάθε λήμμα υπάρχει γραμματικός χαρακτηρισμός εν συντομία (π.χ. ουσ.).
6. Όπου είναι απαραίτητο έχουν χρησιμοποιηθεί επεξηγηματικοί όροι (π.χ. ιατρ.)

The Hellenic Alphabet **Το Ελληνικό Αλφάβητο**		**Pronunciation** **Προφορά**
Α, α	[a]	it is pronounced as **u**, in cut
Β, β	[v]	it is pronounced as **v**, in vain
Γ, γ	[y]	it is pronounced as **w**, in wear
Δ, δ	[d]	it is pronounced as **th**, in they
Ε, ε	[e]	it is pronounced as **e**, in ten
Ζ, ζ	[z]	it is pronounced as **z**, in zebra
Η, η	[i]	it is pronounced as **i**, in kit
Θ, θ	[th]	it is pronounced as **th**, in thanks
Ι, ι	[i]	it is pronounced as **i**, in kit
Κ, κ	[k]	it is pronounced as **c**, in cat
Λ, λ	[l]	it is pronounced as **l**, in life
Μ, μ	[m]	it is pronounced as **m**, in mother
Ν, ν	[n]	it is pronounced as **n**, in name
Ξ, ξ	[x]	it is pronounced as **x**, in fox
Ο, ο	[o]	it is pronounced as **o**, in lot
Π, π	[p]	it is pronounced as **p**, in pain
Ρ, ρ	[r]	it is pronounced as **r**, in train
Σ, σ	[s]	it is pronounced as **s**, in steep
Τ, τ	[t]	it is pronounced as **t**, in step
Υ, υ	[i]	it is pronounced as **i**, in kit
Φ, φ	[f]	it is pronounced as **f**, in funny
Χ, χ	[h]	t is pronounced as **h**, in heel
Ψ, ψ	[ps]	it is pronounced as **ps**, in psalm
Ω, ω	[o]	it is pronounced as **o**, in lot

Το Αγγλικό Αλφάβητο The English Alphabet	Προφορά και Απόδοση Pronunciation and Rendering	Το Αγγλικό Αλφάβητο The English Alphabet	Προφορά και Απόδοση Pronunciation and Rendering
A, a	έι	**N, n**	εν
B, b	μπι	**O, o**	όου
C, c	σι	**P, p**	πι
D, d	ντι	**Q, q**	κιού
E, e	ι	**R, r**	αρ
F, f	εφ	**S, s**	ες
G, g	τζζι	**T, t**	τι
H, h	έιτσσ	**U, u**	γιού
I, I	άι	**V, v**	βι
J, j	τζζέι	**W, w**	νταμπλ γιού
K, k	κέι	**X, x**	εξ
L, l	ελ	**Y, y**	γουάι
M, m	εμ	**Z, z**	ζεντ

Οδηγίες για την προφορά των αγγλικών λέξεων

Το **a** προφέρεται **α** ή **έι** ή **άι**.

Το **e** προφέρεται **ι** ή **ε**.

Το **i** προφέρεται **ι** ή **άι**.

Το **u** προφέρεται **ου** ή **α** ή **γιού**.

Το **o** προφέρεται **ο** ή **όου**.

Το **oo** προφέρεται **ου**.

Το **ou** προφέρεται **όου** ή **ο** ή **άου**.

Το **c** προφέρεται **σ** ή **κ**.

Το **ch** προφέρεται **τσσ** παχύ.

Το **g** προφέρεται **τζζ** παχύ.

Το **h** προφέρεται **χ** ή **είναι άφωνο**.

Το **j** προφέρεται **τζζέι** παχύ.

Το **k** προφέρεται **κ** ή **είναι άφωνο**.

Το **q** προφέρεται **κ**.

Το **s** προφέρεται **σ** ή **ζ** και μερικές φορές **σσ** παχύ.

Το **sh** προφέρεται **σσ** παχύ.

Το **w** προφέρεται γ ή **είναι άφωνο**.

Το **x** προφέρεται **ξ** ή **ζ**.

Το **y** προφέρεται **γι**.

Το **z** προφέρεται **ζ**.

Οδηγίες για την προφορά των ελληνικών λέξεων

Το γ έχει αποδοθεί με **y.**
Το **δ** έχει αποδοθεί με **d,** αλλά πρέπει να διαβάζεται όπως το **th** στη λέξη **this.**
Το ζ έχει αποδοθεί με **z.**
Τα **η, ι, υ** και οι δίφθογγοι **ει,** οι υι έχουν αποδοθεί με **i.**
Το **θ** έχει αποδοθεί με **th.**
Το **ξ** έχει αποδοθεί με **ks.**
Το **χ** έχει αποδοθεί με **h.**
Το ψ έχει αποδοθεί με **ps.**
Τα **ο, ω** έχουν αποδοθεί με **o.**
Τα **οο, οω** έχουν αποδοθεί με **o-o.**
Το **ου** έχει αποδοθεί με **oo.**

Συντομογραφίες Γραμματικών Όρων
Grammatical Abbreviations

α.	αρσενικό	masculine
άκλ.	άκλιτο	invariable
αντ.	αντωνυμία	pronoun
απρ.	απρόσωπο	impersonal
άρθρ.	άρθρο	article
αριθμ.	αριθμητικό	numeral
έκφρ.	έκφραση	expression
εν.	ενικός	singular
επ.	επίθετο	adjective
επίρ.	επίρρημα	adverb
επιφ.	επιφώνημα	exclamation

ερωτ. (αντ.)	ερωτηματική (αντωνυμία)	interrogative pronoun
θ.	θηλυκό	feminine
κτητ. (αντ.)	κτητική (αντωνυμία)	possessive (pronoun)
κυρ.όν.	κύριο όνομα	proper noun
μόρ.	μόριο	particle
μτχ.	μετοχή	participle
ο.	ουδέτερο	neutral
ουσ.	ουσιαστικό	noun
πληθ.	πληθυντικός	plural
πρόθ.	πρόθεση	preposition
προσ. (αντ.)	προσωπική (αντωνυμία)	personal pronoun
ρ.	ρήμα	verb
σύνδ.	σύνδεσμος	conjunction

Συντομογραφίες Επεξηγήσεων
Common Abbreviations

αθλ.	αθλητισμός	sport
ανατ.	ανατομία	anatomy
αρχιτ.	αρχιτεκτονική	architecture
αστρ.	αστρονομία	astronomy
αστρολ.	αστρολογία	astrology
αυτοκ.	αυτοκίνητο	car mechanics
βιολ.	βιολογία	biology
βοτ.	βοτανική	botany
γεωγρ.	γεωγραφία	geography
γεωλ.	γεωλογία	geology
γεωμ.	γεωμετρία	geometry
γραμμ.	γραμματική	grammar
εκκλ.	εκκλησιαστικός όρος	religion

εμπορ.	εμπόριο	trade
ζωολ.	ζωολογία	zoology
θέατ.	θέατρο	theatre
θεολ.	θεολογία	theology
ιατρ.	ιατρική	medicine
ιστ.	ιστορία	history
ιχθ.	ιχθυολογία	ichthyology
καθ.	καθαρεύουσα	proper language
καθομ.	καθομιλουμένη	common language
λαϊκ.	λαϊκή γλώσσα	slang
λογοτ.	λογοτεχνία	literature
μαγ.	μαγειρική	cooking
μαθ.	μαθηματικά	mathematics
μουσ.	μουσική	music
μτφ./μεταφ.	μεταφορικά	figurative
μυθ.	μυθολογία	mythology
ναυτ.	ναυτικός όρος	maritime
νομ.	νομική	law
οικον.	οικονομία	finance
ορυκτ.	ορυκτολογία	mineralogy
πολ.	πολιτική	politics
στρατ.	στρατιωτικός όρος	army
τεχν.	τεχνικός όρος	technical
τυπ.	τυπογραφία	printing
φιλοσ.	φιλοσοφία	philosophy
φυσ.	φυσική	physics
φυτ.	φυτολογία	phytology
φωτ.	φωτογραφία	photography
χημ.	χημεία	chemistry
ψυχολ.	ψυχολογία	psychology

A

Α, α [alfa] *ουσ. ο.* the first letter of the Greek alphabet
αβαθής [avathis] *επ.* shallow
αβαθμολόγητος [avathmoloyitos] *επ.* unmarked
άβακας [avakas] *ουσ. α.* abacus
αβάκιο [avakio] *ουσ. ο.* chessboard, state board
αβαλσάμωτος [avalsamotos] *επ.* unembalmed
άβαλτος [avaltos] *επ.* unlaid, unplaced, unworn
αβάπτιστος [avaptistos] *επ.* unbaptized
αβαρής [avaris] *επ.* light
αβαρία [avaria] *ουσ. θ.* damage
αβάς [avas] *ουσ. α.* abbot
αβασάνιστος [avasanistos] *επ.* untormented, untried
αβασίλευτος [avasileftos] *επ.* without a king
αβάσιμος [avasimos] *επ.* groundless
αβάσκαντος [avaskandos] *επ.* not affected by evil eye
αβάσταχτος [avastahtos] *επ.* unbearable
άβατος[avatos] *επ.* impassable, pathless
άβαφος [avafos] *επ.* unpainted, undyed, not made up
άβγαλτος [avyaltos] *επ.* inexperienced
αβγάτισμα [avyatisma] *ουσ. ο.* augmentation
αβδηριτισμός [avdiritismos] *ουσ. α.* vanity
αβέβαιος [aveveos] *επ.*

uncertain
αβεβαιότητα [aveveotita] *ουσ. θ.* uncertainty
αβεβαίωτος [aveveotos] *επ.* unconfirmed
αβεβήλωτος [avevilotos] *επ.* unprofaned
αβελτίωτος [aveltiotos] *επ.* unimproved
αβερνίκωτος [avernikotos] *επ.* unpolished
αβίαστος [aviastos] *επ.* unforced, free
αβίδωτος [avidotos] *επ.* unscrewed
αβιταμίνωση [avitaminosi] *ουσ. θ.* (ιατρ.) avitaminosis
αβίωτος [aviotos] *επ.* unliveable, unbearable
αβλάβεια [avlavia] *ουσ. θ.* harmlessness
αβλαβής [avlavis] *επ.* harmless, undamaged
αβλεψία [avlepsia] *ουσ. θ.* carelessness, inattention
αβοήθητος [avoithitos] *επ.* helpless, unaided
αβόλευτος [avoleftos] *επ.* uneasy, uncomfortable
άβολος [avolos] *επ.* inconvenient
αβομβάρδιστος [avomvardistos] *επ.* not bombed
αβόσκητος [avoskitos] *επ.* unpastured, unfed
αβούλητος [avulitos] *επ.* involuntary
αβούλιαχτος [avuliahtos] *επ.* not sunk
άβουλος [avulos] *επ.* undecided
αβούλωτος [avulotos] *επ.* unsealed
αβούτηχτος [avutihtos] *επ.* undipped
Αβραάμ [avraam] *κύρ. όν. άκλ.* Abraham
αβράβευτος [avraveftos] *επ.* unrewarded
άβραστος [avrastos] *επ.* unboiled
αβράχνιαστος [avrahniastos] *επ.* not hoarse
άβρεκτος [avrektos] *επ.* dry, not wet
αβροδίαιτος [avrodietos] *επ.* living luxuriously
αβρός [avros] *επ.* gentle, polite
αβρότητα [avrotita] *ουσ. θ.* politeness

A

αβροφροσύνη [avrofrosini] *ουσ. θ.* urbanity
αβροχιά [avrohia] *ουσ. θ.* lack of rain
άβροχος [avrohos] *επ.* rainless
αβρώμιστος [avromistos] *επ.* clean
αβύζακτος [avizaktos] *επ.* unsucked, unsuckled
αβύθιστος [avithistos] *επ.* unsunk
άβυσσος [avissos] *ουσ. θ.* abyss, depth
αγαθά [ayatha] *ουσ. ο. πληθ.* goods, riches
αγαθιάρης [ayathiaris] *επ.* stupid, fool
αγαθοεργία [ayathoeryia] *ουσ. θ.* charity, beneficence
αγαθοεργός [ayathoeryos] *επ.* beneficent, charitable
αγαθοεργώ [ayathoeryo] *ρ.* do good
αγαθοπιστία [ayathopistia] *ουσ. θ.* credulity
αγαθόπιστος [ayathopistos] *επ.* credulous
αγαθός [ayathos] *επ.* good, kind
αγαθότητα [ayathotita] *ουσ. θ.* goodness, kindness
αγάλια [ayalia] *επίρ.* softly, gently
αγαλλιάζω [ayaliazo] *ρ.* be happy
αγαλλίαση [ayaliasi] *ουσ. θ.* exultation. delight
άγαλμα [ayalma] *ουσ. ο.* statue
αγαλματένιος [ayalmatenios] *επ.* statuesque
αγαλμάτιο [ayalmatio] *ουσ. ο.* statuette
αγαλματοποιός [ayalmatopios] *ουσ. α.* sculptor
αγαμία [ayamia] *ουσ. θ.* celibacy
άγαμος [ayamos] *επ.* unmarried, single
αγανάκτηση [ayanaktisi] *ουσ. θ.* indignation
αγανακτώ [ayanakto] *ρ.* be angry
άγανο [ayano] *ουσ. ο.* awn
αγανός [ayanos] *επ.* thin
αγάνωτος [ayanotos] *επ.* unpolished
αγάπη [ayapi] *ουσ. θ.* love, affection
αγαπημένος [ayapimenos] *επ.*

beloved
αγαπητικός [ayapitikos] *ουσ. α.* sweetheart, amorous, lover
αγαπητός [ayapitos] *επ.* beloved, dear
αγαπώ [ayapo] *ρ.* love, be fond of
άγαρμπος [ayarbos] *επ.* clumsy, awkward
αγαρμποσύνη [ayarbossini] *ουσ. θ.* clumsiness
αγαρνίριστος [ayarniristos] *επ.* untrimmed, ungarnished
αγάς [ayas] *ουσ. α.* aga
αγγαρεία [agaria] *ουσ. θ.* compulsory labour
αγγάρεμα [agarema] *ουσ. ο.* forcing to work
αγγαρεύω [agarevo] *ρ.* force to work
αγγείο [agio] *ουσ. ο.* pot, vessel
αγγειοπλαστείο [agioplastio] *ουσ. ο.* pottery
αγγειοπλάστης [agioplastis] *ουσ. α.* potter
αγγειοπλαστική [agioplastiki] *ουσ. θ.* pottery
αγγελία [agelia] *ουσ. θ.* announcement, advertisement
αγγελικός [agelikos] *επ.* angelic
αγγελιοφόρος [agelioforos] *ουσ. α. /θ.* messenger
αγγέλλω [agelo] *ρ.* announce, declare
άγγελμα [agelma] *ουσ. ο.* message
αγγελοκαμωμένος [agelokamomenos] *επ.* angel-like, angelic
άγγελος [agelos] *ουσ. α. /θ.* angel
αγγελούδι [ageludi] *ουσ. ο.* little angel
αγγελόψυχος [agelopsihos] *επ.* kind-hearted
άγγιγμα [agiyma] *ουσ. ο.* touch
Αγγλία [aglia] *κύρ. όν. θ.* England
Αγγλίδα [aglida] *ουσ. θ.* English woman
Αγγλικά [aglika] *ουσ. ο. πληθ.* English
Άγγλος [aglos] *ουσ. α.* Englishman
αγγουράκι [aguraki] *ουσ. ο.* small cucumber
αγγούρι [aguri] *ουσ. ο.* (βοτ.) cucumber

αγγουριά [aguria] *ουσ. θ.* (βοτ.) cucumber plant
άγδαρτος [aydartos] *επ.* not skinned
αγελάδα [ayelada] *ουσ. θ.* (ζωολ.) cow
αγελαδάρης [ayeladaris] *ουσ. α.* cowherd
αγελαδινός [ayeladinos] *επ.* (of a) cow
αγέλαστος [ayelastos] *επ.* sullen, sombre
αγέλη [ayeli] *ουσ. θ.* herd, flock
αγέμιστος [ayemistos] *επ.* unfilled, empty
αγένεια [ayenia] *ουσ. θ.* rudeness
αγενής [ayenis] *επ.* rude, impolite
αγέννητος [ayenitos] *επ.* unborn
αγενώς [ayenos] *επίρ.* rudely, impolitely
αγέρας [ayeras] *ουσ. α.* wind
αγέραστος [ayerastos] *επ.* ageless, not grown
αγέρωχος [ayerohos] *επ.* proud, arrogant
άγευστος [ayefstos] *επ.* tasteless
αγεφύρωτος [ayefirotos] *επ.* unbridged
αγεωγράφητος [ayeoyrafitos] *επ.* not knowing geography
αγεωμέτρητος [ayeometritos] *επ.* not knowing geometry
αγεώργητος [ayeoryitos] *επ.* uncultivated
άγημα [ayima] *ουσ. ο.* party, force
αγιάζω [ayiazo] *ρ.* sanctify
αγίασμα [ayiasma] *ουσ. ο.* sanctification, sprinkling with holy water
αγιασμός [ayiasmos] *ουσ. α.* holy water
αγιαστήριο [ayiastirio] *ουσ. ο.* sanctuary
αγιαστής [ayiastis] *ουσ. α.* sanctifier
αγιάτρευτος [ayiatreftos] *επ.* uncured
αγίνωτος [ayinotos] *επ.* undone
Άγιο Πνεύμα [ayio pnevma] *ουσ. ο.* (θρησκ.) Holy Ghost
αγιοβασιλιάτικος [ayiovasiatikos] *επ.* new year's
αγιογδύτης [ayioyditis] *ουσ. α.* churchrobber
αγιογραφία [ayioyrafia] *ουσ.*

θ. hagiography
αγιογραφικός [ayioyrafikos] *επ.* hagiographic
αγιογράφος [ayioyrafos] *ουσ. α. /θ.* hagiographer
Άγιοι Τόποι [ayii topi] *κύρ. όν. α. πληθ.* Holy Land
αγιοκέρι [ayiokeri] *ουσ. ο.* wax. church taper
αγιόκλημα [ayioklima] *ουσ. ο.* (βοτ.) honeysuckle
Άγιον Όρος [ayion oros] *κύρ. όν. ο.* Athos
άγιος [ayios] *επ.* saint, holy. **Άγιος Βασίλης**: Santa Claus, Father Christmas
αγιότητα [ayiotita] *ουσ. θ.* holiness
αγκαζέ [agaze] *επίρ.* arm-in-arm, engaged
αγκαθάκι [agathaki] *ουσ. ο.* little thorn
αγκάθι [agathi] *ουσ. ο.* thorn
αγκάθινος [agathinos] *επ.* thorny
αγκαθωτός [agathotos] *επ.* thorny
αγκαλιά [agalia] *ουσ. θ.* bosom, breast, armful
αγκαλιάζω [agaliazo] *ρ.* embrace, hug
αγκάλιασμα [agaliasma] *ουσ. ο.* embrace, clasping
αγκίδα [agida] *ουσ. θ.* splinter
αγκινάρα [aginara] *ουσ. θ.* (βοτ.) artichoke
αγκίστρι [agistri] *ουσ. ο.* hook
αγκιστρώνω [agistrono] *ρ.* hook, hitch
αγκομαχητό [agomahito] *ουσ. ο.* panting
αγκομαχώ [agomaho] *ρ.* pant, gasp for breath
αγκράφα [agrafa] *ουσ. θ.* fastener, clasp
αγκύλη [agili] *ουσ. θ.* (γραμ.) bracket, bent
αγκύλωμα [agiloma] *ουσ. ο.* pricking, sting
αγκυλώνω [agilono] *ρ.* sting, prick
αγκυλωτός [agilotos] *επ.* hooked
Άγκυρα [agira] *κύρ. όν. θ.* Ankara
άγκυρα [agira] *ουσ. θ.* anchor
αγκυροβόλημα [agirovolima] *ουσ. ο.* anchoring, mooring
αγκυροβόλι [agirovoli] *ουσ. ο.* anchorage
αγκυροβολώ [agirovolo] *ρ.* moor, anchor

αγκωνάρι [agonari] *ουσ. ο.* corner-stone
αγκώνας [agonas] *ουσ. α.* elbow
αγναντεύω [aynadevo] *ρ.* survey, look far away
αγνάντια [aynadia] *επίρ.* opposite, across
Αγνή [ayni] *κύρ. όν. θ.* Agnes
αγνίζω [aynizo] *ρ.* purify, sanctify
άγνοια [aynia] *ουσ. θ.* ignorance
αγνός [aynos] *επ.* pure, chaste
αγνότητα [aynotita] *ουσ. θ.* purity, chastity
αγνοώ [aynoo] *ρ.* ignore
αγνωμονώ [aynomono] *ρ.* be ungrateful
άγνωμος [aynomos] *επ.* without opinion, inexperienced
αγνωμοσύνη [aynomosini] *ουσ. θ.* ingratitude
αγνώμων [aynomon] *επ.* ungrateful
αγνώριστος [aynoristos] *επ.* unrecognizable
αγνωστικισμός [aynostikismos] *ουσ. α.* (φιλοσ.) agnosticism
αγνωστικιστής [aynostikistis] *ουσ. α.* (φιλοσ.) agnostic
άγνωστος [aynostos] *επ.* unknown
αγόγγυστα [ayogista] *επίρ.* without complaints
αγόγγυστος [ayogistos] *επ.* uncomplaining
άγομαι [ayome] *ρ.* be driven by
αγονία [ayonia] *ουσ. θ.* sterility, infertility
άγονος [ayonos] *επ.* sterile, infertile
αγορά [ayora] *ουσ. θ.* market, purchase
αγοράζω [ayorazo] *ρ.* buy, purchase
αγοραίος [ayoreos] *επ.* of the market, vulgar, common
αγοράκι [ayoraki] *ουσ. ο.* little boy
αγορανομία [ayoranomia] *ουσ. θ.* market laws
αγορανόμος [ayoranomos] *ουσ. α. /θ.* market inspector
αγοραπωλησία [ayorapolisia] *ουσ. θ.* buying and selling
αγοραστής [ayorastis] *ουσ. α.* buyer

αγοραστός [ayorastos] *επ.* bought, purchasable

αγόρευση [ayorefsi] *ουσ. θ.* speech

αγορεύω [ayorevo] *ρ.* make a speech

αγορητής [ayoritis] *ουσ. α.* speaker, orator

αγόρι [ayori] *ουσ. ο.* boy

αγουρίδα [ayurida] *ουσ. θ.* sour grape

αγουρόλαδο [ayurolado] *ουσ. ο.* green oil

άγουρος [ayuros] *επ.* sour, unripe

αγράμματος [ayramatos] *επ.* illiterate

αγραμματοσύνη [ayramatosini] *ουσ. θ.* illiteracy

άγραφος [ayrafos] *επ.* unwritten

αγριάδα [ayriada] *ουσ. θ.* ferocity, wildness

αγριάμπελη [ayriabeli] *ουσ. θ.* (βοτ.) wild vine

αγριάνθρωπος [ayrianthropos] *ουσ. α.* wild man, savage

αγριάπιδο [ayriapido] *ουσ. ο.* (βοτ.) wild pear

αγριελιά [ayrielia] *ουσ. θ.* (βοτ.) wild olive tree

αγριεύω [ayrievo] *ρ.* get angry, infuriate

αγρικώ [ayriko] *ρ.* listen

αγρίμι [ayrimi] *ουσ. ο.* wild beast

αγριόγατα [ayrioyata] *ουσ. θ.* (ζωολ. /μεταφ.) wild cat

αγριόγιδα [ayrioyida] *ουσ. θ.* (ζωολ.) wild goat

αγριογούρουνο [ayrioyuruno] *ουσ. ο.* (ζωολ.) wild boar

αγριοκοιτάζω [ayriokitaso] *ρ.* scowl, glare

αγριολούλουδο [ayrioluludo] *ουσ. ο.* (βοτ.) wild flower

αγριομέλισσα [ayriomelisa] *ουσ. θ.* (ζωολ.) wild bee

αγριόμορφος [ayriomorfos] *επ.* wild looking

αγριόπαπια [ayriopapia] *ουσ. θ.* (βοτ.) wild duck

αγριοπερίστερο [ayrioperistero] *ουσ. ο.* (βοτ.) wild pigeon

άγριος [ayrios] *επ.* wild, fierce

αγριόσκυλο [ayrioskilo] *ουσ. ο.* (ζωολ.) wild dog

αγριοσυκιά [ayriosikia] *ουσ.*

θ. (βοτ.) wild fig-tree
αγριότητα [ayriotita] *ουσ. θ.* wildness, ferocity
αγριοτριανταφυλλιά [ayriotrantafilia] *ουσ. θ.* (βοτ.) briar, dog-rose
αγριόχηνα [ayriohina] *ουσ. θ.* (ζωολ.) wild goose
αγριόχοιρος [ayriohiros] *ουσ. α.* (ζωολ.) wild boar
αγριωπός [ayriopos] *επ.* grim, sullen
αγροικία [ayrikia] *ουσ. θ.* farmhouse
αγροίκος [ayrikos] *επ.* rude, coarse
αγρονομία [ayronomia] *ουσ. θ.* agronomy, rural economy
αγρονομικός [ayronomikos] *επ.* agrarian
αγρός [ayros] *ουσ. α.* field
αγρότης [ayrotis] *ουσ. α.* peasant, farmer
αγροτικός [ayrotikos] *επ.* rural, rustic
αγροφύλακας [ayrofilakas] *ουσ. α. /θ.* rural guard
αγροφυλακή [ayrofilaki] *ουσ. θ.* agrarian police
αγρύπνια [ayripnia] *ουσ. θ.* sleeplessness, wakefulness
άγρυπνος [ayripnos] *επ.* vigilant, sleepless
αγρυπνώ [ayripno] *ρ.* be awake
αγυάλιστος [ayialistos] *επ.* unpolished
αγυμνασία [ayimnasia] *ουσ. θ.* lack of exercise
αγύμναστος [ayimnastos] *επ.* untrained
αγύρευτος [ayireftos] *επ.* unsought, unclaimed
αγύριστος [ayiristos] *επ.* unreturned
αγυρτεία [ayirtia] *ουσ. θ.* quackery, roguery
αγυρτεύω [ayirtevo] *ρ.* be a rogue, cheat
αγύρτης [ayirtis] *ουσ. α.* quack, charlatan
αγύρτικος [ayirtikos] *επ.* roguish
αγχίνοια [ayhinia] *ουσ. θ.* cleverness, acuteness
αγχίνους [ayhinus] *επ.* clever, sagacious
αγχιστεία [ayhistia] *ουσ. θ.* relationship by marriage
αγχόνη [ayhoni] *ουσ. θ.* gallows
άγω [ayo] *ρ.* lead, conduct

αγωγή [ayoyi] *ουσ. θ.* education, (νομ.) action, (ιατρ.) treatment.
αγώγι [ayoyi] *ουσ. ο.* fare
αγωγιάτης [ayoyiatis] *ουσ. α.* guide, driver
αγώγιμος [ayoyimos] *επ.* actionable, conductible
αγωγιμότητα [ayoyimotita] *ουσ. θ.* conductance
αγωγός [ayoyos] *ουσ. α.* conductor, pipeline
αγώνας [ayonas] *ουσ. α.* contest, struggle, fight, game
αγωνία [ayonia] *ουσ. θ.* agony, anxiety
αγωνίζομαι [ayonizome] *ρ.* struggle, fight
αγώνισμα [ayonisma] *ουσ. ο.* contest, event
αγωνιστής [ayonistis] *ουσ. α.* fighter
αγωνιστικός [ayonistikos] *επ.* fighting
αγωνιώ [ayonio] *ρ.* be in agony
αγωνιώδης [ayoniodis] *επ.* agonizing
αγωνοθετώ [ayonotheto] *ρ.* organize games
αδαημοσύνη [adaimosini] *ουσ. θ.* ignorance
αδαής [adais] *επ.* inexperienced, ignorant
Αδάμ [adam] *κύρ. όν. α. άκλ.* Adam
αδαμάντινος [adamandinos] *επ.* adamantine
αδαμαντοπωλείο [adamandopolio] *ουσ. ο.* jeweller's shop
αδαμαντοπώλης [adamandopolis] *ουσ. α.* jeweller
αδάμαστος [adamastos] *επ.* untamed
αδαμιαίος [adamieos] *επ.* naked
αδαπάνητος [adapanitos] *επ.* unspent
αδάπανος [adapanos] *επ.* inexpensive
άδαρτος [adartos] *επ.* unbeaten
αδασμολόγητος [adasmoloyitos] *επ.* duty-free
άδεια [adia] *ουσ. θ.* leave, permission
αδειάζω [adiazo] *ρ.* empty, evacuate
άδειος [adios] *επ.* empty, unoccupied

αδείπνητος [adipnitos] *επ.* supperless

αδέκαστος [adekastos] *επ.* unbribed, impartial

αδελέαστος [adeleastos] *επ.* not allured

αδελφάκι [adelfaki] *ουσ. ο.* little brother

αδελφάτο [adelfato] *ουσ. ο.* brotherhood

αδελφή [adelfi] *ουσ. θ.* sister

αδελφικός [adelfikos] *επ.* brotherly, fraternal

αδελφοκτονία [adelfoktonia] *ουσ. θ.* fratricide

αδελφοκτόνος [adelfoktonos] *ουσ. α. /θ.* fratricide

αδελφοποίηση [adelfopiisi] *ουσ. θ.* fraternization

αδελφοποιώ [adelfopio] *ρ.* fraternize

αδελφός [adelfos] *ουσ. α.* brother

αδελφοσύνη [adelfosini] *ουσ. θ.* brotherhood

αδελφότητα [adelfotita] *ουσ. θ.* fraternity, brotherhood

αδέλφωση [adelfosi] *ουσ. θ.* fraternization

άδενδρος [adendros] *επ.* treeless

αδενίτιδα [adenitida] *ουσ. θ.* (ιατρ.) inflammation of the glands

αδενοειδής [adenoidis] *επ.* (ιατρ.) glandular, adenoid

αδενοπάθεια [adenopathia] *ουσ. θ.* adenopathy

αδενώδης [adenoids] *επ.* (ιατρ.) glandular

αδένωμα [adenoma] *ουσ. ο.* (ιατρ.) adenoma

αδέξιος [adexios] *επ.* awkward, unskillful, clumsy

αδεξιότητα [adexiotita] *ουσ. θ.* awkwardness, unskilfulness

αδέσμευτος [adesmeftos] *επ.* free, unbound

αδέσποτος [adespotos] *επ.* stray

άδετος [adetos] *επ.* untied, loose

άδηλος [adilos] *επ.* invisible, uncertain

αδήλωτος [adilotos] *επ.* not declared

αδήμευτος [adimeftos] *επ.* unconfiscated

αδημιούργητος [adimiuryitos] *επ.* uncreated, not made

αδημονία [adimonia] *ουσ. θ.*

anxiety, impatience
αδημονώ [adimono] *ρ.* be anxious
αδημοσίευτος [adimosieftos] *επ.* unpublished
αδήριτος [adiritos] *επ.* στη φράση **αδήριτη ανάγκη:** dire need
άδης [adis] *ουσ. α.* hell.(μυθ.) Hades
αδηφαγία [adifayia] *ουσ. θ.* voracity
αδηφάγος [adifayos] *επ.* voracious
αδιάβαστος [adiavastos] *επ.* unreadable, unprepared
αδιάβατος [adiavatos] *επ.* impassable
αδιάβλητος [adiavlitos] *επ.* irreproachable
αδιάβροχος [adiavrohos] *επ.* waterproof
αδιάγνωστος [adiaynostos] *επ.* undiagnosed
αδιάδοτος [adiadotos] *επ.* unspread
αδιάζευκτος [adiazefktos] *επ.* inseparable, not divorced
αδιαθεσία [adiathesia] *ουσ. θ.* indisposition
αδιάθετος [adiathetos] *επ.* indisposed, unwell
αδιαθετώ [adiatheto] *ρ.* be indisposed
αδιαίρετος [adieretos] *επ.* indivisible
αδιάκοπος [adiakopos] *επ.* uninterrupted
αδιακόσμητος [adiakosmitos] *επ.* undecorated
αδιακρισία [adiakrisia] *ουσ. θ.* indiscretion
αδιάκριτος [adiakritos] *επ.* indiscreet
αδιακώλυτος [adiakolitos] *επ.* unimpeded
αδιάλειπτος [adialiptos] *επ.* unceasing
αδιάλλακτος [adialaktos] *επ.* uncompromising
αδιαλλαξία [adialaxia] *ουσ. θ.* intolerance
αδιάλυτος [adialitos] *επ.* indissoluble
αδιαμαρτύρητα [adiamartirita] *επίρ.* uncomplainingly
αδιαμαρτύρητος [adiamarrtiritos] *επ.* unprotested
αδιαμόρφωτος [adiamorfotos] *επ.* not formed, unshaped

αδιανέμητος [adianemitos] *επ.* undivided
αδιανόητος [adianoitos] *επ.* inconceivable
αδιάντροπα [adiandropa] *επίρ.* impudently
αδιαπαιδαγώγητος [adiapedayoyitos] *επ.* uncultivated
αδιαπέραστος [adiaperastos] *επ.* impenetrable
αδιάπλαστος [adiaplastos] *επ.* unshaped, not developed
αδιάπλευστος [adiaplefstos] *επ.* unnavigable
αδιάπτωτος [adiaptotos] *επ.* undiminished
αδιάρρηκτος [adiariktos] *επ.* unbreakable
αδιασάφητος [adiasafitos] *επ.* unexplained
αδιάσειστος [adiasistos] *επ.* unshakeable
αδιάσπαστος [adiaspastos] *επ.* unbroken
αδιατάρακτος [adiataraktos] *επ.* undisturbed
αδιατίμητος [adiatimitos] *επ.* unestimated
αδιαφάνεια [adiafania] *ουσ. θ.* opacity
αδιαφανής [adiafanis] *επ.* opaque
αδιαφήμιστος [adiafimistos] *επ.* unadvertised
αδιάφθορος [adiafthoros] *επ.* incorrupt
αδιαφιλονίκητος [adiafilonikitos] *επ.* indisputable
αδιαφορία [adiaforia] *ουσ. θ.* indifference
αδιάφορος [adiaforos] *επ.* indifferent
αδιαχώρητος [adiahoritos] *επ.* impenetrable
αδιαχώριστος [adiahoristos] *επ.* inseparable
αδιάψευστος [adiapsefstos] *επ.* indisputable, undeniable
αδίδακτος [adidaktos] *επ.* untaught
αδιέξοδο [adiexodo] *ουσ. ο.* blind alley
αδιερεύνητος [adierevnitos] *επ.* unexplored
αδιευκρίνητος [adiefkrinitos] *επ.* unexplained
αδιήγητος [adiiyitos] *επ.* untold
αδιήθητος [adiithitos] *επ.* unfiltered

αδικαιολογήτος [adikeoloyitos] *επ.* unjustified
αδικαίωτος [adikeotos] *επ.* unjustifiable
αδίκαστος [adikastos] *επ.* unjudjed
αδίκημα [adikima] *ουσ. ο.* wrong, crime
αδικία [adikia] *ουσ. θ.* injustice, wrong
άδικο [adiko] *ουσ. ο.* injustice, wrong
αδικοπραγώ [adikoprayo] *ρ.* do wrong
άδικος [adikos] *επ.* unfair, unjust
αδικώ [adiko] *ρ.* do wrong
αδίκως [adikos] *επίρ.* unjustly
αδιοίκητος [adiikitos] *επ.* unruled, ungoverned
αδιόρατος [adioratos] *επ.* intangible
αδιοργάνωτος [adioryanotos] *επ.* unorganized
αδιόρθωτος [adiorthotos] *επ.* uncorrected. hopeless
αδιόριστος [adioristos] *επ.* not appointed
αδίπλωτος [adiplotos] *επ.* unfolded
αδίστακτος [adistaktos] *επ.* unhesitating
αδιύλιστος [adiilistos] *επ.* unfiltered
αδίχαστος [adihastos] *επ.* undivided
αδόκητος [adokitos] *επ.* unexpected
αδοκίμαστος [adokimastos] *επ.* untried
αδόκιμος [adokimos] *επ.* ineffective
άδολος [adolos] *επ.* sincere
αδόξαστος [adoxastos] *επ.* unglorified
άδοξος [adoxos] *επ.* inglorious
αδούλευτος [aduleftos] *επ.* rough
αδούλωτος [adulotos] *επ.* unsubdued
αδράκτι [adrakti] *ουσ. ο.* spindle
αδράνεια [adrania] *ουσ. θ.* inertia. inertness
αδρανής [adranis] *επ.* inert. inactive
αδρανώ [adrano] *ρ.* be inactive
αδρεναλίνη [adrenalini] *ουσ. θ.* adrenaline
Αδριατική [adriatiki] *ουσ. θ.*

Adriatic (sea)
αδρός [adros] *επ.* clear-cut, handsome
αδυναμία [adinamia] *ουσ. θ.* weakness, indulgence
αδύναμος [adinamos] *επ.* weak, feeble
αδυνατίζω [adinatizo] *ρ.* weaken
αδύνατος [adinatos] *επ.* weak, feeble, thin
αδυνατώ [adinato] *ρ.* be unableto, cannot
αδυσώπητα [adisopita] *επίρ.* inexorably
αδυσώπητος [adisopitos] *επ.* inexorable
άδυτο [adito] *ουσ. ο.* sanctuary
άδω [ado] *ρ.* (καθ.) sing
αδωροδόκητος [adorodokitos] *επ.* bribeless
άδωρος [adoros] *επ.* useless
αεί [ai] *επίρ.* (καθ.) ever, always
αειθαλής [aithalis] *επ.* evergreen
αεικινησία [aikinisia] *ουσ. θ.* perpetual motion
αεικίνητος [aikinitos] *επ.* restless
αείμνηστος [aimnistos] *επ.* unforgotten, dear departed
αειπάρθενος [aiparthenos] *ουσ. θ.* ever virgin
αείποτε [aipote] *επίρ.* (καθ.) always
αέναος [aenaos] *επ.* perpetual
αεράκι [aeraki] *ουσ. ο.* breeze
αεράμυνα [aeramina] *ουσ. θ.* air-defense
αεραντλία [aerandlia] *ουσ. θ.* air-pump
αέρας [aeras] *ουσ. α.* air
αεργία [aeryia] *ουσ. θ.* inactivity, idleness
άεργος [aeryos] *επ.* inactive
αερίζω [aerizo] *ρ.* ventilate, air
αερικό [aeriko] *ουσ. ο.* elf, fairy
αέριο [aerio] *ουσ. ο.* gas
αεριόμετρο [aeriometro] *ουσ. ο.* aerometer
αεριοποιώ [aeriopio] *ρ.* gasify
αεριούχος [aeriuhos] *επ.* gaseous
αεριόφως [aeriofos] *ουσ. ο.* gas
αέρισμα [aerisma] *ουσ. ο.* ventilation
αερισμός [aerismos] *ουσ. α.*

airing, ventilation
αεριστήρας [aeristiras] *ουσ. α.* ventilator, fan
αεριώδης [aeriodis] *επ.* gaseous
αεριωθούμενος [aeriothoomenos] *επ.* jet-propelled
αεροβασία [aerovasia] *ουσ. θ.* daydream
αεροβάτης [aerovatis] *ουσ. α.* daydreamer
αεροβατώ [aerovato] *ρ.* daydream, be in the clouds
αεροδρόμιο [arodromio] *ουσ. ο.* airport, airfield
αεροδυναμική [aerodinamiki] *ουσ. θ.* aerodynamics
αεροδυναμικός [aerodinamikos] *επ.* aerodynamic
αερόλιθος [aerolithos] *ουσ. α.* aerolite, meteor
αερολογία [aeroloyia] *ουσ. θ.* drivel
αερολογώ [aeroloyo] *ρ.* talk nonsense
αερόλουτρο [aerolootro] *ουσ. ο.* air-bath
αερομάντης [aeromandis] *ουσ. α.* weather prophet
αερομαχία [aeromahia] *ουσ. θ.* air battle
αερομαχώ [aeromaho] *ρ.* fight in the air
αερόμετρο [aerometro] *ουσ. ο.* aerometer
αεροναύτης [aeronaftis] *ουσ. α.* aeronaut
αεροναυτική [aeronaftiki] *ουσ. θ.* aeronautics
αεροναυτιλία [aeronaftilia] *ουσ. θ.* air-navigation
αεροπλάνο [aeroplano] *ουσ. ο.* airplane. aircraft
αεροπλανοφόρο [aeroplanoforo] *ουσ. ο.* aircraft carrier
αερόπλοιο [aeroplio] *ουσ. ο.* air-ship
αεροπορία [aeroporia] *ουσ. θ.* aviation
αεροπορικά [aeroporika] *επίρ.* by air
αεροπορικός [aeroporikos] *επ.* aerial
αεροπόρος [aeroporos] *ουσ. α. /θ.* flier, aviator
αεροσκάφος [aeroskafos] *ουσ. ο.* aircraft
αεροσταθμός [aerostathmos] *ουσ. α.* aerostation

A

αεροστατική [aerostatiki] *ουσ. θ.* aerostatics
αερόστατο [aerostato] *ουσ. ο.* balloon
αεροστεγής [aerosteyis] *επ.* airtight
αεροσυμπιεστής [aerosibiestis] *ουσ. α.* air-compressor
αεροσωλήνας [aerosolinas] *ουσ. α.* air pipe
αεροφοβία [aerofovia] *ουσ. θ.* aerophobia
αερόφρενο [aerofreno] *ουσ. ο.* air-brake
αερώδης [aerodis] *επ.* airy, gaseous
αέτειος [aetios] *επ.* aquiline
αετός [aetos] *ουσ. α.* (ζωολ.) eagle
αέτωμα [aetoma] *ουσ. ο.* pediment
αζάρωτος [azarotos] *επ.* unwrinkled
αζεμάτιστος [azematistos] *επ.* not scalded
αζευγάρωτος [azevyarotos] *επ.* not paired off, unmarried
άζευκτος [azefktos] *επ.* unyoked
αζήλευτος [azileftos] *επ.* unenviable
αζημίωτος [azimiotos] *επ.* without loss
αζήτητος [azititos] *επ.* unclaimed, unrequested
αζύγιστος [aziyistos] *επ.* unweighed
άζυμος [azimos] *επ.* unleavened
αζύμωτος [azimotos] *επ.* unkneaded
αζωγράφιστος [azoyrafistos] *επ.* unpainted
αζωικός [azoikos] *επ.* azoic
άζωστος [azostos] *επ.* ungirt
άζωτο [azoto] *ουσ. ο.* (χημ.) nitrogen, azote
αζωτούχος [azotoohos] *επ.* nitrogenous, azotized
αηδία [aidia] *ουσ. θ.* disgust
αηδιάζω [aidiazo] *ρ.* be disgusted
αηδιαστικός [aidiastikos] *επ.* disgusting
αηδόνι [aidoni] *ουσ. ο.* (ζωολ.) nightingale
αήττητος [aititos] *επ.* unbeaten, unconquered
άηχος [aihos] *επ.* silent, soundless
αθανασία [athanasia] *ουσ. θ.*

immortality
αθάνατα [athanata] *επίρ.* immortally
αθάνατος [athanatos] *επ.* immortal
άθαφτος [athaftos] *επ.* unburied
αθέατος [atheatos] *επ.* unseen
αθεΐα [atheia] *ουσ. θ.* atheism
αθεϊστής [atheistis] *ουσ. α.* atheist
άθελα [athela] *επίρ.* unwillingly
αθέλητος [athelitos] *επ.* unwilling
αθεμελίωτος [athemeliotos] *επ.* groundless
αθέμιτα [athemita] *επίρ.* illegally
αθέμιτος [athemitos] *επ.* illicit, illegal
άθεος [atheos] *επ.* atheist, godless
αθεόφοβος [atheofovos] *επ.* ungodly
αθεράπευτος [atherapeftos] *επ.* incurable
αθέρας [atheras] *ουσ. α.* edge
αθέριστος [atheristos] *επ.* unreaped
αθέρμαντος [athermandos] *επ.* unheated
αθεσμοθέτητος [athesmothetitos] *επ.* not legislated
αθέτηση [athetisi] *ουσ. θ.* violation, breach
αθετώ [atheto] *ρ.* violate, break
αθεώρητος [atheoritos] *επ.* not initialled, not certified
αθηλύκωτος [athilikotos] *επ.* unbuckled
Αθηνά [athina] *κύρ. όν. θ.* Athena. (μυθ.) Minerva
Αθήνα [athina] *κύρ. όν. θ.* Athens
Αθηναίος [athineos] *ουσ. α.* Athenian
άθικτος [athiktos] *επ.* untouched
άθλημα [athlima] *ουσ. ο.* sport, game, event
άθληση [athlisi] *ουσ. θ.* exercise
αθλητής [athlitis] *ουσ. α.* athlete
αθλητικός [athlitikos] *επ.* athletic
αθλητισμός [athlitismos] *ουσ. α.* athletics

άθλιος [athlios] *επ.* miserable
αθλιότητα [athliotita] *ουσ. θ.* misery
αθλοθέτης [athlothetis] *ουσ. α. /θ.* establisher of a prize
αθλοθετώ [athlotheto] *ρ.* set up a prize
άθλος [athlos] *ουσ. α.* feat, labout
αθόλωτος [atholotos] *επ.* clear
αθόρυβα [athoriva] *επίρ.* noiselessly
αθόρυβος [athorivos] *επ.* noiseless, quiet
άθραυστος [athrafstos] *επ.* unbreakable
αθρήνητος [athrinitos] *επ.* unlamented
άθρησκος [athriskos] *επ.* irreligious
αθροίζω [athrizo] *ρ.* add, sum up
άθροιση [athrisi] *ουσ. θ.* addition, gathering
άθροισμα [athrisma] *ουσ. ο.* sum, total
αθροιστικός [athristikos] *επ.* adding, cumulative
αθρόος [athroos] *επ.* numerous, in great numbers
αθυμία [athimia] *ουσ. θ.* low spirits
άθυμος [athimos] *επ.* low spirited
άθυρμα [athirma] *ουσ. ο.* (καθ.) toy
αθυρόγλωσσος [athiroylosos] *επ.* indiscreet
αθυρόστομος [athirostomos] *επ.* loose-tongued
αθυσίαστος [athisiastos] *επ.* unsacrificed
αθώα [athoa] *επίρ.* innocently
αθώος [athoos] *επ.* innocent
αθωότητα [athootita] *ουσ. θ.* innocence
αθώρητος [athoritos] *επ.* invisible
αθωώνω [athoono] *ρ.* acquit
αθώωση [athoosi] *ουσ. θ.* acquittal
αίγαγρος [eyayros] *ουσ. α.* (ζωολ.) wild goat
Αιγαίο [eyeo] *κύρ. όν. ο.* Aegean (Sea)
αιγιαλός [eyialos] *ουσ. α.* beach, seashore
αιγίδα [eyida] *ουσ. θ.* aegis
αίγλη [eyli] *ουσ. θ.* brilliance, splendor
αιγοβοσκός [eyovoskos] *ουσ.*

α. goatherd
Αιγόκερως [eyokeros] *ουσ. α.* (αστρολ.)Capricorn
Αιγύπτιος [eyiptios] *ουσ. α.* Egyptian
Αίγυπτος [eyiptos] *κύρ. όν. θ.* Egypt
αιδεσιμώτατος [edesimotatos] *ουσ. α.* reverend
αιδημοσύνη [edimosini] *ουσ. θ.* bashfulness
αιδοίο [edio] *ουσ. ο.* (ανατ.) pudenda, vulva
αιδώς [edos] *ουσ. θ.* (καθ.) shame
αιθάλη [ethali] *ουσ. θ.* soot
αιθέριος [etherios] *επ.* ethereal
Αιθίοπας [ethiopas] *ουσ. α.* Ethiopian
Αιθιοπία [ethiopia] *κύρ. όν. θ.* Ethiopia
Αιθιοπικός [ethiopikos] *επ.* Ethiopian
αίθουσα [ethusa] *ουσ. θ.* hall, lounge, classroom
αιθρία [ethria] *ουσ. θ.* clear sky
αίθριος [ethrios] *επ.* clear, fair
αιθυλένιο [ethilenio] *ουσ. ο.* (χημ.) ethylene
αίλουρος [eluros] *ουσ. α.* (ζωολ. /μεταφ.) wild cat
αίμα [ema] *ουσ. ο.* blood
αιματέμεση [ematemessi] *ουσ. θ.* vomitting of blood
αιματηρός [ematiros] *επ.* bloody
αιματίνη [ematini] *ουσ. θ.* haematin
αιματίτης [ematitis] *ουσ. α.* (ορυκτ.) haematite
αιματοβαμμένος [ematovamenos] *επ.* bloodstained
αιματοκύλισμα [ematokilisma] *ουσ. ο.* carnage, massacre
αιματοκυλώ [ematokilo] *ρ.* massacre
αιματόχρωμος [ematohromos] *επ.* blood-coloured
αιματοχυσία [ematohisia] *ουσ. θ.* bloodshed
αιματώδης [ematodis] *επ.* bloody
αιμάτωμα [ematoma] *ουσ. ο.* haematoma
αιματώνω [ematono] *ρ.* bleed
αιμοβόρος [emovoros] *επ.*

cruel
αιμοδιψής [emodipsis] *επ.* bloodthirsty
αιμομιξία [emomixia] *ουσ. θ.* incest
αιμόπτυση [emoptisi] *ουσ. θ.* spitting of blood
αιμοπτύω [emoptio] *ρ.* spit blood
αιμορραγία [emorayia] *ουσ. θ.* bleeding
αιμορραγώ [emorayo] *ρ.* bleed
αιμορροΐδες [emoroides] *ουσ. θ. πληθ.* (ιατρ.) haemorrhoids
αιμοσταγής [emostayis] *επ.* blood-stained
αιμοστατικός [emostatikos] *επ.* stopping the blood
αιμοσφαιρίνη [emosferini] *ουσ. θ.* (βιολ.) haemoglobin
αιμοσφαίριο [emosferio] *ουσ. ο.* (βιολ.) blood globule
αιμοφιλία [emofilia] *ουσ. θ.* (ιατρ.) haemophilia
αιμοφόρο αγγείο [emoforo agio] *ουσ. ο.* (ανατ.) blood vessel
αιμόφυρτος [emofirtos] *επ.* blood-covered
αιμοχαρής [emoharis] *επ.* bloodthirsty
αίνιγμα [eniyma] *ουσ. ο.* enigma
αινιγματικά [eniymatika] *επίρ.* enigmatically
αινιγματικός [eniymatikos] *επ.* enigmatical
αίρεση [eresi] *ουσ. θ.* heresy
αιρετικός [eretikos] *επ.* heretical
αιρετός [eretos] *επ.* elected, chosen
αισθάνομαι [esthanome] *ρ.* feel, be conscious of
αίσθημα [esthima] *ουσ. ο.* feeling
αισθηματίας [esthimatias] *ουσ. α. /θ.* sentimentalist
αισθηματικότητα [esthimatikotita] *ουσ. θ.* sentimentalism
αισθηματολογία [esthimatoloyia] *ουσ. θ.* sentimentality
αισθηματολόγος [esthimatoloyos] *ουσ. α. /θ.* sentimentalist
αίσθηση [esthisi] *ουσ. θ.* sensation, sense
αισθητήριο [esthitirio] *ουσ. ο.* intuition

αισθητήριος [esthitirios] *επ.* sensory

αισθητική [esthitiki] *ουσ. θ.* aesthetics

αισθητικός [esthitikos] *επ.* aesthetic *ουσ. α. /θ.* aesthetician

αισθητός [esthitos] *επ.* sensible, noticeable

αισιόδοξα [esiodoxa] *επίρ.* optimistically

αισιοδοξία [esiodoxia] *ουσ. θ.* optimism

αισιόδοξος [esiodoxos] *επ.* optimistic, *ουσ. α.* optimist

αισιοδοξώ [esiodoxo] *ρ.* be optimist

αίσιος [esios] *επ.* favourable, happy

αισίως [esios] *επίρ.* successfully

αίσχιστος [eshistos] *επ.* most shameful

αίσχος [eshos] *ουσ. ο.* shame, disgrace

αισχροκέρδεια [eshrokerdia] *ουσ. θ.* overcharging

αισχροκερδής [eshrokerdis] *επ.* profiteer

αισχροκερδώ [eshrokerdo] *ρ.* speculate sordidly

αισχρολογία [eshroloyia] *ουσ. θ.* obscenity, filthy talk

αισχρολόγος [eshroloyos] *επ.* foul-mouthed

αισχρολογώ [eshroloyo] *ρ.* talk smut, be foul-mouthed

αισχρός [eshros] *επ.* shameful, immoral

αισχρότητα [eshrotita] *ουσ. θ.* shamefulness

αισχύνη [eshini] *ουσ. θ.* (καθ.) shame

αισχύνομαι [eshinome] *ρ.* be ashamed

αισχύνω [eshino] *ρ.* disgrace

αίτημα [etima] *ουσ. ο.* request, demand

αίτηση [etisi] *ουσ. θ.* demand, application

αιτία [etia] *ουσ. θ.* cause, reason

αιτίαση [etiasi] *ουσ. θ.* accusation

αιτιατική [etiatiki] *ουσ. θ.* (γραμ.) accusative

αιτιατός [etiatos] *επ.* causal

αιτιολογία [etioloyia] *ουσ. θ.* explanation

αιτιολογικός [etioloyikos] *επ.* explainatory, causative

αιτιολογώ [etioloyo] *ρ.* give a

reason
αίτιος [etios] *ουσ. α.* responsible for
αιτιότητα [etiotita] *ουσ. θ.* causality
αιτιώδης [etiodis] *επ.* causal
αιτιώμαι [etiome] *ρ.* blame, reproach
αιτούμαι [etoome] *ρ.* beg, request
αιτώ [eto] *ρ.* ask for, request, demand
αιφνιδιασμός [efnidiasmos] *ουσ. α.* surprise attack
αιφνίδιος [efnidios] *επ.* sudden
αιφνιδίως [efnidios] *επίρ.* suddenly
αιχμαλωσία [ehmalosia] *ουσ. θ.* captivity, capture
αιχμαλωτίζω [ehmalotizo] *ρ.* capture
αιχμάλωτος [ehmalotos] *ουσ. α. /θ.* captive, prisoner
αιχμή [ehmi] *ουσ. θ.* point, edge
αιχμηρός [ehmiros] *επ.* pointed
αιώνας [eonas] *ουσ. α.* century. age
αιώνια [eonia] *επίρ.* eternally
αιώνιος [eonios] *επ.* eternal
αιωνιότητα [eoniotita] *ουσ. θ.* eternity
αιωνόβιος [eonovios] *επ.* everliving
αιώρα [eora] *ουσ. θ.* swing, hammock
αιώρηση [eorisi] *ουσ. θ.* swinging in the air, suspension
αιωρούμαι [eoroome] *ρ.* float in the air
ακαβαλίκευτος [akavalikeftos] *επ.* unridden
ακαβούρδιστος [akavurdistos] *επ.* unroasted
ακαδημαϊκός [akadimaikos] *επ.* academic, *ουσ. α.* academician
ακαδημία [akadimia] *ουσ. θ.* academy
ακαθάριστος [akatharistos] *επ.* uncleaned
ακαθαρσία [akatharsia] *ουσ. θ.* uncleanness, filth, excrement
ακάθαρτα [akatharta] *επίρ.* dirtily
ακάθαρτος [akathartos] *επ.* dirty, filthy
ακάθεκτος [akathektos] *επ.*

unrestrained
ακαθέλκυστος [akathelkistos] *επ.* unlaunched
ακάθιστος [akathistos] *επ.* unseated, standing
άκαιρος [akeros] *επ.* untimely
ακακία [akakia] *ουσ. θ.* acacia
άκακος [akakos] *επ.* harmless, innocent
ακαλαισθησία [akalesthisia] *ουσ. θ.* lack of taste
ακαλαίσθητος [akalesthitos] *επ.* tasteless
ακάλεστος [akalestos] *επ.* uninvited
ακαλλιέργητος [akalieryitos] *επ.* uncultivated
ακαλλώπιστος [akalopistos] *επ.* unadorned
ακάλυπτος [akaliptos] *επ.* uncovered
ακαμάτης [akamatis] *επ.* lazy
ακάματος [akamatos] *επ.* indefatigable
άκαμπτος [akamptos] *επ.* unbending, inflexible
ακαμψία [akampsia] *ουσ. θ.* inflexibility
ακάμωτος [akamotos] *επ.* undone
ακάνθινος [akanthinos] *επ.* thorny
ακανόνιστος [akanonistos] *επ.* irregular
άκαπνος [akapnos] *επ.* smokeless
άκαρδα [akarda] *επίρ.* faint-heartedly
άκαρδος [akardos] *επ.* heartless
ακάρφωτος [akarfotos] *επ.* unnailed
ακατάβλητος [akatavlitos] *επ.* indomitable
ακατάβρεκτος [akatabrektos] *επ.* not sprinkled
ακαταγώνιστος [akatayonistos] *επ.* invincible
ακαταδάμαστος [akatadamastos] *επ.* indomitable
ακατάδεκτος [akatadektos] *επ.* snobbish
ακαταδεξία [akatadexia] *ουσ. θ.* snobbishness
ακαταδίκαστος [akatadikastos] *επ.* uncondemned
ακαταδίωκτος [akatadioktos] *επ.* unpersecuted
ακαταίσχυντος [akateshindos] *επ.* unashamed

ακατάκριτος [akatakritos] *επ.* blameless
ακατάληκτος [akataliktos] *επ.* without termination
ακατάληπτος [akataliptos] *επ.* incomprehensible
ακατάλληλα [akatalila] *επίρ.* unsuitably
ακατάλληλος [akatalilos] *επ.* unsuitable
ακαταλόγιστος [akataloyistos] *επ.* irrational
ακατάλυτος [akatalitos] *επ.* indestructible
ακαταμάχητος [akatamahitos] *επ.* invincible
ακαταμέτρητος [akatametritos] *επ.* immeasurable
ακατανίκητος [akatanikitos] *επ.* invincible
ακατανόητος [akatanoitos] *επ.* inconceivable
ακατάπαυστα [akatapafsta] *επίρ.* unceasingly
ακατάπαυστος [akatapafstos] *επ.* unceasing
ακαταπόνητος [akataponitos] *επ.* indefatigable
ακατάργητος [akataryitos] *επ.* unabolished
ακατάρτιστος [akatartistos] *επ.* ignorant, unprepared
ακατάσβεστος [akatasvestos] *επ.* inextinguishable
ακατασκεύαστος [akataskevastos] *επ.* unconstructed
ακαταστασία [akatastasia] *ουσ. θ.* disorder
ακατάστατος [akatastatos] *επ.* untidy, unsettled
ακατάστρωτος [akatastrotos] *επ.* unscheduled
ακατάσχετος [akatashetos] *επ.* irrepressible
ακαταφρόνητος [akatafronitos] *επ.* not to be slighted
ακατέργαστος [akateryastos] *επ.* raw
ακατεύναστος [akatevnastos] *επ.* unappeasable
ακατηγόρητος [akatiyoritos] *επ.* unaccused
ακατήχητος [akatihitos] *επ.* uncatechized
ακατοίκητος [akatikitos] *επ.* uninhabited
ακατονόμαστος [akatonomastos] *επ.* unnamed
ακατόρθωτος [akatorthotos]

επ. unachievable, impracticable
άκαυστος [akafstos] επ. unburnt
ακέντητος [akenditos] επ. not embroidered
ακένωτος [akenotos] επ. unemptied
ακέραιος [akereos] επ. whole, entire, integral
ακεραιότητα [akereotita] ουσ. θ. integrity, honesty
ακέραστος [akerastos] επ. not treated
ακερδής [akerdis] επ. unprofitable
ακέφαλος [akefalos] επ. headless
άκεφος [akefos] επ. depressed
ακήδευτος [akideftos] επ. unburied
ακηλίδωτος [akilidotos] επ. spotless
ακήρυχτος [akirihtos] επ. undeclared, unproclaimed
ακίδα [akida] ουσ. θ. spike
ακιδωτός [akidotos] επ. pointed
ακίνδυνος [akindinos] επ. harmless, safe
ακινησία [akinisia] ουσ. θ. immobility
ακινητοποίηση [akinitopiisi] ουσ. θ. immobilization
ακινητοποιώ [akinitopio] ρ. immobilize
ακίνητος [akinitos] επ. immovable
ακινητώ [akinito] ρ. immobilize, fix
ακλάδευτος [akladeftos] επ. unpruned
άκλαυτος [aklaftos] επ. unwept
ακλεής [akleis] επ. inglorious
ακλείδωτος [aklidotos] επ. unlocked
ακληρονόμητος [akleronomitos] επ. uninherited
άκληρος [akliros] επ. heirless
άκλητος [aklitos] επ. uninvited
άκλιτος [aklitos] επ. indeclinable
ακλόνητος [aklonitos] επ. unshaken
ακμάζω [akmazo] ρ. thrive, prosper
ακμαίος [akmeos] επ. flourishing, thriving
ακμή [akmi] ουσ. θ. point,

edge. prosperity
άκμονας [akmonas] *ουσ. α.* (ανατ.) anvil
ακοή [akoi] *ουσ. θ.* hearing
ακοίμητος [akimitos] *επ.* sleepless
ακοινώνητος [akinonitos] *επ.* unsociable
ακολάκευτος [akolakeftos] *επ.* unflattered
ακολασία [akolasia] *ουσ. θ.* debauchery
ακόλαστος [akolastos] *επ.* libertine
ακόλλητος [akolitos] *επ.* unattached
ακολούθημα [akoloothima] *ουσ. ο.* consequence
ακολούθηση [akoloothisi] *ουσ. θ.* following, attendance
ακολουθητικός [akoloothitikos] *επ.* consequent
ακολουθία [akoloothia] *ουσ. θ.* escort, coherence, service
ακόλουθο [akolootho] *ουσ. ο.* aftermath
ακόλουθος [akoloothos] *επ.* following, next
ακόλουθος [akoloothos] *ουσ. α.* attendant, attaché
ακολουθώ [akolootho] *ρ.* follow, attend
ακόμα [akoma] *επίρ.* still, yet, more
ακομμάτιαστο [akomatiasto] *ουσ. ο.* uncut, undivided
ακομμάτιστος [akomatistos] *επ.* independent of political parties
άκομψος [akompsos] *επ.* inelegant, plain
ακόνι [akoni] *ουσ. ο.* whetstone
ακονίζω [akonizo] *ρ.* whet, sharpen
ακονίζω [akonizo] *ρ.* whet, sharpen
ακόνισμα [akonisma] *ουσ. ο.* whetting, sharpening
ακονιστήρι [akonistiri] *ουσ. ο.* sharpener
ακονιστής [akonistis] *ουσ. α.* sharpener
ακοντίζω [akondizo] *ρ.* hurl, lance
ακόντιο [akondio] *ουσ. ο.* javelin
ακοντισμός [akondismos] *ουσ. α.* javelin throwing
ακοντιστής [akondistis] *ουσ. α.* javelin thrower

αχοπάνιστος [akopanistos] *επ.* not pounded
άχοπος [akopos] *επ.* easy, effortless. uncut
αχόρεστος [akorestos] *επ.* insatiable
αχοσχίνιστος [akoskinistos] *επ.* unsifted
αχόσμητος [akosmitos] *επ.* unadorned
αχοσμία [akosmia] *ουσ. θ.* indecency, lack of decorum
άχοσμος [akosmos] *επ.* improper, indecorous
αχουαρέλλα [akooarela] *ουσ. θ.* aquarelle, water-colour
αχουαφόρτε [aqooaforte] *ουσ. ο. άχλ.* (χημ.) nitric acid
αχουμπώ [akoobo] *ρ.* lean, rest
αχούραστος [akoorastos] *επ.* untiring
αχούρδιστος [akoordistos] *επ.* not wound up
αχούρευτος [akooreftos] *επ.* needing a haircut, uncropped
αχούσιος [akoosios] *επ.* involuntary
αχουσίως [akoosios] *επίρ.* involuntarily
άχουσμα [akoosma] *ουσ. ο.* hearing
αχουστιχή [akoostiki] *ουσ. θ.* (φυσ.) acoustics
αχουστιχός [akoostikos] *επ.* acoustic, auditory
αχουστός [akoostos] *επ.* famous, renowned
αχούω [akooo] *ρ.* hear, listen
άχρα [akra] *ουσ. ο. πληθ.* ends, extremity
αχράδαντα [akradanda] *επίρ.* firmly, unshakeably
αχράδαντος [akradandos] *επ.* unshaken, steadfast
αχραίος [akreos] *επ.* extreme, marginal
αχράτεια [akratia] *ουσ. θ.* intemperance, lack of self control
αχρατής [akratis] *επ.* intemperate, incontinent
αχράτητος [akratitos] *επ.* unrestrained, rash, incontrolable
άχρατος [akratitos] *επ.* pure
αχρέμαστος [akremastos] *επ.* unhung
άχρη [akri] *ουσ. θ.* end, point, extremity
αχριβαίνω [akriveno] *ρ.* increase the price of, raise the

price of
ακρίβεια [akrivia] *ουσ. θ.* exactness, precision, accurancy, high price
ακριβής [akrivis] *επ.* exact, precise, punctual, right
ακριβοδίκαιος [akrivodikeos] *επ.* righteous, rigorously fair
ακριβολογία [akrivoloyia] *ουσ. θ.* exactitude, preciseness
ακριβολόγος [akrivoloyos] *επ.* precisionist
ακριβολογώ [akrivoloyo] *ρ.* be very precise
ακριβοπληρώνω [akrivoplirono] *ρ.* pay dearly
ακριβοπουλώ [akrivopoolo] *ρ.* sell dear(ly)
ακριβός [akrivos] *επ.* dear. expensive, costly
ακριβώς[akrivos] *επίρ.* exactly, precisely
ακρίδα [akrida] *ουσ. θ.* (ζωολ.) locust, grasshoper
ακρινός [akrinos] *επ.* last, endmost
ακρίτης [akritis] *ουσ. α.* defender of the borderland
ακριτικός [akritikos] *επ.* of the border
ακριτομύθια [akritomithia] *ουσ. θ.* indiscretion
ακριτόμυθος [akritomithos] *επ.* indiscreet
άκριτος [akritos] *επ.* inconsiderate, thoughless
ακροάζομαι [akroazome] *ρ.* listen, attend
ακροαματικός [akroamatikos] *επ.* auditory
ακρόαση [akroasi] *ουσ. θ.* hearing, listening, audience, audition
ακροατήριο [akroatirio] *ουσ. ο.* audience
ακροατής [akroatis] *ουσ. α.* listener, hearer, auditor
ακροβασία [akrovasia] *ουσ. θ.* acrobatics
ακροβάτης [akrovatis] *ουσ. α.* acrobat, rope-dancer
ακροβατικός [akrovatikos] *επ.* acrobatic
ακροβατώ [akrobato] *ρ.* be an acrobat
ακροβολισμός [akrovolismos] *ουσ. α.* skirmish, skirmishing
ακροβολιστής [akrovolistis] *ουσ. α.* skirmisher
ακρογιαλιά [akroyialia] *ουσ. θ.* seashore, coast
ακρογωνιαίος λίθος

[akroyonieos lithos] *ουσ. α.* corner-stone

ακροθαλασσιά [akrothalassia] *ουσ. θ.* beach, seashore

ακροθιγής [akrothiyis] *επ.* superficial,

ακρόπολη [akropoli] *ουσ. θ.* acropolis, citadel

ακροστιχίδα [akrostihida] *ουσ. θ.* acrostic

ακροτελεύτιος [akroteleftios] *επ.* final, last, extreme

ακρότητα [akrotita] *ουσ. θ.* extremity

ακρυστάλλωτος [akristallotos] *επ.* not crystallized

ακρώρεια [akroria] *ουσ. θ.* top of a mountain

ακρωτηριάζω [akrotiriazo] *ρ.* mutilate

ακρωτηριασμός [akrotiriasmos] *ουσ. α.* mutilation

ακρωτήριο [akrotirio] *ουσ. ο.* cape. promontory

ακταιωρός [akteoros] *ουσ. α.* (ναυτ.) coast-guard ship

ακτένιστος [aktenistos] *επ.* uncombed

ακτή [akti] *ουσ. θ.* coast, beach, seashore

ακτήμονας [aktimonas] *ουσ. α.* without property

ακτημοσύνη [aktimosini] *ουσ. θ.* poverty, lack of prorerty

ακτίνα [aktina] *ουσ. θ.* ray, sunbeam. (τροχού) spoke

ακτινοβολία [aktinovolia] *ουσ. θ.* radiation, beaming. brilliancy

ακτινοβόλος [aktinovolos] *επ.* radiant, beaming

ακτινοβολώ [aktinovolo] *ρ.* radiate, beam. shine. irradiancy

ακτινογραφία [aktinoyrafia] *ουσ. θ.* radiography

ακτινοθεραπεία [aktinotherapia] *ουσ. θ.* radiotherapy

ακτινολογία [aktinoloyia] *ουσ. θ.* radiology

ακτινολόγος [aktinoloyos] *ουσ. α. /θ.* radiologist

ακτινοσκόπηση [aktinoskopisi] *ουσ. θ.* radioscopy, x-ray examination

ακτινοσκοπώ [aktinoskopo] *ρ.* examine with x-rays

ακτινωτός [aktinotos] *επ.* radiated

άκτιστος [aktistos] *επ.* unbuilt
ακτοπλοΐα [aktoploia] *ουσ. θ.* coasting
ακτοπλοϊκός [aktoploikos] *επ.* coastal
ακτοπλοώ [aktoploo] *ρ.* sail along the coast
ακτοφύλακας [aktofilakas] *ουσ. α.* coast-guard
ακτύπητος [aktipitos] *επ.* unbeaten
ακυβερνησία [akivernisia] *ουσ. θ.* absence of goverment
ακυβέρνητος [akivernitos] *επ.* ungoverned
ακύκλωτος [akiklotos] *επ.* not surrounded
ακύλιστος [akilistos] *επ.* unrolled
ακύμαντος [akimantos] *επ.* waveless, calm, unruffled
ακυνήγητος [akiniyitos] *επ.* unhunted
άκυρα [akira] *επίρ.* illegally
ακυρίευτος [akirieftos] *επ.* unconquered, impregnable
άκυρος [akiros] *επ.* invalid, void, null
ακυρότητα [akirotita] *ουσ. θ.* invalidity
ακυρώνω [akirono] *ρ.* nullify, annul, invalidate, cancel
ακύρωση [akirosi] *ουσ. θ.* invalidation, annulment
ακυρώσιμος [akirosimos] *επ.* reversible, voidable
ακυρωτικός [akirotokos] *επ.* nullifing, invalidating
ακύρωτος [akirotos] *επ.* unratified
ακώλυτος [akolitos] *επ.* unhindered, unobstructed
αλαβάστρινος [alavastrinos] *επ.* alabaster
αλάβαστρος [alavastros] *ουσ. α.* alabaster
αλάβωτος [alavotos] *επ.* unhurt, not wounded
αλάδωτος [aladotos] *επ.* not oiled
αλαζόνας [alazonas] *ουσ. α.* arrogant, haughty, snob
αλαζονεία [alazonia] *ουσ. θ.* arrogance, haughtiness
αλαζονεύομαι [alazonevome] *ρ.* boast, be haughty
αλαζονικός [alazonikos] *επ.* arrogant, haughty, boastful
αλάθητο [alathito] *ουσ. ο.* infallibility
αλάθητος [alathitos] *επ.*

infallible

αλαλαγμός [alalaymos] *ουσ. α.* shouting, wild cry, war cry

αλαλάζω [alalazo] *ρ.* cry out, yell, scream

άλαλος [alalos] *επ.* speechless, mute, dumb

αλάνθαστος [alanthastos] *επ.* infallible, unerring

αλάξευτος [alaxeftos] *επ.* unrefined, unhewn

αλάτι[alati] *ουσ. ο.* salt

αλατιέρα [alatiera] *ουσ. θ.* salt-cellar

αλατίζω[alatizo] *ρ.* salt, season with salt

αλάτισμα [alatisma] *ουσ. ο.* salting

αλατισμένος [alatismenos] *επ.* salted

αλατοδοχείο [alatodohio] *ουσ. ο.* saltcell

αλατόνερο [alatonero] *ουσ. ο.* salt water

αλατούχος [alatoohos] *επ.* saline, salty

αλατωρυχείο [alatorihio] *ουσ. ο.* salt-mine

αλαφρόπετρα [alafopetra] *ουσ. θ.* (ορυκτ.) pumice stone

Αλβανία [alvania] *κύρ. όν. θ.* Albania

Αλβανίδα [alvanida] *ουσ. θ.* Albanian woman

Αλβανικά [alvanika] *ουσ. ο. πληθ.* Albanian

Αλβανός [alvanos] *ουσ. α.* Albanian

άλγεβρα [alyevra] *ουσ. θ.* algebra

αλγεβρικός [alyevrikos] *επ.* algebraic

άλγος [alyos] *ουσ. ο.* pain, grief, ache, sorrow

αλέθω [aletho] *ρ.* grind

άλειμμα [alima] *ουσ. ο.* greasing, coating, anointment

αλείφω [alifo] *ρ.* coat with, smear, anoint, daub

αλέκιαστος [alekiastos] *επ.* clean

αλέκτορας [alektoras] *ουσ. α.* cock

αλεκτορομαχία [alektoromahia] *ουσ. θ.* cock-fight

Αλεξάνδρεια [Alexandria] *κύρ. όν. θ.* Alexandria

Αλέξανδρος [Alexandros] *κύρ. όν. α.* Alexander

αλεξήλιο [alexilio] *ουσ. ο.* sunshade

A

αλεξήνεμο [alexinemo] *ουσ. ο.* wind-shield
αλεξικέραυνο [alexikeravno] *ουσ. ο.* lightning-rod
αλεξιπτωτιστής [alexiptotistis] *ουσ. α.* parachutist
αλεξίπτωτο [alexiptoto] *ουσ. ο.* parachute
αλεπού [alepoo] *ουσ. θ.* (ζωολ.) fox
αλεποφωλιά [alepofolia] *ουσ. θ.* fox's hole
άλεση [alesi] *ουσ. θ.* grinding
άλεσμα [alesma] *ουσ. ο.* grinding, grist
αλεστικά [alestika] *ουσ. ο. πληθ.* grinding charges
αλέτρι [aletri] *ουσ. ο.* plough
αλετρίζω [aletrizo] *ρ.* plough, plow
αλευθέρωτος [aleftherotos] *επ.* not leberated
αλεύρι [alevri] *ουσ. ο.* flour, meal
αλευρόκολλα [alevrokolla] *ουσ. θ.* starch-paste
αλευρόμυλος [alevromilos] *ουσ. α.* flour-mill
αλευροπώλης [alevropolis] *ουσ. α.* flour merchant
αλευρώδης [alevrodis] *επ.* mealy
αλεύρωμα [alevroma] *ουσ. ο.* flouring
αλευρωμένος [alevromenos] *επ.* floury
αλευρώνω [alevrono] *ρ.* coat with flour
αλήθεια [alithia] *ουσ. θ.* truth
αληθεύω [alithevo] *ρ.* be true
αληθής [alithis] *επ.* true
αληθινά [alithina] *επίρ.* truly, really, indeed
αληθινός [alithinos] *επ.* true, truthful, genuine, real
αληθοφάνεια [alithofania] *ουσ. θ.* credibility
αληθοφανής [alithofanis] *επ.* plausible, credible
αλησμόνητος [alismonitos] *επ.* unforgettable, unforgotten
αλήστευτος [alisteftos] *επ.* unrobbed
αλητεία [alitia] *ουσ. θ.* vagabondage, (νομ.) vagrancy
αλητεύω [alitevo] *ρ.* be a vagrant, wander about, tramp
αλήτης [alitis] *ουσ. α.* vagrant, vagabond, tramp
αλί [ali] *επιφ.* alas, woe
αλιάνιστος [alianistos] *επ.*

uncut, not cut up
αλιβάνιστος [alivanistos] *επ.* unincensed, unflattered
αλίγδωτος [aliydotos] *επ.* unsoiled with grease
αλιεία [aliia] *ουσ. θ.* fishing, fishery
αλιευτικός [alieftikos] *επ.* fishing
αλιεύω [alievo] *ϱ.* fish
άλικος [alikos] *επ.* dark red, bright red
αλίμενος [alimenos] *επ.* harbourless
αλίμονο [alimono] *επιφ.* woe!, alas!
αλίπαντος [alipantos] *επ.* not greased
αλίπαστος [alipastos] *επ.* salted, salt
αλιτήϱιος [alitirios] *επ.* villainous, villain, rogue
αλκάλι [alkali] *ουσ. ο.* alkali
αλκαλικός [alkalikos] *επ.* alkaline
αλκαλικότητα [alkalikotita] *ουσ. θ.* alkalinity
αλκή [alki] *ουσ. θ.* (καθ.) strength
άλκιμος [alkimos] *επ.* strong, robust
αλκοόλ [alkol] *ουσ. ο. άκλ.* alcohol
αλκοολικός [alkolikos] *επ.* alcoholic
αλκοολισμός [alkolismos] *ουσ. α.* alcoholism
αλκυώνα [alkiona] *ουσ. θ.* (ζωολ.) halcyon, kingfisher
αλλά [alla] *σύνδ.* but
αλλαγή [allayi] *ουσ. θ.* change, alteration, variation
αλλάζω [allazo] *ϱ.* change, alter
αλλαντοποιός [allandopios] *ουσ. α.* sausage-maker
αλλαξιά [allaxia] *ουσ. θ.* change (of clothes), barter, exchange
αλλαξοπιστία [allaxopistia] *ουσ. θ.* change of faith
αλλαξοπιστώ [allaxopisto] *ϱ.* change religion
αλλαχού [allahoo] *επίϱ.* elsewhere
αλλεπάλληλος [allepallilos] *επ.* successive, repeated
αλληγοϱία [alliyoria] *ουσ. θ.* allegory
αλληγοϱικός [alliyorikos] *επ.* allegorical
αλληγοϱώ [alliyoro] *ϱ.*

allegorize
αλληθωρίζω [allithorizo] *ρ.* squint
αλληθώρισμα [allithorisma] *ουσ. ο.* squinting
αλλήθωρος [allithoros] *επ.* squint-eyed
αλληλεγγύη [allilegii] *ουσ. θ.* mutual support, solidarity
αλληλέγγυος [allilegios] *επ.* jointly responsible
αλληλένδετος [allilendenetos] *επ.* bound together
αλληλεξάρτηση [allilexartisi] *ουσ. θ.* interdependence
αλληλεπίδραση [allilepidrasi] *ουσ. θ.* interaction
αλληλεπιδρώ [allilepidro] *ρ.* interact
αλληλοβοήθεια [allilovoithia] *ουσ. θ.* mutual help
αλληλογραφία [alliloyrafia] *ουσ. θ.* correspondence
αλληλογράφος [alliloyrafos] *ουσ. α. /θ.* correspondent
αλληλογραφώ [alliloyrafo] *ρ.* correspond
αλληλοδιαδοχικά [allilodiadohika] *επίρ.* successively
αλληλοδιαδοχικός [allilodiadohikos] *επ.* successive
αλληλοδιδακτικός [allilodidaktikos] *επ.* mutually instructive
αλληλοκτονία [alliloktonia] *ουσ. θ.* mutual killing
αλληλοκτόνος [alliloktonos] *επ.* internecine
αλληλοπαθής [allilopathis] *επ.* reciprocal
αλληλοσφαγή [allilosfayi] *ουσ. θ.* mutual slaughter
αλληλούια [allilooia] *επιφ.* hallelujah
αλλήλους [alliloos] *αντ.* each other
αλληλουχία [alliloohia] *ουσ. θ.* coherence
αλληλοφάγωμα [allilofayoma] *ουσ. ο.* fighting one another
αλληλοφθονία [allilofthonia] *ουσ. θ.* mutual envy
αλλιώς [allios] *επίρ.* differently, otherwise, or else
αλλιώτικος [alliotikos] *επ.* different, strange
αλλογενής [alloyenis] *επ.* of another race
αλλόγλωσσος [alloylossos]

επ. of a foreign language
αλλοδαπός [allodapos] *ουσ. α.* foreign, alien
αλλοδοξία [allodoxia] *ουσ. θ.* different religion
αλλόδοξος [allodoxos] *επ.* of another religion
αλλοεθνής [alloethnis] *επ.* foreign, alien
άλλοθι [alothi] *ουσ. ο. άκλ.* alibi
αλλόθρησκος [allothriskos] *επ.* of another religion
αλλοιώνω [aliono] *ρ.* alter, change, falsify
αλλοιώς [allios] *επίρ.* otherwise, differently
αλλοίωση [aliosi] *ουσ. θ.* change, alteration, falsification
αλλόκοτος [alokotos] *επ.* strange, odd
αλλομορφισμός [allomorfismos] *ουσ. α.* allomorfism
αλλόπιστος [allopistos] *επ.* of another faith
αλλοπρόσαλλος [alloprosalos] *επ.* frivolous, fickle
άλλος [allos] *επ.* another, other
άλλοτε [allote] *επίρ.* formerly, some other time
αλλότριος [allotrios] *επ.* strange, alien
αλλοτριώνω [allotriono] *ρ.* alienate
αλλοτρίωση [allotriosi] *ουσ. θ.* alienation
αλλού [alloo] *επίρ.* elsewhere
αλλοφρονώ [allotriono] *ρ.* become insane
αλλοφροσύνη [allofrosini] *ουσ. θ.* madness
αλλόφυλος [allofilos] *επ.* of another race
αλλόφωνος [allofonos] *επ.* of another language
άλμα [alma] *ουσ. ο.* jump, spring
αλματώδης [almatothis] *επ.* rapid, swift
άλμη [almi] *ουσ. θ.* brine, pickle
αλμπάνης [almpanis] *ουσ. α.* blacksmith
αλμύρα [almira] *ουσ. θ.* saltness
αλμυρίζω [almirizo] *ρ.* be salty, make salty
αλμυρός [almiros] *επ.* salty, saline

αλμυρότητα [almirotita] *ουσ. θ.* saltness
αλογάκι [aloyaki] *ουσ. ο.* little horse, pony
αλογάριαστος [aloyariastos] *επ.* unaccounted
αλογίσιος [aloyisios] *επ.* (of a) horse
αλογιστία [aloyistia] *ουσ. θ.* thoughtlessness
αλόγιστος [aloyistos] *επ.* thoughtless, irrational
άλογο [aloyo] *ουσ. ο.* (ζωολ.) horse
αλογόμυγα [aloyomiya] *ουσ. θ.* (ζωολ.) horsefly
αλογόπετρα [aloyopetra] *ουσ. θ.* (ορυκτ.) green vitriol
άλογος [aloyos] *επ.* unreasonable, absurd
αλόη [aloi] *ουσ. θ.* (βοτ.) aloe
αλοιφή [alifi] *ουσ. θ.* ointment, unguent
αλουμίνιο [aloominio] *ουσ. ο.* aluminium
άλουστος [aloostos] *επ.* unwashed, unbathed
Άλπεις [Alpis] *κύρ. όν. θ. πληθ.* the Alps
άλσος [alsos] *ουσ. ο.* grove, small wood
αλτρουισμός [altrooismos] *ουσ. α.* altruism
αλτρουιστής [altrooistis] *ουσ. α.* altruist
αλύγιστος [aliyistos] *επ.* inflexible, stiff
αλυκή [aliki] *ουσ. θ.* salt-works
αλύπητα [alipita] *επίρ.* mercilessly
αλύπητος [alipitos] *επ.* merciless
αλυσίβα [alisiva] *ουσ. θ.* lye
αλυσίδα [alisida] *ουσ. θ.* chain
αλυσιδωτός [alisidotos] *επ.* chainlike
αλυσοδένω [alisidono] *ρ.* chain
αλυσόδετος [alisodetos] *επ.* bound in chains
άλυτος [alitos] *επ.* fastened, unsolved
αλύτρωτος [alitrotos] *επ.* unredeemed
άλυωτος [aliotos] *επ.* not melted
άλφα [alfa] *ουσ. ο. άκλ.* alpha
αλφαβητάριο [alfavitario] *ουσ. ο.* abc-book, spelling-book
αλφαβητικά [alfavitika] *επίρ.*

alphabetically
αλφαβητικός [alfavitiko] *επ.* alphabetical
αλφάβητο [alfavito] *ουσ. ο.* alphabet
αλφάδι [alfadi] *ουσ. ο.* level, spirit level
αλφαδιάζω [alfadiazo] *ρ.* level
αλφάδιασμα [alfadiasma] *ουσ. ο.* levelling
αλχημεία [alhimia] *ουσ. θ.* alchemy
αλχημιστής [alhimistis] *ουσ. α.* alchemist
αλώβητος [alovitos] *επ.* intact
αλώνι [aloni] *ουσ. ο.* threshing floor
αλωνίζω [alonizo] *ρ.* thresh
αλώνισμα [alonisma] *ουσ. ο.* threshing
αλωνιστής [alonistis] *ουσ. α.* thresher
αλωνιστικός [alonistikos] *επ.* threshing. **αλωνιστική μηχανή:** threshing machine
άλωση [alosi] *ουσ. θ.* conquest, fall
αλώσιμος [alosimos] *επ.* conquerable
άμα [ama] *σύνδ.* as soon as
αμάδα [amada] *ουσ. θ.* quoit
αμάδητος [amditos] *επ.* unplucked
αμάζευτος [amazeftos] *επ.* ungathered
αμαζόνα [amazona] *ουσ. θ.* amazon
αμάθεια [amathia] *ουσ. θ.* ignorance
αμαθής [amathis] *επ.* illiterate, uneducated
αμάθητος [amathitos] *επ.* untaught, untrained
αμάλακτος [amalaktos] *επ.* unsoftened
αμάλωτος [amalotos] *επ.* unscolded
αμανάτι [amanati] *ουσ. ο.* pledge, pawn
αμαντάλωτος [amandalotos] *επ.* unbolted
αμάντευτος [amandeftos] *επ.* unpredicted
άμαξα [amaxa] *ουσ. θ.* coach, carriage
αμαξάδα [amaxada] *ουσ. θ.* by carriage
αμαξάκι [amaxaki] *ουσ. ο.* buggy, dog-cart
αμαξάς [amaxas] *ουσ. α.* coachman
αμαξηλάτης [amaxilatis] *ουσ.*

α. coachdriver
αμάξι [amaxi] *ουσ. ο.* car, lorry, track, coach
αμαξιτή [amaxiti] *ουσ. θ.* carriage road
αμαξοποιός [amaxopios] *ουσ. α.* coachmaker
αμαξοστάσιο [amxostasio] *ουσ. ο.* carriage house
αμαξοστοιχία [amxostihia] *ουσ. θ.* train
αμάραντος [amarandos] *επ.* unfading. *ουσ. α.* amarant
αμαρταίνω [amarteno] *ρ.* sin
αμάρτημα [amartima] *ουσ. ο.* sin, fault
αμαρτία [amartia] *ουσ. θ.* sin
αμαρτύρητος [amartiritos] *επ.* not witnessed
αμαρτωλός [amartolos] *ουσ. α.* sinner
αμάσητος [amasitos] *επ.* unchewed
αμαστίγωτος [amastiyotos] *επ.* unwhipped
αμαυρώνω [amavrono] *ρ.* darken, dim
αμαύρωση [amavrosi] *ουσ. θ.* darkening
αμάχη [amahi] *ουσ. θ.* enmity
αμαχητί [amhiti] *επίρ.* without fighting
αμάχητος [amahitos] *επ.* irrefutable
άμαχος [amahos] *επ.* non-combatant
αμβλυγώνιος [amvliyonio] *επ.* obtuseangled
αμβλύνοια [amvlinia] *ουσ. θ.* dullness
αμβλύνους [amvlinoos] *επ.* dull
αμβλύνω [amvlino] *ρ.* blunt
αμβλύς [amvlis] *επ.* blunt, obtuse
αμβλύτητα [amvlitita] *ουσ. θ.* dullness
άμβλωση [amvlosi] *ουσ. θ.* abortion
αμβροσία [amvrosia] *ουσ. θ.* ambrosia
άμβωνας [amvonas] *ουσ. α.* pulpit
αμέ [ame] *επιφ.* why not
αμεθόδευτος [amethodeftos] *επ.* unmethodical
αμέθοδος [amethodos] *επ.* unmethodical
αμέθυστος [amethistos] *επ.* unintoxicated. *ουσ. α.* (γεωλ.) amethyst
αμείβω [amivo] *ρ.* reward

αμείλικτα [amilikta] *επίρ.* implacably
αμείλικτος [amiliktos] *επ.* implacable
αμείωτος [amiotoa] *επ.* undiminished
αμέλεια [amelia] *ουσ. θ.* negligence
αμελέτητος [ameletitos] *επ.* unprepared
αμελής [amelis] *επ.* negligent
αμελώ [amelo] *ρ.* neglect
αμελώς [amelos] *επίρ.* carelessly
άμεμπτος [amemptos] *επ.* blameless
αμερεμέτιστος [ameremetistos] *επ.* not mended
Αμερικανίδα [amerikanida] *ουσ. θ.* American woman
αμερικανίζω [amerikanizo] *ρ.* imitate the Americans
αμερικανικός [amerikanikos] *επ.* American
αμερικανισμός [amerikanismos] *ουσ. α.* Americanism
Αμερικανός [amerikanos] *ουσ. α.* American
Αμερική [ameriki] *κύρ. όν. θ.* America
αμεριμνησία [amerimnisia] *ουσ. θ.* carelessness
αμέριμνος [amerimnos] *επ.* careless, carefree
αμέριστος [ameristos] *επ.* undivided, complete
αμερόληπτα [amerolipta] *επίρ.* impartially, justly
αμερόληπτος [ameroliptos] *επ.* impartial, just
αμεροληψία [amerolipsia] *ουσ. θ.* impartiality
αμέρωτος [amerotos] *επ.* untamed
άμεσος [amesos] *επ.* immediate, direct
αμέσως [amesos] *επίρ.* immediately, directly
αμετάβατος [ametavatos] *επ.* intransitive
αμεταβίβαστος [ametavivastos] *επ.* non-transferable
αμετάβλητος [ametavlitos] *επ.* immutable, unchangeable
αμετάγγιστος [ametagistos] *επ.* not transfused
αμετάδοτος [ametadotos] *επ.* not delivered, not contagious
αμετάθετος [ametathetos] *επ.*

immovable
αμετακίνητος [ametakinitos] *επ.* immovable
αμετάκλητα [ametaklita] *επίρ.* irrevocably
αμετάκλητος [ametaklitos] *επ.* irrevocable
αμεταμέλητος [ametamelitos] *επ.* unrepentant
αμεταμόρφωτος [ametamorfotos] *επ.* not transformed
αμετανόητος [ametanoitos] *επ.* unrepentant
αμετάπειστος [ametapistos] *επ.* unpersuaded
αμεταποίητος [ametapiitos] *επ.* unaltered
αμετάπτωτος [ametaptotos] *επ.* unabated
αμετάτρεπτος [ametatreptos] *επ.* irreversible
αμετάφραστος [ametafrastos] *επ.* untranslated
αμεταχείριστος [ametahiristos] *επ.* unused, unworn
αμέτοχος [ametohos] *επ.* unparticipating
αμέτρητος [ametritos] *επ.* countless
αμήν [amin] *επιφ.* amen
αμήνυτος [aminitos] *επ.* unsued
αμηχανία [amihania] *ουσ. θ.* perplexity, embarassment
αμήχανος [amihanos] *επ.* perplexed, embarassed
αμηχανώ [amihano] *ρ.* be perplexed, be embarassed
αμίαντος [amiandos] *ουσ. α.* (ορυκτ.) amiant
αμιγής [amiyis] *επ.* unmixed
άμικτος [amiktos] *επ.* unmixed
αμίλητος [amilitos] *επ.* silent, taciturn
άμιλλα [amila] *ουσ. θ.* rivalry, competition
αμιλλώμαι [amilome] *ρ.* rival, compete
αμίμητα [amimita] *επίρ.* inimitably
αμίμητος [amimitos] *επ.* inimitable
αμισθί [amisthi] *επίρ.* gratis, without pay
άμισθος [amisthos] *επ.* unsalaried, unpaid
αμίσθωτος [amisthotos] *επ.* not hired, unpaid
άμισχος [amishos] *επ.*

stemless
αμμίτης [amities] *ουσ. α.* (ορυκτ.) sandstone
αμμοδόχη [amodohi] *ουσ. θ.* sand box
αμμοθύελλα [amothiela] *ουσ. θ.* sand-storm
αμμοκονία [amokonia] *ουσ. θ.* plaster
αμμόλιθος [amolithos] *ουσ. α.* sandstone
άμμος [amos] *ουσ. θ.* sand
αμμουδερός [amuderos] *επ.* sandy
αμμουδιά [amudia] *ουσ. θ.* sandy beach
αμμώδης [amodis] *επ.* sandy
αμμωνία [amonia] *ουσ. θ.* (χημ.) amonia
αμνημόνευτος [amnimoneftos] *επ.* unmentioned
αμνημοσύνη [amnimosini] *ουσ. θ.* forgetfulness
αμνησία [amnisia] *ουσ. θ.* amnesia
αμνησικακία [amnisikakia] *ουσ. θ.* forgivingness
αμνησίκακος [amnisikakos] *επ.* forgiving
αμνησικακώ [amnisikako] *ρ.* be unresenting
αμνηστεύω [amnistevo] *ρ.* grant amnesty
αμνηστία [amnistia] *ουσ. θ.* amnesty
αμνός [amnos] *ουσ. α.* (ζωολ.) lamb
αμοιβάδα [amivada] *ουσ. θ.* (ζωολ.) ameba
αμοιβαίος [amiveos] *επ.* mutual
αμοιβαιότητα [amiveotita] *ουσ. θ.* reciprocity
αμοιβή [amivi] *ουσ. θ.* reward, recompense
αμοίραστος [amirastos] *επ.* undivided, undistributed
αμοιρολόγητος [amiroloyitos] *επ.* unlamented
άμοιρος[amiros] *επ.* unlucky
αμόλευτος [amoleftos] *επ.* pure, untainted
αμόλυντος [amolindos] *επ.* unpolluted, not contaminated. chaste
αμολώ [amolo] *ρ.* loosen
αμόνι [amoni] *ουσ. ο.* anvil
αμόνοιαστος [amoniastos] *επ.* unreconciled
αμορτισέρ [amortiser] *ουσ. ο. άκλ.* (αυτ.) shock absorber

αμορφία [amorfia] *ουσ. θ.* shapelessness
άμορφος [amorfos] *επ.* shapeless
αμόρφωτος [amorfotos] *επ.* uneducated
αμούσκευτος [amuskeftos] *επ.* unsoaked
άμουσος [amusos] *επ.* uneducated, rude. unmusical
αμούστακος [amustakos] *επ.* without a moustache
αμούχλιαστος [amuhliastos] *επ.* not mouldy
άμοχθος [amohthos] *επ.* unlaboured
αμπαζούρ [abazoor] *ουσ. ο. άκλ.* abatjour, candle-shade
αμπαλάρισμα [abalarisma] *ουσ. ο.* packing
αμπαλάρω [abalaro] *ρ.* pack up
αμπάλωτος [abalotos] *επ.* unpatched
αμπάρα [abara] *ουσ. θ.* bar, bolt
αμπάρι [abari] *ουσ. ο.* hold
αμπάριζα [abariza] *ουσ. ο.* prisoner's base
αμπαρώνω [abarono] *ρ.* bar
αμπέλι [abeli] *ουσ. ο.* (βοτ.) vineyard
αμπελουργία [abeluryia] *ουσ. θ.* vine-growing
αμπελουργός [abeluryos] *ουσ. α.* vine-grower
αμπελοφύλακας [abelofilakas] *ουσ. α.* guard of a vineyard
αμπελόφυλλο [abelofilo] *ουσ. ο.* vine-leaf
αμπελοφυτεία [abelofitia] *ουσ. θ.* plantation of vines
αμπελόφυτος [abelofitos] *επ.* planted with vines
αμπελοχώραφα [abelohorafa] *ουσ. ο. πληθ.* fields and vineyard
αμπελώνας [abelonas] *ουσ. α.* vineyard
αμπέρ [aber] *ουσ. ο. άκλ.* (φυσ.) ampere
αμπερόμετρο [aberometro] *ουσ. ο.* (φυσ.) ampere-meter
αμπέχονο [abehono] *ουσ. ο.* military jacket
αμπόλιαστος [aboliastos] *επ.* not vaccinated
άμποτε [abote] *επίρ.* so may it be
άμπωτη [aboti] *ουσ. θ.* (ναυτ.) ebb

άμυαλος [amialos] *επ.* brainless, foolish
αμυγδαλάτος [amiydalatos] *επ.* dressed with almonds
αμυγδαλιά [amiydalia] *ουσ. θ.* (βοτ.) almond-tree
αμυγδαλίτιδα [amiydalitida] *ουσ. θ.* (ιατρ.) tonsillitis
αμύγδαλο [amiydalo] *ουσ. ο.* (βοτ.) almond
αμυγδαλόλαδο [amiydalolado] *ουσ. ο.* almondoil
αμυγδαλωτός [amiydalotos] *επ.* almondlike
αμυδρός [amidros] *επ.* dim, faint
αμυδρότητα [amidrotita] *ουσ. θ.* dimness
αμύητος [amiitos] *επ.* uninitiated
αμύθητος [amithitos] *επ.* fabulous
άμυλο [amilo] *ουσ. ο.* starch
αμυλώδης [amilodis] *επ.* farinaceous, starchy
άμυνα [amina] *ουσ. θ.* defence
αμύνομαι [aminome] *ρ.* defend oneself, resist
αμυνόμενος [aminomenos] *ρ.* defender
αμυντικός [amindikos] *επ.* defensive
αμύριστος [amiristos] *επ.* odorless
αμύρωτος [amirotos] *επ.* unchristened
αμυχή [amihi] *ουσ. θ.* scratch
αμφιβάλλω [amfivalo] *ρ.* doubt
αμφίβιος [amfivios] *επ.* amphibious
αμφιβληστροειδής [amfivlistroidis] *ουσ. α.* (ανατ.) retina
αμφιβολία [amfivolia] *ουσ. θ.* doubt
αμφίβολος [amfivolos] *επ.* doubtful
αμφιδέξιος [amfidexios] *επ.* ambidextrous
αμφίεση [amfiesi] *ουσ. θ.* dress, clothing
αμφιθεατρικός [amfitheatrikos] *επ.* amphitheatrical
αμφιθέατρο [amfitheatro] *ουσ. ο.* amphitheater
αμφίκοιλος [amfikilos] *επ.* biconcave
αμφίκυρτος [amfikyrtos] *επ.* biconvex

αμφιλογία [amfiloyia] *ουσ. θ.* ambiguity
αμφίλογος [amfiloyos] *επ.* ambiguous
άμφιο [amfio] *ουσ. ο.* vestment
αμφίρροπος [amfiropos] *επ.* hesitating
αμφισβητήσιμος [amfisvitisimos] *επ.* disputable, questionable
αμφισβητώ [amfisvito] *ρ.* dispute
αμφίστομος [amfistomos] *επ.* two-edged
αμφιταλαντεύομαι [amfitalandevome] *ρ.* hesitate
αμφιταλάντευση [amfitalandefsi] *ουσ. θ.* hesitation
αμφιτρύωνας [amfitrionas] *ουσ. α.* amphitryon
αμφορέας [amforeas] *ουσ. α.* jar, pitcher
αμφοτεροβαρής [amfoterovaris] *επ.* reciprocal
αμφότεροι [amfoteri] *επ.* both
άμωμος amomos] *επ.* unblamable
αν [an] *σύνδ.* if, whether
ανά [ana] *πρόθ.* on, upon, through, about
αναβαθμός [anavathmos] *ουσ. α.* stair, step
ανάβαθρο [anavathro] *ουσ. ο.* platform
αναβάλλω [anavalo] *ρ.* postpone, put off
αναβαπτίζω [anavaptizo] *ρ.* rebaptize
αναβαπτισμός [anavaptismos] *ουσ. α.* rebaptization
ανάβαση [anavasi] *ουσ. θ.* ascension
αναβάτης [anavatis] *ουσ. α.* rider, horseman
αναβατός [anavatos] *επ.* mountable
αναβιβάζω [anavivazo] *ρ.* raise, lift up
αναβίβαση [anavivasi] *ουσ. θ.* raising, lifting
αναβιώνω [anaviono] *ρ.* revive
αναβίωση [anaviosi] *ουσ. θ.* revival
αναβλαστάνω [anavlastano] *ρ.* grow again
αναβλέπω [anavlepo] *ρ.* see again
ανάβλεψη [anavlepsi] *ουσ. θ.* looking up

αναβλητικός [anavlitikos] *επ.* dilatory, delaying
αναβλητικότητα [anavlitikotita] *ουσ. θ.* dilatoriness
αναβλύζω [anavlizo] *ρ.* spring
αναβολέας [anavoleas] *ουσ. α.* stirrup
αναβολή [anavoli] *ουσ. θ.* delay, postponement
αναβοώ [anavoo] *ρ.* shout
αναβράζω [anavrazo] *ρ.* boil up
αναβρασμός [anavrasmos] *ουσ. α.* boiling up
αναβροχιά [anavrohia] *ουσ. θ.* lack of rain, drought
αναβρύζω [anavrizo] *ρ.* spout forth
αναβρυτήριο [anavritirio] *ουσ. ο.* spring, fountain
ανάβω [anavo] *ρ.* light, turn on
αναγαλλιάζω [anayaliazo] *ρ.* cheer up
αναγάλλιασμα [anayaliasma] *ουσ. ο.* exultation
αναγγελία [anagelia] *ουσ. θ.* announcement
αναγγέλλω [anagelo] *ρ.* announce
αναγέννηση [anayenisi] *ουσ. θ.* regeneration, revival
αναγεννώ [anayeno] *ρ.* regenerate
αναγεννώμαι [anayenome] *ρ.* be reborn
αναγέρνω [anayerno] *ρ.* incline
αναγκάζω [anagazo] *ρ.* force
αναγκαίος [anageos] *επ.* necessary
αναγκαιότητα [anageotita] *ουσ. θ.* necessity
αναγκαστικός [anagastikos] *επ.* compulsory, obligatory
ανάγκη [anagi] *ουσ. θ.* necessity, need
ανάγλυφο [anaylifo] *ουσ. ο.* relief, work in relief
ανάγλυφος [anaylifos] *επ.* wrought in relief
αναγνωρίζω [anaynorizo] *ρ.* recognize
αναγνώριση [anaynorisi] *ουσ. θ.* recognition
αναγνωριστικός [anaynoristikos] *επ.* recognizing
ανάγνωση [anaynosi] *ουσ. θ.* reading
αναγνώσιμος [anaynosimos]

επ. legible
ανάγνωσμα [anaynosma] *ουσ. ο.* lectura, reading
αναγνωστήριο [anaynostirio] *ουσ. ο.* reading-room
αναγνώστης [anaynostis] *ουσ. α.* reader
αναγνωστικό [anaynostiko] *ουσ. ο.* reader
αναγνωστικός [anaynostikos] *επ.* reading
αναγόρευση [anayorefsi] *ουσ. θ.* nomination
αναγορεύω [anayorevo] *ρ.* nominate
αναγούλα [anayoola] *ουσ. θ.* nausea
αναγουλιάζω [anayuliazo] *ρ.* feel sick
αναγραμματισμός [anayramatismos] *ουσ. α.* anagrammatism
αναγραφέας [anayrafeas] *ουσ. α.* recorder
αναγραφή [anagrafi] *ουσ. θ.* record, registry
αναγράφω [anayrafo] *ρ.* record
ανάγω [anayo] *ρ.* bring to, refer
αναγωγή [anayoyi] *ουσ. θ.* reference, (μαθ.) reduction
αναγωγικός [anayoyikos] *επ.* reducing
ανάγωγος [anayoyos] *επ.* ill-bred, perverse
αναδασμός [anadasmos] *ουσ. α.* distribution of land
αναδασώνω [anadasono] *ρ.* reforest
αναδάσωση [anadasosi] *ουσ. θ.* reforestation
αναδεικνύω [anadiknio] *ρ.* show, mark out, exhibit
ανάδειξη [anadiksi] *ουσ. θ.* showing, raising
ανάδελφος [anadelfos] *επ.* brotherless, sisterless
αναδένω [anadeno] *ρ.* tie up
αναδεξιμιά [anadeximia] *ουσ. θ.* goddaughter
αναδεξιμιός [anadeximios] *ουσ. α.* godson
αναδεύω [anadevo] *ρ.* mix, shake
αναδέχομαι [anadehome] *ρ.* undertake
αναδημιουργία [anadimiuryia] *ουσ. θ.* recreation
αναδημιουργώ [anadimiyryo] *ρ.* recreate

αναδημοσίευση [anadimosiefsi] *ουσ. θ.* republication
αναδημοσιεύω [anadimosievo] *ϱ.* republish
αναδικάζω [anadikazo] *ϱ.* try again
αναδίνω [anadino] *ϱ.* emit, produce
αναδιοργανώνω [anadioryanono] *ϱ.* reorganise
αναδιοργάνωση [anadioryanosi] *ουσ. θ.* reorganization
αναδιορίζω [anadiorizo] *ϱ.* reappoint
αναδιορισμός [anadiorismos] *ουσ. α.* reappointment
αναδιπλασιάζω [anadiplasiazo] *ϱ.* redouble
αναδίπλωση [anadiplosi] *ουσ. θ.* refolding
αναδίφηση [anadifisi] *ουσ. θ.* research
αναδιφώ [anadifo] *ϱ.* search over
ανάδοση [anadosi] *ουσ. θ.* emission
αναδουλειά [anadoolia] *ουσ. θ.* lack of work
αναδοχή [anadohi] *ουσ. θ.* undertaking
ανάδοχος [anadohos] *ουσ. α.* godfather, sponsor
αναδρομή [anadromi] *ουσ. θ.* retrospection, retrogression
αναδρομικά [anadromika] *επίϱ.* retrogressively, retroactively
αναδρομικός [anadromikos] *επ.* retroactive, retrospective
αναδρομικότητα [anadromikotita] *ουσ. θ.* retroactivity
ανάδυση [anadisi] *ουσ. θ.* emersion
αναδύω, -ομαι [anadio, -ome] *ϱ.* emerge
ανάερος [anaeros] *επ.* light
αναζήτηση [anazitisi] *ουσ. θ.* search, investigation
αναζητώ [anazito] *ϱ.* search for
αναζύμωση [anazimosi] *ουσ. θ.* fermentation
αναζωογόνηση [anazooyonisi] *ουσ. θ.* reanimation, revival
αναζωογονητικός [anazooyonitikos] *επ.* reviving
αναζωογονώ [anazooyono] *ϱ.* revive, reanimate
αναζωπυρώνω [anazopirono]

ρ. reanimate
αναζωπύρωση [anazopirosi] *ουσ. θ.* reanimation
αναθαρρεύω [anatharevo] *ρ.* regain courage
αναθάρρηση [antharisi] *ουσ. θ.* encouragement
αναθαρρύνω [anatharino] *ρ.* encourage, hearten
ανάθεμα [anathema] *ουσ. ο.* curse
αναθέτω [anatheto] *ρ.* entrust, charge
αναθεωρητής [anatheoritis] *ουσ. α.* reviser
αναθεωρητικός [anatheoritikos] *επ.* revisional
αναθεωρώ [anatheoro] *ρ.* revise
ανάθημα [anathima] *ουσ. ο.* offering, donation
αναθηματικός [anathimatikos] *επ.* dedicatory
ανάθρεμμα [anathrema] *ουσ. ο.* nurseling
αναθρέφω [anathrefo] *ρ.* bring up
αναθύμηση [anathimisi] *ουσ. θ.* recollection
αναθυμιάζω [anathimiazo] *ρ.* exhale
αναθυμίαση [anathimiasi] *ουσ. θ.* exhalation
αναίδεια [anedia] *ουσ. θ.* shamelessness, impudence
αναιδής [anedis] *επ.* impudent, shameless
αναίμακτα [anemakta] *επίρ.* without bloodshed
αναίμακτος [anemaktos] *επ.* bloodless
αναιμία [anemia] *ουσ. θ.* (ιατρ.) anemia
αναιμικός [anemikos] *επ.* (ιατρ.) anemic
αναίρεση [aneresi] *ουσ. θ.* refutation
αναιρέσιμος [aneresimos] *επ.* refutable
αναιρετικός aneretikos] *επ.* refuting
αναιρώ [anero] *ρ.* refute
αναισθησία [anesthisia] *ουσ. θ.* insensibility
αναισθητικός [anesthitikos] *επ.* anaesthetic
αναισθητοποιώ [anesthitopio] *ρ.* anaesthetize
αναίσθητος [anesthitos] *επ.* senseless
αναισχυντία [aneshindia] *ουσ.*

θ. shamelessness
αναίσχυντος [aneshindos] επ. shameless
αναισχυντώ [aneshindo] ρ. be impudent
αναιτιολόγητος [anetioloyitos] επ. unjustified
αναίτιος [anetios] επ. without cause
ανακαγχάζω [anakayhazo] ρ. burst out laughing
ανακαθίζω [ankathizo] ρ. sit up
ανακάθομαι [anakathome] ρ. sit up
ανακαινίζω [anakenizo] ρ. renew
ανακαίνιση [anakenisi] ουσ. θ. renewal
ανακαινιστής [anakenistis] ουσ. α. renovator
ανακαινιστικός [anakenistikos] επ. renewing
ανακαλύπτω [anakalipto] ρ. discover
ανακάλυψη [anakalipsi] ουσ. θ. discovery
ανακαλώ [anakalo] ρ. recall, call back
ανακάμπτω [anakampto] ρ. bend back, return
ανάκαμψη [anakampsi] ουσ. θ. bending backwards
ανάκατα [anakata] επίρ. pell-mell, higgledy-piggledy
ανακατανομή [anakatanomi] ουσ. θ. reallocation
ανακατάταξη [anakatataxi] ουσ. θ. reclassification
ανακατεύομαι [anakatevome] ρ. meddle, mix
ανακατεύω [anakatevo] ρ. mix, stir up
ανακάτωμα [anakatoma] ουσ. ο. mixing, confusion
ανακατωμένος [anakatomenos] επ. mixed, confused
ανακατώνω [anakatono] ρ. mix, stir up
ανακατωσούρης [anakatosuris] ουσ. α. meddler, agitator
ανακεφαλαιώνω [anakefaleono] ρ. recapitulate, summarize
ανακεφαλαίωση [anakefaleosi] ουσ. θ. recapitulation, summary
ανακεφαλαιωτικός [anakefaleotikos] επ. recapitulatory

ανακήρυξη [anakirixi] *ουσ. θ.* proclamation, declaration
ανακηρύττω [anakirito] *ρ.* proclaim, declare
ανακίνηση [anakinisi] *ουσ. θ.* stirring, bringing up
ανακινώ [anakino] *ρ.* stir up, agitate
ανάκλαση [anaklasi] *ουσ. θ.* refraction
ανακλαστικός [anaklastikos] *επ.* refractive
ανάκληση [anaklisi] *ουσ. θ.* recall, revocation
ανακλητήριο [anaklitirio] *ουσ. ο.* recall
ανακλητός [anaklitos] *επ.* revocable
ανάκλιντρο [anaklindro] *ουσ. ο.* sofa, couch
ανακοινωθέν [anakinothen] *ουσ. ο.* communiquè
ανακοινώνω [anakinono] *ρ.* communicate
ανακοίνωση [anakinosi] *ουσ. θ.* communication
ανακολουθία [anakoloothia] *ουσ. θ.* inconsistency
ανακόλουθος [anakoloothos] *επ.* inconsistent
ανακομιδή [anakomidi] *ουσ. θ.* removal
ανακομίζω [anakomizo] *ρ.* bring back
ανακοπή [anakopi] *ουσ. θ.* interruption. (ιατρ.) failure, (νομ.) caveat
ανακόπτω [anakopto] *ρ.* stop, hold
ανακούρκουδα [anakoorkooda] *επίρ.* squatting
ανακουφίζω [anakoofizo] *ρ.* relieve, alleviate
ανακούφιση [anakoofisi] *ουσ. θ.* relief, alleviation
ανακουφιστικός [anakoofistikos] *επ.* relieving, alleviating
ανακράζω [anakrazo] *ρ.* exclaim, cry out
ανακρεμώ [anakremo] *ρ.* hang up, suspend
ανακρίβεια [anakrivia] *ουσ. θ.* inaccuracy
ανακριβής [anakrivis] *επ.* inaccurate
ανακρίνω [anakrino] *ρ.* examine, question
ανάκριση [anakrisi] *ουσ. θ.* inquiry, examination
ανακριτής [anakritis] *ουσ. α.*

interrogator, examiner
ανακριτικός [anakritikos] *επ.* examining, inquisitorial
ανακροτώ [anakroto] *ρ.* clap, applaud
ανάκρουση [anakroosi] *ουσ. θ.* playing
ανακρούω anakrooo] *ρ.* play
ανάκτηση [anaktisi] *ουσ. θ.* recovery
ανακτητός [anaktitos] *επ.* recoverable
ανακτοβούλιο anaktovoolio] *ουσ. ο.* cabinet council
ανακτορικός [anaktorikos] *επ.* royal
ανάκτορο [anaktoro] *ουσ. ο.* palace, royal house
ανακτώ [anakto] *ρ.* recover
ανακύκλωση [anakiklosi] *ουσ. θ.* looping
ανακύπτω [anakipto] *ρ.* emerge, come up
ανακωχή [anakohi] *ουσ. θ.* armistice, truce
αναλαμβάνω [analamvano] *ρ.* recover, regain. undertake
αναλαμπή [analampi] *ουσ. θ.* flash, glare
αναλάμπω [analampo] *ρ.* flash, glitter
ανάλαμψη [analampsi] *ουσ. θ.* flash, glitter
ανάλατος [analatos] *επ.* saltless, unsalted
ανάλαφρος [analafros] *επ.* light
αναλγησία [analyisia] *ουσ. θ.* cruelty
ανάλγητος [analyitos] *επ.* cruel, unfeeling
ανάλεστος [analestos] *επ.* unground
αναλήθεια [analithia] *ουσ. θ.* untruth
αναλήθης [analithis] *επ.* untrue
ανάληψη [analipsi] *ουσ. θ.* resumption, with-drawal
αναλλοίωτος[analliotos] *επ.* unaltered
αναλογία [analoyia] *ουσ. θ.* proportion, relation
αναλογίζομαι [analoyizome] *ρ.* consider, think
αναλογικός [analoyikos] *επ.* proportional
αναλόγιο [analoyio] *ουσ. ο.* book-stand
ανάλογος [analoyos] *επ.* proportionate
αναλογώ [analoyo] *ρ.* be

A

analogous
αναλόγως [analoyos] *επίρ.* proportionately
ανάλυση [analisi] *ουσ. θ.* analysis
αναλυτικός [analitikos] *επ.* analytical
αναλύω [analio] *ρ.* analyze
αναλφάβητος [analfavitos] *επ.* illiterate
ανάλωση [analosi] *ουσ. θ.* consumption
αναλωτικός [analotikos] *επ.* consuming, costly
αναμάρτητος [anamartitos] *επ.* sinless, impeccable
αναμάσημα [anamasima] *ουσ. ο.* rumination
αναμασώ [anamaso] *ρ.* ruminate
ανάμεικτος [anamiktos] *επ.* mixed
ανάμειξη [anamixi] *ουσ. θ.* mixing
αναμένω [anameno] *ρ.* wait for, expect
ανάμεσα [anamesa] *επίρ.* between, among
αναμεταξύ [anametaxi] *επίρ.* between, among
αναμέτρηση [anametrisi] *ουσ. θ.* remeasuring
αναμετρώ [anametro] *ρ.* measure again
αναμηρυκάζω [anamirikazo] *ρ.* ruminate
αναμηρυκαστικός [anamirikastikos] *επ.* ruminant
αναμιγνύομαι [anamiyniome] *ρ.* meddle. interfere
αναμιγνύω [anamiynio] *ρ.* mix up, blend
ανάμικτος [anamiktos] *επ.* mixed, miscellaneous
αναμισθώνω [anamisthono] *ρ.* lease again, hire
αναμίσθωση [anamisthosi] *ουσ. θ.* new lease
άναμμα [anamma] *ουσ. ο.* lighting
αναμμένος [anammenos] *επ.* lit, on, going
ανάμνηση [anamnisi] *ουσ. θ.* rememberance
αναμνηστικός [anamnistikos] *επ.* memorial, commemorative
αναμονή [anamoni] *ουσ. θ.* waiting
αναμορφώνω [anamorfono] *ρ.* reform

αναμόρφωση [anamorfosi] *ουσ. θ.* reformation
αναμορφωτής [anamorfotis] *ουσ. α.* reformer
αναμορφωτικός [anamorfotikos] *επ.* reformative
αναμπουμπούλα [anampoompoola] *ουσ. θ.* confusion
αναμφισβήτητος [anamfisvititos] *επ.* indisputable
ανανάς [ananas] *ουσ. α.* (βοτ.) pineapple
ανανδρία [anandria] *ουσ. θ.* cowardice
άνανδρος [anandros] *επ.* coward
ανανεώνω [ananeono] *ρ.* renew, renovate
ανανέωση [ananeosi] *ουσ. θ.* renewal
ανανεωτής [ananeotis] *ουσ. α.* renewer, renovator
ανανεωτικός [ananeotikos] *επ.* renovating
ανανήφω [ananifo] *ρ.* get sober
ανάνηψη [ananipsi] *ουσ. θ.* recovering, getting sober
ανανταπόδοτος [anandapodotos] *επ.* unreturned
αναντικατάστατος [anandikatastatos] *επ.* irreplaceable
αναντίρρητος [anandiritos] *επ.* uncontradictable, incontestable
ανάξια [anaxia] *επίρ.* unworthily
αναξιοπαθής [anaxiopathis] *επ.* suffering undeservedly
αναξιοπαθώ [anaxiopatho] *ρ.* suffer undeservedly
αναξιοπιστία [anaxiopistia] *ουσ. θ.* unreliability
αναξιόπιστος [anaxiopistos] *επ.* unreliable, unworthy
αναξιοπρεπής [anaxioprepis] *επ.* undignified
ανάξιος [anaxios] *επ.* unworthy, incapable
αναξιότητα [anaxiotita] *ουσ. θ.* unworthiness, incapacity
αναξιόχρεος [anaxiohreos] *επ.* unreliable
αναπαλλοτρίωτος [anapallotriotos] *επ.* inalienable
αναπάντητος [anapanditos]

επ. unanswered
αναπαράγω [anaparayo] *ρ.* reproduce
αναπαραγωγή [anaparayoyi] *ουσ. θ.* reproduction
αναπαράσταση [anaparastasi] *ουσ. θ.* representation
αναπαριστώ [anaparisto] *ρ.* represent
ανάπαυλα [anapavla] *ουσ. θ.* rest
αναπαύομαι [anapavome] *ρ.* rest
ανάπαυση [anapavfsi] *ουσ. θ.* repose
αναπαυτήριο [anapavftirio] *ουσ. ο.* resting place
αναπαυτικά [anapavftika] *επίρ.* comfortably
αναπαυτικός [anapavftikos] *επ.* comfortable
αναπαύω [anapavo] *ρ.* rest, give a rest
αναπέμπω [anapempo] *ρ.* send up
αναπετώ [anapeto] *ρ.* fly up
αναπήδηση [anapidisi]*ουσ. θ.* leaping
αναπηδώ [anapido] *ρ.* rebound, leap
αναπηρία [anapiria] *ουσ. θ.* disability, infirmity
ανάπηρος [anapiros] *επ.* /*ουσ. α.* disabled, invalid
αναπλάθω [anaplatho] *ρ.* reform
ανάπλαση [anaplasi] *ουσ. θ.* reformation
αναπλαστικός [anaplastikos] *επ.* reformative
αναπλέω [anapleo] *ρ.* sail up
αναπλήρωμα [anapliroma] *ουσ. ο.* complement, supplement
αναπληρωματικός [anapliromatikos] *επ.* supplementary
αναπληρώνω [anaplirono] *ρ.* fill up, refill
αναπλήρωση [anaplirosi] *ουσ. θ.* filling up
αναπληρωτής [anaplirotis] *ουσ. α.* subsitute
αναπνευστικός [anapnefstikos] *επ.* respiratoty
αναπνέω [anapneo] *ρ.* breathe, respire
αναπνοή [anapnoi] *ουσ. θ.* breath, respiration
ανάποδα [anapoda] *επίρ.* upside down

αναπόδεικτος [anapodiktos] *επ.* unproved
αναπόδεκτος [anapodektos] *επ.* unacceptable
ανάποδη [anapodi] *ουσ. θ.* the wrong side
αναποδιά [anapodia] *ουσ. θ.* bad luck
αναποδογυρίζω [anapodoyirizo] *ρ.* upset, overturn
αναποδογύρισμα [anapodoyirisma] *ουσ. ο.* upsetting
ανάποδος [anapodos] *επ.* wrong, reversed
αναπόδοτος [anapodotos] *επ.* unreturned
αναπόδραστος [anapodrastos] *επ.* inevitable
αναπόκριτος [anapokritos] *επ.* unanswered
αναπόληση [anapolisi] *ουσ. θ.* recollection
αναπολώ [anapolo] *ρ.* recollect
αναπόσβεστος [anaposvestos] *επ.* unextinguished
αναπόσπαστος [anapospastos] *επ.* inseparable
αναπότρεπτος [anapotreptos] *επ.* undeterred
αναποφάσιστος [anapofasistos] *επ.* undecided
αναπόφευκτος [anapofefktos] *επ.* inevitable
αναπροσαρμογή [anaprosarmoyi] *ουσ. θ.* readjustment
αναπτερώνω [anapterono] *ρ.* reanimate
αναπτέρωση [anapterosi] *ουσ. θ.* revival
αναπτερωτικός [anapterotikos] *επ.* raising
αναπτήρας [anaptiras] *ουσ. α.* lighter
αναπτυγμένος [anaptiymenos] *επ.* developed
ανάπτυξη [anaptixi] *ουσ. θ.* development
αναπτύσσω [anaptosso] *ρ.* develop, unfold
αναργυρία [anaryiria] *ουσ. θ.* poverty
ανάργυρος [anaryiros] *επ.* penniless
άναρθρος [anarthros] *επ.* inarticulate
αναρίθμητος [anarithitos] *επ.*

innumerable
ανάριος [anarios] *επ.* thin
αναρμόδιος [anarmodios] *επ.* incompetent
αναρμοδιότητα [anarmodiotita] *ουσ. θ.* incompetence
αναρμοστία [anarmostia] *ουσ. θ.* unsuitability
ανάρμοστος [anarmostos] *επ.* unsuitable
αναρπάζω [anarpazo] *ρ.* carry off
ανάρπαστος [anarpastos] *επ.* carried off
αναρράπτω [anarrapto] *ρ.* sew up
αναρρηγνύω [anarriynio] *ρ.* burst
ανάρρηση [anarrisi] *ουσ. θ.* ascension
αναρρίπτω [anarripto] *ρ.* throw up
αναρρίχηση [anarihisi] *ουσ. θ.* climbing
αναρριχητικός [anarihitikos] *επ.* climbing
αναρριχώμαι [anarrihome] *ρ.* climb
αναρροφώ [anarrofo] *ρ.* suck
αναρρώνω [anarrono] *ρ.* recover
ανάρρωση [anarrosi] *ουσ. θ.* recovery
αναρρωτήριο [anarrotirio] *ουσ. ο.* convalescent home
αναρρωτικός [anarotikos] *επ.* recuperative
αναρτήρας [anartiras] *ουσ. α.* hanger
ανάρτηση [anartisi] *ουσ. θ.* suspension
αναρτώ [anarto] *ρ.* suspend
αναρχία [anarhia] *ουσ. θ.* anarchy
αναρχικός [anarhikos] *επ.* anarchist
άναρχος [anarhos] *επ.* without beginning
αναρωτιέμαι [anarotieme] *ρ.* wonder
ανάσα [anasa] *ουσ. θ.* breath
ανασαίνω [anaseno] *ρ.* respire, βρεατηε
ανασαλεύω [anasalevo] *ρ.* budge
ανασείω [anasio] *ρ.* shake up
ανασέρνω [anaserno] *ρ.* pull up
ανασήκωμα [anasikoma] *ουσ. ο.* raising
ανασηκώνομαι

[anasikonome] ρ. rise
ανασηκώνω [anasikono] ρ. raise
ανασκάλεμα [anaskalema] *ουσ. ο.* digging up
ανασκαλεύω [anaskalevo] ρ. dιg up
ανασκάπτω [anaskapto] ρ. excavate
ανασκαφέας [anaskafeas] *ουσ. α.* excavator
ανασκαφή [anaskafi] *ουσ. θ.* excavation
ανάσκελα [anskela] *επίρ.* on one's back
ανασκευάζω [anaskevazo] ρ. rearrange
ανάσκητος [anaskitos] *επ.* untrained
ανασκίρτηση [anaskirtisi] *ουσ. θ.* springing up
ανασκιρτώ [anaskirto] ρ. spring
ανασκόπηση [anaslopisi] *ουσ. θ.* review
ανασκοπώ [anaskopo] ρ. review
ανασκούμπωμα [anaskooboma] *ουσ. ο.* rolling up
ανασκουμπώνομαι [anaskoomponome] ρ. roll up /set up my sleeves
ανασπώ [anaspo] ρ. draw out
ανασταίνω [anasteno] ρ. revive
ανασταλτικός [anastaltikos] *επ.* suspensive. restraining
ανάσταση [anastasi] *ουσ. θ.* resurrection
αναστάσιμος [anastasimos] *επ.* resurrectional
ανάστατος [anastatos] *επ.* excited
αναστατώνω [anastatono] ρ. stir up
αναστάτωση [anastatosi] *ουσ. θ.* disorder, confusion
αναστέλλω [anastello] ρ. suspend
αναστεναγμός [anastenaymos] *ουσ. ο.* sigh
αναστενάζω [anastenazo] ρ. sigh
αναστηλώνω [anastilono] ρ. erect, raise
αναστήλωση [anastilosi] *ουσ. θ.* erection, restoration
ανάστημα [anastima] *ουσ. ο.* height, stature
αναστολέας [anastoleas] *ουσ. α.* stopper

αναστολή [anastoli] *ουσ. θ.* suspension. restraint
αναστόμωση [anastomosi] *ουσ. θ.* broadening
αναστρέφω [anastrefo] *ρ.* turn back, reverse
άναστρος [anastros] *επ.* starless
ανάστροφος [anastrofos] *επ.* inverted
ανασυγκροτώ [anasigroto] *ρ.* recreate
ανασυνδέω [anasindeo] *ρ.* rejoin
ανασυνιστώ [anasinisto] *ρ.* reestablish
ανασύρω [anasiro] *ρ.* draw up
ανασύσταση [anasistasi] *ουσ. θ.* reestablishment
ανασφάλιστος [anasfalistos] *επ.* not insured
ανασχηματίζω [anashimatizo] *ρ.* reconstruct
ανασχηματισμός [anashimatismos] *ουσ. α.* reconstruction
αναταράσσω [anatarasso] *ρ.* stir up
αναταραχή [anatarahi] *ουσ. θ.* agitation
ανάταση [anatasi] *ουσ. θ.* raising up
ανατείνω [anatino] *ρ.* hold up, lift up
ανατειχίζω [anatihizo] *ρ.* rebuild the walls
ανατέλλω [anatello] *ρ.* rise, dawn
ανατέμνω [anatemno] *ρ.* dissect
ανατίμηση [anatimisi] *ουσ. θ.* raising of price
ανατιμώ [anatimo] *ρ.* raise the price
ανατίναξη [anatinaxi] *ουσ. θ.* blowing up
ανατινάσσω [anatinasso] *ρ.* blow up
ανατοκίζω [anatokizo] *ρ.* capitalize interest
ανατοκισμός [anatokismos] *ουσ. α.* compound interest
ανατολή [anatoli] *ουσ. θ.* east. sunrise
Ανατολή [anatoli] *ουσ. θ.* Orient. **Άπω** ~: Far East
ανατολικός [anatolikos] *επ.* east, eastern
ανατολίτης [anatolitis] *ουσ. α.* oriental
ανατομείο [anatomio] *ουσ. ο.* anatomy room

ανατομή [anatomi] *ουσ. θ.* dissection
ανατομία [anatomia] *ουσ. θ.* anatomy
ανατομικός [anatomikos] *επ.* anatomic
ανατόμος [anatomos] *ουσ. α. /θ.* anatomist, dissector
ανατρεπτικός [anatreptikos] *επ.* revolutionary
ανατρέπω [anatrepo] *ρ.* overthrow
ανατρέφω [anatrefo] *ρ.* bring up
ανατρέχω [anatreho] *ρ.* run back to
ανατριχιάζω [anatrihiazo] *ρ.* shiver
ανατριχιαστικός [anatrihiastikos] *επ.* terrifying
ανατριχίλα [anatrihila] *ουσ. θ.* shiver
ανατροπέας [anatropeas] *ουσ. α.* overthrower
ανατροπή [anatropi] *ουσ. θ.* overthrow
ανατροφή [anatrofi] *ουσ. θ.* breeding, bringing up
ανατυλίσσω [anatilisso] *ρ.* wind up
ανατυπώνω [anatipono] *ρ.* reprint
ανατύπωση [anatiposi] *ουσ. θ.* reprint(ing)
άναυδος [anavdos] *επ.* speechless
άναυλος [anavlos] *επ.* without fair
αναύλωτος [anavlotos] *επ.* not chartered
αναυτολόγητος [anavtoloyitos] *επ.* unregistered
αναφαίνομαι [anafenome] *ρ.* reappear
αναφαίρετος [anaferetos] *επ.* inalienable
αναφέρω [anafero] *ρ.* report, refer
αναφλέγομαι [anafleyome] *ρ.* flame up, burst into flames
αναφλέγω [anafleyo] *ρ.* set on fire
ανάφλεξη [anaflexi] *ουσ. θ.* ignition
αναφομοίωτος [anafomiotos] *επ.* unassimilable
αναφορά [anaphora] *ουσ. θ.* reletion. reference, report
αναφορικός [anaforikos] *επ.* referring. reletive
αναφυλαξία [anafilaxia] *ουσ.*

θ. allergy
αναφυλλητό [anafillito] *ουσ. ο.* sobbing
αναφύομαι [anafiome] *ρ.* spring up
αναφυσώ [anafiso] *ρ.* blow up
αναφυτεύω [anafitevo] *ρ.* replant
αναφύω [anafio] *ρ.* reproduce
αναφώνηση [anafonisi] *ουσ. θ.* exclamation
αναφωνώ [anafono] *ρ.* exclaim
αναχαιτίζω [anahetizo] *ρ.* restrain, hold back
αναχαίτιση [anahetisi] *ουσ. θ.* restraint, stopping
αναχαράζω [anaharazo] *ρ.* ruminate
αναχρονισμός [anahronismos] *ουσ. α.* anachronism
αναχρωματίζω [anahromatizo] *ρ.* recolour
ανάχωμα [anahoma] *ουσ. ο.* dam, earthworks
αναχώνευση [anahonefsi] *ουσ. θ.* refound
αναχώνω [anahono] *ρ.* cover with earth
αναχώρηση [anahorisi] *ουσ. θ.* departure
αναχωρητήριο [anahorititrio] *ουσ. ο.* hermitage
αναχωρητής [anahoritis] *ουσ. α.* hermit
αναχωρώ [anahoro] *ρ.* depart, start
αναψυκτήρας [anapsiktiras] *ουσ. α.* refrigerator
αναψυκτήριο [anapsiktirio] *ουσ. ο.* refreshment room
αναψυκτικό [anapsiktiko] *ουσ. ο.* refreshment
αναψυκτικός [anapsiktikos] *επ.* refreshing
αναψυχή [anapsihi] *ουσ. θ.* recreation
ανδραγάθημα [andrayathima] *ουσ. ο.* feat, exploit
ανδραγαθία [andrayathia] *ουσ. θ.* brave deed
ανδραγαθώ [andrayatho] *ρ.* fight gallantly
ανδραδέλφη [andradelfi] *ουσ. θ.* sister-in-law
ανδράδελφος [andradelfos] *ουσ. α.* brother-in-law
ανδραποδίζω [andrapodizo] *ρ.* enslave
ανδραποδισμός [andrapodismos] *ουσ. α.*

enslavement
ανδράποδο [andrapodo] *ουσ. ο.* slave
άνδρας [andras] *ουσ. α.* man
ανδρεία [andria] *ουσ. θ.* bravery
ανδρειεύομαι [andrievome] *ρ.* assume courage
ανδρείκελο [andrikelo] *ουσ. ο.* manikin, puppet
ανδρείος [andrios] *επ.* brave
ανδρειωμένος [andriomenos] *επ.* brave, courageous
ανδριάντας [andriandas] *ουσ. α.* statue
ανδρίζω [andrizo] *ρ.* inspire courage
ανδρικός [andrikos] *επ.* male
ανδρισμός [andrismos] *ουσ. α.* manhood, virility
ανδρόγυνο [androyino] *ουσ. ο.* married couple, husband and wife
ανεβάζω [anevazo] *ρ.* raise. lift up
ανεβαίνω [aneveno] *ρ.* ascend. mount. rise
ανέβασμα [anebasma] *ουσ. ο.* raising
ανεβοκατεβαίνω [anevokateveno] *ρ.* go up and down
ανέγγιχτος [anegihtos] *επ.* intact
ανεγείρομαι [aneyirome] *ρ.* rise
ανέγερση [aneyersi] *ουσ. θ.* raising
ανειλημένος [anilimenos] *επ.* undertaken
ανειλικρίνεια [anilikrinia] *ουσ. θ.* insincerity
ανειλικρινής [anilikrinis] *επ.* insincere
ανείσπρακτος [anispraktos] *επ.* uncollected
ανέκαθεν [anekathen] *επίρ.* from the beginning
ανεκδιήγητος [anekdiiyitos] *επ.* indescribable
ανέκδοτο [anekdoto] *ουσ. ο.* anecdote
ανέκδοτος [anekdotos] *επ.* unedited, unpublished
ανεκκαθάριστος [anekatharistos] *επ.* unliquidated
ανέκκλητος [aneklitos] *επ.* revocable
ανεκμετάλλευτος [anekmetalleftos] *επ.* unexploited

ανεκπλήρωτος [anekplirotos] *επ.* unfulfilled
ανεκρίζωτος [anekrizotos] *επ.* unrooted
ανεκτά [anekta] *επίρ.* tolerably, bearably
ανεκτέλεστος [anektelestos] *επ.* unexecuted
ανεκτικός [anektikos] *επ.* tolerant
ανεκτικότητα [anektikotita] *ουσ. θ.* tolerance, indulgence
ανεκτίμητος [anektimitos] *επ.* priceless, inestimable
ανεκτός [anektos] *επ.* tolerable, bearable
ανέκφραστα [anekfrasta] *επίρ.* inexpressibly
ανέκφραστος [anekfrastos] *επ.* inexpressible
ανελέητος [aneleitos] *επ.* without receiving charity
ανελεύθερα [analefthera] *επίρ.* slavishly
ανελευθερία [aneleftheria] *ουσ. θ.* illiberality
ανελεύθερος [aneleftheros] *επ.* illiberal
ανέλιξη [anelixi] *ουσ. θ.* unfolding. evolution
ανελίσσω [anelisso] *ρ.* unroll, unfold
ανέλκυση [anelkisi] *ουσ. θ.* pulling up
ανελκυστήρας [anelkistiras] *ουσ. α.* lift, elevator
ανελλιπής [anellipis] *επ.* not deficient, complete
ανέλπιστος [anelpistos] *επ.* unexpected
ανέμη [anemi] *ουσ. θ.* spinning-wheel
ανεμίζω [anemizo] *ρ.* reel. ventilate
ανέμισμα [anemisma] *ουσ. ο.* ventilaton, airing
ανεμιστήρας [anemistiras] *ουσ. α.* ventilator, airing
ανεμοβλογιά [anemovloyia] *ουσ. θ.* (ιατρ.) chicken-pox
ανεμόβροχο [anemovraho] *ουσ. ο.* rainstorm
ανεμόδαρτος [anemodartos] *επ.* wind-swept
ανεμοδείκτης [anemodiktis] *ουσ. α.* weather cock
ανεμοδούρα [anemodoora] *ουσ. θ.* (ναυτ.) whirlwind
ανεμοζάλη [anemozali] *ουσ. θ.* windstorm
ανεμομάζωμα [anemomazoma] *ουσ. ο.* ill-

gotten goods
ανεμόμετρο [anemometro] *ουσ. ο.* anemometer
ανεμόμυλος [anemomilos] *ουσ. α.* wind-mill
ανεμοπύρωμα [anemopiroma] *ουσ. ο.* (ιατρ.) erysipelas
άνεμος [anemos] *ουσ. α.* wind
ανεμόσκαλα [anemoskala] *ουσ. θ.* rope ladder
ανεμοστρόβιλος [anemostrovilos] *ουσ. α.* whirlwind
ανεμότρατα [anemotrata] *ουσ. θ.* drag-net
ανεμούριο [anemoorio] *ουσ. ο.* wind cone
ανεμπόδιστος [anempodistos] *επ.* unhindered
ανεμώδης [anemodis] *επ.* windy
ανεμώνη [anemoni] *ουσ. θ.* (βοτ.) anemone, windflower
ανενδοίαστος [anendiastos] *επ.* unhesitating
ανένδοτος [anendotos] *επ.* inflexible
ανενόχλητος [anenohlitos] *επ.* undisturbed
ανεξαίρετος [anexeretos] *επ.* non excepted
ανεξαιρέτως [anexeretos] *επίρ.* without exception
ανεξακρίβωτος [anexakrivotos] *επ.* unverified
ανεξάλειπτος [anexaliptos] *επ.* indelible
ανεξάντλητος [anexandtlitos] *επ.* inexhaustible
ανεξαργύρωτος [anexaryirotos] *επ.* not cashed, unpaid
ανεξαρτησία [anexartisia] *ουσ. θ.* independence
ανεξάρτητα [anexartita] *επίρ.* independently
ανεξάρτητος [anaxatitos] *επ.* independent
ανεξέλεγκτα [anaxelegta] *επίρ.* uncontrollably
ανεξέλεγκτος [anexelegtos] *επ.* uncontrollable
ανεξερεύνητος [anexerevnitos] *επ.* unexplored
ανεξέταστος [anexetastos] *επ.* unexamined
ανεξήγητος [anaxiyitos] *επ.* inexplicable

ανεξιθρησκεία [anexithriskia] *ουσ. θ.* tolerance
ανεξίθρησκος [anexithriskos] *επ.* tolerant
ανεξικακία [anexikasia] *ουσ. θ.* indulgence
ανεξίκακος [anexikakos] *επ.* forbearing
ανεξιλέωτος [anexileotos] *επ.* inexorable
ανεξίτηλος [anexitilos] *επ.* indelible
ανεξιχνίαστος [anexihniastos] *επ.* untraceable
ανέξοδος [anexodos] *επ.* cheap
ανεξοικείωτος [anexikiotos] *επ.* unaccustomed
ανεξομολόγητος [anexomoloyitos] *επ.* unconfessed
ανεξόφλητος [anexoflitos] *επ.* unpaid
ανεόρταστος [aneortastos] *επ.* uncelebrated
ανεπάγγελτος [anepaggeltos] *επ.* without a profession
ανεπαίσθητος [anepesthitos] *επ.* impercetible
ανεπαίσχυντος [anepeshindos] *επ.* unashamed
ανεπανόρθωτος [anepanorthotos] *επ.* irreparable
ανεπάρκεια [aneparkia] *ουσ. θ.* insufficiency
ανεπαρκής [aneparkis] *επ.* insufficient
ανεπαρκώς [aneparkos] *επίρ.* insufficiently
ανέπαφος [anepafos] *επ.* untouched
ανεπεξέργαστος [anepexeryastos] *επ.* unfinished
ανεπηρέαστος [anepireastos] *επ.* uninfluenced
ανεπίβλεπτος [anepivleptos] *επ.* not watched
ανεπίγραφος [anepiyrafos] *επ.* unaddressed
ανεπίδεκτος [anepidektos] *επ.* incapable of
ανεπίδοτος [anepidotos] *επ.* undelivered
ανεπιείκεια [anepiikia] *ουσ. θ.* inclemency
ανεπιεικής [anepiikis] *επ.* inclement
ανεπιθύμητος [anepithimitos] *επ.*

undesirable

ανεπικύρωτος [anepikirotos] *επ.* unconfirmed

ανεπίληπτος [anepiliptos] *επ.* irreproachable

ανεπίσημος [anepisimos] *επ.* unofficial

ανεπιστρεπτί [anepistrepti] *επίρ.* irrevocably

ανεπίτευκτος [anepitefktos] *επ.* unattainable

ανεπιτήδειος [anepitidios] *επ.* unskillful

ανεπιτηδειότητα [anepitidiotita] *ουσ. θ.* unskillfulness

ανεπιτήδευτα [anepitidefta] *επίρ.* unaffectedly

ανεπιτήρητος [anepitiritos] *επ.* not supervised

ανεπιτυχής [anepitihis] *επ.* unsuccessful

ανεπιτυχώς [anepitihos] *επίρ.* unsuccessfully

ανεπιφύλακτος [anepifilaktos] *επ.* unreserved

ανεπούλωτος [anepoolotos] *επ.* unhealed

ανεπτυγμένος [aneptiymenos] *επ.* developed

ανέραστος [anerastos] *επ.* unloved

ανεργία [aneryia] *ουσ. θ.* unemployment

άνεργος [aneryos] *επ.* unemployed

ανερεύνητος [anerevnitos] *επ.* unexplored

ανερμήνευτος [anermineftos] *επ.* unexplained

ανερυθρίαστος [anerithriastos] *επ.* unblushing

ανέρχομαι [anerhome] *ρ.* go up, mount up

ανερώτητος [anerotitos] *επ.* unasked

ανέρωτος [anerotos] *επ.* not watered

άνεση [anesi] *ουσ. θ.* ease, comfort

ανέσπερος [anesperos] *επ.* eternal

ανεστραμμένος [anestramenos] *επ.* reversed

άνετα [aneta] *επίρ.* comfortably

ανέτοιμος [anetimos] *επ.* unprepared

άνετος [anetos] *επ.* comfortable

άνευ [anef] *επίρ.* without

ανεύθυνα [anefthina] *επίρ.* irresponsibly
ανεύθυνος [anefthinos] *επ.* irresponsible
ανευλάβεια [anevlavia] *ουσ. θ.* irreverence
ανευλαβής [anevlavis] *επ.* irreverent
ανεύρεση [anevresi] *ουσ. θ.* discovery
ανεύρετος [anevretos] *επ.* not found
ανευρίσκω [anevrisko] *ρ.* discover
ανεύρυσμα [anevrisma] *ουσ. ο.* (ιατρ.) broadening
ανευφημώ [anefimo] *ρ.* acclaim
ανεφάρμοστος [anefarmostos] *επ.* inapplicable
ανέφελος [anefelos] *επ.* cloudless
ανέφικτος [anefiktos] *επ.* unattainable
ανεφοδιάζω [anefodiazo] *ρ.* supply, replenish, refuel, restock
ανεφοδιασμός [anefodiasmos] *ουσ. α.* supply, replenishing, refueling, restocking
ανέχεια [anehia] *ουσ. θ.* poverty
ανέχομαι [anehome] *ρ.* tolerate
ανεψιά [anepsia] *ουσ. θ.* niece
ανεψιός [anepsios] *ουσ. α.* nephew
ανήθικα [anithika] *επίρ.* immorally
ανήθικος [anithikos] *επ.* immoral
ανηθικότητα [anithikotita] *ουσ. θ.* immorality
άνηθο [anitho] *ουσ. ο.* (βοτ.) anise
ανήκεστος [anikestos] *επ.* incurable
ανήκοος [anikos] *επ.* inattentive
ανήκουστος [anikoostos] *επ.* unheard of
ανήκω [aniko] *ρ.* belong
ανηλεής [anileis] *επ.* merciless, cruel
ανηλικιότητα [anilikiotita] *ουσ. θ.* minority
ανήλικος [anilikos] *επ.* minor, under age, juvenile
ανήλιος [anilios] *επ.* not sunny

ανήμερα [animera] *επίρ.* on the same day
ανήμερος [animeros] *επ.* wild, fierce
ανημποριά [animporia] *ουσ. θ.* indisposition
ανήμπορος [animporos] *επ.* indisposed
ανήξερος [anixeros] *επ.* unknowing, ignorant
ανήστευτος [anisteftos] *επ.* not having fasted
ανήσυχα [anisiha] *επίρ.* restlessly, anxiously
ανησυχητικός [anisihitikos] *επ.* unquiet, anxious
ανησυχία [anisihia] *ουσ. θ.* uneasiness, anxiety
ανήσυχος [anisihos] *επ.* unquiet, anxious
ανησυχώ [anisiho] *ρ.* be anxious, disturb
ανηφορίζω [aniforizo] *ρ.* go up, ascend
ανηφορικός [aniforokos] *επ.* steep, uphill
ανήφορος [aniforos] *ουσ. α.* ascent, uphill
ανθεκτικός [anthektikos] *επ.* enduring
ανθεκτικότητα [anthektikotita] *ουσ. θ.* endurance
ανθέμιο [anthemio] *ουσ. ο.* blossom
ανθηρός [anthiros] *επ.* blooming
ανθηρότητα [anthirotita] *ουσ. θ.* flourishing condition
άνθηση [anthisi] *ουσ. θ.* blooming
ανθίζω [anthizo] *ρ.* bloom, blossom
άνθινος [anthinos] *επ.* flowery
άνθισμα [anthisma] *ουσ. ο.* blooming
ανθοβολία [anthovolia] *ουσ. θ.* shedding of blossom
ανθοβολώ [anthovolo] *ρ.* blossom, bud
ανθόγαλα [anthoyala] *ουσ. ο.* cream
ανθοδέσμη [anthodesmi] *ουσ. θ.* bouquet
ανθοδοχείο [anthodohio] *ουσ. ο.* flower-pot
ανθοκήπιο [anthkipio] *ουσ. ο.* flower garden
ανθόκηπος [anthokipos] *ουσ. α.* flower garden
ανθοκομία [anthokomia] *ουσ.*

θ. floriculture
ανθοκόμος [anthokomos] *ουσ. α. /θ.* floriculturist
ανθοκομώ [anthokomo] *ρ.* cultivate flowers
ανθολογία [antholoyia] *ουσ. θ.* anthology
ανθολογώ [antholoyo] *ρ.* gather flowers
ανθόνερο [anthonero] *ουσ. ο.* rose-water
ανθοπωλείο [anthopolio] *ουσ. ο.* flower-store
ανθοπώλης [anthopolis] *ουσ. α.* florist
ανθός [anthos] *ουσ. α.* flower
άνθος [anthos] *ουσ. ο.* flower
ανθόσπαρτος [anthospartos] *επ.* strewn with flowers
ανθοστεφής [anthostrefis] *επ.* crowned with flowers
ανθοστόλιστος [anthostolistos] *επ.* decorated with flowers
ανθόστρωτος [anthostrotos] *επ.* strewn with flowers
ανθοφορία [anthoforia] *ουσ. θ.* flowery
ανθοφόρος [anthoforos] *επ.* flowery
ανθοφορώ [anthoforo] *ρ.* bear flowers
ανθρακαποθήκη [anthrakapothiki] *ουσ. θ.* coal-bin
ανθρακασβέστιο [anthrakasvestio] *ουσ. ο.* (χημ.) calcium
ανθράκευση [anthrakefsi] *ουσ. θ.* coaling
ανθρακεύω [anthrakevo] *ρ.* coal
ανθρακιά [anthrakia] *ουσ. θ.* coal fire
ανθρακικός [anthrakikos] *επ.* carbonic **ανθρακικό άλας**: carbonate, **ανθρακικό ασβέστιο**: carbonate of lime, **ανθρακικό οξύ:** carbon dioxide
ανθρακίτης [anthrakitis] *ουσ. α.* (ορυκτ.) anthracite
ανθρακοειδής [anthrakoidis] *επ.* coal-like
ανθρακοποίηση [anthrakopiisi] *ουσ. θ.* carbonization
ανθρακοποιώ [anthrakopio] *ρ.* carbonize
ανθρακοπωλείο [anthrakopolio] *ουσ. ο.* coal-shop

ανθρακοπώλης [anthrakopolis] *ουσ. α.* coal-man
ανθρακούχος [anthrakoohos] *επ.* carbonic
ανθρακοφόρος [anthrakoforos] *επ.* coal-bringing
ανθρακωρυχείο [anthrakorihio] *ουσ. ο.* coal-mine
ανθρακωρύχος [anthrakorihos] *ουσ. α.* coal-miner
ανθράκωση [anthrakosi] *ουσ. θ.* carbonation
ανθρωπάκι [anthropaki] *ουσ. ο.* little man. unworthy
ανθρωπάριο [anthropario] *ουσ. ο.* little man
ανθρωπιά [anthropia] *ουσ. θ.* politeness
ανθρωπίζω [anthropizo] *ρ.* civilize
ανθρώπινα [anthropina] *επίρ.* humanly
ανθρώπινος [anthropinos] *επ.* human
ανθρωπισμός [anthropismos] *ουσ. α.* humanity
ανθρωπιστής [anthropistis] *ουσ. α.* humanist
ανθρωπιστικός [anthropistikos] *επ.* humanistic
ανθρωποειδής [anthropoids] *επ.* anthropoid
ανθρωποθάλασσα [anthropothalassa] *ουσ. θ.* great crowd
ανθρωποθυσία [anthropothisia] *ουσ. θ.* human sacrifice
ανθρωποκτονία [anthropoktonia] *ουσ. θ.* homicide, murder
ανθρωποκτόνος [anthropoktonos] *ουσ. α. /θ.* homicide, murderer
ανθρωπολάτρης [anthropolatris] *ουσ. α.* man-worshipper
ανθρωπολογία [anthropoloyia] *ουσ. θ.* anthropology
ανθρωπολογικός [anthropoloyikos] *επ.* anthropological
ανθρωπολόγος [anthropoloyos] *ουσ. α. /θ.* anthropologist
ανθρωπομετρία

[anthropometria] *ουσ. θ.* anthropometry

ανθρωπομορφισμός [anthropomorfismos] *ουσ. α.* anthropomorfism

ανθρωπόμορφος [anthropomorfos] *επ.* human-like

άνθρωπος [anthropos] *ουσ. α.* human being, person

ανθρωπότητα [anthropotita] *ουσ. θ.* humanity, man-kind

ανθρωποφαγία [anthropofayia] *ουσ. θ.* cannibalism

ανθρωποφάγος [anthropofayos] *ουσ. α. /θ.* cannibal

ανθρωποφοβία [anthropofovia] *ουσ. θ.* anthropophobia

ανθυγιεινός [anthiyiinos] *επ.* unhealthy

ανθυπασπιστής [anthipaspistis] *ουσ. α. /θ.* (στρατ.) warrant-officer

ανθυπατεία [anthipatia] *ουσ. θ.* proconsulship

ανθύπατος [anthipatos] *ουσ. α.* proconsul

ανθυπίατρος [anthipiatros] *ουσ. α.* (στρατ.) assistant surgeon

ανθυπίλαρχος [anthipilarhos] *ουσ. α.* (στρατ.) sublieutenant of cavalry

ανθυπνωτικός [anthipnotikos] *επ.* sleep-dispelling

ανθυποβάλλω [anthipovallo] *ρ.* propose in turn

ανθυπολοχαγός [anthipolohayos] *ουσ. α. /θ.* (στρατ.) sublieutenant

ανθυπομοίραρχος [anthipomirarhos] *ουσ. α. /θ.* (στρατ.) second lieutenant of gendarmerie

ανθυποπλοίαρχος [anthipopliarhos] *ουσ. α. /θ.* (στρατ.) second lieutenant in the navy

ανθυποσμηναγός [anthiposminayos] *ουσ. α. /θ.* (στρατ.) pilot officer

ανθώ [antho] *ρ.* bloom, blossom

ανθώνας [anthonas] *ουσ. α.* flower-bed

ανία [ania] *ουσ. θ.* dullness, annoyance

ανιαρός [aniaros] *επ.*

annoying, dull
ανιαρότητα [aniarotita] *ουσ. θ.* tediousness, annoyance
ανίατος [aniatos] *επ.* incurable
ανίδεος [anideos] *επ.* having no idea, ignorant
ανιδιοτέλεια [anidiotelia] *ουσ. θ.* disinterestedness
ανιδιοτελής [anidiotelis] *επ.* disinterested
ανίερος [anieros] *επ.* profane
ανικανοποίητος [anikanopiitos] *επ.* unsatisfied
ανίκανος [anikanos] *επ.* unable, incapable
ανικανότητα [anikanotita] *ουσ. θ.* incapability
ανίκητος [anikitos] *επ.* invincible
ανιλίνη [anilini] *ουσ. θ.* aniline
ανίσκιος [aniskios] *επ.* shadeless
ανισοβαρής [anisovaris] *επ.* of unequal weight
ανισογώνιος [anisoyonios] *επ.* of unequal angles
ανισομερής [anisomeris] *επ.* of unequal parts
ανισόμετρος [anisometros] *επ.* unsymmetrical
ανισόπλευρος [anisoplevros] *επ.* unequilateral
ανισορροπία [anisorropia] *ουσ. θ.* insanity, madness
ανισόρροπος [anisorropos] *επ.* unbalanced, insane
άνισος [anisos] *επ.* unequal
ανισοσκελής [anisoskelis] *επ.* not isosceles
ανισοταχής [anisotahis] *επ.* of unequal speed
ανισότητα [anisotita] *ουσ. θ.* inequality
ανισοϋψής [anisoipsis] *επ.* of different height
ανιστόρητος [anistoritos] *επ.* having no knowledge of history
ανίσχυρος [anishiros] *επ.* powerless, weak
άνιφτος [aniftos] *επ.* unwashed
ανίχνευση [anihnefsi] *ουσ. θ.* tracking, searching
ανιχνευτής [anihneftis] *ουσ. α.* tracker, searcher
ανιχνευτικός [anihneftikos] *επ.* searching, tracking
ανιχνεύω [anihnevo] *ρ.* search, track

ανοδικός [anodikos] *επ.* going up
άνοδος [anodos] *ουσ. θ.* going up, ascension
ανοησία [anoisia] *ουσ. θ.* foolishnesss, stupidity
ανόητος [anoitos] *επ.* silly, foolish
ανόθευτος [anotheftos] *επ.* pure
άνοια [ania] *ουσ. θ.* foolishness
άνοιγμα [aniyma] *ουσ. ο.* opening, aperture
ανοιγοκλείνω [aniyoklino] *ρ.* open and close. wink
ανοιγοκλείσιμο [aniyoklisimo] *ουσ. ο.* opening and shutting
ανοίγω [aniyo] *ρ.* open
ανοίκειος [anikios] *επ.* unfit, unsuitable
ανοικειότητα [anikiotita] *ουσ. θ.* inconvenience
ανοίκιαστος [anikiastos] *επ.* not rented
ανοικοδόμηση [anikodomisi] *ουσ. θ.* rebuilding
ανοικοδόμητος [anikodomitos] *επ.* unbuilt
ανοικοδομώ [anikodomo] *ρ.* rebuild, reconstruct
ανοικοκύρευτος [anikokireftos] *επ.* untidy
ανοικονόμητος [anikonomitos] *επ.* unmanageable
ανοικτά [anikta] *επίρ.* openly
ανοικτός [aniktos] *επ.* open. light
άνοιξη [anixi] *ουσ. θ.* spring
ανοιξιάτικος [anixiatikos] *επ.* (of the) spring
ανοιχτόκαρδος [anihtokardos] *επ.* open-hearted
ανοιχτομάτης [anihtomatis] *ουσ. α.* wide-awake
ανοιχτοχέρης [anihtoheris] *ουσ. α.* generous, open-handed
ανοιχτοχεριά [anihtoheria] *ουσ. θ.* generosity
ανομβρία [anomvria] *ουσ. θ.* lack of rain
ανόμημα [anomima] *ουσ. ο.* unlawful act, sin
ανομιμοποίητος [anomimopiitos] *επ.* unlegalized
ανομοθέτητος [anomothetos] *επ.* unlegislated
ανόμοια [anomia] *επίρ.*

dissimilarly, unlikely
ανομοιοκατάληκτος [anomiokataliktos] *επ.* without rhymes
ανομοιογένεια [anomioyenia] *ουσ. θ.* dissimilarity
ανομοιογενής [anomioyenis] *επ.* heterogeneous, dissimilar
ανομοιομερής [anomiomeris] *επ.* of different parts or kinds
ανομοιομορφία [anomiomorfia] *ουσ. θ.* lack of uniformity
ανομοιόμορφος [anomiomorfos] *επ.* not uniform
ανόμοιος [anomies] *επ.* unlike, dissimilar
ανομοιότητα [anomiotita] *ουσ. θ.* dissimilarity
ανομολόγητος [anomoloyitos] *επ.* unconfessed
άνομος [anomos] *επ.* unlawful
ανοξείδωτος [anixidotos] *επ.* stainless
ανόργανος [anoryanos] *επ.* inorganic
ανοργάνωτος [anoryanotos] *επ.* unorganized
ανόρεκτα [anorekta] *επίρ.* unwillingly
ανόρεκτος [anorektos] *επ.* without appetite
ανορεξία [anorexia] *ουσ. θ.* lack of appetite
ανορθογραφία [anorthoyrafia] *ουσ. θ.* misspelling
ανορθόγραφος [anorhtoyrafos] *επ.* misspelled
ανορθογραφώ [anorthoyrafo] *ρ.* misspell
ανορθώνω [anrthono] *ρ.* set up, erect
ανόρθωση [anorthosi] *ουσ. θ.* setting up, rebuilding
ανορθωτής [anorthotis] *ουσ. α.* restorer
ανορθωτικός [anorthotikos] *επ.* restorative
ανόρυξη [anorixi] *ουσ. θ.* excavation
ανορύσσω [anorisso] *ρ.* excavate
ανοσία [anosia] *ουσ. θ.* immunity from disease
ανόσιος [anosios] *επ.* nefarious, impious
ανοσιότητα anosiotita] *ουσ. θ.* impiety, unholiness
ανοσιούργημα

[anosiooryima] *ουσ. ο.* profane act

ανοσιουργία [anosiooryia] *ουσ. θ.* atrocity

ανοσιουργός [anosiooryos] *ουσ. α. /θ.* atrocious

ανοσιουργώ [anosiooryo] *ρ.* commit impious acts

άνοσος [anosos] *επ.* immune

άνοστα [anosta] *επίρ.* insipidly. sillily

ανοσταίνω [anosteno] *ρ.* become insipid, make tasteless

ανοστιά [anostia] *ουσ. θ.* insipidity

άνοστος [anostos] *επ.* tasteless, insipid

ανουθέτητος [anoothetitos] *επ.* unadvised

ανουρία [anooria] *ουσ. θ.* (ιατρ.) anuria

ανούσιος [anoosios] *επ.* insipid, dull

ανοχή [anohi] *ουσ. θ.* tolerance

ανοχύρωτος [anohirotos] *επ.* unfortified

ανταγωγή [andayoyi] *ουσ. θ.* (νομ.) cross action

ανταγωγικός [andayoyikos] *επ.* (νομ.) relative to a cross action

ανταγωνίζομαι [andayonizome] *ρ.* rival

ανταγωνισμός [andayonismos] *ουσ. α.* competition, rivalry

ανταγωνιστής [andayonistis] *ουσ. α.* competitor, rival

ανταγωνιστικός [andayonistikos] *επ.* competitive

ανταλλαγή [andallayi] *ουσ. θ.* exchange

αντάλλαγμα [andallayma] *ουσ. ο.* equivalent, exchange

ανταλλακτικά [andalaktika] *ουσ. ο. πληθ.* spare parts

ανταλλακτικός [andalaktikos] *επ.* pertaining, exchange

ανταλλάξιμος [andalaximos] *επ.* exchangeable

ανταλλάσσω [andalasso] *ρ.* exchange

αντάμα [andama] *επίρ.* together

ανταμείβω [andamivo] *ρ.* reward, recompense

ανταμοιβή [andamivi] *ουσ. θ.* reward

αντάμωμα [andamoma] *ουσ.*

ο. meeting
ανταμώνω [andamono] *ϱ.* meet, come across
αντάμωση [andamosi] *ουσ. θ.* meeting
αντανάκλαση [andanaklasi] *ουσ. θ.* reflection
ανταναϰλαστήϱας [andanaklastiras] *ουσ. α.* reflector
ανταναϰλαστικός [andanaklastikos] *επ.* reflecting, reflective
ανταναϰλώ [andanaklo] *ϱ.* reflect, mirror
αντάξιος [andaxios] *επ.* worthy, deserving
ανταπαίτηση [andapetisi] *ουσ. θ.* counter-claim, cross-demand
ανταπαιτητής [andapetitis] *ουσ. α.* counterclaimer
ανταπαιτώ [andapeto] *ϱ.* demand in return
ανταπάντηση [andapandisi] *ουσ. θ.* reply
ανταπαντώ [andapando] *ϱ.* reply
ανταπεξέϱχομαι [andapexerhome] *ϱ.* march out against
ανταπεϱγία [andaperyia] *ουσ. θ.* lock-out
ανταποδειϰνύω [andapodiknio] *ϱ.* give proof to the contrary
ανταπόδειξη [andapodixi] *ουσ. θ.* proof to the contrary
ανταποδίδω [andapodido] *ϱ.* give in return
ανταπόδοση [andapodosi] *ουσ. θ.* repayment, return
ανταποϰϱίνομαι [andapokrinome] *ϱ.* respond
ανταπόϰϱιση [andapokrisi] *ουσ. θ.* correspondence
ανταποϰϱιτής [andapokritis] *ουσ. α.* correspondent
αντάϱα [andara] *ουσ. θ.* storm, noise
ανταϱιάζω [andariazo] *ϱ.* be covered by fog
ανταϱϰτιϰός [andarktikos] *επ.* antarctic
ανταϱσία [andarsia] *ουσ. θ.* rebellion, revolt
αντάϱτης [andartis] *ουσ. α.* rebel, guerilla
αντάϱτιϰος [andartikos] *επ.* rebellious
ανταυγάζω [andavyazo] *ϱ.* reflect, illuminate

ανταύγεια [andavyia] *ουσ. θ.* reflection
ανταφροδισιακός [andafrodisiakos] *επ.* antivenereal
αντεγγύηση [andegiisi] *ουσ. θ.* counter-guarantee
αντέγκληση [andeglisi] *ουσ. θ.* recrimination
αντεγκλητικός [andeklitikos] *επ.* recriminatory
αντεθνικός [andethikos] *επ.* unpatriotical
αντεισαγγελέας [andisaggeleas] *ουσ. α.* assistant to the public prosecutor
αντεισάγω [andisayo] *ρ.* introduce in turn
αντεισήγηση [andisiyisi] *ουσ. θ.* suggestion to the contrary
αντεκδίκηση [nadekdikisi] *ουσ. θ.* revenge
αντεκδικούμαι [andedikoome] *ρ.* revenge
αντενδεικνύω [andendiknio] *ρ.* prove the opposite
αντένδειξη [andendixi] *ουσ. θ.* counter-indication
αντενέργεια [andeneryia] *ουσ. θ.* counteraction
αντενεργός [andeneryos] *επ.* reactionary
αντενεργώ [andeneryo] *ρ.* counteract, react
αντέννα [andenna] *ουσ. θ.* antenna
αντένσταση [andenstasi] *ουσ. θ.* counter-exception
αντεξετάζω [andexetazo] *ρ.* cross-examine
αντεξέταση [andexetasi] *ουσ. θ.* cross-examination
αντεπαινώ [andepeno] *ρ.* praise in turn
αντεπανάσταση [andepanastasi] *ουσ. θ.* counter-revolution
αντεπαναστάτης [andepanastatis] *ουσ. α.* counter-revolutionist
αντεπαναστατώ [andepanastato] *ρ.* make a counter revolution
αντεπίδραση [andepidrasi] *ουσ. θ.* counteraction
αντεπιδρώ [andepidro] *ρ.* counteract
αντεπίθεση [andepithesi] *ουσ. θ.* counter-attack
αντεπικρίνω [andepikrino] *ρ.* criticize in turn

αντεπίκριση [andepikrisi] *ουσ. θ.* counter-criticism
αντεπισκέπτομαι [andepiskeptome] *ρ.* return a visit
αντεπίσκεψη [andepiskepsi] *ουσ. θ.* visit returned
αντεπιστημονικός [andepistimonikos] *επ.* antiscientific
αντεπιτίθεμαι [andepititheme] *ρ.* counterattack
αντεπιχείρημα [andepihirima] *ουσ. ο.* counter-argument
αντεραστής [anderastis] *ουσ. α.* rival in love
αντέρεισμα [anderisma] *ουσ. ο.* support
αντευεργέτημα [andeveryetima] *ουσ. ο.* benefaction returned
αντευεργετώ [andeveryeto] *ρ.* return a benefaction
αντευχαριστώ [andefharisto] *ρ.* thank back
αντέφεση [andefesi] *ουσ. θ.* counter-appeal
αντέχω [andeho] *ρ.* resist, withstand
αντηλιά [andilia] *ουσ. θ.* reflection of the sun
αντηρίδα [andirida] *ουσ. θ.* buttress, support
αντήχηση [andihisi] *ουσ. θ.* resonance, echo
αντηχητικός [antihitikos] *επ.* resonant, echoing
αντηχώ [andiho] *ρ.* resound, echo
αντί [andi] *πρόθ.* in place of, against
αντιαεροπορικός [andiaeroporikos] *επ.* anti-aircraft
αντιαισθητικός [andiesthitikos] *επ.* antiaesthetic
αντιαρματικός [andiarmatikos] *επ.* anti-tank
αντιασθματικός [andiasthmatikos] *επ.* antiasthmatic
αντιασφυκτικός [andiasfiktikos] *επ.* antiasphyxiating
αντιβαίνω [andiveno] *ρ.* go against
αντιβάλλω [andiballo] *ρ.* collate
αντίβαρο [andivaro] *ουσ. ο.*

counter-weight
αντιβασιλεία [andivasilia] *ουσ. θ.* vice-royalty
αντιβασιλεύς [andivasilefs] *ουσ. α.* viceroy
αντιβασιλεύω [andivasilevo] *ρ.* be a viceroy
αντιβασιλικός [andivasilikos] *επ.* contrary to a king
αντιβασίλισσα [andivasilisa] *ουσ. θ.* vicereine
αντιβιοτικό [andiviotiko] *ουσ. ο.* antibiotic
αντιβιοτικός [andiviotikos] *επ.* antibiotic
αντιβοηθώ [andivoitho] *ρ.* help in return
αντιβολή [andivoli] *ουσ. θ.* collation
αντιβράχιο [andivrahio] *ουσ. ο.* forearm
αντιγνωμία [andiynomia] *ουσ. θ.* difference in opinion
αντιγνωμώ [andiynomo] *ρ.* differ in opinion
αντιγραφέας [andiyrafeas] *ουσ. α.* copyist
αντιγραφή [andiyrafi] *ουσ. θ.* copy
αντιγραφικός [andiyrafikos] *επ.* (of a) copy
αντίγραφο [andiyrafo] *ουσ. ο.* copy, transcript
αντιγράφω [andiyrafo] *ρ.* copy
αντιδημοκρατικά [andidimokratika] *επίρ.* unpopularly
αντιδημοκρατικός [andidimokratikos] *επ.* undemocratic
αντιδημοτικός [andidimotikos] *επ.* unpopular
αντιδημοτικότητα [andidimotikotita] *ουσ. θ.* unpopularity
αντίδι [andidi] *ουσ. ο.* (βοτ.) endive
αντιδιαβητικός [andidiavitikos] *επ.* antidiabetic
αντιδιαβρωτικός [andidiavrotikos] *επ.* anticorrosive
αντιδιαδήλωση [andidiadilosi] *ουσ. θ.* counter-demonstration
αντιδιαστέλλω [andidiastello] *ρ.* distinguish
αντιδιαστολή [andidiastoli] *ουσ. θ.* distinction
αντιδικία [andidikia] *ουσ. θ.* opposition, contrast
αντίδικος [andidikos] *επ.*

opponent
αντιδικώ [andidiko] *ρ.* be the party opposing to
αντιδιφθεριτικός [andidiftheritikos] *επ.* (ιατρ.) antidiphtheric
αντιδογματικός [andidoymatikos] *επ.* antidogmatic
αντιδονητικός [andidonitikos] *επ.* antivibrating
αντίδοτο [andidoto] *ουσ. ο.* antidote
αντίδραση [andidrasi] *ουσ. θ.* reaction. counteraction
αντιδραστήριο [andidrastirio] *ουσ. ο.* (χημ.) reagent
αντιδραστικός [andidrastikos] *επ.* reactive. counteracting
αντιδρώ [andidro] *ρ.* react. counteact
αντιδυναστικός [andidinastikos] *επ.* against the dynasty
αντιδωρεά [andidorea] *ουσ. θ.* return gift
αντίδωρο [andidoro] *ουσ. ο.* (εκκλ.) holy bread
αντιεμετικός [andiemetikos] *επ.* antiemetic
αντιεπαναστατικός [andiepanastikos] *επ.* counter revolutionary
αντιζηλία [andizilia] *ουσ. θ.* rivalry
αντίζηλος [andizilos] *ουσ. α. /θ.* rival
αντιζυγία [andiziyia] *ουσ. θ.* counter-balance
αντιζυγίζω [andiziyizo] *ρ.* counter-balance
αντιθάλαμος [andithalamos] *ουσ. α.* anterchamber
αντιθαμβωτικός [andithamvotikos] *επ.* antidazzle
αντιθεατρικός [anditheatrikos] *επ.* antitheatrical
αντίθεος [anditheos] *επ.* opposed to God
αντιθερμικός [andithermikos] *επ.* antithermical
αντίθεση [andithesi] *ουσ. θ.* contrast. opposition
αντιθετικός [andithetikos] *επ.* negative. opposing
αντίθετος [andithetos] *επ.* contrary to, opposed to
αντιθέτω [anditheto] *ρ.* oppose, contrast

αντιθρησκευτικός [andithriskeftikos] *επ.* against religion, irreligious
αντίθρησκος [andithriskos] *επ.* atheistic
αντικαθεστωτικός [andikathestotikos] *επ.* opposed to the regime
αντικαθιστώ [andikathisto] *ρ.* substitute, replace
αντικαθολικός [andikatholikos] *επ.* anticatholic
αντικαθρεφτίζω [andikathreftizo] *ρ.* reflect, mirror
αντικανονικός [andikanonikos] *επ.* irregular
αντικαταβολή [andikatavoli] *ουσ. θ.* payment on delivery
αντικατασκοπεία [andikataskopia] *ουσ. θ.* counter-espionage
αντικατάσταση [andikatastasi] *ουσ. θ.* substitution, replacement
αντικαταστάσιμος [andikatastasimos] *επ.* replaceable
αντικαταστάτης [andikatastatis] *ουσ. α.* substitute
αντικατηγορία [andikatiyoria] *ουσ. θ.* counter-accusation
αντικατηγορώ [andikatayoro] *ρ.* counteraccuse
αντικατοπτρίζω [andikatoptrizo] *ρ.* reflect, mirror
αντικατοπτρισμός [andikatoptrismos] *ουσ. α.* mirage, reflection
αντικειμενικά [andikimenika] *επίρ.* objectively
αντικειμενικός [andikimenikos] *επ.* objective
αντικειμενικότητα [andikimenikotita] *ουσ. θ.* objectivity
αντικείμενο [andikimeno] *ουσ. ο.* object, thing
αντικλείδι [andiklidi] *ουσ. ο.* false-key, pass-key
αντικληρικός [andiklirikos] *επ.* anticlerical
αντίκλητος [andiklitos] *ουσ. α.* (νομ.) attorney at law
αντικνήμιο [andiknimio] *ουσ. ο.* (ανατ.) tibia
αντικοινοβουλευτικός [andikinovooleftikos] *επ.* antiparliamentary

αντικοινωνικός [andikinonikos] *επ.* antisocial
αντικομμουνιστής [andikomoonistis] *ουσ. α.* anticommunist
αντικομουνιστικός [andikomoonistikos] *επ.* anticommunistic
αντικρινός [andikrinos] *επ.* opposite
αντίκρουση [andikroosi] *ουσ. θ.* repulse, repulsion
αντικρούω [andikrooo] *ρ.* repulse, oppose
αντίκρυ [andikri] *επίρ.* opposite, face to face
αντικρύζω [andikrizo] *ρ.* face, front
αντίκρυσμα [andikrisma] *ουσ. ο.* facing, being opposite
αντίκτυπος [andiktipos] *ουσ. α.* repercussion, effect
αντικυβερνητικός [andikivernitikos] *επ.* against the government
αντικυκλώνας [andikiklonas] *ουσ. α.* anticyclone
αντιλαβή [andilavi] *ουσ. θ.* becket
αντιλαϊκός [andilaikos] *επ.* unpopular
αντίλαλος [andilalos] *ουσ. α.* echo, resound
αντιλαλώ [andilalo] *ρ.* re-echo, resound
αντιλαμβάνομαι [andilamvanome] *ρ.* understand, perceive
αντιλάμπω [andilampo] *ρ.* shine
αντιλέγω [andileyo] *ρ.* contradict, object
αντιληπτικός [andiliptikos] *επ.* perceptive, conceptive
αντιληπτός [andiliptos] *επ.* perceptible, perceivable
αντίληψη [andilipsi] *ουσ. θ.* perception, conception
Αντίλλες [andilles] *κύρ. όν. θ. πληθ.* Antilles
αντιλογία [andiloyia] *ουσ. θ.* contradiction
αντιλογικός [andiloyikos] *επ.* contradictory
αντίλογος [andiloyos] *ουσ. α.* reply, counter-speech
αντιλοιμικός [andilimikos] *επ.* antipestilential
αντιλόπη [andilopi] *ουσ. θ.* (ζωολ.) antelope
αντιλυσσικός [andilissikos] *επ.* antirabic

αντιμαγνητικός [andimaynitikos] *επ.* antimagnetic
αντιμαρτυρία [andimartiria] *ουσ. θ.* counter-witness
αντιμάχομαι [andimahome] *ρ.* oppose, fight against
αντίμαχος [andimahos] *ουσ. α. /θ.* opponent
αντιμεθαύριο [andimethavrio] *επίρ.* the third day after tomorrow
αντιμεθυστικός [andimethistikos] *επ.* against intoxication
αντιμέμφομαι [antimemfome] *ρ.* blame in return
αντιμετάθεση [andimetathesi] *ουσ. θ.* transposition
αντιμεταθέτω [andimetatheto] *ρ.* transpose mutually
αντιμεταρρυθμιστής [andimetarithmistis] *ουσ. α.* counter-reformating
αντιμέτρηση [andimetrisi] *ουσ. θ.* counter-measuring
αντιμετρούμαι [andimetroome] *ρ.* cope with
αντιμετρώ [andimetro] *ρ.* counterbalance
αντιμετωπίζω [andimetopizo] *ρ.* face, confront
αντιμετώπιση [andimetopisi] *ουσ. θ.* facing, confronting
αντιμέτωπος [andimetopos] *ουσ. α.* face to face, faced
αντιμήνσιο [andiminsio] *ουσ. ο.* altar-cloth
αντιμήνυση[andiminisi] *ουσ. θ.* (νομ.) countersuit
αντιμηνύω [andiminio] *ρ.* (νομ.) bring a countersuit
αντιμηχανεύομαι [andimihanevome] *ρ.* counter plot
αντιμιασματικός [andimiasmatikos] *επ.* disinfectant
αντιμιλιταρισμός [andimilitarismos] *ουσ. α.* antimilitarism
αντιμιλώ [andimilo] *ρ.* speak back
αντιμισθία [andimisthia] *ουσ. θ.* salary, wages
αντιμολία [andimolia] *ουσ. θ.* confrontation
αντιμολυσματικός [andimolismatikos] *επ.* disinfectant

αντιμοναρχικός [andimonarhikos] *επ.* against the monarchy
αντιμόνιο [andimonio] *ουσ. ο.* (χημ.) antimony
αντιναυαρχία [andinavarhia] *ουσ. θ.* vice-admirality
αντιναύαρχος [andinavarhos] *ουσ. α.* rear-admiral
αντινευραλγικός [andinevralyikos] *επ.* antineuralgic
αντινομία [andinomia] *ουσ. θ.* antinomy
αντινομικός [andinomikos] *επ.* counter-acting the law
αντίξοος [andixo-os] *επ.* contrary, opponent
αντιξοότητα [andixootita] *ουσ. θ.* adversity
αντίο [andio] *επιφ.* good-bye, bye bye
αντιπάθεια [andipathia] *ουσ. θ.* dislike
αντιπαθητικός [andipathitikos] *επ.* repulsive, repugnant
αντιπαθώ [andipatho] *ρ.* dislike
αντιπαιδαγωγικός [andipedayoyikos] *επ.* not pedagogical
αντίπαλος [andipalos] *ουσ. α. /θ.* opponent, adversary
αντιπαραβάλλω [andiparavallo] *ρ.* compare, confront
αντιπαραβολή [andiparavoli] *ουσ. θ.* comparison, confronting
αντιπαραγγελία [andiparagelia] *ουσ. θ.* counter-order
αντιπαράθεση [andiparathesi] *ουσ. θ.* comparison, contrast
αντιπαραθέτω [andiparatheto] *ρ.* compare, contrast
αντιπαράσταση [andiparastasi] *ουσ. θ.* confrontation
αντιπαράταξη [andiparataxi] *ουσ. θ.* counter-array
αντιπαρατάσσω [andiparatasso] *ρ.* array against
αντιπαρέρχομαι [andiparerhome] *ρ.* pass by
αντιπαρέχω [andipareho] *ρ.* repay, render
αντιπαροχή [andiparohi] *ουσ.*

θ. return, repaying
αντιπατριώτης [andipatriotis] *ουσ. α.* antipatriot
αντιπατριωτικός [andipatriotikos] *επ.* unpatriotic
αντιπειθαρχικός [andipitharhikos] *επ.* against discipline
αντιπείθω [andipitho] *ρ.* dissuade
αντίπερα [andipera] *επίρ.* on the other side
αντιπερισπασμός [andiperispasmos] *ουσ. α.* distraction, diversion
αντιπερισπώ [andiperispo] *ρ.* distract, divert
αντιπληθωρισμός [andiplithorismos] *ουσ. α.* deflation
αντιπληθωριστικός [andiplithoristikos] *επ.* deflationary
αντιπλημμυρικός [andiplimirikos] *επ.* preventing flood
αντιπληρωμή [andipliromi] *ουσ. θ.* remuneration
αντιπλοίαρχος [andipliarxos] *ουσ. α. /θ.* (στρατ.) lieutenant commander
αντιπνευματικός [andipnematikos] *επ.* not spiritual
αντίποδες [andipodes] *ουσ. α. πληθ.* antipodes
αντίποινα [andipina] *ουσ. ο. πληθ.* reprisals
αντιπολιτεύομαι [andipolitevome] *ρ.* oppose in politics
αντιπολίτευση [andipolitefsi] *ουσ. θ.* opposition
αντιπολιτευτικός [andipoliteftikos] *επ.* (of the) opposition
αντιπολιτικός [andipolitikos] *επ.* impolitic
αντίπραξη [andipraxi] *ουσ. θ.* counteraction, reaction
αντιπράττω [andipratto] *ρ.* counteract, oppose
αντιπροεδρεύω [andiproedrevo] *ρ.* be vice-president
αντιπροεδρία [andiproedria] *ουσ. θ.* vice-presidency
αντιπρόεδρος [andiproedros] *ουσ. α. /θ.* vice-president
αντιπροκαλώ [andiprokalo] *ρ.*

challenge in return

αντιπροοδευτικός [andiprodeftikos] *επ.* unprogressive

αντιπροσφέρω [andiprosfero] *ρ.* counter-offer

αντιπροσωπεία [andiprosopia] *ουσ. θ.* representation

αντιπροσώπευση [andiprosopefsi] *ουσ. θ.* representation

αντιπροσωπευτικός [andiprosopeftikos] *επ.* representative

αντιπροσωπεύω [andiprosopevo] *ρ.* represent

αντιπρόσωπος [andiprosopos] *ουσ. α. /θ.* representative

αντιπρόταση [andiprotasi] *ουσ. θ.* counter-proposition

αντιπροτείνω [andiprotino] *ρ.* counter propose

αντιπροχθές [andiprohthes] *επίρ.* three days ago

αντιπροχθεσινός [andiprohthesinos] *επ.* of the other day

αντιπρύτανης [andipritanis] *ουσ. α. /θ.* vice rector

αντίπρωρος [andiproros] *επ.* (ναυτ.) blowing from the prow

αντιπτέραρχος [andipterarhos] *ουσ. α.* (στρατ.) lieutenant general of the air-force

αντιπυρετικός [andipiretikos] *επ.* antipyretic

αντιραχιτικός [andirahitikos] *επ.* (ιατρ.) antirachitic

αντιρευματικός [andirevmatikos] *επ.* (ιατρ.) antirheumatic

αντίρρηση [andirisi] *ουσ. θ.* objection, contradiction

αντιρρησίας [andirrisias] *ουσ. α.* objectionist

αντίρροπος [andirropos] *επ.* counterbalancing

αντισεισμικός [andisismikos] *επ.* against earthquakes

αντισήκωμα [andisikoma] *ουσ. ο.* counter-balance

αντισηκώνω [andisikono] *ρ.* counter-balance

αντισημίτης [antisimitis] *ουσ. α.* anti-semite

αντισημιτισμός [andisimitismos] *ουσ. α.* anti-semitism

αντισηπτικός [andisiptikos]

επ. antiseptic
αντισηψία [andisipsia] *ουσ. θ.* antisepsis
αντίσκηνο [andiskino] *ουσ. ο.* tent
αντισκορβουτικός [andiskorvootikos] *επ.* (ιατρ.) antiscorbutic
αντισκωριακός [andiskoriakos] *επ.* antirust
αντισοσιαλιστής [andisosialistis] *ουσ. α.* antisocialist
αντισπασμωδικός [andispasmodikos] *επ.* antispasmodic
αντισπαστικός [andispastikos] *επ.* antispastic
αντισταθμίζω [andistathmizo] *ρ.* counterbalance, compensate
αντιστάθμιση [andistathmisi] *ουσ. θ.* counterbalancing
αντιστάθμισμα [andistathmisma] *ουσ. ο.* counterbalance, compensation
αντίσταση [andistasi] *ουσ. θ.* resistance, opposition
αντιστέκομαι [antistekome] *ρ.* oppose, resist
αντιστήριγμα [andistiriyma] *ουσ. ο.* support
αντιστηρίζω [andistirizo] *ρ.* support, prop up
αντιστήριξη [andistirixi] *ουσ. θ.* supporting, propping up
αντίστιξη [andistixi] *ουσ. θ.* counetrpoint
αντίστοιχα [andistiha] *επίρ.* correspondingly
αντιστοιχία [andistihia] *ουσ. θ.* correlation
αντίστοιχος [andistihos] *επ.* corresponding
αντιστοιχώ [andistiho] *ρ.* correspond
αντιστρατεύομαι [andistratevome] *ρ.* be opposed to
αντιστρατήγημα [andistatiyima] *ουσ. ο.* counter-maneuver
αντιστράτηγος [andistratiyos] *ουσ. α.* lieutenant-general
αντιστρατιωτικός [andistratiotikos] *επ.* antimilitarist
αντιστρατοπεδεύω [andistratopedevo] *ρ.* encamp against
αντιστρέφω [andistrefo] *ρ.*

reverse, revert
αντιστροφή [andistrofi] *ουσ. θ.* inversion
αντίστροφος [andistrofos] *επ.* inverse, reverse
αντισυναλλαγματική [andisinallaymatiki] *ουσ. θ.* redraft
αντισυνταγματάρχης [andisindaymatarhis] *ουσ. α.* lieutenant colonel
αντισυνταγματικός [andisindaymatikos] *επ.* uncostitutional
αντισυφιλιδικός [andisifilidikos] *επ.* (ιατρ.) antisyphilitic
αντισφαίριση [andisferisi] *ουσ. θ.* (αθλ.) tennis
αντισφαιριστής [andisferistis] *ουσ. α.* tennis player
αντισφυξιογόνος [andisfixioyonos] *επ.* antiasphyxiating
αντίσωμα [andisoma] *ουσ. ο.* (βιολ.)antibody
αντίταξη [anditaxi] *ουσ. θ.* opposing
αντιτάσσω [anditasso] *ρ.* oppose, object
αντιτείχισμα [anditihisma] *ουσ. ο.* counter-wall
αντιτετανικός [anditetanikos] *επ.* (ιατρ.) antitetanic
αντιτίθεμαι [andititheme] *ρ.* oppose, go against
αντίτιμο [anditimo] *ουσ. ο.* equivalent
αντιτοξικός [anditoxikos] *επ.* antitoxical
αντιτορπιλλικό [anditorpiliko] *ουσ. ο.* (στρατ.) torpedo-boat, destroyer
αντίτυπο [anditipo] *ουσ. ο.* copy of a book
αντιτυφικός [anditifikos] *επ.* (ιατρ.) against typhus
αντιφάρμακο [andifarmako] *ουσ. ο.* antidote
αντίφαση [andifasi] *ουσ. θ.* contradiction, discrepancy
αντιφάσκω [andifasko] *ρ.* contradict oneself
αντιφατικός [andifatikos] *επ.* contradictory
αντιφεγγίζω [andifegizo] *ρ.* shine back, reflect
αντιφεμινισμός [andifeminismos] *ουσ. α.* antifeminism
αντιφεμινιστής

[andifeministis] *ουσ. α.* antifeminist

αντιφρονώ [andifrono] *ρ.* be of a contrary opinion

αντιφωνώ [andifono] *ρ.* answer, reply

αντίχειρας [andihiras] *ουσ. α.* (ανατ.) thumb

αντιχολερικός [andiholerikos] *επ.* against cholera

αντιχριστιανικός [andihristianikos] *επ.* antichristian

αντίχριστος [andihristos] *ουσ. α.* antichrist

αντιψυκτικό [andipsiktiko] *ουσ. ο.* antifreeze

άντληση [andlisi] *ουσ. θ.* drawing up, pumping

αντλία [andlia] *ουσ. θ.* pump

αντλώ [andlo] *ρ.* draw up, pump

αντονομασία [andonomasia] *ουσ. θ.* antonomasia

αντοχή [andohi] *ουσ. θ.* endurance, resistance

αντράκλα [andtrakla] *ουσ. θ.* (βοτ.) purslane

άντρας [andtras] *ουσ. α.* man. husband

αντρειεύω [andrievo] *ρ.* grow up, become brave

αντρίκιος [andrikios] *επ.* manly

άντρο [andro] *ουσ. ο.* cave, grotto

αντρογυναίκα [androyineka] *ουσ. θ.* virago

αντωνυμία [andonimia] *ουσ. θ.* pronoun

αντωνυμικός [andonimikos] *επ.* pronominal

ανυδρία [anidria] *ουσ. θ.* drought

ανυδρίτης [anidritis] *ουσ. α.* anhydrite

άνυδρος [anidros] *επ.* dry

ανυμνώ [animno] *ρ.* praise, glorify

ανύμφευτος [animfeftos] *επ.* unmarried, single

ανυπακοή [anipakoi] *ουσ. θ.* disobedience

ανύπαντρος [anipandros] *επ.* unmarried, single

ανύπαρκτος [aniparktos] *επ.* non-existent

ανυπαρξία [aniparxia] *ουσ. θ.* non-existence

ανυπεράσπιστος [aniperaspistos] *επ.* undefended, unprotected

ανυπέρβατος [anipervatos] *επ.* insuperable
ανυπέρβλητος [anipervlitos] *επ.* incomparable
ανυπόγραφος [anipoyrafos] *επ.* unsigned
ανυπόληπτος [anipoliptos] *επ.* not respected, dishonorable
ανυποληψία [anipolipsia] *ουσ. θ.* disrepute
ανυπολόγιστος [anipoloyistos] *επ.* incalculable
ανυπομονησία [anipomonisia] *ουσ. θ.* impatience
ανυπόμονος [anipomonos] *επ.* impatient
ανυπομονώ [anipomono] *ρ.* be impatient
ανύποπτος [anopoptos] *επ.* unsuspicious
ανυπόστατος [anipostatos] *επ.* groundless
ανυποστήρικτος [anipostiriktos] *επ.* unsupported
ανυποταγή [anipotayi] *ουσ. θ.* disobedience
ανυπότακτος [anipotaktos] *επ.* disobedient
ανυποταξία [anipotaxia] *ουσ. θ.* disobedience
ανυπόφορος [anipoforos] *επ.* unbearable, intolerable
άνυσμα [anisma] *ουσ. θ.* vector
ανύφαντος [anifandos] *επ.* unwoven
ανυψώνω [anipsono] *ρ.* raise, elevate
ανύψωση [anipsosi] *ουσ. θ.* elevation, raising
ανυψωτήρας [anipsotiras] *ουσ. α.* elevator, lift
ανυψωτικός [anipsotikos] *επ.* lifting
άνω [ano] *επίρ.* over, up, above
ανώγειο [anoyio] *ουσ. ο.* upper floor
ανώδυνος [anodinos] *επ.* painless
ανωμαλία [anomalia] *ουσ. θ.* irregularity
ανώμαλος [anomalos] *επ.* irregular
ανωνυμία [anonimi] *ουσ. θ.* anonymity
ανώνυμος [anonimos] *επ.* anonymous

ανώριμος [anorimos] *επ.* immature. unripe
άνωση [anosi] *ουσ. θ.* pushing up
ανώτατος [anotatos] *επ.* highest, supreme
ανώτερος [anoteros] *επ.* higher, superior
ανωτερότητα [anoterotita] *ουσ. θ.* superiority
ανωφέλεια [anofelia] *ουσ. θ.* uselessness
ανωφελής [anofelis] *επ.* useless
ανωφέρεια [anoferia] *ουσ. θ.* acclivity. ascent
ανωφερής [anoferis] *επ.* ascending, upheel
ανώφλι [anofli] *ουσ. ο.* lintel
άξαφνα[axafna] *επίρ.* suddenly
άξαφνος [axafnos] *επ.* sudden
αξάφριστος [axafristos] *επ.* unskimmed
αξεγύμνωτος [axeyimnotos] *επ.* dressed
αξεδιάλεκτος [axedialektos] *επ.* unselected
αξεκαθάριστος [axekatharistos] *επ.* unsettled, uncleared
αξεκόλλητος [axekollitos] *επ.* undetached
αξεμπέρδευτος [axeberdeftos] *επ.* unravelled
άξενος [axenos] *επ.* inhospitable
αξεπέραστος [axeperastos] *επ.* unsurpassed
αξερρίζωτος [axerizotos] *επ.* not rooted. uneradicable
αξεσήκωτος [axesikotos] *επ.* uncopied
άξεστος [axestos] *επ.* rude, impolite
αξεφλούδιστος [axefloodistos] *επ.* unskinned, unpeeled
αξέχαστος [axehastos] *επ.* unforgettable
αξεχώριστος [axehoristos] *επ.* unseparated
αξία [axia] *ουσ. θ.* value, worth
αξιαγάπητος [axiayapitos] *επ.* lovely, lovable
αξιέπαινος [axiepenos] *επ.* praiseworthy
αξίζω [axizo] *ρ.* merit, deserve
αξίνη [axini] *ουσ. θ.* hotchet, axe
αξιοδάκρυτος [axiodakritos] *επ.* lamentable

αξιοδιήγητος [axiodiiyitos] *επ.* worth-telling
αξιοζήλευτος [axiozileftos] *επ.* enviable
αξιοθαύμαστος [axiothavmastos] *επ.* admirable, wonderful
αξιοθέατος [axiotheatos] *επ.* worth-seeing
αξιοθρήνητος [axiothrinitos] *επ.* lamentable
αξιοκατάκριτος [axiokatakritos] *επ.* blamable
αξιοκαταφρόνητος [axiokatafronitos] *επ.* contemptible
αξιολάτρευτος [axiolatreftos] *επ.* adorable
αξιόλογος [axioloyos] *επ.* remarkable, considerable
αξιολύπητος [axiolipitos] *επ.* pitiful
αξιόμαχος [axiomahos] *επ.* in fighting condition
αξιόμεμπτος [axiomemptos] *επ.* blameworthy
αξιομνημόνευτος [axiomnimoneftos] *επ.* memorable
αξιοπερίεργος [axioperieryos] *επ.* curious. odd
αξιοπιστία [axiopistia] *ουσ. θ.* credibility
αξιόπιστος [axiopistos] *επ.* creditable
αξιοποίηση [axiopiisi] *ουσ. θ.* development, reclamation
αξιοποιώ [axiopio] *ρ.* make worthy, develop
αξιοπρέπεια [axioprepia] *ουσ. θ.* dignity
αξιοπρεπής [axioprepis] *επ.* dignified
άξιος [axios] *επ.* worthy, deserving
αξιοσέβαστος [axiosevastos] *επ.* venerable, respectable
αξιοσημείωτος [axiosimiotos] *επ.* notable, noticeable
αξιοσύστατος [axiosistatos] *επ.* recommendable
αξιότιμος [axiotimos] *επ.* respectable
αξιοτιμώρητος [axiotimoritos] *επ.* punishable
αξίωμα [axioma] *ουσ. ο.* charge, office
αξιωματικός [axiomatikos] *ουσ. α. /θ.* officer
αξιωματούχος [axiomatoohos] *ουσ. α. /θ.* officer

αξιώνω [axiono] ρ. claim
αξίωση [axiosi] *ουσ. θ.* claim, pretention
αξόδευτος [axodeftos] *επ.* unspent
αξομολόγητος [axomoloyitos] *επ.* unconfessed
άξονας [axonas] *ουσ. α.* axis, axle
αξονικός [axonikos] *επ.* axial
αξύριστος [axiristos] *επ.* unshaven
άξυστος [axistos] *επ.* unscraped, unscratched
αόμματος [aommatos] *επ.* blind
άοπλος [aoplos] *επ.* unarmed
αόρατος [aoratos] *επ.* invisible
αοριστία [aoristia] *ουσ. θ.* indefiniteness
αοριστολογία [aoristoloyia] *ουσ. θ.* vague speaking
αοριστολογικός [aoristoloyikos] *επ.* indefinite
αόριστος [aoristos] *επ.* vague, indefinite, *ουσ. α.* (γραμ.) past
αορτή [aorti] *ουσ. θ.* (ανατ.) aorta
άοσμος [aosmos] *επ.* scentless
απαγγελία [apaggelia] *ουσ. θ.* recitation
απαγγέλλω [apaggelo] ρ. recite, pronounce
απαγίδευτος [apayideftos] *επ.* untrapped
απαγορευμένος [apyorevmenos] *επ.* forbidden, prohibited
απαγόρευση [apayorefsi] *ουσ. θ.* prohibition
απαγορεύω [apayorevo] ρ. forbid, prohibid
απαγχονίζω [apayhonozo] ρ. hang
απαγχονισμός [apayhonismos] *ουσ. α.* hanging
απάγω [apayo] ρ. carry off, kidnap, abduct
απαγωγέας [apayoyeas] *ουσ. α.* abductor. kidnapper
απαγωγή [apayoyi] *ουσ. θ.* abduction. kidnapping
απάθεια [apathia] *ουσ. θ.* indifference
απαθής [apathis] *επ.* indifferent
απαιδαγώγητος [apedayoyitos] *επ.* untrained, uneducated

απαιδευσία [apedefsia] *ουσ. θ.* lack of education
απαίδευτος [apedeftos] *επ.* uneducated
απαίνευτος [apeneftos] *επ.* unpraised
απαισιοδοξία [apesiodoxia] *ουσ. θ.* pessimism
απαισιόδοξος [apasiodoxos] *επ.* pessimistic
απαίσιος [apesios] *επ.* horrible, evil
απαίτηση [apetisi] *ουσ. θ.* demand, claim
απαιτητικός [apetitikos] *επ.* demanding
απαιτώ [apeto] *ρ.* demand, claim
απαλείφω [apalifo] *ρ.* wipe off, wipe out
απάλειψη [apalipsi] *ουσ. θ.* wiping off
απαλλαγή [apallayi] *ουσ. θ.* release
απαλλαγμένος [apalaymenos] *επ.* free (from), exempt (from)
απαλλάσσω [apallasso] *ρ.* discharge. release
απαλλοτριώνω [apallotriono] *ρ.* alienate
απαλλοτρίωση [apallotriosi] *ουσ. θ.* alienation
απαλός [apalos] *επ.* soft. tender
απαλότητα [apalotita] *ουσ. θ.* softness. tenderness
απαλύνω [apalino] *ρ.* soften. make delicate
απάνθισμα [apanthisma] *ουσ. ο.* choice. anthology
απανθρακώνω [apanthrakono] *ρ.* carbonize
απανθράκωση [apanthrakosi] *ουσ. θ.* carbonization
απανθρωπιά [apanthropia] *ουσ. θ.* cruelty
απάνθρωπος [apanthropos] *επ.* cruel
άπαντα [apanda] *ουσ. ο. πληθ.* the complete works
απαντέχω [apandeho] *ρ.* expect
απάντηση [apandisi] *ουσ. θ.* answer, reply
απαντοχή [apandohi] *ουσ. θ.* expectation
απάντρευτος [apandtreftos] *επ.* unmarried, single
απαντώ [apndo] *ρ.* answer, reply
απάνω [apano] *επίρ.* up,

above
απανωτός [apanotos] *επ.* successive
απαξιώ [apxio] *ρ.* disdain, consider unworthy
απαξίωση [apaxiosi] *ουσ. θ.* disdain
απαράβατος [aparavatos] *επ.* inviolable
απαραβίαστος [aparaviastos] *επ.* inviolable
απαράγραπτος [aparayraptos] *επ.* inalienable
απαράδεκτος [aparadektos] *επ.* unacceptable
απαραίτητος [aparetitos] *επ.* indispensable
απαράλλακτος [aparallaktos] *επ.* identical, exactly
απαράμιλλος [aparamillos] *επ.* unrivalled, uncomparable
απαρασάλευτος [aparasaleftos] *επ.* unshakable, steady
απαρασκεύαστος [aparaskevastos] *επ.* unprepared
απαρατήρητος [aparatiritos] *επ.* unnoticed, unready
απαραχάρακτος [aparaharaktos] *επ.* unalterable
απαραχώρητος [aparahoritos] *επ.* unyielded
απαρέγκλιτος [apareglitos] *επ.* inflexible, firm
απαρέμφατο [aparemfato] *ουσ. ο.* (γραμ.) infinitive
απαρέσκεια [apareskia] *ουσ. θ.* dislike
απαρηγόρητος [apariyoritos] *επ.* inconsolable
απαρίθμηση [aparithmisi] *ουσ. θ.* enumeration
απαριθμώ [aparithmo] *ρ.* count, number
απάρνηση [aparnisi] *ουσ. θ.* renunciation
απαρνιέμαι [aparnieme] *ρ.* renounce, give up
απαρτία [apartia] *ουσ. θ.* quorum
απαρχαιωμένος [aparheomenos] *επ.* old-fashioned
απασχόληση [apasholisi] *ουσ. θ.* occupation
απασχολώ [apasholo] *ρ.* occupy
απατεώνας [apateonas] *ουσ. α.* deceiver
απάτη [apati] *ουσ. θ.* fraud,

cheat
απάτητος [apatitos] *επ.* untrodden
άπατος [apatos] *επ.* bottomless
απατώ [apato] *ρ.* deceive, cheat
απαύδηση [apavdisi] *ουσ. θ.* fatigue, exhaustion
απαυδώ [apavdo] *ρ.* become tired, get exhausted
άπαχος [apahos] *επ.* lean, thin
απεγνωσμένος [apeynosmenos] *επ.* desperate
απειθάρχητος [apitharhitos] *επ.* undisciplined
απειθαρχία [apitharhia] *ουσ. θ.* lack of discipline
απειθαρχώ [apitharho] *ρ.* disobey
απείθεια [apithia] *ουσ. θ.* disobedience
απειθώ [apitho] *ρ.* disobey
απεικονίζω [apikonizo] *ρ.* represent, paint, portray
απεικόνιση [apikonisi] *ουσ. θ.* representation, portrayal
απειλή [apili] *ουσ. θ.* threat, menace
απειλητικός [apilitikos] *επ.* threatening
απειλώ [apilo] *ρ.* threaten, menace
απείρακτος [apiraktos] *επ.* not offended
απειράριθμος [apirarithmos] *επ.* innumerable, countless
απειρία [apiria] *ουσ. θ.* inexperience
άπειρο [apiro] *ουσ. ο.* infinity, immensity
απειροελάχιστος [apiroelahistos] *επ.* microscopic, minute
απειρόκαλος [apirokalos] *επ.* inelegant, unrefined
απειρομεγέθης [apiromeyethis] *επ.* huge, immense
απειροπόλεμος [apiropolemos] *επ.* inexpert in war
άπειρος [apiros] *επ.* inexperienced, inexpert
απειροστό [apirosto] *ουσ. ο.* infinitesimal
άπειστος [apistos] *επ.* unpersuaded
απέλαση [apelasi] *ουσ. θ.* expulsion
απελαύνω [apelavno] *ρ.* expel

απελέκητος [apelekitos] *επ.* unhewn. rough
απελεύθερος [apeleftheros] *επ.* liberated
απελευθερώνω [apeleftherono] *ρ.* set free, liberate
απελευθέρωση [apeleftherosi] *ουσ. θ.* emancipation
απελευθερωτής [apeleftherotis] *ουσ. α.* liberator
απελευθερωτικός [apeleftherotikos] *επ.* liberative
απελπίζω [apelpizo] *ρ.* despair, discourage
απελπισία [apelpisia] *ουσ. θ.* desperation, despair
απελπιστικός [apelpistikos] *επ.* hopeless, desperate
απεμπλοκή [apebloki] *ουσ. θ.* disengaging
απέναντι [apenandi] *επίρ.* opposite
απεναντίας [apenandias] *επίρ.* on the contrary
απενταρία [apendaria] *ουσ. θ.* poverty
απένταρος [apendaros] *επ.* penniless, poor
απεραντολογία [aperandroloyia] *ουσ. θ.* prolixity, endless talk
απεραντολόγος [aperandoloyos] *επ.* prolix
απεραντολογώ [aperandoloyo] *ρ.* speak at great length
απέραντος [aperandos] *επ.* boundless, endless
απέραστος [aperastos] *επ.* impassable
απεργία [aperyia] *ουσ. θ.* strike
απεργιακός [aperyiakos] *επ.* of a strike
απεργοσπάστης [aperyospastis] *ουσ. α.* strike-breaker
απεργώ [aperyo] *ρ.* be on a strike
απερίγραπτος [aperiyraptos] *επ.* indescribable
απεριόριστος [aperioristos] *επ.* unlimited
απεριποίητος [aperipiitos] *επ.* neglected
απερίσκεπτος [aperiskeptos] *επ.* inconsiderate, thoughtless
απερισκεψία [aperiskepsia]

ουσ. θ. inconsiderateness, thoughtlessness
απερίσπαστος [aperispastos] *επ.* undistracted
απέριττος [aperittos] *επ.* plain, simple
απερίφραστος [aperifrastos] *επ.* plain and direct
απεσταλμένος [apestalmenos] *ουσ. α.* representative, deputed
απευθύνω [apefthino] *ρ.* address, direct
απεύχομαι [apefhome] *ρ.* deprecate
απεχθάνομαι [apehthanome] *ρ.* detest
απέχθεια [apehthia] *ουσ. θ.* aversion, repugnance
απέχω [apeho] *ρ.* abstain
απήχηση [apihisi] *ουσ. θ.* echo, resound
απηχώ [apiho] *ρ.* reecho, resound
άπιαστος [apiastos] *επ.* untouched, new
απίδι [apidi] *ουσ. ο.* (βοτ.) pear
απίθανος [apithanos] *επ.* improbable
απίστευτος [apisteftos] *επ.* unbelievable, incredible
απιστία [apistia] *ουσ. θ.* infidelity
άπιστος [apistos] *επ.* faithless, unfaithful
απιστώ [apisto] *ρ.* disbelieve, be unfaithful
απλανής [aplanis] *επ.* fixed
άπλαστος [aplastos] *επ.* not shaped, unformed
άπλετος [apletos] *επ.* abundant
απλησίαστος [aplisiastos] *επ.* inaccessible
απληστία [aplistia] *ουσ. θ.* greediness, avidity
άπληστος [aplistos] *επ.* greedy
απλοϊκός [aploikos] *επ.* simple, unaffected
απλοϊκότητα [aploikotita] *ουσ. θ.* simplicity
απλοποίηση [aplopiisi] *ουσ. θ.* simplification
απλοποιώ [aplopio] *ρ.* simplify
απλούστευση [aploostefsi] *ουσ. θ.* simplification
απλουστεύω [aploostevo] *ρ.* simplify
απλοχέρης [aploheris] *επ.*

open-handed
απλοχεριά [aploheria] *ουσ. θ.* generosity
απλόχωρα [aplohora] *επίρ.* spaciously
απλόχωρος [aplohoros] *επ.* spacious
απλυσιά [aplisia] *ουσ. θ.* dirtiness
απλώνω [aplono] *ρ.* extend, spread
άπνοια [apnia] *ουσ. θ.* calm
από [apo] *πρόθ.* from, since
αποβάθρα [apovathra] *ουσ. θ.* wharf, landing place
αποβάλλω [apovallo] *ρ.* reject
απόβαρο [apovaro] *ουσ. ο.* tare
απόβαση [apovasi] *ουσ. θ.* landing
αποβιβάζω [apovivazo] *ρ.* land
αποβιώνω [apoviono] *ρ.* die
αποβίωση [apoviosi] *ουσ. θ.* death, disease
αποβλακώνω [apovlakono] *ρ.* stupefy
αποβλάκωση [apovlakosi] *ουσ. θ.* stupefaction
αποβολή [apovoli] *ουσ. θ.* rejection
αποβουτυρώνω [apovootirono] *ρ.* skim, remove the cream
αποβουτύρωση [apovootirosi] *ουσ. θ.* skimming
απόβραδο [apovrado] *ουσ. ο.* in the early morning
απόβρασμα [apovrasma] *ουσ. ο.* Scum
αποβρόχια [apobrohia] *ουσ. ο. πληθ.* after the rain
απογαλακτίζω [apoyalaktizo] *ρ.* wean
απόγειο [apoyio] *ουσ. ο.* zenith
απογειώνομαι [apoyionome] *ρ.* take off
απογείωση [apoyiosi] *ουσ. θ.* taking off
απόγευμα [apoyevma] *ουσ. ο.* afternoon
απόγνωση [apoynosi] *ουσ. θ.* despair
απογοήτευση [apoyoitefsi] *ουσ. θ.* disappointment
απογοητεύω [apoyoitevo] *ρ.* disappoint
απόγονος [apoyonos] *ουσ. α. /θ.* descendant
απογραφή [apoyrafi] *ουσ. θ.* census

απογράφω [apoyrafo] *ρ.* take a census
απογυμνώνω [apoyimnono] *ρ.* strip
αποδασώνω [apodasono] *ρ.* deforest
αποδεδειγμένος [apodediymeno] *επ.* proved
αποδεικτικό [apodiktiko] *ουσ. ο.* certificate, proof
απόδειξη [apodixi] *ουσ. θ.* proof. receipt
αποδείχνω [apodihno] *ρ.* prove, demonstrate
αποδεκατίζω [apodekatizo] *ρ.* decimate
αποδεκάτιση [apodekatisi] *ουσ. θ.* decimation
αποδέκτης [apodektis] *ουσ. α.* receiver
αποδεκτός [apodektos] *επ.* accepted. admissible
αποδέχομαι [apodehome] *ρ.* accept. admit
αποδημητής [apodimitis] *ουσ. α.* traveller
αποδημητικός [apodimitikos] *επ.* migratory
αποδημία [apodimia] *ουσ. θ.* migration
απόδημος [apodimos] *επ.* migrant
αποδημώ [apodimo] *ρ.* migrate
αποδίδω [apodido] *ρ.* return. restore
αποδιοπομπαίος [apodiopobeos] *επ.* persecuted
αποδιοργάνωση [apodioryanosi] *ουσ. θ.* disorganization
αποδοκιμάζω [apodokimazo] *ρ.* disapprove
αποδοκιμασία [apodokimasia] *ουσ. θ.* disapproval
απόδοση [apodosi] *ουσ. θ.* return. restoring
αποδοτικός [apodotikos] *επ.* productive
αποδοτικότητα [apodotikotita] *ουσ. θ.* productivity
αποδοχή [apodohi] *ουσ. θ.* acceptance. admission
απόδραση [apodrasi] *ουσ. θ.* escape, evasion
αποδυτήριο [apoditirio] *ουσ. ο.* dressing-room
αποζημιώνω [apozimiono] *ρ.* compensate. indemnify
αποζημίωση [apozimiosi] *ουσ.*

θ. compensation. indemnification
αποζητώ [apozito] *ρ.* seek
αποθάρρυνση [apotharinsi] *ουσ. θ.* discouragement
αποθαρρύνω [apotharino] *ρ.* discourage
απόθεμα [apothema] *ουσ. ο.* deposit, reserve
αποθεραπεία [apotherapia] *ουσ. θ.* complete cure
απόθεση [apothesi] *ουσ. θ.* deposition
αποθέτω [apotheto] *ρ.* lay aside, deposit
αποθεώνω [apotheono] *ρ.* deify, glorify
αποθέωση [apotheosi] *ουσ. θ.* deification
αποθηκάριος [apothikarios] *ουσ. α.* storehouse keeper
αποθηκεύω [apothikevo] *ρ.* store up
αποθήκη [apothiki] *ουσ. θ.* ware house
αποθησαυρίζω [apothisavrizo] *ρ.* store up a treasure
αποθρασύνω [apothrsino] *ρ.* make audacious
αποίκηση [apikisi] *ουσ. θ.* emigration, colonization
αποικία [apikia] *ουσ. θ.* colony
αποικιακός [apikismos] *επ.* colonial
αποικίζω [apikizo] *ρ.* colonize
αποικιοκρατία [apikiokratia] *ουσ. θ.* colonialism
αποκαθίσταμαι [apokathistame] *ρ.* settle, establish oneself
αποκαθιστώ [apokathisto] *ρ.* restore
αποκαλύπτω [apokalipto] *ρ.* reveal. exposure
αποκάλυψη [apokalipsi] *ουσ. θ.* revelation. exposure
αποκαλώ [apokalo] *ρ.* call, name
αποκατάσταση [apokatastasi] *ουσ. θ.* restoration, repair
αποκάτω [apokato] *επίρ.* under, below, beneath
αποκεντρώνω [apokendrono] *ρ.* decentralize
αποκέντρωση [apokendrosi] *ουσ. θ.* decentralization
αποκεφαλίζω [apokefalizo] *ρ.* decapitate
αποκεφαλισμός [apokefalismos] *ουσ. α.*

decapitation
αποκήρυξη [apokirixi] *ουσ. θ.* renunciaton
αποκηρύττω [apokirito] *ρ.* renounce
αποκλεισμός [apoklismos] *ουσ. α.* exclusion
αποκλείω [apoklio] *ρ.* exclude
αποκληρώνω [apoklirono] *ρ.* disinherit
αποκοιμίζω [apokimizo] *ρ.* lull
αποκολλώ [apokollo] *ρ.* unglue
αποκομιδή [apokomidi] *ουσ. θ.* removal
αποκομίζω [apokomizo] *ρ.* remove, carry away
απόκομμα [apokoma] *ουσ. ο.* fragment
αποκοπή [apokopi] *ουσ. θ.* cutting
αποκορύφωμα [apokorifoma] *ουσ. ο.* height, peak
αποκοτιά [apokotia] *ουσ. θ.* petulance
αποκρεύω [apokrevo] *ρ.* eat meat for the last time before the lent
απόκρημνος [apokrimnos] *επ.* steep
αποκρίνομαι [apokrinome] *ρ.* answer, reply
απόκριση [apokrisi] *ουσ. θ.* answer, reply
απόκρουση [apokroosi] *ουσ. θ.* driving back, rejection
αποκρουστικός [apokroostikos] *επ.* repulsive, repugnant
αποκρούω [apokrooo] *ρ.* drive back, repulse
αποκρυπτογράφηση [apokriptoyrfisi] *ουσ. θ.* decoding
αποκρυπτογραφώ [apokriptoyrafo] *ρ.* decode
αποκρυσταλώνω [apokristalono] *ρ.* crystallize
αποκρυφισμός [apokrifismos] *ουσ. α.* occultism
αποκρυφιστής [apokrifistis] *ουσ. α.* occultist
απόκρυφος [apokrifos] *επ.* occult, secret
απόκρυψη [apokripsi] *ουσ. θ.* hiding
απόκτημα [apoktima] *ουσ. ο.* acquisition
αποκτηνώνω [apoktinono] *ρ.* brutalize
αποκτήνωση [apoktinosi]

ουσ. θ. brutalization
αποκτώ [apokto] *ρ.* acquire, get, obtain
αποκύημα [apokiima] *ουσ. ο.* offspring
απολαβή [apolavi] *ουσ. θ.* earning, gain
απολαμβάνω [apolamvano] *ρ.* enjoy
απόλαυση [apolafsi] *ουσ. θ.* enjoyment
απολέπιση [apolepisi] *ουσ. θ.* peeling
απολίθωμα [apolithoma] *ουσ. ο.* fossil
απολιθώνω [apolithono] *ρ.* petrify
απολίθωση [apolithosi] *ουσ. θ.* petrification
απολίτευτος [apoliteftos] *επ.* indifferent to politics
απολίτιστος [apolitistos] *επ.* uncivilized
απολογία [apoloyia] *ουσ. θ.* apology
απολογισμός [apoloyismos] *ουσ. α.* account, report
απολογούμαι [apoloyoome] *ρ.* apologize (for)
απολυμαίνω [apolimeno] *ρ.* disinfect
απολύμανση [apolimansi] *ουσ. θ.* disinfection
απολυμαντικό [apolimandiko] *ουσ. ο.* disinfectant
απόλυση [apolisi] *ουσ. θ.* dismissal, discharge
απολυταρχία [apolitarhia] *ουσ. θ.* absolutism
απολυταρχικός [apolitarhikos] *επ.* autocratic
απολυτήριο [apolitirio] *ουσ. ο.* certificate of graduation
απολυτήριος [apolitirios] *επ.* (of) graduation, final
απολυτίκιο [apolitikio] *ουσ. ο.* dismissal hymn. (εκκλ.) introit
απόλυτος [apolitos] *επ.* absolute
απολυτρώνω [apolitrono] *ρ.* deliver
απολύτρωση [apolitrosi] *ουσ. θ.* deliverance, liberation
απολύτως [apolitos] *επίρ.* absolutely
απολύω [apolio] *ρ.* loose. dismiss, fire
απομαγνητίζω [apomaynitizo] *ρ.* demagnetize
απομάκρυνση [apomakrinsi] *ουσ. θ.* removal, sending away
απομακρύνω [apomakrino] *ρ.*

remove
απόμαχος [apomahos] *επ.* disabled warrior
απομεινάρι [apominari] *ουσ. ο.* remain
απομένω [apomeno] *ρ.* remain
απόμερος [apomeros] *επ.* remote. lonely
απομεσήμερο [apomesimero] *ουσ. ο.* afternoon
απομίμηση [apomimisi] *ουσ. θ.* imitation
απομιμητικός [apomimitikos] *επ.* imitative
απομιμούμαι [apomimoome] *ρ.* imitate
απομνημονεύματα [apomnimonevmata] *ουσ. ο. πληθ.* memoirs
απομνημονεύω [apomnimonevo] *ρ.* memorize
απομονώνω [apomonono] *ρ.* isolate
απομόνωση [apomonosi] *ουσ. θ.* isolation
απομονωτήριο [apomonotirio] *ουσ. ο.* retreat
απομύζηση [apomizisi] *ουσ. θ.* sucking in
απομυζώ [apomizo] *ρ.* suck in
απομωραίνω [apomoreno] *ρ.* stupefy
απoναρκώνω [aponarkono] *ρ.* numb
απονεκρώνω [aponekrono] *ρ.* deaden
απονέκρωση [aponekrosi] *ουσ. θ.* deadening
απονέμω[aponemo] *ρ.* grant, award
απονεύρωση [aponevrosi] *ουσ. θ.* (ιατρ.) enervation
απονήρευτος [aponireftos] *επ.* unsophisticated
απονομή [aponomi] *ουσ. θ.* granting, award
άπονος [aponos] *επ.* painless, heartless
αποξενώνω [apoxenono] *ρ.* estrange, alienate
αποξένωση [apoxenosi] *ουσ. θ.* estrangement, alienation
αποξήρανση [apoxiransi] *ουσ. θ.* drying, desiccation
απόξω [apoxo] *επίρ.* outside
αποπαίρνω [apoperno] *ρ.* scold
αποπάνω [apopano] *επίρ.* from above, over
αποπάτηση [apopatisi] *ουσ. θ.* excretion

απόπατος [apopatos] *ουσ. α.* water-closet, toilet
αποπατώ [apopato] *ρ.* go to stool
απόπειρα [apopira] *ουσ. θ.* attempt, trial
αποπειρώμαι [apopirome] *ρ.* attempt, try
αποπέμπω [apopebo] *ρ.* pack off, send away
αποπεράτωση [apoperatosi] *ουσ. θ.* finishing, ending
αποπλάνηση [apoplanisi] *ουσ. θ.* wandering, seduction
αποπλανώ [apoplano] *ρ.* mislead, seduce
αποπλέω [apopleo] *ρ.* sail away
αποπληξία [apoplixia] *ουσ. θ.* apoplexy
απόπλους [apoploos] *ουσ. α.* (ναυτ.) sailing
αποπνικτικός [apopniktikos] *επ.* suffocating
αποπομπή [apopobi] *ουσ. θ.* dismissal, discharge
απόρθητος [aporthitos] *επ.* impregnable
απορία [aporia] *ουσ. θ.* hesitation, doubt
άπορος [aporos] *επ.* impassable. poor
απορρέω [aporreo] *ρ.* emanate, flow out
απόρρητος [aporritos] *επ.* secret, mysterious
απόρριμα [aporrima] *ουσ. ο.* rubbish
απορρίπτω [aporripto] *ρ.* reject, deny
απόρριψη [aporripsi] *ουσ. θ.* rejection, denial
απόρροια [aporria] *ουσ. θ.* emanation, result
απορρόφηση [aporrofisi] *ουσ. θ.* absorption
απορροφητικός [aporrofitikos] *επ.* absorbent
απορροφώ [aporofo] *ρ.* absorb
απορώ [aporo] *ρ.* wonder. be at a loss
αποσαφηνίζω [aposafinizo] *ρ.* elucidate, clarify
απόσβεση [aposvesi] *ουσ. θ.* extinguishing
αποσβολώνω [aposvolono] *ρ.* confuse, abash
αποσιώπηση [aposiopisi] *ουσ. θ.* silencing
αποσκευή [aposkevi] *ουσ. θ.* baggage, luggage

αποσκίρτηση [aposkirtisi] *ουσ. θ.* desertion
αποσκοπώ [aposkopo] *ρ.* aim (at)
αποσόβηση [aposovisi] *ουσ. θ.* avertion
αποσοβώ [aposobo] *ρ.* avert
απόσπαση [apospasi] *ουσ. θ.* detaching
απόσπασμα [apospasma] *ουσ. ο.* detachment
αποσπερίτης [aposperitis] *ουσ. α.* (αστρολ.) evening star
αποσπώ [apospo] *ρ.* detach
απόσταγμα [apostayma] *ουσ. ο.* distillation
αποστάζω [apostazo] *ρ.* distil
αποστακτήρας [apostaktiras] *ουσ. α.* distiller
αποστατώ [apostato] *ρ.* revolt, rebel
αποστειρώνω [apostirono] *ρ.* sterilize
αποστέλλω [apostello] *ρ.* send. despatch
αποστέρηση [aposterisi] *ουσ. θ.* deprivation
αποστηθίζω [apostithizo] *ρ.* learn by heart, memorize
αποστομώνω [apostomono] *ρ.* silence, hush
αποστόμωση [apostomosi] *ουσ. θ.* silencing, hushing
αποστραγγίζω [apostragizo] *ρ.* strain, drain
αποστράγγιση [apostragisi] *ουσ. θ.* strainimg, draining
αποστρατεύω [apostratevo] *ρ.* put out of military service
απόστρατος [apostratos] *ουσ. α.* retired soldier
αποστροφή [apostrofi] *ουσ. θ.* aversion, dislike
αποσύνδεση [aposindesi] *ουσ. θ.* dissociation
αποσυνδέω [aposindeo] *ρ.* dissociate
αποσυνθέτω [aposintheto] *ρ.* decompose
αποσύρω [aposiro] *ρ.* withdraw
αποσφραγίζω [aposfrayizo] *ρ.* unseal
αποσώνω [aposiono] *ρ.* finish, complete
αποταμίευση [apotamiefsi] *ουσ. θ.* storing, treasuring
αποταμιεύω [apotamievo] *ρ.* store up
αποτελειώνω [apoteliono] *ρ.* complete, finish
αποτέλεσμα [apotelesma]

ουσ. ο. result, effect
αποτελεσματικός [apotelesmatikos] *επ.* effective
αποτελεσματικότητα [apotelesmatikotita] *ουσ. θ.* effectiveness
αποτελματώνω [apotelmatono] *ρ.* bring to deadlock
αποτελμάτωση [apotelmatosi] *ουσ. θ.* deadlock
αποτελώ [apotelo] *ρ.* constitute, form
αποτεφρώνω [apotefrono] *ρ.* incinerate
αποτινάζω [apotinazo] *ρ.* shake off
αποτίναξη [apotinaxi] *ουσ. θ.* shaking off
απότιστος [apotistos] *επ.* unwatered
αποτολμώ [apotolmo] *ρ.* venture, dare
απότομος [apotomos] *επ.* abrupt, blunt
αποτρέπω [apotrepo] *ρ.* prevent, dissuade
αποτρόπαιος [apotropeos] *επ.* abominable
αποτροπιασμός [apotropiasmos] *ουσ. α.* detestation
αποτσίγαρο [apotsiyaro] *ουσ. ο.* cigarette-tip
αποτύπωμα [apotipoma] *ουσ. ο.* imprint, stamp
αποτυχαίνω [apotiheno] *ρ.* miss
αποτυχία [apotihia] *ουσ. θ.* failure
απούλητος [apoolitos] *επ.* unsold
απουσία [apoosia] *ουσ. θ.* absence
απουσιάζω [apoosiazo] *ρ.* be absent
απουσιολόγιο [apoosioloyio] *ουσ. ο.* attendance register
αποφάγι [apofayi] *ουσ. ο.* remnants of a meal
απόφαση [apofasi] *ουσ. θ.* decision, resolution
αποφασίζω [apofasizo] *ρ.* decide
αποφασιστικός [apofasistikos] *επ.* decisive
αποφασιστικότητα [apofasistikotita] *ουσ. θ.* decisiveness
αποφέρω [apofero] *ρ.* produce, bear
αποφεύγω [apofevyo] *ρ.*

avoid
απόφθεγμα [apoftheyma] *ουσ. ο.* apophthegm, saying
αποφλοιώνω [apofliono] *ρ.* peel
αποφοιτήριο[apofitirio] *ουσ. ο.* certificate
αποφοίτηση [apofitisi] *ουσ. θ.* graduation
απόφοιτος [apofitos] *ουσ. α. /θ.* graduate
αποφυγή [apofiyi] *ουσ. θ.* avoiding
αποφυλακίζω [apofilakizo] *ρ.* discharge
αποχαιρετισμός [apoheretismos] *ουσ. α.* taking leave of, bidding farewell
αποχαιρετώ [apohereto] *ρ.* bid farewell
αποχαλίνωση [apohalinosi] *ουσ. θ.* unbridling
αποχαυνώνω [apohavnono] *ρ.* make languid
αποχαύνωση [apohavnosi] *ουσ. θ.* languor
αποχή [apohi] *ουσ. θ.* abstinence
απόχη [apohi] *ουσ. θ.* net
αποχρωματίζω [apohromatizo] *ρ.* decolorize
απόχρωση [apohrosi] *ουσ. θ.* shade
αποχώρηση [apohorisi] *ουσ. θ.* retiring
αποχωρίζω [apohorizo] *ρ.* separate, detach
αποχωρισμός [apohorismos] *ουσ. α.* separation
αποχωρώ [apohoro] *ρ.* withdraw, retire
απόψε [apopse] *επίρ.* this evening, tonight
άποψη [apopsi] *ουσ. θ.* view, aspect
απόψυξη [apopsixi] *ουσ. θ.* refrigeration, cooling
αποψύχω [apopsihno] *ρ.* refrigerate
απραγματοποίητος [apraymatopiitos] *επ.* unpracticable
άπραγος [aprayos] *επ.* inexpert
άπρακτος [apraktos] *επ.* unsuccessful
απραξία [apraxia] *ουσ. θ.* inaction
απρέπεια [aprepia] *ουσ. θ.* indecency
απρεπής [aprepis] *επ.*

indecent
Απρίλιος [aprilios] *ουσ. α.* April
απροβίβαστος [aprovivastos] *επ.* unpromoted
απρόβλεπτος [aprovleptos] *επ.* unforeseen
απροειδοποίητος [aproidopiitos] *επ.* unwarmed
απροετοίμαστος [aproetimastos] *επ.* unprepared, unready
απροθυμία [aprothimia] *ουσ. θ.* unwillingness
απρόθυμος [aprothimos] *επ.* unwilling, reluctant
απροκάλυπτος [aprokaliptos] *επ.* unfeigned, frank
απροκατάληπτος [aprokataliptos] *επ.* unprejudiced
απρόκλητος [aproklitos] *επ.* unprovoked
απρόκοπος [aprokopos] *επ.* unadvanced, lazy
απρονοησία [apronohsia] *ουσ. θ.* imprudence
απρονόητος [apronoitos] *επ.* imprudent
απρόοπτος [aprooptos] *επ.* unexpected
απροπόνητος [aproponitos] *επ.* untrained
απροσάρμοστος [aprosarmostos] *επ.* unadapted
απρόσβλητος [aprosvlitos] *επ.* immune, unattacked
απροσδιόριστος [aprosdioristos] *επ.* indeterminate, indefinite
απροσδόκητος [aprosdokitos] *επ.* unexpected
απρόσεκτος [aprosektos] *επ.* careless, inattentive
απροσεξία [aprosexia] *ουσ. θ.* carelessness
απρόσιτος [aprositos] *επ.* inaccessible
απρόσκλητος [aprosklitos] *επ.* uninvited
απροσπέλαστος [aprospelastos] *επ.* inaccessible, unapproachable
απροσποίητος [aprospiitos] *επ.* unfeigned
απροστάτευτος [aprostateftos] *επ.* unprotected
απρόσφορος [aprosforos] *επ.* inconevenient
απροσχεδίαστος

[aproshediastos] *επ.* unprepared

απρόσωπος [aprosopos] *επ.* impersonal

απροφύλακτος [aprofilaktos] *επ.* unguarded

άπταιστος [aptestos] *επ.* faultless, correct

απτόητος [aptoitos] *επ.* fearless, intrepid

απτός [aptos] *επ.* tangible

απύθμενος [apithmenos] *επ.* bottomless

απύρετος [apiretos] *επ.* without fever

απώθηση [apothisi] *ουσ. θ.* repulsion

απωθώ [apotho] *ρ.* repel

απώλεια [apolia] *ουσ. θ.* loss, perdition

απών [apon] *επ.* absent, missing

απώτατος [apotatos] *επ.* utmost

απώτερος [apoteros] *επ.* farther

άρα [ara] *σύνδ.* therefore, thus

αραβόσιτος [aravositos] *ουσ. α.* (βοτ.) maize, corn

αραβούργημα [aravooryima] *ουσ. ο.* arabesque

άραγε [araye] *σύνδ.* wonder if

άραγμα [arayma] *ουσ. ο.* mooring, anchoring

αράδα [arada] *ουσ. θ.* line, row

αραδιάζω [aradiazo] *ρ.* arrange, align

αράζω [arazo] *ρ.* anchor

αραθυμιά [arathimia] *ουσ. θ.* irascibility, irritabiity

αράθυμος [arathimos] *επ.* irascible, irritable

αραιός [areos] *επ.* not dense, scattered

αραίωμα [areoma] *ουσ. ο.* rarefaction

αραιώνω [areono] *ρ.* rare, thin out

αρακάς [arakas] *ουσ. α.* (βοτ.) green-pea

αραμπάς [arabas] *ουσ. α.* ox-cart

αράπης [arapis] *ουσ. α.* arab. negro

αραπίνα [arapina] *ουσ. θ.* negress

αραποσίτι [arapositi] *ουσ. ο.* (βοτ.) corn

αράχνη [arahni] *ουσ. θ.* (ζωολ.) spider

αραχνοΰφαντος [arahnoifandos] *επ.* very finely woven
αρβύλα [arbila] *ουσ. θ.* military shoe
αργά [arya] *επίρ.* slowly
αργαλειός [aryalios] *ουσ. α.* loom
αργία [aryia] *ουσ. θ.* inaction, idleness
άργιλος [aryilos] *ουσ. α.* clay, argil
αργκό [argo] *ουσ. θ. άκλ.* slang
αργοκίνητος [aryokinitos] *επ.* slow-moving
αργόμισθος [aryomisthos] *επ.* sinecurist
αργοναύτης [aryonaftis] *ουσ. α.* (μυθ.) argonaut
αργοπορία [aryoporia] *ουσ. θ.* delay
αργοπορώ [aryoporo] *ρ.* delay, be late
αργός [aryos] *επ.* inactive. slow
αργόσχολος [aryosholos] *επ.* unoccupied
αργύριο [aryirio] *ουσ. ο.* coin, money
άργυρος [aryirio] *ουσ. α.* silver
αργυρούχος [aryiroohos] *επ.* argentiferous
αργυρόχρωμος [aryirohromos] *επ.* silvery, silver-coloured
αργώ [aryo] *ρ.* be late, be slow
άρδευση [ardefsi] *ουσ. θ.* irrigation
αρδεύω [ardevo] *ρ.* irrigate
άρειος [arios] *επ.* martial
αρέσει (μου) [aresi (moo)] *ρ.* I like
αρετή [areti] *ουσ. θ.* virtue, merit
Άρης [aris] *κύρ. όν. α.* Mars
αρθριτικός [arthritikos] *επ.* arthritic
άρθρο [arthro] *ουσ. ο.* article
αρθρώνω [arthrono] *ρ.* articulate
άρθρωση [arthrosi] *ουσ. θ.* articulation, joint
αρθρωτός [arthrotos] *επ.* articulated
αρίδα [arida] *ουσ. θ.* auger, leg
αρίθμηση [arithmisi] *ουσ. θ.* enumeration, counting
αριθμητής [arithmitis] *ουσ. α.* reckoner

αριθμητική [arithmitiki] *ουσ. θ.* arithmetic
αριθμητικός [arithmitikos] *επ.* arithmetical
αριθμητός [arithmitos] *επ.* countable, numerable
αριθμός [arithmos] *ουσ. α.* number, figure
αριθμώ [arithmo] *ρ.* count, number
άριστα [arista] *επίρ.* very well, perfectly
αριστείο [aristio] *ουσ. ο.* first prize
αριστερά [aristera] *επίρ.* to the left
αριστερός [aristeros] *επ.* left
αριστερόχειρας [aristerohiras] *ουσ. α. /θ.* left-handed
αριστοκράτης [aristokratis] *ουσ. α.* aristocrat, noble
αριστοκρατικός [aristokratikos] *επ.* aristocratical
άριστος [aristos] *επ.* the very best, excellent
αριστούργημα [aristooryima] *ουσ. ο.* masterpiece
αριστούχος [aristoohos] *επ.* winner of the first prize
αρκετά [arketa] *επίρ.* enough
αρκετός [arketos] *επ.* enough, sufficient
αρκούδα [arkooda] *ουσ. θ.* (ζωολ.) bear
αρκουδίζω [arkoodizo] *ρ.* crawl on all fours
αρκούμαι [arkoome] *ρ.* be satisfied
αρκτικός [arktikos] *επ.* arctic
άρκτος [arktos] *ουσ. θ.* bear. north
άρμα [arma] *ουσ. ο.* arm
αρμάδα [armada] *ουσ. θ.* fleet
αρμαθιά [armathia] *ουσ. θ.* bunch, row
αρμαθιάζω [armathiazo] *ρ.* string, thread
άρματα [armata] *ουσ. ο. πληθ.* arms, weapons
αρματώνω [armatono] *ρ.* arm
αρματωσιά [armatosia] *ουσ. θ.* arming
άρμεγμα [armeyma] *ουσ. ο.* milking
αρμέγω [armeyo] *ρ.* draw milk, drain
αρμενίζω [armenizo] *ρ.* sail
άρμη [armi] *ουσ. θ.* salt-water
αρμογή [armoyi] *ουσ. θ.* connection, joint

αρμόδιος [armodios] *επ.* convenient, suitable
αρμοδιότητα [armodiotita] *ουσ. θ.* suitableness, aptness
αρμόζω [armozo] *ρ.* fit, suit
αρμολογώ [armoloyo] *ρ.* adjust
αρμονία [armonia] *ουσ. θ.* harmony, concord
αρμονικός [armonikos] *επ.* harmonious
αρμόνιο [armonio] *ουσ. ο.* (μουσ.) harmonium, organ
αρμός [armos] *ουσ. α.* joint, arrticulation
αρμοστής [armostis] *ουσ. α.* high commissioner
αρμοστία [armostia] *ουσ. θ.* governorship
αρμπαρόριζα [arbaroriza] *ουσ. θ.* (βοτ.) pelargonium
αρμύρα [armira] *ουσ. θ.* saltness
αρνάκι [arnaki] *ουσ. ο.* (ζωολ.) young lamb
άρνηση [arnisi] *ουσ. θ.* denial
αρνησίθεος [arnisitheos] *επ.* atheist, godless
αρνησικυρία [arnisikiria] *ουσ. θ.* veto
αρνητικός [arnitikos] *επ.* negative, denying
αρνί [arni] *ουσ. ο.* (ζωολ.) lamb
αρνιέμαι [arnieme] *ρ.* deny, refuse
άροτρο [arotro] *ουσ. ο.* plough
αρουραίος [arooreos] *ουσ. α.* (ζωολ.) rat, field mouse
άρπα [arpa] *ουσ. θ.* (μουσ.) harp
αρπαγή [arpayi] *ουσ. θ.* snatching away, carrying away
αρπάζω [arpazo] *ρ.* snatch away, carry away
αρπακτικός [arpaktikos] *επ.* rapacious, greedy
αρπιστής [arpistis] *ουσ. α.* harper
αρραβώνας [aravonas] *ουσ. α.* engagement
αρραβωνιάζω [aravoniazo] *ρ.* engage
αρραβωνιαστικιά [aravoniastikia] *ουσ. θ.* fiancée
αρραβωνιαστικός [aravoniastikos] *ουσ. α.* fiancé
αρρενωπός [arenopos] *επ.* manlike
άρρηκτος [ariktos] *επ.*

unbroken, solid
αρρίγωτος [ariyotos] *επ.* unruled
αρρίζωτος [arizotos] *επ.* rootless
άρρυθμος [arithmos] *επ.* unrythmical
αρρωσταίνω [arosteno] *ρ.* fall sick
αρρώστια [arostia] *ουσ. θ.* illness, disease
άρρωστος [arostos] *επ.* sick, ill
αρσενικός [arsenikos] *επ.* male, masculine
άρση [arsi] *ουσ. θ.* raising
Άρτεμη [artemi] *κύρ. όν. θ.* Diana
αρτηρία [artiria] *ουσ. θ.* (ανατ.) artery
αρτηριακός [artiriakos] *επ.* arterial
αρτηριοσκλήρωση [artiriosklirosi] *ουσ. θ.* (ιατρ.) arteriosclerosis
αρτιμελής [artimelis] *επ.* able-bodied
άρτιος [artios] *επ.* whole, entire
αρτοκλασία [artoklasia] *ουσ. θ.* (εκκλ.) consecration of bread
αρτοποιείο [artopiio] *ουσ. ο.* bakery
αρτοποιός [artopios] *ουσ. α.* baker
αρτοπωλείο [artopolio] *ουσ. ο.* baker's shop
άρτος [artos] *ουσ. α.* bread
αρτοφόριο [artoforio] *ουσ. ο.* ciborium
άρτυμα [artima] *ουσ. ο.* condiment
αρυτίδωτος [aritidotos] *επ.* unwrinkled
αρχάγγελος [arhagelos] *ουσ. α.* archangel
αρχαϊκός [arhaikos] *επ.* archaic, antic
αρχαιοκαπηλία [arheokapilia] *ουσ. θ.* smuggling of antiquities
αρχαιοκάπηλος [arheokapilos] *ουσ. α.* smuggler of antiquities
αρχαιολογία [arheoloyia] *ουσ. θ.* archaelogy
αρχαιολόγος [arheoloyos] *ουσ. α. /θ.* archaelogist
αρχαίος [arheos] *επ.* ancient
αρχαϊσμός [arhaismos] *ουσ. α.* archaism

αρχάριος [arharios] *επ.* beginner, novice

αρχείο [arhio] *ουσ. ο.* archives, files

αρχή [arhi] *ουσ. θ.* beginning

αρχηγείο [arhiyio] *ουσ. ο.* headquarters

αρχηγία [arhiyia] *ουσ. θ.* command, leadership

αρχηγός [arhiyos] *ουσ. α. /θ.* leader, chief

αρχιδιάκονος [arhidiakonos] *ουσ. α.* archdeacon

αρχιεπισκοπή [arhiepiskopi] *ουσ. θ.* archbishopric

αρχιεπίσκοπος [arhiepiskopos] *ουσ. α.* archbishop

αρχιερέας [arhiereas] *ουσ. α.* bishop

αρχίζω [arhizo] *ρ.* start, begin

αρχικά [arhika] *επίρ.* primarily, originally

αρχικός [arhikos] *επ.* initial

αρχιστράτηγος [arhistratiyos] *ουσ. α.* (στρατ.) commander-in-chief

αρχισυντάκτης [arhisindaktis] *ουσ. α. /θ.* chief-editor

αρχιτέκτονας [arhitektonas] *ουσ. α. /θ.* architect

αρχιτεκτονική [arhitektoniki] *ουσ. θ.* architecture

αρχιφύλακας [arhifilakas] *ουσ. α.* chief-guard

αρχιχρονιά [arhihronia] *ουσ. θ.* new year's day

άρχοντας [arhondas] *ουσ. α.* noble man, lord

αρχοντιά [arhondia] *ουσ. θ.* nobility

αρχοντικός [arhondikos] *επ.* noble

αρχύτερα [arhitera] *επίρ.* previously, before

αρωγή [aroyi] *ουσ. θ.* help, aid

αρωγός [arroyos] *ουσ. α. /θ.* helper

άρωμα [aroma] *ουσ. ο.* odour, smell

αρωματίζω [aromatizo] *ρ.* perfume

αρωματοποιία [aromatopiia] *ουσ. θ.* perfumery

αρωματοποιός [aromatopios] *ουσ. α. /θ.* perfumer

ας [as] *μόρ.* let, may

ασάλευτος [asaleftos] *επ.* unshaken

άσαρκος [asarkos] *επ.* lean, thin

ασάφεια [asafia] *ουσ. θ.* obscurity, vagueness
ασαφής [asafis] *επ.* obscure
ασβέστης [asvestis] *ουσ. α.* lime. asbestus
ασβέστιο [asvestio] *ουσ. ο.* (χημ.) calcium
ασβεστοκάμινο [asvestokamino] *ουσ. ο.* lime-kiln
ασβεστόλιθος [asvestolithos] *ουσ. α.* lime-stone
ασβεστούχος [asvestoohos] *επ.* calcareous
ασβέστωμα [asvestoma] *ουσ. ο.* liming. plastering
ασβεστώνω [asvestono] *ρ.* plaster
ασέβεια [asevia] *ουσ. θ.* impiety
ασεβής [asevis] *επ.* impious, profane
ασέλγεια [aselyia] *ουσ. θ.* debauchery
ασελγής [aselyis] *επ.* debauched
ασέληνος [aselinos] *επ.* moonless
ασέλωτος [aselotos] *επ.* unsaddled
άσεμνος [asemnos] *επ.* indecent
ασετυλίνη [asetilini] *ουσ. θ.* (χημ.) acetyline
ασήκωτος [asikotos] *επ.* unremoved
ασημάδευτος [asimadeftos] *επ.* unmarked
ασήμαντος [asimandos] *επ.* unimportant
ασημένιος [asimenios] *επ.* silvery
ασήμι [asimi] *ουσ. ο.* silver
άσημος [asimos] *επ.* insignificant
ασημότητα [asimotita] *ουσ. θ.* insignificance
ασημώνω [asimono] *ρ.* silver
ασθένεια [asthenia] *ουσ. θ.* illness, disease
ασθενής [asthenis] *επ.* sick, ill
ασθενικός [asthenikos] *επ.* sickly
άσθμα [asthma] *ουσ. ο.* (ιατρ.) asthma
ασθμαίνω [asthmeno] *ρ.* gasp, pant
Ασία [asia] *κύρ. όν. θ.* Asia
Ασιατικός [asiatikos] *επ.* asiatic
ασιδέρωτος [asiderotos] *επ.*

not ironed
ασιτία [asitia] *ουσ. θ.* fasting, starvation
ασκάλιστος [askalistos] *επ.* uncarved
ασκέπαστος [askepastos] *επ.* uncovered
ασκέρι [askeri] *ουσ. ο.* army
άσκηση [askisi] *ουσ. θ.* exercise, practice
ασκητήριο [askitirio] *ουσ. ο.* hermitage
ασκητής [askitis] *ουσ. α.* hermit
ασκί [aski] *ουσ. ο.* leather, skinbag
ασκίαστος [askiastos] *επ.* unshaded
άσκιαχτος [askiahtos] *επ.* fearless
ασκληραγώγητος [asklirayoyitos] *επ.* not mortified
άσκοπος [askopos] *επ.* purposeless, aimless
ασκούπιστος [askoopistos] *επ.* unswept
ασκούριαστος [askooriastos] *επ.* rustless
ασκώ [asko] *ρ.* exercise
ασπάζομαι [aspazome] *ρ.* kiss, embrace
άσπαρτος [aspartos] *επ.* unsown, wild
ασπασμός [aspasmos] *ουσ. α.* kiss, embracement
ασπίδα [aspida] *ουσ. θ.* shield
ασπιδοφόρος [aspidoforos] *επ.* shield-bearer
άσπιλος [aspilos] *επ.* spotless
ασπιρίνη [aspirini] *ουσ. θ.* aspirin
ασπίτωτος [aspitotos] *επ.* homeless
άσπλαχνος [asplahnos] *επ.* pitiless, merciless
ασπόνδυλος [aspondilos] *επ.* invertebrate
άσπορος [asporos] *επ.* seedless
ασπούδαστος [aspoodastos] *επ.* uneducated
ασπράδι [aspradi] *ουσ. ο.* white
ασπρίζω [asprizo] *ρ.* whiten
άσπρισμα [asprisma] *ουσ. ο.* whitening
ασπριτζής [asprijis] *ουσ. α.* whitewasher
ασπρομάλλης [aspromalis] *επ.* white-haired
ασπροπρόσωπος

[asproprosopos] *επ.* white-faced. decent

ασπρόρουχα [asprorooha] *ουσ. ο. πληθ.* linen

άσπρος [aspros] *επ.* white

ασπρόχρωμα [asprohroma] *ουσ. ο.* clay, argil

άσσος [assos] *ουσ. α.* ace

αστάθεια [astathia] *ουσ. θ.* instability

ασταθής [astathis] *επ.* instable

αστάθμητος [astathmitos] *επ.* unweighed

αστακός [astakos] *ουσ. α.* (ζωολ.) lobster

ασταμάτητος [astamatitos] *επ.* not stopping, continuous

αστάρι [astari] *ουσ. ο.* lining

αστασίαστος [astasiastos] *επ.* not revolted

άστατος [astatos] *επ.* inconstant

άστεγος [asteyos] *επ.* homeless

αστειεύομαι [astievome] *ρ.* joke, jest

αστείο [astio] *ουσ. ο.* joke, jest

αστειολόγος [astioloyos] *ουσ. α.* humorist, joker

αστείος [astios] *επ.* funny, amusing

αστείρευτος [astireftos] *επ.* inexhaustible, limitless

αστερέωτος [astereotos] *επ.* unfixed, unsettled

αστέρι [asteri] *ουσ. ο.* star

αστερίσκος [asteriskos] *ουσ. α.* asterisk

αστερισμός [asterismos] *ουσ. α.* constellation

αστεροσκοπείο [asteroskopio] *ουσ. ο.* observatory

αστεφάνωτος [astefanotos] *επ.* uncrowned

αστήρικτος [astiriktos] *επ.* unsupported

αστιγμάτιστος [astiymatistos] *επ.* unstigmatized

αστικός [astikos] *επ.* civil, urban

αστίλβωτος [astilbotos] *επ.* unpolished

αστοίβαχτος [astivahtos] *επ.* not piled up

αστόλιστος [astolistos] *επ.* undecorated

άστοργος [astoryos] *επ.* unaffectionate, heartless

αστός [astos] *ουσ. α.* citizen

αστόχαστος [astohastos] *επ.*

thoughtless, inconsiderate
αστοχία [astohia] *ουσ. θ.* failure
άστοχος [astohos] *επ.* unsuccessful
αστοχώ [astoho] *ρ.* miss, fail
αστράγαλος [astrayalos] *ουσ. α.* (ανατ.) ankle
αστράγγιστος [astragistos] *επ.* unstrained
αστραπή [astrapi] *ουσ. θ.* lighting
αστράτευτος [astrateftos] *επ.* not recruited
αστράφτω [astrafto] *ρ.* lighten
αστρικός [astrikos] *επ.* stellar
άστρο [astro] *ουσ. ο.* star
αστρολογία [astroloyia] *ουσ. θ.* astrology
αστρολόγος [astroloyos] *ουσ. α. /θ.* astrologer
αστρονομία [astronomia] *ουσ. θ.* astronomy
αστρονόμος [astronomos] *ουσ. α. /θ.* astronomer
αστροπελέκι [astropeleki] *ουσ. ο.* thunderbolt
αστροφεγγής [astrofegis] *επ.* starlit
αστροφεγγιά [astrofegia] *ουσ. θ.* starlight
αστυνομία [astinomia] *ουσ. θ.* police
αστυνομικός [astinomikos] *ουσ. α.* policeman
αστυφύλακας [astifilakas] *ουσ. α.* policeman
ασυγκίνητος [asiginitos] *επ.* untouched, unmoved
ασυγκράτητος [asigratitos] *επ.* unrestrained
ασύγκριτος [asigritos] *επ.* incomparable
ασυγύριστος [asiyiristos] *επ.* untidy, disorderly
ασυγχρόνιστος [asiyhronistos] *επ.* not synchronized
ασύγχυστος [asiyhistos] *επ.* unconfused
ασυγχώνευτος [asiyhoneftos] *επ.* unmixed
ασυγχώρητος [asiyhoritos] *επ.* unpardonable, unforgivable
ασύδοτος [asidotos] *επ.* enjoying immunity
ασυζήτητος [asizititos] *επ.* undiscussed
ασυλία [asilia] *ουσ. θ.* inviolability
ασύλληπτος [asiliptos] *επ.*

uncaught. unconceived
ασυλλογισία [asiloyisia] *ουσ. θ.* thoughtlessness, inconsiderateness
ασυλλόγιστος [ailoyistos] *επ.* thoughtless, inconsiderate
άσυλο [asilo] *ουσ. ο.* asylum
ασυμβίβαστος [asimvivastos] *επ.* incompatible
ασυμβούλευτος [asimvooleftos] *επ.* unadvised
ασυμμάζευτος [asimazeftos] *επ.* uncollected
ασυμμετρία [asimetria] *ουσ. θ.* asymmetry, disproportion
ασύμμετρος [asimetros] *επ.* disproportionate
ασυμμόρφωτος [asimorfotos] *επ.* disobedient
ασύμφορος [asimforos] *επ.* unprofitable
ασυμφωνία [asimfonia] *ουσ. θ.* discord
ασύμφωνος [asimfonos] *επ.* discordant
ασυναγώνιστος [asinayonistos] *επ.* irresistible, unrivalled
ασυναίσθητος [asinesthitos] *επ.* unconscious, insensible
ασυνάρμοστος [asinarmostos] *επ.* unsuitable, unadapted
ασυναρτησία [asinartisia] *ουσ. θ.* inconsistency
ασυνάρτητος [asinartitos] *επ.* inconsistent
ασύνδετος [asindetos] *επ.* unconnected
ασυνείδητος [asiniditos] *επ.* inconscientious
ασυνέπεια [asinepia] *ουσ. θ.* inconsequence
ασυνεπής [asinepis] *επ.* inconsequent
ασύνετος [asinetos] *επ.* imprudent, unwise
ασυνήθιστος [asinithistos] *επ.* unusual
ασυννέφιαστος [asinefiastos] *επ.* unclouded, cloudless
ασυνόδευτος [asinodeftos] *επ.* unaccompanied
ασυνταξία [asindaxia] *ουσ. θ.* syntactical error
ασυρματιστής [asirmatistis] *ουσ. α.* wireless operator
ασύρματος [asirmatos] *επ.* wireless. *ουσ. α.* wireless set
ασύστολος [asistolos] *επ.* shameless
ασφάλεια [asfalia] *ουσ. θ.* security, safety

ασφαλής [asfalis] *επ.* safe, secure

ασφαλίζω [asfalizo] *ρ.* secure. insure

ασφάλιση [asfalisi] *ουσ. θ.* insurance

ασφαλιστής [asfalistis] *ουσ. α.* insurer

άσφαλτος [asfaltos] *ουσ. θ.* asphalt

ασφαλτοστρώνω [asfaltostrono] *ρ.* asphalt

ασφαλτόστρωτος [asfaltostrotos] *επ.* paved with asphalt

ασφόδελος [asfodelos] *ουσ. α.* asphodel

ασφράγιστος [asfrayistos] *επ.* unsealed

ασφυκτικός [asfiktikos] *επ.* suffocating

ασφυκτιώ [asfiktio] *ρ.* suffocate

ασφυξία [asfixia] *ουσ. θ.* suffocation

ασφυξιογόνος [asfixioyonos] *επ.* asphyxiating

ασχεδίαστος [ashediastos] *επ.* undesigned

άσχετος [ashetos] *επ.* unrelated

άσχημα [ashima] *επίρ.* uglily, badly

ασχημαίνω [ashimeno] *ρ.* deform, spoil

ασχημάνθρωπος [ashimanthropos] *επ.* ugly fellow

ασχήμια [ashimia] *ουσ. θ.* ugliness, deformity

άσχημος [ashimos] *επ.* ugly

ασχολία [asholia] *ουσ. θ.* occupation, business

ασχολίαστος [asholiastos] *επ.* not criticized

ασχολούμαι [asholoome] *ρ.* be occupied, deal with

ασώματος [asomatos] *επ.* incorporeal

ασωτεία [asotia] *ουσ. θ.* prodigality

άσωτος [asotos] *επ.* prodigal

αταίριαστος [ateriastos] *επ.* unmatched, unfit

ατακτοποίητος [ataktopiitos] *επ.* disarranged, untidy

άτακτος [ataktos] *επ.* irregular. unruly

αταξία [ataxia] *ουσ. θ.* disorder

αταξινόμητος [ataxinomitos] *επ.* unclassified

αταπείνωτος [atapinotos] *επ.* unfumbled
αταραξία [ataraxia] *ουσ. θ.* calmness, coolness
ατάραχτος [atarahtos] *επ.* undisturbed
άταφος [atafos] *επ.* unburied
ατείχιστος [atihistos] *επ.* not walled
άτεκνος [ateknos] *επ.* childless
ατέλεια [atelia] *ουσ. θ.* imperfection
ατελείωτος [ateliotos] *επ.* unfinished
ατελιέ [atelie] *ουσ. ο. άκλ.* studio, atelier
ατεμάχιστος [atemahistos] *επ.* undivided
ατενίζω [atenizo] *ρ.* stare at
άτεχνος [atehnos] *επ.* artless, rough
ατημέλητος [atimelitos] *επ.* untidy
ατίθασος [atothasos] *επ.* untamed
ατιμάζω [atimazo] *ρ.* disgrace, dishonour
ατιμία [atimia] *ουσ. θ.* dishonesty
άτιμος [atimos] *επ.* dishonest
ατιμωρησία [atimorisia] *ουσ. θ.* impunity
ατίμωση [atimosi] *ουσ. θ.* disgracing
ατιμωτικός [atimotikos] *επ.* disgraceful
ατίναχτος [atinahtos] *επ.* unshaken. not blown up
άτιτλος [atitlos] *επ.* untitled
Ατλαντικός [atlandikos] *κύρ. όν. α.* the Atlantic
ατμάκατος [atmakatos] *ουσ. θ.* (ναυτ.) steamlaunch
ατμάμαξα [atmamaxa] *ουσ. θ.* locomotive
ατμοκίνητος [atmokinitos] *επ.* moved by steam
ατμόλουτρο [atmolootro] *ουσ. ο.* steam bath
ατμομηχανή [atmomihani] *ουσ. θ.* steam-engine
ατμόμυλος [atmomilos] *ουσ. α.* steam-mill
ατμοπλοΐα [atmoploia] *ουσ. θ.* steam navigation
ατμόπλοιο [atmoplio] *ουσ. ο.* steam-boat
ατμός [atmos] *ουσ. α.* steam, vapour
ατμοστεγής [atmosteyis] *επ.* steam-proof

ατμόσφαιρα [atmosfera] *ουσ. θ.* atmosphere
ατμοσφαιρικός [atmosferikos] *επ.* atmospheric
άτοκος [atokos] *επ.* sterile. interest free
άτολμα [atolma] *επίρ.* timidly
ατολμία [atolmia] *ουσ. θ.* timidity
άτολμος [atolmos] *επ.* timid, coward
ατομικά [atomika] *επίρ.* individually
ατομικισμός [atomikismos] *ουσ. α.* individualism
ατομικιστής [atomikistis] *ουσ. α.* individualist
ατομικός [atomikos] *επ.* individual
ατομικότητα [atomikotita] *ουσ. θ.* individuality
ατομιστής [atomistis] *ουσ. α.* individualist
άτομο [atomo] *ουσ. ο.* individual
άτονος [atonos] *επ.* languid, indolent
ατονώ [atono] *ρ.* languish, be weak
άτοπο [atopo] *ουσ. ο.* absurdity
άτοπος [atopos] *επ.* absurd
ατόφιος [atofios] *επ.* solid, pure
ατρακτοειδής [atraktoidis] *επ.* spindle-shaped
άτρακτος [atraktos] *ουσ. θ.* spindle
ατράνταχτος [atrandahtos] *επ.* unshaken
ατραυμάτιστος [atravmatistos] *επ.* unwounded
ατρόμητα [atromita] *επίρ.* undauntedly
ατρόμητος [atromitos] *επ.* undaunted
ατροποποίητος [atropopiitos] *επ.* unmodified
ατροφία [atrofia] *ουσ. θ.* inanition, atrophy
ατροφικός [atrofikos] *επ.* atrophic. underdeveloped
άτρωτος [atrotos] *επ.* invulnerable
ατσάκιστος [achakistos] *επ.* unbroken
ατσαλάκωτος [atsalakotos] *επ.* unwrinkled
ατσαλένιος [atsalenios] *επ.* (of) steel

ατσάλι [atsali] *ουσ. ο.* steel
ατσαλώνω [atsalono] *ρ.* plate with steel
ατσίγγανος [atsiganos] *ουσ. α.* gipsy
ατύλιχτος [atilihtos] *επ.* unfolded
ατύχημα [atihima] *ουσ. ο.* misfortune. accident
ατυχής [atihis] *επ.* unlucky, unfortunate
ατυχία [atihia] *ουσ. θ.* badluck
αυγερινός [avyerinos] *ουσ. α.* (αστρολ.) morning star
αυγή [avyi] *ουσ. θ.* dawn, daybreak
αυγό [avyo] *ουσ. ο.* egg
αυγοτάραχο [avyotaraho] *ουσ. ο.* fish roe
Αύγουστος [avyoostos] *ουσ. α.* August
αυθάδεια [afthadia] *ουσ. θ.* audacity
αυθάδης [afthadis] *επ.* impertinent
αυθαιρεσία [aftheresia] *ουσ. θ.* arbitrary act
αυθαίρετα [afthereta] *επίρ.* arbitrarily
αυθαίρετος [aftheretos] *επ.* arbitrary
αυθεντία [afthendia] *ουσ. θ.* authenticity
αυθεντικός [afthendikos] *επ.* authentic, genuine
αυθεντικότητα [afthendikotita] *ουσ. θ.* authenticity. genuineness
αυθημερόν [afthimeron] *επίρ.* on the same day
αυθόρμητα [afthrmita] *επίρ.* instinctively
αυθορμητισμός [afthormitismos] *ουσ. α.* spontaneity
αυθόρμητος [afthormitos] *επ.* spontaneous. instinctive
αυθύπαρκτος [afthiparktos] *επ.* self-existent
αυθυποβολή [afthipovoli] *ουσ. θ.* autosuggestion
αυλαία [avlea] *ουσ. θ.* stage curtain
αυλάκι [avlaki] *ουσ. ο.* channel
αυλακιά [avlakia] *ουσ. θ.* furrow, groove
αυλή [avli] *ουσ. θ.* court, court-yard
αυλητής [avlitis] *ουσ. α.* flute-player

αυλόγυρος [avloyiros] *ουσ. α.* yard wall
αυλόθυρα [avlothira] *ουσ. θ.* gate
άυλος [ailos] *επ.* immaterial
αυλός [avlos] *ουσ. α.* (μουσ.) flute
αυξάνω [afxano] *ρ.* increase, augment
αύξηση [afxisi] *ουσ. θ.* increase, growth
αϋπνία [aipnia] *ουσ. θ.* sleeplesness
άυπνος [aipnos] *επ.* sleepless
αύρα [avra] *ουσ. θ.* breeze
αύριο [avrio] *επίρ.* tomorrow
αυστηρός [afstiros] *επ.* strict, severe
αυστηρότητα [afstirotita] *ουσ. θ.* strictness, severity
Αυστραλία [afstralia] *κύρ. όν. θ.* Australia
Αυστραλός [afstralos] *ουσ. α.* Australian
Αυστρία [afstria] *κύρ. όν. θ.* Austria
Αυστριακός [afstriakos] *επ.* Austrian
αυτάδελφος [aftadelfos] *ουσ. α.* blood brother
αυταπάρνηση [aftaparnisi] *ουσ. θ.* self-denial
αυταπάτη [aftapati] *ουσ. θ.* self-deceit. illusion
αυταπόδεικτος [aftapodiktos] *επ.* self-evident, obvious
αυτάρεσκος [aftareskos] *επ.* self-conceited
αυτάρκεια [aftarkia] *ουσ. θ.* self-sufficiency
αυτάρκης [aftarkis] *επ.* self-sufficient
αυταρχικός [aftarhikos] *επ.* authoritative
αυτενέργεια [afteneryia] *ουσ. θ.* self-activity
αυτενεργός [afteneryos] *επ.* self-acting
αυτεξούσιος [aftexoosios] *επ.* independent
αυτεπιστασία [aftepistasia] *ουσ. θ.* personal supervision
αυτή [afti] *αντ. θ.* she
αυτί [afti] *ουσ. ο.* (ανατ.) ear
αυτό [afto] *αντ. ο.* it, this
αυτοβιογραφία [aftovioyrafia] *ουσ.* θ. autobiography
αυτογνωσία [aftiynosia] *ουσ. θ.* self-knowledge
αυτόγραφο [aftoyrafo] *ουσ. ο.* autograph
αυτοδημιούργητος

[aftodimiooryitos] *επ.* self-made

αυτοδιάθεση [aftodiathesi] *ουσ. θ.* self-disposal

αυτοδίδακτος [aftodidaktos] *επ.* self-taught

αυτοθυσία [aftothisia] *ουσ. θ.* self-sacrifice

αυτοκινητιστής [aftokinistis] *ουσ. α.* automobilist

αυτοκίνητο [aftokinito] *ουσ. ο.* car, automobile

αυτοκινητόδρομος [aftokinitodromos] *ουσ. α.* highway

αυτοκράτορας [aftokratoras] *ουσ. α.* emperor

αυτοκρατορία [aftokratoria] *ουσ. θ.* empire

αυτοκυριαρχία [aftokiriarhia] *ουσ. θ.* self-possession. self-control

αυτοματισμός [aftomatismos] *ουσ. α.* automatism

αυτόματος [aftomatos] *επ.* automatic

αυτονόητος [aftonoitos] *επ.* self-evident. obvious

αυτονομία [aftonomia] *ουσ. θ.* autonomy

αυτόνομος [aftonomos] *επ.* autonomous

αυτοπεποίθηση [aftopepithisi] *ουσ. θ.* self-confidence

αυτοπροαίρετος [aftoproeretos] *επ.* voluntary

αυτοπροσωπογραφία [aftoprosopoyrafia] *ουσ. θ.* self-portrait

αυτός [aftos] *αντ. α.* he

αυτοσεβασμός [aftosevasmos] *ουσ. α.* self-respect

αυτοσχεδιάζω [aftoshediazo] *ρ.* improvise

αυτοτέλεια [aftotelia] *ουσ. θ.* independence, self-sufficiency

αυτουργός [aftooryos] *ουσ. α.* /*θ.* perpetrator, (νομ.) principal

αυτούσιος [aftoosios] *επ.* identical

αυτόφωρος [aftoforos] *επ.* on the act

αυτόφωτος [aftofotos] *επ.* self-luminous

αυτοψία [aftopsia] *ουσ. θ.* autopsy

αυχένας [afhenas] *ουσ. α.* neck

αφαίμαξη [afemaxi] *ουσ. θ.* bleeding

αφαίρεση [aferesi] *ουσ. θ.* deduction. removal, abstraction, (μαθ.) substraction

αφαιρετέος [afereteos] *ουσ. α.* subtrahend

αφαιρέτης [aferetis] *ουσ. α.* subtracter

αφαιρώ [afero] *ρ.* subtract. take away

αφαλατώνω [afalatono] *ρ.* desalt

αφάνεια [afania] *ουσ. θ.* obscurity

αφανίζω [afanizo] *ρ.* ruin, destroy

αφανισμός [afanismos] *ουσ. α.* disappearance

άφαντος [afandos] *επ.* invisible, vanished

αφασία [afasia] *ουσ. θ.* aphasia. speechlessness

αφέλεια [afelia] *ουσ. θ.* artlessness, naivety

αφελής [afelis] *επ.* artless, naive

αφέντης [afendis] *ουσ. α.* master, lord

αφεντιά [afendia] *ουσ. θ.* nobleness

αφεντικό [afendiko] *ουσ. ο.* employer, boss

αφετηρία [afetiria] *ουσ. θ.* starting point

αφέτης [afetis] *ουσ. α.* starter

αφέψημα [afepsima] *ουσ. ο.* tisane

αφή [afi] *ουσ. θ.* touch

αφήγημα [afiyima] *ουσ. ο.* narrative

αφηγηματικός [afiyimatikos] *επ.* narrative

αφήγηση [afiyisi] *ουσ. θ.* narration

αφηγητής [afiyitis] *ουσ. α.* narrator, teller

αφηγούμαι [afiyoome] *ρ.* narrate, tell

αφηνιάζω [afiniazo] *ρ.* bolt

αφήνω [afino] *ρ.* leave, let. give up

αφηρημάδα [afirimada] *ουσ. θ.* abstraction, absent-mindedness

αφηρημένος [afirimenos] *επ.* absent-minded

αφθαρσία [aftharsia] *ουσ. θ.* imperishability

άφθαρτος [afthartos] *επ.* incorruptible

αφθονία [afthonia] *ουσ. θ.* abundance

άφθονος [afthonos] *επ.* abundant

αφιερώνω [afierono] *ρ.* dedicate. devote

αφιέρωση [afierosi] *ουσ. θ.* consecration

αφιλόξενος [afiloxenos] *επ.* inhospitable

αφιλόστοργος [afilostoryos] *επ.* not affectionate, unloving

αφιλότιμος [afilotimos] *επ.* mean, shameless

άφιξη [afixi] *ουσ. θ.* arrival, coming

άφοβος [afovos] *επ.* fearless, intrepid

αφομοιώνω [afomiono] *ρ.* assimilate

αφομοίωση [afomiosi] *ουσ. θ.* assimilation

αφομοιωτικός [afomiotikos] *επ.* assimilative

αφοπλίζω [afoplizo] *ρ.* disarm

αφοπλισμός [afoplismos] *ουσ. α.* disarmament

αφορίζω [aforizo] *ρ.* excommunicate

αφορισμός [aforismos] *ουσ. α.* excommunication

αφορμή [aformi] *ουσ. θ.* cause, reason

αφοσιωμένος [afosiomenos] *επ.* devoted, faithful

αφοσιώνομαι [afosionome] *ρ.* devote oneself

αφοσίωση [afosiosi] *ουσ. θ.* devotion

αφ'ότου [afotoo] *σύνδ.* since, ever since

αφού [afoo] *σύνδ.* after, since

αφουγκράζομαι [afoograzome] *ρ.* listen

άφραστος [afrastos] *επ.* unspeakable

αφράτος [afratos] *επ.* frothy, foamy

αφρίζω [afrizo] *ρ.* froth, foam

αφροδισιακός [afrodisiakos] *επ.* sexual, venereal

Αφροδίτη [afroditi] *κύρ. όν. θ.* Venus

αφροντισιά [afrondisia] *ουσ. θ.* carelessness

αφρόντιστος [afrondistos] *επ.* neglected, carefree

αφρός [afros] *ουσ. α.* foam, froth

αφρούρητος [afrooritos] *επ.* unguarded

αφυπνίζω [afipnizo] *ρ.* awake, awaken

αφύσικος [afisikos] *επ.*

unnatural
άφωνος [afonos] *επ.* mute. speechless
αχ! [ah!] *επιφ.* oh!, ah!
αχάλαστος [ahalastos] *επ.* not destroyed
αχαλίνωτος [ahalinotos] *επ.* unbridled
αχανής [ahanis] *επ.* vast, immense
αχαρακτήριστος [aharaktiristos] *επ.* outrageous, shameful
αχαράκωτος [aharakotos] *επ.* unruled
αχαριστία [aharistia] *ουσ. θ.* ingratitude
αχάριστος [aharistos] *επ.* ungrateful
άχαρος [aharos] *επ.* ungraceful
αχθοφόρος [ahthoforos] *ουσ. α.* porter, carrier
αχιβάδα [ahivada] *ουσ. θ.* (ζωολ.) shell
αχλάδι [ahladi] *ουσ. ο.* (βοτ.) pear
αχλαδιά [ahladia] *ουσ. θ.* (βοτ.) pear-tree
αχνάρι [ahnari] *ουσ. ο.* trace. track
άχνη [ahni] *ουσ. θ.* fine flour. steam
αχνίζω [ahnizo] *ρ.* evaporate. steam
αχόρταγος [ahortayos] *επ.* insatiable
αχούρι [ahoori] *ουσ. ο.* stable, stall
άχραντος [ahrandos] *επ.* immaculate
αχρείαστος [ahriastos] *επ.* needless
αχρηστεύω [ahristevo] *ρ.* make useless
άχρηστος [ahristos] *επ.* useless
αχρωμάτιστος [ahromatistos] *επ.* uncoloured. plain
αχρωματοψία [ahromatopsia] *ουσ. θ.* (ιατρ.) colour-blindness
αχτίδα [ahtida] *ουσ. θ.* beam
αχυρένιος [ahirenios] *επ.* straw
άχυρο [ahiro] *ουσ. ο.* straw
αχυρόστρωμα [ahirostroma] *ουσ. ο.* straw-mattress
αχυρώνας [ahironas] *ουσ. α.* straw-storn, barn
αχώνευτος [ahoneftos] *επ.* undigested

αχώριστος [ahoristos] *επ.* inseparable
άψαλτος [apsaltos] *επ.* unsung
άψητος [apsitos] *επ.* unbaked
αψήφιστος [apsifistos] *επ.* disregarded. unvoted
αψηφώ [apsifo] *ρ.* defy, disregard, disdain
αψίδα [apsida] *ουσ. θ.* (αρχιτ.) arch, arcade
αψιδωτός [apsidotos] *επ.* arched
αψιθυμία [apsithimia] *ουσ. θ.* irritability
αψίθυμος [apsithimos] *επ.* irritable
αψιμαχία [apsimahia] *ουσ. θ.* skirmish, brush
άψογος [apsoyos] *επ.* irreproachable
αψύς [apsis] *επ.* σηαρπ, ιρασψιβλε
αψυχολόγητος [apsiholoyitos] *επ.* impolitic, ill-considered
άψυχος [apsihos] *επ.* lifeless, inanimate

B

Β, β [vita] *ουσ. ο.* the second letter of the Greek alphabet
βαβυλωνία [vavilonia] *ουσ. θ.* babel, chaos
βάγια [vayia] *ουσ. θ.* nurse, (βοτ.) palm-tree
βαγόνι [vayoni] *ουσ. ο.* wagon
βάδην [vadin] *επίρ.* in walking step
βαδίζω [vadizo] *ρ.* walk, march
βάδισμα [vadisma] *ουσ. ο.* pace, step
βαζελίνη [vaselini] *ουσ. θ.* vaseline
βάζο [vazo] *ουσ. ο.* vase
βάζω [vazo] *ρ.* put, place, set
βαθαίνω [vatheno] *ρ.* deepen
βάθεμα [vathema] *ουσ. ο.* deepening
βαθμηδόν [vathmidon] *επίρ.* gradually, progressively
βαθμιαία [vathmiea] *επίρ.* gradually
βαθμιαίος [vathmieos] *επ.* gradual, progressive
βαθμίδα [vathmida] *ουσ. θ.* step, stair
βαθμολογία [vathmoloyia] *ουσ. θ.* marking
βαθμολογώ [vathmoloyo] *ρ.* graduate, give marks
βαθμός [vathmos] *ουσ. α.* degree, grade, rank
βαθμοφόρος [vathmoforos] *ουσ. α. /θ.* officer
βάθος [vathos] *ουσ. ο.* depth, profundity
βαθουλός [vathoolos] *επ.* hollow, deep
βαθούλωμα [vathooloma] *ουσ. ο.* hollowness

βαθουλώνω [vathoolono] *ϱ.* deepen, hollow
βάθϱο [vathro] *ουσ. ο.* base, step
βαθυκόκκινος [vathikokinos] *επ.* scarlet, dark red
βάθυνση [vathinsi] *ουσ. θ.* deepening
βαθύνω [vathino] *ϱ.* deepen
βαθύπλουτος [vathiplootos] *επ.* very/fabulously rich
βαθύϱϱιζος [vathirizos] *επ.* deep-rooted
βαθύς [vathis] *επ.* deep, profound
βαθύσκιωτος [vathskiotos] *επ.* shadowy
βαθυστόχαστος [vathistohastos] *επ.* wise, profound
βαθύτητα [vathitita] *ουσ. θ.* profundity, depth
βαθύφωνος [vathifonos] *επ.* /*ουσ. α.* bass
βαθύχϱωμος [vathihromos] *επ.* dark-coloured
βακαλάος [vakalaos] *ουσ. α.* (ζωολ.) cod(fish)
βακελίτης [vakelitis] *ουσ. α.* (γεωλ.) bakelite
βάκιλος [vakilos] *ουσ. α.* (βιολ.) bacillus
βακτηϱία [vaktiria] *ουσ. θ.* stick, cane
βακτηϱίδιο [vaktiridio] *ουσ. ο.* (βιολ.) bacterium, bacillus
βακτηϱιολογία [vaktirioloyia] *ουσ. θ.* bacteriology
βακτηϱιολογικός [vaktirioloyikos] *επ.* bacteriological
βακτηϱιολόγος [vaktirioloyos] *ουσ. α.* /*θ.* bacteriologist
βακχεύω [vakhevo] *ϱ.* celebrate the mysteries of Bacchus
βακχικός [vakhikos] *επ.* bacchic
βαλανίδι [valanidi] *ουσ. ο.* (βοτ.) acorn
βαλανιδιά [valanidia] *ουσ. θ.* (βοτ.) oak
βαλανοειδής [valanoidis] *επ.* acorn-shaped
βάλανος [valanos] *ουσ. θ.* (βοτ.) acorn. (ανατ.) glans
βαλανοφάγος [valanofayos] *επ.* acorn-eating
βαλάντιο [valandio] *ουσ. ο.* purse
βαλάντωμα [valandoma] *ουσ. ο.* exhaustion

βαλαντώνω [valandono] *ϱ.* be exhausted
βαλβίδα [valvida] *ουσ. θ.* valve. starting post
βαλές [vales] *ουσ. α.* knave, jack
βαλίτσα [valicha] *ουσ. θ.* suitcase, traveling bag
βαλκανικός [valkanikos] *επ.* balkan
βαλλιστικός [valistikos] *επ.* ballistic
βάλλω [valo] *ϱ.* attack, hurl, fire
βαλς [vals] *ουσ. ο. άκλ.* (μουσ.) waltz
βάλσαμο [valsamo] *ουσ. ο.* balsam
βαλσαμώδης [valsamodis] *επ.* balsamic
βαλσάμωμα [balsamoma] *ουσ. ο.* embalming
βαλσαμώνω [valsamono] *ϱ.* embalm
βαλσαμωτής [valsamotis] *ουσ. α.* embalmer
βάλσιμο [valsimo] *ουσ. ο.* placing, putting
βαλτός [valtos] *επ.* set on purpose
βάλτος [valtos] *ουσ. α.* swamp, bog
βαλτότοπος [valtotopos] *ουσ. α.* marshy place
βαλτώδης [valtodis] *επ.* marshy, swampy
βαλτώνω [valtono] *ϱ.* turn into a swamp
βαμβακέλαιο [vamvakeleo] *ουσ. ο.* cotton-seed oil
βαμβακέμπορος [vamvakeboros] *ουσ. α.* cotton dealer
βαμβακερός [vamvakeros] *επ.* cotton
βαμβάκι [vambaki] *ουσ. ο.* cotton
βαμβακιά [vamvakia] *ουσ. θ.* (βοτ.) cotton plant
βαμβακόσπορος [vamvakosporos] *ουσ. α.* cottonseed
βαμβακουργείο [vamvakooryio] *ουσ. ο.* cotton-mill
βαμβακουργία [vamvakooryia] *ουσ. θ.* cotton industry
βαμβακουργός [vamvakooryos] *ουσ. α. /θ.* cotton-spinner
βαμβακοφυτεία [vamvakofitia] *ουσ. θ.* cotton-

plantation
βαμβακοχώραφο [vamvakohorafo] *ουσ. ο.* cotton field
βάμμα [vama] *ουσ. ο.* tincture, tint
βαμμένος [vamenos] *επ.* coloured, painted
βαναυσολογία [vanafsoloyia] *ουσ. θ.* vulgarity, coarse language
βάναυσος [vanafsos] *επ.* coarse, rude
βαναυσότητα [vanafsotita] *ουσ. θ.* rudeness, coarseness
βανδαλικός [vandalikos] *επ.* vandalic, barbaric
βανδαλισμός [vandalismos] *ουσ. α.* vandalism, barbarism
βάνδαλος [vandalos] *επ.* vandal, barbarian
βανίλια [vanilia] *ουσ. θ.* vanilla
βαπόρι [vapori] *ουσ. ο.* steamboat
βαπτίζω [vaptizo] *ρ.* baptize
βάπτιση [vaptisi] *ουσ. θ.* baptizing
βαπτιστήριο [vaptistirio] *ουσ. ο.* baptistery
βαπτιστής [vaptistis] *ουσ. α.* baptist
βαπτιστικός [vaptistikos] *ουσ. α.* godson, godchild
βάραθρο [varathro] *ουσ. ο.* abyss
βαραθρώνω [varathrono] *ρ.* ruin, be the ruin of
βαραίνω [vareno] *ρ.* burden, make heavy
βαρβαρικός [varvarikos] *επ.* barbaric
βαρβαρισμός [varvarismos] *ουσ. α.* barbarism
βάρβαρος [varvaros] *ουσ. α./επ.* barbarian
βαρβαρότητα [varvarotita] *ουσ. θ.* barbarity
βαρβάτισμα [varvatisma] *ουσ. ο.* rut
βαρβάτος [varvatos] *επ.* strong, vigorous
βάρδια [vardia] *ουσ. θ.* watch, guards
βάρδος [vardos] *ουσ. α.* bard, poet
βαρεία [varia] *ουσ. θ.* (γραμ.) grave accent
βαρελάκι [varelaki] *ουσ. ο.* keg
βαρελάς [varelas] *ουσ. α.* barrel-maker

βαρέλι [vareli] *ουσ. ο.* barrel
βαρεμάρα [varemara] *ουσ. θ.* annoyance, boredom
βαρετός [varetos] *επ.* tedious, boring
βαρηκοΐα [varikoia] *ουσ. θ.* hard hearing
βαρήκοος [barikoos] *επ.* hard of hearing
βαριά [varia] *επίρ.* seriously, heavily
βαριακούω [variakooo] *ρ.* be hard of hearing
βαριαστενάζω [variastenazo] *ρ.* sigh deeply
βαρίδι [varidi] *ουσ. ο.* counter-weight
βαριέμαι [varieme] *ρ.* be bored
βαριετέ [variete] *ουσ. ο. άκλ.* variety theatre
βάριο [vario] *ουσ. ο.* (χημ.) barium
βαριοκοιμούμαι [variokimoome] *ρ.* sleep deeply
βαριόμοιρος [variomiros] *επ.* unhappy
βαριοπούλα [variopoola] *ουσ. θ.* sledge-hammer
βάρκα [varka] *ουσ. θ.* boat
βαρκάδα [varkada] *ουσ. θ.* boating
βαρκάρης [varkaris] *ουσ. α.* boatman
βαρκαρόλα [varkarola] *ουσ. θ.* barcarole
βαρκούλα [varkoola] *ουσ. θ.* small boat
βαρομετρικός [varometrikos] *επ.* barometric
βαρόμετρο [varometro] *ουσ. ο.* barometer
βάρος [varos] *ουσ. ο.* weight, burden
βαρούλκο [varoolko] *ουσ. ο.* wind-lass, winch
βαρυγκωμώ [varigomo] *ρ.* be unhappy
βαρυθυμία [varithimia] *ουσ. θ.* gloom, sadness, bad mood
βαρύθυμος [varithimos] *επ.* gloomy, sullen
βαρυθυμώ [varithimo] *ρ.* be gloomy
βαρύνω [varino] *ρ.* burden
βαρυπενθώ [varipentho] *ρ.* be in deep mourning
βαρυποινίτης [varipinitis] *ουσ. α.* long-term convict
βαρύς [varis] *επ.* heavy, weighty

βαρυσήμαντος [varisimandos] *επ.* momentous, weighty
βαρυστομαχιά [varistomahia] *ουσ. θ.* indigestion
βαρυστομαχιάζω [varistomahiazo] *ρ.* feel bloated
βαρύσωμος [varisomos] *επ.* stout, heavy
βαρύτητα [varitita] *ουσ. θ.* gravity, weight
βαρύτιμος [baritimos] *επ.* precious, valuable
βαρύτονος [varitonos] *επ.* barytone
βαρύφωνος [varifonos] *επ.* bass
βαρυχειμωνιά [varihimonia] *ουσ. θ.* severe winter
βαρώ [varo] *ρ.* beat, strike
βαρώνη [varoni] *ουσ. θ.* baroness
βαρωνία [varonia] *ουσ. θ.* barony
βαρώνος [varonos] *ουσ. α.* baron
βασάλτης [vasaltis] *ουσ. α.* basalt
βασανίζω [vasanizo] *ρ.* torture, torment
βασανισμός [vasanismos] *ουσ. α.* tormenting, torture
βασανιστήριο [vasanistirio] *ουσ. ο.* torture
βασανιστής [vasanistis] *ουσ. α.* torturer, tormenter
βασανιστικός [vasanistikos] *επ.* torturing, tormenting
βάσανο [vasano] *ουσ. ο.* torture, torment
βασίζω [vasizo] *ρ.* base, ground
βασικός [vasikos] *επ.* basic, fundamental
βασιλεία [vasilia] *ουσ. θ.* kingdom, reign
βασίλειο [vasilio] *ουσ. ο.* kingdom
βασίλεμα [vasilema] *ουσ. ο.* sunset. setting
βασιλεύω [vasilevo] *ρ.* reign, rule
βασιλιάς [vasilias] *ουσ. α.* king
βασιλική [vasiliki] *ουσ. θ.* basilica
βασιλικός [vasilikos] *επ.* kingly, royal, *ουσ. α.* (βοτ.) basil
βασιλίσκος [vasiliskos] *ουσ. α.* petty king
βασίλισσα [vasilisa] *ουσ. θ.*

queen

βασιλοκτόνος [vasiloktonos] *επ.* regicide

βασιλομήτωρ [vasilomitor] *ουσ. θ.* queen-mother

βασιλόπιτα [vasilopita] *ουσ. θ.* new year's cake

βασιλοπούλα [vasilopoola] *ουσ. θ.* royal princess

βασιλόφρων [vasilofron] *ουσ. α.* royalist

βάσιμος [vasimos] *επ.* well-founded, positive

βασιμότητα [vasimotita] *ουσ. θ.* soundness, certainty

βασκαίνω [vaskeno] *ρ.* bewitch

βασκανία [vaskania] *ουσ. θ.* evil eye

βάσταγμα [vastayma] *ουσ. ο.* support, holding

βαστάζος [vastazos] *ουσ. α.* porter, carrier

βαστάζω [vastazo] *ρ.* bear, carry, hold, keep

βατ [vat] *ουσ. ο. άκλ.* (φυσ.) watt

βάτα [vata] *ουσ. θ.* wadding

Βατερλό [vaterlo] *κύρ. όν. ο. άκλ.* Waterloo

βατήρας [vatiras] *ουσ. α.* spring-board

Βατικανό [vatikano] *κύρ. όν. ο.* Vatican

βατίστα [vatista] *ουσ. θ.* batiste

βατόμουρο [vatomooro] *ουσ. ο.* (βοτ.) blackberry

βατός [vatos] *επ.* passable, praticable

βάτος [vatos] *ουσ. α.* bramble

βάτραχος [vatrahos] *ουσ. α.* (ζωολ.) frog

βαυκάλημα [vafkalima] *ουσ. ο.* lulling

βαυκαλίζω [vafkalizo] *ρ.* lull

βαφέας [vafeas] *ουσ. α.* dyer, tinter

βαφείο [vafio] *ουσ. ο.* dyer's shop

βαφή [vafi] *ουσ. θ.* dye, tint

βάφω [vafo] *ρ.* dye, colour

βάψιμο [vapsimo] *ουσ. ο.* dyeing, colouring

βγάζω [vyazo] *ρ.* take out, draw out

βγαίνω [vyeno] *ρ.* go out, come out

βγάλσιμο [vyalsimo] *ουσ. ο.* taking out, coming out

βδέλλα [vdela] *ουσ. θ.* (ζωολ.) leech

βδέλυγμα [vdeliyma] *ουσ. ο.* abomination
βδελυρός [vdeliros] *επ.* abominable, detestable
βδομάδα [vdomada] *ουσ. θ.* week
βέβαια [vevea] *επίρ.* surely, certainly
βέβαιος [veveos] *επ.* certain, sure
βεβαιότητα [veveotita] *ουσ. θ.* certainty
βεβαιώνω [veveono] *ρ.* assure, affirm
βεβαίωση [veveosi] *ουσ. θ.* assurance
βεβαιωτής [veveotis] *ουσ. α.* confirmer
βεβιασμένος [veviasmenos] *επ.* hasty, tash, forced
βεγγαλικά [vegalika] *ουσ. ο. πληθ.* bengal lights
βεγγέρα [vegera] *ουσ. θ.* evening party
βεζίρης [veziris] *ουσ. α.* vizier
βελάζω [velazo] *ρ.* bleat, bellow
βέλασμα [velasma] *ουσ. ο.* bleating, bellowing
βελγικός [velyikos] *επ.* Belgian
Βέλγος [velyos] *ουσ. α.* Belgian
βελέντζα [velenja] *ουσ. θ.* rug
βεληνεκές [velinekes] *ουσ. ο.* range
βέλο [velo] *ουσ. ο.* veil
βελόνα [velona] *ουσ. θ.* needle
βελονιά [velonia] *ουσ. θ.* stitch point
βελονιάζω [veloniazo] *ρ.* stitch
βελόνιασμα [veloniasma] *ουσ. ο.* stitching
βελονοθήκη [velonothiki] *ουσ. θ.* needle-case
βέλος [velos] *ουσ. ο.* arrow
βελούδινος [veloodinos] *επ.* velvety
βελούδο [veloodo] *ουσ. ο.* velvet
βελτιώνω [veltiono] *ρ.* improve, better
βελτίωση [veltiosi] *ουσ. θ.* improvement
Βενετία [Venetia] *κύρ. όν. θ.* Venice
Βενετσιάνος [venechianos] *ουσ. α.* Venetian
βενζινάκατος [venzinakatos] *ουσ. θ.* motor-boat

βενζινάροτρο [venzinarotro] *ουσ. ο.* motor-plough
βενζίνη [venzini] *ουσ. θ.* benzine, gasoline, petrol
βενζινοκινητήρας [venzinokinitiras] *ουσ. α.* petrolengine
βενζινοκίνητος [venzinokinitos] *επ.* motor-driven
βεντάλια [vendalia] *ουσ. θ.* fan
βεντούζα [vendooza] *ουσ. θ.* cupping
βέρα [vera] *ουσ. θ.* wedding-ring
βεράντα [veranda] *ουσ. θ.* veranda, porch
βερβερίτσα [ververicha] *ουσ. θ.* (ζωολ.) squirrel
βέργα [verya] *ουσ. θ.* rod, stick
βερεσέ [verese] *επίρ.* on credit
βερικοκιά [verikokia] *ουσ. θ.* (βοτ.) apricot-tree
βερίκοκο [verikoko] *ουσ. ο.* (βοτ.) apricot
βερνίκι [verniki] *ουσ. ο.* varnish, polish
βερνίκωμα [vernikoma] *ουσ. ο.* varnishing, polishing
βερνικώνω [vernikono] *ρ.* polish, varnish
βερνικωτής [vernikotis] *ουσ. α.* polisher, varnisher
βεστιάριο [vestiario] *ουσ. ο.* vestiary
βετεράνος [veteranos] *ουσ. α.* veteran
βέτο [veto] *ουσ. ο.* veto
βήμα [vima] *ουσ. ο.* step, pace
βηματίζω [vimatizo] *ρ.* step, pace
βηματισμός [vimatismos] *ουσ. α.* footstep, stepping
βήξιμο [viximo] *ουσ. ο.* coughing
βήχας [vihas] *ουσ. α.* cough
βήχω [viho] *ρ.* cough
βία [via] *ουσ. θ.* force, violence
βιάζω [viazo] *ρ.* force, violate. rape
βιαιοπραγία [vieoprayia] *ουσ. θ.* outrage, act of violence
βιαιοπραγώ [vioprayo] *ρ.* do violence
βίαιος [vieos] *επ.* violent
βιαιότητα [vieotita] *ουσ. θ.* violence
βιασμός [viasmos] *ουσ. α.*

B

violation. rape
βιαστής [viastis] *ουσ. α.* rapist. violator
βιαστικός [viastikos] *επ.* hasty, hurried
βιασύνη [viasini] *ουσ. θ.* hurry, haste
βιβλιάριο [bibliario] *ουσ. ο.* booklet
βιβλικός [biblikos] *επ.* biblical
βιβλίο [vivlio] *ουσ. ο.* book
βιβλιογραφία [biblioyrafia] *ουσ. θ.* bibliography
βιβλιοδεσία [vivliodesia] *ουσ. θ.* book binding
βιβλιοδέτης [vivliodetis] *ουσ. α.* book-binder
βιβλιοδετώ [vivliodeto] *ρ.* bind books
βιβλιοθηκάριος [vivliothikarios] *ουσ. α. /θ.* librarian
βιβλιοθήκη [vivliothiki] *ουσ. θ.* library
βιβλιοθηκονομία [bibliothikonomia] *ουσ. θ.* library science
βιβλιοκρισία [vivliokrisia] *ουσ. θ.* book-review
βιβλιομανής [vivliomanis] *επ.* bibliomaniac
βιβλιομανία [vivliomania] *ουσ. θ.* bibliomania
βιβλιοπωλείο [vivliopolio] *ουσ. ο.* book-shop
βιβλιοπώλης [vibliopolis] *ουσ. α. /θ.* book-seller
βιβλιοφάγος [vibliofayos] *επ.* bookworm
βιβλιόφιλος [vivliofilos] *επ.* book-lover
βιβλιοχαρτοπωλείο [vibliohartopolio] *ουσ. ο.* stationery-shop
Βίβλος [vivlos] *ουσ. θ.* Bible
βίγλα [viyla] *ουσ. θ.* post, watch
βιγλάτορας [viylatoras] *ουσ. α.* sentinel
βιγλίζω [viylizo] *ρ.* stand sentry
βίδα [vida] *ουσ. θ.* screw
βιδολόγος [vidoloyos] *ουσ. α.* screwdriver
βίδωμα [vidoma] *ουσ. ο.* screwing
βιδώνω [vidono] *ρ.* screw
βιδωτήρι [vidotiri] *ουσ. ο.* screwdriver
βίζιτα [vizita] *ουσ. θ.* visit
βίκος [vikos] *ουσ. α.* (βοτ.) vetch

βίλα [vila] *ουσ. θ.* villa
βίντσι [vinji] *ουσ. ο.* winch
βιογραφία [vioyrafia] *ουσ. θ.* biography
βιογραφικός [vioyrafikos] *επ.* biographical
βιογράφος [vioyrafos] *ουσ. α. /θ.* biographer
βιογραφώ [vioyrafo] *ρ.* write a biography
βιόλα [viola] *ουσ. θ.* (μουσ.) viola. (βοτ.) wall-flower
βιολέτα [violeta] *ουσ. θ.* (βοτ.) violet
βιολετής [violeti] *επ.* violet
βιολί [violi] *ουσ. ο.* (μουσ.) violin
βιολιστής [violistis] *ουσ. α.* violonist
βιολογία [violoyia] *ουσ. θ.* biology
βιολογικός [violoyikos] *επ.* biological
βιολόγος [violoyos] *ουσ. α. /θ.* biologist
βιολοντσέλο [violotselo] *ουσ. ο.* (μουσ.) (violon)cello
βιομηχανία [viomihania] *ουσ. θ.* industry
βιομηχανικός [viomihanikos] *επ.* industrial
βιομηχανοποίηση [viomihanopiisi] *ουσ. θ.* industrialization
βιομηχανοποιώ [viomihanopio] *ρ.* industrialize
βιομήχανος [viomihanos] *ουσ. α. /θ.* industrialist
βιονομική [vionomiki] *ουσ. θ.* bionomy
βιοπαλαιστής [viopalestis] *ουσ. α.* labourer
βιοπαλεύω [viopalevo] *ρ.* struggle for life
βιοπάλη [viopali] *ουσ. θ.* struggle for a living
βιοπορισμός [vioporismos] *ουσ. α.* earning a living
βιοποριστικός [vioporistikos] *επ.* providing a living
βίος [vios] *ουσ. α.* life, existence
βιός [vios] *ουσ. ο.* wealth, property
βιοτέχνης [viotehnis] *ουσ. α.* craftsman
βιοτεχνία [viotehnia] *ουσ. θ.* handicraft
βιοτεχνικός [viotehnikos] *επ.* handicraft
βιοτικός [viotikos] *επ.* life's,

biotic
βιοχημεία [viohimia] *ουσ. θ.* biochemistry
βιοχημικός [viohimikos] *επ.* biochemical
βιοψία [viopsia] *ουσ. θ.* biopsy
βισμούθιο [vismoothio] *ουσ. ο.* (χημ.) bismouth
βιταμίνη [vitamini] *ουσ. θ.* vitamin
βιτρίνα [vitrina] *ουσ. θ.* shopwindow
βιτριόλι [vitrioli] *ουσ. ο.* vitriol
βίτσα [vitsa] *ουσ. θ.* thin stick
βίωμα [vioma] *ουσ. ο.* experience
βιώνω [viono] *ρ.* live, exist
βιώσιμος [viosimos] *επ.* viable, livable
βλαβερός [vlaveros] *επ.* harmful
βλαβερότητα [vlaverotita] *ουσ. θ.* harmfulness
βλάβη [vlavi] *ουσ. θ.* injury, damage
βλάκας [vlakas] *επ.* stupid, fool
βλακεία [vlakia] *ουσ. θ.* stupidity, foolness
βλακώδης [vlakodis] *επ.* stupid, silly
βλαπτικός [vlaptikos] *επ.* harmful
βλάπτω [vlapto] *ρ.* harm, hurt, damage
βλασταίνω [vlasteno] *ρ.* grow, bud
βλαστάρι [vlastari] *ουσ. ο.* bud. young shoot
βλαστήμια [vlastimia] *ουσ. θ.* profane speaking, cursing
βλάστημος [vlastimos] *επ.* profane, impious
βλαστημώ [vlastimo] *ρ.* insult, curse
βλάστηση [vlastisi] *ουσ. θ.* germination
βλαστολογώ [vlastoloyo] *ρ.* prune, disbud
βλαστός [vlastos] *ουσ. α.* shoot, sprout
βλάχος [vlahos] *επ.* rustic fellow. Vlach
βλέμμα [vlema] *ουσ. ο.* look, glance
βλέννα [vlena] *ουσ. θ.* mucus, snot
βλεννογόνος [vlenoyonos] *ουσ. θ.* (βιολ.) mucous
βλεννόρροια [vlenoria] *ουσ. θ.*

(ιατρ.) gonorrhoea
βλεννώδης [vlenodis] *επ.* mucous, snotty
βλέπω [vlepo] *ρ.* see, look, glance
βλεφαρίδα [vlefarida] *ουσ. θ.* eyelash
βλεφαρίζω [vlefarizo] *ρ.* blink, wink
βλεφαρισμός [vlefarismos] *ουσ. α.* (ιατρ.) spasm of the eyelids
βλέφαρο [vlefaro] *ουσ. ο.* (ανατ.) eyelid
βλέψη [vlepsi] *ουσ. θ.* view, aspiration
βλήμα [vlima] *ουσ. ο.* missile. bullet
βλητική [vlitiki] *ουσ. θ.* ballistics
βλήτο [vlito] *ουσ. ο.* (βοτ.) noth-weed
βλογιά [vloyia] *ουσ. θ.* (ιατρ.) small-pox
βλογιοκομμένος [vloyiokomenos] *επ.* pock-marked
βλοσυρός [vlosiros] *επ.* stern, grim
βλοσυρότητα [vlosirotita] *ουσ. θ.* sternness, grimness
βόας [voas] *ουσ. α.* (ζωολ.) boa
βογκητό [vogito] *ουσ. ο.* groan, moan
βόδι [vodi] *ουσ. ο.* (ζωολ.) bull, ox
βοδινός [vodinos] *επ.* beef, ox
βοή [voi] *ουσ. θ.* shout, cry
βοήθεια [voithia] *ουσ. θ.* aid, help, assistance
βοήθημα [voithima] *ουσ. ο.* assistance, help
βοηθητικός [voithitikos] *επ.* aiding, helping
βοηθός [voithos] *ουσ. α. /θ.* helper, assistant
βοηθώ [voitho] *ρ.* help, assist
βόθρος [vothros] *ουσ. α.* ditch
βοϊδάμαξα [voidoamaxa] *ουσ. θ.* ox-carriage
βολβοειδής [volvoidis] *επ.* bulbous
βολβός [volvos] *ουσ. α.* bulb
βόλεϊ-μπολ [volei-bol] *ουσ. ο.* volley-ball
βολετός [voletos] *επ.* convenient
βολεύω [volevo] *ρ.* accomodate
βολή [voli] *ουσ. θ.* shot, stroke

βόλι [voli] *ουσ. ο.* bullet, shot
βολιδοσκόπηση [volidoskopisi] *ουσ. θ.* sounding. approach
βολιδοσκοπώ [volidoskopo] *ρ.* sound. approach
βολικός [volikos] *επ.* accomodating
βολοδέρνω [voloderno] *ρ.* suffer
βόλος [volos] *ουσ. ο.* clod
βολτ [volt] *ουσ. ο. άκλ.* (φυσ.) volt
βόλτα [volta] *ουσ. θ.* walk. stroll
βολτάρω [voltaro] *ρ.* stroll about
βολτόμετρο [voltometro] *ουσ. ο.* (φυσ.) voltmeter
βολφράμιο [volframio] *ουσ. ο.* (φυσ.) wolfram
βόμβα [vomva] *ουσ. θ.* bomb
βομβαρδίζω [vomvardizo] *ρ.* bomb
βομβαρδισμός [vomvardismos] *ουσ. α.* bombardment
βομβαρδιστικό [vomvardistiko] *ουσ. ο.* bombardier
βόμβος [bombos] *ουσ. α.* buzz, humming
βομβώ [vomvo] *ρ.* buzz, hum
βορά [vora] *ουσ. θ.* prey
βόρβορος [vorvoros] *ουσ. α.* mud, dirt
βορβορώδης [vorvorodis] *επ.* muddy
βορειοανατολικός [vorioanatolikos] *επ.* northeast
βορειοδυτικός [vorioditikos] *επ.* northwest
βόρειος [vorios] *επ.* northern
βοριάς [vorias] *ουσ. α.* north
βορινός [vorinos] *επ.* north
βοσκή [voski] *ουσ. θ.* pasture
βόσκηση [voskisi] *ουσ. θ.* pasturing
βοσκοπούλα [voskopoola] *ουσ. θ.* shepherd girl
βοσκόπουλο [voskopoolo] *ουσ. ο.* shepherd boy
βοσκός [voskos] *ουσ. α.* shepherd
βοσκότοπος [voskotopos] *ουσ. α.* grazing ground, meadow
βόσκω [vosko] *ρ.* pasture, graze
βόστρυχος [vostrihos] *ουσ. α.* (καθ.) curl

βοτάνι [votani] *ουσ. ο.* herb

βοτανίζω [votanizo] *ρ.* weed

βοτανική [votaniki] *ουσ. θ.* botany

βοτανικός [votanikos] *επ.* botanic

βοτάνισμα [votanisma] *ουσ. ο.* weeding

βότανο [votano] *ουσ. ο.* herb

βοτανολογία [votanoloyia] *ουσ. θ.* botany, botanology

βοτανολόγος [votanoloyos] *ουσ. α.* /*θ.* botanist

βοτανολογώ [votanoloyo] *ρ.* botanize

βότσαλο [vochalo] *ουσ. ο.* pebble

βουβαίνω [vooveno] *ρ.* render dumb

βούβαλος [voovalos] *ουσ. α.* buffalo, bull

βουβαμάρα [voovamara] *ουσ. θ.* dumbness, muteness

βουβός [voovos] *επ.* dumb, mute

βουβωνικός [voovonikos] *επ.* (ανατ.) bubonic, inguinal

Βούδας [voodas] *κύρ. όν. α.* Buddha

Βουδισμός [voodismos] *ουσ. α.* Buddhism

βουδιστής [voodistis] *ουσ. α.* buddhist

βουητό [vooito] *ουσ. ο.* buzz, humming

βουίζω [vooizo] *ρ.* buzz, hum

βούκεντρο [vookendro] *ουσ. ο.* goad

βούκινο [vookino] *ουσ. ο.* horn, trumpet

βουκολικός [vookolikos] *επ.* bucolic, pastoral

βουκόλος [vookolos] *ουσ. α.* cowboy, herdsman

βούλα [voola] *ουσ. θ.* seal, stamp

Βουλγαρία [voolyaria] *κύρ. όν. θ.* Bulgaria

βουλγαρικός [voolyarikos] *επ.* Bulgarian

Βούλγαρος [voolyaros] *ουσ. α.* Bulgarian

βούλευμα [voolevma] *ουσ. ο.* decree, order

βουλεύομαι [voolevome] *ρ.* deliberate

βουλευτήριο [vooleftirio] *ουσ. ο.* parliament

βουλευτής [vooleftis] *ουσ. α.* deputy, representative, member of the parlaiment (M.P.)

βουλευτικός [vooleftikos] *επ.* parliamentary
βουλή [vooli] *ουσ. θ.* will. parliament
βούληση [voolisi] *ουσ. θ.* will, wish, desire
βουλητικός [voolitikos] *επ.* will, strong-willed
βούλιαγμα [vooliayma] *ουσ. ο.* sinking
βουλιάζω [vooliazo] *ρ.* sink, immerse
βουλιμία [voolimia] *ουσ. θ.* great hunger
βουλοκέρι [voolokeri] *ουσ. ο.* sealing-wax
βουνίσιος [voonisios] *επ.* mountain(ous)
βουνό [voono] *ουσ. ο.* mountain
βουνοπλαγιά [voonoplayia] *ουσ. θ.* slope, declivity
βουνοσειρά [voonosira] *ουσ. θ.* range of mountains
βουνώδης [voonodis] *επ.* mountainous
βούρδουλας [voordoolas] *ουσ. α.* whip, lash
βουρδουλιά [voordoolia] *ουσ. θ.* lash
βούρκος [voorkos] *ουσ. α.* mud
βουρκώνω [voorkono] *ρ.* be filled with tears, mist, make muddy
βούρλο [voorlo] *ουσ. ο.* rush, burlush
βούρτσα [voortsa] *ουσ. θ.* brush
βουρτσίζω [voortsizo] *ρ.* brush
βούρτσισμα [voortsisma] *ουσ. ο.* brushing
βουστάσιο [voostasio] *ουσ. ο.* ox-stall
βουτάνιο [vootanio] *ουσ. ο.* (χημ.) butane
βούτηγμα [vootiyma] *ουσ. ο.* dipping, snatching
βούτημα [vootima] *ουσ. ο.* teacake, scone
βουτηχτής [vootihtis] *ουσ. α.* diver
βουτιά [vootia] *ουσ. θ.* plunge, dive
βουτυράς [vootiras] *ουσ. α.* dairyman
βουτυρένιος [vootirenios] *επ.* buttery
βούτυρο [vootiro] *ουσ. ο.* butter
βουτυρόγαλο [vootiroyalo]

ουσ. ο. buttermilk

βουτυροκομείο [vootirokomio] *ουσ. ο.* butter dairy

βουτυρώδης [vootiroidis] *επ.* buttery

βουτυρώνω [vootirono] *ρ.* butter

βουτώ [vooto] *ρ.* dip, plunge

βραβείο [vravio] *ουσ. ο.* prize, award

βράβευση [vravefsi] *ουσ. θ.* rewarding

βραβεύω [vravio] *ρ.* award

βραδιάζει [vradiazo] *ρ.* it is getting dark

βραδινός [vradinos] *επ.* evening

βράδυ [vradi] *ουσ. ο.* evening

βραδυγλωσσία [vradiylosia] *ουσ. θ.* stammering

βραδύγλωσσος [vradiylosos] *επ.* stammering

βραδυκαρδία [vradikardia] *ουσ. θ.* (ιατρ.) bradyrythmia

βραδυκίνητος [vradikinitos] *επ.* slow-moving

βραδυλογία [vradiloyia] *ουσ. θ.* drawl

βραδύνοια [vradinia] *ουσ. θ.* dullness

βραδύνω [vradino] *ρ.* be late, be slow

βραδυπορία [vradiporia] *ουσ. θ.* slow walk

βραδύτητα [vraditita] *ουσ. θ.* slowness, tardiness

βράζω [vrazo] *ρ.* boil

βράκα [vraka] *ουσ. θ.* breeches

βράσιμο [vrasimo] *ουσ. ο.* boiling

βρασμός [vrasmos] *ουσ. α.* boiling. agitation

βραστήρας [vrastiras] *ουσ. α.* boiler

βραστός [vrastos] *επ.* boiled

βραχιόλι [vrahioli] *ουσ. ο.* bracelet

βραχίονας [vrahionas] *ουσ. α.* arm, branch

βραχνάδα [vrahnada] *ουσ. θ.* hoarseness

βραχνάς [vrahnas] *ουσ. α.* nightmare

βραχνιάζω [vrahniazo] *ρ.* become hoarse

βραχνός [vrahnos] *επ.* hoarse

βράχος [vrahos] *ουσ. α.* rock, cliff

βραχύβιος [vrahivios] *επ.* short-lived

βραχύνω [vrahino] *ρ.* shorten, abbreviate
βραχυπρόθεσμος [vrahiprothesmos] *επ.* short-term, short-dated
βραχύς [vrahis] *επ.* short, brief
βραχώδης [vrahodis] *επ.* rocky
βρε [vre] *επιφ.* hey you
βρέγμα [vreyma] *ουσ. ο.* (ανατ.) sinciput
βρεγμένος [vreymenos] *επ.* wet, soaked
βρέξιμο [vreximo] *ουσ. ο.* wetting, soaking
Βρετάνη [vretani] *κύρ. όν. θ.* Brittany
Βρετανία [vretania] *κύρ. όν. θ.* Britain
Βρετανικός [vretanikos] *επ.* British
βρεφικός [vrefikos] *επ.* infantile
βρεφοκομείο [vrefokomio] *ουσ. ο.* infant asylum
βρεφοκτονία [vrefoktonia] *ουσ. θ.* infanticide
βρεφοκτόνος [vrefoktonos] *επ.* infanticide
βρέφος [vrefos] *ουσ. ο.* infant, baby
βρέχω [vreho] *ρ.* moisten, wet
βρίζω [vrizo] *ρ.* insult, abuse
βρικόλακας [vrikolakas] *ουσ. α.* vampire
βρισιά [vrisia] *ουσ. θ.* insult, abuse
βρίσκω [brisko] *ρ.* find
βρογχίτιδα [vronhitida] *ουσ. θ.* (ιατρ.) bronchitis
βρόγχος [vronhos] *ουσ. α.* (ανατ.) bronchus
βροντερός [vronderos] *επ.* roaring, noisy
βροντή [vrondi] *ουσ. θ.* thunder
βρόντος [vrondos] *ουσ. α.* noise, boom, clatter
βροντόφωνος [vrondofonos] *επ.* loud
βροντώ [vrondo] *ρ.* thunder
βροχερός [vroheros] *επ.* rainy
βροχή [vrohi] *ουσ. θ.* rain
βρόχινος [vrohinos] *επ.* rain
βροχόμετρο [vrohometro] *ουσ. ο.* rain gauge
βρύο [vrio] *ουσ. ο.* (βοτ.) moss
βρύση [vrisi] *ουσ. θ.* fountain, spring
βρυχηθμός [vrihithmos] *ουσ. α.* roaring

βρυχώμαι [vrihome] *ρ.* roar
βρυώδης [vriodis] *επ.* mossy
βρώμη [vromi] *ουσ. θ.* (βοτ.) oat
βρωμιά [vromia] *ουσ. θ.* dirt
βρώμικος [vromikos] *επ.* dirty, filthy
βρώμιο [vromio] *ουσ. ο.* (χημ.) bromium
βρωμιούχος [vromioohos] *επ.* bromide
βρωμόπαιδο [vromopedo] *ουσ. ο.* naughty child
βρωμώ [vromo] *ρ.* smell badly
βυζαίνω [vizeno] *ρ.* suckle
Βυζαντινός [vizandinos] *επ.* Byzantine
Βυζάντιο [vizandio] *κύρ. όν. ο.* (ιστ.) Byzantium
βυζί [vizi] *ουσ. ο.* (λαϊκ.) breast. teat, nipple
βυθίζω [vithizo] *ρ.* sink
βύθιση [vithisi] *ουσ. θ.* sinking, dipping
βυθομέτρηση [vithometrisi] *ουσ. θ.* sounding
βυθομετρώ [vithometro] *ρ.* sound
βυθός [vithos] *ουσ. α.* bottom
βυρσοδεψείο [virsodepsio] *ουσ. ο.* tannery
βυρσοδέψης [virsodepsis] *ουσ. α.* tanner
βυσσινάδα [visinada] *ουσ. θ.* drink of sour cherries syrup
βυσσινής [visinis] *επ.* crimson, purple
βύσσινο [visino] *ουσ. ο.* (βοτ.) sour cherry
βυτίνα [vitina] *ουσ. θ.* small cask/ barrel, jar
βυτίο [vitio] *ουσ. ο.* barrel, cask
βωβός [vovos] *επ.* dumb, mute
βώλος [volos] *ουσ. α.* clod
βωμολόχος [vomolohos] *επ.* foul-mouthed
βωμολοχώ [vomoloho] *ρ.* use foul language
βωμός [vomos] *ουσ. α.* altar
βωξίτης [voxitis] *ουσ. α.* (ορυκτ.) bauxite

Γ

Γ, γ [yama] *ουσ. ο.* the third letter of the Greek alphabet
γαβάθα [yavatha] *ουσ. θ.* porringer, basin
γάγγλιο [yaglio] *ουσ. ο.* (ανατ.) ganglion
γαγγλιώδης [yagliodis] *επ.* gangliform
γάγγραινα [yagrena] *ουσ. θ.* (ιατρ.) gangrene
γαγγραινιάζω [yagreniazo] *ρ.* gangrene
γάζα [yaza] *ουσ. θ.* gauze
γαζέλα [yazela] *ουσ. θ.* (ζωολ.) gazelle
γαζί [yazi] *ουσ. ο.* stitch
γαζία [yazia] *ουσ. θ.* (βοτ.) kind of acacia
γάζωμα [yazoma] *ουσ. ο.* stitching
γαζώνω [yazono] *ρ.* stitch
γαιάνθρακας [yeanthrakas] *ουσ. α.* coal
γάιδαρος [yaidaros] *ουσ. α.* (ζωολ.) donkey
γαϊδουράγκαθο [yaidooragatho] *ουσ. ο.* holy-thistle
γαϊδουράκι [yaidooraki] *ουσ. ο.* (ζωολ.) little donkey
γαϊδουριά [yaidooria] *ουσ. θ.* rudeness, gross baseness
γαϊδουρινός [yaidoorinos] *επ.* asinine. (μεταφ.) rude
γαιοκτήμονας [yeoktimonas] *ουσ. α.* land owner, land holder
γαϊτάνι [yaitani] *ουσ. ο.* string, lace
γαιώδης [yeodis] *επ.* earthy
γάλα [yala] *ουσ. ο.* milk
γαλάζιος [yalazios] *επ.* blue

γαλαζοαίματος [yalazoematos] *επ.* blue-blooded
γαλαζόπετρα [yalazopetra] *ουσ. θ.* (ορυκτ.) turquoise, blue-vitriol
γαλακτερός [yalakteros] *επ.* milky, made of milk
γαλακτόζη [yalaktozi] *ουσ. θ.* lactose
γαλακτοκομείο [yalaktokomio] *ουσ. ο.* dairy
γαλακτοκομία [yalaktokomia] *ουσ. θ.* dairy-farming
γαλακτόμετρο [yalaktometro] *ουσ. ο.* lactometer
γαλακτομπούρεκο [yalaktobooreko] *ουσ. ο.* custard-filled pastry
γαλακτοπωλείο [yalaktopolio] *ουσ. ο.* dairy, milk-shop
γαλακτοπώλης [yalaktopolis] *ουσ. α.* milkman, dairy-man
γαλακτούχος [yalaktoohos] *επ.* containing milk
γαλακτοφόρος [yalaktoforos] *επ.* giving milk, lactiferous
γαλακτώδης [yalaktodis] *επ.* milky
γαλάκτωμα [yalaktoma] *ουσ. ο.* emulsion
γαλανόλευκος [yalanolefkos] *επ.* blue and white
γαλανομάτης [yalanomatis] *επ.* blue-eyed
γαλανός [yalanos] *επ.* blue
γαλαξίας [yalaxias] *ουσ. α.* galaxy
γαλαρία [yalaria] *ουσ. θ.* gallery
γαλατάδικο [yalatadiko] *ουσ. ο.* dairy, milk-shop
γαλατάς [yalatas] *ουσ. α.* dairyman
γαλατόπιττα [yalatopita] *ουσ. θ.* milk-pie
γαλβανίζω [yalvanizo] *ρ.* galvanize
γαλβανισμός [yalvanismos] *ουσ. α.* galvanism
γαλβανιστής [yalvanistis] *ουσ. α.* galvanizer
γαλβανόμετρο [yalvanometro] *ουσ. ο.* galvanometer
γαλέος [yaleos] *ουσ. α.* (ζωολ.) tope
γαλέρα [yalera] *ουσ. θ.* galley
γαλέτα [yaleta] *ουσ. θ.* galette
γαλήνεμα [yalinema] *ουσ. ο.* calming

γαληνεύω [yalinevo] *ρ.* become calm, quiet
γαλήνη [yalini] *ουσ. θ.* calm, peace
γαλήνιος [yalinios] *επ.* calm, peaceful
γαλιάντρα [yaliandra] *ουσ. θ.* calandra
γαλίφης [yalifis] *επ.* adulator, flatterer
γαλιφιά [yalifia] *ουσ. θ.* adulation, flattery
γαλλικά [yalika] *ουσ. ο. πληθ.* french
γαλλικός [yalikos] *επ.* french
γαλλισμός [yalismos] *ουσ. α.* gallicism
γαλλιστί [yalisti] *επίρ.* in French
γαλλομαθής [yalomathis] *επ.* French-speaking
Γάλλος [yalos] *ουσ. α.* Frenchman
γαλόνι [yaloni] *ουσ. ο.* gallon
γαλοπούλα [yalopoola] *ουσ. θ.* (ζωολ.) turkey-hen
γαλόπουλο [yalopoolo] *ουσ. ο.* (ζωολ.) young turkey
γάλος [yalos] *ουσ. α.* (ζωολ.) turkey
γαλούχηση [yaloohisi] *ουσ. θ.* suckling. nursing
γαλουχώ [yalooho] *ρ.* suckle. nurse
γαμήλιος [yamilios] *επ.* bridal, nuptial, wedding
γάμος [yamos] *ουσ. α.* marriage, wedding
γάμπα [yaba] *ουσ. θ.* calf, leg
γαμπριάτικος [yabriatikos] *επ.* of a bridegroom
γαμπρός [yabros] *ουσ. α.* bridegroom
γαμψός [yampsos] *επ.* hooked
γαμψότητα [yampsotita] *ουσ. θ.* hookedness
γαμψώνυχος [yampsonihos] *επ.* having hooked claws
γανιάζω [yaniazo] *ρ.* get clammy
γάντζος [yantzos] *ουσ. α.* hook
γάντζωμα [yantzoma] *ουσ. ο.* hooking
γαντζώνω [yantzono] *ρ.* hook on
γάντι [yandi] *ουσ. ο.* glove
γάνωμα [yanoma] *ουσ. ο.* tinning
γανώνω [yanono] *ρ.* tin
γανωτής [yanotis] *ουσ. α.*

tinner
γαργάλημα [yaryalima] *ουσ. ο.* tickling
γαργαλίζω [yaryalizo] *ρ.* tickle
γαργάλισμα [yaryalisma] *ουσ. ο.* tickling
γαργαλιστικός [yaryalistikos] *επ.* ticklish
γαργάρα [yaryara] *ουσ. θ.* gargle
γαργαρίζω [yaryarizo] *ρ.* gargle
γαργάρισμα [yaryarisma] *ουσ. ο.* gargle
γάργαρος [yaryaros] *επ.* clear, limpid
γαρδένια [yardenia] *ουσ. θ.* (βοτ.) gardenia
γαρίδα [yarida] *ουσ. θ.* (ζωολ.) shrimp
γαρνίρισμα [yarnirisma] *ουσ. ο.* garnishment
γαρνίρω [yarniro] *ρ.* garnish
γαρνιτούρα [yarnitoora] *ουσ. θ.* garniture
γαρυφαλιά [yarifalia] *ουσ. θ.* (βοτ.) carnation
γαρύφαλλο [yarifalo] *ουσ. ο.* (βοτ.) carnation
γαστέρα [yastera] *ουσ. θ.* belly
γάστρα [yastra] *ουσ. θ.* flower pot
γαστραλγία [yastralyia] *ουσ. θ.* (ιατρ.) belly-ache
γαστρικός [yastrikos] *επ.* gastric
γαστριμαργία [yastrimaryia] *ουσ. θ.* gluttony. greediness
γαστρίμαργος [yastrimaryos] *επ.* gluttonous. greedy
γαστρίτιδα [yastritida] *ουσ. θ.* (ιατρ.) gastritis
γαστροκνήμιο [yastroknimio] *ουσ. ο.* (ανατ.) the calf of the leg
γαστρολογία [yastroloyia] *ουσ. θ.* (ιατρ.) gastrology
γαστρονομία [yastronomia] *ουσ. θ.* gastronomy
γαστρορραγία [yastrorayia] *ουσ. θ.* (ιατρ.) gastrorrage
γάτα [yata] *ουσ. θ.* (ζωολ.) cat
γατάκι [yataki] *ουσ. ο.* (ζωολ.) kitten
γάτος [yatos] *ουσ. α.* (ζωολ.) tomcat
γαυγίζω [yavyizo] *ρ.* bark
γαύγισμα [yavyisma] *ουσ. ο.* barking
γαύρος [yavros] *ουσ. α.* (ζωολ.) anchovy
γδάρσιμο [ydarsimo] *ουσ. ο.*

Γ

excoriation, skinning
γδέρνω [yderno] *ρ.* excoriate, skin
γδύνω [ydino] *ρ.* undress, strip
γδύσιμο [ydisimo] *ουσ. ο.* undressing, stripping
γδυτός [yditos] *επ.* undressed
γεγονός [yeyonos] *ουσ. ο.* fact, event
γειά [yia] *επιφ.* hello, good bye
γείσο [yiso] *ουσ. ο.* cornice
γεισώνω [yisono] *ρ.* furnish with a cornice
γείτονας [yitonas] *ουσ. α.* neighbour
γειτονεύω [yitonevo] *ρ.* live near, adjoin
γειτονιά [yitonia] *ουσ. θ.* neighbourhood, vicinity
γειτονικός [yitonikos] *επ.* neighbouring, adjoining
γειτόνισσα [yitonisa] *ουσ. θ.* neighbouress
γελαδάρης [yeladaris] *ουσ. α.* cow boy
γέλασμα [yelasma] *ουσ. ο.* laughing, cheating
γελασμένος [yelasmenos] *επ.* deceived
γελαστός [yelastos] *επ.* smiling
γέλιο [yelio] *ουσ. ο.* laughter, laugh
γελοιογραφία [yelioyrafia] *ουσ. θ.* cartoon
γελοιογραφικός [yelioyrafikos] *επ.* caricaturist
γελοιογράφος [yelioyrafos] *ουσ. α. /θ.* cartoonist
γελοιογραφώ [yelioyrafo] *ρ.* caricature
γελοιοποίηση [yeliopiisi] *ουσ. θ.* ridicule
γελοιοποιώ [yeliopio] *ρ.* make a fool of
γελοίος [yelios] *επ.* ridiculous
γελοιότητα [yeliotita] *ουσ. θ.* ridiculousness
γελώ [yelo] *ρ.* laugh. cheat
γελωτοποιός [yelotopios] *ουσ. α. /θ.* clown, buffon
γεμάτος [yematos] *επ.* full, filled up
γεμίζω [yemizo] *ρ.* fill, load
γέμισμα [yemisma] *ουσ. ο.* filling, stuffing
γεμιστήρας [yemistiras] *ουσ. α.* loader. cartridge clip
γεμιστής [yemistis] *ουσ. α.* filler, loader

γεμιστός [yemistos] *επ.* filled, stuffed
γενάκι [yenaki] *ουσ. ο.* little beard
γενάρχης [yenarhis] *ουσ. α.* head of race
γενάτος [yenatos] *επ.* bearded
γενεά [yenea] *ουσ. θ.* generation
γενεαλογία [yenealoyia] *ουσ. θ.* genealogy, pedigree
γενεαλογικός [yenealoyikos] *επ.* genealogical
γενέθλια [yenethlia] *ουσ. ο. πληθ.* birthday
γενέθλιος [yenethlios] *επ.* birthday, natal
γενειάδα [yeniada] *ουσ. θ.* beard
γενειοφόρος [yenioforos] *επ.* bearded
γένεση [yenesi] *ουσ. θ.* birth, origin
γενεσιουργία [yenesiooryia] *ουσ. θ.* creation
γενεσιουργός [yenesiooryos] *επ.* creative
γενέτειρα [yenetira] *ουσ. θ.* mother-country
γενετήσιος [yenetisios] *επ.* generative, genital
γενετικός [yenetikos] *επ.* genetic
γενιά [yenia] *ουσ. θ.* generation, race
γενικά [yenika] *επίρ.* generally
γενίκευση [yenikefsi] *ουσ. θ.* generalization
γενικευτής [yenikeftis] *ουσ. α.* generalizer
γενικευτικός [yenikeftikos] *επ.* generalizing
γενικεύω [yenikevo] *ρ.* generalize
γενική [yeniki] *ουσ. θ.* (γραμ.) genitive
γενικός [yenikos] *επ.* general, common
γενικότητα [yenikotita] *ουσ. θ.* generality
γενίτσαρος [yenicharos] *ουσ. α.* (ιστ.) janissary
γέννα [yena] *ουσ. θ.* birth
γενναιοδωρία [yeneodoria] *ουσ. θ.* generosity
γενναιόδωρος [yeneodoros] *επ.* generous
γενναιόκαρδος [yeneokardos] *επ.* brave, stout-hearted
γενναίος [yeneos] *επ.* courageous, brave

γενναιότητα [yeneotita] *ουσ. θ.* bravery, valour
γενναιοφροσύνη [yeneofrosini] *ουσ. θ.* generosity, magnanimity
γενναιόφρων [yeneofron] *επ.* magnanimous
γενναιοψυχία [yeneopsihia] *ουσ. θ.* bravery, courage
γενναιόψυχος [yeneopsihos] *επ.* brave, courageous
γέννημα [yenima] *ουσ. ο.* offspring, creature
γέννηση [yenisi] *ουσ. θ.* birth, nativity
γεννητικός [yenitikos] *επ.* generative, genital
γεννητούρια [yenitooria] *ουσ. ο. πληθ.* child-birth
γεννήτρια [yenitria] *ουσ. θ.* generator
γεννιέμαι [yenieme] *ρ.* be born
γεννοβόλημα [yenovolima] *ουσ. ο.* breeding, spawning
γεννοβολώ [yenovolo] *ρ.* breed, produce many children
γεννώ [yeno] *ρ.* give birth to
γένος [yenos] *ουσ. ο.* race, family, breed
γερά [tera] *επίρ.* strongly
γεράκι [yeraki] *ουσ. ο.* (ζωολ.) falcon, hawk
γεράματα [yeramata] *ουσ. ο. πληθ.* old age
γεράνι [yerani] *ουσ. ο.* (βοτ.) geranium
γερανός [yeranos] *ουσ. ο.* crane
γερατειά [yeratia] *ουσ. ο. πληθ.* old age
Γερμανία [yermania] *κύρ. όν. θ.* Germany
Γερμανικά [yermanika] *ουσ. ο. πληθ.* German
γερμανικός [yermanikos] *επ.* german
Γερμανός [yermanos] *ουσ. α.* German
γερμένος [yirmenos] *επ.* bent, inclined
γερνώ [yerno] *ρ.* get old, grow old
γέρνω [yerno] *ρ.* lean, bend
γεροντάκι [yerondaki] *ουσ. ο.* little old man
γέροντας [yerondas] *ουσ. α.* old man
γεροντικός [yerondikos] *επ.* senile, old
γεροντοκόρη [yerondokori] *ουσ. θ.* old maid

γεροντολογία [yerondoloyia] *ουσ. θ.* gerontology
γεροντολογικός [yerondoloyikos] *επ.* gerontological
γεροντολόγος [yerondoloyos] *ουσ. α. /θ.* gerontologist
γεροντοπαλίκαρο [yerondopalikaro] *ουσ. ο.* old bachelor
γεροντότερος [yerondoteros] *επ.* older
γερός [yeros] *επ.* strong
γέρος [yeros] *ουσ. α.* old, old man
γερούνδιο [yeroondio] *ουσ. ο.* (γραμ.) gerund
γερουσία [yeroosia] *ουσ. θ.* senate
γερουσιαστής [yeroosiastis] *ουσ. α. /θ.* senator
γεύμα [yevma] *ουσ. ο.* lunch, meal, dinner
γευματίζω [yevmatizo] *ρ.* have dinner
γεύομαι [yevome] *ρ.* taste, try
γεύση [yefsi] *ουσ. θ.* taste, flavour
γευστικός [yefstikos] *επ.* tasty, flavoury
γέφυρα [yefira] *ουσ. θ.* bridge
γεφυροποιία [yefiropiia] *ουσ. θ.* bridge building
γεφυροποιός [yefiropios] *ουσ. α.* bridge engineer
γεφύρωμα [yefiroma] *ουσ. ο.* bridge
γεφυρώνω [yefirono] *ρ.* bridge over
γεφύρωση [yefirosi] *ουσ. θ.* bridging
γεωγραφία [yeoyrafia] *ουσ. θ.* geography
γεωγραφικός [yeoyrafikos] *επ.* geographical
γεωγράφος [yeoyrafos] *ουσ. α. /θ.* geographer
γεώδης [yeodis] *επ.* earthy
γεωδυναμική [yeodinamiki] *ουσ. θ.* geodynamics
γεωλογία [yeoloyia] *ουσ. θ.* geology
γεωλογικός [yeoloyikos] *επ.* geological
γεωλόγος [yeoloyos] *ουσ. α. /θ.* geologist
γεωμέτρης [yeometris] *ουσ. α. /θ.* geometer
γεωμετρία [yeometria] *ουσ. θ.* geometry
γεωμετρικός [yeometrikos] *επ.* geometrical

γεώμηλο [yeomilo] *ουσ. ο.* (βοτ.) potato
γεωπονία [yeoponia] *ουσ. θ.* agriculture
γεωπονικός [yeoponikos] *επ.* agricultural
γεωπόνος [yeoponos] *ουσ. α. /θ.* agriculturist
γεωργία [yeoryia] *ουσ. θ.* agriculture
γεωργικός [yeoryikos] *επ.* agricultural
γεωργός [yeoryos] *ουσ. α.* farmer, cultivator, agriculturist
γεώτρηση [yeotrisi] *ουσ. θ.* drilling
γεωτρύπανο [yeotripano] *ουσ. ο.* drill
γεωφυσική [yeofisiki] *ουσ. θ.* geophysics
γεωχημεία [yeohimia] *ουσ. θ.* geochemistry
γη [yi] *ουσ. θ.* earth. ground, land
γηγενής [yiyenis] *επ.* indigenous, native
γήινος [yiinos] *επ.* earthy
γήλοφος [yilofos] *ουσ. α.* hillock, hill
γήπεδο [yipedo] *ουσ. ο.* ground, court, course
γηραιός [yireos] *επ.* old, senile
γηροκομείο [yirokomio] *ουσ. ο.* home for the aged
γηροκόμος [yirokomos] *ουσ. α. /θ.* nurse for aged people
γηροκομώ [yirokomo] *ρ.* take care of the aged
γητειά [yitia] *ουσ. θ.* incantation, enchantment
γητεύω [yitevo] *ρ.* witch, fascinate
για [yia] *πρόθ.* for
γιαγιά [yiayia] *ουσ. θ.* grandmother, granny
γιαίνω [yieno] *ρ.* recover
γιακάς [yiakas] *ουσ. α.* collar
γιαλός [yialos] *ουσ. α.* sea-shore, beach
γιαούρτι [yiaoorti] *ουσ. ο.* yoghurt
γιασεμί [yiasemi] *ουσ. ο.* (βοτ.) jasmine
γιαταγάνι [yiatayani] *ουσ. ο.* yataghan
γιατί [yiati] *σύνδ.* why, because
γιατρειά [yiatria] *ουσ. θ.* cure, healing
γιατρεύω [yiatrevo] *ρ.* cure,

heal
γιατρικό [yiatriko] *ουσ. ο.* drug, medicine
γιατρός [yiatros] *ουσ. α. /θ.* doctor
γιατροσόφι [yiatrosofi] *ουσ. ο.* practical medicine
γιαχνί [yiahni] *ουσ. ο.* ragout, stew
γίγαντας [yiyandas] *ουσ. α.* giant
γιγάντειος [yiyandios] *επ.* gigantic, huge
γιγαντομαχία [yiyandomahia] *ουσ. θ.* battle between giants
γιγαντόσωμος [yiyandosomos] *επ.* gigantic
γιγαντώδης [yiyandodis] *επ.* gigantic
γίδα [yida] *ουσ. θ.* (ζωολ.) goat
γίδι [yidi] *ουσ. ο.* (ζωολ.) young goat
γιδίσιος [yidisios] *επ.* goatish
γιδοβοσκός [yidovoskos] *ουσ. α.* goatherd
γιδοπρόβατα [yidoprovata] *ουσ. ο. πληθ.* sheep and goats
γιδοτόμαρο [yidotomaro] *ουσ. ο.* goat's skin
γιλέκο [yileko] *ουσ. ο.* waistcoat
γινάτι [yinati] *ουσ. ο.* spite, obstinacy
γίνομαι [yinome] *ρ.* become. be done. grow
γινόμενο [yinomeno] *ουσ. ο.* (μαθ.) product
γινωμένος [yinomenos] *επ.* done, ripe, fulfilled
γιόκας [yiokas] *ουσ. α.* dear son
γιορτάζω [yiortazo] *ρ.* celebrate, feast
γιορτή [yiorti] *ουσ. θ.* celebration, feast
γιοτ [yiot] *ουσ. ο. άκλ.* yacht
Γιουγκοσλαβία [yioogoslavia] *κύρ. όν. θ.* Yugoslavia
Γιουγκοσλαβικός [yioogoslavikos] *επ.* Yugoslavian
γιουγκοσλάβος [yioogoslavos] *ουσ. α.* yugoslav
γιουρούσι [yiooroosi] *ουσ. ο.* onset, violent attack
γιουχαΐζω [yioohaizo] *ρ.* hoot, boo
γιουχαϊσμός [yioohaismos] *ουσ. α.* hooting, booing
γιρλάντα [yirlanda] *ουσ. θ.* garland, festoon

γκαβός [gavos] *επ.* blind. cross-eyed
γκάζι [gazi] *ουσ. ο.* gas
γκαζιέρα [gaziera] *ουσ. θ.* gas-stove
γκαζόζα [gazoza] *ουσ. θ.* lemonade
γκαζολίνη [gazolini] *ουσ. θ.* gasoline
γκάιντα [gainda] *ουσ. θ.* (μουσ.) bag-pipe
γκαρίζω [garizo] *ρ.* bray
γκάρισμα [garisma] *ουσ. ο.* braying
γκαρσόνι [garsoni] *ουσ. ο.* waiter
γκαρσονιέρα [garsoniera] *ουσ. θ.* bachelor's flat
γκάφα [gafa] *ουσ. θ.* gross blunder
γκέμι [gemi] *ουσ. ο.* bridle, rein
γκέτα [geta] *ουσ. θ.* gaiter
γκίνια [ginia] *ουσ. θ.* bad luck
γκιώνης [gionis] *ουσ. α.* (ζωολ.) howlet
γκλίτσα [glicha] *ουσ. θ.* shepherd's stick
γκολφ [golf] *ουσ. ο. άκλ.* golf
γκόμενα [gomena] *ουσ. θ.* (λαϊκ.) steady
γκουβερνάντα [goovernanda] *ουσ. θ.* governess, nurse
γκρεμίζω [gremizo] *ρ.* throw down
γκρέμισμα [gremisma] *ουσ. ο.* demolition
γκρεμός [gremos] *ουσ. α.* precipice, crag, cliff
γκρίζος [grizos] *επ.* gray, grey
γκρίνια [grinia] *ουσ. θ.* grumbling, growl
γκρινιάζω [griniazo] *ρ.* grumble, growl
γκρινιάρης [griniaris] *ουσ. α.* grumbling
γλάρος [ylaros] *ουσ. α.* (ζωολ.) gull
γλαρώνω [ylarono] *ρ.* feel sleepy
γλάστρα [ylastra] *ουσ. θ.* flower pot
γλαυκός [ylafkos] *επ.* blue, sky-coloured
γλαυκότητα [ylafkotita] *ουσ. θ.* blueness
γλαύκωμα [ylafkoma] *ουσ. ο.* glaucoma
γλαύκωση [ylafkosi] *ουσ. θ.* (ιατρ.) glaucoma
γλαφυρός [ylafiros] *επ.* elegant, polished

γλαφυρότητα [ylafirotita] *ουσ. θ.* elegance, frace
γλείφω [ylifo] *ρ.* lick
γλείψιμο [ylipsimo] *ουσ. ο.* licking
γλεντζές [ylentzes] *ουσ. α.* pleasure-loving, lover of fun
γλέντι [ylendi] *ουσ. ο.* amusement, feast
γλεντώ [ylendo] *ρ.* fest, enjoy oneself
γλίνα [ylina] *ουσ. θ.* grease, dirt
γλιστερός [ylisteros] *επ.* slippery
γλίστρημα [ylistrima] *ουσ. ο.* slipping, sliding
γλιστρίδα [ylistrida] *ουσ. θ.* purslane
γλιστρώ [ylistro] *ρ.* slip, slide
γλίσχρος [ylishros] *επ.* paltry, poor
γλισχρότητα [ylishrotita] *ουσ. θ.* paltriness
γλίτσα [ylicha] *ουσ. θ.* dirt, grease
γλίτωμα [ylitoma] *ουσ. ο.* escape, rescue
γλιτώνω [ylitono] *ρ.* save, escape
γλοιώδης [yliodis] *επ.* slimy, viscous
γλόμπος [ylobos] *ουσ. α.* bulb
γλουτιαίος [ylootieos] *επ.* of the buttocks
γλουτός [ylootos] *ουσ. α.* (ανατ.) buttock
γλυκά [ylika] *επίρ.* sweetly
γλύκα [ylika] *ουσ. θ.* sweetness
γλυκάδι [ylikadi] *ουσ. ο.* vinegar
γλυκαίνω [ylikeno] *ρ.* sweeten, make sweet
γλυκανάλατος [ylikanalatos] *επ.* tasteless
γλυκάνισο [ylikaniso] *ουσ. ο.* (βοτ.) anise
γλύκανση [ylikansi] *ουσ. θ.* sweetening
γλυκαντικός [ylikandikos] *επ.* making sweet
γλυκερίνη [ylikerini] *ουσ. θ.* (χημ.) glycerine
γλυκερός [ylikeros] *επ.* sweetish
γλύκισμα [ylikisma] *ουσ. ο.* cake, pie
γλυκό [yliko] *ουσ. ο.* jam, candy, pastry
γλυκόγλωσσος [ylikoylosos] *επ.* sweet-tongued

Γ

γλυκόζη [ylikozi] *ουσ. θ.* (βιολ.) glucose
γλυκοκελαηδώ [ylikokelaido] *ρ.* sing sweetly
γλυκοκοιτάζω [ylikokitazo] *ρ.* look at lovingly
γλυκοκουβεντιάζω [ylikokoobendiazo] *ρ.* talk lovingly
γλυκολαλώ [ylikolalo] *ρ.* sing sweetly
γλυκομίλητος [ylikomilitos] *επ.* affable, courteous
γλυκομιλώ [ylikomilo] *ρ.* talk sweetly
γλυκοπατάτα [ylikopatata] *ουσ. θ.* (βοτ.) sweet potato, yam
γλυκόπιοτος [ylikopiotos] *επ.* sweet to drink
γλυκόρριζα [ylikoriza] *ουσ. θ.* (βοτ.) licorice
γλυκός [ylikos] *επ.* sweet
γλυκούτσικος [ylikootsikos] *επ.* sweetish
γλυκοφιλώ [ylikofilo] *ρ.* kiss tenderly
γλυκοχαράζει [ylikoharazi] *ρ.* the day is breaking
γλυκοχάραμα [ylikoharama] *ουσ. ο.* daybreak
γλυκύτητα [ylikitita] *ουσ. θ.* sweetness
γλύπτης [yliptis] *ουσ. α.* sculptor
γλυπτική [yliptiki] *ουσ. θ.* sculpture
γλυπτικός [yliptikos] *επ.* sculptural
γλυπτός [yliptos] *επ.* sculptured
γλυφός [ylifos] *επ.* brackish
γλώσσα [ylosa] *ουσ. θ.* tongue. language
γλωσσάριο [ylosario] *ουσ. ο.* glossary, vocabulary
γλωσσικός [ylosikos] *επ.* lingual, linguistic
γλωσσοδέτης [ylosodetis] *ουσ. α.* tongue-twister
γλωσσολογία [ylosoloyia] *ουσ. θ.* glossology, linguistics
γλωσσολογικός [ylosoloyikos] *επ.* linguistic
γλωσσολόγος [ylosoloyos] *ουσ. α. /θ.* linguist
γλωσσομάθεια [ylosomathia] *ουσ. θ.* polyglottism
γλωσσομαθής [ylosomathis] *επ.* polyglot, linguist
γλωσσοπλάστης [ylosoplastis] *επ.* word-maker

γλωσσοτρώγω [ylosotroyo] *ρ.* backbite, slander
γλωσσού [ylosoo] *ουσ. θ.* prattling woman
γλωσσοφαγιά [ylosofagia] *ουσ. θ.* backbiting
γναθιαίος [ynathieos] *επ.* (of the) jaw
γνάθος [ynathos] *ουσ. θ.* (ανατ.) jaw-bone
γνέθω [ynetho] *ρ.* spin
γνέμα [ynema] *ουσ. ο.* thread, yarn
γνέσιμο [ynesimo] *ουσ. ο.* spinning
γνέφω [ynefo] *ρ.* nod, beckon
γνέψιμο [ynepsimo] *ουσ. ο.* nodding, nod
γνήσιος [ynisios] *επ.* genuine, real
γνησιότητα [ynisiotita] *ουσ. θ.* genuinity, purity
γνωμάτευση [ynomatefsi] *ουσ. θ.* opinion
γνωματεύω [ynomatevo] *ρ.* express an opinion
γνώμη [ynomi] *ουσ. θ.* opinion, view
γνωμικό [ynomiko] *ουσ. ο.* motto, saying
γνωμικός [ynomikos] *επ.* sententious
γνωμοδότης [ynomodotis] *ουσ. α.* adviser, counsellor
γνωμοδοτικός [ynomodotikos] *επ.* consultative, advisory
γνωμοδοτώ [ynomodoto] *ρ.* give an opinion
γνώμονας [ynomonas] *ουσ. α.* setsquare
γνωρίζω [ynorizo] *ρ.* know, be acquainted with
γνωριμία [ynorimia] *ουσ. θ.* acquaintance
γνώριμος [ynorimos] *επ.* familiar, known
γνώρισμα [ynorisma] *ουσ. ο.* mark, sign, characteristic
γνώση [ynosi] *ουσ. θ.* knowledge
γνώστης [ynostis] *ουσ. α.* expert
γνωστικισμός [ynostikismos] *ουσ. α.* gnosticism
γνωστικός [ynostikos] *επ.* sensible, prudent
γνωστοποίηση [ynostopiisi] *ουσ. θ.* notification, notice
γνωστοποιώ [ynostopio] *ρ.* make known, notify
γνωστός [ynostos] *επ.* known
γόβα [yova] *ουσ. θ.* pump

Γ

γογγύζω [yogizo] *ρ.* grumble, moan
γογγύλι [yogili] *ουσ. ο.* (βοτ.) turnip
γογγυσμός [yogismos] *ουσ. α.* grumbling
γοερός [yoeros] *επ.* mournful
γόης [yois] *ουσ. α.* enchanter, charmer
γόησσα [yoisa] *ουσ. θ.* enchantress
γοητεία [yoitia] *ουσ. θ.* enchantment, charm
γοήτευμα [yoitevma] *ουσ. ο.* enchantment
γοητευτικός [yoitevtikos] *επ.* enchanting, charming
γοητεύω [yoitevo] *ρ.* enchant, charm
γόητρο [yoitro] *ουσ. ο.* prestige, charm
Γολγοθάς [yolyothas] *ουσ. α.* (ιστ.) Calvary
γολέτα [yoleta] *ουσ. θ.* schooner
γόμα [yoma] *ουσ. θ.* gum. eraser
γομάρι [yomari] *ουσ. ο.* jackass
γομολάστιχα [yomolastiha] *ουσ. θ.* rubber, eraser
γόμωση [yomosi] *ουσ. θ.* charge of firearms
γονατίζω [yonatizo] *ρ.* kneel
γονάτισμα [yonatisma] *ουσ. ο.* kneeling
γονατιστός [yonatistos] *επ.* kneeling down
γόνατο [yonato] *ουσ. ο.* (ανατ.) knee
γόνδολα [yondola] *ουσ. θ.* gondola
γονδολιέρης [yondolieris] *ουσ. α.* gondolier
γονικός [yonikos] *επ.* parental
γονιμοποίηση [yonimopiisi] *ουσ. θ.* fecundation. fertilization
γονιμοποιώ [yonimopio] *ρ.* fertilize
γόνιμος [yonimos] *επ.* fertile. fecund
γονιμότητα [yonimotita] *ουσ. θ.* fertility. fecundity
γονιός [yonios] *ουσ. α.* father, genitor
γονόκοκκος [yonokokos] *ουσ. α.* (ιατρ.) gonococcus
γονόρροια [yonoria] *ουσ. θ.* (ιατρ.) gonorrhea
γόνος [yonos] *ουσ. α.*

offspring
γονυκλινής [yoniklinis] *επ.* kneeling
γονυκλισία [yoniklisia] *ουσ. θ.* kneeling
γονυπετής [yonipetis] *επ.* kneeling down
γόπα [yopa] *ουσ. θ.* (ζωολ.) boque. cigarette-end
γοργοκίνητος [yoryokinitos] *επ.* fast-moving
γοργόνα [yoryona] *ουσ. θ.* (ζωολ.) mermaid
γοργοπόδαρος [yoryopodaros] *επ.* swift-footed
γοργός [yoryos] *επ.* quick, alert
γορίλας [yorilas] *ουσ. α.* (ζωολ.) gorilla
γοτθικός [yotthikos] *επ.* gothic
Γότθος [yotthos] *ουσ. α.* Goth
γούβα [yoova] *ουσ. θ.* pit, cavity
γουδί [yoodi] *ουσ. ο.* mortar
γουδοχέρι [yoodoheri] *ουσ. ο.* pestle
γουλί [yooli] *ουσ. ο.* beet, stump
γουλιά [yoolia] *ουσ. θ.* mouthful
γούνα [yoona] *ουσ. θ.* fur
γουναράδικο [yoonaradiko] *ουσ. ο.* fur-shop
γουναράς [yoonaras] *ουσ. α.* furrier
γουναρικό [yoonariko] *ουσ. ο.* fur
γουργουρητό [yooryoorito] *ουσ. ο.* rumbling
γουργουρίζω [yooryoorizo] *ρ.* rumble
γουργούρισμα [yooryoorisma] *ουσ. ο.* rumbling
γούρι [yoori] *ουσ. ο.* good luck
γουρλής [yoorlis] *επ.* bringing good luck
γουρλίδικος [yoorlidikos] *επ.* lucky
γουρλομάτης [yoorlomatis] *επ.* goggle-eyed
γούρλωμα [yoorloma] *ουσ. ο.* goggling
γουρλωμένος [yoorlomenos] *επ.* wide-open, glaring
γουρλώνω [yoorlono] *ρ.* goggle
γουρλωτός [yoorlotos] *επ.* wide-open. goggled
γούρνα [yoorna] *ουσ. θ.* basin

γουρούνα [yooroona] *ουσ. θ.* (ζωολ.) sow
γουρουνάκι [yooroonaki] *ουσ. ο.* pigλετ
γουρούνι [yoorooni] *ουσ. ο.* pig, swine
γουρουνοβοσκός [yooroonovoskos] *ουσ. α.* swineherd
γουρουνότριχα [yooroonotriha] *ουσ. θ.* bristle
γουστάρω [yoostaro] *ρ.* feel like, like
γούστο [yoosto] *ουσ. ο.* taste, fun
γοφός [yofos] *ουσ. α.* (ανατ.) hip, haunch
γράμμα [yrama] *ουσ. ο.* letter
γραμμάριο [yramario] *ουσ. ο.* gramme
γραμματέας [yramateas] *ουσ. α. /θ.* secretary, clerk
γραμματεία [yramatia] *ουσ. θ.* secretaryship, secretary's office
γραμματιζούμενος [yramatizoomenos] *επ.* educated
γραμματική [yramatiki] *ουσ. θ.* grammar
γραμματικός [yramatikos] *επ.* grammatical
γραμμάτιο [yramatio] *ουσ. ο.* note, bill
γραμματισμένος [yramatismenos] *επ.* educated, lettered
γραμματοθήκη [yramatothiki] *ουσ. θ.* letter-case
γραμματοκιβώτιο [yramatokivotio] *ουσ. ο.* letter-box
γραμματόσημο [yramatosimo] *ουσ. ο.* stamp
γραμματοσυλλέκτης [yramatosilektis] *ουσ. α.* stamp-collector
γραμματοφυλάκιο [yramatofilakio] *ουσ. ο.* filing cabinet
γραμμένος [yramenos] *επ.* written
γραμμή [yrami] *ουσ. θ.* line, stripe
γραμμικός [yramikos] *επ.* linear
γραμμόφωνο [yramofono] *ουσ. ο.* gramophone
γραμμωτός [yramotos] *επ.* striped, ruled
γρανάζι [yranazi] *ουσ. ο.* gear
γρανίτης [yranitis] *ουσ. α.*

(ορυκτ.) granite
γρανιτικός [yranitikos] *επ.* granitic
γραπτός [yraptos] *επ.* written
γραπώνω [yrapono] *ρ.* seize, grip
γρασαδόρος [yrasadoros] *ουσ. α.* grease pressure gun
γρασάρισμα [yrasarisma] *ουσ. ο.* greasing
γρασάρω [yrasaro] *ρ.* grease
γρασίδι [yrasidi] *ουσ. ο.* grass-plot
γρατσουνιά [yratsoonia] *ουσ. θ.* scratch
γρατσουνίζω [yratsoonizo] *ρ.* scratch
γρατσούνισμα [yratsoonisma] *ουσ. ο.* scratching
γραφέας [yrafeas] *ουσ. α.* writer, scribe
γραφείο [yrafio] *ουσ. ο.* office, desk
γραφειοκράτης [yrafiokratis] *ουσ. α.* bureaucrat
γραφειοκρατία [grafiokratia] *ουσ. θ.* bureaucracy
γραφειοκρατικός [yrafiokratikos] *επ.* bureaucratical
γραφή [yrafi] *ουσ. θ.* writing
γραφίδα [yrafida] *ουσ. θ.* pen, pencil
γραφικός [yrafikos] *επ.* of writing. graphic, picturesque
γραφικότητα [yrafikotita] *ουσ. θ.* picturesqueness
γραφίτης [yrafitis] *ουσ. α.* graphite
γραφολογία [yrafoloyia] *ουσ. θ.* graphology
γραφολόγος [yrafoloyos] *ουσ. α.* /*θ.* graphologist
γραφομηχανή [yrafomihani] *ουσ. θ.* typewriter
γραφτό [yrafto] *ουσ. ο.* written
γράφω [yrafo] *ρ.* write
γράψιμο [yrapsimo] *ουσ. ο.* writing
γρήγορα [yriyora] *επίρ.* quickly, soon
γρηγοράδα [yriyorada] *ουσ. θ.* quickness
γρήγορος [yriyoros] *επ.* quick, speedy
γρηγορώ [yriyoro] *ρ.* be awake
γριά [yria] *ουσ. θ.* old woman
γρίλια [yrilia] *ουσ. θ.* grille
γρίπη [yripi] *ουσ. θ.* (ιατρ.) grip, flu

γριπιασμένος [yripiasmenos] *επ.* down with the flu
γρίφος [yrifos] *ουσ. α.* riddle, enigma
γριφώδης [yrofodis] *επ.* enigmatical, riddle-like
γροθιά [yrothia] *ουσ. θ.* punch
γρονθοκόπημα [yronthokopima] *ουσ. θ.* boxing
γρονθοκοπώ [yronthokopo] *ρ.* box, punch
γρόσι [yrosi] *ουσ. ο.* piaster
γρυλίζω [yrilizo] *ρ.* grunt, squeak
γρύλισμα [yrilisma] *ουσ. ο.* grunt, squeaking
γρύλος [yrilos] *ουσ. α.* cricket. screw-crane
γυάλα [yiala] *ουσ. θ.* glass bowl
γυαλάδα [yialada] *ουσ. θ.* shining, glistering
γυαλάδικο [yialadiko] *ουσ. ο.* glass-ware shop
γυαλάς [yialas] *ουσ. α.* glazier
γυαλί [yiali] *ουσ. ο.* glass
γυαλίζω [yializo] *ρ.* shine, polish
γυαλικά [yialika] *ουσ. ο. πληθ.* glass-ware
γυάλινος [yialinos] *επ.* vitreous, of glass
γυάλισμα [yialisma] *ουσ. ο.* polishing, shining
γυαλιστερός [yialisteros] *επ.* shining, polished
γυαλιστήρι [yialistiri] *ουσ. ο.* burnisher
γυαλιστής [yialistis] *ουσ. α.* polisher
γυαλόχαρτο [yialoharto] *ουσ. ο.* sandpaper
γυάρδα [yiarda] *ουσ. θ.* yard
γυλιός [yilios] *ουσ. ο.* knapsack
γυμνάζω [yimnazo] *ρ.* exercise, train
γύμναση [yimnasi] *ουσ. θ.* training
γυμνάσια [yimnasia] *ουσ. ο. πληθ.* drills
γυμνασιάρχης [yimnasiarhis] *ουσ. α.* headmaster, director of a secondary school
γυμνάσιο [yimnasio] *ουσ. ο.* high school, secondary school
γυμνασιοκόριτσο [yimnasiokoricho] *ουσ. ο.* high school girl
γυμνασιόπαιδο [yimnasiopedo] *ουσ. ο.* high

school student
γύμνασμα [yimnasma] *ουσ. ο.* exercise, drill
γυμναστήριο [yimnastirio] *ουσ. ο.* gymnasium
γυμναστής [yimnastis] οσς. *α.* gymnast, trainer
γυμναστική [yimnastiki] *ουσ. θ.* gymnastics, exercise
γυμναστικός [yimnastikos] *επ.* gymnastic
γυμνικός [yimnikos] *επ.* gymnic
γυμνισμός [yimnismos] *ουσ. α.* nudism
γυμνιστής [yimnistis] *ουσ. α.* nudist
γυμνοπόδαρος [yimnopodaros] *επ.* barefooted
γυμνός [yimnos] *επ.* nude
γυμνοσάλιαγκας [yimnosaliagas] *ουσ. α.* (ζωολ.) slug
γυμνότητα [yimnotita] *ουσ. θ.* nakedness, nudity
γύμνωμα [yimnoma] *ουσ. ο.* stripping
γυμνώνω [yimnono] *ρ.* strip, take off
γύμνωση [yimnosi] *ουσ. θ.* stripping, denudation
γυναίκα [yineka] *ουσ. θ.* woman
γυναικαδέλφη [yinekadelfi] *ουσ. θ.* sister in law
γυναικάδελφος [yinekadelfos] *ουσ. α.* brother in law
γυναικάς [yinekas] *ουσ. α.* woman hunter, fond of women
γυναικείος [yinekios] *επ.* feminine
γυναικοδουλειά [yinekodoolia] *ουσ. θ.* woman's affair
γυναικοειδής [yinekoidis] *επ.* womanish
γυναικοκρατία [yinekokratia] *ουσ. θ.* domination by women
γυναικολογία [yinekoloyia] *ουσ. θ.* gynecology
γυναικολογικός [yinekoloyikos] *επ.* gynecological
γυναικολόγος [yinekoloyos] *ουσ. α. /θ.* gynecologist
γυναικόμορφος [yinekomorfos] *επ.* womanlike
γυναικόπαιδα [yinekopeda] *ουσ. ο. πληθ.* women and children

γυναικοπρέπεια [yinekoprepia] *ουσ. θ.* effeminacy
γυναικοπρεπής [yinekoprepis] *επ.* effeminate
γυναικοφοβία [yinekofovia] *ουσ. θ.* avoidance of woman
γυναικωνίτης [yinekonitis] *ουσ. α.* ladies' apartments
γυρεύω [yirevo] *ρ.* seek, look for, search
γύρη [yiri] *ουσ. θ.* pollen
γυρίζω [yirizo] *ρ.* turn, return
γυρίνος [yirinos] *ουσ. α.* (ζωολ.) a young frog
γύρισμα [yirisma] *ουσ. ο.* turn, return
γυρισμός [yirismos] *ουσ. α.* going around, return
γυριστός [yiristos] *επ.* turned
γυρολόγος [yiroloyos] *ουσ. α.* peddler
γύρος [yiros] *ουσ. α.* turn. rim
γυροσκοπικός [yiroskopikos] *επ.* gyroscopic
γυροσκόπιο [yiroskopio] *ουσ. ο.* gyroscope
γυρτός [yirtos] *επ.* bent, inclined
γύρω [yiro] *επίρ.* round, around
γυφτιά [yiftia] *ουσ. θ.* meanness, stinginess
γύφτικο [yiftiko] *ουσ. ο.* smithy
γύφτικος [yiftikos] *επ.* gypsy
γύφτισσα [yiftisa] *ουσ. θ.* gypsy woman
γυφτοπούλα [yiftopoola] *ουσ. θ.* gipsy girl
γύφτος [yiftos] *ουσ. α.* gypsy, gipsy
γύψινος [yipsinos] *επ.* (of) plaster
γύψος [yipsos] *ουσ. α.* plaster
γύψωμα [yipsoma] *ουσ. ο.* plastering
γυψώνω [yipsono] *ρ.* coat with gypsum
γυψωτής [yipsotis] *ουσ. α.* plasterer
γωνία [yonia] *ουσ. θ.* angle. corner
γωνιάζω [yoniazo] *ρ.* square
γωνιαίος [yonieos] *επ.* of a corner. angular
γωνιασμός [yoniasmos] *ουσ. α.* squaring
γωνιόλιθος [yoniolithos] *ουσ. α.* corner-stone
γωνιομετρία [yoniometria] *ουσ. θ.* goniometry

γωνιομετρικός [yoniometrikos] *επ.* goniometric
γωνιόμετρο [yoniometro] *ουσ. ο.* goniometer
γωνιώδης [yoniodis] *επ.* angular. cornered

Δ

Δ, δ [delta] *ουσ. ο.* the fourth letter of the Greek alphabet
δαγκανιάρης [daganiaris] *επ.* biting
δάγκωμα [dagoma] *ουσ. ο.* bite, sting
δαγκωματιά [dagomatia] *ουσ. θ.* bite
δαγκώνω [dagono] *ϱ.* bite, sting
δάδα [dada] *ουσ. θ.* torch
δαδί [dadi] *ουσ. ο.* torch
δαδούχος [dadoohos] *επ.* torchbearer
δαίδαλος [dedalos] *ουσ. α.* labyrinth
δαιδαλώδης [dedalodis] *επ.* complicated, intricate
δαίμονας [demonas] *ουσ. α.* demon, devil
δαιμονίζω [demonizo] *ϱ.* make furious, drive mad
δαιμονικός [demonikos] *επ.* demoniacal
δαιμόνιο [demonio] *ουσ. ο.* evil, demon
δαιμόνιος [demonios] *επ.* divine, godlike
δαιμονισμένος [demonismenos] *επ.* demoniac, frantic
δαιμονιώδης [demoniodis] *επ.* demoniacal, devilish
δαιμονολάτρης [demonolatries] *ουσ. α.* devil-worshipper
δαιμονολατρία [demonolatria] *ουσ. θ.* devil-worship
δαιμονόληπτος [demonoliptos] *επ.* demoniac
δαιμονολογία [demonoloyia] *ουσ. θ.* demonology

δάκρυ [dakri] *ουσ. ο.* tear
δακρύβρεκτος [dakrivrektos] *επ.* wet with tears
δακρυγόνος [dakriyonos] *επ.* producing tears
δακρυδόχος [dakridohos] *επ.* tear-duct
δακρύζω [dakrizo] *ρ.* shed tears
δάκρυσμα [dakrisma] *ουσ. ο.* shedding tears
δακτυλήθρα [daktilithra] *ουσ. θ.* thimble
δακτυλιά [daktilia] *ουσ. θ.* finger print
δακτυλιδένιος [daktilidenios] *επ.* ring-shaped
δακτυλίδι [daktilidi] *ουσ. ο.* ring
δακτυλικός [daktilikos] *επ.* dactylic
δακτύλιος [daktilios] *ουσ. α.* ring, circlet
δακτυλιωτός [daktiliotos] *επ.* consisting of rings
δάκτυλο [daktilo] *ουσ. ο.* finger
δακτυλογραφημένος [daktiloyrafimenos] *επ.* type-written
δακτυλογράφηση [daktiloyrafisi] *ουσ. θ.* type-writing
δακτυλογραφία [daktiloyrafia] *ουσ. θ.* typewriting
δακτυλογράφος [daktiloyrafos] *ουσ. α. /θ.* typist
δακτυλογραφώ [daktiloyrafo] *ρ.* type, typewrite
δακτυλοδεικτούμενος [daktilodiktoomenos] *επ.* in the public eye, notorious
δαλτονικός [daltonikos] *επ.* daltonic
δαλτονισμός [daltonismos] *ουσ. α.* (ιατρ.) daltonism
δαμάζω [damazo] *ρ.* tame
δαμάλι [damali] *ουσ. ο.* (ζωολ.) heifer, young cow
δαμαλίζω [damalizo] *ρ.* vaccinate
δαμαλισμός [damalismos] *ουσ. α.* vaccination
δαμασκηνιά [damaskina] *ουσ. θ.* (βοτ.) plum-tree
δαμάσκηνο [damaskino] *ουσ. ο.* (βοτ.) plum
δάμασμα [damasma] *ουσ. ο.* taming
δαμαστής [damastis] *ουσ. α.*

Δ

tamer
δανδής [dandies] *ουσ. α.* fop, dandy
δανείζομαι [danizome] *ρ.* borrow
δανείζω [danizo] *ρ.* lend, loan
δανεικά [danika] *ουσ. ο. πληθ.* loan, as a loan
δανεικός [danikos] *επ.* lent, borrowed
δάνειο [danio] *ουσ. ο.* loan
δάνεισμα [danisma] *ουσ. ο.* lending, borrowing
δανειστήριο [danistirio] *ουσ. ο.* loan office
δανειστής [danistis] *ουσ. α.* lender
δανειστικός [danistikos] *επ.* lending, loaning
Δανία [dania] *κύρ. όν. θ.* Denmark
Δανικός [danikos] *επ.* Danish
Δανός [danos] *ουσ. α.* Dane
δαντέλα [dandela] *ουσ. θ.* lace
δαντελωτός [dandelotos] *επ.* dantellated, lacy
δαπάνη [dapani] *ουσ. θ.* expense, cost
δαπανηρός [dapaniros] *επ.* expensive, costly
δαπανώ [dapano] *ρ.* spend, waste
δάπεδο [dapedo] *ουσ. ο.* floor, ground
δαρβινισμός [darvinismos] *ουσ. α.* (φιλοσ.) darwinism
δαρβινιστής [darvinistis] *ουσ. α.* (φιλοσ.) darwinist
Δαρβίνος [darvinos] *κύρ. όν. α.* (ιστ.) Darwin
δάρσιμο [darsimo] *ουσ. ο.* beating
δασαρχείο [dasarhio] *ουσ. ο.* forest's inspection
δασάρχης [dasarhis] *ουσ. α.* forest inspector
δασικός [dasikos] *επ.* forestal
δασκάλα [daskala] *ουσ. θ.* school mistress
δασκάλεμα [daskalema] *ουσ. ο.* schooling, teaching
δασκαλεύω [daskalevo] *ρ.* teach, instruct
δάσκαλος [daskalos] *ουσ. α.* schoolman, teacher
δασμολόγηση [dasmoloyisi] *ουσ. θ.* taxation
δασμολογικός [dasmoloyikos] *επ.* tariff
δασμολόγιο [dasmoloyio] *ουσ. ο.* tariff

δασμολόγος [dasmoloyos] *ουσ. α. /θ.* customs collector
δασμολογώ [dasmoloyo] *ρ.* tax
δασμός [dasmos] *ουσ. α.* duty, tax
δασόβιος [dasovios] *επ.* living in forests
δασοκομία [dasokomia] *ουσ. θ.* forestry
δασοκόμος [dasokomos] *ουσ. α. /θ.* forester
δασολογία [dasoloyia] *ουσ. θ.* forestry
δασολόγος [dasoloyos] *ουσ. α. /θ.* forester
δασονομείο [dasonomio] *ουσ. ο.* forester's office
δασονομία [dasonomia] *ουσ. θ.* forest administration
δασονομικός [dasonomikos] *επ.* forestal
δασονόμος [dasonomos] *ουσ. α. /θ.* forester
δάσος [dasos] *ουσ. ο.* forest, wood
δασοσκέπαστος [dasoskepastos] *επ.* woody
δασότοπος [dasotopos] *ουσ. α.* woodland
δασοφύλακας [dasofilakas] *ουσ. α. /θ.* forest-guard
δασοφυλακή [dasofilaki] *ουσ. θ.* forest-guard corps
δασόφυτος [dasofitos] *επ.* wooded
δασύμαλλος [dasimalos] *επ.* thick-fleeced
δασύνω [dasino] *ρ.* aspirate
δασύς [dasis] *επ.* bushy. thick, dense
δαυλός [davlos] *ουσ. α.* fire-brand
δαφνέλαιο [dafneleo] *ουσ. ο.* laurel-oil
δάφνη [dafni] *ουσ. θ.* (βοτ.) laurel
δάφνινος [dafninos] *επ.* laurel
δαφνοστεφανωμένος [dafnostefanomenos] *επ.* laureate
δαφνοστόλιστος [dafnostolistos] *επ.* adorned with laurel
δαφνώνας [dafnonas] *ουσ. α.* laurel thicket
δαχτυλάκι [dahtilaki] *ουσ. ο.* little finger
δαχτυλήθρα [dahtilithra] *ουσ. θ.* thimble
δαχτυλίδι [dahtilidi] *ουσ. ο.* ring

δάχτυλο [dahtilo] *ουσ. ο.* finger. toe
δεδομένο [dedomeno] *ουσ. ο.* fact
δέηση [deisi] *ουσ. θ.* prayer
δεητικός [deitikos] *επ.* praying
δείγμα [diyma] *ουσ. ο.* sample, specimen
δειγματοληψία [diymatolipsia] *ουσ. θ.* sample collection
δειγματολόγιο [diymatoloyio] *ουσ. ο.* samples
δείκτης [diktis] *ουσ. α.* indicator
δεικτικός [diktikos] *επ.* indicative, pointing
δείλι [dili] *ουσ. ο.* evening
δειλία [dilia] *ουσ. θ.* timidity, cowardice
δειλιάζω [diliazo] *ρ.* feel timide
δείλιασμα [diliasma] *ουσ. ο.* timidity. loss of courage
δειλινό [dilino] *ουσ. ο.* afternoon
δειλός [dilos] *επ.* timid, coward
δεινά [dina] *ουσ. ο. πληθ.* sufferings, evils
δεινοπάθημα [dinopathima] *ουσ. ο.* suffering, distress
δεινοπαθώ [dinopatho] *ρ.* suffer hardships
δεινός [dinos] *επ.* dreadful, fearful
δεινόσαυρος [dinosavros] *ουσ. α.* (ζωολ.) dinosaur
δεινότητα [dinotita] *ουσ. θ.* dreadfulness, sterness
δείξιμο [diximo] *ουσ. ο.* showing, demonstration
δείπνο [dipno] *ουσ. ο.* supper, dinner
δειπνώ [dipno] *ρ.* take supper
δεισιδαίμονας [disidemonas] *επ.* superstitious
δεισιδαιμονία [disidemonia] *ουσ. θ.* superstition
δείχνω [dihno] *ρ.* show, point at
δέκα [deka] *ουσ. ο. /επ.* ten
δεκάγωνο [dekayono] *ουσ. ο.* decagon
δεκάγωνος [dekayonos] *επ.* decagonal
δεκαδικός [dekadikos] *επ.* decimal
δεκάδραχμο [dekadrahmo] *ουσ. ο.* ten drachmas note
δεκάεδρο [dekaedro] *ουσ. ο.*

decahedron
δεκάεδρος [dekaedros] *επ.* decahedral
δεκαεννέα [dekaenea] *ουσ. ο.* /*επ.* nineteen
δεκαεξαετής [dekaexaetis] *επ.* sixteen years old
δεκαέξι [dekaexi] *ουσ. ο.* /*επ.* sixteen
δεκαεπτά [dekaepta] *ουσ. ο.* /*επ.* seventeen
δεκαετηρίδα [dekaetirida] *ουσ. θ.* decennial
δεκαετής [dekaetis] *επ.* ten years old
δεκαετία [dekaetia] *ουσ. θ.* decade
δεκαήμερο [dekaimero] *ουσ. ο.* a period of ten days
δεκάλεπτος [dekaleptos] *επ.* lasting ten minutes
δεκάλιτρο [dekalitro] *ουσ. ο.* decaliter
δεκάλογος [dekaloyos] *ουσ. α.* decalogue
δεκαμελής [dekamelis] *επ.* of ten members
δεκαμερής [dekameris] *επ.* of ten parts
δεκάμετρο [dekametro] *ουσ. ο.* decameter
δεκάμηνος [dekaminos] *επ.* of ten months
δεκανέας [dekaneas] *ουσ. α.* (στρατ.) corporal
δεκανίκι [dekaniki] *ουσ. ο.* crutch, stick
δεκαοχτώ [dekaohto] *ουσ. ο.* eighteen
δεκαπενθήμερο [dekapenthimero] *ουσ. ο.* fortnight
δεκαπενταετής [dekapendaetis] *επ.* fifteen years old
δεκαπεντασύλλαβος [dekapendasilavos] *επ.* of fifteen syllables
δεκαπέντε [dekapende] *ουσ. ο.* /*επ.* fifteen
δεκαπλασιάζω [dekaplasiazo] *ρ.* increase ten fold
δεκαπλάσιος [dekaplasios] *επ.* tenfold
δεκάπλευρος [dekaplevros] *επ.* of ten sides
δεκάρα [dekara] *ουσ. θ.* dime
δεκαριά [dekaria] *ουσ. θ.* about ten
δεκαρολογία [dekaroloyia] *ουσ. θ.* penny pinching
δεκαρολογώ [dekaroloyo] *ρ.*

Δ

go after pennies
δεκατέσσερα [dekatesera] *ουσ. ο.* /*επ.* fourteen
δεκατημόριο [dekatimorio] *ουσ. ο.* the tenth part
δεκατίζω [dekatizo] *ρ.* tithe
δεκάτισμα [dekatisma] *ουσ. ο.* tithing
δεκατισμός [dekatismos] *ουσ. α.* decimation
δεκάτομος [dekatomos] *επ.* of ten volumes
δέκατος [dekatos] *επ.* tenth
δεκατρία [dekatria] *ουσ. ο.* /*επ.* thirteen
Δεκέμβριος [dekemvrios] *ουσ. α.* December
δέκτης [dektis] *ουσ. α.* receiver. acceptor
δεκτικός [dektikos] *επ.* receptive. susceptible
δεκτικότητα [dektikotita] *ουσ. θ.* susceptibility. receptivity
δεκτός [dektos] *επ.* accepted. received
δελεάζω [deleazo] *ρ.* allure, entice
δέλεαρ [delear] *ουσ. ο. άκλ.* allurement, enticement
δελεασμός [deleasmos] *ουσ. α.* temptation, allurement
δελεαστικός [deleastikos] *επ.* alluring, tempting
δέλτα [delta] *ουσ. ο. άκλ.* delta
δελτίο [deltio] *ουσ. ο.* bulletin, note
δελφίνι [delfini] *ουσ. ο.* (ζωολ.) dolphin
δέμα [dema] *ουσ. ο.* package
δεμάτι [demati] *ουσ. ο.* bundle, parcel
δεματιάζω [dematiazo] *ρ.* bundle up
δεμάτιασμα [dematiasma] *ουσ. ο.* tying in bundles
δενδρικός [dendrikos] *επ.* of a tree
δενδροκαλλιέργεια [dendrokalieryia] *ουσ. θ.* tree-cultivation
δενδρόκηπος [dendrokipos] *ουσ. α.* park
δενδροκομία [dendrokomia] *ουσ. θ.* arboriculture
δενδροκομικός [dendrokomikos] *επ.* arboricultural
δενδροκόμος [dendrokomos] *ουσ. α.* /*θ.* arboriculturist
δενδρολίβανο [dendrolivano]

ουσ. ο. (βοτ.) rosemary
δενδροστοιχία [dendrostihia] *ουσ. θ.* row of trees
δενδροφύτευση [dendrofitefsi] *ουσ. θ.* planting of trees
δενδροφυτεύω [dendrofitevo] *ρ.* plant trees
δενδρόφυτος [dendrofitos] *επ.* wooded, planted with trees
δένω [deno] *ρ.* blind, link
δεξαμενή [dexameni] *ουσ. θ.* tank, cistern
δεξιά [dexia] *επίρ.* on the right
δεξιός [dexios] *επ.* right
δεξιόστροφος [dexiostrofos] *επ.* clockwise
δεξιοτέχνης [dexiotehnis] *ουσ. α.* skillful, craftsman
δεξιοτεχνία [dexiotehnia] *ουσ. θ.* dexterity, skillfulness
δεξιότητα [dexiotita] *ουσ. θ.* dexterity, skill
δεξιόχειρας [dexiohiras] *ουσ. α. /θ.* right-handed
δεξιώνομαι [dexionome] *ρ.* welcome
δεξίωση [dexiosi] *ουσ. θ.* reception
δεοντολογία [deondoloyia] *ουσ. θ.* deontology
δεοντολογικός [deondoloyikos] *επ.* deontological
δεοντολόγος [deondoloyos] *ουσ. α. /θ.* deontologist
δέος [deos] *ουσ. ο.* fear
δέρας [deras] *ουσ. ο.* skin, fleece
δερβίσης [dervisis] *ουσ. α.* (ιστ.) dervish
δέρμα [derma] *ουσ. ο.* skin. leather
δερματέμπορος [dermateboros] *ουσ. α.* hide-leader
δερματικός [dermatikos] *επ.* of the skin, dermic
δερμάτινος [dermatinos] *επ.* (of) leather
δερματίτιδα [dermatitida] *ουσ. θ.* (ιατρ.) dermatitis
δερματολογία [dermatoloyia] *ουσ. θ.* (ιατρ.) dermatology
δερματολόγος [dermatoloyos] *ουσ. α. /θ.* (ιατρ.) dermatologist
δερματοπάθεια [dermatopathia] *ουσ. θ.* skin disease

Δ

δερματουργία [dermatooryia] *ουσ. θ.* tannery
δερματουργός [dermatooryos] *ουσ. α.* tanner
δέρνω [derno] *ρ.* beat, strike
δέση [desi] *ουσ. θ.* barrage, dam
δέσιμο [desimo] *ουσ. ο.* binding, tying
δεσμά [desma] *ουσ. ο. πληθ.* chains, bonds
δέσμευση [desmefsi] *ουσ. θ.* binding, enchainment
δεσμευτικός [desmeftikos] *επ.* binding, limiting
δεσμεύω [desmevo] *ρ.* enchain, bind
δέσμη [desmi] *ουσ. θ.* bundle, bunch
δεσμίδα [desmida] *ουσ. θ.* bundle
δέσμιος [desmios] *επ.* bound
δεσμός [desmos] *ουσ. α.* tie, bond
δεσμοφύλακας [desmofilakas] *ουσ. α. /θ.* prison guard, jailer
δεσμωτήριο [desmotirio] *ουσ. ο.* jail, prison
δεσμώτης [desmotis] *ουσ. α.* prisoner
δεσπόζω [despozo] *ρ.* dominate, govern, reign
δέσποινα [despina] *ουσ. θ.* mistress, madam
δεσποινίδα [despinida] *ουσ. θ.* miss, young lady
δεσποτεία [despotia] *ουσ. θ.* dominion, rule
δεσπότης [despotis] *ουσ. α.* ruler, dominator
δεσποτικός [despotikos] *επ.* despotic, tyrannical
δεσποτισμός [despotismos] *ουσ. α.* despotism
Δευτέρα [deftera] *ουσ. θ.* Monday
δευτερεύων [defterevon] *επ.* secondary, inferior
δευτεροβάθμιος [defterovathmios] *επ.* of the second degree
δευτερογενής [defteroyenis] *επ.* second born
δευτεροετής [defteroetis] *επ.* (of the) second year
δευτερόλεπτο [defterolepto] *ουσ. ο.* second
δευτερολογία [defteroloyia] *ουσ. θ.* rejoinder, reply
δευτερολογώ [defteroloyo] *ρ.* speak again, rejoin
δεύτερος [defteros] *επ.*

second
δευτερότοκος [defterotokos] *επ.* second-born
δέχομαι [dehome] *ρ.* accept, receive
δήθεν [dithen] *επίρ.* so to say, as if
δηκτικός [diktikos] *επ.* biting, caustic
δηκτικότητα [diktikotita] *ουσ. θ.* bitterness, sarcasm
δηλαδή [diladi] *επίρ.* that is
δηλητηριάζω [dilitiriazo] *ρ.* poison
δηλητηρίαση [dilitiriasi] *ουσ. θ.* poisoning
δηλητηριαστής [dilitiriastis] *ουσ. α.* poisoner
δηλητηριώδης [dilitiriodis] *επ.* poisonous
δηλώνω [dilono] *ρ.* declare, show
δήλωση [dilosi] *ουσ. θ.* declaration, notice
δηλωτικός [dilotikos] *επ.* declaratory, indicative
δημαγωγία [dimayoyia] *ουσ. θ.* demagogy
δημαγωγικός [dimayoyikos] *επ.* demagogical
δημαγωγός [dimayoyos] *ουσ. α. /θ.* demagogue
δημαρχείο [dimarhio] *ουσ. ο.* town-hall, city-hall
δήμαρχος [dimarhos] *ουσ. α. /θ.* mayor
δήμευση [dimefsi] *ουσ. θ.* confiscation
δημεύω [dimevo] *ρ.* confiscate
δημηγορία [dimiyiria] *ουσ. θ.* harangue, oration
δημηγορώ [dimiyoro] *ρ.* speak in public
δημητριακά [dimitriaka] *ουσ. ο. πληθ.* cereals, grain
δήμιος [dimios] *ουσ. α.* executioner
δημιούργημα [dimiooryima] *ουσ. ο.* creation
δημιουργία [dimiooryia] *ουσ. θ.* creation, constitution
δημιουργικός [dimiooryikos] *επ.* creative
δημιουργικότητα [dimiooryikotita] *ουσ. θ.* creativity
δημιουργός [dimiooryos] *ουσ. α.* creator. maker
δημιουργώ [dimiooryo] *ρ.* create
δημογέροντας [dimoyerondas] *ουσ. α.* elder

Δ

man
δημογραφία [dimoyrafia] *ουσ. θ.* demography
δημογραφικός [dimoyrafikos] *επ.* demographic
δημοδιδάσκαλος [dimodidaskalos] *ουσ. α.* teacher of a primary school
δημοκοπία [dimokopia] *ουσ. θ.* demagogism
δημοκόπος [dimokopos] *ουσ. α. /θ.* demagogue
δημοκράτης [dimokratis] *ουσ. α.* democrat, republican
δημοκρατία [dimokratia] *ουσ. θ.* democracy, republic
δημοκρατικός [dimokratikos] *επ.* democratic, republican
δημοπρασία [dimoprasia] *ουσ. θ.* auction
δημοπρατήριο [dimopratirio] *ουσ. ο.* auction room
δημοπράτης [dimopratis] *ουσ. α.* auctioneer
δήμος [dimos] *ουσ. α.* community, municipality
δημόσια [dimosia] *επίρ.* in public
δημοσίευμα [dimosievma] *ουσ. ο.* publication
δημοσίευση [dimosiefsi] *ουσ. θ.* publication
δημοσιεύω [dimosievo] *ρ.* publish, issue
δημόσιο [dimosio] *ουσ. ο.* the state
δημοσιογραφία [dimosioyrafia] *ουσ. θ.* journalism
δημοσιογραφικός [dimosioyrafikos] *επ.* journalistic
δημοσιογράφος [dimosioyrafos] *ουσ. α. /θ.* journalist
δημοσιογραφώ [dimosioyrafo] *ρ.* be a journalist
δημοσιολογία [dimosioloyia] *ουσ. θ.* study of public afairs
δημοσιολόγος [dimosioloyos] *ουσ. α. /θ.* publicist
δημοσιονομία [dimosionomia] *ουσ. θ.* national economy
δημοσιονομικός [dimosionomikos] *επ.* financial
δημοσιονόμος [dimosionomos] *ουσ. α. /θ.* financier
δημόσιος [dimosios] *επ.*

public, common
δημοσιότητα [dimosiotita] *ουσ. θ.* publicity
δημοσυντήρητος [dimosindiritos] *επ.* maintained by a commune
δημότης [dimotis] *ουσ. α. /θ.* citizen of a municipality
δημοτική [dimotiki] *ουσ. θ.* demotic (language)
δημοτικίζω [dimotikizo] *ρ.* write demotic
δημοτικός [dimotikos] *επ.* communal, municipal
δημοτικότητα [dimotikotita] *ουσ. θ.* popularity
δημοτολόγιο [dimotoloyio] *ουσ. ο.* registry book
δημοφιλής [dimofilis] *επ.* popular
δημοψήφισμα [dimopsifisma] *ουσ. ο.* referendum
δημώδης [dimodis] *επ.* popular
δηνάριο [dinario] *ουσ. ο.* denarious
δια [dia] *πρόθ.* (καθ.) for, by, with
διαβάζω [diavazo] *ρ.* read, study
διαβαθμίζω [diavathmizo] *ρ.* graduate
διαβάθμιση [diavathmisi] *ουσ. θ.* graduation
διαβαίνω [diaveno] *ρ.* pass through
διαβάλλω [diavalo] *ρ.* slander
διάβαση [diavasi] *ουσ. θ.* passing, crossing
διάβασμα [diavasma] *ουσ. ο.* reading, lecture
διαβασμένος [diavasmenos] *επ.* well-learned
διαβατήριο [diavatirio] *ουσ. ο.* passport
διαβάτης [diavatis] *ουσ. α.* passer-by
διαβατικός [diavatikos] *επ.* transient, transitory
διαβατός [diavatos] *επ.* passable
διαβεβαιώνω [diaveveono] *ρ.* assure, affirm
διαβεβαίωση [diaveveosi] *ουσ. θ.* affirmation, assurance
διαβεβαιωτικός [diaveveotikos] *επ.* affirmative, assuring
διάβημα [diavima] *ουσ. ο.* step, proceeding
διαβήτης [diavitis] *ουσ. α.* compass, (ιατρ.) diabetes

Δ

διαβητικός [diavitikos] *επ.* (ιατρ.) diabetic
διαβιβάζω [diavivazo] *ρ.* transmit, forward, convey
διαβίβαση [diavivasi] *ουσ. θ.* transmission, convey
διαβιβαστικός [diavivastikos] *επ.* transmissible
διαβιώνω [diaviono] *ρ.* live
διαβίωση [diaviosi] *ουσ. θ.* living, way of living
διαβλητός [diavlitos] *επ.* accusable
διαβόητος [diavoitos] *επ.* famous, notorious
διαβολάκι [diavolaki] *ουσ. ο.* little devil
διαβολεμένος [diavolemenos] *επ.* devilish
διαβολή [diavoli] *ουσ. θ.* slander
διαβολιά [diavolia] *ουσ. θ.* cunning, devilry
διαβολικός [diavolikos] *επ.* diabolic
διαβολογυναίκα [diavoloyineka] *ουσ. θ.* she-devil
διαβολόκαιρος [diavolokeros] *ουσ. α.* very bad weather
διαβολομαζώματα [diavolomazomata] *ουσ. ο. πληθ.* ill-gotten gains
διάβολος [diavolos] *ουσ. α.* devil, satan
διαβουλεύομαι [diavoolevome] *ρ.* confer together
διαβούλιο [diavoolio] *ουσ. ο.* secret meeting
διαβοώ [diavo] *ρ.* proclaim, declare
διαβρέχω [diavreho] *ρ.* saturate
διάβρωση [diavrosi] *ουσ. θ.* corrosion
διαβρωτικός [diavrotikos] *επ.* corrosive
διαγγέλλω [diagelo] *ρ.* notify, announce
διάγγελμα [diagelma] *ουσ. ο.* address, official notification
διάγνωση [diaynosi] *ουσ. θ.* diagnosis
διαγνωστικός [diaynostikos] *επ.* diagnostic
διάγραμμα [diayrama] *ουσ. ο.* diagram, drawing
διαγραφή [diayrafi] *ουσ. θ.* tracing out, drawing
διαγράφω [diayrafo] *ρ.* erase, trace out

διαγωγή [diayoyi] *ουσ. θ.* behaviour, conduct
διαγωνίζομαι [diayonizome] *ρ.* compete, strive
διαγωνιζόμενος [diayonizomenos] *ουσ. α.* competitor
διαγώνιος [diayonios] *επ.* /*ουσ. θ.* diagonal
διαγωνισμός [diayonismos] *ουσ. α.* competition, examination
διαδέχομαι [diadehome] *ρ.* follow, succeed
διάδηλος [diadilos] *επ.* obvious, manifest
διαδηλώνω [diadilono] *ρ.* demonstrate, manifest
διαδήλωση [diadilosi] *ουσ. θ.* demonstration, manifestation
διαδηλωτής [diadilotis] *ουσ. α.* demonstrator
διάδημα [diadima] *ουσ. ο.* diadem, crown
διαδίδω [diadido] *ρ.* give out, spread abroad
διαδικασία [diadikasia] *ουσ. θ.* proceedings, process
διαδικαστικός [diadikastikos] *επ.* procedural
διάδικος [diadikos] *ουσ. α.* litigant, suitor
διάδοση [diadosi] *ουσ. θ.* rumour. spreading
διαδόσιμος [diadosimos] *επ.* transmissible
διαδότης [diadotis] *ουσ. α.* transmitter
διαδοχή [diadihi] *ουσ. θ.* succession. sequence
διαδοχικός [diadihikos] *επ.* successive. sequential
διάδοχος [diadohos] *ουσ. α.* /*θ.* successor
διαδραματίζω [diadramatizo] *ρ.* play (a role)
διαδρομή [diadromi] *ουσ. θ.* distance, course
διάδρομος [diadromos] *ουσ. α.* corridor, hall
διαζευγνύω [diazevynio] *ρ.* disunite, disjoin
διαζευκτικός [diazefktikos] *επ.* disjunctive
διάζευξη [diazefxi] *ουσ. θ.* disjoining, separation
διαζύγιο [diaziyio] *ουσ. ο.* divorce
διάζωμα [diazoma] *ουσ. ο.* frieze, cornice
διαθερμία [diathermia] *ουσ. θ.* diathermy

διάθεση [diathesi] *ουσ. θ.* disposition, disposal
διαθέσιμος [diathesimos] *επ.* free, disposable
διαθεσιμότητα [diathesimotita] *ουσ. θ.* availability
διαθέτω [diatheto] *ρ.* dispose, arrange
διαθήκη [diathiki] *ουσ. θ.* testament, will
διάθλαση [diathlasi] *ουσ. θ.* refraction
διαθλαστικός [diathlastikos] *επ.* refractive
διαθλώ [diathlo] *ρ.* refract
διαίρεση [dieresi] *ουσ. θ.* division, partition
διαιρετέος [diereteos] *ουσ. α.* (μαθ.) dividend
διαιρέτης [dieretis] *ουσ. α.* (μαθ.) divisor
διαιρετικός [dieretikos] *επ.* dividing
διαιρετός [dieretos] *επ.* separable, divisible
διαιρετότητα [dieretotita] *ουσ. θ.* divisibility
διαιρώ [diero] *ρ.* divide, partition
διαισθάνομαι [diesthanome] *ρ.* sense, foresee
διαίσθηση [diesthisi] *ουσ. θ.* presentiment, foresight
διαισθητικός [diesthitikos] *επ.* prescient
δίαιτα [dieta] *ουσ. θ.* diet, regimen
διαιτησία [dietisia] *ουσ. θ.* arbitration
διαιτητής [dietitis] *ουσ. α.* arbitrator, referee
διαιτητικός [dietitikos] *επ.* regiminal, dietetic
διαιτολόγιο [dietoloyio] *ουσ. ο.* diet-plan
διαιωνίζομαι [dieonizome] *ρ.* last for ever
διαιωνίζω [dieonizo] *ρ.* perpetuate, eternize
διαιώνιση [dieonisi] *ουσ. θ.* perpetuation, eternity
διακαής [diakais] *επ.* ardent, fervent
διακανονίζω [diakanonizo] *ρ.* regulate, settle
διακανονισμός [diakanonismos] *ουσ. α.* settlement, regulation
διακατέχω [diakateho] *ρ.* hold, have a possession of
διακεκριμένος

[diakekrimenos] *επ.* distinguished, famous
διάκενο [diakeno] *ουσ. ο.* gape, empty space
διάκενος [diakenos] *επ.* empty, vacant
διακήρυξη [diakirixi] *ουσ. θ.* proclamation, declaration
διακηρύττω [diakirito] *ρ.* proclaim, announce
διακινδύνευση [diakindinefsi] *ουσ. θ.* risking
διακινδυνεύω [diakindinevo] *ρ.* risk, endanger
διακλαδίζομαι [diakladizome] *ρ.* ramify, branch out
διακλάδωση [diakladosi] *ουσ. θ.* branching out, ramification
διακοινώνω [diakinono] *ρ.* notify, make known
διακοίνωση [diakinosi] *ουσ. θ.* communication, notification
διακομιδή [diakomidi] *ουσ. θ.* transport, conveyance
διακομίζω [diakomizo] *ρ.* transport, convey
διακομιστής [diakomistis] *ουσ. α.* carrier
διακονεύω [diakonevo] *ρ.* beg
διακονιά [diakonia] *ουσ. θ.* beggary, begging
διακονία [diakonia] *ουσ. θ.* deacony
διακονιάρης [diakoniaris] *ουσ. α.* beggar
διακονικός [diakonikos] *επ.* diaconal
διακόνισσα [diakonisa] *ουσ. θ.* deaconess
διάκονος [diakonos] *ουσ. α.* deacon
διακονώ [diakono] *ρ.* be a deacon
διακοπή [diakopi] *ουσ. θ.* breaking off
διακόπτης [diakoptis] *ουσ. α.* switch, breaker
διακόπτω [diakopto] *ρ.* break off, interrupt
διάκος [diakos] *ουσ. α.* deacon
διακοσαριά [diakosaria] *ουσ. θ.* about two hundred
διακόσιοι [diakosii] *επ.* two hundred
διακοσιοστός [diakosiostos] *επ.* two hundredth
διακόσμηση [diakosmisi] *ουσ. θ.* decoration, adorning
διακοσμητής [diakosmitis]

ουσ. α. decorator
διακοσμητικός [diakosmitikos] *επ.* decorative, decorating
διάκοσμος [diakosmos] *ουσ. α.* decoration
διακοσμώ [diakosmo] *ρ.* adorn, decorate
διακρίνω [diakrino] *ρ.* distinguish
διάκριση [diakrisi] *ουσ. θ.* distinction
διακριτέος [diakriteos] *επ.* discernible
διακριτικά [diakritika] *επίρ.* distinctively
διακριτικός [diakritikos] *επ.* distinctive, distinguishing
διακριτικότητα [diakritikotita] *ουσ. θ.* discretion
διακυβέρνηση [diakivernisi] *ουσ. θ.* ruling, governing
διακυβερνώ [diakiverno] *ρ.* govern, rule
διακύβευση [diakivefsi] *ουσ. θ.* risking, hazarding
διακυβεύω [diakivevo] *ρ.* hazard, risk
διακυμαίνομαι [diakimenime] *ρ.* waver, fluctuate
διακύμανση [diakimansi] *ουσ. θ.* waving, fluctuation
διακωμώδηση [diakomodisi] *ουσ. θ.* ridiculing
διακωμωδώ [diakomodo] *ρ.* ridicule
διαλάληση [dialalisi] *ουσ. θ.* announcement
διαλαλητής [dialalitis] *ουσ. α.* public crier
διαλαλώ [dialalo] *ρ.* proclaim, cry out
διαλάμπω [dialabo] *ρ.* glitter
διάλεγμα [dialiyma] *ουσ. ο.* choice
διαλεγμένος [dialeymenos] *επ.* selected, chosen
διαλέγω [dialeyo] *ρ.* select, choose
διάλειμμα [dialima] *ουσ. ο.* interval, intermission
διαλείπω [dialipo] *ρ.* intermit, break off
διάλειψη [dialipsi] *ουσ. θ.* intermission
διαλεκτική [dialektiki] *ουσ. θ.* dialectics
διαλεκτικός [dialektikos] *επ.* dialectical
διαλεκτός [dialektos] *επ.* selected, chosen

διάλεκτος [dialektos] *ουσ. θ.* dialect
διάλεξη [dialexi] *ουσ. θ.* conference, lecture
διαλευκαίνω [dialefkeno] *ρ.* explain, elucidate
διαλεύκανση [dialefkansi] *ουσ. θ.* elucidation, explanation
διαλλαγή [dialayi] *ουσ. θ.* reconciliation
διαλλακτικός [dialaktikos] *επ.* conciliatory
διαλλακτικότητα [dialaktikotita] *ουσ. θ.* conciliatory mood
διαλογή [dialoyi] *ουσ. θ.* sorting
διαλογίζομαι [dialoyizome] *ρ.* consider, think. meditate
διαλογικός [dialoyikos] *επ.* dialogical, conversational
διαλογισμός [dialoyismos] *ουσ. α.* thought. meditation
διάλογος [dialoyos] *ουσ. α.* dialogue, conversation
διάλυμα [dialima] *ουσ. ο.* (χημ.) solution
διαλυμένος [dialimenos] *επ.* broken, in pieces
διάλυση [dialisi] *ουσ. θ.* dissolution, solution
διαλύτης [dialitis] *ουσ. α.* (χημ.) dissolver, solver
διαλυτικός [dialitikos] *επ.* dissolving, solvent
διαλυτός [dialitos] *επ.* dissolvable, solvable
διαλυτότητα [dialitotita] *ουσ. θ.* solubility
διαλύω [dialio] *ρ.* dissolve, melt
διαμαντένιος [diamandenios] *επ.* diamond
διαμάντι [diamandi] *ουσ. ο.* diamond
διαμαρτύρηση [diamartirisi] *ουσ. θ.* protestation, claim
διαμαρτύρομαι [diamartirome] *ρ.* protest, oppose
διαμαρτυρόμενος [diamartiromenos] *επ.* protesting, complaining, *ουσ. α.* protestant
διαμελίζω [diamelizo] *ρ.* dismember, split up
διαμέλιση [diamelisi] *ουσ. θ.* dismemberment
διαμελισμός [diamelismos] *ουσ. α.* dismemberment
διαμένω [diameno] *ρ.* remain,

Δ

stay
διαμερίζω [diamerizo] *ρ.* part, divide
διαμέρισμα [diamerisma] *ουσ. ο.* flat, apartment
διαμερισμός [diamerismos] *ουσ. α.* division
διαμεριστής [diameristis] *ουσ. α.* divider
διάμεσος [diamesos] *επ.* intermediate
διαμέτρημα [diametrima] *ουσ. ο.* caliber, gauge
διαμετρικός [diametrikos] *επ.* diametrical
διάμετρος [diametros] *ουσ. θ.* diameter, gauge
διαμοιράζω [diamirazo] *ρ.* distribute, divide
διαμοίραση [diamirasi] *ουσ. θ.* sharing, distribution
διαμοιραστής [diamirastis] *ουσ. α.* distributor
διαμονή [diamoni] *ουσ. θ.* residence, stay
διαμορφώνω [diamorfono] *ρ.* form, shape
διαμόρφωση [diamorfosi] *ουσ. θ.* shaping, formation
διαμορφωτής [diamorfotis] *ουσ. α.* shaper, former
διαμορφωτικός [diamorfotikos] *επ.* formative
διαμπερής [diaberis] *επ.* penetrating, passing through
διαμφισβητώ [diamfisvito] *ρ.* contest, dispute
διανεμητής [dianemitis] *ουσ. α.* distributor
διανέμω [dianemo] *ρ.* distribute, share
διανθίζω [dianthizo] *ρ.* decorate with flowers
διανόημα [dianoima] *ουσ. ο.* thought, notion
διανοητικός [dianoitikos] *επ.* intellectual, mental
διάνοια [diania] *ουσ. θ.* mind, intellect
διανοίγω [dianiyo] *ρ.* open
διάνοιξη [dianixi] *ουσ. θ.* opening (up), cutting
διανομέας [dianomeas] *ουσ. α.* distributor
διανομή [dianomi] *ουσ. θ.* distribution
διανοούμαι [dianooome] *ρ.* think
διανοούμενος [dianooomenos] *ουσ. α.* intellectualist
διανυκτέρευση [dianikterefsi]

ουσ. θ. spending the night
διανυκτερεύω [dianikterevo] *ρ.* stay overnight
διάνυσμα [dianisma] *ουσ. ο.* vector
διανύω [dianio] *ρ.* travel, go through
διαξιφισμός [diaxifismos] *ουσ. α.* fencing
διαπαιδαγώγηση [diapedayoyisi] *ουσ. θ.* education. bringing up
διαπαιδαγωγώ [diapedayoyo] *ρ.* educate. bring up
διαπαντός [diapandos] *επίρ.* for ever, always
διαπασών [diapason] *ουσ. θ. άκλ.* diapason
διαπεραιώνω [diapereono] *ρ.* take across
διαπεραστικός [diaperastikos] *επ.* pierceing, penetrating
διαπερνώ [diaperno] *ρ.* pierce, penetrate
διαπηδώ [diapido] *ρ.* leap through
διαπίδυση [diapidisi] *ουσ. θ.* osmosis
διαπιστευτήρια [diapisteftiria] *ουσ. ο. πληθ.* credentials
διαπιστεύω [diapistevo] *ρ.* accredit, confide
διαπιστώνω [diatistono] *ρ.* realize, ascertain
διαπίστωση [diapistosi] *ουσ. θ.* ascertainment
διάπλαση [diaplasi] *ουσ. θ.* shaping, formation
διαπλάσσω [diaplaso] *ρ.* shape, form
διάπλατα [diaplata] *επίρ.* widely open
διαπλατύνω [diaplatino] *ρ.* enlarge, widen
διαπλέκω [diapleko] *ρ.* interlace
διαπληκτίζομαι [diapliktizome] *ρ.* come to blows, quarrel
διαπληκτισμός [diapliktismos] *ουσ. α.* quarrel, fight
διαπνέομαι [diapneome] *ρ.* be animated, be driven
διαπνέω [diapneo] *ρ.* blow through
διαπόμπευση [diapobefsi] *ουσ. θ.* mockery, ridiculization
διαπομπεύω [diapobevo] *ρ.* ridicule

Δ

διαπορθμεύω [diaporthevo] *ρ.* ferry
διαποτίζω [diapotizo] *ρ.* wet, soak
διαπότιση [diapotisi] *ουσ. θ.* wetting, soaking
διαπραγματεύομαι [diapraymatevome] *ρ.* bargain, negotiate
διαπραγμάτευση [diapraymatefsi] *ουσ. θ.* negotiation
διάπραξη [diapraxi] *ουσ. θ.* commiting, doing
διαπράττω [diaprato] *ρ.* commit, perform
διαπρεπής [diaprepis] *επ.* eminent, distinguished
διαπρέπω [diaprepo] *ρ.* be eminent, be distinguished
διάπυρος [diapiros] *επ.* red-hot
διαπυρώνω [diapirono] *ρ.* ignite, fire up
διαρθρώνω [diarthrono] *ρ.* articulate
διάρθρωση [diarthrosi] *ουσ. θ.* articulation
διαρθρωτικός [diarthrotikos] *επ.* structural
διάρκεια [diarkia] *ουσ. θ.* duration, continuance
διαρκής [diarkis] *επ.* constant, durable
διαρκώ [diarko] *ρ.* last, endure
διαρπάζω [diarpazo] *ρ.* pillage, splunder
διαρρέω [diareo] *ρ.* run out, flow out
διαρροή [diaroi] *ουσ. θ.* leak, leakage
διαρρυθμίζω [diarithmizo] *ρ.* regulate
διαρρύθμιση [diarithmisi] *ουσ. θ.* regulating, arrangement
διαρρυθμιστής [diarithmistis] *ουσ. α.* regulator, disposer
διαρχία [diarhia] *ουσ. θ.* duality
διασαλεύω [diasalevo] *ρ.* agitate, disturb
διασαφηνίζω [diasafinizo] *ρ.* elucidate, explain
διασαφήνιση [diasafinisi] *ουσ. θ.* elucidation, explanation
διασαφητικός [diasafitikos] *επ.* explanatory
διάσειση [diasisi] *ουσ. θ.* shaking. (ιατρ.) concussion
διάσελο [diaselo] *ουσ. ο.*

saddle, pass
διάσημα [diasima] *ουσ. ο. πληθ.* insignia
διάσημος [diasimos] *επ.* illustrious, famous
διασημότητα [diasimotita] *ουσ. θ.* celebrity
διασκεδάζω [diaskedazo] *ρ.* amuse someone, recreate. dispel
διασκέδαση [diaskedasi] *ουσ. θ.* party, amusement, recreation
διασκεδαστικός [diaskedastikos] *επ.* amusing, entertaining
διασκελίζω [diaskelizo] *ρ.* overleap, stride out
διασκελισμός [diaskelismos] *ουσ. α.* striding
διασκευάζω [diaskevazo] *ρ.* arrange, put in order
διασκευαστής [diaskevastis] *ουσ. α.* arranger
διασκευή [diaskevi] *ουσ. θ.* arrangement, disposition
διάσκεψη [diaskepsi] *ουσ. θ.* conference, deliberation
διασκορπίζομαι [diaskorpizome] *ρ.* disperse, scatter
διασκόρπιση [diaskorpisi] *ουσ. θ.* dispersion, scattering
διασπαθίζω [diaspathizo] *ρ.* waste, squander
διασπάθιση [diaspathisi] *ουσ. θ.* wasting, squandering
διάσπαση [diaspasi] *ουσ. θ.* splitting, separation
διασπώ [diaspo] *ρ.* break, split
διασταλτικότητα [diastaltikotita] *ουσ. θ.* expansibility, dilatability
διασταλτός [diastaltos] *επ.* expansible
διάσταση [diastase] *ουσ. θ.* separation, disagreement
διασταυρώνω [diastavrono] *ρ.* cross
διασταύρωση [diastavrosi] *ουσ. θ.* crossing, junction
διαστέλλω [diastelo] *ρ.* expand, dilate
διάστημα [diastima] *ουσ. ο.* space, distance
διαστίζω [diastizo] *ρ.* punctuate, dot
διάστικτος [diastiktos] *επ.* spotted, dotted
διάστιχο [diastiho] *ουσ. ο.* lead, space line
διαστολή [diastoli] *ουσ. θ.*

Δ

dilation, expansion
διαστρεβλώνω [diastrevlono] *ρ.* deform, distort
διαστρέβλωση [diastrevlosi] *ουσ. θ.* distortion, alteration
διαστρεβλωτής [diastrevlotis] *ουσ. α.* distorter
διάστρεμμα [diastrema] *ουσ. ο.* (ιατρ.) sprain
διαστρέφω [diastrefo] *ρ.* distort, twist
διαστροφή [diastrofi] *ουσ. θ.* distortion. pervertion
διασυρμός [diasirmos] *ουσ. α.* defamation
διασύρω [diasiro] *ρ.* defame. detract
διασχίζω [diashizo] *ρ.* tear, split, traverse
διάσχιση [diashisi] *ουσ. θ.* tearing
διασώζω [diasozo] *ρ.* rescue, save
διάσωση [diasosi] *ουσ. θ.* saving, rescue
διαταγή [diatayi] *ουσ. θ.* order, command
διάταγμα [diatayma] *ουσ. ο.* edict, decree
διατάζω [diatazo] *ρ.* order, command
διατακτικός [diataktikos] *επ.* imperative
διάταξη [diataxi] *ουσ. θ.* disposition, arrangement
διατάραξη [diataraxi] *ουσ. θ.* disturbance, disorder
διαταράσσω [diataraso] *ρ.* disturb, agitate
διαταραχή [diatarahi] *ουσ. θ.* trouble, disturbance
διάταση [diatasi] *ουσ. θ.* distention, strain
διατεθειμένος [diatethimenos] *επ.* disposed, willing
διατείνω [diatino] *ρ.* distend, stretch
διατελώ [diatelo] *ρ.* remain, continue, be
διατήρηση [diatirisi] *ουσ. θ.* preservation
διατηρητέος [diatiriteos] *επ.* preservable
διατηρητής [diatiritis] *ουσ. α.* preserver
διατηρώ [diatiro] *ρ.* maintain, preserve
διατίθεμαι [diatitheme] *ρ.* be disposed
διατίμηση [diatimisi] *ουσ. θ.* tariff

διατιμώ [diatimo] *ρ.* value, tariff
διατομή [diatomi] *ουσ. θ.* cut, cutting
διατραγώδηση [diatrayodisi] *ουσ. θ.* tragic narration
διατραγωδώ [diatrayodo] *ρ.* relate in a tragic manner
διατρέφω [diatrefo] *ρ.* nourish, feed
διατρέχω [diatreho] *ρ.* go over, go through
διάτρηση [diatrisi] *ουσ. θ.* drilling, perforation
διάτρητος [diatritos] *επ.* perforated, pierced
διατριβή [diatrivi] *ουσ. θ.* treatise, thesis
διατροφή [diatrofi] *ουσ. θ.* alimentation, nourishing
διατρυπώ [diatripo] *ρ.* pierce, perforate
διατυμπανίζω [diatibanizo] *ρ.* trumpet, advertise
διατυπώνω [diatipono] *ρ.* express, state
διατύπωση [diatiposi] *ουσ. θ.* formulation, expression
διαύγεια [diavyia] *ουσ. θ.* clearness, limpidity
διαυγής [diavyis] *επ.* clear, limpid
διαφάνεια [diafania] *ουσ. θ.* transparency, clearness
διαφανής [diafanis] *επ.* transparent, limpid
διαφεντεύω [diafendevo] *ρ.* defend, protect
διαφέρω [diafero] *ρ.* differ, be different from
διαφεύγω [diafevyo] *ρ.* escape, evade
διαφημίζω [diafimizo] *ρ.* advertise
διαφήμιση [diafimisi] *ουσ. θ.* advertisement
διαφημιστής [diafimistis] *ουσ. α.* advertiser
διαφθείρω [diafthiro] *ρ.* corrupt, spoil
διαφθορά [diafthora] *ουσ. θ.* corruption
διαφθορέας [diafthoreas] *ουσ. α.* corrupter
διαφορά [diafora] *ουσ. θ.* difference. dissimilarity
διαφορετικός [diaforetikos] *επ.* different, dissimilar
διαφορικό [diaforiko] *ουσ. ο.* (αυτοκ.) differential (gear)
διαφορικός [diaforikos] *επ.* differential

διάφορο [diaforo] *ουσ. ο.* gain, advantage
διαφοροποίηση [diaforopiisi] *ουσ. θ.* differentiation
διαφοροποιώ [diaforopio] *ρ.* differentiate
διάφορος [diaforos] *επ.* different, diverse
διάφραγμα [diafrayma] *ουσ. ο.* partition
διαφυγή [diafiyi] *ουσ. θ.* escape, evasion
διαφύλαξη [diafilaxi] *ουσ. θ.* preservation
διαφυλάσσω [diafilaso] *ρ.* preserve, protect
διαφωνία [diafonia] *ουσ. θ.* discord, disagreement
διαφωνώ [diafono] *ρ.* disagree, dissent
διαφωτίζω [diafotizo] *ρ.* enlighten, elucidate
διαφώτιση [diafotisi] *ουσ. θ.* enlightment
διαφωτιστικός [diafotistikos] *επ.* enlightening
διαχειμάζω [diahimazo] *ρ.* winter, hibernate
διαχείμαση [diahimasi] *ουσ. θ.* wintering, hibernation
διαχειρίζομαι [diahirizome] *ρ.* administer, manager
διαχείριση [diahirisi] *ουσ. θ.* administration, management
διαχειριστής [diahiristis] *ουσ. α.* administrator, manager
διαχειριστικός [diahiristikos] *επ.* administrative
διαχέω [diahio] *ρ.* pour out
διάχυση [diahisi] *ουσ. θ.* pouring out
διαχυτικός [diahitikos] *επ.* effusive. demonstrative
διαχυτικότητα [diahitikotita] *ουσ. θ.* demonstrativeness
διαχωρίζω [diahorizo] *ρ.* separate, divide
διαχωρισμός [diahorismos] *ουσ. α.* separation, division
διαψεύδω [diapsevdo] *ρ.* belie, contradict
διάψευση [diapsefsi] *ουσ. θ.* denial, contradiction
δίβουλος [divoolos] *επ.* double-minded
δίγαμος [diyamos] *επ.* bigamist
διγλωσσία [diylosa] *ουσ. θ.* biglossy
δίγλωσσος [diylosos] *επ.* bilingual
διγνωμία [diynomia] *ουσ. θ.*

dissent
δίγνωμος [diynomos] *επ.* irresolute
δίδαγμα [didayma] *ουσ. ο.* instruction
διδακτική [didaktiki] *ουσ. θ.* didactics
διδακτικός [didaktikos] *επ.* instructive
διδάκτορας [didaktoras] *ουσ. α.* doctor
διδακτορία [didaktoria] *ουσ. θ.* doctorship, doctorate
διδακτορικός [didaktorikos] *επ.* doctoral
δίδακτρα [didaktra] *ουσ. ο. πληθ.* teacher's fees, tuition fees
διδασκαλείο [didaskalio] *ουσ. ο.* teaching place
διδασκαλία [didaskalia] *ουσ. θ.* teaching, instruction
διδασκαλικός [didaskalikos] *επ.* teaching, instructive
διδάσκαλος [didaskalos] *ουσ. α.* teacher, schoolmaster
διδάσκω [didasko] *ρ.* teach, instruct
διδαχή [didahi] *ουσ. θ.* teaching, instruction
Δίδυμοι [didimi] *επ. πληθ.* (αστρ.) Gemini
δίδυμος [didimos] *επ.* twin
δίδω [dido] *ρ.* (καθ.) give
διεγείρω [dieyiro] *ρ.* excite, stimulate
διέγερση [dieyersi] *ουσ. θ.* excitement, stimulation
διεγερτικός [dieyertikos] *επ.* inciting, stimulating
δίεδρος [diedros] *επ.* dihedral
διεθνής [diethnis] *επ.* international
διεθνισμός [diethnismos] *ουσ. α.* internationalism
διεθνιστής [diethnistis] *ουσ. α.* internationalist
διεθνοποίηση [diethnopiisi] *ουσ. θ.* internationalization
διεθνοποιώ [diethnopio] *ρ.* internationalize
διείσδυση [diisdisi] *ουσ. θ.* penetration
διεισδύω [diisdio] *ρ.* penetrate
διεκδίκηση [diekdikisi] *ουσ. θ.* claim, demand
διεκδικώ [diekdiko] *ρ.* claim, demand
διεκπεραιώνω [diekpereono] *ρ.* send off
διεκπεραίωση [diekpereosi]

Δ

ουσ. θ. sending off
διεκτραγώδηση [diekpereono] *ουσ. θ.* lamentation
διεκτραγωδώ [diektrayodo] *ρ.* lament, relate tragically
διέλευση [dielefsi] *ουσ. θ.* going through, passage
διελκυστίνδα [dielkistinda] *ουσ. θ.* tug of war
διένεξη [dienexi] *ουσ. θ.* dispute, quarrel
διενέργεια [dieneryia] *ουσ. θ.* operation
διενεργώ [dieneryo] *ρ.* operate
διεξάγω [diexayo] *ρ.* conduct, carry out
διεξαγωγή [diexayoyi] *ουσ. θ.* conduct, holding
διεξοδικός [diexodikos] *επ.* extensive, detailed
διέξοδος [diexodos] *ουσ. θ.* outlet. passage
διέπω [diepo] *ρ.* rule, manage
διερεύνηση [dierevnisi] *ουσ. θ.* exploration, research
διερευνητικός [dierevnitikos] *επ.* searching, investigating
διερευνώ [dierevno] *ρ.* search through
διερμηνέας [diermineas] *ουσ. α. /θ.* interpreter. translator
δίεση [diesi] *ουσ. θ.* sharp, diesis
διεσταλμένος [diestalmenos] *επ.* expanded, dilated
διεστραμμένος [diestramenos] *επ.* perverse
διετής [dietis] *επ.* biennial
διετία [dietia] *ουσ. θ.* two-year period
διευθέτηση [diefthetisi] *ουσ. θ.* arrangement, settling
διευθετώ [dieftheto] *ρ.* arrange
διευθυνόμενος [diefthinomenos] *επ.* managed, controlled
διεύθυνση [diefthinsi] *ουσ. θ.* management, direction
διευθυντής [diefthindis] *ουσ. α.* director, manager
διευθύντρια [diefthindria] *ουσ. θ.* manageress, directress
διευθύνω [diefthino] *ρ.* manage, direct, conduct
διευκόλυνση [diefkolinsi] *ουσ. θ.* accomodaton, facilitation
διευκολύνω [diefkolino] *ρ.* facilitate, accomodate

διευκρινίζω [diefkrinizo] *ρ.* clear up, elucidate
διευκρίνιση [diefkrinisi] *ουσ. θ.* elucidation, explanation
διεύρυνση [dievrinsi] *ουσ. θ.* dilatation, broadening
διευρύνω [dievrino] *ρ.* enlarge, dilate
δίζυγο [diziyo] *ουσ. ο.* parallel bars
διήγημα [diiyima] *ουσ. ο.* story, tale
διηγηματικός [diiyimatikos] *επ.* narrative
διήγηση [diiyisi] *ουσ. θ.* narration
διηγούμαι [diiyoome] *ρ.* relate, narrate
διήθημα [diithima] *ουσ. ο.* filter
διήθηση [diithisi] *ουσ. θ.* filtration
διηθώ [diitho] *ρ.* filter
διθύραμβος [dithiramvos] *ουσ. α.* dithyrambus
δικάζω [dikazo] *ρ.* judje
δίκαιο [dikeo] *ουσ. ο.* right, justice
δικαιοδοσία [dikeodosia] *ουσ. θ.* jurisdiction
δικαιολόγηση [dikeoloyisi] *ουσ. θ.* justification
δικαιολογητικός [dikeoloyitikos] *επ.* justificatory
δικαιολογία [dikeoloyia] *ουσ. θ.* justification, excuse
δικαιολογώ [dikeoloyo] *ρ.* justify, excuse
δίκαιος [dikeos] *επ.* just, right, fair
δικαιοσύνη [dikeosini] *ουσ. θ.* justice
δικαιούμαι [dikeoome] *ρ.* be entitled to
δικαιούχος [dikeoohos] *επ.* beneficiary
δικαίωμα [dikeoma] *ουσ. ο.* right, title
δικαιωματικός [dikeomatikos] *επ.* lawful, legitimate
δικαιώνω [dikeono] *ρ.* do justice, justify
δικαίωση [dikeosi] *ουσ. θ.* justification
δικανικός [dikanikos] *επ.* uridicial, legal
δικαστήριο [dikastirio] *ουσ. ο.* court of justice
δικαστής [dikastis] *ουσ. α.* judge
δικαστικός [dikastikos] *επ.*

Δ

judicial
δικέφαλος [dikefalos] *επ.* two-headed
δίκη [diki] *ουσ. θ.* trial, suit
δικηγόρος [dikiyoros] *ουσ. α. /θ.* lawyer, advocate
δικηγορώ [dikiyoro] *ρ.* practice law
δίκλινος [diklinos] *επ.* twin-bedded
δικογραφία [dikoyrafia] *ουσ. θ.* legal papers
δικολάβος [dikolavos] *ουσ. α.* attorney, solicitor
δικονομία [dikonomia] *ουσ. θ.* legal procedure
δικονομικός [dikonomikos] *επ.* procedural
δίκοπος [dikopos] *επ.* two-edged
δικοτυλήδονος [dikotilidonos] *επ.* dicotyledonous
δίκρανο [dikrano] *ουσ. ο.* pitchfork
δικτάτορας [diktatoras] *ουσ. α.* dictator
δικτατορία [diktatoria] *ουσ. θ.* dictatorship
δικτατορικός [diktatorikos] *επ.* dictatorial
δίκτυ [dikti] *ουσ. ο.* net
δικτυωτός [diktiotos] *επ.* latticed, grated
δίλημμα [dilima] *ουσ. ο.* dilemma
διμερής [dimeris] *επ.* two-party, bilateral
δίμηνος [diminos] *επ.* of two months
διμοιρία [dimiria] *ουσ. ο.* (στρατ.) platoon
δίμορφος [dimorfos] *επ.* two-faced, double-formed
δίνη [dini] *ουσ. θ.* whirlpool
διογκώνω [diogono] *ρ.* swell, inflate
διόγκωση [diogosi] *ουσ. θ.* swelling, inflation
διόδια [diodia] *ουσ. ο. πληθ.* toll
δίοδος [diodos] *ουσ. θ.* passage
διοίκηση [diikisi] *ουσ. θ.* administration
διοικητήριο [diikitirio] *ουσ. ο.* governor's house
διοικητής [diikitis] *ουσ. α.* governor
διοικητικός [diikitikos] *επ.* administrative
διοικώ [diiko] *ρ.* govern, administer

διόλου [dioloo] *επίρ.* by no means

διοξείδιο [dioxidio] *ουσ. ο.* dioxide

διόπτρα [dioptra] *ουσ. θ.* field-glass

διόραση [diorasi] *ουσ. θ.* perspicuity

διορατικός [dioratikos] *επ.* perspicacious

διορατικότητα [dioratikotita] *ουσ. θ.* perspicacity

διοργανώνω [dioryanono] *ρ.* organize

διοργάνωση [dioryanosi] *ουσ. θ.* organization

διοργανωτής [dioryanotis] *ουσ. α.* organizer

διορθώνω [diorthono] *ρ.* correct, repair

διόρθωση [diorthosi] *ουσ. θ.* correction, repairing

διορθωτής [diorthotis] *ουσ. α.* repairer, restorer

διορία [dioria] *ουσ. θ.* term

διορίζω [diorizo] *ρ.* fix, appoint, assign

διορισμός [diorismos] *ουσ. α.* appointment, assignment

διότι [dioti] *επίρ.* because, for, as

διουρητικός [diooritikos] *επ.* diuretic

διοχέτευση [diohetefsi] *ουσ. θ.* conveyance

διοχετεύω [diohetevo] *ρ.* convey

δίπατος [dipatos] *επ.* two-storeyed

δίπλα [dipla] *επίρ.* by, beside next to

διπλανός [diplanos] *επ.* near-by, contiguous

διπλασιάζω [diplasiazo] *ρ.* double

διπλάσιος [diplasios] *επ.* double

δίπλευρος [diplevros] *επ.* double-sided

διπλοπροσωπία [diploprosopia] *ουσ. θ.* duplicity, deceipt

διπλός [diplos] *επ.* double, twofold

διπλότυπο [diplotipo] *ουσ. ο.* duplicate

δίπλωμα [diploma] *ουσ. ο.* diploma, certificate degree

διπλωμάτης [diplomatis] *ουσ. α.* diplomat

διπλωματία [diplomatia] *ουσ. θ.* diplomacy

Δ

διπλωματικός [diplomatikos] *επ.* diplomatic
διπλωματούχος [diplomatoohos] *ουσ. α.* graduate
διπλώνω [diplono] *ϱ.* fold, wrap
δίπλωση [diplosi] *ουσ. θ.* folding
δίποδος [dipodos] *επ.* two-footed
διπολικός [dipolikos] *επ.* bipolar
διπρόσωπος [diprosopos] *επ.* double-faced
δίπτυχος [diptihos] *επ.* folded in two
δισάκι [disaki] *ουσ. ο.* saddle-bag
δισέγγονος [disegonos] *ουσ. α.* great-grand-child
δισεκατομμύριο [disekatomirio] *ουσ. ο.* billion
δισεκατομμυριούχος [disekatomirioohos] *επ.* billionaire
δίσεκτος [disektos] *επ.* bissextile
δισέλιδος [diselidos] *επ.* of two pages
δισκοβολία [diskovolia] *ουσ. θ.* (αθλ.) discus throwing
δισκοβόλος [diskovolos] *ουσ. α. /θ.* discus-thrower
δισκοπότηρο [diskopotiro] *ουσ. ο.* chalice
δίσκος [diskos] *ουσ. α.* tray. disc
δισταγμός [distaymos] *ουσ. α.* hesitation, doubt
διστάζω [distazo] *ϱ.* hesitate, doubt
διστακτικός [distaktikos] *επ.* hesitating
δίστηλος [distilos] *επ.* two-coloumned
δίστοιχο [distiho] *ουσ. ο.* distich
δίστρατο [distrato] *ουσ. ο.* forked-street
δισύλλαβος [disilavos] *επ.* two-syllable
δισυπόστατος [disipostatos] *επ.* of two natures
δίτροχος [ditrohos] *επ.* two-wheeled
διτανθρακικός [ditanthrakikos] *επ.* (χημ.) bicarbonate
διυλίζω [diilizo] *ϱ.* filter. strain
διύλιση [diilisi] *ουσ. θ.*

filtration
διυλιστήριο [diilistirio] *ουσ. ο.* filter
διφθερίτιδα [diftheritida] *ουσ. θ.* (ιατρ.) diphtheria
δίφθογγος [difthogos] *ουσ. ο.* (γραμ.) diphthong
δίφορος [diforos] *επ.* biferous
διφορούμενος [diforoomenos] *επ.* equivocal
δίφωνος [difonos] *επ.* duet
διχάζω [dihazo] *ρ.* divide
διχάλα [dihala] *ουσ. θ.* pitch-fork
διχαλωτός [dihalotos] *επ.* forked
διχασμός [dihasmos] *ουσ. α.* division in two
διχογνωμία [dihoynomia] *ουσ. θ.* dissent, disagreement
διχόνοια [dihonia] *ουσ. θ.* discord, dissension
διχοτόμηση [dihotomisi] *ουσ. θ.* bisection. separation
διχοτόμος [dihotomos] *ουσ. α.* bisector
διχοτομώ [dihotomo] *ρ.* bisect, cut in two
δίχρωμος [dihromos] *επ.* of two colours
δίχτυ [dihti] *ουσ. ο.* net
δίχως [dihos] *επίρ.* without, apart
δίψα [dipsa] *ουσ. θ.* thirst
διψασμένος [dipsasmenos] *επ.* thirsty
διψήφιος [dipsifios] *επ.* of two figures
διψώ [dipso] *ρ.* be thirsty
διωγμός [dioymos] *ουσ. α.* expulsi_n, persecution
διώκτης [dioktis] *ουσ. α.* persecutor
διώκω [dioko] *ρ.* run after, persecute
διώνυμο [dionimo] *ουσ. ο.* (μαθ.) binomial
δίωξη [dioxi] *ουσ. θ.* expulsion, persecution
δίωρος [dioros] *επ.* two-hour
διώροφος [diorofos] *επ.* two-storeyed
διώρυγα [dioriya] *ουσ. θ.* canal, trench
δόγης [doyis] *ουσ. α.* (ιστ.) doge
δόγμα [diyma] *ουσ. ο.* doctrine, dogma
δογματίζω [doymatizo] *ρ.* dogmatize
δογματικός [doymatikos] *επ.* dogmatic

δόκανο [dokano] *ουσ. ο.* trap, snare
δοκάρι [dikari] *ουσ. ο.* beam, rafter
δοκησίσοφος [dokisisofos] *επ.* presumptuous
δοκιμάζω [dokimazo] *ρ.* try, test
δοκιμασία [dokimasia] *ουσ. θ.* trial, test
δοκιμασμένος [dikimasmenos] *επ.* tried, put to test
δοκιμαστής [dokimastis] *ουσ. α.* tester
δοκιμαστικός [dokimastikos] *επ.* tentative, testing
δοκιμή [dokimi] *ουσ. θ.* trial, test
δοκίμιο [dokimio] *ουσ. ο.* essay
δόκιμος [dokimos] *επ.* tested, essayed
δοκός [dokos] *ουσ. θ.* beam, grider
δολάριο [dolario] *ουσ. ο.* dollar
δολερός [doleros] *επ.* cunning, sly
δολιεύομαι [dolievome] *ρ.* intrigue, cheat
δόλιος [dolios] *επ.* fraudulent
δολιότητα [doliotita] *ουσ. θ.* fraud, deceit
δολοπλοκία [doloplokia] *ουσ. θ.* intrigue, plot
δόλος [dolos] *ουσ. α.* fraud
δολοφονία [dolofonia] *ουσ. θ.* assassination, murder
δολοφόνος [dolofonos] *ουσ. α. /θ.* murderer, assassin
δολοφονώ [dolofono] *ρ.* murder, assassinate
δόλωμα [doloma] *ουσ. ο.* bait, lure, decoy
δολώνω [dolono] *ρ.* bait, decoy
δομή [domi] *ουσ. θ.* srtructure
δόνηση [donisi] *ουσ. θ.* vibration, shock
δονητικός [donitikos] *επ.* vibratory
δόντι [dondi] *ουσ. ο.* (ανατ.) tooth
δονώ [dono] *ρ.* vibrate, shake
δόξα [doxa] *ουσ. θ.* glory, fame
δοξάζω [doxazo] *ρ.* glorify, praise
δοξάρι [doxari] *ουσ. ο.* bow, fiddle-stick
δοξασία [doxasia] *ουσ. θ.*

belief
δοξαστικός [doxastikos] *επ.* glorifying
δοξολογία [doxoloyia] *ουσ. θ.* doxology
δοξολογώ [doxoloyo] *ρ.* praise, glorify
δόρυ [dori] *ουσ. ο.* javelin
δορυφόρος [doriforos] *ουσ. α.* satellite
δόση [dosi] *ουσ. θ.* giving, dose
δοσίλογος [dosiloyos] *ουσ. α.* liable to give an account
δόσιμο [dosimo] *ουσ. ο.* giving
δοσοληψία [dosolipsia] *ουσ. θ.* transaction
δούκας [dookas] *ουσ. α.* duke
δουκάτο [dookato] *ουσ. ο.* dukedom
δούκισσα [dookisa] *ουσ. θ.* duchess
δουλεία [doolia] *ουσ. θ.* slavery
δουλειά [doolia] *ουσ. θ.* work, business, job
δουλεμπόριο [dooleborio] *ουσ. ο.* slave-traffic
δουλέμπορος [dooleboros] *ουσ. α.* slave-trader
δουλευτής [dooleftis] *επ.* hard-worker
δουλεύω [doolevo] *ρ.* work
δούλεψη [doolepsi] *ουσ. θ.* work, labour
δουλικός [doolikos] *επ.* servile
δουλοπρέπεια [dooloprepia] *ουσ. θ.* servility
δουλοπρεπής [dooloprepis] *επ.* servile
δούλος [doolos] *ουσ. α.* servant, slave
δούρειος [doorios] *ουσ. α.* (ιστ.) a wooden horse
δοχείο [dohio] *ουσ. ο.* pot, vase
δράκαινα [drakena] *ουσ. θ.* (ζωολ.) ogress
δράκος [drakos] *ουσ. α.* (μυθ.) dragon
δράμα [drama] *ουσ. ο.* drama, play
δραματικά [dramatika] *επίρ.* dramatically
δραματικός [dramatikos] *επ.* dramatical
δραματογράφος [dramatoyrafos] *ουσ. α.* dramatist
δραματοποίηση [dramatopiisi] *ουσ. θ.*

dramatizing

δραματοποιός [dramatopios] *ουσ. α.* dramatic poet

δραματοποιώ [dramatopio] *ρ.* dramatize

δράμι [drami] *ουσ. ο.* dram

δραπέτευση [drapetefsi] *ουσ. θ.* escape

δραπετεύω [drapetevo] *ρ.* escape, run away

δραπέτης [drapetis] *ουσ. α.* fugitive, runaway

δράση [drasi] *ουσ. θ.* action

δρασκελιά [draskelia] *ουσ. θ.* stride

δραστήριος [drastirios] *επ.* active, energetic

δραστηριότητα [drastiriotita] *ουσ. θ.* activity, energy

δράστης [drastis] *ουσ. α.* perpetrator

δραστικός [drastikos] *επ.* drastic, efficient

δραχμή [drahmi] *ουσ. θ.* drachma

δρεπάνι [drepani] *ουσ. ο.* scythe

δρεπανοειδής [drepanoidis] *επ.* sickle-like

δρέπω [drepo] *ρ.* pick, gather

δριμύς [drimis] *επ.* acrid, severe

δριμύτητα [drimitita] *ουσ. θ.* acridness, severity

δρομάκι [dromaki] *ουσ. ο.* narrow street

δρομέας [dromeas] *ουσ. α. /θ.* runner, courier

δρομολόγιο [dromoloyio] *ουσ. ο.* time-table, itinerary

δρομόμετρο [dromometro] *ουσ. ο.* speedometer

δρόμος [dromos] *ουσ. α.* road, street

δροσερός [droseros] *επ.* cool, fresh

δροσιά [drosia] *ουσ. θ.* coolness

δροσίζω [drosizo] *ρ.* cool, refresh

δροσιστικός [drosistikos] *επ.* cooling, refreshing

δρύινος [driinos] *επ.* oak

δρυμός [drimos] *ουσ. α.* wood. forest

δρυς [dris] *ουσ. θ.* oak-tree

δρω [dro] *ρ.* act, do, work

δυαδικός [diadikos] *επ.* dual, binary

δυαδισμός [diadismos] *ουσ. α.* dualism

δύναμη [dinami] *ουσ. θ.*

power, force
δυναμική [dinamiki] *ουσ. θ.* dynamics
δυναμικός [dinamikos] *επ.* dynamic, vigorous
δυναμίτιδα [dinamitida] *ουσ. θ.* dynamite
δυναμιτιστής [dinamitistis] *ουσ. α.* dynamiter
δυναμόμετρο [dinamometro] *ουσ. ο.* dynamometer
δυνάμωμα [dinamoma] *ουσ. ο.* strengthening
δυναμώνω [dinamono] *ρ.* strengthen
δυναμωτικός [dinamotikos] *επ.* strengthening
δυναστεία [dinastia] *ουσ. θ.* dynasty, domination
δυνάστευση [dinastefsi] *ουσ. θ.* oppression
δυναστευτικός [dinasteftikos] *επ.* oppressing, ruling
δυναστεύω [dinastevo] *ρ.* dominate, oppress
δυνάστης [dinastis] *ουσ. α.* ruler, sovereign
δυνατός [dinatos] *επ.* strong, powerful
δυνατότητα [dinatotita] *ουσ. θ.* possibility
δύνη [dini] *ουσ. θ.* dyne
δυνητικός [dinitikos] *επ.* potential
δύο [dio] *επ. /ουσ. ο.* two
δυόσμος [diosmos] *ουσ. α.* (βοτ.) mint, spearmint
δυσανάγνωστος [disanaynostos] *επ.* illegible, difficult to read
δυσαναλογία [disanaloyia] *ουσ. θ.* disproportion
δυσανάλογος [disanaloyos] *επ.* disproportionate
δυσαναπλήρωτος [disanaplirotos] *επ.* irreplaceable
δυσανασχέτηση [disanashetisi] *ουσ. θ.* impatience
δυσανασχετώ [disanasheto] *ρ.* be anxious
δυσαρέσκεια [disareskia] *ουσ. θ.* displeasure, discontent
δυσαρεστημένος [disarestimenos] *επ.* displeased
δυσάρεστος [disarestos] *επ.* disagreeable, unpleasant
δυσαρεστώ [disaresto] *ρ.* displease, dissatisfy
δυσαρμονία [disarmonia] *ουσ.*

θ. discord, dissonance
δυσαρμονικός [disarmonikos] *επ.* incompatible, inharmonious
δυσβάστακτος [disvastakos] *επ.* unbearable, insupportable
δύσβατος [disvatos] *επ.* impassable
δυσδιάκριτος [disdiakritos] *επ.* indiscernible
δυσδιάλυτος [disdialitos] *επ.* insoluble
δυσεπίλυτος [disepilitos] *επ.* difficult to solve
δυσεύρετος [disevretos] *επ.* difficult to find
δύση [disi] *ουσ. θ.* sunset, setting, west
δύσθυμος [disthimos] *επ.* depressed, sad
δύσκαμπτος [diskabtos] *επ.* stiff, hard to bend
δυσκαμψία [diskampsia] *ουσ. θ.* stiffness, rigidness
δυσκινησία [diskinisia] *ουσ. θ.* sluggishness
δυσκίνητος [siskinitos] *επ.* sluggish, slow
δυσκοίλιος [diskilios] *επ.* constipated
δυσκοιλιότητα [diskiliotita] *ουσ. θ.* constipation
δυσκολεύομαι [diskolevome] *ρ.* meet difficulties
δυσκολεύω [diskolevo] *ρ.* impede, make difficult
δυσκολία [diskolia] *ουσ. θ.* difficulty, hardness
δύσκολος [diskolos] *επ.* difficult, hard
δυσμένεια [dismenia] *ουσ. θ.* disfavour
δυσμενής [dismenis] *επ.* unfavourable
δύσμοιρος [dismiros] *επ.* unfortunate
δύσμορφος [dismorfos] *επ.* ugly, deformed
δυσνόητος [disnoitos] *επ.* difficult to understand
δυσοίωνος [disionos] *επ.* ill-omened
δυσοσμία [disosmia] *ουσ. θ.* bad smell
δύσοσμος [disosmos] *επ.* stinking, smelling badly
δύσπεπτος [dispeptos] *επ.* indigestible
δυσπεψία [dyspepsia] *ουσ. θ.* indigestion
δυσπιστία [dispistia] *ουσ. θ.* incredulity, mistrust

δύσπιστος [dispistos] *επ.* incredulous
δυσπιστώ [dispisto] *ρ.* mistrust
δύσπνοια [dispnia] *ουσ. θ.* dyspnoea, difficulty in breathing
δυσπραγία [disprayia] *ουσ. θ.* adversity, misfortune
δυσπρόσιτος [disprositos] *επ.* inaccessible
δύστροπος [distropos] *επ.* perverse
δυστύχημα [distihima] *ουσ. ο.* accident
δυστυχής [distihis] *επ.* unhappy, unlucky
δυστυχία [distihia] *ουσ. θ.* misfortune
δυστυχώ [distiho] *ρ.* be unfortunate, be unhappy
δυσφήμηση [disfimisi] *ουσ. θ.* defamation, slander
δυσφημώ [disfimo] *ρ.* defame, slander
δυσφορία [disforia] *ουσ. θ.* impatience, anxiety
δυσχεραίνω [dishereno] *ρ.* make difficult
δυσχέρεια [disheria] *ουσ. θ.* difficulty
δυσχερής [disheris] *επ.* difficult, hard
δύσχρηστος [dishristos] *επ.* inconvenient, difficult
δυσωδία [disodia] *ουσ. θ.* bad smell
δύτης [ditis] *ουσ. α.* diver
δυτικός [ditikos] *επ.* western, west
δύω [dio] *ρ.* set, sink
δώδεκα [dodeka] *επ.* /*ουσ. ο.* twelve
δωδεκάδα [dodekada] *ουσ. θ.* dozen
δωδεκάμηνος [dodekaminos] *επ.* of twelve months
δωδεκαπλάσιος [dodekaplasios] *επ.* twelvefold
δωδέκατος [dodekatos] *επ.* twelfth
δώμα [doma] *ουσ. ο.* terrace, roof
δωμάτιο [domatio] *ουσ. ο.* room, chamber
δωρεά [dorea] *ουσ. θ.* donation, gift
δωρεάν [dorean] *επίρ.* freely, gratis
δωρητής [doritis] *ουσ. α.* donor

δωρίζω [dorizo] *ρ.* offer, grant
δωρικός [dorikos] *επ.* doric
δώρο [doro] *ουσ. ο.* present, gift
δωροδοκία [dorodokia] *ουσ. θ.* bribery, bribing
δωροδοκώ [dorodoko] *ρ.* bribe

Ε

Ε, ε [epsilon] *ουσ. ο.* the fifth letter of the Greek alphabet
εάν [ean] *σύνδ.* if, whether, in case
εαρινός [earinos] *επ.* spring
εαυτός [eaftos] *ουσ. α.* self
εβδομάδα [evdomada] *ουσ. θ.* week
εβδομαδιαίος [evdomadieos] *επ.* weekly
εβδομηκοστός [evdomikostos] *επ.* seventieth
εβδομήντα [evdominda] *επ. /ουσ. ο.* seventy
εβδομηντάρης [evdomindaris] *επ.* seventy years old
έβδομος [evdomos] *επ.* seventh
εβένινος [eveninos] *επ.* ebony
έβενος [evenos] *ουσ. α.* ebony
Εβραίος [evreos] *ουσ. α.* Jew, Hebrew
έγγαμος [egamos] *επ.* married
εγγαστρίμυθος [egastrimithos] *επ.* ventriloquous
εγγίζω [egizo] *ρ.* approach
εγγλέζικος [eglezikos] *επ.* english
Εγγλέζος [eglezos] *ουσ. α.* Englishman
εγγονή [egoni] *ουσ. θ.* granddaughter
εγγόνι [egoni] *ουσ. ο.* grandchild
εγγονός [egonos] *ουσ. α.* grandson
εγγράμματος [eyramatos] *επ.* educated, literate
εγγραφή [eyrafi] *ουσ. θ.* registration, registry

έγγραφο [eyrafo] *ουσ. ο.* document, paper

εγγράφω [egrafo] *ρ.* register, record

εγγύηση [egiisi] *ουσ. θ.* guarantee

εγγυητής [egiitis] *ουσ. α.* guarantor

εγγυούμαι [egioome] *ρ.* guarantee

εγείρω [egiro] *ρ.* raise, erect

έγερση [eyersi] *ουσ. θ.* rising, erection

εγερτήριο [eyertirio] *ουσ. ο.* reveille

εγκάθειρκτος [egathirktos] *επ.* imprisoned

εγκαθίδρυση [egathidrisi] *ουσ. θ.* installation, establishment

εγκαθιδρύω [egathidrio] *ρ.* install, establish

εγκαθιστώ [egthisto] *ρ.* establish

εγκαίνια [egenia] *ουσ. ο. πληθ.* inauguration

εγκαινιάζω [egeniazo] *ρ.* inaugurate

έγκαιρος [egeros] *επ.* opportunate, on time

εγκάρδιος [egardios] *επ.* hearty, cordial

εγκάρσιος [egersios] *επ.* transversal

εγκαρτερώ [egartero] *ρ.* endure, persevere

εγκαταλείπω [egatalipo] *ρ.* abandon, leave, quit

εγκατάλειψη [egatalipsi] *ουσ. θ.* abandonment

εγκατάσταση [egatastasi] *ουσ. θ.* installation, establishment

έγκαυμα [egavma] *ουσ. ο.* burn

εγκεφαλικός [egefalikos] *επ.* cerebral

εγκεφαλίτιδα [egefalitida] *ουσ. θ.* (ιατρ.) encephalitis

εγκέφαλος [egefalos] *ουσ. α.* (ανατ.) brain

εγκλείω [eglio] *ρ.* enclose

έγκλημα [eglima] *ουσ. ο.* crime

εγκληματίας [eglimatias] *ουσ. α.* criminal

εγκληματικός [eglimatikos] *επ.* criminal

εγκληματικότητα [eglimatikotita] *ουσ. θ.* criminality

εγκλιματίζω [eglimatizo] *ρ.*

acclimatize
εγκλιματισμός [eglimatismos] *ουσ. α.* aclimation
έγκλιση [eglisi] *ουσ. θ.* mood
εγκλωβίζω [eglovizo] *ρ.* put in a cage
εγκόλπιο [egolpio] *ουσ. ο.* amulet. talisman
εγκοπή [egopi] *ουσ. θ.* cut, incision
εγκόσμιος [egosmios] *επ.* earthly
εγκράτεια [egratia] *ουσ. θ.* temperance
εγκρατής [egratis] *επ.* temperate
εγκρίνω [egrino] *ρ.* approve
έγκριση [egrisi] *ουσ. θ.* approval
εγκύκλιος [egiklios] *ουσ. θ.* circular
εγκυκλοπαίδεια [egiklopedia] *ουσ. θ.* encyclopaedia
εγκυκλοπαιδικός [egiklopedikos] *επ.* encyclopaedic
εγκυμονώ [egimono] *ρ.* be pregnant
εγκυμοσύνη [egimosini] *ουσ. θ.* pregnancy
έγκυος [egios] *επ.* pregnant
έγκυρος egiros] *επ.* valid
εγκυρότητα [egirotita] *ουσ. θ.* validity
εγκωμιάζω [egomiazo] *ρ.* praise
εγκώμιο [egomio] *ουσ. ο.* praise
έγνοια [eynia] *ουσ. θ.* care, concern
εγρήγορση [eyriyorsi] *ουσ. θ.* vigilance, wakefulness
εγχαράσσω [eyharaso] *ρ.* engrave
εγχείρημα [eyhirima] *ουσ. ο.* undertaking
εγχείρηση [eyhirisi] *ουσ. θ.* operation
εγχειρίδιο [eyhiridio] *ουσ. ο.* hand-knife, dagger
εγχειρίζω [eyhirizo] *ρ.* operate
έγχορδος [eyhordos] *επ.* stringed
έγχρωμος [eyhromos] *επ.* coloured
εγχώριος [eyhorios] *επ.* domestic, native, local
εγώ [ego] *αντ. προσ.* I
εγωισμός [eyoismos] *ουσ. α.* egoism, selfishness
εγωιστής [eyoistis] *ουσ. α.*

egoist, selfish
εγωιστικός [eyoistikos] *επ.* selfish, egoistic
εγωκεντρικός [egokendrikos] *επ.* egocentred
εγωπαθής [egopathis] *επ.* egomaniac
εδαφικός [edafikos] *επ.* territorial
εδάφιο [edafio] *ουσ. ο.* paragraph
έδαφος [edafos] *ουσ. ο.* soil, ground
έδεσμα [edesma] *ουσ. ο.* meal, dish
έδρα [edra] *ουσ. θ.* seat, chair
εδραιώνω [edreono] *ρ.* make firm, establish
εδραίωση [edreosi] *ουσ. θ.* strengthening
εδρεύω [edrevo] *ρ.* reside, sit
εδώ [edo] *επίρ.* here, hither
εδώλιο [edolio] *ουσ. ο.* bench, seat
εθελοντής [ethelondis] *ουσ. α.* volunteer
εθελοντικός [ethelondikos] *επ.* voluntary
εθελοτυφλώ [ethelotiflo] *ρ.* be wilfully blind
εθίζω [ethizo] *ρ.* accustom, familiarize
έθιμο [ethimo] *ουσ. ο.* custom, habit
εθιμοτυπία [ethimotipia] *ουσ. θ.* etiquette, ceremony
εθισμός [ethismos] *ουσ. α.* habituation, addiction
εθνάρχης [ethnarhis] *ουσ. α.* national leader
εθνεργεσία [ethneryesia] *ουσ. θ.* national revolution
εθνικισμός [ethnikismos] *ουσ. α.* nationalism
εθνικιστής [ethnikistis] *ουσ. α.* nationalist
εθνικοποίηση [ethnikopiisi] *ουσ. θ.* nationalization
εθνικοποιώ [ethnikopio] *ρ.* nationalize
εθνικός [ethnikos] *επ.* national
εθνικότητα [ethnikotita] *ουσ. θ.* nationality
εθνολογία [ethnolia] *ουσ. θ.* ethnology
εθνομάρτυρας [ethnomartiras] *ουσ. α.* national hero
έθνος [ethnos] *ουσ. ο.* nation
εθνόσημο [ethnosimo] *ουσ. ο.* national emblem

εθνοσυνέλευση [ethnosinelefsi] *ουσ. θ.* national assembly
εθνότητα [ethnotita] *ουσ. θ.* nationality
εθνοφρουρά [ethnofroora] *ουσ. θ.* national guard
εθνοφύλακας [ethnofilakas] *ουσ. α.* militiaman
εθνοφυλακή [ethnofilaki] *ουσ. θ.* national guard, militia
ειδεμή [idemi] *επίρ.* otherwise
ειδίκευση [idikefsi] *ουσ. θ.* specialization
ειδικεύω [idikevo] *ρ.* specialize
ειδικός [idikos] *επ.* special, specific, *ουσ. α.* expert
ειδικότητα [idikotita] *ουσ. θ.* speciality
ειδοποίηση [idopiisi] *ουσ. θ.* notice, notification
ειδοποιητήριο [idopitirio] *ουσ. ο.* notification
ειδοποιητικός [idopiitikos] *επ.* informing, informative
ειδοποιώ [idopio] *ρ.* notify, inform
είδος [idos] *ουσ. ο.* kind, sort. species
ειδυλλιακός [idiliakos] *επ.* idyllic
ειδύλλιο [idilio] *ουσ. ο.* idyl
είδωλο [idolo] *ουσ. ο.* idol
ειδωλολάτρης [idololatris] *ουσ. α.* pagan
ειδωλολατρικός [idololatrikos] *επ.* idolatrous
εικάζω [ikazo] *ρ.* presume, conjecture
εικασία [ikasia] *ουσ. θ.* conjecture
εικαστικός [ikastikos] *επ.* conjectural. pictorial
εικόνα [ikona] *ουσ. θ.* image, picture
εικονίζω [ikonizo] *ρ.* represent, picture
εικονικός [ikonikos] *επ.* figurative. typical
εικόνισμα [ikonisma] *ουσ. ο.* sacred image
εικονογράφηση [ikonoyrafisi] *ουσ. θ.* illustration, drawing
εικονογράφος [ikonoyrafos] *ουσ. α. /θ.* illustrator, picture-drawer
εικονογραφώ [ikonoyrfo] *ρ.* illustrate, draw
εικονοκλαστικός [ikonoklastikos] *επ.*

Ε

iconoclastic
εικονολατρία [ikonolatria] *ουσ. θ.* iconolatry
εικονομαχία [ikonomahia] *ουσ. θ.* iconoclasm
εικονοστάσιο [ikonostasio] *ουσ. ο.* shrine
εικοσαετία [ikosaetia] *ουσ. θ.* twenty years
εικοσαπλασιάζω [ikosaplasiazo] *ρ.* multiply by twenty
εικοσαπλάσιος [ikosaplasios] *επ.* twentyfold
είκοσι [ikosi] *επ.* /*ουσ. ο.* twenty
εικοστός [ikostos] *επ.* twentieth
ειλεός [ileos] *ουσ. α.* (ιατρ.) ileum
ειλικρίνεια [ilikrinia] *ουσ. θ.* sincerity, frankness
ειλικρινής [ilikrinis] *επ.* sincere, frank
είμαι [ime] *ρ.* be, exist
είναι [ine] *ρ.* be, is, *ουσ. ο. άκλ.* being, existence
ειρήνευση [irinefsi] *ουσ. θ.* pacification
ειρηνευτής [irineftis] *ουσ. α.* peacemaker
ειρηνεύω [irinevo] *ρ.* pacify, calm
ειρήνη [irini] *ουσ. θ.* peace, quiet
ειρηνικός [irinikos] *επ.* peaceful, quiet
ειρηνιστής [irinistis] *ουσ. α.* pacifist
ειρηνοδικείο [irinodikio] *ουσ. ο.* magistrate's court
ειρηνοδίκης [irinodikis] *ουσ. α.* /*θ.* Justice of the Peace, magistrate
ειρηνοποιός [irinopios] *ουσ. α.* peacemaker
ειρηνοποιώ [irinopio] *ρ.* pacify
ειρηνόφιλος [irinofilos] *επ.* pacifist
ειρμός [irmos] *ουσ. α.* series, coherence
ειρωνεία [ironia] *ουσ. θ.* irony, sarcasm
ειρωνεύομαι [ironevome] *ρ.* speak ironically
ειρωνικός [ironikos] *επ.* ironical, sarcastic
εισαγγελέας [isageleas] *ουσ. α.* /*θ.* district attorney, public prosecutor
εισαγγελία [isagelia] *ουσ. θ.*

public prosecutor's office
εισάγω [isayo] *ρ.* introduce. import. Insert
εισαγωγή [isayoyi] *ουσ. θ.* introduction. import
εισαγωγικός [isayoyikos] *επ.* introductory
εισακούω [isakooo] *ρ.* listen, accept
εισβολέας [isvoleas] *ουσ. α.* /*θ.* invader
εισβολή [isvoli] *ουσ. θ.* invasion
εισέρχομαι [iserhome] *ρ.* come in, enter
εισήγηση [isiyisi] *ουσ. θ.* suggestion, introduction
εισηγητής [isiyitis] *ουσ. α.* introducer, spokesman
εισηγούμαι [isiyoome] *ρ.* suggest, introduce
εισιτήριο [isitirio] *ουσ. ο.* ticket
εισιτήριος [isitirios] *επ.* entrance
εισόδημα [isodima] *ουσ. ο.* income, revenue
είσοδος [isodos] *ουσ. θ.* entrance, admission
εισορμώ [isormo] *ρ.* rush in
εισπλέω [ispleo] *ρ.* sail into a harbour
εισπνέω [ispneo] *ρ.* inhale, breath in, inspire
εισπνοή [ispnoi] *ουσ. θ.* inhalation, inspiration
εισπράκτορας [ispraktoras] *ουσ. α.* collector, receiver
είσπραξη [ispraxi] *ουσ. θ.* collection, receipt
εισπράττω [isprato] *ρ.* collect, gather
εισφορά [isfora] *ουσ. θ.* contribution, share
εισχώρηση [ishorisi] *ουσ. θ.* penetration
εισχωρώ [ishoro] *ρ.* penetrate
είτε [ite] *σύνδ.* either, whether.... or
έιτζ [eij] *ουσ. ο. άκλ.* AIDS (Acquired Immune Deficiency Syndrom)
έκαστος [ekastos] *επ.* each, every one
εκατό [ekato] *επ.* /*ουσ. ο.* a hundred
εκατόμβη [ekatomvi] *ουσ. θ.* hecatomb
εκατομμύριο [ekatomirio] *ουσ. ο.* million
εκατομμυριούχος [ekatomirioohos] *επ.*

Ε

millionaire
εκατοντάδα [ekatondada] *ουσ. θ.* a hundred
εκατονταετής [ekatondaetis] *επ.* centennial
εκατονταετία [ekatondaetia] *ουσ. θ.* century
εκατόνταρχος [ekatondarhos] *ουσ. α.* centurion
εκατοντάφυλλος [ekatondafilos] *επ.* having a hundred leaves
εκατοστό [ekatosto] *ουσ. ο.* the hundredth part, cent
εκατοστός [ekatostos] *επ.* hundredth
εκβάθυνση [ekvathinsi] *ουσ. θ.* deeping
εκβάλλω [ekvalo] *ϱ.* flow, empty into
έκβαση [ekvasi] *ουσ. θ.* outcome, result
εκβιάζω [ekviazo] *ϱ.* extort, blackmail
εκβιασμός [ekviasmos] *ουσ. α.* blackmail, forcing
εκβιαστής [ekviastis] *ουσ. α.* extortioner, blackmailer
εκβιομηχάνηση [ekviomihanisi] *ουσ. θ.* industrialization
εκβολή [ekvoli] *ουσ. θ.* expulsion, discharge
εκγυμνάζω [ekyimnazo] *ϱ.* exercise, train
εκγύμναση [ekyimnasi] *ουσ. θ.* drilling, training
εκγυμνώνω [ekyimnono] *ϱ.* strip
έκδηλος [ekdilos] *επ.* evident, obvious
εκδηλώνω [ekdilono] *ϱ.* manifest, express, show
εκδήλωση [ekdilosi] *ουσ. θ.* manifestation, expression
εκδηλωτικός [ekdilotikos] *επ.* declaratory
εκδίδω [ekdido] *ϱ.* publish, issue
εκδικάζω [ekdikazo] *ϱ.* judge
εκδίκαση [ekdikasi] *ουσ. θ.* hearing, judgement
εκδίκηση [ekdikisi] *ουσ. θ.* revenge
εκδικητής [ekdikitis] *ουσ. α.* avenger, revenger
εκδικητικός [ekdikitikos] *επ.* avenging, revengeful
εκδικούμαι [ekdikoome] *ϱ.* avenge, revenge
εκδορά [ekdora] *ουσ. θ.* excoriation

έκδοση [ekdosi] *ουσ. θ.*
edition, issue
εκδότης [ekdotis] *ουσ. α. /θ.*
publisher, issuer
εκδοτικός [ekdotikos] *επ.*
publishing, issuing
έκδοτος [ekdotos] *επ.*
addicted
εκδούλευση [ekdoolefsi] *ουσ. θ.* service, favour
εκδοχή [ekdohi] *ουσ. θ.*
acceptance, acceptation
εκδρομή [ekdromi] *ουσ. θ.*
excursion, trip
εκεί [eki] *επίρ.* there
εκείνος [ekinos] *αντ.* that
εκεχειρία [ekehiria] *ουσ. θ.*
armistice, cessation
έκζεμα [ekzema] *ουσ. ο.*
(ιατρ.) eczema
έκθαμβος [ekthamvos] *επ.*
amazed, dazzled
εκθαμβώνω [ekthanvono] *ρ.*
dazzle, amaze
εκθαμβωτικός
[ekthamvotikos] *επ.* dazzling, amazing
εκθειάζω [ekthiazo] *ρ.* exalt
εκθειασμός [ekthiasmos] *ουσ. α.* exaltation, praising
έκθεμα [ekthema] *ουσ. ο.*
exhibit
έκθεση [ekthesi] *ουσ. θ.*
exhibition, show
εκθέτης [ekthetis] *ουσ. α. /θ.*
exhibitor, exposer
έκθετος [ekthetos] *επ.*
exposed, helpless
εκθέτω [ektheto] *ρ.* expose, exhibit
εκθήλυνση [ekthilinsi] *ουσ. θ.*
effeminacy
εκθηλύνω [ekthilino] *ρ.*
effeminate
έκθλιψη [ekthlipsi] *ουσ. θ.*
elision, extraction
εκθρονίζω [ekthronizo] *ρ.*
dethrone
εκθρόνιση [ekthrinisi] *ουσ. θ.*
dethronement
εκκαθαρίζω [ekathrizo] *ρ.*
clean, clear
εκκαθάριση [ekatharisi] *ουσ. θ.* cleaning, purification
εκκεντρικός [ekendrikos] *επ.*
eccentric
εκκεντρικότητα
[ekendrikotita] *ουσ. θ.*
eccentricity
εκκενώνω [ekenono] *ρ.*
empty, evacuate
εκκένωση [ekenosi] *ουσ. θ.*

E

emptying, evacuation
εκκίνηση [ekinisi] *ουσ. θ.* starting out, departure, setting off
έκκληση [eklisi] *ουσ. θ.* appeal
εκκλησία [eklisia] *ουσ. θ.* church
εκκλησιάζομαι [eklisiazome] *ρ.* go to church
εκκλησίασμα [eklisiasma] *ουσ. ο.* congregation
εκκλησιαστικός [eklisiastikos] *επ.* (of) church
εκκοκκίζω [ekokizo] *ρ.* gin, husk
εκκοκκιστικός [ekokistikos] *επ.* shelling, ginning
εκκολαπτήριο [ekolaptirio] *ουσ. ο.* incubator
εκκολάπτω [ekolapto] *ρ.* hutch eggs
εκκόλαψη [ekolapsi] *ουσ. θ.* hatching, incubation
εκκρεμές [ekremes] *ουσ. ο.* pendulum
εκκρεμής [ekremis] *επ.* pending
εκκρίνω [ekrino] *ρ.* secrete
έκκριση [ekrisi] *ουσ. θ.* secretion
εκκριτικός [ekrtikos] *επ.* secretory
εκκωφαντικός [ekofandikos] *επ.* deafening
εκλαΐκευση [eklaikefsi] *ουσ. θ.* popularization
εκλαϊκεύω [eklaikevo] *ρ.* popularize
εκλαμβάνω [eklamvano] *ρ.* take for
εκλέγω [ekleyo] *ρ.* choose, select, elect
εκλείπω [eklipo] *ρ.* vanish, disappear
εκλεκτικός [eklektikos] *επ.* eclectic, selective
εκλεκτικότητα [eklektikotita] *ουσ. θ.* selectiveness
εκλεκτός [eklektos] *επ.* select, chosen
εκλεπτύνω [ekleptino] *ρ.* make thin, slim
εκλεπτυσμένος [ekleptismenos] *επ.* civilized, refined
εκλιπαρώ [ekliparo] *ρ.* entreat, implore
εκλογέας [ekloyeas] *ουσ. α.* voter, elector
εκλογή [ekloyi] *ουσ. θ.* choice, selection. election

εκλογικός [ekloyikos] *επ.* electoral
έκλυτος [eklitos] *επ.* dissolute, dissipated
εκμάθηση [ekmathisi] *ουσ. θ.* thorough learning
εκμεταλλεύομαι [ekmetalevome] *ρ.* exploit, profit
εκμετάλλευση [ekmetalefsi] *ουσ. θ.* exploitation
εκμεταλλευτής [ekmetaleftis] *ουσ. α.* exploiter
εκμηδενίζω [ekmidenizo] *ρ.* annihilate
εκμηδένιση [ekmidenisi] *ουσ. θ.* annihilation
εκμισθώνω [ekmisthono] *ρ.* lease, rent
εκμίσθωση [ekmisthosi] *ουσ. θ.* lease, renting
εκμισθωτής [ekmisthotis] *ουσ. α.* leasor, hirer
εκμυζώ [ekmizo] *ρ.* suck out, drain
εκμυστηρεύομαι [ekmistirefome] *ρ.* confide, confess
εκνευρίζω [eknevrizo] *ρ.* get on one's nerves, enervate
εκνευρισμός [eknevrismos] *ουσ. α.* enervation
εκνευριστικός [eknevristikos] *επ.* enervating, annoying
έκνομος [eknomos] *επ.* illegal, unlawful
εκούσιος [ekoosios] *επ.* voluntary
εκπαίδευση [ekpedefsi] *ουσ. θ.* education, instruction
εκπαιδευτήριο [ekpedeftirio] *ουσ. ο.* institute, school
εκπαιδευτής [ekpedeftis] *ουσ. α.* educator, instructor
εκπαιδευτικός [ekpedeftikos] *επ.* educational, instructive
εκπαιδεύω [ekpedevo] *ρ.* educate, instruct
εκπαρθένευση [ekparthenefsi] *ουσ. θ.* deflowering
εκπατρίζω [ekpatrizo] *ρ.* expatriate
εκπατρισμός [ekpatrismos] *ουσ. α.* expatriation
εκπέμπω [ekpebo] *ρ.* emit, send out
εκπηγάζω [ekpiyazo] *ρ.* emanate, spring, flow out
εκπληκτικός [ekpliktikos] *επ.* astonishing, surprising, amazing

έκπληξη [ekplixi] *ουσ. θ.* surprise, astonishment
εκπληρώνω [ekplirono] *ρ.* fulfil, perform, accomplish
εκπλήρωση [ekplirosi] *ουσ. θ.* fulfillment, performance, accomplishment
εκπλήσσω [ekpliso] *ρ.* surprise, astonish, amaze
εκπνοή [ekpnoi] *ουσ. θ.* expiration, exhalation
εκποίηση [ekpiisi] *ουσ. θ.* sale, disposal
εκποιώ [ekpio] *ρ.* sell, dispose off
εκπολιτίζω [ekpolitizo] *ρ.* civilize, refine
εκπολιτισμός [ekpolitismos] *ουσ. α.* civilization
εκπολιτιστικός [ekpolitistikos] *επ.* civilizing
εκπομπή [ekpobi] *ουσ. θ.* emission. broadcasting
εκπόνηση [ekponisi] *ουσ. θ.* elaboration, finishing
εκπορεύομαι [ekporevome] *ρ.* emanate, come from
εκπρόθεσμος [ekprothesmos] *επ.* overdue, out of date
εκπροσώπηση [ekprosorisi] *ουσ. θ.* representation
εκπρόσωπος [ekprosopos] *ουσ. α. /θ.* representative, delegate
εκπροσωπώ [ekprosopo] *ρ.* represent
έκπτωση [ekptosi] *ουσ. θ.* discount
εκπυρσοκρότηση [ekpirsokrotisi] *ουσ. θ.* shot, detonation
εκπυρσοκροτώ [ekpirsokroto] *ρ.* detonate, fire
εκρήγνυμαι [ekriynime] *ρ.* burst, explode
εκρηκτικός [ekriktikos] *επ.* explosive
έκρηξη [ekrixi] *ουσ. θ.* explosion, outburst
εκριζώνω [ekrizono] *ρ.* root out, eradicate
εκρίζωση [ekrizosi] *ουσ. θ.* eradication
έκρυθμος [ekrithmos] *επ.* abnormal, irregular
εκσκαφή [ekskafi] *ουσ. θ.* excavation, digging out
έκσταση [ekstasi] *ουσ. θ.* ecstacy
εκστατικός [ekstatikos] *επ.* ecstatic
εκστρατεία [ekstratia] *ουσ. θ.*

expedition, campaign
εκστρατεύω [ekstratevo] *ρ.* make an expedition, march against
εκσφενδονίζω [eksfendonizo] *ρ.* hurl, sling
έκτακτος [ektaktos] *επ.* extraordinary, exceptional
έκταση [ektasi] *ουσ. θ.* extent, area
εκτατός [ektatos] *επ.* extensible, expansible
εκταφή [ektafi] *ουσ. θ.* exhumation
εκτεθειμένος [ektethimenos] *επ.* exposed
εκτείνω [ektino] *ρ.* stretch, extend
εκτέλεση [ektelesi] *ουσ. θ.* performance, execution
εκτελεστής [ektelestis] *ουσ. α.* executor
εκτελεστικός [ektelestikos] *επ.* executive
εκτελώ [ektelo] *ρ.* execute, perform
εκτελωνίζω [ektelonizo] *ρ.* clear through the customs
εκτελώνιση [ektelonisi] *ουσ. θ.* customs clearing
εκτενής [ektenis] *επ.* extensive
εκτίμηση [ektimisi] *ουσ. θ.* estimation. appreciation
εκτιμητής [ektimitis] *ουσ. α.* estimator
εκτιμώ [ektimo] *ρ.* estimate, appreciate
εκτίναξη [ektinaxi] *ουσ. θ.* shaking off
εκτομή [ektomi] *ουσ. θ.* cutting out, excision
εκτόνωση [ektonosi] *ουσ. θ.* relaxation, expansion
εκτόξευση [ektoxefsi] *ουσ. θ.* shooting, darting
εκτοξεύω [ektoxevo] *ρ.* dart, cast
εκτοπίζω [ektopizo] *ρ.* remove, displace
εκτόπιση [ektopisi] *ουσ. θ.* displacement, removing
εκτόπισμα [ektopisma] *ουσ. ο.* displacement
έκτος [ektos] *επ.* sixth
εκτός [ektos] *επίρ.* except, besides
έκτοτε [ektote] *επίρ.* since (then), ever since
εκτραχύνω [ektrahino] *ρ.* make rough
εκτρέπω [ektrepo] *ρ.* deviate

E

εκτρέφω [ektrefo] *ρ.* bring up
εκτροπή [ektropi] *ουσ. θ.* deviation
εκτροχιάζω [ektrohiazo] *ρ.* derail
εκτροχιασμός [ektrohiasmos] *ουσ. α.* derailment
έκτρωση [ektrosi] *ουσ. θ.* abortion
εκτυπώνω [ektipono] *ρ.* print
εκτύπωση [ektiposi] *ουσ. θ.* printing
εκτυφλωτικός [ektiflotikos] *επ.* blinding, dazzling
έκφανση [ekfansi] *ουσ. θ.* manifestation
εκφέρω [ekfero] *ρ.* express
εκφοβίζω [ekfovizo] *ρ.* intimidate
εκφοβιστικός [ekfovistikos] *επ.* intimidating
εκφορά [ekfora] *ουσ. θ.* funeral (procession)
εκφορτώνω [ekfortono] *ρ.* unload
εκφορτωτής [ekfortotis] *ουσ. α.* unloader
εκφράζω [ekfrazo] *ρ.* express, declare
έκφραση [ekfrasi] *ουσ. θ.* expression
εκφραστικός [ekfrastikos] *επ.* expressive
εκφραστικότητα [ekfrastikotita] *ουσ. θ.* expresiveness
εκφυλίζω [ekfilizo] *ρ.* defoliate, degenerate
εκφυλισμός [ekfilismos] *ουσ. α.* degeneration, corruption
έκφυλος [ekfilos] *επ.* degenerate
έκφυση [ekfisi] *ουσ. θ.* excrescence
εκφωνητής [ekfonitis] *ουσ. α.* announcer, speaker
εκφωνώ [ekfono] *ρ.* pronounce
εκχερσώνω [ekhersono] *ρ.* clear
εκχέρσωση [ekhersosi] *ουσ. θ.* clearing
εκχιονιστήρας [ekhionistiras] *ουσ. α.* snow-plough
εκχυδαΐζω [ekhidaizo] *ρ.* make vulgar
εκχυδαϊσμός [ekhidaismos] *ουσ. α.* vulgarization
εκχύλισμα [ekhilisma] *ουσ. ο.* extract
εκχύμωση [eyxymosi] *ουσ. θ.* rush of blood. blush

εκχώρηση [ekhorisi] *ουσ. θ.* cession
εκχωρώ [ekhoro] *ρ.* cede, grant
ελαιογραφία [eleoyrafia] *ουσ. θ.* oil-painting
ελαιόδενδρο [eleodendro] *ουσ. ο.* olive tree
ελαιόλαδο [eleolado] *ουσ. ο.* olive oil
ελαιόχρωμα [eleohroma] *ουσ. ο.* oil paint
ελαιοχρωματιστής [eleohromatistis] *ουσ. α.* painter
έλασμα [elasma] *ουσ. ο.* plate, sheet of metal
ελαστικός [elastikos] *επ.* elastic
ελαστικότητα [elastikotita] *ουσ. θ.* elasticity
ελατήριο [elatirio] *ουσ. ο.* spring
ελάτινος [elatinos] *επ.* of fir
ελάττωμα [elatoma] *ουσ. ο.* defect, fault
ελαττωματικός [elatomatikos] *επ.* defective, faulty
ελαττώνω [elatono] *ρ.* diminish, reduce, decrease
ελάφι [elafi] *ουσ. ο.* (ζωολ.) deer
ελαφίνα [elafina] *ουσ. θ.* (ζωολ.) hind
ελαφραίνω [elafreno] *ρ.* become lighter
ελαφρόμυαλος [elafromialos] *επ.* light-headed
ελαφρόπετρα [elafropetra] *ουσ. θ.* (ορυκτ.) pumice
ελαφρός [elafros] *επ.* light
ελαφρότητα [elafrotita] *ουσ. θ.* lightness
ελάφρυνση [elafrinsi] *ουσ. θ.* alleviaton, relief
ελαφρυντικός [elafrindikos] *επ.* alleviating
ελαφρώνω [elafrino] *ρ.* lighten, ease
ελάχιστος [elahistos] *επ.* least, smallest
ελεγκτής [elegtis] *ουσ. α.* controller, inspector
έλεγχος [eleyhos] *ουσ. α.* control, checking
ελέγχω [eleyho] *ρ.* control, check, verify
ελεεινός [eleinos] *επ.* miserable, pitiful
ελεημοσύνη [eleimosini] *ουσ. θ.* charity

Ελένη [eleni] *κύρ. όν. θ.* Helen
έλεος [eleos] *ουσ. ο.* mercy, pity
ελευθερία [eleftheria] *ουσ. θ.* liberty, freedom
ελεύθερος [eleftheros] *επ.* free
ελευθεροστομία [eleftherostomia] *ουσ. θ.* outspokeness
ελευθερόστομος [eleftherostomos] *επ.* outspoken
ελευθεροτυπία [eleftherotipia] *ουσ. θ.* liberty of the press
ελευθερώνω [eleftherono] *ρ.* free, set free
ελευθέρωση [eleftherosi] *ουσ. θ.* release
ελευθερωτής [eleftherotis] *ουσ. α.* liberator
ελέφαντας [elefantas] *ουσ. α.* (ζωολ.) elephant
ελεφάντινος [elefandinos] *επ.* ivory, elephantine
ελεφαντόδοντο [elafandodondo] *ουσ. ο.* ivory tusk
ελιγμός [eliymos] *ουσ. α.* winding, maneuvering
έλικας [elikas] *ουσ. α.* screw, spiral
ελικοειδής [elikoidis] *επ.* winding, spiral
ελικόπτερο [elikoptero] *ουσ. ο.* helicopter
ελιξήριο [elixirio] *ουσ. ο.* elixir
έλκηθρο [elkithro] *ουσ. ο.* sledge, sled
έλκος [elkos] *ουσ. ο.* (ιατρ.) ulcer, fester
ελκυστικός [elkistikos] *επ.* attractive
ελκύω [elkio] *ρ.* attract, charm
έλκω [elko] *ρ.* draw, pull
Ελλάδα [elada] *κύρ. όν. θ.* Hellas, Greece
ελλανοδίκης [elanodikis] *ουσ. α.* umpire
έλλειμμα [elima] *ουσ. ο.* deficit, shortage
ελλειπτικός [eliptikos] *επ.* elliptic. defective
έλλειψη [elipsi] *ουσ. θ.* deficiency, lack, shortage
Έλληνας [elinas] *ουσ. α.* Greek, Hellene
ελληνικός [elinikos] *επ.* Greek, Hellenic

ελληνισμός [elinismos] *ουσ. α.* hellenism
ελληνιστής [elinistis] *ουσ. α.* hellenist
ελληνιστικός [elinistikos] *επ.* hellenistic
ελληνορωμαϊκός [elinoromaikos] *επ.* Greco-Roman
ελληνόφωνος [elinofonos] *ουσ. α.* Greek-speaking
ελλιμένιση [elimenisi] *ουσ. θ.* anchoring, mooring
ελλιπής [elipis] *επ.* insufficient, incomplet
έλξη [elxi] *ουσ. θ.* attraction
ελονοσία [elonosia] *ουσ. θ.* (ιατρ.) malaria, marsh fever
έλος [elos] *ουσ. ο.* marsh
ελπίδα [elpida] *ουσ. θ.* hope, expectation
ελπίζω [elpizo] *ρ.* hope, expect
εμβαδόν [emvadon] *ουσ. ο.* area, surface
εμβαθύνω [emvathino] *ρ.* penetrate, deepen
εμβατήριο [emvatirio] *ουσ. ο.* march
εμβέλεια [emvelia] *ουσ. θ.* range
έμβλημα [emvlima] *ουσ. ο.* emblem, badge
εμβολιάζω [emvoliazo] *ρ.* vaccinate, graft
εμβολιασμός [emvoliasmos] *ουσ. α.* vaccination, grafting
εμβολιαστής [emvoliastis] *ουσ. α.* vaccinator, grafter
εμβόλιο [emvolio] *ουσ. ο.* vaccine, graft
έμβολο [emvolo] *ουσ. ο.* rammer
εμβρίθεια [emvrithia] *ουσ. θ.* profundity
εμβριθής [emvrithis] *επ.* profound
εμβρόντητος [emvronditos] *επ.* amazed
έμβρυο [emvrio] *ουσ. ο.* fetus, embryo
εμετός [emetos] *ουσ. α.* vomitting
εμμένω [emeno] *ρ.* adhere to
έμμεσος [emesos] *επ.* indirect, mediate
έμμετρος [emetros] *επ.* metrical
έμμηνα [emina] *ουσ. ο. πληθ.* menstruation
εμμηνόρροια [eminoria] *ουσ. θ.* menstruation

έμμισθος [emisthos] *επ.* salaried, hired
εμμονή [emoni] *ουσ. θ.* persistence
έμμονος [emonos] *επ.* persistent
εμπάθεια [empathia] *ουσ. θ.* passion
εμπαθής [ebathis] *επ.* passionate, violent
εμπαιγμός [ebeymos] *ουσ. α.* mockery
εμπαίζω [ebezo] *ρ.* mock
εμπεδώνω [ebedono] *ρ.* steady, consolidate
εμπέδωση [ebedosi] *ουσ. θ.* consolidation
εμπειρία [ebiria] *ουσ. θ.* skill, experience
εμπειρικός [ebirikos] *επ.* empiric, practical
εμπειρισμός [ebirismos] *ουσ. α.* empirism
εμπειριστής [ebiristis] *ουσ. α.* empiricist
εμπειρογνώμονας [ebiroynomonas] *ουσ. α.* expert, specialist
εμπειροπόλεμος [ebiropolemos] *επ.* experienced in war
έμπειρος [ebipos] *επ.* skilled, experienced
εμπεριέχω [eberieho] *ρ.* contain, comprise
εμπιστεύομαι [ebistevome] *ρ.* trust, confide
εμπιστευτικός [ebisteftikos] *επ.* confidential
έμπιστος [ebistos] *επ.* trusty, confident
εμπιστοσύνη [ebistosini] *ουσ. θ.* trust, confidence
έμπλαστρο [eblastro] *ουσ. ο.* plaster
εμπλέκω [ebleko] *ρ.* implicate, embroil
εμπλοκή [ebloki] *ουσ. θ.* interlacing
εμπλουτίζω [eblootizo] *ρ.* enrich
εμπλουτισμός [eblootismos] *ουσ. α.* enriching
έμπνευση [ebnefsi] *ουσ. θ.* inspiration
εμπνευσμένος [ebnevsmenos] *επ.* inspired
εμπνευστής [ebnefstis] *ουσ. α.* inspirer
εμπνέω [ebneo] *ρ.* inspire
εμποδίζω [ebodizo] *ρ.* hinder, prevent

εμπόδιο [ebodio] *ουσ. ο.* obstacle, hindrance
εμπόλεμος [ebolemos] *επ.* belligerent
εμπόρευμα [eborevma] *ουσ. ο.* merchandise
εμπορεύομαι [eborevome] *ρ.* trade, deal
εμπορευόμενος [eborevomenos] *επ.* merchant, trader
εμπορικός [eborikos] *επ.* commercial, trading
εμπόριο [eborio] *ουσ. ο.* commerce, trade
εμποροπλοίαρχος [eboropliarhos] *ουσ. α.* merchant ship's captain
έμπορος [eboros] *ουσ. α. /θ.* merchant, dealer
εμποροϋπάλληλος [eboroipalilos] *ουσ. α. /θ.* store clerk
εμπότιση [ebotisi] *ουσ. θ.* soaking. imbuing
έμπρακτος [ebraktos] *επ.* real, actual
εμπρησμός [ebrismos] *ουσ. α.* arson, burning
εμπρηστής [ebristis] *ουσ. α.* incendiary, arsonist
εμπρός [embros] *επίρ.* ahead, in front of
εμπροσθοφυλακή [ebrosthofilaki] *ουσ. θ.* advance guard
έμπυο [ebio] *ουσ. ο.* (ιατρ.) pus
εμπύρετος [ebiretos] *επ.* feverish
εμφανής [emfanis] *επ.* apparent, obvious
εμφανίζω [emfanizo] *ρ.* show, present
εμφάνιση [emfanisi] *ουσ. θ.* appearance, presentation
έμφαση [emfasi] *ουσ. θ.* emphasis
έμφραγμα [emfrayma] *ουσ. ο.* blocking, stopping
εμφύλιος [emfilios] *επ.* civil, internal
εμφύσημα [emfisima] *ουσ. ο.* emphysema
εμφυσώ [emfiso] *ρ.* blow in, infuse
έμφυτος [emfitos] *επ.* innate, inborn
έμψυχος [empsihos] *επ.* animate, living
εμψυχώνω [empsihono] *ρ.* animate, encourage

εμψύχωση [empsihosi] *ουσ. θ.* animation
εναγόμενος [enayomenos] *επ.* (νομ.) defendant
ενάγω [enayo] *ϱ.* (νομ.) sue
εναγώνιος [enayonios] *επ.* anxious
εναέϱιος [enaerios] *επ.* aerial, airy
εναλλαγή [enalayi] *ουσ. θ.* alternation
εναλλακτικός [enalaktikos] *επ.* alternating
εναλλάξ [enalax] *επίϱ.* alternately
εναλλάσσω [enalaso] *ϱ.* alternate
εναντίον [enandion] *επίϱ.* against
ενάντιος [enandios] *επ.* contrary, opposed
εναντιώνομαι [enandionome] *ϱ.* oppose
εναντίωση [enandiosi] *ουσ. θ.* opposition
ενάϱγεια [enaryia] *ουσ. θ.* clearness, clarity
εναϱγής [enaryis] *επ.* clear, obvious
ενάϱετος [enaretos] *επ.* virtuous
έναϱθϱος [enarthros] *επ.* articulate
εναϱκτήϱιος [enarktirios] *επ.* opening, inaugural
εναϱμονίζω [enarmonizo] *ϱ.* harmonize
εναϱμόνιος [enarmonios] *επ.* harmonious, concordant
έναϱξη [enarxi] *ουσ. θ.* commencement, beginning
ένας [enas] *άϱθϱο/επ.* one, a, an
έναστϱος [enastros] *επ.* starry
ενασχόληση [enasholisi] *ουσ. θ.* occupation, employment
ένατος [enatos] *επ.* ninth
έναυσμα [enavsma] *ουσ. ο.* motive
ενδεής [endeis] *επ.* needy, poor
ένδεια [endia] *ουσ. θ.* poverty
ενδεικτικός [endiktikos] *επ.* indicative
ένδειξη [endixi] *ουσ. θ.* indication, evidence
ένδεκα [endeka] *επ. /ουσ. ο.* eleven
ενδέκατος [endekatos] *επ.* eleventh
ενδεχόμενος [endehomenos] *επ.* possible, likely, probable
ενδημικός [endimikos] *επ.*

endemic
ενδιάμεσος [endiamesos] *επ.* intermediate
ενδιαφερόμενος [endiaferomenos] *επ.* interested, concerned
ενδιαφέρον [endiaferon] *ουσ. ο.* interest, concern
ενδιαφέρω [endiafero] *ρ.* interest, concern, matter
ενδιαφέρων [endiaferon] *ρ.* interesting
ενδίδω [endido] *ρ.* yield, give in
ενδοιασμός [endiasmos] *ουσ. α.* hesitation
ενδοκρινής [endokrinis] *επ.* (ιατρ.) endocrine
ενδόμυχος [endomihos] *επ.* inward, intimate
ένδοξος [endoxos] *επ.* glorious, famous
ενδοσκόπηση [endoskopisi] *ουσ. θ.* introspection
ενδότατος [endotatos] *επ.* inmost
ενδοχώρα [endohora] *ουσ. θ.* hinterland
ένδυμα [endima] *ουσ. ο.* dress, garment
ενδυναμώνω [endinamono] *ρ.* strengthen
ενέδρα [enedra] *ουσ. θ.* ambush
ενεδρεύω [enedrevo] *ρ.* lurk
ενέργεια [eneryia] *ουσ. θ.* energy. action
ενεργητικός [eneryitikos] *επ.* active, energetic
ενεργητικότητα [eneryitikotita] *ουσ. θ.* activity, energy
ενεργός [eneryos] *επ.* active
ενεργώ [eneryo] *ρ.* act, operate
ένεση [enesi] *ουσ. θ.* injection
ενεστώτας [enestotas] *ουσ. α.* (γραμ.) present
ενετικός [enetikos] *επ.* (ιστ.) Venetian
ενεχυριάζω [enehiriazo] *ρ.* pawn, pledge
ενέχυρο [enehiro] *ουσ. ο.* pawn, pledge
ενεχυροδανειστής [enehirodanistis] *ουσ. α.* pawnbroker
ένζυμο [enzimo] *ουσ. ο.* (βιολ.) enzyme
ενηλικίωση [enilikiosi] *ουσ. θ.* coming of age
ενήλικος [enilikos] *επ.* of age, adult

ενήμερος [enimeros] *επ.* aware of, informed
ενημερώνω [enimerono] *ρ.* inform, acquaint with
ενημέρωση [enimerosi] *ουσ. θ.* informing
ενθάρρυνση [entharinsi] *ουσ. θ.* encouragement
ενθαρρυντικός [entharindikos] *επ.* encouraging
ενθαρρύνω [entharino] *ρ.* encourage
ένθερμος [enthermos] *επ.* ardent, burning
ενθουσιάζω [enthoosiazo] *ρ.* make enthusiastic
ενθουσιασμός [enthoosiasmos] *ουσ. α.* enthusiasm
ενθουσιώδης [enthoosiodis] *επ.* enthusiastic
ενθρονίζω [enthronizo] *ρ.* enthrone
ενθρόνιση [enthronisi] *ουσ. θ.* enthroning
ενθύμηση [enthimisi] *ουσ. θ.* remembrance, memory
ενθυμίζω [enthimizo] *ρ.* remind
ενθύμιο [enthimio] *ουσ. ο.* souvenir, memorial
ενθυμούμαι [enthimoome] *ρ.* remember, recall
ενικός [enikos] *επ. /ουσ. α.* (γραμ.) singular
ενίσχυση [enishisi] *ουσ. θ.* reinforcement, strengthening
ενισχυτής [enishitis] *ουσ. α.* strengthener, amplifier
ενισχύω [enishio] *ρ.* strengthen, reinforce
εννέα [enea] *επ. /ουσ. ο.* nine
έννοια [enia] *ουσ. θ.* sense, meaning
εννοώ [eno-o] *ρ.* understand, perceive
ενοικιάζω [enikiazo] *ρ.* rent, hire
ενοικίαση [enikiasi] *ουσ. θ.* renting, hiring
ενοικιαστήριο [enikiastirio] *ουσ. ο.* lease, lease-notice
ενοικιαστής [enikiastis] *ουσ. α.* lessee, tenant
ενοίκιο [enikio] *ουσ. ο.* rent, hire
ένοικος [enikos] *ουσ. α. /θ.* tenant, lodger
ένοπλος [enoplos] *επ.* armed
ενοποιημένος [enopiimenos] *επ.* unified

ενοποίηση [enopiisi] *ουσ. θ.* unification
ενοποιώ [enopio] *ρ.* unify
ενόραση [enorasi] *ουσ. θ.* introspection
ενόργανος [enoryanos] *επ.* organic, instrumental
ενορχανώνω [enoryanono] *ρ.* orchestrate
ενορία [enoria] *ουσ. θ.* parish
ένορκος [enorkos] *ουσ. α. /επ.* sworn, bound by oath,
ένορκοι: the jury
ενορχήστρωση [enorhistrosi] *ουσ. θ.* orchestration
ενότητα [enotita] *ουσ. θ.* unity, union
ενοχή [enohi] *ουσ. θ.* guilt
ενόχληση [enohlisi] *ουσ. θ.* annoyance, trouble
ενοχλητικός [enohlitikos] *επ.* annoying, troublesome
ενοχλώ [enohlo] *ρ.* annoy, bother, trouble
ενοχοποίηση [enohopiisi] *ουσ. θ.* incrimination, implication
ενοχοποιητικός [enohopiitikos] *επ.* incriminating
ενοχοποιώ [enohopio] *ρ.* incriminate
ένοχος [enohos] *επ.* guilty, culpable
ενσάρκωση [ensarkosi] *ουσ. θ.* incarnation
ένσημο [ensimo] *ουσ. ο.* receipt-stamp
ένσταση [enstasi] *ουσ. θ.* objection, opposition
ενστερνίζομαι [ensternizome] *ρ.* embrace, adopt
ένστικτο [enstikto] *ουσ. ο.* instict
ενστικτώδης [enstiktodis] *επ.* instinctive
ενσωματώνω [ensomatono] *ρ.* incorporate
ενσωμάτωση [ensomatosi] *ουσ. θ.* incorporation
ένταλμα [endalma] *ουσ. ο.* warrant
ένταξη [endaxi] *ουσ. θ.* enrollment
ένταση [endasi] *ουσ. θ.* tension
εντατικός [endatikos] *επ.* intensive
εντερικός [enderikos] *επ.* (ανατ.) intestinal
εντερίτιδα [enderitida] *ουσ.*

θ. (ιατρ.) enteritis
έντερο [endero] *ουσ. ο.* (ανατ.) intestine
έντεχνος [endehnos] *επ.* artistic
έντιμος [endimos] *επ.* honest, estimable
εντιμότητα [endimotita] *ουσ. θ.* honesty
έντοκος [endokos] *επ.* at interest
εντολή [endoli] *ουσ. θ.* order, commandment
εντολοδότης [endolodotis] *ουσ. α.* assignor
εντολοδόχος [endolodohos] *ουσ. α. /θ.* agent, assignee
έντομο [endomo] *ουσ. ο.* insect
εντομοκτόνο [endomoktono] *ουσ. ο.* insecticide
εντομολόγος [endomoloyos] *ουσ. α. /θ.* entomologist
έντονος [endonos] *επ.* intense, vigorous
εντοπίζω [endopizo] *ρ.* localize, locate
εντόπιση [endopisi] *ουσ. θ.* localization
εντός [endos] *επίρ.* in, into, inside, within
εντόσθια [endosthia] *ουσ. θ. πληθ.* bowels, intestines
εντριβή [endrivi] *ουσ. θ.* friction, massage
έντρομος [endromos] *επ.* terrified, frightened
έντυπο [endipo] *ουσ. ο.* print
εντυπώνω [endipono] *ρ.* imprint, impress
εντύπωση [endiposi] *ουσ. θ.* impression, sensation
εντυπωσιακός [endiposiakos] *επ.* impressive, sensational
ενυδρείο [enidrio] *ουσ. ο.* aquarium
ένυδρος [enidros] *επ.* aquatic
ενώνω [enono] *ρ.* unite, join
ενώπιον [enopion] *επίρ.* in the presence of
ένωση [enosi] *ουσ. θ.* union, junction
ενωτικός [enotikos] *επ.* uniting, joining
εξαγγελία [exagelia] *ουσ. θ.* announcement, declaration
εξαγγέλλω [exagelo] *ρ.* announce, declare
εξαγιάζω [exayiazo] *ρ.* sanctify, purify
εξαγιασμός [exayiasmos] *ουσ. α.* sanctification

εξαγνίζω [exaynizo] *ϱ.* purify
εξαγνισμός [exaynismos] *ουσ. α.* purification
εξαγοράζω [exayorazo] *ϱ.* ransom, purchase, buy off
εξαγριώνω [exayriono] *ϱ.* enrage, infuriate
εξάγω [exayo] *ϱ.* take out, extract
εξαγωγή [exayoyi] *ουσ. θ.* exportation. extraction
εξαγωγικός [exayoyikos] *επ.* of exportation
εξάγωνο [exayino] *ουσ. ο.* hexagon
εξάδα [exada] *ουσ. θ.* half a dozen, six
εξαδέλφη [exadelfi] *ουσ. θ.* cousin
εξάδελφος [exadelfos] *ουσ. α.* cousin
εξαερισμός [exaerismos] *ουσ. α.* ventilation, airing
εξαεριστήρας [exaeristiras] *ουσ. α.* ventilator
εξαθλίωση [exathliosi] *ουσ. θ.* making miserable
εξαίρεση [exeresi] *ουσ. θ.* exception, exemption
εξαιρετικός [exeretikos] *επ.* exceptional, excellent
εξαίρω [exero] *ϱ.* exalt
εξαιρώ [exero] *ϱ.* excempt, exempt
εξαίσιος [exesios] *επ.* excellent, wonderful
εξακολουθώ [exakolootho] *ϱ.* continue, go on
εξακοντίζω [exakondizo] *ϱ.* dart, throw
εξακόσια [exakosia] *επ. /ουσ. ο.* six hundred
εξακριβώνω [exakrivono] *ϱ.* ascertain
εξακρίβωση [exakrivosi] *ουσ. θ.* verification, ascertainment
εξαλείφω [exalifo] *ϱ.* erase, obliterate
εξάλειψη [exalipsi] *ουσ. θ.* obliteration
έξαλλος [exalos] *επ.* frantic
εξαναγκάζω [exanagazo] *ϱ.* compel, force
εξαναγκασμός [exanagasmos] *ουσ. α.* compulsion
εξαναγκαστικός [exanagasmos] *επ.* compulsory, compelling
εξανδραποδίζω [exandrapodizo] *ϱ.* enslave, subdue
εξανδραποδισμός

E

[exandrapodismos] *ουσ. α.* enslaving

εξάνθημα [exanthima] *ουσ. ο.* pimple

εξανθρωπίζω [exanthropizo] *ρ.* humanize

εξανθρωπισμός [exanthropismos] *ουσ. α.* humanization

εξάντληση [exandlisi] *ουσ. θ.* exhaustion

εξαντλώ [exandlo] *ρ.* exhaust, fatigue

εξαπάτηση [exapatisi] *ουσ. θ.* cheating, deceiving

εξαπατώ [exapato] *ρ.* cheat, deceive

εξάπλευρος [exaplevros] *επ.* six-sided

εξαπλώνω [exaplono] *ρ.* spread, stretch

εξάπλωση [exaplosi] *ουσ. θ.* spreading, stretching

εξάπτω [exapto] *ρ.* excite, irritate

εξαργυρώνω [exaryirono] *ρ.* cash

εξαργύρωση [exaryirosi] *ουσ. θ.* cashing

εξαρθρώνω [exarthrono] *ρ.* dislocate

εξάρθρωση [exarthrosi] *ουσ. θ.* dislocation

έξαρση [exarsi] *ουσ. θ.* exaltation, elevation

εξάρτημα [exartima] *ουσ. ο.* attachment

εξάρτηση [exartisi] *ουσ. θ.* dependence

εξάρτυση [exartisi] *ουσ. θ.* equipment

εξαρτώ [exarto] *ρ.* attach, depend

εξασθένηση [exasthenisi] *ουσ. θ.* weakening

εξασθενίζω [exasthenizo] *ρ.* weaken

εξάσκηση [exaskisi] *ουσ. θ.* exercise, practice

εξασκώ [exasko] *ρ.* exercise, practice

εξασφαλίζω [exasfalizo] *ρ.* secure

εξασφάλιση [exasfalisi] *ουσ. θ.* securing, assuring

εξατμίζω [exatmizo] *ρ.* evaporate, exhale

εξάτμιση [exatmisi] *ουσ. θ.* evaporation, exhalation

εξαϋλώνω [exailono] *ρ.* immaterialize

εξαΰλωση [exailosi] *ουσ. θ.*

immaterialization
εξαφανίζομαι [exafanizome] *ρ.* vanish, disappear
εξαφανίζω [exafanizo] *ρ.* eliminate, destroy
εξαφάνιση [exafanisi] *ουσ. θ.* disappearance
εξαχρειωμένος [exahriomenos] *επ.* corrupted, demoralised
εξαχρειώνω [exahriono] *ρ.* deprave, degrade
εξαχρείωση [exahriosi] *ουσ. θ.* depravity, corruption
έξαψη [exapsi] *ουσ. θ.* excitement, exaltation
εξεγείρω [exeyiro] *ρ.* rouse, excite
εξέγερση [exeyersi] *ουσ. θ.* rousing, revolt
εξέδρα [exedra] *ουσ. θ.* platform
εξεζητημένος [exezitimenos] *επ.* far-fetched
εξελικτικός [exeliktikos] *επ.* evolutionary
εξέλιξη [exelixi] *ουσ. θ.* evolution, development
εξελίσσω [exeliso] *ρ.* unfold, develop
εξελληνίζω [exelinizo] *ρ.* hellenize
εξελληνισμός [exelinismos] *ουσ. α.* hellenization
εξεπίτηδες [exepitides] *επίρ.* on purpose, intentionally
εξερεύνηση [exerevnisi] *ουσ. θ.* exploration. investigation
εξερευνητής [exerevnitis] *ουσ. α.* explorer. investigator
εξερευνώ [exerevno] *ρ.* explore. investigate
εξέρχομαι [exerhome] *ρ.* go out, come out
εξετάζω [exetazo] *ρ.* examine, investigate
εξέταση [exetasi] *ουσ. θ.* examination. scrutiny
εξεταστής [exetastis] *ουσ. α.* examiner
εξέταστρα [exetastra] *ουσ. ο. πληθ.* examination fees
εξευγενίζω [exevyenizo] *ρ.* ennoble, refine
εξευμενίζω [exevmenizo] *ρ.* appease, calm
εξεύρεση [exevresi] *ουσ. θ.* discovery, finding
εξευτελίζω [exeftelizo] *ρ.* debase, humiliate
εξευτελισμός [exeftelismos] *ουσ. α.* humiliation

εξέχω [exeho] *ρ.* stand out
έξη [exi] *ουσ. θ.* habit, practice
εξήγηση [exiyisi] *ουσ. θ.* explanation
εξηγητικός [exiyitikos] *επ.* explanatory
εξηγώ [exiyo] *ρ.* explain
εξημερώνω [eximerono] *ρ.* tame, domesticate
εξημέρωση [eximerosi] *ουσ. θ.* taming, domestication
εξήντα [exinda] *επ. /ουσ. ο.* sixty
εξιδανικεύω [exidanikevo] *ρ.* idealize
εξιλεώνω [exileono] *ρ.* expiate, pacify
εξιλέωση [exileosi] *ουσ. θ.* expiation
εξιστορώ [existoro] *ρ.* narrate, relate
εξισώνω [exisono] *ρ.* equalize
εξίσωση [exisosi] *ουσ. θ.* equalization
εξιχνιάζω [exihniazo] *ρ.* trace out, track
εξιχνίαση [exihniasi] *ουσ. θ.* tracing out, tracking
εξόγκωμα [exogoma] *ουσ. ο.* swelling. tumour
εξογκώνω [exogono] *ρ.* swell out. exaggerate
έξοδο [exodo] *ουσ. ο.* expense. expenditure
έξοδος [exodus] *ουσ. θ.* exit. opening
εξοικειώνω [exikiono] *ρ.* familiarize
εξοικείωση [exikiosi] *ουσ. θ.* familiarity
εξοικονομώ [exikonomo] *ρ.* accommodate. provide, save
εξολόθρευση [exolothrefsi] *ουσ. θ.* extermination
εξολοθρευτής [exolothreftis] *ουσ. α.* exterminator
εξολοθρεύω [exolothrevo] *ρ.* exterminate
εξομάλυνση [exomalinsi] *ουσ. θ.* smoothing
εξομαλύνω [exomalino] *ρ.* smooth
εξομοιώνω [exomiono] *ρ.* assimilate
εξομολόγηση [exomoloyisi] *ουσ. θ.* confession
εξομολογητής [exomoloyitis] *ουσ. α.* confessor
εξομολογώ [exomoloyo] *ρ.* confess
εξοντώνω [exondono] *ρ.*

exterminate, annihilate
εξόντωση [exondosi] *ουσ. θ.* extermination, annihilation
εξοπλίζω[exoplizo] *ρ.* arm
εξοπλισμός [exoplismos] *ουσ. α.* armament
εξοργίζω [exoryizo] *ρ.* enrage, irritate
εξορία [exoria] *ουσ. θ.* exile
εξορίζω [exorizo] *ρ.* banish, exile
εξορκίζω [exorkizo] *ρ.* conjure
εξορκισμός [exorkismos] *ουσ. α.* conjuration, exorcism
εξορκιστής [exorkistis] *ουσ. α.* exorciser, exorcist
εξόρμηση [exormisi] *ουσ. θ.* rushing out
εξορμώ [exormo] *ρ.* rush out
εξόρυξη [exorixi] *ουσ. θ.* excavation, digging out
εξορύσσω [exoriso] *ρ.* dig out, excavate
εξοστρακίζω [exostrakizo] *ρ.* ostracize. shake off, get rid off
εξουδετερώνω [exoodeterono] *ρ.* neutralize
εξουδετέρωση [exoodeterosi] *ουσ. θ.* neutralization
εξουσία [exoosia] *ουσ. θ.* authority, dominion
εξουσιάζω [exoosiazo] *ρ.* command, dominate
εξουσιοδότηση [exoosiodotisi] *ουσ. θ.* authorization, permission
εξόφθαλμος [exofthalmos] *επ.* goggle-eyed
εξόφληση [exoflisi] *ουσ. θ.* acquittance
εξοφλώ [exoflo] *ρ.* pay off
εξοχή [exohi] *ουσ. θ.* country, projection
εξοχικός [exohikos] *επ.* country, rural
έξοχος [exohos] *επ.* excellent, prominent
εξοχότητα [exohotita] *ουσ. θ.* superioirity
εξύβριση [exivrisi] *ουσ. θ.* abuse, insult
εξυγίανση [exiyiansi] *ουσ. θ.* sanitation
εξυμνώ [eximno] *ρ.* praise
εξυπηρέτηση [exipiretisi] *ουσ. θ.* service
εξυπηρετώ [exipireto] *ρ.* serve
εξυπνάδα [exipnada] *ουσ. θ.* cleverness
έξυπνος [exipnos] *επ.* clever,

smart

εξυψώνω [exipsosi] *ρ.* raise, elevate

εξύψωση [exipsosi] *ουσ. θ.* elevation, exaltation

έξω [exo] *επίρ.* out, outside

εξώδικος [exodikos] *επ.* (νομ.) extrajudicial

εξωκλήσι [exoklisi] *ουσ. ο.* country church

έξωμος [exomos] *επ.* low-necked

εξώπορτα [exoporta] *ουσ. θ.* gate, outside door

εξωραΐζω [exoraizo] *ρ.* beautify, embelish

εξωραϊσμός [exoraismos] *ουσ. α.* embellishment, adornment

έξωση [exosi] *ουσ. θ.* expulsion, ejection

εξώστης [exostis] *ουσ. α.* balcony

εξωσχολικός [exosholikos] *επ.* out-of-school

εξωτερίκευση [exoterikefsi] *ουσ. θ.* expression

εξωτερικεύω [exoterikevo] *ρ.* express, exteriorize

εξωτερικό [exoteriko] *ουσ. ο.* exterior. abroad

εξωτερικός [exoterikos] *επ.* outside. exterior

εξωτικός [exotikos] *επ.* exotic

εξώφυλλο [exofilo] *ουσ. ο.* cover

εορτάζω [eortazo] *ρ.* celebrate, feast

εορτασμός [eortasmos] *ουσ. α.* celebration

εορταστικός [eortastikos] *επ.* festive, festal

εορτή [eorti] *ουσ. θ.* holiday, festival, celebration

επάγγελμα [epagelma] *ουσ. ο.* profession, business, occupation

επαγγελματίας [epagelmatias] *ουσ. α.* professional, craftsman, businessman

επαγγελματικός [epagelmatikos] *επ.* professional

επαγρύπνηση [epayripnisi] *ουσ. θ.* vigilance, watching

επαγρυπνώ [epayripno] *ρ.* watch over, be vigilant

έπαθλο [epathlo] *ουσ. ο.* prize, reward

έπαινος [epenos] *ουσ. α.* praise, laud

επαινώ [epeno] *ρ.* praise, laud

επαίσχυντος [epeshindos] *επ.* disgraceful, shameful
επαιτεία [epetia] *ουσ. θ.* beggary, begging
επαίτης [epetis] *ουσ. α.* beggar
επακόλουθος [epakoloothos] *επ.* consequent
επακολουθώ [epekolootho] *ρ.* follow, be the consequence of
επαλείφω [epalifo] *ρ.* coat, anoint
επάλειψη [epalipsi] *ουσ. θ.* coating, anointing
επαλήθευση [epalithefsi] *ουσ. θ.* verification, confirmation
επαληθεύω [epalithevo] *ρ.* verify
επάλληλος [epalilos] *επ.* successive
επανάκτηση [epanaktisi] *ουσ. θ.* recovery
επανακτώ [epanakto] *ρ.* recover, regain
επαναλαμβάνω [epanalamvano] *ρ.* repeat
επανάληψη [epanalipsi] *ουσ. θ.* repetition, resumption
επαναπατρίζω [epanapatrizo] *ρ.* repatriate
επαναπαύομαι [epanapavome] *ρ.* rely on, rest on
επανάσταση [epanastasi] *ουσ. θ.* revolution, rebellion
επαναστάτης [epanastatis] *ουσ. α.* revolutionist, rebel
επαναστατικός [epanastatikos] *επ.* revolutionary, rebelious
επαναστατώ [epanastato] *ρ.* revolt, rebel
επανασυνδέω [epanasindeo] *ρ.* join again
επαναφέρω [epanafero] *ρ.* restore, bring back
επαναφορά [epanafora] *ουσ. θ.* restoration
επάνδρωση [epandrosi] *ουσ. θ.* manning
επανεκδίδω [epanekdido] *ρ.* republish, re-issue
επανέκδοση [epanekdosi] *ουσ. θ.* republication
επανεκλέγω [epanekleyo] *ρ.* reelect
επανέρχομαι [epanerhome] *ρ.* return, come back
επανορθώνω [epanorthono] *ρ.* set up again, restore

E

επανόρθωση [epanorthosi] *ουσ. θ.* restoration
επάνω [epano] *επίρ.* up, upon, on, above, over
επανωφόρι [epanofori] *ουσ. ο.* overcoat
επάξιος [epaxios] *επ.* deserving, worthy
επάρκεια [eparkia] *ουσ. θ.* sufficiency, adequacy
επαρκής [eparkis] *επ.* sufficient, adequate
επαρκώ [eparko] *ρ.* be sufficient
έπαρση [eparsi] *ουσ. θ.* raising, arrogance
επαρχία [eparhia] *ουσ. θ.* province
επαρχιακός [eparhiakos] *επ.* provincial
επαρχιώτης [eparhiotis] *ουσ. α.* provincial
έπαυλη [epavli] *ουσ. θ.* villa, mansion
επαφή [epafi] *ουσ. θ.* contact, touch
επειγόντως [epiyondos] *επίρ.* urgently
επείγω [epiyo] *ρ.* press, urge, be urgent
επείγων [epiyon] *επ.* urgent
επειδή [epidi] *σύνδ.* because, for, as, since
επεισόδιο [episodio] *ουσ. ο.* incident, episode
έπειτα [epita] *επίρ.* afterwards, then, after
επέκταση [epektasi] *ουσ. θ.* extension, expansion
επεκτατικός [epektatikos] *επ.* expansive
επεκτείνω [epektino] *ρ.* extend, expand, prolong
επεμβαίνω [epemveno] *ρ.* interfere
επέμβαση [epemvasi] *ουσ. θ.* interference, intervention
επένδυση [ependisi] *ουσ. θ.* coating. investment
επενδύω [ependio] *ρ.* invest. coat
επεξεργάζομαι [epexeryazome] *ρ.* work out, elaborate
επεξεργασία [epexeryasia] *ουσ. θ.* elaboration
επεξήγηση [epexiyisi] *ουσ. θ.* explanation
επεξηγώ [epexiyo] *ρ.* explain
επέρχομαι [eperhome] *ρ.* come upon
επερώτηση [eperotisi] *ουσ. θ.*

interpellation. question
επερωτώ [eperoto] *ρ.* interpellate. question
επέτειος [epetios] *ουσ. θ.* anniversary
επευφημία [epefimia] *ουσ. θ.* applause, acclamation
επευφημώ [epefimo] *ρ.* applaud, acclaim
επηρεάζω [epireazo] *ρ.* affect, influence
επήρεια [epiria] *ουσ. θ.* influence, effect
επιβαίνω [epiveno] *ρ.* set foot on, get upon
επιβάλλω [epivalo] *ρ.* impose
επιβάρυνση [epivarinsi] *ουσ. θ.* burdening, aggravation
επιβαρύνω [epivarino] *ρ.* aggravate, burden
επιβάτης [epivatis] *ουσ. α. /θ.* passenger
επιβατικός [epivatikos] *επ.* transporting passengers
επιβεβαιώνω [epiveveono] *ρ.* confirm, affirm
επιβεβαίωση [epiveveosi] *ουσ. θ.* confirmation, affirmation
επιβεβαιωτικός [epiveveotikos] *επ.* confirmatory
επιβιβάζω [epivivazo] *ρ.* embark
επιβίβαση [epivivasi] *ουσ. θ.* embarkation
επιβιώνω [epiviono] *ρ.* survive
επιβίωση [epiviosi] *ουσ. θ.* survival
επιβλέπω [epivlepo] *ρ.* supervise
επίβλεψη [epivlepsi] *ουσ. θ.* supervision
επιβλητικός [epivlitikos] *επ.* imposing
επιβολή [epivoli] *ουσ. θ.* imposition
επιβουλεύομαι [epivoolevome] *ρ.* plot against, machinate
επιβουλή [epivooli] *ουσ. θ.* plotting, conspiracy
επιβράβευση [epivravefsi] *ουσ. θ.* rewarding, recompense
επιβράδυνση [epivrandisi] *ουσ. θ.* retardation, delay
επιβραδύνω [epivradino] *ρ.* retard, delay
επιγονατίδα [epiyonatida] *ουσ. θ.* (ανατ.) knee-cap
επίγραμμα [epiyrama] *ουσ. ο.*

epigram
επιγραμματικός [epiyramatikos] *επ.* epigrammatic
επιγραφή [epiyrafi] *ουσ. θ.* inscription
επιδεικνύω [epidiknio] *ρ.* display, show
επιδεικτικός [epidiktikos] *επ.* showy
επιδεινώνω [epidinono] *ρ.* aggravate, make worse
επιδείνωση [epidinosi] *ουσ. θ.* aggravation
επίδειξη [epidixi] *ουσ. θ.* show, display
επιδένω [epideno] *ρ.* bind, bandage
επιδέξιος [epidexios] *επ.* skillful, dexterous
επιδεξιότητα [epidexiotita] *ουσ. θ.* skill, skillfulness
επιδερμίδα [epidermida] *ουσ. θ.* skin, epidermis, complexion
επίδεσμος [epidesmos] *ουσ. α.* bandage, band
επιδημία [epidimia] *ουσ. θ.* epidemic, disease
επιδιορθώνω [epidiorthono] *ρ.* mend, repair
επιδιόρθωση [epidiorthosi] *ουσ. θ.* repair, mending
επιδιώκω [epidioko] *ρ.* pursue, seek
επιδίωξη [epidioxi] *ουσ. θ.* pursuit, prosecution
επιδοκιμάζω [epidokimazo] *ρ.* approve, applaud
επιδοκιμασία [epidokimasia] *ουσ. θ.* approval
επίδομα [epidoma] *ουσ. ο.* allowance
επίδοξος [epidoxos] *επ.* presumptive
επιδόρπιο [epidorpio] *ουσ. ο.* dessert
επίδοση [epidosi] *ουσ. θ.* delivery. presentation
επιδότηση [epidotisi] *ουσ. θ.* subsidy, bounty
επίδραση [epidrasi] *ουσ. θ.* influence, effect
επιδρομή [epidromi] *ουσ. θ.* invasion, incursion
επιδρώ [epidro] *ρ.* influence
επιείκεια [epiikia] *ουσ. θ.* leniency, clemency
επιεικής [epiikis] *επ.* lenient, clement
επιζήμιος [epizimios] *επ.* harmful, prejudicial

επιζώ [epizo] *ρ.* survive
επίθεση [epithesi] *ουσ. θ.* attack. application
επιθετικός [epithetikos] *επ.* offensive, aggressive
επιθετικότητα [epithetikotita] *ουσ. θ.* aggresiveness
επίθετο [epitheto] *ουσ. ο.* (γραμ.) adjective
επιθεώρηση [epitheorisi] *ουσ. θ.* inspection. review
επιθεωρητής [epitheoritis] *ουσ. α.* inspector, examiner
επιθεωρώ [epithero] *ρ.* inspect, examine. review
επιθυμία [epithimia] *ουσ. θ.* desire, wish
επιθυμώ [epithimo] *ρ.* desire, wish
επίκαιρος [epikeros] *επ.* opportune. seasonable
επικαιρότητα [epikerotita] *ουσ. θ.* opportuneness
επικαλούμαι [epikaloome] *ρ.* invoke, appeal to
επικαλύπτω [epokalipto] *ρ.* cover, veil
επικάλυψη [epikalipsi] *ουσ. θ.* covering
επίκεντρο [epikendro] *ουσ. ο.* epicentre
επίκεντρος [epikendros] *επ.* central
επικερδής [epikerdis] *επ.* profitable
επικεφαλίδα [epikefalida] *ουσ. θ.* headline, title
επικήδειος [epikidios] *ουσ. α.* funeral
επικήρυξη [epikirixi] *ουσ. θ.* proclamation
επικηρύσσω [epikiriso] *ρ.* proclaim
επικίνδυνος [epikindinos] *επ.* dangerous
επίκληση [epiklisi] *ουσ. θ.* invocation, appeal
επικοινωνία [epikinonia] *ουσ. θ.* communication
επικοινωνώ [epikinono] *ρ.* communicate
επικός [epikos] *επ.* epic
επικουρικός [epikoorikos] *επ.* auxiliary, assistant
επίκουρος [epikooros] *ουσ. α.* assistant
επικράτεια [epikratia] *ουσ. θ.* dominion
επικράτηση [epikratisi] *ουσ. θ.* prevalence, predominance
επικρατώ [epikrato] *ρ.* predominate, prevail

επικρίνω [epikrino] *ρ.* criticize
επίκριση [epikrisi] *ουσ. θ.* criticism
επικριτής [epikritis] *ουσ. α.* criticizer, critic
επίκτητος [epiktitos] *επ.* acquired
επικυρώνω [epikirono] *ρ.* ratify, confirm
επικύρωση [epikirosi] *ουσ. θ.* ratification, confirmation
επιλέγω [epileyo] *ρ.* choose, select
επίλεκτος [epilektos] *επ.* select, chosen
επιληπτικός [epiliptikos] *επ.* epileptic
επιληψία [epilipsia] *ουσ. θ.* (ιατρ.) epilepsy
επιλογή [epiloyi] *ουσ. θ.* selection, choice
επίλογος [epiloyos] *ουσ. α.* epilogue
επιλοχίας [epilohias] *ουσ. α.* sergeant-major
επίλυση [epilisi] *ουσ. θ.* solution
επιμέλεια [epimelia] *ουσ. θ.* diligence, care
επιμελής [epimelis] *επ.* diligent
επιμελητεία [epimelitia] *ουσ. θ.* commissariat
επιμελητήριο [epimelitirio] *ουσ. ο.* chamber of commerce
επιμελητής [epimelitis] *ουσ. α.* commissary, trustee
επιμελούμαι [epimeloome] *ρ.* take care of
επιμένω [epimeno] *ρ.* insist, persist
επιμήκης [epimikis] *επ.* oblong
επιμήκυνση [epimikrinsi] *ουσ. θ.* elongation, prolongation
επιμιξία [epimixia] *ουσ. θ.* intercourse, mixing
επιμονή [epimoni] *ουσ. θ.* persistence, insistence
επίμονος [epimonos] *επ.* persistent
επινίκιος [epinikios] *επ.* victorious
επινόηση [epinoisi] *ουσ. θ.* invention
επινοητικός [epinoitikos] *επ.* inventive
επινοητικότητα [epinoitikotita] *ουσ. θ.* inventiveness

επινοώ [epino-o] *ρ.* invent
επίορκος [epiorkos] *ουσ. α. /θ.* perjurer
επιορκώ [epiorko] *ρ.* perjure
επιπεδομετρία [epipedometria] *ουσ. θ.* planimetry
επίπεδος [epipedos] *επ.* plane, even
επιπλέω [epipleo] *ρ.* float on the surface
επίπληξη [epiplixi] *ουσ. θ.* reproach, scolding
επιπλήττω [epiplito] *ρ.* reproach, scold
έπιπλο [epiplo] *ουσ. ο.* piece of furniture
επιπλοκή [epiploki] *ουσ. θ.* complication
επιπλοποιείο [epiplopiio] *ουσ. ο.* furniture factory
επιπλοποιός [epiplopios] *ουσ. α.* cabinet maker
επιπλώνω [epiplono] *ρ.* furnish
επίπλωση [epiplosi] *ουσ. θ.* furniture
επιπόλαιος [epipoleos] *επ.* superficial. frivolous
επιπολαιότητα [epipoleotita] *ουσ. θ.* superficiality. frivolousness
επίπονος [epiponos] *επ.* painful, laborious
επιπρόσθετος [epiprosthetos] *επ.* additional
επιρρεπής [epirepis] *επ.* inclined, prone (to)
επίρρημα [epirima] *ουσ. ο.* (γραμ.) adverb
επιρρηματικός [epirimatikos] *επ.* (γραμ.) adverbial
επιρροή [epiroi] *ουσ. θ.* influence, authority
επισημαίνω [episimeno] *ρ.* indicate. stamp, seal
επισήμανση [episimansi] *ουσ. θ.* indication. stamping, sealing
επισημοποιώ [episimopio] *ρ.* make official, render solemn
επίσημος [episimos] *επ.* official, solemn
επισημότητα [episimotita] *ουσ. θ.* officiality
επίσης [episis] *επίρ.* also, too, as well
επισιτίζω [episitizo] *ρ.* provision, furnish
επισιτισμός [episitismos] *ουσ. α.* provisioning
επισκεπτήριο [episkeptirio]

Ε

ουσ. ο. visiting card
επισκέπτης [episkeptis] *ουσ. α.* visitor
επισκέπτομαι [episkeptome] *ρ.* visit
επισκευάζω [episkevazo] *ρ.* repair, mend
επισκευή [episkevi] *ουσ. θ.* repair
επίσκεψη [episkepsi] *ουσ. θ.* visit
επισκιάζω [episkiazo] *ρ.* overshadow, shade
επισκίαση [episkiasi] *ουσ. θ.* overshadowing
επισκοπή [episkopi] *ουσ. θ.* bishop's residence
επισκόπηση [episkopisi] *ουσ. θ.* inspection. survey
επίσκοπος [episkopos] *ουσ. α.* bishop
επισκοπώ [episkopo] *ρ.* inspect
επισκοτίζω [episkotizo] *ρ.* obscure, darken
επισπεύδω [epispevdo] *ρ.* rush, hurry
επίσπευση [epispefsi] *ουσ. θ.* rushing, hurrying
επιστασία [epistasia] *ουσ. θ.* supervision, surveillance
επιστάτης [epistatis] *ουσ. α.* supervisor
επιστατώ [epistato] *ρ.* supervise
επιστέγασμα [episteyasma] *ουσ. ο.* roof. covering
επιστήμη [epistimi] *ουσ. θ.* science
επιστήμονας [epistimonas] *ουσ. α. /θ.* scientist
επιστημονικός [epistimonikos] *επ.* scientific
επιστολή [epistoli] *ουσ. θ.* letter
επιστόμιο [epistomio] *ουσ. ο.* mouthpiece
επιστράτευση [epistratefsi] *ουσ. θ.* mobilization, call up
επιστρατεύω [epistratevo] *ρ.* mobilize, call up
επιστρέφω [epistrefo] *ρ.* return, come back
επιστροφή [epistrofi] *ουσ. θ.* return, come back
επιστρώνω [epistrono] *ρ.* cover
επίστρωση [epistrosi] *ουσ. θ.* covering
επισυνάπτω [episinapto] *ρ.* attach, join
επισφαλής [episfalis] *επ.*

precarious, unsafe
επισφραγίζω [episfrayizo] ρ. seal, crown
επισφράγιση [episfrayisi] *ουσ. θ.* sealing
επιταγή [epitayi] *ουσ. θ.* order, command. check
επιτακτικός [epitaktikos] *επ.* imperative, commanding
επίτακτος [epitaktos] *επ.* requisitioned
επίταξη [epitaxi] *ουσ. θ.* requisition
επιτάφιος [epitafios] *ουσ. α.* funeral
επιτάχυνση [epitahinsi] *ουσ. θ.* acceleration, speeding up
επιταχύνω [epitahino] ρ. accelerate, speed up
επιτείνω [epitino] ρ. intensify
επιτελείο [epitelio] *ουσ. ο.* staff
επίτευξη [epitefxi] *ουσ. θ.* attainment
επιτήδειος [epitidios] *επ.* skilλful, dexterous
επιτήρηση [epitirisi] *ουσ. θ.* supervision, surveillance
επιτηρητής [epitiritis] *ουσ. α.* inspector
επιτηρώ [epitiro] ρ. supervise
επιτίθεμαι [epititheme] ρ. attack, assault
επίτιμος [epitimos] *επ.* honorary
επιτόκιο [epitokio] *ουσ. ο.* (οικον.) compound interest
επιτόπιος [epitopios] *επ.* local
επιτραπέζιος [epitrapezios] *επ.* (of) table
επιτρέπω [epitrepo] ρ. permit, allow
επιτροπή [epitropi] *ουσ. θ.* committee, commission
επίτροπος [epitropos] *ουσ. α. /θ.* trustee, commissary
επιτυγχάνω [epitiyhano] ρ. succeed
επιτυχής [epitihis] *επ.* successful
επιτυχία [epitihia] *ουσ. θ.* success
επιφάνεια [epifania] *ουσ. θ.* surface, level
επιφανειακός [epifaniakos] *επ.* superficial
επιφέρω [epifero] ρ. bring about, cause
επίφοβος [epifovos] *επ.* dreadful, frightful
επιφυλακή [epifilaki] *ουσ. θ.*

reserve forces
επιφυλακτικός [epifilaktikos] *επ.* reserved, cautious
επιφύλαξη [epifilaxi] *ουσ. θ.* reserve, reservation
επιφυλάσσω [epifilaso] *ρ.* reserve
επιφυλλίδα [epifilida] *ουσ. θ.* feuilleton
επιφώνημα [epifonima] *ουσ. ο.* exclamation
επιφωνηματικός [epifonitikos] *επ.* exclamatory
επιχείρημα [epihirima] *ουσ. ο.* argument, proof
επιχειρηματίας [epihirimatias] *ουσ. α. /θ.* entrepreneur, businessman
επιχείρηση [epihirisi] *ουσ. θ.* undertaking
επιχειρώ [epihiro] *ρ.* undertake, attempt
επιχορήγηση [epihoriyisi] *ουσ. θ.* allowance, grant
επίχρισμα [epihrisma] *ουσ. ο.* unguent, plaster
επίχρυσος [epihrisos] *επ.* gold-filled, gilded
επιχρυσώνω [epihrisono] *ρ.* gild
επιχρύσωση [epihrisosi] *ουσ. θ.* gold-plaiting
επιχωμάτωση [epihomatosi] *ουσ. θ.* filling up with earth
επιχώριος [epihorios] *επ.* local, indigenous
εποικίζω [epikizo] *ρ.* colonize
εποικισμός [epikismos] *ουσ. α.* colonization
εποικοδομητικός [epikodomitikos] *επ.* edifying
επόμενος [epomenos] *επ.* following, next
επονείδιστος [eponidistos] *επ.* ignominious, shameful
εποποιία [epopiia] *ουσ. θ.* epopee
εποπτεία [epoptia] *ουσ. θ.* inspection, supervision
εποπτεύω [epoptevo] *ρ.* supervise, inspect
επόπτης [epoptis] *ουσ. α. /θ.* supervisor
επουλώνω [epoolono] *ρ.* heal, cure. cicatrize
επούλωση [epoolosi] *ουσ. θ.* cicatrisation. healing
επουράνιος [epooranios] *επ.* heavenly. celestial
επουσιώδης [epoosiodis] *επ.* unessential
εποχή [epohi] *ουσ. θ.* season,

era
επτά [epta] *επ.* /*ουσ. ο.* seven
επτακόσια [eptakosia] *επ.* /*ουσ. ο.* seven hundred
επταπλασιάζω [eptaplasiazo] *ρ.* septuple
επτάψυχος [eptapsihos] *επ.* robust, vigorous
επωάζω [epoazo] *ρ.* sit on, brood
επωνυμία [eponimia] *ουσ. θ.* surname, title
επώνυμο [eponimo] *ουσ. ο.* surname
έρανος [eranos] *ουσ. α.* contribution, collection
ερασιτέχνης [erasitehnis] *ουσ. α.* /*θ.* amateur
ερασιτεχνικός [erasitehnikos] *επ.* amateurish
εραστής [erastis] *ουσ. α.* lover
εργάζομαι [eryazome] *ρ.* work
εργαλείο [eryalio] *ουσ. ο.* tool, instrument
εργασία [eryasia] *ουσ. θ.* work, job, equipment
εργαστήριο [eryastirio] *ουσ. ο.* laboratory, workshop
εργάτης [eryatis] *ουσ. α.* worker
εργατικός [eryatikos] *επ.* laborious
εργατικότητα [eryatikotita] *ουσ. θ.* diligence
εργένης [eryenis] *ουσ. α.* unmarried, single
έργο [eryo] *ουσ. ο.* work. action. composition
εργοστάσιο [eryostasio] *ουσ. ο.* factory, workshop
εργόχειρο [eryohiro] *ουσ. ο.* handwork
ερεθίζω [erethizo] *ρ.* irritate, excite
ερεθισμός [erethismos] *ουσ. α.* irritation, excitement
ερείπιο [eripio] *ουσ. ο.* ruin
ερειπώνω [eripono] *ρ.* ruin, demolish
έρευνα [erevna] *ουσ. θ.* search, investigation
ερευνητής [erevnitis] *ουσ. α.* searcher, investigator
ερευνώ [erevno] *ρ.* search, investigate
ερημιά [erimia] *ουσ. θ.* desert, solitude
ερημοκλήσι [erimoklisi] *ουσ. ο.* country chapel
ερημονήσι [erimonisi] *ουσ. ο.* desert island
έρημος [erimos] *ουσ. θ.*

E

desert. *επ.* solitary
ερημώνω [erimono] *ρ.* desolate, devastate
ερήμωση [erimosi] *ουσ. θ.* devastation, desolation
έριδα [erida] *ουσ. θ.* dispute
εριστικός [eristikos] *επ.* quarrelsome, disputatious
έρμαιο [ermeo] *ουσ. ο.* windfall, pray
ερμαφροδιτισμός [ermafroditismos] *ουσ. α.* (ιατρ.) hermaphroditism
ερμαφρόδιτος [ermafroditos] *επ.* hermaphrodite
ερμηνεία [erminia] *ουσ. θ.* interpretation, explanation
ερμηνευτής [ermineftis] *ουσ. α.* interpreter, explainer
ερμηνευτικός [ermineftikos] *επ.* interpretative
ερμηνεύω [erminevo] *ρ.* interpret, explain
ερπετό [erpeto] *ουσ. ο.* reptile
έρρινος [erinos] *επ.* nasal
ερυθρόδερμος [erithrodermos] *ουσ. α.* red-skinned
ερυθρός [erithros] *επ.* red
έρχομαι [erhome] *ρ.* come, arrive
ερχομός [erhomos] *ουσ. α.* coming, arrival
ερωμένη [eromeni] *ουσ. θ.* mistress
έρωτας [erotas] *ουσ. α.* love, passion
ερωτευμένος [erotevmenos] *επ.* in love, amorous
ερωτεύομαι [erotevome] *ρ.* fall in love
ερώτημα [erotima] *ουσ. ο.* question
ερωτηματικός [erotimatikos] *επ.* interrogative
ερώτηση [erotisi] *ουσ. θ.* question, asking
ερωτοτροπία [erototropia] *ουσ. θ.* flirtation
ερωτοτροπώ [erototropo] *ρ.* flirt
ερωτώ [eroto] *ρ.* ask, inquire
εσοχή [esohi] *ουσ. θ.* cavity
εσπεριδοειδής [esperidoidis] *επ.* citrous
εσπερινός [esperinos] *επ.* of the evening
εσταυρωμένος [estavromenos] *επ.* /*ουσ. α.* crucifix
εστία [estia] *ουσ. θ.* fireplace
εστιατόριο [estiatorio] *ουσ. ο.*

restaurant
εσφαλμένος [esfalmenos] *επ.* erroneous, mistaken
εσώρουχα [esorooha] *ουσ. ο. πληθ.* underwear
εσωτερικός [esoterikos] *επ.* interior, inside
εταζέρα [etazera] *ουσ. θ.* shelf
εταιρεία [eteria] *ουσ. θ.* company, society
εταίρος [eteros] *ουσ. α.* partner, associate
ετήσιος [etisios] *επ.* yearly, annual
ετικέτα [etiketa] *ουσ. θ.* etiquette, label
ετοιμάζω [etimazo] *ρ.* prepare, plan
ετοιμασία [etimasia] *ουσ. θ.* preparation
ετοιμοθάνατος [etimothanatos] *επ.* moribund
ετοιμόλογος [etimoloyos] *επ.* quick in reply, witty
ετοιμόρροπος [etimoropos] *επ.* ready to fall
έτοιμος [etimos] *επ.* ready, prepared
ετοιμότητα[etimotita] *ουσ. θ.* readiness
έτος [etos] *ουσ. ο.* year
έτσι [echi] *επίρ.* so, thus, like that
ετυμηγορία [etimiyoria] *ουσ. θ.* verdict
ετυμολογία [etimoloyia] *ουσ. θ.* etymology
ετυμολογικός [etimoloyikos] *επ.* etymological
ευαγγέλιο [evagelio] *ουσ. ο.* Gospel
ευαγγελισμός [evagelismos] *ουσ. α.* (εκκλ.) Annunciation
ευαγγελιστής [evagelistis] *ουσ. α.* (εκκλ.) evangelist
ευάγωγος [evayoyos] *επ.* (καθ.) docile, tractable
ευαισθησία [evesthisia] *ουσ. θ.* sensitiveness, sensibility
ευαίσθητος [evesthitos] *επ.* sensible, sensitive
ευαρέσκεια [evareskia] *ουσ. θ.* satisfaction
ευαρεστώ [evaresto] *ρ.* please, gratify
ευγένεια [evyenia] *ουσ. θ.* nobility, politeness
ευγενικός [evyenikos] *επ.* polite
ευγλωττία [evylotia] *ουσ. θ.* eloquence

εύγλωττος [evylotos] *επ.* eloquent
ευγνωμονώ [evynomono] *ρ.* be thankful, be grateful
ευγνωμοσύνη [evynomosini] *ουσ. θ.* thankfulness, gratefulness
ευδαιμονία [evdemonia] *ουσ. θ.* happiness, prosperity
ευδιάθετος [evdiathetos] *επ.* good humoured
ευδιάκριτος [evdiakritos] *επ.* discernible
ευδόκιμος [evdokimos] *επ.* successful
ευδοκιμώ [evdokimo] *ρ.* prosper
ευέξαπτος [evexaptos] *επ.* irritable
ευεξία [evexia] *ουσ. θ.* good health
ευεργεσία [everyesia] *ουσ. θ.* benevolent act, benefaction
ευεργέτης [everyetis] *ουσ. α.* benefactor
ευεργετικός [everyetikos] *επ.* beneficent
ευεργετώ [everyeto] *ρ.* benefit
ευημερία [evimeria] *ουσ. θ.* prosperity
ευημερώ [evimero] *ρ.* prosper
ευθανασία [efthanasia] *ουσ. θ.* euthanasia
ευθεία [efthia] *ουσ. θ.* straight line
ευθύβολος [efthivolos] *επ.* accurate
ευθυγραμμίζω [efthiyramizo] *ρ.* align
ευθύγραμμος [efthiyramos] *επ.* rectilinear
ευθυμία [efthimia] *ουσ. θ.* gaiety, cheerfulness
ευθυμογράφημα [efthimoyrafima] *ουσ. ο.* humorous writing
εύθυμος [efthimos] *επ.* cheerful, joyful
ευθύνη [efthini] *ουσ. θ.* responsibility, liability
ευθύνομαι [efthinime] *ρ.* be responsible
ευθύς [efthis] *επ.* straight, direct
ευκαιρία [efkeria] *ουσ. θ.* opportunity, occasion
ευκαιρώ [efkero] *ρ.* be at leisure
ευκάλυπτος [efkaliptos] *ουσ. α.* (βοτ.) eucalyptus
εύκαμπτος [efkabtos] *επ.* flexible, pliable

ευκαμψία [efkampsia] *ουσ. θ.* flexibility
ευκαταφρόνητος [efkatafronitos] *επ.* despicable
ευκινησία [efkinisia] *ουσ. θ.* agility, movableness
ευκίνητος [efkinitos] *επ.* movable, agile
ευκοιλιότητα [efkiliotita] *ουσ. θ.* looseness
ευκολία [efkolia] *ουσ. θ.* facility, easeness
ευκολόπιστος [efkolopistos] *επ.* credulous
εύκολος [efkolos] *επ.* easy, convenient
ευκολύνω [efkolino] *ρ.* facilitate
ευλάβεια [evlavia] *ουσ. θ.* devotion, piety
ευλαβής [evlavis] *επ.* devout, pious
ευλογημένος [evloyimenos] *επ.* blessed
ευλογία [evloyia] *ουσ. θ.* blessing
ευλογώ [evloyo] *ρ.* bless
ευλυγισία [evliyisia] *ουσ. θ.* flexibility
ευλύγιστος [evliyistos] *επ.* flexible
ευμετάβλητος [evmetavlitos] *επ.* changeable
ευνόητος [evnoitos] *επ.* easily understood
ευνοϊκός [evnoikos] *επ.* favourable
ευνοώ [evno-o] *ρ.* favour
εύοσμος [evosmos] *επ.* fragnant
εύπεπτος [efpeptos] *επ.* digestible
εύπιστος [efpistos] *επ.* credulous
εύπλαστος [efplastos] *επ.* easily moulded
ευπορία [efporia] *ουσ. θ.* prosperity
εύπορος [efporos] *επ.* prosperous
ευπρέπεια [efprepia] *ουσ. θ.* decency
ευπρεπής [efprepis] *επ.* decent
ευπρόσδεκτος [efprosdektos] *επ.* acceptable, welcome
ευρεσιτέχνης [evresitehnis] *ουσ. α.* inventor
ευρεσιτεχνία [evresitehnia] *ουσ. θ.* invention
ευρετήριο [evretirio] *ουσ. ο.* index, list

εύρημα [evrima] *ουσ. ο.* finding
ευρύνω [evrino] *ρ.* widen, enlarge
ευρύς [evris] *επ.* wide, broad
ευρυχωρία [evrihoria] *ουσ. θ.* spaciousness
ευρύχωρος [evrihoros] *επ.* spacious, roomy
ευρωπαϊκός [evropaikos] *επ.* European
Ευρώπη [evropi] *κύρ. όν. θ.* Europe
ευρωστία [evrostia] *ουσ. θ.* robustness, vigour
εύρωστος [evrostos] *επ.* robust, vigorous
ευσέβεια [efsevia] *ουσ. θ.* piety, devoutness
ευσεβής [efsevis] *επ.* pious, devout
ευσπλαχνία [efsplahnia] *ουσ. θ.* compassion, pity
ευστροφία [efstrofia] *ουσ. θ.* agility, versatility
ευσυνειδησία [efsinidisia] *ουσ. θ.* conscientiousness
ευσυνείδητος [efsiniditos] *επ.* conscientious
ευτύχημα [eftihima] *ουσ. ο.* lucky thing
ευτυχία [eftihia] *ουσ. θ.* happiness, goood fortune
ευτυχισμένος [eftihismenos] *επ.* happy, fortunate
ευυπόληπτος [evipoliptos] *επ.* reputable, esteemed
εύφλεκτος [eflektos] *επ.* inflammable
ευφορία [eforia] *ουσ. θ.* fertility, fruitfulness
εύφορος [eforos] *επ.* fertile, fruitful
ευφράδεια [efradia] *ουσ. θ.* eloquence, fluency
ευφραίνω [efreno] *ρ.* delight
ευφυής [efiis] *επ.* ingenious, clever, intelligent
ευφυΐα [efiia] *ουσ. θ.* intelligence, cleverness
ευχαριστημένος [efharistimenos] *επ.* pleased, content
ευχαριστήριος [efharistirios] *επ.* thanking, of thanks
ευχαρίστηση [efharistisi] *ουσ. θ.* pleasure, delight, satisfaction
ευχάριστος [efharistos] *επ.* pleasant, enjoyable
ευχαριστώ [efharisto] *ρ.* thank. please, content

ευχείριστος [efhiristos] *επ.* manageable
ευχέρεια [efheria] *ουσ. θ.* ease, facility
ευχετήριος [efhetirios] *επ.* of good wishes, wishing
ευχή [efhi] *ουσ. θ.* wish, blessing, desire
ευχολόγιο [efholoyio] *ουσ. ο.* prayer book
εύχρηστος [efhristos] *επ.* easy to use, handy
εύχυμος [efhimos] *επ.* juicy
ευωδία [evodia] *ουσ. θ.* fragrance, perfume
ευωδιάζω [evodiazo] *ρ.* be fragrant, pefume
ευωδιαστός [evodiastos] *επ.* sweet-smelling, aromatic
εφαπτομένη [efaptomeni] *ουσ. θ.* (γεωμ.) tangent
εφαρμογή [efarmoyi] *ουσ. θ.* application
εφαρμόζω [efarmozo] *ρ.* apply
εφαρμόσιμος [efarmosimos] *επ.* applicable
εφαρμοστής [efarmostis] *ουσ. α.* fitter
εφεδρεία [efedria] *ουσ. θ.* (στρατ.) reserve troops
εφεδρικός [efedrikos] *επ.* reserved
έφεδρος [efedros] *ουσ. α.* (στρατ.) reservist
έφεση [efesi] *ουσ. θ.* inclination. (νομ.) appeal
εφετείο [efetio] *ουσ. ο.* (νομ.) court of appeal
εφέτης [efetis] *ουσ. α.* /*θ.* (νομ.) a judge of a court of appeal
εφεύρεση [efevresi] *ουσ. θ.* invention
εφευρέτης [efevretis] *ουσ. α.* inventor
εφευρετικότητα [efevritikotita] *ουσ. θ.* inventiveness
εφευρίσκω [efevrisko] *ρ.* invent
εφηβεία [efivia] *ουσ. θ.* puberty, adolescence
εφηβικός [efivikos] *επ.* of puberty, adolescent
έφηβος [efivos] *ουσ. α.* youth, adolescent
εφημερεύω [efimerevo] *ρ.* officiate
εφημερία [efimeria] *ουσ. θ.* curacy, parish
εφημερίδα [efimerida] *ουσ. θ.* newspaper, paper

εφημεριδοπώλης [efimeridopolis] *ουσ. α.* newspaper seller

εφημέριος [efimerios] *ουσ. α.* parish priest

εφιάλτης [efialtis] *ουσ. α.* nightmare

εφιαλτικός [efialtikos] *επ.* nightmarish

εφικτός [efiktos] *επ.* attainable, feasible, possible

εφοδιάζω [efodiazo] *ρ.* equip, provide

εφοδιασμός [efodiasmos] *ουσ. α.* equipping, providing

εφοδιαστής [efodiastis] *ουσ. α.* purveyor, supplier

εφόδιο [efodio] *ουσ. ο.* provision, supply

έφοδος [efodos] *ουσ. θ.* assault, attack

εφοπλιστής [efoplistis] *ουσ. α.* shipowner

εφορεία [eforia] *ουσ. θ.* inspection, survey. tax-collector's office

εφοριακός [eforiakos] *ουσ. α. /θ.* taxcollector

εφορευτικός [eforftikos] *επ.* supervisory

εχέμυθος [ehemithos] *επ.* reticent, discreet

έχθρα [ehthra] *ουσ. θ.* enmity, hostility

εχθρεύομαι [ehthrevome] *ρ.* hate, dislike

εχθρικός [ehthrikos] *επ.* hostile, inimical

εχθροπραξία [ehthropraxia] *ουσ. θ.* hostility

εχθρός [ehthros] *ουσ. α.* enemy, foe

εχθρότητα [ehthrotita] *ουσ. θ.* enmity, hostility

έχιδνα [ehidna] *ουσ. θ.* (ζωολ.) viper. (μεταφ.) malicious

έχω [eho] *ρ.* have

έως [eos] *επίρ.* until

εωσφόρος [eosforos] *ουσ. α.* lucifer

Z

Z, ζ [zita] *ουσ. ο.* the sixth letter of the Greek alphabet

ζαβολιά [zavolia] *ουσ. θ.* trick, cheating

ζαβολιάρης [zavoliaris] *επ.* cheat, trickster

ζαβός [zavos] *επ.* stupid, clumsy

ζαγάρι zayari] *ουσ. ο.* (ζωολ.) hound

ζακέτα [zaketa] *ουσ. θ.* jacket

ζάλη [zali] *ουσ. θ.* dizziness

ζαλίζω [zalizo] *ρ.* make dizzy

ζαλισμένος [zalismenos] *επ.* dizzy, dazed

ζαμπόν [zambon] *ουσ. ο. άκλ.* (μαγ.) ham

ζάπλουτος [zamblootos] *επ.* very rich, opulent

ζάρα [zara] *ουσ. θ.* fold

ζάρι [zari] *ουσ. ο.* die

ζαρκάδι [zarkadi] *ουσ. ο.* (ζωολ.) roe, roe-deer

ζαρντινιέρα [zardiniera] *ουσ. θ.* wrinkle

ζαρωματιά [zaromatia] *ουσ. θ.* wrinkle, rumple

ζαρώνω [zarono] *ρ.* wrinkle, rumple

ζαφείρι [zafiri] *ουσ. ο.* sapphire-stone

ζάχαρη [zahari] *ουσ. θ.* sugar

ζαχαροκάλαμο [zaharokalamo] *ουσ. ο.* (βοτ.) sugar cane

ζαχαροπλαστείο [zaharoplastio] *ουσ. ο.* confectionery

ζαχαροπλάστης [zaharopastis] *ουσ. α.* confectioner

ζαχαροπλαστική

[zaharoplastiki] *ουσ. θ.* candy-making
ζαχαρώδης [zaharodis] *επ.* sugary
ζαχάρωμα [zaharoma] *ουσ. ο.* sugaring, candying
ζαχαρώνω [zaharono] *ρ.* sugar, candy, sweeten with sugar
ζαχαρωτό [zaharoto] *ουσ. ο.* candy
ζέβρα [zevra] *ουσ. θ.* (ζωολ.) zebra
ζελατίνα [zelatina] *ουσ. θ.* gelatin(e)
ζεματίζω [zematizo] *ρ.* scald
ζεμάτισμα [zematisma] *ουσ. ο.* scalding
ζεματιστός [zematistos] *επ.* scalding, boiling
ζενίθ [zenith] *ουσ. ο. άκλ.* zenith, peak
ζέση [zesi] *ουσ. θ.* warmth, boiling
ζεσταίνω [zesteno] *ρ.* warm, heat
ζέσταμα [zestama] *ουσ. ο.* warming, heating
ζεστασιά [zestasia] *ουσ. θ.* warmth
ζέστη [zesti] *ουσ. θ.* heat, warmth
ζεστός [zestos] *επ.* warm, hot
ζευγάρι [zevyari] *ουσ. ο.* pair, couple
ζευγάρωμα [zevyaroma] *ουσ. ο.* matching, coupling
ζευγαρώνω [zevyarono] *ρ.* match, couple, pair
ζευγαρωτός [zevyarotos] *επ.* paired, coupled
ζευγάς [zevyas] *ουσ. α.* ploughman
ζεύξη [zefxi] *ουσ. θ.* harnessing, joining
ζέφυρος [zefiros] *ουσ. α.* zephyr, light breeze
ζηλευτός [zileftos] *επ.* enviable
ζηλεύω [zilevo] *ρ.* envy, be jealous of
ζήλια [zilia] *ουσ. θ.* jealousy, envy
ζηλιάρης [ziliaris] *επ.* jealous
ζήλος [zilos] *ουσ. α.* zeal, eagerness
ζηλότυπος [zilotipos] *επ.* jealous
ζηλόφθονος [zilofthonos] *επ.* envious
ζημιά [zimia] *ουσ. θ.* loss, damage, harm

ζημιάρης [zimiaris] *επ.* causing damage

ζημιώνω [zimiono] *ρ.* damage, harm

ζήτημα [zitima] *ουσ. ο.* question, point, issue, matter

ζήτηση [zitisi] *ουσ. θ.* demand. search, inquiry

ζητιανιά [zitiania] *ουσ. θ.* begging

ζητιάνος [zitianos] *ουσ. α.* beggar

ζητώ [zito] *ρ.* seek, look for, ask for

ζήτω[zito] επίφ. hurrah!, long live

ζητωκραυγάζω [zitokravyazo] *ρ.* cheer

ζητωκραυγή [zitokravyi] *ουσ. θ.* cheer, hurrah

ζιγκολό [zigolo] *ουσ. α. άκλ.* gigolo

ζιζάνιο [zizanio] *ουσ. ο.* (βοτ.) weed, darnel, tare. naughty boy

ζόρι [zori] *ουσ. ο.* force, violence

ζόρικος [zorikos] *επ.* difficult, hard

ζορμπάς [zorbas] *ουσ. α.* tyrant, oppressor

ζουζούνι [zoozooni] *ουσ. ο.* (ζωολ.) bug, insect

ζουλώ [zoolo] *ρ.* press, squeezn

ζουμερός [zoomeros] *επ.* juicy, succulent

ζουμί [zoomi] *ουσ. ο.* juice

ζουμπούλι [zoobooli] *ουσ. ο.* (βοτ.) hyacinth

ζουρλαίνω [zoorleno] *ρ.* drive mad

ζουρλομανδύας [zoorlomandias] *ουσ. α.* strait-jacket

ζουρλός [zoorlos] *επ.* crazy, mad

ζουρνάς [zoornas] *ουσ. α.* (μουσ.) clarinet

ζοφερός [zoferos] *επ.* gloomy, dark

ζοφερότητα [zoferotita] *ουσ. θ.* gloominess, darkness

ζυγά [ziya] *επίρ.* in pairs

ζυγαριά [ziyaria] *ουσ. θ.* pair of scales, balance

ζύγι [ziyi] *ουσ. ο.* weight

ζυγίζω [ziyizo] *ρ.* weigh

ζύγισμα [ziyisma] *ουσ. ο.* weighing

ζυγός [ziyos] *ουσ. α.* scale, yoke, balance, (αστρ.) Libra,

Z

επ. even
ζύγωμα [ziyoma] *ουσ. ο.* getting near, approach
ζυθοποιείο [zithopiio] *ουσ. ο.* brewery
ζυθοποιός [zithopios] *ουσ. α.* brewer
ζυθοπωλείο [zithopolio] *ουσ. ο.* beer hall
ζύθος [zithos] *ουσ. α.* beer, ale
ζυμάρι [zimari] *ουσ. ο.* dough, paste
ζυμαρικό [zimariko] *ουσ. ο.* pastry, pie
ζύμη [zimi] *ουσ. θ.* dough, paste
ζύμωμα [zimoma] *ουσ. ο.* kneading
ζυμώνω [zimono] *ρ.* knead, ferment
ζύμωση [zimosi] *ουσ. θ.* kneading, zymosis
ζυμωτήριο [zimotirio] *ουσ. ο.* kneading-trough
ζυμωτής [zimotis] *ουσ. α.* kneader, dough maker
ζω [zo] *ρ.* live
ζωγραφιά [zografia] *ουσ. θ.* painting, portrait
ζωγραφίζω [zografizo] *ρ.* paint, draw, sketch
ζωγραφική [zografiki] *ουσ. θ.* the art of painting
ζωγραφιστός [zografistos] *επ.* painted, sketched
ζωγράφος [zografos] *ουσ. α.* */θ.* painter
ζωδιακός [zodiakos] *επ.* zodiacal, zodiac
ζώδιο [zodio] *ουσ. ο.* sign of the zodiac
ζωεμπορία [zoeboria] *ουσ. θ.* dealing in livestock
ζωέμπορος [zoeboros] *ουσ. α.* cattle-dealer
ζωή [zoi] *ουσ. θ.* life, lifetime
ζωηρεύω [zoirevo] *ρ.* become lively, enliven, cheer up
ζωηρός [zoiros] *επ.* lively, vivid
ζωηρότητα [zoirotita] *ουσ. θ.* liveliness, vivacity
ζωικός [zoikos] *επ.* animal, vital
ζωμός [zomos] *ουσ. α.* (μαγ.) broth, soup
ζωνάρι [zonari] *ουσ. ο.* girdle, sash, belt
ζώνη [zoni] *ουσ. θ.* belt, girdle
ζωντανά [zondana] *ουσ. ο.* *πληθ.* cattle, livestock. *επίρ.*

lively
ζωντάνεμα [zondanema] *ουσ. ο.* revival, reviving
ζωντανεύω [zondanevo] *ρ.* revive, animate
ζωντανός [zondanos] *επ.* alive, living
ζωντοχήρα [zondohira] *ουσ. θ.* grass widow, διωοϱψεε
ζώνω [zono] *ρ.* gird, girdle
ζώο [zo-o] *ουσ. ο.* animal
ζωογόνηση [zo-oyonisi] *ουσ. θ.* vivification, animation
ζωογόνος [zo-oyonos] *επ.* vivifying, life giving
ζωογονώ [zo-oyono] *ρ.* revive, vivify
ζωοδότης [zo-odotis] *ουσ. α.* lifegiver
ζωοκλέφτης [zo-okleftis] *ουσ. α.* cattle thief
ζωοκλοπή [zo-oklopi] *ουσ. θ.* cattle stealing
ζωοκτονία [zo-oktonia] *ουσ. θ.* killing of animals
ζωολατρία [zo-olatria] *ουσ. θ.* worship of animals
ζωολογία [zo-oloyia] *ουσ. θ.* zoology
ζωολογικός [zo-oloyikos] *επ.* zoological
ζωολόγος [zo-oloyos] *ουσ. α.* /*θ.* zoologist
ζωοτόκος [zo-otokos] *επ.* viviparous
ζωοτροφία [zo-otrofia] *ουσ. θ.* feeding animals
ζωόφιλος [zo-ofilos] *επ.* fond of animals
ζώσιμο [zosimo] *ουσ. ο.* girding
ζωστήρα [zostira] *ουσ. θ.* girdle, sword-belt
ζωτικός [zotikos] *επ.* vital, vivifying
ζωτικότητα [zotikotita] *ουσ. θ.* vitality
ζωύφιο [zoifio] *ουσ. ο.* animalcule, insect
ζωώδης [zo-odis] *επ.* brutal, bestial

Η

Η, η [ita] *ουσ. ο.* the seventh letter of the Greek alphabet
η [ii] *άρθρο* the, article of the feminine gender
ή [ii] *σύνδ.* or, either, than
ήβη [ivi] *ουσ. θ.* puberty, youth
ηβικός [ivikos] *επ.* adolescent, puberty
ηγεμόνας [iyemonas] *ουσ. α.* ruler, leader, governor, prince
ηγεμονεύω [iyemonevo] *ρ.* rule, reign
ηγεμονία [iyemonia] *ουσ. θ.* rule, sovereign
ηγεμονικός [iyemonikos] *επ.* princely, reign sovereign
ηγεσία [iyesia] *ουσ. θ.* leadership
ηγέτης [iyetis] *ουσ. α.* leader, chief
ηγετικός [iyetikos] *επ.* leading
ηγουμένη [iyoomeni] *ουσ. θ.* (εκκλ.) abbess
ηγουμενία [iyoomenia] *ουσ. θ.* (εκκλ.) abbacy
ηγουμενικός [iyoomenikos] *επ.* (εκκλ.) of an abbot or abbess
ηγούμενος [iyoomenos] *ουσ. α.* (εκκλ.) abbot
ήδη [idi] *επίρ.* already
ηδονή [idoni] *ουσ. θ.* pleasure, delight
ηδονικός [idonikos] *επ.* delicious, delightful
ηδονισμός [idonismos] *ουσ. α.* sensuality, hedonism
ηδυπάθεια [idipathia] *ουσ. θ.* voluptuousness, effemination
ηδυπαθής [idipathis] *επ.*

voluptuous
ηδύποτο [idipoto] *ουσ. ο.* liqueur
ήθη [ithi] *ουσ. ο. πληθ.* manners, customs
ηθική [ithiki] *ουσ. θ.* morality, morals
ηθικολογία [ithikoloyia] *ουσ. θ.* moralization
ηθικολόγος [ithikoloyos] *ουσ. α. /θ.* moralist
ηθικολογώ [ithikoloyo] *ρ.* moralize
ηθικός [ithikos] *επ.* moral, ethical
ηθογραφία [ithoyrafia] *ουσ. θ.* description of customs
ηθοπλαστικός [ithoplastikos] *επ.* uplifting the morals
ηθοποιία [ithopiia] *ουσ. θ.* acting
ηθοποιός [ithopios] *ουσ. α. /θ.* actor, actress
ήθος [ithos] *ουσ. ο.* character, manner
ηλεκτραγωγός [ilektrayoyos] *ουσ. α.* electric conductor
ηλεκτρίζω [ilektrizo] *ρ.* electrify, electrize
ηλεκτρικός [ilektrikos] *επ.* electrical
ηλέκτριση [ilektrisi] *ουσ. θ.* electrification
ηλεκτρισμένος [ilektrismenos] *επ.* electrified
ηλεκτρισμός [ilektrismos] *ουσ. α.* electricity
ήλεκτρο [ilektro] *ουσ. ο.* (φυσ.) amber
ηλεκτρογεννήτρια [ilektroyenitria] *ουσ. θ.* dynamo
ηλεκτρόδιο [ilektrodio] *ουσ. ο.* electrode
ηλεκτροδυναμική [ilektrodinamiki] *ουσ. θ.* electrodynamics
ηλεκτροκινητήρας [ilektrokinitiras] *ουσ. α.* electro-motor
ηλεκτροκίνητος [ilektrokinitos] *επ.* driven by electricity
ηλεκτρολογία [ilektroloyia] *ουσ. θ.* electrology
ηλεκτρολόγος [ilektroloyos] *ουσ. α.* electrician
ηλεκτρόλυση [ilektrolisi] *ουσ. θ.* (χημ.) electrolysis
ηλεκτρολύω [ilektrolio] *ρ.* (χημ.) electrolyze
ηλεκτρομαγνητικός

[ilektromaynitikos] *επ.* (φυσ.) electromagnetic
ηλεκτρονικός [ilektronikos] *επ.* electronic
ηλεκτρόνιο [ilektronio] *ουσ. ο.* (φυσ.) electron
ηλεκτροπληξία [ilektroplixia] *ουσ. θ.* electrocution, electric-shock
ηλεκτροστατική [ilektrostatiki] *ουσ. θ.* electrostatics
ηλεκτροτεχνίτης [ilektrotehnitis] *ουσ. α.* electrician
ηλεκτροφόρος [ilektroforos] *επ.* electriferous
ηλιακός [iliakos] *επ.* solar, of the sun
ηλίαση [iliasi] *ουσ. θ.* (ιατρ.) sunstroke
ηλίθιος [ilithios] *επ.* stupid, imbecile
ηλιθιότητα [ilithiotita] *ουσ. θ.* stupidity, imbecility
ηλικία [ilikia] *ουσ. θ.* age
ηλικιωμένος [ilikiomenos] *επ.* aged, old
ήλιο [ilio] *ουσ. ο.* (χημ.) helium
ηλιοβασίλεμα [iliovasilema] *ουσ. ο.* sunset
ηλιοθεραπεία [iliotherapia] *ουσ. θ.* sunbathing
ηλιοκαμωμένος [iliokamenos] *επ.* sunburnt, tanned
ηλιόλουστος [ilioloostos] *επ.* sunny
ηλιόλουτρο [iliolootro] *ουσ. ο.* sunbathe
ήλιος [ilios] *ουσ. α.* sun. (βοτ.) sunflower
ηλιοστάσιο [iliostasio] *ουσ. ο.* solstice
ηλιοτρόπιο [iliotropio] *ουσ. ο.* (βοτ.) sunflower
ηλιοφώτιστος [iliofotistos] *επ.* sunny
ημέρα [imera] *ουσ. θ.* day
ημέρευση [imerefsi] *ουσ. θ.* taming
ημερεύω [imerevo] *ρ.* tame, domesticate
ημερήσιος [imerisios] *επ.* daily
ημερόβιος [imerovios] *επ.* daily. ephemeral
ημεροδείκτης [imerodiktis] *ουσ. α.* calendar, almanac
ημερολογιακός [imeroloyiakos] *επ.* calendar

ημερολόγιο [imeroloyio] *ουσ. ο.* calendar, diary
ημερομηνία [imerominia] *ουσ. θ.* date
ημερομίσθιο [imeromisthio] *ουσ. ο.* daily wage
ημερονύκτιο [imeroniktio] *ουσ. ο.* a night and a day
ήμερος [imeros] *επ.* tame, domestic
ημερώνω [imerono] *ρ.* tame, domesticate
ημέρωση [imerosi] *ουσ. θ.* taming, domestication
ημιάγριος [imiayrios] *επ.* half-wild, semisavage
ημιβάρβαρος [imivarvaros] *επ.* semibarbarous
ημίγυμνος [imiyimnos] *επ.* half-naked
ημιδιαφανής [imidiafanis] *επ.* semitransparent
ημίθεος [imitheos] *ουσ. α.* demigod, half-god
ημικρανία [imikrania] *ουσ. θ.* (ιατρ.) migraine
ημικυκλικός [imikiklikos] *επ.* semicircular
ημικύκλιο [imikiklio] *ουσ. ο.* (γεωμ.) semicircle
ημικυλινδρικός [imikilindrikos] *επ.* semi-cylindrical
ημιμάθεια [imimathia] *ουσ. θ.* superficial learning
ημιμαθής [imimathis] *επ.* half-learned
ημιπληγία [imipliyia] *ουσ. θ.* (ιατρ.) hemiplegia
ημίρρευστος [imirefstos] *επ.* semi-fluid
ημισέληνος [imiselinos] *ουσ. θ.* half-moon
ημισφαιρικός [imisferikos] *επ.* hemispherical
ημισφαίριο [imisferio] *ουσ. ο.* hemisphere
ημιτελής [imitelis] *επ.* incomplete
ημιτελικός [imitelikos] *επ.* /*ουσ. α.* semi-final
ημιτόνιο [imitonio] *ουσ. ο.* semitone
ημίτονο [imitono] *ουσ. ο.* (μαθ.) sine
ημίφως [imifos] *ουσ. ο.* dim light
ημίωρο [imioro] *ουσ. ο.* half an hour
ηνίο [inio] *ουσ. ο.* rein, bridle
ηνίοχος [iniohos] *ουσ. α.* (ιστ.) coachman, charioteer

Ηνωμένες Πολιτείες Αμερικής [inomenes polities amerikis] *κύρ. όν. θ. πληθ.* the United States of America (U.S.A.)
ηπατικός [ipatikos] *επ.* (ιατρ.) hepatic
ηπατίτιδα [ipatitida] *ουσ. θ.* (ιατρ.) hepatitis
ήπειρος [ipiros] *ουσ. θ.* continent, mainland
ηπειρωτικός [ipirotikos] *επ.* continental
ήπιος [ipios] *επ.* mild, gentle, soft, kind
ηπιότητα [ipiotita] *ουσ. θ.* mildness, gentleness
ηρεμία [iremia] *ουσ. θ.* quiet, calm
ηρεμώ [iremo] *ρ.* be calm, be quiet
ήρωας [iroas] *ουσ. α.* hero
ηρωίδα [iroida] *ουσ. θ.* heroine
ηρωικά [iroika] *επίρ.* heroically
ηρωικός [iroikos] *επ.* heroic
ηρωίνη [iroini] *ουσ. θ.* heroin
ηρωισμός [iroismos] *ουσ. α.* heroism
ηρώο [iro-o] *ουσ. ο.* a hero's monnument
ησυχάζω [isihazo] *ρ.* calm, quiet
ησυχία [isihia] *ουσ. θ.* tranquility, calmness
ήσυχος [isihos] *επ.* quiet, calm, peaceful
ήττα [ita] *ουσ. θ.* defeat, overthrow
ηττημένος [itimenos] *επ.* loser, defeated
ηττοπάθεια [itopathia] *ουσ. θ.* defeatism
ηττοπαθής [itopathis] *επ.* defeatist
ηφαίστειο [ifestio] *ουσ. ο.* volcano
ηφαιστειογενής [ifestioyenis] *επ.* volcanic
ηφαιστειώδης [ifestiodis] *επ.* volcanic
ηχηρός [ihiros] *επ.* sounding, loud
ηχητικός [ihitikos] *επ.* of sound
ήχος [ihos] *ουσ. α.* sounding, loud
ηχώ [iho] *ρ.* echo, resound. *ουσ. θ.* repercussion

Θ

Θ, θ [thita] *ουσ. ο.* the eighth letter of the Greek alphabet
θα [tha] *μόριο* shall, will
θάβω [thavo] *ρ.* bury
θαλαμηγός [thalamiyos] *ουσ. θ.* yacht
θαλαμηπόλος [thalamipolos] *ουσ. α.* (ναυτ.) valet, chamberlain
θαλαμίσκος [thalamiskos] *ουσ. α.* cabin, small chamber
θάλαμος [thalamos] *ουσ. α.* chamber. sleeping room
θαλαμοφύλακας [thalamofilakas] *ουσ. α.* billet-orderly
θάλασσα [thalasa] *ουσ. θ.* sea
θαλασσινός [thalasinos] *επ.* marine, maritime
θαλάσσιος [thalasios] *επ.* of the sea
θαλασσογραφία [thalasoyrafia] *ουσ. θ.* seascape
θαλασσοδάνειο [thalasodanio] *ουσ. ο.* bottomry loan. risky loan
θαλασσοδαρμένος [thalasodarmenos] *επ.* sea-beaten
θαλασσομάχος [thalasomahos] *ουσ. α.* sea-warrior
θαλασσομαχώ [thalasomaho] *ρ.* fight against the sea
θαλασσόνερο [thalasonero] *ουσ. ο.* sea-water
θαλασσοπλοΐα [thalasoploia] *ουσ. θ.* navigation, sailing
θαλασσοπόρος [thalasoporos] *ουσ. α.* navigator

θαλασσοπούλι [thalasopooli] *ουσ. ο.* (ζωολ.) sea-bird
θαλασσοταραχή [thalasotarahi] *ουσ. θ.* sea-storm
θαλασσοφοβία [thalasofovia] *ουσ. θ.* fear of the sea
θαλάσσωμα [thalasoma] *ουσ. ο.* disorder, mess
θαλασσώνω [thalasono] *ρ.* inundate. make a mess of it
θαλερός [thaleros] *επ.* flourishing, blooming
θαλερότητα [thalerotita] *ουσ. θ.* bloom
Θαλής [thalis] *κύρ. όν.* Thales
θαλπωρή [thalpori] *ουσ. θ.* warmth, heat
θαμμένος [thamenos] *επ.* buried
θάμνος [thamnos] *ουσ. α.* shrub, bush
θαμνώδης [thamnodis] *επ.* bushy, shruby
θαμπάδα [thabada] *ουσ. θ.* dimness, obscurity
θαμπώνω [thabono] *ρ.* dazzle, dim
θανάσιμος [thanasimos] *επ.* deadly, mortal, fatal
θανατηφόρος [thanatiforos] *επ.* deadly
θάνατος [thanatos] *ουσ. α.* death
θανατώνω [thanatono] *ρ.* kill
θανάτωση [thanatosi] *ουσ. θ.* killing
θαρραλέος [tharaleos] *επ.* bold, courageous
θαρρεύω [tharevo] *ρ.* take courage, venture
θάρρος [tharos] *ουσ. ο.* courage, boldness
θαρρώ [tharo] *ρ.* think, believe
θαύμα [thavma] *ουσ. ο.* miracle, wonder
θαυμάζω [thavmazo] *ρ.* admire, wonder
θαυμάσιος [thavmasios] *επ.* wonderful, marvellous
θαυμασμός [thavmasmos] *ουσ. α.* admiration
θαυμαστής [thavmastis] *ουσ. α.* admirer
θαυμαστικός [thavmastikos] *επ.* admiring
θαυμαστός [thavmastos] *επ.* admirable, marvellous, wonderful
θαυματοποιία [thavmatopiia] *ουσ. θ.* jugglery, magic

θαυματοποιός [thavmatopios] *ουσ. α. /θ.* juggler, magician
θαυματουργία [thavmatooryia] *ουσ. θ.* wonder-working
θαυματουργός [thavmatooryos] *επ.* miraculous
θαυματουργώ [thavmatooryo] *ρ.* work miracles
θάψιμο [thapsimo] *ουσ. ο.* burial, burying
θεά [thea] *ουσ. α.* goddess
θέα [thea] *ουσ. θ.* view, sight
θέαμα [theama] *ουσ. ο.* spectacle, view
θεαματικός [theamatikos] *επ.* spectacular
θεάνθρωπος [theanthropos] *ουσ. α.* god-man
θεάρεστος [thearestos] *επ.* pleasing to God
θεατής [theatis] *ουσ. α. /θ.* spectator
θεατρικός [theatrikos] *επ.* theatrical
θεατρινισμός [theatrinismos] *ουσ. α.* pompous behaviour
θεατρίνος [theatrinos] *ουσ. α.* actor
θέατρο [theatro] *ουσ. ο.* theatre
θεατρόφιλος [theatrofilos] *επ.* theatre-goer
θεατρώνης [theatronis] *ουσ. α.* theatre-contractor
θεία [thia] *ουσ. θ.* aunt
θειάφι [thiafi] *ουσ. ο.* (χημ.) sulphur
θειαφίζω [thiafizo] *ρ.* sprinkle with sulphur
θειάφισμα [thiafisma] *ουσ. ο.* sulphurism
θειικός [theikos] *επ.* (χημ.) sulphuric
θεϊκός [theikos] *επ.* divine, holy
θείος [thios] *ουσ. α.* uncle
θειότητα [thiotita] *ουσ. θ.* divinity, deity
θέλγητρο [thelyitro] *ουσ. ο.* charm, attraction
θέλγω [thelyo] *ρ.* charm, fascinate
θέλημα [thelima] *ουσ. ο.* will, wish
θεληματικός [thelimatikos] *επ.* voluntary, willing
θέληση [thelisi] *ουσ. θ.* will, wish, desire

θελκτικός [thelktikos] *επ.* charming, fascinating, attractive
θέλω [thelo] *ρ.* wish, desire
θέμα [thema] *ουσ. ο.* subject, topic, matter
θεμελιακός [themeliakos] *επ.* fundamental, basic
θεμέλιο [themelio] *ουσ. ο.* foundation, basis
θεμελιώδης [themeliodis] *επ.* fundamental
θεμελιώνω [themeliono] *ρ.* lay a foundation
θεμελίωση [themeliosi] *ουσ. θ.* foundation, establishing
θεμελιωτής [themeliotis] *ουσ. α.* founder, establisher
θεμιτός [themitos] *επ.* lawful, legitimate
θεογνωσία [theoynosia] *ουσ. θ.* knowledge of God
θεογονία [theoyonia] *ουσ. θ.* theogony
θεολογία [theoloyia] *ουσ. θ.* theology
θεολογικός [theoloyikos] *επ.* theological
θεολόγος [theoloyos] *ουσ. α. /θ.* theologist
θεομηνία [theominia] *ουσ. θ.* calamity
θεομήτωρ [theimitor] *ουσ. θ.* mother of God
θεόπεμπτος [theopebtos] *επ.* sent by God
θεοποίηση [theopiisi] *ουσ. θ.* deification
θεοποιώ [theopio] *ρ.* deify
θεόρατος [theoratos] *επ.* enormous, immense
θεόρατος [theoratos] *επ.* huge, enormous
Θεός [theos] *ουσ. α.* God
θεοσέβεια [theosevia] *ουσ. θ.* piety
θεοσεβής [theosevis] *επ.* pious, religious
θεότητα [theotita] *ουσ. θ.* deity, divinity
Θεοτόκος [theotokos] *ουσ. θ.* the Virgin Mary
θεότρελος [theotrelos] *επ.* quite mad
Θεοφάνια [thefania] *ουσ. θ. πληθ.* the Epiphany
θεοφοβούμενος [theosevoomenos] *επ.* God-fearing
θεοφώτιστος [theofotistos] *επ.* enlightened by God
θεραπεία [therapia] *ουσ. θ.*

cure, treatment, therapy
θεραπευτήριο [therapeftirio] *ουσ. ο.* sanatorium
θεραπευτής [therapeftis] *ουσ. α.* healer
θεραπευτικός [therapeftikos] *επ.* curative
θεραπεύω [therapevo] *ρ.* cure, heal, treat
θεράποντας [therapondas] *ουσ. α.* servant, attendant
θέρετρο [theretro] *ουσ. ο.* summer resort
θεριεύω [therievo] *ρ.* get strong, become furious
θερίζω [therizo] *ρ.* reap, mow
θερινός [therinos] *επ.* summer
θερισμός [therismos] *ουσ. α.* reaping, mowing
θεριστικός [theristikos] *επ.* mowing, reaping
θερμαίνω [thermeno] *ρ.* heat, warm
θέρμανση [thermansi] *ουσ. θ.* heating, warming
θερμαντικός [thermandikos] *επ.* heating, warming
θερμαστής [thermastis] *ουσ. α.* stoker, fireman
θερμάστρα [thermastra] *ουσ. θ.* stove, furnace
θέρμη [thermi] *ουσ. θ.* fever, heat, zeal
θερμίδα [thermida] *ουσ. θ.* calorie
θερμόαιμος [thermoemos] *επ.* hot-blooded
θερμοδυναμική [thermodinamiki] *ουσ. θ.* thermodynamics
θερμοηλεκτρικός [thermoilektrikos] *επ.* thermoelectric
θερμοκήπιο [thermokipio] *ουσ. ο.* greenhouse
θερμοκρασία [thermokrasia] *ουσ. θ.* temperature
θερμόμετρο [thermometro] *ουσ. ο.* thermometer
θερμός [thermos] *επ.* warm, hot
θερμοσίφωνας [thermosifonas] *ουσ. α.* water-heater
θερμοστάτης [thermostatis] *ουσ. α.* thermostat
θερμότητα [thermotita] *ουσ. θ.* heat, warmth
θέρος [theros] *ουσ. ο.* (καθ.) summer
θέση [thesi] *ουσ. θ.* place seat,

position
θεσμοθεσία [thesmothesia] *ουσ. θ.* legislation, institution
θεσμοθέτης [thesmothetis] *ουσ. α.* legislator, institutor
θεσμοθετώ [thesmotheto] *ρ.* legislate
θεσπέσιος [thespesios] *επ.* divine, sublime
θεσπίζω [thespizo] *ρ.* decree
θέσπισμα [thespisma] *ουσ. ο.* decree, edict
θετικισμός [thetikismos] *ουσ. α.* (φιλοσ.) positivism
θετικιστής [thetikistis] *ουσ. α.* (φιλοσ.) positivist
θετικός [thetikos] *επ.* positive
θετός [thetos] *επ.* adopted, foster
θέτω [theto] *ρ.* put, place, set
θεωρείο [theorio] *ουσ. ο.* box, stand, gallery
θεώρημα [theorima] *ουσ. ο.* theorem
θεώρηση [theorisi] *ουσ. θ.* visa
θεωρητικός [theritikos] *επ.* theoritical
θεωρία [theoria] *ουσ. θ.* theory
θεωρώ [theoro] *ρ.* consider, think
θηκάρι [thikari] *ουσ. ο.* sheath, case
θήκη [thiki] *ουσ. θ.* box, case
θηλάζω [thilazo] *ρ.* suckle, suck
θηλασμός [thilasmos] *ουσ. α.* suckling, sucking
θηλαστικά [thilastika] *ουσ. ο. πληθ.* (ζωολ.) mammals
θηλή [thili] *ουσ. θ.* nipple, teat
θηλιά [thilia] *ουσ. θ.* loop, noose
θηλυκός [thilikos] *επ.* female, feminine
θηλυκώνω [thilikono] *ρ.* button, clasp
θηλυπρέπεια [thiliprepia] *ουσ. θ.* effemination
θηλυπρεπής [thiliprepis] *επ.* womanish, effeminate
θημωνιά [thimonia] *ουσ. θ.* stack, pile
θημωνιάζω [thimoniazo] *ρ.* stack
θήρα [thira] *ουσ. θ.* chase, hunting
θήραμα [thirama] *ουσ. ο.* game, pray
θηρευτικός [thireftikos] *επ.* hunting

θηρίο [thirio] *ουσ. ο.* wild beast, wild animal
θηριοδαμαστής [thiriodamastis] *ουσ. α.* tamer of wild beasts
θηριομαχία [thiriomahia] *ουσ. θ.* a fight with wild beasts
θηριοτροφείο [thiriotrofio] *ουσ. ο.* menagerie
θηριωδία [thiriodia] *ουσ. θ.* ferocity, cruelty
θησαυρίζω [thisavrizo] *ρ.* treasure up, pile up
θησαύριση [thisavrisi] *ουσ. θ.* piling, treasuring up
θησαυριστής [thisavristis] *ουσ. α.* hoarder
θησαυρός [thisavros] *ουσ. α.* treasure, wealth
θησαυροφυλάκιο [thisavrofilakio] *ουσ. ο.* treasury
θητεία [thitia] *ουσ. θ.* service
θιασάρχης [thiasarhis] *ουσ. α.* impressario
θίασος [thiasos] *ουσ. α.* troupe, company of actors
θίγω [thiyo] *ρ.* touch, finger
θλάση [thlasi] *ουσ. θ.* fracture. (ιατρ.) contusion
θλιβερός [thiveros] *επ.* sad, painful
θλίβω [thlivo] *ρ.* compress, squeeze, press
θλιμμένος [thlimenos] *επ.* afflicted, sad
θλίψη [thlipsi] *ουσ. θ.* affliction, grief, sorrow
θνησιμότητα [thnisimotita] *ουσ. θ.* mortality
θνητός [thnitos] *επ.* mortal
θολός [tholos] *επ.* turbid, dim, dull
θόλος [tholos] *ουσ. α.* dome, vault
θολότητα [tholotita] *ουσ. θ.* dimness, muddiness
θολώνω [tholono] *ρ.* muddle, dim
θολωτός [tholotos] *επ.* vaulted
θορυβοποιός [thorivopios] *ουσ. α.* agitator, noisy person
θόρυβος [thorivos] *ουσ. α.* noise, uproar
θορυβώ [thorivo] *ρ.* make noise, make uproar
θορυβώδης [thorivodis] *επ.* noisy
θούριος [thoorioς] *ουσ. α.* war song
θρανίο [thranio] *ουσ. ο.* desk,

bench
θράσος [thrasos] *ουσ. ο.*
audacity
θρασυδειλία [thrasidilia] *ουσ. θ.* cowardice, bragging
θρασύδειλος [thrasidilos] *επ.*
bragging and cowardly
θρασύνομαι [thrasinome] *ρ.*
become audacious
θρασύς [thrasis] *επ.*
audacious, bold
θρασύτητα [thrasitita] *ουσ. θ.*
audacity, boldness
θραύση [thrafsi] *ουσ. θ.*
breaking, fracture
θραύσμα [thravsma] *ουσ. ο.*
fragment, piece
θρεμμένος [thremenos] *επ.*
well-fed, nourished
θρεπτικός [threptikos] *επ.*
nutritious, nutrient
θρέψη [threpsi] *ουσ. θ.*
nutrition, alimentation
θρηνητικός [thrinitikos] *επ.*
plaintive, mournful
θρήνος [thrinos] *ουσ. α.*
lamentation, mourning
θρηνώ [thrino] *ρ.* lament, mourn
θρησκεία [thriskia] *ουσ. θ.*
religion
θρήσκευμα [thriskevma] *ουσ. ο.* religious creed
θρησκευτικός [thriskeftikos] *επ.* religious
θρησκόληπτος [thriskoliptos] *επ.* overzealous in religion
θρησκοληψία [thriskolipsia] *ουσ. θ.* overzealous devotion to religion
θρήσκος [thriskos] *επ.*
religious, pious
θριαμβευτής [thriamveftis] *ουσ. α.* triumpher, triumphant
θριαμβευτικός [thriamveftikos] *επ.*
triumphant, triumphal
θριαμβεύω [thriamvevo] *ρ.*
triumph
θρίαμβος [thriamvos] *ουσ. α.*
triumph, great victory
θρόμβος [thromvos] *ουσ. α.*
clot, clotted blood
θρομβώδης [thromvodis] *επ.*
clotty, clotted
θρόμβωση [thromvosi] *ουσ. θ.*
clotting, thrombosis
θρονιάζω [throniazo] *ρ.*
enthrone
θρόνος [thronos] *ουσ. α.*
throne, chair of state
θρυαλλίδα [thrialida] *ουσ. θ.*

lamp wick
θρυλικός [thrilikos] *επ.* legendary
θρύλος [thrilos] *ουσ. α.* legend, myth
θρύμμα [thrima] *ουσ. ο.* fragment
θρυμματίζω [thrimatizo] *ρ.* break to pieces
θρυμματισμός [thrimatismos] *ουσ. α.* breaking to pieces
θρύψαλο [thripsalo] *ουσ. ο.* fragment
θυγατέρα [thiyatera] *ουσ. θ.* daughter
θύελλα [thiela] *ουσ. θ.* storm, tempest
θυελλώδης [thielodis] *επ.* stormy, tempestuous
θύλακας [thilakas] *ουσ. α.* small bag, satchel
θύμα [thima] *ουσ. ο.* victim
θυμάρι [thimari] *ουσ. ο.* (βοτ.) thyme
θυμιάζω [thimiazo] *ρ.* perfume with incense
θυμίαμα [thimiama] *ουσ. ο.* incense
θυμιατήριο [thimiatirio] *ουσ. ο.* censer
θυμίζω [thimizo] *ρ.* remind of
θυμοειδής [thimoidis] *επ.* spirited, fiery
θυμός [thimos] *ουσ. α.* anger, rage, fury
θυμοσοφία [thimosofia] *ουσ. θ.* perceptiveness
θυμόσοφος [thimosofos] *επ.* perceptive, clever
θυμούμαι [thimoome] *ρ.* remember
θυμώνω [thimono] *ρ.* get angry, make one angry
θύρα [thira] *ουσ. θ.* door, gate
θυρεοειδής [thiroidis] *επ.* (ανατ.) thyroid
θυρεός [thireos] *ουσ. α.* shield
θυρίδα [thirida] *ουσ. θ.* small window, opening
θυροκόλληση [thirokolisi] *ουσ. θ.* sticking up on a door
θυρόφυλλο [thirofilo] *ουσ. ο.* shutter of a door
θυρωρείο [thirorio] *ουσ. ο.* door keeper's lodge
θυρωρός [thiroros] *ουσ. α.* porter, door-keeper
θυσία [thisia] *ουσ. θ.* sacrifice, offering
θυσιάζω [thisiazo] *ρ.* sacrifice, offer up
θυσιαστήριο [thisiastirio] *ουσ.*

ο. sanctuary, altar
θυσιαστής [thisiastis] *ουσ. α.* sacrificer
θύτης [thitis] *ουσ. α.* sacrificer
θωπεία [thopia] *ουσ. θ.* caress, petting
θωπευτικός [thopeftikos] *επ.* caressing, affectionate
θωπεύω [thopevo] *ρ.* caress, pet
θώρακας [thorakas] *ουσ. α.* (ανατ.) thorax. breast-plate
θωρακίζω [thorakizo] *ρ.* furnish with armour
θωρακικός [thorakikos] *επ.* (ανατ.) pectoral
θωρηκτό [thorikto] *ουσ. ο.* (στρατ.) warship, battleship
θωριά [thoria] *ουσ. θ.* look, appearance
θωρώ [thoro] *ρ.* look at, see

Ι

Ι, ι [yiota] *ουσ. ο.* the ninth letter of the Greek alphabet
Ιάκωβος [iakovos] *κύρ. όν. α.* Jack, James
ιαματικός [iamatikos] *επ.* curative, healing
ιαμβικός [iamvikos] *επ.* iambic
ίαμβος [iamvos] *ουσ. α.* (μουσ.) iambus
Ιανουάριος [ianooarios] *ουσ. α.* January
Ιάπωνας [iaponas] *ουσ. α.* Japanese
Ιαπωνία [iaponia] *κύρ. όν. θ.* Japan
ιαπωνικός [iaponikos] *επ.* japanese
ίαση [iasi] *ουσ. θ.* cure, healing
ιατρείο [iatrio] *ουσ. ο.* private hospital
ιατρική [iatriki] *ουσ. θ.* medicine, medical science
ιατροδικαστής [iatrodikastis] *ουσ. α.* medical examiner
ιατρός [iatros] *ουσ. α. /θ.* doctor, physician
ιαχή [iahi] *ουσ. θ.* clamour, shout, cry
ιδανικός [idanikos] *επ.* ideal, fictive
ιδέα [idea] *ουσ. θ.* idea, notion
ιδεαλιστής [idealistis] *ουσ. α.* idealist
ιδεογραφία [ideoyrafia] *ουσ. θ.* ideography
ιδεολογία [ideoloyia] *ουσ. θ.* ideology
ιδεολογικός [ideoloyikos] *επ.* ideological

ιδεολόγος [ideoloyos] *ουσ. α. /θ.* idealist
ιδεώδης [ideodis] *επ.* ideal
ιδιαίτερος [idieteros] *επ.* special, particular
ιδιοκτησία [idioktisia] *ουσ. θ.* property, ownership
ιδιοκτήτης [idioktitis] *ουσ. α.* owner, proprietor
ιδιόκτητος [idioktitos] *επ.* one's own
ιδιομορφία [idiomorfia] *ουσ. θ.* oddness, peculiarity
ιδιόμορφος [idiomorfos] *επ.* odd, strange
ιδιοποίηση [idopiisi] *ουσ. θ.* appropriation
ιδιοποιούμαι [idiopioome] *ρ.* appropriate to myself
ιδιορρυθμία [idiorithmia] *ουσ. θ.* peculiarity, oddity
ιδιόρρυθμος [idiorithmos] *επ.* peculiar, odd
ίδιος [idios] *επ.* same
ιδιοσυγκρασία [idiosigrasia] *ουσ. θ.* temperament
ιδιοτέλεια [idiotelia] *ουσ. θ.* self-interest, selfishness
ιδιοτελής [idiotelis] *επ.* self-interested, selfish
ιδιότητα [idiotita] *ουσ. θ.* quality
ιδιοτροπία [idiotropia] *ουσ. θ.* caprice, whim
ιδιότροπος [idiotropos] *επ.* capricious
ιδιοφυής [idiofiis] *επ.* of a peculiar nature, talented
ιδιοφυΐα [idiofiia] *ουσ. θ.* genious, talent
ιδίωμα [idioma] *ουσ. ο.* idiom
ιδιωματικός [idiomatikos] *επ.* idiomatic
ιδίως [idios] *επίρ.* especially, particularly
ιδιώτης [idiotis] *ουσ. α. /θ.* private citizen
ιδιωτικός [idiotikos] *επ.* private
ίδρυμα [idrima] *ουσ. ο.* establishment, institution
ίδρυση [idrisi] *ουσ. θ.* foundation, establishment
ιδρυτής [idritis] *ουσ. α.* founder, establisher
ιδρυτικός [idritikos] *επ.* founding, establishing
ιδρύω [idrio] *ρ.* found, establish
ίδρωμα [idroma] *ουσ. ο.* sweating, perspiration
ιδρώνω [idrono] *ρ.* sweat,

perspire
ιδρώτας [idrotas] *ουσ. α.* sweat, perspiration
ιεραποστολή [ierapostoli] *ουσ. θ.* mission
ιεραπόστολος [ierapostolos] *ουσ. α.* missionary
ιεράρχης [ierarhis] *ουσ. α.* prelate
ιεραρχία [ierarhia] *ουσ. θ.* prelacy, hierarchy
ιεραρχικός [ierarhikos] *επ.* prelate, of a bishop
ιεραρχώ [ierarho] *ρ.* be a prelate
ιερατείο [ieratio] *ουσ. ο.* clergy
ιερατικός [ieratikos] *επ.* (εκκλ.) priestly
ιέρεια [ieria] *ουσ. θ.* priestess
ιερό [iero] *ουσ. ο.* (εκκλ.) sanctuary
ιερογλυφικός [ieroylifikos] *επ.* hieroglyphic
ιερόδουλος [ierodoolos] *ουσ. θ.* (καθ.) prostitute, whore
ιεροεξεταστής [ierexetastis] *ουσ. α.* (ιστ.) inquisitor
ιεροκήρυκας [ierokirikas] *ουσ. α.* preacher
ιερομάρτυρας [ieromartiras] *ουσ. α. /θ.* martyr
ιερομόναχος [ieromonahos] *ουσ. α.* monk, monk-priest
ιερός [ieros] *επ.* sacred, holy
ιεροσυλία [ierosilia] *ουσ. θ.* sacrilege
ιερόσυλος [ierosilos] *επ.* sacrilegious
ιεροσύνη [ierosini] *ουσ. θ.* priesthood
ιεροτελεστία [ierotelestia] *ουσ. θ.* sacred ceremony
ιερότητα [ierotita] *ουσ. θ.* sanctity, holiness
ιερουργία [ierooryia] *ουσ. θ.* religious service
ιερουργικός [ierooryikos] *επ.* liturgical
ιερουργώ [ieroorуo] *ρ.* officiate
ιεροψάλτης [ieropsaltis] *ουσ. α.* (εκκλ.) chanter
ίζημα [izima] *ουσ. ο.* sediment
Ιησούς [isoos] *κύρ. όν. α.* Jesus
ιθαγένεια [ithayenia] *ουσ. θ.* nationality, citizenship
ιθαγενής [ithayenis] *επ.* native, indigenous
ικανοποίηση [ikanopiisi] *ουσ.*

I

θ. satisfaction
ικανοποιητικός [ikanopiitikos] *επ.* satisfactory
ικανοποιώ [ikanopio] *ρ.* satisfy
ικανός [ikanos] *επ.* able, capable
ικανότητα [ikanotita] *ουσ. θ.* ability, capability
ικεσία [ikesia] *ουσ. θ.* supplication
ικετευτικός [iketeftikos] *επ.* supplicatory
ικετεύω [iketevo] *ρ.* supplicate
ικέτης [iketis] *ουσ. α.* supplicant
ικμάδα [ikmada] *ουσ. θ.* moisture. vigour
ίκτερος [ikteros] *ουσ. α.* (ιατρ.) jaundice
ιλαρά [ilara] *ουσ. θ.* (ιατρ.) measles
ιλαρός [ilaros] *επ.* cheerful, merry, gay
ιλαρότητα [ilarotita] *ουσ. θ.* cheerfulness, hilarity
ιλιγγιώδης [iligiodis] *επ.* vertiginous
ίλιγγος [iligos] *ουσ. α.* vertigo
ιμάντας [imandas] *ουσ. α.* strap
ιμάτιο [imatio] *ουσ. ο.* (καθ.) garment, dress
ιματιοθήκη [imatiothiki] *ουσ. θ.* wardrobe
ιμπεριαλισμός [iberialismos] *ουσ. α.* imperialism
ιμπεριαλιστής [iberialistis] *ουσ. α.* imperialist
ιμπεριαλιστικός [iberialistikose] *επ.* imperialistic
ιμπρεσάριος [ibresarios] *ουσ. α.* impressario
ιμπρεσιονιστής [ibresionistis] *ουσ. α.* impressionism
ίνδαλμα [indalma] *ουσ. ο.* image, apparition
ινδιάνος [indianos] *ουσ. α.* American Indian
ινδικός [indikos] *επ.* indian
ινδοκάλαμος [indokalamos] *ουσ. α.* (βοτ.) bamboo
ινιακός [iniakos] *επ.* (ανατ.) occipital
ινσουλίνη [insoolini] *ουσ. θ.* (χημ.) insulin
ινστιτούτο [institooto] *ουσ. ο.* institute
ινώδης [inodis] *επ.* fibrous
ιξόβεργα [ixoverya] *ουσ. θ.*

limetwig
ιοβόλος [iovolos] *επ.* poisonous. (μεταφ.) malicious
ιόν [ion] *ουσ. ο.* (φυσ.) ion
ιονόσφαιρα [ionosfera] *ουσ. θ.* ionosphere
ιός [ios] *ουσ. α.* virus
ιουδαϊκός [ioodaikos] *επ.* Jewish
Ιούλιος [ioolios] *ουσ. α.* July
Ιούνιος [ioonios] *ουσ. α.* June
ιππασία [ipasia] *ουσ. θ.* horseback riding
ιππέας [ipeas] *ουσ. α.* rider
ιππεύω [ipevo] *ρ.* ride
ιππικό [ipiko] *ουσ. ο.* cavalry
ιππικός [ipikos] *επ.* equestrian
ιπποδρομία [ipodrimia] *ουσ. θ.* horse race
ιπποδρόμιο [ipodromio] *ουσ. ο.* race track, hippodrome
ιππόδρομος [ipodromos] *ουσ. α.* circus, hippodrome
ιπποδύναμη [ipodinami] *ουσ. θ.* horsepower
ιππόκαμπος [ipokabos] *ουσ. α.* (ζωολ.) seahorse
ιπποκόμος [ipokomos] *ουσ. α.* groom
ιπποπόταμος [ipopotamos] *ουσ. α.* hippopotamus
ίππος [ipos] *ουσ. α.* horse
ιππότης [ipotis] *ουσ. α.* knight, cavalier
ιπποτικός [ipotikos] *επ.* knightly
ιπποτισμός [ipotismos] *ουσ. α.* knighthood, chivalry
ίριδα [irida] *ουσ. θ.* rainbow. (μυθ.) Iris
ιριδίζω [iridizo] *ρ.* be iridiscent
ιριδισμός [iridismos] *ουσ. α.* iridiscence
Ιρλανδία [irlandia] *κύρ. όν. θ.* Ireland
Ιρλανδός [irlandos] *ουσ. α.* Irish
ισημερία [isimeria] *ουσ. θ.* equinox
ισημερινός [isimerinos] *ουσ. α.* equator
ισθμός [isthmus] *ουσ. α.* isthmus
ίσια [isia] *επίρ.* straight
ίσιος [isios] *επ.* straight, upright, direct
ισιώνω [isiono] *ρ.* make straight, straighten
ίσκιος [iskios] *ουσ. α.* shade,

shadow
ισοβάθμιος [isovathmios] *επ.* of the same rank
ισοβαρής [isovaris] *επ.* of equal weight
ισόβιος [isovios] *επ.* life-long
ισοβιότητα [isoviotita] *ουσ. θ.* lifelong duration
ισοβίτης [isovitis] *ουσ. α.* condemned for life
ισόγειος [isoyios] *επ.* level with the ground
ισογώνιος [isoyonios] *επ.* equiangular
ισοδύναμος [isodinamos] *επ.* equivalent to
ισοδυναμώ [isodinamo] *ρ.* be equivalent
ισοζύγιο [isoziyio] *ουσ. ο.* (οικον.) balance
ισολογίζω [isoloyizo] *ρ.* balance
ισολογισμός [isoloyismos] *ουσ. α.* balancing of accounts
ισομεγέθης [isomeyethis] *επ.* of equal size
ισομερής [isomeris] *επ.* having equal parts
ισοπαλία [isopalia] *ουσ. θ.* draw
ισόπαλος [isopalos] *επ.* level
ισόπεδος [isopedos] *επ.* level
ισοπεδώνω [isopedono] *ρ.* level, make even
ισοπέδωση [isopedosi] *ουσ. θ.* leveling
ισόπλευρος [isoplevros] *επ.* (γεωμ.) equilateral
ισορροπία [isoropia] *ουσ. θ.* balance, equilibrium
ισορροπώ [isoropo] *ρ.* balance, equilibrate
ίσος [isos] *επ.* equal, even, staight
ισοσκελής [isoskelis] *επ.* (γεωμ.) isosceles
ισότητα [isotita] *ουσ. θ.* equality
ισοτιμία [isotimia] *ουσ. θ.* equality of value
ισότιμος [isotimos] *επ.* equal in value
ισότοπο [isotopo] *ουσ. ο.* (χημ.) isotope
ισοϋψής [isoipsis] *επ.* equally high
ισοφαρίζω [isifarizo] *ρ.* equal, equalize
ισόχρονος [isihronos] *επ.* of the same duration
ισοψηφία [isopsifia] *ουσ. θ.* equality of votes

ισοψηφώ [isopsifo] *ρ.* equal, balance
Ισπανία [ispania] *κύρ. όν. θ.* Spain
Ισπανικός [ispanikos] *επ.* Spanish
Ισπανός [ispanos] *ουσ. α.* Spaniard
ιστιοδρομία [istiodromia] *ουσ. θ.* sailboat race
ιστιοδρομώ [istiodromo] *ρ.* sail
ιστιοφόρο [istioforo] *ουσ. ο.* (ναυτ.) sail boat
ιστολογία [istoloyia] *ουσ. θ.* histology
ιστορία [istoria] *ουσ. θ.* history
ιστορικός [istorikos] *ουσ. α. /θ.* historian. *επ.* historical
ιστοριογραφία [istorioyrafia] *ουσ. θ.* history-writing
ιστοριοδίφης [istoriodifis] *ουσ. α. /θ.* historical researcher
ιστορώ [istoro] *ρ.* relate, narrate
ιστός [istos] *ουσ. α.* web, mast
ισχιακός [ishiakos] *επ.* ischial, sciatic
ισχιαλγία [ishialyia] *ουσ. θ.* (ιατρ.) sciatica
ισχίο [ishio] *ουσ. ο.* (ανατ.) hip, thigh
ισχνός [ishnos] *επ.* lean, thin, meager
ισχνότητα [ishnotita] *ουσ. θ.* leanness, meagreness
ισχυρίζομαι [ishirizome] *ρ.* maintain
ισχυρισμός [ishirismos] *ουσ. α.* contention, assertion
ισχυρογνώμονας [ishiroynomonas] *επ.* stubborn, obstinate
ισχυρογνωμοσύνη [ishiroynomosini] *ουσ. θ.* obstinacy, stubborness
ισχυροποίηση [ishiropiisi] *ουσ. θ.* strengthening
ισχυροποιώ [ishiropio] *ρ.* strengthen
ισχυρός [ishiros] *επ.* strong, vigorous, powerful
ισχύς [ishis] *ουσ. θ.* strength, power, force
ισχύω [ishio] *ρ.* have power, be able, be strong
ίσως [isos] *επίρ.* perhaps, probably
Ιταλία [Italia] *κύρ. όν. θ.* Italy
Ιταλικά [italika] *ουσ. ο. πληθ.*

Italian
Ιταλικός [italikos] *επ.* Italian
Ιταλός [italos] *ουσ. α.* Italian
ιτιά [itia] *ουσ. θ.* (βοτ.) willow-tree
ιχθυολογία [ihthioloyia] *ουσ. θ.* ichthyology
ιχθυολογικός [ihthioloyikos] *επ.* ichthyological
ιχθυολόγος [ihthioloyos] *ουσ. α. /θ.* ichthyologist
ιχθυοπωλείο [ihthiopolio] *ουσ. ο.* fish-market
ιχθυοπώλης [ihthiopolis] *ουσ. α.* fish-dealer
ιχθυοτροφείο [ihthiotrofio] *ουσ. ο.* fish-pond, vivarium
ιχνηλασία [ihnilasia] *ουσ. θ.* tracking out
ιχνηλάτης [ihnilatis] *ουσ. α.* tracker, searcher
ιχνογραφία [ihnoyrafia] *ουσ. θ.* drawing, sketching
ιχνογράφος [ihnoyrafos] *ουσ. α. /θ.* drawer, sketcher
ιχνογραφώ [ihnoyrafo] *ρ.* draw, sketch
ίχνος [ihnos] *ουσ. ο.* trace, track
Ιωάννης [ioanis] *κύρ. όν. α.* John
ιώδιο [iodio] *ουσ. ο.* (χημ.) iodine
ιωδιούχος [iodioohos] *επ.* containing iodine
Ιωνία [ionia] *κύρ. όν. θ.* Ionia
ιωνικός [ionikos] *επ.* Ionian, Ionic

Κ

Κ, κ [kappa] *ουσ. ο.* the tenth letter of the Greek alphabet
κάβα [kava] *ουσ. θ.* cellar, vault
καβαλάρης [kavalaris] *ουσ. α.* horseman, rider
καβαλαρία [kavalaria] *ουσ. θ.* cavalry
καβαλιέρος [kavalieros] *ουσ. α.* cavalier, escort
καβαλικεύω [kavalikevo] *ρ.* ride, mount a horse
καβαλίνα [kavalina] *ουσ. θ.* horse manure
καβαλιστής [kavalistis] *ουσ. α.* cabalist
καβαλιστικός [kavalistikos] *επ.* cabalistic
καβάλος [kavalos] *ουσ. α.* seat, fork (of trousers)
καβγάς [kavyas] *ουσ. α.* quarrel, brawl
κάβος [kavos] *ουσ. α.* (ναυτ.) cape, promontory end
καβούκι [kavooki] *ουσ. ο.* shell
κάβουρας [kavooras] *ουσ. α.* (ζωολ.) crab
καβουρδίζω [kavoordizo] *ρ.* frizzle, roast
καβουρδιστός [kavoordistos] *επ.* roasted, brown
καβούρντισμα [kavoordisma] *ουσ. ο.* roasting, frying
καγκελαρία [kagelaria] *ουσ. θ.* chancellorship, chancellery
καγκελάριος [kagelarios] *ουσ. α.* chancellor
κάγκελο [kagelo] *ουσ. ο.* rail, iron bar
καγκουρό [kagooro] *ουσ. ο. άκλ.* (ζωολ.) kangaroo

καγχάζω [kayhazo] *ρ.* laugh loudly
καγχασμός [kayhasmos] *ουσ. α.* loud laughter
καδένα [kadena] *ουσ. θ.* chain
κάδος [kados] *ουσ. α.* tub, bucket
κάδρο [kadro] *ουσ. ο.* frame, portrait
καδρόνι [kadroni] *ουσ. ο.* beam
καζάκα [kazaka] *ουσ. θ.* cloak, cassock
καζαμίας [kazamias] *ουσ. α.* almanac
καζάνι [kazani] *ουσ. ο.* cauldron, boiler
καζίνο [kazino] *ουσ. ο. άκλ.* casino
καημένος [kaimenos] *επ.* unfortunate, miserable
καημός [kaimos] *ουσ. α.* grief, heartache
καθαγιάζω [kathayiazo] *ρ.* consecrate, sanctify
καθαίρεση [katheresi] *ουσ. θ.* deposition, degradation
καθαιρώ [kathero] *ρ.* degrade, depose
καθαρά [kathara] *επίρ.* clearly, purely
καθαρεύουσα [katharevoosa] *ουσ. θ.* literary language
καθαρίζω [katharizo] *ρ.* clean, cleanse
καθαριότητα [kathariotita] *ουσ. θ.* cleansing
καθάρισμα [katharisma] *ουσ. ο.* cleaning, cleansing
καθαρισμός [katharismos] *ουσ. α.* purification, refining
καθαριστήριο [katharistirio] *ουσ. ο.* cleaner's shop
καθαριστής [katharistis] *ουσ. α.* cleaner
κάθαρμα [katharma] *ουσ. ο.* riffraff, rogue
καθαρμός [katharmos] *ουσ. α.* purification
καθαρός [katharos] *επ.* clear, pure
κάθαρση [katharsi] *ουσ. θ.* purification, expiation
καθάρσιο [katharsio] *ουσ. ο.* purgative, cathartic
καθαρτήριο [kathartirio] *ουσ. ο.* purgatorio
καθαρτικός [kathartikos] *επ.* purgative, cleansing
κάθε [kathe] *αντ.* every, each
καθεδρικός [kathedrikos] *ουσ. α.* cathedral

κάθειρξη [kathirxi] *ουσ. θ.* imprisonment
καθέκαστα [kathekasta] *ουσ. ο. πληθ.* particulars, details
καθέλκυση [kathelkisi] *ουσ. θ.* launching
καθένας [kathenas] *αντ.* each one, everyone
καθεξής [kathexis] *επίρ.* so forth, so on
καθεστώς [kathestos] *ουσ. ο.* established, status quo
καθετή [katheti] *ουσ. θ.* fishing line
καθετήρας [kathetiras] *ουσ. α.* (ιατρ.) catheter
καθετί [katheti] *αντ.* everything, anything
κάθετος [kathetos] *επ.* upright, *ουσ. θ.* perpendicular
καθηγητής [kathiyitis] *ουσ. α.* professor, teacher
καθηγητικός [kathiyitikos] *επ.* professorial
καθήκον [kathikon] *ουσ. ο.* duty, task
καθηκοντολογία [kathikondoloyia] *ουσ. θ.* deontology
καθηλώνω [kathilono] *ρ.* nail down, immobilize
καθήλωση [kathilosi] *ουσ. θ.* nailing down
καθημερινός [kathimerinos] *επ.* daily
καθησυχάζω [kathisihazo] *ρ.* compose, quiet, calm
καθησύχαση [kathisihasi] *ουσ. θ.* quieting, calming
καθησυχαστικός [kathisihastikos] *επ.* quieting, calming
καθιερώνω [kathierono] *ρ.* sanction, establish, set up, consecrate
καθιέρωση [kathierosi] *ουσ. θ.* establishing, consecration
καθίζηση [kathizisi] *ουσ. θ.* sinking, settling
κάθισμα [kathisma] *ουσ. ο.* seat, chair
καθιστικός [kathistikos] *επ.* sedentary
καθιστός [kathistos] *επ.* sitting, seated
καθιστώ [kathisto] *ρ.* render, make, establish
καθοδήγηση [kathodiyisi] *ουσ. θ.* guidance, leading
καθοδηγητής [kathodiyitis] *ουσ. α.* leader, instructor
καθοδηγώ [kathodiyo] *ρ.*

guide, conduct
κάθοδος [kathodos] *ουσ. θ.* descent, going down
καθολικός [katholikos] *επ.* (εκκλ.) catholic. universal
καθόλου [katholoo] *επίρ.* not at all. generally
κάθομαι [kathome] *ρ.* sit down
καθορίζω [kathorizo] *ρ.* define, determine
καθορισμός [kathorismos] *ουσ. α.* fixing, determination
καθοσίωση [kathosiosi] *ουσ. θ.* consecration
καθόσο(ν) [kathoso(n)] *επίρ.* as far as. as for
καθρέπτης [kathreptis] *ουσ. α.* mirror
καθυποβάλλω [kathipovalo] *ρ.* present. submit
καθυποτάσσω [kathipotaso] *ρ.* subdue, subordinate
καθυστέρηση [kathisterisi] *ουσ. θ.* delay, retardation
καθυστερώ [kathistero] *ρ.* delay, be late
καθώς [kathos] *επίρ.* as, as well as
και [ke] *σύνδ.* and
καΐκι [kaiki] *ουσ. ο.* small sailboat
καϊμάκι [kaimaki] *ουσ. ο.* cream
καινός [kenos] *επ.* new, unusual
καινοτομία [kenotomia] *ουσ. θ.* innovation
καινοτόμος [kenotomos] *ουσ. α. /θ.* innovator
καινοτομώ [kenotomo] *ρ.* innovate
καινούργιος [kenooryios] *επ.* new, fresh
καινοφανής [kenofanis] *επ.* new, novel
καίριος [kerios] *επ.* important, serious
καιρός [keros] *ουσ. α.* time, season. weather
καιροσκοπία [keroskopia] *ουσ. θ.* opportunism
καιροσκοπικός [keroskopikos] *επ.* opporrtunistic
καιροσκόπος [keroskopos] *ουσ. α. /θ.* opportunist
καίω [keo] *ρ.* burn, burn down, set fire
κακαβιά [kakavia] *ουσ. θ.* (μαγ.) fish-soup
κακάο [kakao] *ουσ. ο. άκλ.*

(βοτ.) cocoa
κακαρίζω [kakarizo] *ρ.* cackle
κακάρισμα [kakarisma] *ουσ. ο.* cackling
κακεντρέχεια [kakendrehia] *ουσ. θ.* malice, wickedness
κακεντρεχής [kakendrehis] *επ.* malicious, wicked
κακία [kakia] *ουσ. θ.* malice, wickedness
κακιώνω [kakiono] *ρ.* get angry
κακό [kako] *ουσ. ο.* evil, wrong
κακοαναθρεμμένος [kakoanathremenos] *επ.* ill-bred
κακοβουλία [kakovoolia] *ουσ. θ.* malevolence
κακόβουλος [kakovoolos] *επ.* malevolent, malignant
κακογλωσσιά [kakoylosia] *ουσ. θ.* slander
κακόγλωσσος [kakoylosos] *επ.* slanderous, scurrilous
κακόγνωμος [kakoynomos] *επ.* ill-natured
κακογραφία [kakoyrafia] *ουσ. θ.* scribbling
κακογράφος [kakoyrafos] *ουσ. α. /θ.* scribbler
κακογράφω [kakoyrafo] *ρ.* scriβble
κακοδιάθετος [kakodiathetos] *επ.* indisposed, unwell
κακοδιοίκηση [kakodiikisi] *ουσ. θ.* misadministration
κακοδιοικώ [kakodiiko] *ρ.* misgovern, misadministrate
κακοδοξία [kakodoxia] *ουσ. θ.* misbelief
κακόδοξος [kakodoxos] *επ.* misbeliever
κακοζώ [kakozo] *ρ.* live badly
κακοήθεια [kakoithia] *ουσ. θ.* dishonesty, immorality
κακοήθης [kakoithis] *επ.* dishonest, immoral
κακόηχος [kakoihos] *επ.* ill-sounding
κακοκαρδίζω [kakokardizo] *ρ.* grieve, displease
κακόκεφος [kakokefos] *επ.* moody
κακολογία [kakoloyia] *ουσ. θ.* slander, defamation
κακολογώ [kakoloyo] *ρ.* defame
κακομαθαίνω [kakomatheno] *ρ.* spoil
κακομαθημένος [kakomathimenos] *επ.* spoiled

κακομεταχειρίζομαι [kakometahirizome] *ρ.* maltreate, abuse
κακομεταχείριση [kakometahirisi] *ουσ. θ.* ill-treatment, misuse
κακομιλώ [kakomilo] *ρ.* speak rudely
κακομοιριά [kakomiria] *ουσ. θ.* misery, misfortune
κακόμοιρος [kakomiros] *επ.* unfortunate, miserable
κακοπάθεια [kakopathia] *ουσ. θ.* hardships, pain
κακοπέραση [kakoperasi] *ουσ. θ.* life of privations
κακοπερνώ [kakoperno] *ρ.* lead a life of privations
κακόπιστος [kakopistos] *επ.* faithless
κακοπληρωτής [kakoplirotis] *ουσ. α.* bad payer
κακοποίηση [kakopiisi] *ουσ. θ.* ill-treatment
κακοποιός [kakopios] *ουσ. α. /θ.* wrong-doer, criminal, malefactor
κακορίζικος [kakorizikos] *επ.* unlucky
κακός [kakos] *επ.* bad, wicked
κακοσμία [kakosmia] *ουσ. θ.* bad smell
κακοτεχνία [kakotehnia] *ουσ. θ.* inelegance, clumsiness
κακότεχνος [kakotehnos] *επ.* artless, unskillful
κακότροπος [kakotropos] *επ.* ill-mannered
κακοτυχία [kakotihia] *ουσ. θ.* misfortune, bad luck
κακότυχος [kakotihos] *επ.* unfortunate, unlucky
κακούργημα [kakooryima] *ουσ. ο.* crime, felony
κακουργιοδικείο [kakooryoiodikio] *ουσ. ο.* (νομ.) criminal court
κακούργος [kakooryos] *ουσ. α. /επ.* criminal
κακουχία [kakoohia] *ουσ. θ.* hardship, privation
κακοφημίζω [kakofimizo] *ρ.* speak ill of
κακόφημος [kakofimos] *επ.* infamous
κακοφτιαγμένος [kakoftiaymenos] *επ.* badly-made
κακόψυχος [kakopsihos] *επ.* spiteful
κακτοειδής [kaktoidis] *επ.*

cactaceous
κάκτος [kaktos] *ουσ. α.* (βοτ.) cactus
κακωνυμία [kakonimia] *ουσ. θ.* bad name, disrepute
κάκωση [kakosi] *ουσ. θ.* injury
καλοκαμωμένος [kalokamomenos] *επ.* well-made
καλά [kala] *επίρ.* well, right
καλάθι [kalathi] *ουσ. ο.* basket
καλαθοσφαίριση [kalathosferisi] *ουσ. θ.* basketball
καλαισθησία [kalesthisia] *ουσ. θ.* good taste, elegance
καλαίσθητος [kalesthitos] *επ.* tasteful, elegant
καλαμάρι [kalamari] *ουσ. ο.* inkstand. (ζωολ.) squid
καλάμι [kalami] *ουσ. ο.* (βοτ.) cane
καλαμοσάκχαρο [kalamosakharo] *ουσ. ο.* (βοτ.) sugar-cane
καλαμπόκι [kalaboki] *ουσ. ο.* (βοτ.) indian corn, maize
καλαμπούρι [kalaboori] *ουσ. ο.* pun, play of words, joke
καλαπόδι [kalapodi] *ουσ. ο.* shoe-last
καλαφατίζω [kaladatizo] *ρ.* calk
καλέμι [kalemi] *ουσ. ο.* chisel
κάλεσμα [kalesma] *ουσ. ο.* invitation
καλεσμένος [kalesmenos] *επ.* invited
καλεσμένος [kalesmenos] *επ.* invited, guest
καλημέρα [kalimera] *επιφ.* good morning
καλημερίζω [kalimerizo] *ρ.* wish good mornig
καληνύχτα [kalinihta] *επιφ.* good night
καληνυχτίζω [kalinihtizo] *ρ.* wish good night
καλησπέρα [kalispera] *επιφ.* good evening
καλησπερίζω [kalisperizo] *ρ.* wish good evening
καλιακούδα [kaliakooda] *ουσ. θ.* (ζωολ.) jackdaw
καλικαντζούρα [kalikanjoora] *ουσ. θ.* squiggle
καλλίγραμμος [kaliyramos] *επ.* well-shaped
καλλιγραφία [kaliyrafia] *ουσ. θ.* calligraphy, fine writing
καλλιγραφικός [kaliyrafikos]

επ. calligraphic
καλλιέργεια [kalieryia] *ουσ. θ.* cultivation. culture
καλλιεργητής [kalieryitis] *ουσ. α.* cultivator
καλλιεργώ [kalieryo] *ρ.* cultivate
καλλιστεία [kalistia] *ουσ. θ. πληθ.* beauty competition
κάλλιστος [kalistos] *επ.* best
καλλιτέχνημα [kalitehnima] *ουσ. ο.* a work of art
καλλιτέχνης [kalitehnis] *ουσ. α.* artist
καλλιτεχνία [kalitehnia] *ουσ. θ.* art, fine arts
καλλιτεχνικός [kalitehnikos] *επ.* artistic
καλλίφωνος [kalifonos] *επ.* sweet-voiced
καλλονή [kaloni] *ουσ. θ.* beauty
κάλλος [kalos] *ουσ. ο.* (καθ.) beauty
καλλυντικά [kalindika] *ουσ. ο. πληθ.* cosmetics
καλλυντικός [kalindikos] *επ.* beautifying
καλλωπίζω [kalopizo] *ρ.* beautify, embelish
καλλωπισμός [kalopismos] *ουσ. α.* embellishment
κάλμα [kalma] *ουσ. θ.* calmness
καλντερίμι [kalnderimi] *ουσ. ο.* narrow paved street
καλοαναθρεμμένος [kaloanathremenos] *επ.* well-bred
καλογερεύω [kaloyerevo] *ρ.* become a monk or a nun
καλογερική [kaloyeriki] *ουσ. θ.* monk-hood
καλογερικός [kaloyerikos] *επ.* monastic
καλόγηρος [kaloyiros] *ουσ. α.* monk, friar
καλόγνωμος [kaloynomos] *επ.* good-natured
καλόγρια [kaloyria] *ουσ. θ.* nun
καλοδέχομαι [kalodehome] *ρ.* welcome
καλοζώ [kalozo] *ρ.* live well
καλοζωία [kalozoia] *ουσ. θ.* good living
καλοήθης [kaloithis] *επ.* virtuous, moral
καλοθελητής [kalothelitis] *ουσ. α.* well-wisher
καλοθρεμμένος [kalothremenos] *επ.* well-fed

καλοκάγαθος [kalokayathos] επ. good, kind
καλοκαίρι [kalokeri] *ουσ. ο.* summer
καλοκαιρία [kalokeria] *ουσ. θ.* good weather
καλοκαιρινός [kalokerinos] επ. (of) summer
καλοκαρδίζω [kalokardizo] *ρ.* cheer up, content
καλόκαρδος [kalokardos] επ. kind-hearted
καλομαγειρεμένος [kalomayiremenos] επ. well-cooked
καλομαθαίνω [kalomatheno] *ρ.* spoil
καλομαθημένος [kalomethimenos] επ. spoilt
καλομεταχειρίζομαι [kalometahirizome] *ρ.* treat well
καλοπιάνω [kalopiano] *ρ.* hold properly. flatter
καλόπιστος [kalopistos] επ. of good faith
καλοπληρώνω [kaloplirono] *ρ.* pay well
καλοπληρωτής [kaloplirotis] επ. good payer
καλοπροαίρετος [kaloproeretos] επ. good-intentioned
καλορίζικος [kalorizikos] επ. fortunate, auspicious
καλοριφέρ [kalorifer] *ουσ. ο. άκλ.* central heating
καλός [kalos] επ. good, kind, fair
καλοστεκούμενος [kalostekoomenos] επ. healthy. prosperous
καλοσυνεύω [kalosinevo] *ρ.* get better
καλοσύνη [kalosini] *ουσ. θ.* goodness, kindness
καλοτυχία [kalotihia] *ουσ. θ.* good luck
καλοτυχίζω [kalotihizo] *ρ.* consider happy
καλότυχος [kalotihos] επ. fortunate
καλούπι [kaloopi] *ουσ. ο.* mould, cast, shape
καλουπώνω [kaloopono] *ρ.* mould
καλούτσικος [kaloochikos] επ. pretty good
καλοφαγάς [kalofayas] *ουσ. α.* gourmet
καλοφαγία [kalofayia] *ουσ. θ.* good eating

καλοφτιαγμένος [kaloftiaymenos] *επ.* well-made
καλοψημένος [kalopsimenos] *επ.* well-roasted, well-done
καλόψυχος [kalopsihos] *επ.* kind-hearted
καλπάζω [kalpazo] *ρ.* gallop
καλπασμός [kalpasmos] *ουσ. α.* gallop
κάλπη [kalpi] *ουσ. θ.* ballot box
κάλπικος [kalpikos] *επ.* false
κάλτσα [kalcha] *ουσ. θ.* stocking
καλτσοδέτα [kalchodeta] *ουσ. θ.* garter
καλύβα [kaliva] *ουσ. θ.* hut, cottage
κάλυκας [kalikas] *ουσ. α.* bud. calyx
κάλυμμα [kalima] *ουσ. ο.* cover, veil
καλύπτρα [kaliptra] *ουσ. θ.* veil, covering
καλύπτω [kalipto] *ρ.* cover. conceal
καλύτερα [kalitera] *επίρ.* better
καλυτερεύω [kaliterevo] *ρ.* better, improve
καλύτερος [kaliteros] *επ.* better
κάλυψη [kalipsi] *ουσ. θ.* covering
καλώ [kalo] *ρ.* call, invite
καλώδιο [kalodio] *ουσ. ο.* cable
καλώς [kalos] *επίρ.* well, right
καλωσορίζω [kalosorizo] *ρ.* welcome
καμάκι [kamaki] *ουσ. ο.* harpoon
καμακώνω [kamakono] *ρ.* harpoon, spear
καμάρα [kamara] *ουσ. θ.* arch, arcade
κάμαρα [kamara] *ουσ. θ.* room, chamber
καμάρι [kamari] *ουσ. ο.* pride
καμαριέρα [kamariera] *ουσ. θ.* chamber-maid
καμαριέρης [kamarieris] *ουσ. α.* man-servant
καμαρίνι [kamarini] *ουσ. ο.* dressing room
καμαρότος [kamarotos] *ουσ. α.* steward, butler
καμάρωμα [kamaroma] *ουσ. ο.* taking pride in
καμαρώνω [kamarono] *ρ.* take pride in

καμαρωτός [kamarotos] *επ.* proud. arched
κάματος [kamatos] *ουσ. α.* (καθ.) fatigue, labour
καμβάς [kamvas] *ουσ. α.* canvas
καμέλια [kamelia] *ουσ. θ.* (βοτ.) camelia
καμήλα [kamila] *ουσ. θ.* (ζωολ.) camel
καμηλιέρης [kamilieris] *ουσ. α.* camel driver
καμηλοπάρδαλη [kamilopardali] *ουσ. θ.* (ζωολ.) giraffe
καμινάδα [kaminada] *ουσ. θ.* chimney
καμινέτο [kamineto] *ουσ. ο.* a spirit lamp stove
καμίνι [kamini] *ουσ. ο.* furnace
καμιόνι [kamioni] *ουσ. ο.* truck, motor-lorry
καμουφλάρισμα [kamooflarisma] *ουσ. ο.* camouflage
καμουφλάρω [kamooflaro] *ρ.* camouflage, disguise
καμπάνα [kabana] *ουσ. θ.* bell
καμπαναριό [kabanario] *ουσ. ο.* steeple, belfry
καμπανίζω [kabanizo] *ρ.* ring
καμπαρέ [kabare] *ουσ. ο. άκλ.* cabaret, night-club
καμπαρτίνα [kabartina] *ουσ. θ.* gabardine
καμπή [kabi] *ουσ. θ.* curve, bending
κάμπια [kabia] *ουσ. θ.* (ζωολ.) caterpillar
καμπίνα [kabina] *ουσ. θ.* cabin
καμπίσιος [kabisios] *επ.* of the field
κάμπος [kabos] *ουσ. α.* plain, field
κάμποσος [kabosos] *αντ.* /*επ.* some, enough
καμπούρα [kaboora] *ουσ. θ.* hump, hunch
καμπούρης [kabooris] *ουσ. α.* hunchback
καμπουριάζω [kabooriazo] *ρ.* become humpbacked
κάμπτω [kabto] *ρ.* bend
καμπύλη [kabili] *ουσ. θ.* curve, bend
καμπυλόγραμμος [kabiloyramos] *επ.* curvilinear
καμπύλος [kabilos] *επ.* curved
καμπυλώνω [kabilono] *ρ.*

curve, bend
καμτσίκι [kamchiki] *ουσ. ο.* whip
καμφορά [kamfora] *ουσ. θ.* camphor
κάμψη [kampsi] *ουσ. θ.* bending
κάμωμα [kamoma] *ουσ. ο.* doing
καμώνομαι [kamonome] *ρ.* pretend, sham
καν [kan] *σύνδ.* even, at all
καναβάτσο [kanavatso] *ουσ. ο.* canvas
Καναδάς [kanadas] *κύρ. όν. α.* Canada
Καναδός [kanados] *ουσ. α.* Canadian
κανακάρης [kanakaris] *επ.* spoiled, petted
κανακεύω [kanakevo] *ρ.* fondle, pet
κανάλι [kanali] *ουσ. ο.* canal. channel
καναπές [kanapes] *ουσ. α.* sofa, couch
καναρίνι [kanarini] *ουσ. ο.* (ζωολ.) canary
Κανάριοι Νήσοι [kanarii nisi] *κύρ. όν. θ. πληθ.* Canary Islands
κανάτα [kanata] *ουσ. θ.* pitcher, jug, pot
κανατάς [kanatas] *ουσ. α.* potter
κανείς, καμιά, κανένας [kanis, kamia, kanenas] *αντ.* nobody, noone, none, any, nobody
κανέλα [kanela] *ουσ. θ.* (βοτ.) cinnamon
κανελογαρύφαλο [kaneloyarifalo] *ουσ. ο.* (βοτ.) clove
κανελόλαδο [kanelolado] *ουσ. ο.* oil of cinnamon
κανιβαλισμός [kanivalismos] *ουσ. α.* cannibalism
κανίβαλος [kanivalos] *ουσ. α.* cannibal
κάνιστρο [kanistro] *ουσ. ο.* basket, hamper
κανκάν [kankan] *ουσ. ο. άκλ.* cancan
καννάβινος [kanavinos] *επ.* hempen
καννάβούρι [kanavoori] *ουσ. ο.* (βοτ.) hemp-seed
κανό [kaono] *ουσ. ο. άκλ.* canoe
κανονάρχης [kanonarhis] *ουσ. α.* prompter

κανόνας [kanonas] *ουσ. α.* rule, penitence
κανόνι [kanoni] *ουσ. ο.* cannon
κανονιά [kanonia] *ουσ. θ.* cannon shot
κανονίδι [kanonidi] *ουσ. ο.* cannonry
κανονιέρης [kanonieris] *ουσ. α.* gunner, defaulter
κανονίζω [kanonizo] *ρ.* settle, regulate, arrange
κανονικός [kanonikos] *επ.* regular, normal
κανονικότητα [kanonikotita] *ουσ. θ.* regularity, normality
κανονιοβολισμός [kanoniovolismos] *ουσ. α.* cannon shot, bombardment
κανονιοβολώ [kanoniovolo] *ρ.* cannonade, bombard
κανονισμός [kanonismos] *ουσ. α.* regulation, rule
κάνουλα [kanoola] *ουσ. θ.* faucet, tap
καντάδα [kantada] *ουσ. θ.* serenade
κανταδόρος [kandadoros] *ουσ. α.* serenador
καντάρι [kandari] *ουσ. ο.* quintal, hungred-weight
καντήλι [kandili] *ουσ. ο.* oil candle
καντίνα [kandina] *ουσ. θ.* canteen
κάνω [kano] *ρ.* make, do
καουτσούκ [kaootsook] *ουσ. ο. άκλ.* rubber
κάπα [kapa] *ουσ. θ.* capote
καπάκι [kapaki] *ουσ. ο.* cover, top
καπακώνω [kapakono] *ρ.* cover, hide
καπελάδικο [kapeladiko] *ουσ. ο.* hat-shop
καπελάς [kapelas] *ουσ. α.* hatter
κάπελας [kapelas] *ουσ. α.* tavern-keeper
καπελιέρα [kapeliera] *ουσ. θ.* hat-box
καπέλο [kapelo] *ουσ. ο.* hat
καπετάνιος [kapetanios] *ουσ. α.* captain
καπηλειό [kapilio] *ουσ. ο.* saloon, tavern
καπηλεύω [kapilevo] *ρ.* traffic, pettle
καπίστρι [kapistri] *ουσ. ο.* halter, bridle
καπιταλισμός [kapitalismos] *ουσ. α.* (οικον.) capitalism

καπιταλιστής [kapitalistis] *ουσ. α.* capitalist
καπιταλιστικός [kapitalistikos] *επ.* capitalistic
καπναποθήκη [kapnapothiki] *ουσ. θ.* tobacco ware-house
καπνεμπόριο [kapneborio] *ουσ. ο.* tobacco business
καπνέμπορος [kapneboros] *ουσ. α. /θ.* tobacco merchant
καπνεργοστάσιο [kapneryostasio] *ουσ. ο.* tobacco factory
καπνιά [kapnia] *ουσ. θ.* soot
καπνίζω [kapnizo] *ρ.* smoke. fumigate
κάπνισμα [kapnisma] *ουσ. ο.* smoking
καπνιστής [smoker] *ουσ. α.* smoker
καπνοβιομηχανία [kapnoviomihania] *ουσ. θ.* tobacco industry
καπνογόνος [kapnoyoos] *επ.* smoke-producing
καπνοδόχη [kapnodohi] *ουσ. θ.* chimney
καπνοδοχοκαθαριστής [kapnodohokatharistis] *ουσ. α.* chimney-sweep
καπνοπαραγωγή [kapnoparayoyi] *ουσ. θ.* tobacco production
καπνοπαραγωγός [kapnoparayoyos] *ουσ. α. /θ.* tobacco grower
καπνοπωλείο [kapnopolio] *ουσ. ο.* tobacconist's shop
καπνοπώλης [kapnopolis] *ουσ. α.* tobacconist
καπνός [kapnos] *ουσ. α.* tobacco. smoke
καπνοσακούλα [kapnosakoola] *ουσ. θ.* tobacco pouch
καπνοφυτεία [kapnofitia] *ουσ. θ.* tobacco plantation
κάποιος [kapios] *αντ.* somebody, someone, some
κάποτε [kapote] *επίρ.* sometimes, at times
κάπου [kapoo] *επίρ.* somewhere
καπούλια [kapoolia] *ουσ. ο. πληθ.* croup
καπρίτσιο [kapritsio] *ουσ. ο.* caprice
κάπρος [kapros] *ουσ. α.* (ζωολ.) boar
κάπως [kapos] *επίρ.* somehow, somewhat
καραβάκι [karavaki] *ουσ. ο.*

small ship
καραβάνα [karavana] *ουσ. θ.* (στρατ.) soldier's mess pot
καραβανάς [karavanas] *ουσ. α.* (στρατ.) ranker, brass hat
καραβάνι [karavani] *ουσ. ο.* caravan
καράβι [karavi] *ουσ. ο.* ship, boat, vessel
καραβίδα [karavida] *ουσ. θ.* crawfish
καραβοκύρης [karavokiris] *ουσ. α.* skipper
καραβόπανο [karavopano] *ουσ. ο.* canvas, sailcloth
καραβόσκοινο [karavoshino] *ουσ. ο.* thick rope
καραβοτσακίζομαι [karavotsakizome] *ρ.* be shipwrecked
καραβοτσακισμένος [karavotsakismenos] *επ.* shipwrecked
καρακάξα [karakaxa] *ουσ. θ.* (ζωολ.) magpie
καραμέλα [karamela] *ουσ. θ.* caramel, candy
καραμούζα [karamooza] *ουσ. θ.* reed-pipe
καραμπίνα [karabina] *ουσ. θ.* carabine
καράτι [karati] *ουσ. ο.* carat
καρατομώ [karatomo] *ρ.* decapitate
καράφα [karafa] *ουσ. θ.* carafe
καρβέλι [karveli] *ουσ. ο.* loaf of bread
καρβουνάδικο [karvoonadiko] *ουσ. ο.* coal-store
καρβουναποθήκη [karvoonapthiki] *ουσ. θ.* coal cellar
καρβουνιάρης [karvooniaris] *ουσ. α.* coal dealer, charcoal dealer
καρβουνιάρικο [karvooniariko] *ουσ. ο.* coal-store
κάρβουνο [karvoono] *ουσ. ο.* coal, charcoal
κάρδαμο [kardamo] *ουσ. ο.* (βοτ.) cress
καρδαμώνω [kardamono] *ρ.* strengthen, invigorate
καρδερίνα [karderina] *ουσ. θ.* (ζωολ.) goldfinch
καρδιά [kardia] *ουσ. θ.* (ανατ.) heart
καρδιακός [kardiakos] *επ.* of the hearty. cordial
καρδιαλγία [kardialyia] *ουσ. θ.* (ανατ.) heartache

καρδινάλιος [kardinalios] *ουσ. α.* cardinal
καρδιογράφημα [kardiografima] *ουσ. ο.* cardiogram
καρδιολογία [kardioloyia] *ουσ. θ.* cardiology
καρδιολόγος [kardioloyos] *ουσ. α. /θ.* heart specialist
καρδιοπάθεια [kardiopathia] *ουσ. θ.* (ιατρ.) heart disease
καρδιοπαθής [kardiopathis] *επ.* suffering from heart trouble
καρδιοχτύπι [kardioktipi] *ουσ. ο.* heartbeat
καρέκλα [karekla] *ουσ. θ.* chair, seat
καρεκλάς [kareklas] *ουσ. α.* chair-maker
καρίκωμα [karikoma] *ουσ. ο.* darning
καρικώνω [karikono] *ρ.* darn
καρίνα [karina] *ουσ. θ.* keel
καριοφίλι [kariofili] *ουσ. ο.* (στρατ.) long musket
καρκινοειδής [karkinoidis] *επ.* (ζωολ.) crab-like. (ιατρ.) cancerous
καρκίνος [karkinos] *ουσ. α.* (ζωολ.) crab. (ιατρ.) cancer
καρκίνωμα [karkinoma] *ουσ. ο.* (ιατρ.) cancerous growth
καρμανιόλα [karmaniola] *ουσ. θ.* guillotine
καρμπόν [karbon] *ουσ. ο. άκλ.* carbon paper
καρμπυρατέρ [karbirater] *ουσ. ο. άκλ.* carburettor
καρναβάλι [karnavali] *ουσ. ο.* carnival
καρνάγιο [karnayio] *ουσ. ο.* careening place
κάρο [karo] *ουσ. ο.* cart
καρότο [karoto] *ουσ. ο.* (βοτ.) carrot
καρότσα [karotsa] *ουσ. θ.* carriage, coach
καροτσέρης [karotseris] *ουσ. α.* coachman
καρούλι [karooli] *ουσ. ο.* pulley, reel
καρπερός [karperos] *επ.* fruitful, fertile
καρπίζω [karpizo] *ρ.* yield fruit, fructify
καρπός [karps] *ουσ. α.* fruit. (ανατ.) wrist
καρπούζι [karpoozi] *ουσ. ο.* (βοτ.) watermelon
καρποφορία [karpoforia] *ουσ. θ.* fruition, fructification

καρποφόρος [karpoforos] *επ.* bearing fruit, fruitful
κάρτα [karta] *ουσ. θ.* postcard
καρτέρι [karteri] *ουσ. ο.* ambush
καρτερία [karteria] *ουσ. θ.* perseverance, patience
καρτερικός [karterikos] *επ.* patient, persevering
καρτερώ [kartero] *ρ.* wait for
καρύδα [karida] *ουσ. θ.* (βοτ.) coconut
καρύδι [karidi] *ουσ. ο.* (βοτ.) walnut
καρυδιά [karidia] *ουσ. θ.* (βοτ.) walnut tree
καρύκευμα [karikevma] *ουσ. ο.* spice, relish
καρυκεύω [karikevo] *ρ.* season
καρυοθραύστης [kariothrafstis] *ουσ. α.* (ζωολ.) nutcracker
καρυοφύλλι [kariofili] *ουσ. ο.* (στρατ.) old musket
καρφί [karfi] *ουσ. ο.* nail
καρφίτσα [karfitsa] *ουσ. θ.* pin
καρφιτσώνω [karfitsono] *ρ.* pin
καρφώνω [karfono] *ρ.* nail
καρχαρίας [karharias] *ουσ. α.* (ζωολ.) shark
καρωτίδα [karotida] *ουσ. θ.* (ανατ.) carotid
κάσα [kasa] *ουσ. θ.* box, case, coffin
κασέλα [kasela] *ουσ. θ.* chest, trunk, box
κάσκα [kaska] *ουσ. θ.* casque, helmet
κασκέτο [kasketo] *ουσ. ο.* cap
κασμάς [kasmas] *ουσ. α.* pick
κασμήρι [kasmiri] *ουσ. ο.* cashmere
κασόνι [kasoni] *ουσ. ο.* case, trunk
κασσίτερος [kasiteros] *ουσ. α.* (ορυκτ.) tin, pewter
κάστα [kasta] *ουσ. θ.* caste, social class
καστανάς [kastanas] *ουσ. α.* chestnutman
καστανιά [kastania] *ουσ. θ.* (βοτ.) chestnut tree
κάστανο [kastano] *ουσ. ο.* (βοτ.) chestnut
καστανός [kastanos] *επ.* chestnut brown, maroon
καστανόχρωμος [kastanohromos] *επ.* chestnut

coloured
καστανόχωμα [kastanohoma] *ουσ. ο.* leaf mould
κάστορας [kastoras] *ουσ. α.* (ζωολ.) beaver, cástor
καστόρι [kastori] *ουσ. ο.* beaver-fur
κάστρο [kastro] *ουσ. ο.* castle
κατά [kata] *πρόθ.* against, upon, according to
κατάβαθα [katavatha] *επίρ.* deeply
καταβάλλω [katavalo] *ρ.* knock down, suppress
καταβεβλημένος [katavevlimenos] *επ.* exhausted, depressed
καταβόθρα [katavothra] *ουσ. θ.* cesspool, gulf
κατάβρεγμα [katavreyma] *ουσ. ο.* sprinkling
καταβρέχω [katavreho] *ρ.* sprinkle
καταβροχθίζω [katavrohthizo] *ρ.* devour, eat greedily
καταβυθίζω [katavithizo] *ρ.* sink
καταβύθιση [katavithisi] *ουσ. θ.* sinking
καταγάλανος [katayalanos] *επ.* blue all over
καταγγελία [katagelia] *ουσ. θ.* denunciation
καταγγέλλω [katagelo] *ρ.* denounce
καταγής [katayis] *επίρ.* on the ground
καταγίνομαι [katayinome] *ρ.* be engaged in
κάταγμα [katayma] *ουσ. ο.* (ανατ.) fracture
καταγοητεύω [katayoitevo] *ρ.* enchant, charm
κατάγομαι [katayome] *ρ.* be from, descent
καταγραφή [katayrafi] *ουσ. θ.* registration
καταγράφω [katagrafo] *ρ.* register, record
καταγωγή [katayoyi] *ουσ. θ.* descent, origin
καταδεκτικός [katadektikos] *επ.* complaisant
καταδέχομαι [katadehome] *ρ.* condescend, deign
καταδίδω [katadido] *ρ.* betray, denounce
καταδικάζω [katadikazo] *ρ.* condemn, sentence
καταδικαστικός [katadikastikos] *επ.*

condemnatory
καταδίκη [katadiki] *ουσ. θ.* condemnation, sentence
κατάδικος [katadikos] *ουσ. α.* convict, prisoner
καταδιώκω [katadioko] *ρ.* persecute, pursue
καταδίωξη [katadioksi] *ουσ. θ.* persecution, pursuit
κατάδοση [katadosi] *ουσ. θ.* betrayal, denunciation
καταδότης [katadotis] *ουσ. α.* betrayer
καταδρομή [katadromi] *ουσ. θ.* persecution
καταδρομικό [katadromiko] *ουσ. ο.* (στρατ.) cruiser
καταδρομικός [katadromikos] *επ.* cruising
καταδυνάστευση [katadibastefsi] *ουσ. θ.* oppression
καταδυναστευτικός [katadinasteftikos] *επ.* oppressive
καταδυναστεύω [katadinastevo] *ρ.* oppress
κατάδυση [katadisi] *ουσ. θ.* immersion
καταδύω [katadio] *ρ.* immerse
καταζητώ [katazito] *ρ.* pursue, search
κατάθεση [katathesi] *ουσ. θ.* deposit
καταθέτης [katathetis] *ουσ. α.* depositor
καταθλίβω [katathlivo] *ρ.* oppress, afflict
καταθλιπτικός [katathliptikos] *επ.* oppressive, afflictive
κατάθλιψη [katathlipsi] *ουσ. θ.* oppression, affliction
καταιγίδα [kateyida] *ουσ. θ.* storm, tempest
καταισχύνω [kateshino] *ρ.* disgrace, shame
κατακάθι [katakathi] *ουσ. ο.* sediment, deposit
κατακαθίζω [katakathizo] *ρ.* settle, sink down
κατακαίω [katakeo] *ρ.* burn completely
κατάκαρδα [katakarda] *επίρ.* to heart, deeply
κατακερματίζω [katakermatizo] *ρ.* cut into pieces
κατακερματισμός [katakermatismos] *ουσ. α.* cutting into pieces
κατακέφαλα [katakefala]

K

επίρ. on the head
κατάκλειστος [kataklistos] *επ.* entirely shut
κατάκλιση [kataklisi] *ουσ. θ.* inundation
κατακλύζω [kataklizo] *ρ.* flood, inundate
κατάκλυση [kataklisi] *ουσ. θ.* inundation
κατακλυσμιαίος [kataklismieos] *επ.* diluvian
κατακλυσμός [kataklismos] *ουσ. α.* deluge, flood
κατάκοιτος [katakitos] *επ.* sick in bed
κατακόκκινος [katakokinos] *επ.* all red, blushed
κατακόμβη [katakomvi] *ουσ. θ.* catacomb
κατάκοπος [katakopos] *επ.* exhausted, tired out
κατακόρυφος [katakorifos] *επ.* vertical, perpendicular
κατακράτηση [katakratisi] *ουσ. θ.* retention, detention
κατακρατώ [katakrato] *ρ.* detain
κατακραυγάζω [katakravyazo] *ρ.* raise an outcry
κατακραυγή [katakravyi] *ουσ. θ.* outcry, clamour
κατακρεούργηση [katakreooryisi] *ουσ. θ.* massacre
κατακρεουργώ [katakreooryo] *ρ.* massacre, butcher
κατακρήμνιση [katakrimnisi] *ουσ. θ.* precipitation
κατακρίνω [katakrino] *ρ.* blame, criticize
κατακριτέος [katakriteos] *επ.* blamable
κατακριτής [katakritis] *ουσ. α.* condemner, censurer
κατάκρυος [katakrios] *επ.* quite cold
κατάκτηση [kataktisi] *ουσ. θ.* conquest
κατακτητής [kataktitis] *ουσ. α.* conqueror
κατακτητικός [kataktitikos] *επ.* conquering
κατακτώ [katakto] *ρ.* conquer
κατακυριεύω [katakirievo] *ρ.* conquer, dominate
κατακυρώνω [katakirono] *ρ.* adjudge
κατακύρωση [katakirosi] *ουσ. θ.* adjudication
κατακυρωτικός

[katakirotikos] *επ.* adjudicative
καταλαβαίνω [katalabeno] *ρ.* understand, comprehend, realize
καταλαγιάζω [katalayiazo] *ρ.* appease, calm, settle down
καταλαμβάνω [katalamveno] *ρ.* seize, overtake
καταλεπτώς [kataleptos] *επίρ.* minutely, in detail
καταλερώνω [katalerono] *ρ.* make filthy
κατάλευκος [katalefkos] *επ.* quite white
καταλήγω [kataliyo] *ρ.* terminate, result in
καταληκτικός [kataliktikos] *επ.* ending, terminating
κατάληξη [katalixi] *ουσ. θ.* termination, ending
καταληπτός [kataliptos] *επ.* comprehensible, conceivable
κατάληψη [katakipsi] *ουσ. θ.* occupation, capture
καταληψία [katalipsia] *ουσ. θ.* catalepsy
κατάλληλος [katalilos] *επ.* proper, fit, suitable
καταλληλότητα [katalilotita] *ουσ. θ.* fitness. propriety
καταλογίζω [kataloyizo] *ρ.* compute, charge
κατάλογος [kataloyos] *ουσ. α.* list, catalogue
κατάλοιπο [katalipo] *ουσ. ο.* remainder, remaining
κατάλυμα [katalima] *ουσ. ο.* lodging, housing
κατάλυση [katalisi] *ουσ. θ.* abolition
καταλυτής [katalitis] *ουσ. α.* abolisher
καταλύτης [katalitis] *ουσ. α.* catalyst
καταλυτικός [katalitikos] *επ.* subversive
καταλύω [katalio] *ρ.* overthrow, abolish
καταμαγεύω [katamayevo] *ρ.* enchant, charm, fascinate
καταμαστίζω [katamastizo] *ρ.* scourse, ravage
κατάματα [katamata] *επίρ.* into one's eyes, right in the eyes
καταματωμένος [katamatomenos] *επ.* blood-stained
καταματώνω [katamatono] *ρ.* stain with blood
κατάμαυρος [katamavros] *επ.*

quite black
καταμερίζω [katamerizo] *ρ.* divide, partition
καταμερισμός [katamerismos] *ουσ. α.* division, partition
κατάμεστος [katamestos] *επ.* crowded
καταμέτρηση [katametrisi] *ουσ. θ.* measurement, survey
καταμετρητής [katametritis] *ουσ. α.* measurer, surveyor
καταμετρώ [katametro] *ρ.* measure, survey
καταναγκάζω [katanagazo] *ρ.* compel, force, costrain
καταναγκασμός [katanagasmos] *ουσ. α.* compulsion
καταναγκαστικός [katanagastikos] *επ.* compulsory
κατανάλωση [katanalosi] *ουσ. θ.* consumption
καταναλώσιμος [katanalosimos] *επ.* consumable
καταναλωτής [katanalotis] *ουσ. α.* consumer
καταναλωτικός [katanalotikos] *επ.* of consumption, consuming
κατανέμω [katanemo] *ρ.* divide, share
κατανίκηση [katanikisi] *ουσ. θ.* conquering
κατανικώ [kataniko] *ρ.* conquer
κατανόηση [katanoisi] *ουσ. θ.* comprehension, understanding
κατανοητός [katanoitos] *επ.* comprehensible, conceivable
κατανομή [katanomi] *ουσ. θ.* apportionment, distribution
κατανοώ [katano-o] *ρ.* comprehend
κατάντημα [katandima] *ουσ. ο.* plight
καταντροπιάζω [katandropiazo] *ρ.* shame, dishonour
καταντώ [katando] *ρ.* render, come to a plight
κατανυκτικός [kataniktikos] *επ.* touching, affecting
κατάνυξη [katanixi] *ουσ. θ.* feeling of pity
καταξιώνω [kataxiono] *ρ.* consider worthy, enable
καταπακτή [katapakti] *ουσ. θ.* trap-door
καταπάνω [katapano] *επίρ.*

right upon
καταπάτηση [katapatisi] *ουσ. θ.* violation
καταπατώ [katapato] *ρ.* trample upon, violate
κατάπαυση [katapafsi] *ουσ. θ.* cessation, stoppage
καταπαύω [katapavo] *ρ.* cease, stop
καταπέτασμα [katapetasma] *ουσ. ο.* curtain
καταπιάνομαι [katapianome] *ρ.* undertake
καταπιέζω [katapiezo] *ρ.* oppress, harass
καταπίεση [katapiesi] *ουσ. θ.* oppression
καταπιεστής [katapiestis] *ουσ. α.* oppressor
καταπιεστικός [katapiestikos] *επ.* oppressive
καταπίνω [katapino] *ρ.* swallow, gup down
καταπλακώνω [kataplakono] *ρ.* fall upon
κατάπλασμα [kataplasma] *ουσ. ο.* cataplasm
καταπληκτικός [katapliktikos] *επ.* astonishing, amazing
κατάπληξη [kataplixi] *ουσ. θ.* astonishment, amazement
καταπλήσσω [katapliso] *ρ.* astonish, amaze
καταπνίγω [katapniyo] *ρ.* suppress
κατάπνιξη [katapnixi] *ουσ. θ.* suppression
καταπολέμηση [katapolemisi] *ουσ. θ.* fighting against
καταπολεμώ [katapolemo] *ρ.* combat, fight against
καταπόνηση [kataponisi] *ουσ. θ.* tiring out
καταποντίζω [katapondizo] *ρ.* sink, submerge
καταποντισμός [katapondismos] *ουσ. α.* sinking, submersion
καταπονώ [katapono] *ρ.* fatigue, tire out
καταπραΰνω [katapraino] *ρ.* soothe, calm
κατάπτωση [kataptosi] *ουσ. θ.* fall, downfall
κατάρα [katara] *ουσ. θ.* curse
καταραμένος [kataramenos] *επ.* cursed
κατάργηση [kataryisi] *ουσ. θ.* abolition
καταργώ [kataryo] *ρ.* abolish
καταριέμαι [katarieme] *ρ.*

curse
καταρράκτης [kataraktitis] *ουσ. α.* waterfall
καταρρακτώδης [kataraktodis] *επ.* torrential
κατάρρευση [katarefsi] *ουσ. θ.* collapse, exhaustion
καταρρέω [katareo] *ρ.* crumble
καταρρίπτω [karipto] *ρ.* fell, knock down
κατάρριψη [karipsi] *ουσ. θ.* felling, throwing down
κατάρτι [katarti] *ουσ. ο.* mast
καταρτίζω [katartizo] *ρ.* form, arrange, constitute
κατάρτιση [katartisi] *ουσ. θ.* formation
κατάσαρκα [katasarka] *επίρ.* next to the skin
κατάσβεση [katasvesi] *ουσ. θ.* extinction, putting out
κατασιγάζω [katasiyazo] *ρ.* silence, quiet
κατασκευάζω [kataskevazo] *ρ.* make, construct
κατασκεύασμα [kataskevasma] *ουσ. ο.* work, fabrication, construction
κατασκευαστής [kataskevastis] *ουσ. α.* manufacturer, constructor
κατασκευή [kataskevi] *ουσ. θ.* construction
κατασκηνώνω [kataskinono] *ρ.* camp, encamp
κατασκήνωση [kataskinosi] *ουσ. θ.* camping
κατασκοπεία [kataskopia] *ουσ. θ.* espionage, spying
κατασκοπεύω [kataskopevo] *ρ.* spy
κατάσκοπος [kataskopos] *ουσ. α. /θ.* spy, secret agent
κατασπαράσσω [katasparaso] *ρ.* tear to pieces, lacerate
κατασταλαγμα [katastalayma] *ουσ. ο.* sediment
κατασταλάζω [katastalazo] *ρ.* settle, distil, filter
κατασταλτικός [katastaltikos] *επ.* repressive, suppressive
κατάσταση [katastasi] *ουσ. θ.* condition, state
καταστατικό [katastatiko] *ουσ. ο.* statute
καταστατικός [katastatikos] *επ.* constitutional
καταστέλλω [katastelo] *ρ.* suppress, restrain
κατάστηθα [katastitha] *επίρ.* right on the chest

κατάστημα [katastima] *ουσ. ο.* store, shop
καταστηματάρχης [katastimatarhis] *ουσ. α.* shopkeeper
κατάστιχο [katastiho] *ουσ. ο.* ledger, mercantile book
καταστολή [katastoli] *ουσ. θ.* repression, suppression
καταστρατηγώ [katastratiyo] *ρ.* circumvent, evade
καταστρεπτικός [katastreptikos] *επ.* destructive
καταστρέφω [katastrefo] *ρ.* destroy, ruin
καταστροφή [katastrofi] *ουσ. θ.* destruction, ruin
κατάστρωμα [katastroma] *ουσ. ο.* deck
καταστρώνω [katastrono] *ρ.* lay out, draw up
κατάστρωση [katastrosi] *ουσ. θ.* drawing
κατάσχεση [katashesi] *ουσ. θ.* seizure, distraint
κατάσχω [katasho] *ρ.* seize, attach
κατάταξη [katataxi] *ουσ. θ.* classification
κατατάσσω [katataso] *ρ.* arrange, enlist, classify
κατατοπίζω [katatopizo] *ρ.* advise, orientate
κατατόπιση [katatopisi] *ουσ. θ.* guidance
κατατρεγμός [katatreymos] *ουσ. α.* persecution
κατατρέχω [katatreho] *ρ.* persecute
κατατρομάζω [katatromazo] *ρ.* frighten, terrify
κατατροπώνω [katatropono] *ρ.* defeat
κατατρόπωση [katatroposi] *ουσ. θ.* defeat, crushing
καταυλισμός [katavlismos] *ουσ. α.* bivouac
κατάφαση [katafasi] *ουσ. θ.* affirmation, assent
καταφάσκω [katafasko] *ρ.* affirm, agree
καταφατικός [katafatikos] *επ.* affirmative, positive
καταφέρνω [kataferno] *ρ.* succeed, accomplish
καταφεύγω [katafevyo] *ρ.* take refuge in
καταφθάνω [katafthano] *ρ.* arrive, reach
κατάφορτος [katafortos] *επ.* overloaded

καταφρονεμένος [katafronemenos] *επ.* despised
καταφρόνηση [katafronisi] *ουσ. θ.* contempt, despise
καταφρονητικός [katafronitikos] *επ.* scornful, disdainful
καταφρονώ [katafrono] *ρ.* despise, scorn
καταφυγή [katafiyi] *ουσ. θ.* refuge, retreat
καταφύγιο [katafiyio] *ουσ. ο.* shelter, refuge
κατάφυτος [katafitos] *επ.* covered with plants
κατάφωρος [kataforos] *επ.* flagrant, manifest
καταχθόνιος [katahthonios] *επ.* infernal
καταχνιά [katahnia] *ουσ. θ.* fog, mist
καταχραστής [katahrastis] *ουσ. α.* defaulter
κατάχρηση [katahrisi] *ουσ. θ.* abuse, excess
καταχρηστικός [katahristikos] *επ.* improper, abusive
καταχωνιάζω [katahoniazo] *ρ.* hide deep
καταχωρίζω [katahorizo] *ρ.* insert, enter
καταχώριση [katahorisi] *ουσ. θ.* insertion, entry
καταψηφίζω [katapsifizo] *ρ.* vote against
καταψήφιση [katapsifisi] *ουσ. θ.* voting against
κατάψυξη [katapsixi] *ουσ. θ.* freezing, cooling
καταψύχω [katapsiho] *ρ.* freeze, cool, refrigerate
κατεβάζω [katevazo] *ρ.* bring down
κατέβασμα [katevasma] *ουσ. ο.* going down, descent
κατεδαφίζω [katedafizo] *ρ.* demolish, raze
κατεδάφιση [katedafisi] *ουσ. θ.* demolition, pulling down
κατειλημμένος [katilimenos] *επ.* occupied, reserved
κατεργάζομαι [kateryazome] *ρ.* work out, elaborate
κατεργάρης [kateryaris] *ουσ. α.* rogue, rascal
κατεργαριά [kateryaria] *ουσ. θ.* roguish trick, roguery
κατεργασία [kateryasia] *ουσ. θ.* working out, elaboration
κάτεργο [kateryo] *ουσ. ο.*

galley, prison
κατευθύνομαι [katefthinome] ϱ. go, proceed
κατεύθυνση [katefthinsi] *ουσ. θ.* direction, line
κατευθυντήϱιος [katefthindirios] *επ.* directive, directing
κατευθύνω [katefthino] ϱ. direct, guide
κατευνάζω [katevnazo] ϱ. appease, calm
κατευνασμός [katevnasmos] *ουσ. α.* appeasement, calming
κατευναστικός [katevnastikos] *επ.* soothing, calming
κατευοδώνω [katevodono] ϱ. escort
κατευόδωση [katevodosi] *ουσ. θ.* escorting
κατέχω [kateho] ϱ. possess, occupy
κατεψυγμένος [katepsiymenos] *επ.* frigid, frozen
κατηγόϱημα [katiyorima] *ουσ. ο.* attribute, predicate
κατηγοϱηματικός [katiyorimatikos] *επ.* positive, categorical
κατηγοϱητήϱιο [katiyoritirio] *ουσ. ο.* (νομ.) charge, application
κατηγοϱία [katiyoria] *ουσ. θ.* accusation, charge
κατηγοϱικός [katiyorikos] *επ.* categorical
κατηγοϱούμενο [katiyoroomeno] *ουσ. ο.* (γϱαμ.) attribute, complement
κατηγοϱώ [katiyoro] ϱ. accuse, charge, blame
κατήφεια [katifia] *ουσ. θ.* sulkiness, sadness
κατηφής [katifis] *επ.* sad, sulky
κατηφόϱα [katifora] *ουσ. θ.* declivity, slope
κατηφοϱίζω [katiforizo] ϱ. go downhill, descend
κατηφοϱικός [katiforikos] *επ.* downhill, descending
κατήφοϱος [katiforos] *ουσ. α.* delivity, descent, slope
κατήχηση [katihisi] *ουσ. θ.* catechism
κατηχητικός [katihitikos] *επ.* of catechism
κατηχούμενος [katihoomenos] *επ.* catechumen

κατηχώ [katiho] *ρ.* catechize
κάτι [kati] *αντ.* something, some, anything
κατ'ιδίαν [katidian] *επίρ.* privately, aside
κάτισχνος [katishnos] *επ.* very thin, emaciated
κατοίκηση [katikisi] *ουσ. θ.* habitation
κατοικήσιμος [katikisimos] *επ.* habitable
κατοικία [katikia] *ουσ. θ.* residence, habitation
κατοικίδιος [katikidios] *επ.* domestic, tame
κάτοικος [katikos] *ουσ. α. /θ.* inhabitant, resident
κατοικώ [katiko] *ρ.* inhabit, stay, live
κατονομάζω [katonomazo] *ρ.* name, denominate
κατονομασία [katonomasia] *ουσ. θ.* naming, denomination
κατόπιν [katopin] *επίρ.* after, afterwards
κατοπινός [katopinos] *επ.* following, next
κατοπτεύω [katoptevo] *ρ.* watch, spy, observe
κατοπτρίζω [katoptrizo] *ρ.* reflect, mirror
κατοπτρισμός [katoptrismos] *ουσ. α.* reflection, mirage
κάτοπτρο [katoptro] *ουσ. ο.* mirror
κατόρθωμα [katorthoma] *ουσ. ο.* feat, achievement
κατορθώνω [katorthono] *ρ.* succeed, achieve, manage
κατορθωτής [katorthotis] *ουσ. α.* achiever
κατορθωτός [katorthotos] *επ.* feasible, achievable
κάτουρο [katooro] *ουσ. ο.* urine, piss
κατουρώ [katooro] *ρ.* piss, urinate
κατοχή [katohi] *ουσ. θ.* possession, occupation
κάτοχος [katohos] *ουσ. α. /θ.* possessor, owner
κατοχυρώνω [katohirono] *ρ.* consolidate, secure, assure
κατοχύρωση [katohirosi] *ουσ. θ.* consolidation, securing
κάτοψη [katopsi] *ουσ. θ.* ground plan
κατρακύλημα [katrakilima] *ουσ. ο.* rolling down, tumbling
κατρακυλώ [katrakilo] *ρ.* roll down, tumble

κατράμι [katrami] *ουσ. ο.* far, pitch
κατράμωμα [katramoma] *ουσ. ο.* tarring
κατσαβίδι [kachavidi] *ουσ. ο.* screw-driver
κατσάδα [kachada] *ουσ. θ.* harsh scolding, reprimand
κατσαδιάζω [kachadiazo] *ρ.* scold, reprimand
κατσαρίδα [kacharida] *ουσ. θ.* (ζωολ.) cockroach
κατσαρόλα [kacharola] *ουσ. θ.* saucepan
κατσαρομάλλης [kacharomalis] *επ.* curly haired
κατσαρός [kacharos] *επ.* curly, curled
κατσαρώνω [kacharono] *ρ.* curl
κατσίκα [kachika] *ουσ. θ.* (ζωολ.) goat
κατσικάκι [kachikaki] *ουσ. ο.* (ζωολ.) kid, kiddy
κατσικίσιος [kachikisios] *επ.* goatish, kiddish
κατσούφης [kachoofis] *επ.* sulky, sullen
κατσουφιά [kachoofia] *ουσ. θ.* sulkines, sullenness
κατσουφιάζω [kachoofiazo] *ρ.* sulk, scowl
κάτω [kato] *επίρ.* down, below, under
Κάτω Χώρες [kato hores] *κύρ. όν. θ. πληθ.* the Low Countries, the Netherlands
κατώγειο [katoyio] *ουσ. ο.* ground floor
κάτωθι [katothi] *επίρ.* below, under, underneath
κατώτατος [katotatos] *επ.* undermost, lowest
κατωτερότητα [katoterotita] *ουσ. θ.* inferiority
κατωφέρεια [katoferia] *ουσ. θ.* declivity, slope
κατωφερής [katoferis] *επ.* sloping, inclining
κατώφλι [katofli] *ουσ. ο.* threshold, door-step
κάτωχρος [katohros] *επ.* quite pale
καυγαδίζω [kavyadizo] *ρ.* dispute, quarrel
καυγάς [kavyas] *ουσ. α.* quarrel, brawl, row
καυγατζής [kavyajis] *επ.* brawler, wrangler
καύκαλο [kafkalo] *ουσ. ο.* skull. shell

καύση [kafsi] *ουσ. θ.* burning, combustion
καύσιμο [kafsimo] *ουσ. ο.* fuel, burning
καυσόξυλο [kafsoxilo] *ουσ. ο.* firewood
καυστικός [kafstikos] *επ.* burning, flaming
καύσωνας [kafsonas] *ουσ. α.* burning heat
καυτερός [kafteros] *επ.* burning, scorching
καυτηριάζω [kaftiriazo] *ρ.* cauterize, sear
καυτηρίαση [kaftiriasi] *ουσ. θ.* cauterization, searing
καυτός [kaftos] *επ.* burning, boiling
καύτρα [kaftra] *ουσ. θ.* snuff
καύχημα [kafhima] *ουσ. ο.* pride, glory
καυχηματίας [kafhimatias] *επ.* boaster
καύχηση [kafhisi] *ουσ. θ.* boasting, boast
καυχησιάρικος [kafhisiarikos] *επ.* vaunting, boastful
καυχησιολογία [kafhisioloyia] *ουσ. θ.* bragging, boasting
καυχησιολογώ [kafhisioloyo] *ρ.* boast, brag
καυχιέμαι [kafhieme] *ρ.* boast, brag
καφάσι [kafasi] *ουσ. ο.* lattice, grating
καφασωτός [kafasotos] *επ.* latticed, grated
καφέ [kafe] *επ.* brown
καφεΐνη [kafeini] *ουσ. θ.* caffeine
καφεκοπτείο [kafekoptio] *ουσ. ο.* coffee-mill
καφενείο [kafenio] *ουσ. ο.* cafè, coffee-store
καφές [kafes] *ουσ. α.* coffee
καφετιέρα [kafetiera] *ουσ. θ.* coffee-pot
καχεκτικός [kahektikos] *επ.* sickly, hectic
καχεξία [kahexia] *ουσ. θ.* sickliness
καχύποπτος [kahipoptos] *επ.* suspicious, distrustful
καχυποψία [kahipopsia] *ουσ. θ.* mistrust, suspicion
καψαλίζω [kapsalizo] *ρ.* toast, singe
καψάλισμα [kapsalisma] *ουσ. ο.* toasting, singing
κάψιμο [kapsimo] *ουσ. ο.*

burning, combustion
κάψουλα [kapsoola] *ουσ. θ.* capsule
κέδρινος [kedrinos] *επ.* cedar-wood, cedrine
κέδρος [kedros] *ουσ. α.* (βοτ.) cedar-tree
κέικ [keik] *ουσ. ο.* (μαγ.) cake
κείμενο [kimeno] *ουσ. ο.* text
κειμήλιο [kimilio] *ουσ. ο.* precious souvenir
κείτομαι [kitome] *ρ.* lie, lie down
κεκλιμένος [keklimenos] *επ.* inclined
κελάηδημα [kelaidima] *ουσ. ο.* singing (of birds), twittering
κελαηδώ [kelaido] *ρ.* sing, twitter
κελάρι [kelari] *ουσ. ο.* cellar
κελαρύζω [kelarizo] *ρ.* murmur, purl
κελί [keli] *ουσ. ο.* cell
κέλυφος [kelifos] *ουσ. ο.* husk, shell
κενό [keno] *ουσ. ο.* vacuum, void
κενοδοξία [kenodoxia] *ουσ. θ.* vanity
κενόδοξος [kenodoxos] *επ.* vain, conceited
κενολογία [kenoloyia] *ουσ. θ.* idle chat
κενολογώ [kenoloyo] *ρ.* talk nonsense
κενός [kenos] *επ.* empty, void
κενοσοφία [kenosofia] *ουσ. θ.* pedantry
κενόσοφος [kenosofos] *επ.* pedantic
κενοτάφιο [kenotafio] *ουσ. ο.* cenotaph
κένταυρος [kendavros] *ουσ. α.* (μυθ.) centaur
κέντημα [kendima] *ουσ. ο.* embroidery
κεντρί [kendri] *ουσ. ο.* sting
κεντρίζω [kendrizo] *ρ.* sting, spur
κεντρικός [kendrikos] *επ.* central, centric
κέντρισμα [kendrisma] *ουσ. ο.* spurring, pricking
κέντρο [kendro] *ουσ. ο.* center, middle
κεντρομόλος [kendromolos] *επ.* (φυσ.) centripetal
κέντρωμα [kendroma] *ουσ. ο.* stinging
κεντρώος [kendro-os] *επ.* central
κεντώ [kendo] *ρ.* prick, sting,

spur
κένωμα [kenoma] *ουσ. ο.* emptying, evacuation
κενώνω [kenono] *ρ.* empty, evacuate
κένωση [kenosi] *ουσ. θ.* emptying, evacuation
κεραία [kerea] *ουσ. θ.* antenna
κεράκι [keraki] *ουσ. ο.* small candle
κεραμέας [kerameas] *ουσ. α.* potter, tiler
κεραμευτική [kerameftiki] *ουσ. θ.* ceramics, pottery
κεραμευτικός [kerameftikos] *επ.* ceramic, pottery
κεραμίδι [keramidi] *ουσ. ο.* tile, slate
κεραμοποιείο [keramopiio] *ουσ. ο.* pottery, potter's shop
κεραμοπώλης [keramopolis] *ουσ. α.* dealer in tiles
κεράσι [kerasi] *ουσ. ο.* (βοτ.) cherry
κερασιά [kerasia] *ουσ. θ.* (βοτ.) cherry-tree
κέρασμα [kerasma] *ουσ. ο.* treating, treat
κεράτινος [keratinos] *επ.* made of horn
κέρατο [kerato] *ουσ. ο.* horn
κερατοειδής [keratoidis] *ουσ. α.* horn-shaped. (ανατ.) cornea
κεραυνοβόλος [keravnovolos] *επ.* thunderstriking. (μεταφ.) sudden
κεραυνοβολώ [keravnovolo] *ρ.* fulminate
κεραυνός [keravnos] *ουσ. α.* thunderbolt, thunder
κερδίζω [kerdizo] *ρ.* gain, earn, win
κέρδος [kerdos] *ουσ. ο.* gain, profit
κερδοσκοπία [kerdoskopia] *ουσ. θ.* speculation
κερδοσκοπικός [kerdoskopikos] *επ.* speculating, speculative
κερδοσκόπος [kerdoskopos] *ουσ. α. /θ.* speculator
κερδοφόρος [kerdoforos] *επ.* profit-bearing, gainful
κερένιος [kerenios] *επ.* waxen
κερί [keri] *ουσ. ο.* wax, candle
κερκίδα [kerkida] *ουσ. θ.* stand of seats, weaver's rod
κέρμα [kerma] *ουσ. ο.* change, coin
κερματίζω [kermatizo] *ρ.*

shatter
κερματισμός [kermatismos] *ουσ. α.* breaking into pieces
κερνώ [kerno] *ρ.* treat
κέρωμα [keroma] *ουσ. ο.* waxing
κερώνω [kerono] *ρ.* wax
κεφαλαίο [kefaleo] *ουσ. ο.* capital letter
κεφάλαιο [kefeleo] *ουσ. ο.* capital, funds
κεφαλαιοκράτης [kefaleokratis] *ουσ. α.* capitalist
κεφαλαιοκρατία [kefaleokratia] *ουσ. θ.* capitalism
κεφαλαίος [kefaleos] *επ.* capital
κεφαλαιούχος [kefaleoohos] *επ.* fund holder, capitalist
κεφαλάρι [kefalari] *ουσ. ο.* bolster
κεφαλή [kefali] *ουσ. θ.* head, chief, leader
κεφάλι [kefali] *ουσ. ο.* head
κεφαλικός [kefalikos] *επ.* capital
κεφαλόδεσμος [kefalodesmos] *ουσ. α.* headband
κέφαλος [kefalos] *ουσ. α.* (ζωολ.) mullet
κεφαλόσκαλο [kefaloskalo] *ουσ. ο.* stair-head
κεφαλοχώρι [kefalohori] *ουσ. ο.* large village
κεφάτος [kefatos] *επ.* merry, cheerful
κέφι [kefi] *ουσ. θ.* disposition, cheerfulness
κεφτές [keftes] *ουσ. α.* (μαγ.) (fried) meat ball
κεχρί [kehri] *ουσ. ο.* millet
κεχριμπαρένιος [kehribarenios] *επ.* of amber. (μεταφ.) graceful
κεχριμπάρι [kehribari] *ουσ. ο.* amber
κηδεία [kidia] *ουσ. θ.* funeral, burial
κηδεμόνας [kidemonas] *ουσ. α. /θ.* guardian, tutor
κηδεμονεύω [kidemonevo] *ρ.* be a guardian of, be a tutor
κηδεμονία [kidemonia] *ουσ. θ.* guardianship, tutorship
κηδεμονικός [kidemonikos] *επ.* of a guardian, tutelary
κηδεύω [kidevo] *ρ.* bury
κηλίδα [kilida] *ουσ. θ.* stain, spot

K

κηλιδώνω [kilidono] *ρ.* stain, soil, dirty
κηπευτική [kipeftiki] *ουσ. θ.* gardening, horticulture
κήπος [kipos] *ουσ. α.* garden
κηπουρική [kipooriki] *ουσ. θ.* gardening
κηπουρικός [kipoorikos] *επ.* of gardening
κηπουρός [kipooros] *ουσ. α.* gardener
κηρήθρα [kirithra] *ουσ. θ.* honey-comb, beeswax
κηροπήγιο [kiropiyio] *ουσ. ο.* candlestick
κηροποιός [kiropios] *ουσ. α.* chandler
κηροπωλείο [kiropolio] *ουσ. ο.* candle-shop
κηροπώλης [kiropolis] *ουσ. α.* dealer in candles
κήρυγμα [kiriyma] *ουσ. ο.* preaching, sermon
κήρυκας [kirikas] *ουσ. α.* herald, preacher
κηρύττω [kirito] *ρ.* proclaim, preach, herald
κηρώνω [kirono] *ρ.* wax
κήτος [kitos] *ουσ. ο.* (ζωολ.) cetacean
κηφήνας [kifinas] *ουσ. α.* (ζωολ.) drone-bee, drone
κιάλι [kiali] *ουσ. ο.* field-glass, telescope
κιάλια [kialia] *ουσ. ο. πληθ.* binoculars
κίβδηλος [kibdilos] *επ.* false, forged, counterfeit
κιβώτιο [kivotio] *ουσ. ο.* box, trunk
κιβωτός [kivotos] *ουσ. θ.* big chest, big crate
κιγκλίδωμα [kiglidoma] *ουσ. ο.* railing, latticework
κιγκλιδωτός [kiglidotos] *επ.* grated, railed in
κιθάρα [kithara] *ουσ. θ.* (μουσ.) guitar
κιθαρίζω [kitharizo] *ρ.* play the guitar
κιθαριστής [kitharistis] *ουσ. α.* guitar player
κιλίμι [kilimi] *ουσ. ο.* carpet
κιλό [kilo] *ουσ. ο.* kilogram, kilo
κιμάς [kimas] *ουσ. α.* minced meat
κιμονό [kimono] *ουσ. ο. άκλ.* kimono
κιμωλία [kimolia] *ουσ. θ.* chalk
Κίνα [kina] *κύρ. όν. θ.* China

κινδυνεύω [kindinevo] *ρ.* be in danger
κίνδυνος [kindinos] *ουσ. α.* danger, risk
κινέζικος [kinezikos] *επ.* Chinese
Κινέζος [kinezos] *ουσ. α.* Chinese
κίνημα [kinima] *ουσ. ο.* movement, revolt
κινηματίας [kinimatias] *ουσ. α.* agitator, revolutionist
κινηματογράφηση [kinimatoyrafisi] *ουσ. θ.* filming
κινηματογραφικός [kinimatoyrafikos] *επ.* cinematographic
κινηματογραφιστής [kinimatoyrafistis] *ουσ. α.* film maker
κινηματογράφος [kinimatoyrafos] *ουσ. α.* cinema, movies
κινηματογραφώ [kinimatoyrafo] *ρ.* film
κίνηση [kinisi] *ουσ. θ.* motion, movement
κινητήριος [kinitirios] *επ.* motive, moving
κινητής [kinitis] *ουσ. α.* mover
κινητικός [kinitikos] *επ.* moving
κινητοποίηση [kinitopiisi] *ουσ. θ.* mobilization
κινητοποιώ [kinitopio] *ρ.* mobilize
κινητός [kinitos] *επ.* mobile
κίνητρο [kinitro] *ουσ. ο.* motive, incentive
κινίνη [kinini] *ουσ. θ.* quinine
κινώ [kino] *ρ.* move
κιόλας [kiolas] *επίρ.* already
κίονας [kionas] *ουσ. α.* pillar, column
κιονόκρανο [kionokrano] *ουσ. ο.* (αρχιτ.) capital of a column
κιονοστοιχία [kionostihia] *ουσ. θ.* (αρχιτ.) colonnade
κιόσκι [kioski] *ουσ. ο.* pavilion, kiosk
κιρσός [kirsos] *ουσ. α.* (ιατρ.) varicose vein
κιρσώδης [kirsodis] *επ.* (ιατρ.) varicose
κισσός kisos] *ουσ. α.* (βοτ.) ivy
κιτρικός [kitrikos] *επ.* citric
κιτρινάδα [kitrinada] *ουσ. θ.* yellowness, paleness
κιτρινιάρης [kitriniaris] *ουσ.*

K

α. yellow-faced. pale
κιτρινίζω [kitrinizo] *ϱ.* turn yellow or pale
κιτρίνισμα [kitrinisma] *ουσ. ο.* paleness
κιτρινοπράσινος [kitrinoprasinos] *επ.* greenish-yellow
κίτρινος [kitrinos] *επ.* yellow
κίτρο [kitro] *ουσ. ο.* (βοτ.) citron
κλαγγή [klagi] *ουσ. θ.* clash, clang
κλάδεμα [klادema] *ουσ. ο.* pruning, lopping
κλαδευτήρι [kladeftiri] *ουσ. ο.* pruning-knife
κλαδευτής [kladeftis] *ουσ. α.* pruner, lopper
κλαδεύω [kladevo] *ϱ.* prune, lop
κλάδος [klados] *ουσ. α.* branch
κλαδωτός [kladotos] *επ.* branched
κλαίω [kleo] *ϱ.* cry, weep
κλάμα [klama] *ουσ. ο.* cry, weeping
κλαρί [klari] *ουσ. ο.* branch of a tree
κλαρινέτο [klarineto] *ουσ. ο.* (μουσ.) clarinet
κλάση [klasi] *ουσ. θ.* class, category
κλασικισμός [klasikismos] *ουσ. α.* (φιλοσ.) classicism
κλασικιστής [klasikistis] *ουσ. α.* (φιλοσ.) classicist
κλασικός [klasikos] *επ.* classic, classical
κλάσμα [klasma] *ουσ. ο.* fraction, fragment
κλασματικός [klasmatikos] *επ.* fractional
κλαυθμός [klafthmos] *ουσ. α.* weeping, lamentation
κλαυθμυρίζω [klafthmirizo] *ϱ.* whine, weep
κλαυθμυρισμός [klafthmirismos] *ουσ. α.* whining, whimpering
κλάψα [klapsa] *ουσ. θ.* crying, weeping
κλαψιάρης [klapsiaris] *ουσ. α.* weeper, whiner
κλέβω [klevo] *ϱ.* steal, rob
κλειδαράς [klidaras] *ουσ. α.* locksmith
κλειδαριά [klidaria] *ουσ. θ.* lock, padlock
κλειδαρότρυπα [klidarotripa] *ουσ. θ.* keyhole

κλειδί [klidi] *ουσ. ο.* key
κλειδοκύμβαλο [klidokimvalo] *ουσ. ο.* piano
κλειδούχος [klidoohos] *ουσ. α.* switchman, pointsman
κλείδωμα [klidoma] *ουσ. ο.* locking
κλειδωνιά [klidonia] *ουσ. θ.* lock
κλειδώνω [klidono] *ρ.* lock
κλείδωση [klidosi] *ουσ. θ.* joint, articulation
κλείνω [klino] *ρ.* close
κλείσιμο [klisimo] *ουσ. ο.* closing, shutting up
κλειστός [klistos] *επ.* closed, shut
κλειτορίδα [klitorida] *ουσ. θ.* (ανατ.) clitoris
κλεπτομανής [kleptomanis] *επ.* kleptomaniac
κλεπτομανία [kleptomania] *ουσ. θ.* kleptomania
κλέφτης [kleftis] *ουσ. α.* thief, robber
κλεφτοπόλεμος [kleftopolemos] *ουσ. α.* guerrilla warfare
κλεφτοφάναρο [kleftofanaro] *ουσ. ο.* torch, flash-light
κλεψιά [klepsia] *ουσ. θ.* theft, stealing, robbery
κλεψύδρα [klepsidra] *ουσ. θ.* water-clock, clepsydra
κλήδονας [klidonas] *ουσ. α.* fortune telling
κλήμα [klima] *ουσ. ο.* (βοτ.) vine
κληματαριά [klimataria] *ουσ. θ.* climbing vine
κληματόφυλλο [klimatofilo] *ουσ. ο.* vine-leaf
κληρικός [klirikos] *επ.* clerical
κληροδοσία [klirodosia] *ουσ. θ.* bequest, allotment
κληροδότημα [klirodotima] *ουσ. ο.* legacy, bequest
κληροδότης [klirodotis] *ουσ. α.* testator, legator
κληροδοτώ [klirodoto] *ρ.* bequeath
κληρονόμημα [klironomima] *ουσ. ο.* inheritance
κληρονομιά [klironomia] *ουσ. θ.* inheritance, heritage
κληρονομικός [klironomikos] *επ.* hereditary
κληρονομικότητα [klironomikotita] *ουσ. θ.* heredity
κληρονόμος [klironomos]

ουσ. α. /θ. heir, heiress
κληρονομώ [klironomo] *ρ.* inherit
κλήρος [kliros] *ουσ. α.* lot, clergy
κληρώνω [klirono] *ρ.* draw lots
κλήρωση [klirosi] *ουσ. θ.* drawing lots
κληρωτής [klirotis] *ουσ. α.* organizer of a raffle
κληρωτίδα [klirotida] *ουσ. θ.* ballot-box
κληρωτός [klirotos] *επ.* drawn by lot
κλήση [klisi] *ουσ. θ.* call, calling
κλήτευση [klitefsi] *ουσ. θ.* summons
κλητήρας [klitiras] *ουσ. α. /θ.* bailiff, usher
κλητός [klitos] *επ.* called, invited
κλίβανος [klivanos] *ουσ. α.* oven, furnace
κλίκα [klika] *ουσ. θ.* clique
κλιμάκιο [klimakio] *ουσ. ο.* step, subdivision
κλιμακοστάσιο [klimakostasio] *ουσ. ο.* stair case
κλιμακτήριος [klimaktirios] *ουσ. θ.* (ιατρ.) climacteric
κλιμακώνω [klimakono] *ρ.* graduate
κλιμάκωση [klimakosi] *ουσ. θ.* graduation
κλιμακωτός [klimakotos] *επ.* graduated
κλιματικός [klimatikos] *επ.* climatic
κλιματολογικός [klimatoloyikos] *επ.* climatological
κλινική [kliniki] *ουσ. θ.* clinic, private hospital
κλινοσκέπασμα [klinoskepasma] *ουσ. ο.* bed-covering
κλίνω [klino] *ρ.* bend, curve
κλίση [klisi] *ουσ. θ.* inclination. slope
κλοιός [klios] *ουσ. ο.* iron collar. encirclement
κλονίζω [klonizo] *ρ.* shake, concuss
κλονισμός [klonismos] *ουσ. α.* shaking, concussion
κλοπή [klopi] *ουσ. θ.* stealing, theft, robbery
κλοπιμαίος [klopimeos] *επ.* stolen

κλουβί [kloovi] *ουσ. ο.* cage
κλούβιος [kloovios] *επ.* addle, rotten
κλυδωνίζομαι [klidonizome] *ρ.* be tossed
κλυδωνισμός [klidonismos] *ουσ. α.* tossing
κλώθω [klotho] *ρ.* spin, twist
κλωνάρι [klonari] *ουσ. ο.* small branch, twig
κλώσα [klosa] *ουσ. θ.* brooding hen
κλώσιμο [klosimo] *ουσ. ο.* spinning
κλωσομηχανή [klosomihani] *ουσ. θ.* incubator
κλωσσόπουλο [klosopoolo] *ουσ. ο.* chicken
κλωστή [klosti] *ουσ. θ.* thread
κλωστικός [klostikos] *επ.* spinning
κλωστοϋφαντουργείο [klostoifandooryio] *ουσ. ο.* textile mill
κλωσώ [kloso] *ρ.* brood
κλώτσημα [klotsima] *ουσ. ο.* kick
κλωτσιά [klotsia] *ουσ. θ.* kick
κλωτσώ [klotso] *ρ.* kick, give a kick
κνήμη [knimi] *ουσ. θ.* (ανατ.) leg
κνησμός [knismos] *ουσ. α.* itching
κόβω [kovo] *ρ.* cut, carve
κογκρέσο [kogreso] *ουσ. ο.* congress
κόγχη [konhi] *ουσ. θ.* (ανατ.) cavity of the eye. shell
κοιλάδα [kilada] *ουσ. θ.* valley
κοιλαίνω [kileno] *ρ.* hollow
κοιλαράς [kilaras] *επ.* big bellied
κοιλιά [kilia] *ουσ. θ.* belly, abdomen
κοιλιακός [kiliakos] *επ.* of the belly, abdominal
κοιλιοδουλεία [kiliodoolia] *ουσ. θ.* gluttony
κοιλιόδουλος [kiliodoolos] *επ.* glutton, gourmand
κοιλόπονος [kiloponos] *ουσ. α.* (ιατρ.) belly-ache
κοίλος [kilos] *επ.* concave
κοιλότητα [kilotita] *ουσ. θ.* cavity, hollow
κοίλωμα [kiloma] *ουσ. ο.* cavity, hollow
κοιμάμαι [kimame] *ρ.* sleep
κοίμηση [kimisi] *ουσ. θ.* sleeping, sleep
κοιμητήριο [kimitirio] *ουσ. ο.*

K

cemetery, grave-yard
κοιμίζω [kimizo] *ϱ.* put to sleep
κοινό [kino] *ουσ. ο.* the public, the community
κοινόβιο [kinovio] *ουσ. ο.* convent, monastery
κοινοβουλευτικός [kinovooleftikos] *επ.* parliamentary
κοινοβουλευτισμός [kinovooleftismos] *ουσ. α.* parliamentarism
κοινοβούλιο [kinovoolio] *ουσ. ο.* parliament
κοινοκτημοσύνη [kinoktimosini] *ουσ. θ.* (φιλοσ.) socialism
κοινοποίηση [kinopiisi] *ουσ. θ.* notification, notice
κοινοποιώ [kinopio] *ϱ.* notify
κοινοπολιτεία [kinopolitia] *ουσ. θ.* commonwealth
κοινοπραξία [kinopraxia] *ουσ. θ.* co-operation
κοινός [kinos] *επ.* common. public
κοινότητα [kinotita] *ουσ. θ.* community
κοινοτικός [kinotikos] *επ.* of the community
κοινόχρηστος [kinohristos] *επ.* public, for public use
κοινωνία [kinonia] *ουσ. θ.* society
κοινωνικός [kinonikos] *επ.* social
κοινωνικότητα [kinonikotita] *ουσ. θ.* sociability
κοινωνιολογία [kinonioloyia] *ουσ. θ.* sociology
κοινωνιολογικός [kinonioloyikos] *επ.* sociological
κοινωνιολόγος [kinonioloyos] *ουσ. α. /θ.* sociologist
κοινωνός [kinonos] *ουσ. α. /θ.* participant
κοινωνώ [kinono] *ϱ.* communicate. receive the Holy Communion
κοινωφελής [kinofelis] *επ.* useful to the public
κοίταγμα [kitayma] *ουσ. ο.* look, looking
κοιτάζω [kitazo] *ϱ.* look at
κοίτασμα [kitasma] *ουσ. ο.* layer
κοίτη [kiti] *ουσ. θ.* bed, couch
κοιτώνας [kitonas] *ουσ. α.* bedroom, dormitory
κοκ [kok] *ουσ. ο. άκλ.* coke

κοκαΐνη [kokaini] *ουσ. θ.* cocaine
κοκαλένιος [kokalenios] *επ.* of bone
κοκαλιάρης [kokaliaris] *επ.* bony, skinny
κόκαλο [kokalo] *ουσ. ο.* bone
κοκαλώνω [kokalono] *ρ.* become stiff
κοκεταρία [koketaria] *ουσ. θ.* coquetry
κοκέτης [koketis] *ουσ. α.* coquet
κοκίτης [kokitis] *ουσ. α.* (ιατρ.) whooping-cough
κοκκινάδι [kokinadi] *ουσ. ο.* rouge
κοκκινέλι [kokineli] *ουσ. ο.* red wine
κοκκινίζω [kokinizo] *ρ.* redden. blush
κοκκινίλα [kokinila] *ουσ. θ.* redness. blush
κοκκινογούλι [kokinoyooli] *ουσ. ο.* (βοτ.) beet
κοκκινολαίμης [kokinolemis] *ουσ. α.* (ζωολ.) robin
κόκκινος [kokinos] *επ.* red
κοκκινόχωμα [kokinohoma] *ουσ. ο.* red clay
κόκκος [kokos] *ουσ. α.* grain
κοκκώδης [[kokodis] *επ.* grainy
κοκοβιός [kokovios] *ουσ. α.* (ιχθ.) gudgeon
κόκορας [kokoras] *ουσ. α.* cock, rooster
κοκορέτσι [kokoretsi] *ουσ. ο.* (μαγ.) dish of liver, lungs and spleen rolled into intestines and roasted on a spit
κοκορεύομαι [kokorevome] *ρ.* swagger, stut
κοκτέιλ [kokteil] *ουσ. ο. άκλ.* cocktail
κολάζω [kolazo] *ρ.* chastice, damn
κόλακας [kolakas] *ουσ. α.* flatterer, adulator
κολακεία [kolakia] *ουσ. θ.* flattery, adulation
κολακεύω [kolakevo] *ρ.* flatter, adulate
κολάρο [kolaro] *ουσ. ο.* collar
κόλαση [kolasi] *ουσ. θ.* hell
κολασμένος [kolasmenos] *επ.* damned
κολατσιό [kolatso] *ουσ. ο.* snack
κόλαφος [kolafos] *ουσ. α.* (καθ.) insult, humiliation
κολέγιο [koleyio] *ουσ. ο.*

college
κολεκτιβισμός [kolektivismos] *ουσ. α.* (φιλοσ.) collectivism
κολήγας [koliyas] *ουσ. α.* colleague
κολιέ [kolie] *ουσ. ο. άκλ.* necklace
κολικός [kolikos] *επ. /ουσ. α.* (ιατρ.) colic
κολιός [kolios] *ουσ. α.* (ιχθ.) jackdaw
κολιός [kolios] *ουσ. α.* (ιχθ.) mackerel
κόλλα [kola] *ουσ. θ.* glue, paste
κολλαρίζω [kolarizo] *ρ.* starch
κολλάρισμα [kolarsma] *ουσ. ο.* starching
κολλαριστός [kolaristos] *επ.* starched
κόλλημα [kolima] *ουσ. ο.* glueing, sticking
κολλητικός [kolitikos] *επ.* contagious, infectious
κολλητός [kolitos] *επ.* united, glued
κολλύριο [kolirio] *ουσ. ο.* collyrium
κολλώ [kolo] *ρ.* stick, glue. attach
κολλώδης [kolodis] *επ.* glutinous, sticky
κολοβός [kolovos] *επ.* maimed
κολοβώνω [kolovono] *ρ.* maim, mutilate
κολοκύθα [kolokitha] *ουσ. θ.* (βοτ.) pumpkin
κολοκύθι [kolokithi] *ουσ. ο.* (βοτ.) pumpkin
κολοκυθιά [kolokithia] *ουσ. θ.* (βοτ.) pumpkin plant
κολοσσός [kolosos] *ουσ. α.* colossus
κολπίσκος [kolpiskos] *ουσ. α.* small gulf, bay
κόλπο [kolpo] *ρουσ. ο.* trick, artifice
κόλπος [kolpos] *ουσ. α.* gulf, bay. ventricle. vagina
κολυμβητής [kolimvitis] *ουσ. α.* swimmer
κολυμβητική [kolimvitiki] *ουσ. θ.* swimming
κολυμβητικός [kolimvitikos] *επ.* swimming
κολύμπι [kolimbi] *ουσ. ο.* swimming
κολυμπήθρα [kolibithra] *ουσ. θ.* font
κολυμπώ [kolibo] *ρ.* swim

κολώνα [kolona] *ουσ. θ.* pillar, column
κόμη [komi] *ουσ. θ.* hair
κόμης [komis] *ουσ. α.* count
κομητεία [komitia] *ουσ. θ.* county
κομήτης [komitis] *ουσ. α.* comet
κόμισσα [komisa] *ουσ. θ.* countess
κόμμα [koma] *ουσ. ο.* party. (γραμ.) comma
κομμάρα [komara] *ουσ. θ.* (ιατρ.) fatigue
κομματάρχης [komatarhis] *ουσ. α.* party leader
κομμάτι [komati] *ουσ. ο.* piece, bit
κομματιάζω [komatiazo] *ρ.* cut to pieces
κομμάτιασμα [komatiasma] *ουσ. ο.* cutting to pieces
κομματικός [komatikos] *επ.* factional
κομματισμός [komatismos] *ουσ. α.* factional spirit
κομμό [komo] *ουσ. ο. άκλ.* commode
κομμουνισμός [komoonismos] *ουσ. α.* (φιλοσ.) communism
κομμουνιστής [komunistis] *ουσ. α.* communist
κόμμωση [komosi] *ουσ. θ.* hair-dressing, coiffure
κομμωτήριο [komotirio] *ουσ. ο.* hair-dresser's
κομμωτής [komotis] *ουσ. α.* hair-dresser
κομοδίνο [komodino] *ουσ. ο.* bed-side table
κομπάζω [kobazo] *ρ.* boast
κομπανία [kompania] *ουσ. θ.* group, company
κομπάρσος [kombarsos] *ουσ. α.* walk-on
κομπασμός [kobasmos] *ουσ. α.* boasting, bragging
κομπαστής [kobastis] *ουσ. α.* boaster, braggant
κομπαστικός [kobastikos] *επ.* boastful
κομπιάζω [kobiazo] *ρ.* slutter
κόμπιασμα [kobiasma] *ουσ. ο.* chocking, hesitation
κομπλιμέντο [komplimento] *ουσ. ο.* compliment
κομπογιαννίτης [koboyianitis] *ουσ. α.* quack, charlatan
κομπογιαννίτικος [koboyianitikos] *επ.* quackish

κομπόδεμα [kobodema] *ουσ. ο.* hoard of money
κομπολόι [koboloi] *ουσ. ο.* string of beads
κόμπος [kobos] *ουσ. α.* knot, knob
κομποσκοίνι [koboskini] *ουσ. ο.* knotter cord
κομπόστα [kobosta] *ουσ. θ.* (μαγ.) stewed fruit
κόμπρα [kobra] *ουσ. θ.* (ζωολ.) cobra
κομπρέσα [kobresa] *ουσ. θ.* compress
κομψευόμενος [kompsevomenos] *επ.* foppish, fop
κομψός [kompsos] *επ.* elegant, graceful
κομψοτέχνημα [kompsotehnima] *ουσ. ο.* trinket
κομψότητα [kompsotita] *ουσ. θ.* elegance, grace
κονάκι [konaki] *ουσ. ο.* inn
κονδυλιά [kondilia] *ουσ. θ.* dash
κονιάκ [koniak] *ουσ. ο. άκλ.* cognac
κονιορτός [koniortos] *ουσ. α.* (καθ.) dust
κονσέρβα [konserva] *ουσ. θ.* preserve, conserve
κονσέρτο [konserto] *ουσ. ο.* concert
κονσόλα [konsola] *ουσ. θ.* console
κοντά [konda] *επίρ.* near, beside
κονταίνω [kondeno] *ρ.* shorten, abbreviate
κοντάρι [kondari] *ουσ. ο.* pike, pole, spear
κόντεμα [kondema] *ουσ. ο.* shortening, reduction
κοντεύω [kondevo] *ρ.* come near, approach
κοντινός [kondinos] *επ.* near
κοντολαίμης [kondolemis] *επ.* short-necked
κοντομάνικος [kondomanikos] *επ.* short-sleeved
κοντός [kondos] *επ.* short, brief
κοντόσωμος [kondosomos] *επ.* short-bodied
κοντόφθαλμος [kondofthalmos] *επ.* short-sighted
κοντόχοντρος [kondohondros] *επ.* dumpy

κόντρα [kondra] *επίρ.* against
κοντύλι [kondili] *ουσ. ο.* slate pencil
κοπάδι [kopadi] *ουσ. ο.* flock, herd
κοπάζω [kopazo] *ρ.* abate, calm down
κοπανίζω [kopanizo] *ρ.* pound, beat, strike
κοπάνισμα [kopanisma] *ουσ. ο.* pounding
κόπανος [kopanos] *ουσ. α.* crusher
κοπέλα [kopela] *ουσ. θ.* girl, maid
κοπή [kopi] *ουσ. θ.* cutting, cut
κοπιάζω [kopiazo] *ρ.* tire oneself, labour
κοπιαστικός [kopiastikos] *επ.* laborious
κόπος [kopos] *ουσ. α.* fatigue
κόπρανα [koprana] *ουσ. ο. πληθ.* excrements, stools
κοπριά [kopria] *ουσ. θ.* dung, manure
κοπρίζω [koprizo] *ρ.* manure, dung
κοπρόσκυλο [koproskilo] *ουσ. ο.* scramp, rascal
κοπρώδης [koprodis] *επ.* dirty, miry
κόπωση [koposi] *ουσ. θ.* fatigue, tiredness
κόρα [kora] *ουσ. θ.* crust (of bread)
κόρακας [korakas] *ουσ. α.* (ζωολ.) crow, raven
κοραλλένιος [koralenios] *επ.* coralline
κοράλλι [korali] *ουσ. ο.* coral
κορδέλα [kordela] *ουσ. θ.* ribbon, band
κορδόνι [kordoni] *ουσ. ο.* cord, lace
κορδώνομαι [kordonome] *ρ.* strut
κορεσμός [koresmos] *ουσ. α.* saturation
κόρη [kori] *ουσ. θ.* girl, maid, daughter
κοριός [korios] *ουσ. α.* (ζωολ.) bug
κορίτσι [koritsi] *ουσ. ο.* girl, maiden
κοριτσίστικος [koritsistikos] *επ.* girlish
κορμί [kormi] *ουσ. ο.* body, trunk
κορμός [kormos] *ουσ. α.* trunk, torso
κορμοστασιά [kormostasia]

ουσ. θ. stature
κοροϊδευτικός [koroideftikos] *επ.* derisive, mocking
κοροϊδεύω [koroidevo] *ρ.* cheat, fool, mock
κοροϊδία [koroidia] *ουσ. θ.* mockery, derision
κορόιδο [koroido] *ουσ. ο.* dupe, fool
κορόμηλο [koromilo] *ουσ. ο.* (βοτ.) plum
κορσές [korses] *ουσ. α.* corset
κορυδαλλός [koridalos] *ουσ. α.* (ζωολ.) lark, sky-lark
κορυφαίος [korifeos] *επ.* highest, most eminent
κορυφή [korifi] *ουσ. θ.* summit, top, peak
κορυφογραμμή [korifogrami] *ουσ. θ.* mountain crest
κορύφωμα [korifoma] *ουσ. ο.* height
κορυφώνω [korifono] *ρ.* lift to the top
κορφοβούνι [korfovooni] *ουσ. ο.* top of a mountain
κόρφος [korfos] *ουσ. α.* bosom
κορώνα [korona] *ουσ. θ.* crown
κορωνίδα [koronida] *ουσ. θ.* cornice
κοσκινίζω [koskinizo] *ρ.* sift, screen
κοσκίνισμα [koskinisma] *ουσ. ο.* sifting
κόσκινο [koskino] *ουσ. ο.* sieve, sifter
κόσμημα [kosmima] *ουσ. ο.* ornament, jewel
κοσμηματοθήκη [kosimmatothiki] *ουσ. θ.* jewel-box
κοσμηματοπώλης [kosmimatopolis] *ουσ. α.* jeweller
κοσμικός [kosmikos] *επ.* mundane
κόσμιος [kosmios] *επ.* decent, modest
κοσμιότητα [kosmiotita] *ουσ. θ.* decency, modesty
κοσμογονία [kosmoyonia] *ουσ. θ.* cosmogony, creation
κοσμογραφία [kosmoyrafia] *ουσ. θ.* cosmography
κοσμογυρισμένος [kosmoyirismenos] *επ.* having seen the world
κοσμοκράτορας [kosmokratoras] *ουσ. α.* ruler of the world

κοσμοκρατορία [kosmokratoria] *ουσ. θ.* cosmocracy

κοσμοξακουσμένος [kosmoxakoosmenos] *επ.* renowned, famous

κοσμοπλημμύρα [kosmoplimira] *ουσ. θ.* a large crowd

κοσμοπολίτης [kosmopolitis] *ουσ. α.* cosmopolitan

κόσμος [kosmos] *ουσ. α.* world, earth, globe

κοσμοσυρροή [kosmosiroi] *ουσ. θ.* large concourse of people

κοσμώ [kosmo] *ρ.* adorn, ornament

κοστίζω [kostizo] *ρ.* cost

κόστος [kostos] *ουσ. ο.* cost

κοστούμι [kostoomi] *ουσ. ο.* costume, suit, dress

κότα [kota] *ουσ. θ.* hen, chicken

κότερο [kotero] *ουσ. ο.* cutter, yacht

κοτέτσι [kotetsi] *ουσ. ο.* chicken-coop, henhouse

κοτολέτα [kotoleta] *ουσ. θ.* (μαγ.) cutlet

κοτόπουλο [kotopoolo] *ουσ. ο.* (ζωολ.) chicken

κοτσάνι [kotsani] *ουσ. ο.* stem, stalk

κότσος [kotsos] *ουσ. α.* bun

κότσυφας [kotsifas] *ουσ. α.* (ζωολ.) blackbird

κουαρτέτο kooarteto] *ουσ. ο.* (μουσ.) quartet

κουβάλημα [koovalima] *ουσ. ο.* carrying, transporting

κουβαλητής [koovalitis] *ουσ. α.* carrier, porter

κουβαλώ [koovalo] *ρ.* carry, transport

κουβάρι [koovari] *ουσ. ο.* ball

κουβαριάζω [koovariazo] *ρ.* wind into a ball

κουβαρίστρα [koovaristra] *ουσ. θ.* bobbin, reel

κουβάς [koovas] *ουσ. α.* pail, bucket

κουβέντα [koovenda] *ουσ. θ.* chat, talk, conversation

κουβεντιάζω [kooovendiazo] *ρ.* talk, converse

κουβέρτα [kooverta] *ουσ. θ.* blanket

κουδούνι [koodooni] *ουσ. ο.* bell, doorbell

κουδουνίζω [koodoonizo] *ρ.* ring, jingle

κουδουνίστρα [koodoonistra] *ουσ. θ.* rattle
κουζίνα [koozina] *ουσ. θ.* kitchen
κουκί [kooki] *ουσ. ο.* (βοτ.) bean
κουκκίδα [kookida] *ουσ. θ.* dot, spot
κούκλα [kookla] *ουσ. θ.* doll, puppet
κούκος [koookos] *ουσ. α.* (ζωολ.) cuckoo
κουκουβάγια [kookoovayia] *ουσ. θ.* (ζωολ.) owl
κουκούλα [koookoola] *ουσ. θ.* hood
κουκούλι [kookooli] *ουσ. ο.* cocoon
κουκουλώνω [kookoolono] *ρ.* cover up, veil
κουκουνάρα [kookoonara] *ουσ. θ.* (βοτ.) pine-cone
κουκουνάρι [kookoonari] *ουσ. ο.* (βοτ.) pine-nut
κουκούτσι [kookootsi] *ουσ. ο.* kernel
κουλός [koolos] *επ.* one-handed
κουλούρα [kooloora] *ουσ. θ.* round bread
κουλούρι [kooloori] *ουσ. ο.* small round bread
κουλουριάζω [kooloориazo] *ρ.* roll up, twist
κουμαντάρω [koomandaro] *ρ.* rule, command, manage
κουμάντο [koomando] *ουσ. ο.* ruling, direction, command
κουμπάρα [koobara] *ουσ. θ.* bridesmaid
κουμπαράς [koobaras] *ουσ. α.* coin bank
κουμπάρος [koobaros] *ουσ. α.* bestman
κουμπί [koobi] *ουσ. ο.* button
κουμπότρυπα [koobotripa] *ουσ. θ.* buttonhole
κουμπούρα [kooboora] *ουσ. θ.* pistol
κουμπουριά [koobooria] *ουσ. θ.* pistol-shot
κουμπώνω [koobono] *ρ.* button
κουνάβι [koonavi] *ουσ. ο.* (ζωολ.) marten
κουνέλι [kooneli] *ουσ. ο.* (ζωολ.) rabbit
κούνημα [koonima] *ουσ. ο.* movement, shaking
κούνια [koonia] *ουσ. θ.* cradle, swing
κουνιάδα [kooniada] *ουσ. θ.*

sister-in-law
κουνιάδος [kooniados] *ουσ. α.* brother-in-law
κουνιέμαι [koonieme] *ρ.* move, swing
κουνούπι [koonoopi] *ουσ. ο.* (ζωολ.) mosquito
κουνουπίδι [koonoopidi] *ουσ. ο.* (βοτ.) cauliflower
κουνουπιέρα [koonoopiera] *ουσ. θ.* mosquito net
κουνώ [koono] *ρ.* shake, rock, stir, move
κούπα [koopa] *ουσ. θ.* cup, glass
κουπαστή [koopasti] *ουσ. θ.* (ναυτ.) gunwale
κουπί [koopi] *ουσ. ο.* (ναυτ.) oar
κουπόνι [kooponi] *ουσ. ο.* coupon
κούρα [koora] *ουσ. θ.* cure, treatment
κουράγιο [koorayio] *ουσ. ο.* courage
κουράδα [koorada] *ουσ. θ.* dung, shit
κουράζω [koorazo] *ρ.* tire, fatigue
κουράρω [kooraro] *ρ.* nurse, treat
κούραση [koorasi] *ουσ. θ.* fatigue
κουρασμένος [koorasmenos] *επ.* tired, fatigued
κουραστικός [koorastikos] *επ.* tiring
κουραφέξαλα [koorafexala] *ουσ. ο. πληθ.* nonsense
κουρδίζω [koordizo] *ρ.* wind up, tune
κούρδισμα [koordisma] *ουσ. ο.* winding, tuning
κουρέας [kooreas] *ουσ. α.* barber
κουρείο [koorio] *ουσ. ο.* barber's shop
κουρέλι [kooreli] *ουσ. ο.* rag, clout
κουρελιάζω [kooreliazo] *ρ.* tear into rags
κούρεμα [koorema] *ουσ. ο.* haircut
κουρεύω [koorevo] *ρ.* cut the hair
κούρκος [koorkos] *ουσ. α.* turkey
κουρκούτι [koorkooti] *ουσ. ο.* (μαγ.) oatmeal
κουρνιάζω [koorniazo] *ρ.* roost, perch
κουρνιαχτός [koorniahtos]

επ. dust
κουρούνα [kooroona] *ουσ. θ.* (ζωολ.) crow
κούρσα [koorsa] *ουσ. θ.* automobile. race
κουρσάρος [koorsaros] *ουσ. α.* corsair, pirate
κουρτίνα [koortina] *ουσ. θ.* curtain
κουσούρι [koosoori] *ουσ. ο.* defect, fault
κουστωδία [koostodia] *ουσ. θ.* custody, guard
κουτάβι [kootavi] *ουσ. ο.* cub, puppy
κουτάλα [kootala] *ουσ. θ.* ladle, dipper
κουτάλι [kootali] *ουσ. ο.* spoon
κουταλιά [kootalia] *ουσ. θ.* spoonful
κουταμάρα [kootamara] *ουσ. θ.* stupidity
κούτελο [kootelo] *ουσ. ο.* forehead
κουτί [kooti] *ουσ. ο.* box, case
κουτοπονηριά [kootoponiria] *ουσ. θ.* slyness, cunning
κουτοπόνηρος [kootoponiros] *επ.* sly, cunning
κουτός [kootos] *επ.* stupid, foolish
κουτουλιά [kootoolia] *ουσ. θ.* butting, butt
κουτουλώ [kootoolo] *ρ.* butt
κουτουράδα [kootoorada] *ουσ. θ.* foolhardiness
κουτσαίνω [koocheno] *ρ.* lame, render
κουτσομπολεύω [koochobolio] *ρ.* gossip
κουτσομπόλης [koochobolis] *επ.* gossiper
κουτσομπολιό [koochobolio] *ουσ. ο.* gossip
κουτσός [koochos] *επ.* lame, crippled
κουτσούρεμα [koochoorema] *ουσ. ο.* curtailment
κουτσουρεύω [koochoorevo] *ρ.* curtail, mutilate
κούτσουρο [koochooro] *ουσ. ο.* stump, log
κουφαίνω [koofeno] *ρ.* deafen
κουφάλα [koofala] *ουσ. θ.* cavity, hollow
κουφαμάρα [koofamara] *ουσ. θ.* deafness
κουφάρι [koofari] *ουσ. ο.* carcass
κουφέτο [koofeto] *ουσ. ο.* sugar-coated almond

κούφιος [koofios] *επ.* hollow, empty
κουφός [koofos] *επ.* deaf
κούφωμα [koofoma] *ουσ. ο.* hollow, cavity
κοφίνι [kofini] *ουσ. ο.* basket
κοφτερός [kofteros] *επ.* acute, pointed
κόχη [kohi] *ουσ. θ.* corner
κοχλάζω kohlazo] *ρ.* boil
κοχλασμός [kohlasmos] *ουσ. α.* boiling
κοχλίας [kohlias] *ουσ. α.* snail. (ανατ.) cohlea
κοχύλι [kohili] *ουσ. ο.* shell, sea-shell
κόψη [kopsi] *ουσ. θ.* edge
κοψίδι [kopsidi] *ουσ. ο.* thin piece
κόψιμο [kopsimo] *ουσ. ο.* cut, cutting
κραγιόν [krayion] *ουσ. ο. άκλ.* lip-stick
κραδασμός [kradasmos] *ουσ. α.* vibration
κράζω [krazo] *ρ.* cry out
κραιπάλη [krepali] *ουσ. θ.* revel, debauchery
κράμα [krama] *ουσ. ο.* mixture
κρανιακός [kraniakos] *επ.* cranial, of the skull
κρανίο kranio] *ουσ. ο.* (ανατ.) skull
κράνος [kranos] *ουσ. ο.* helmet, casque
κράξιμο [kraximo] *ουσ. ο.* calling
κράση [krasi] *ουσ. θ.* temperament
κρασί [krasi] *ουσ. ο.* wine
κρασοβάρελο [krasovarelo] *ουσ. ο.* wine barrel
κρασοπωλείο [krasopolio] *ουσ. ο.* tavern, wine-shop
κράσπεδο [kraspedo] *ουσ. ο.* hem, border
κράτημα [kratima] *ουσ. ο.* holding, detaining
κρατήρας [kratiras] *ουσ. α.* crater
κράτηση [kratisi] *ουσ. θ.* detention, holdimg
κρατητήριο [kratitirio] *ουσ. ο.* detention house
κρατίδιο [kratidio] *ουσ. ο.* little state
κρατικός [kratikos] *επ.* of the state
κράτος [kratos] *ουσ. ο.* state, empire
κρατούμενος [kratoomenos]

ουσ. α. detained
κρατώ [krato] *ρ.* hold, keep, detain
κραυγάζω [kravyazo] *ρ.* cry out, shout, scream
κραυγή [kravyi] *ουσ. θ.* shout, cry, scream
κράχτης [krahtis] *ουσ. α.* caller, crier
κρέας [kreas] *ουσ. ο.* meat
κρεατοελιά [kreatoelia] *ουσ. θ.* wart
κρεατόπιτα [kreatopita] *ουσ. θ.* (μαγ.) meat-pie
κρεβάτι [krevati] *ουσ. ο.* bed
κρεβατίνα [krevatina] *ουσ. θ.* vine-arbour
κρεβατοκάμαρα [krevatokamara] *ουσ. θ.* bedroom
κρέμα [krema] *ουσ. θ.* cream
κρεμάλα [kremala] *ουσ. θ.* gallows, gibbet
κρέμασμα [kremasma] *ουσ. ο.* hanging
κρεμασμένος [kremasmenos] *επ.* hanged
κρεμαστάρι [kremastari] *ουσ. ο.* hanger
κρεμαστός [kremastos] *επ.* hanging, suspended
κρεμάστρα [kremastra] *ουσ. θ.* clothes hanger
κρεματόριο [krematorio] *ουσ. ο.* crematorium
κρεμμύδι [kremidi] *ουσ. ο.* (βοτ.) onion
κρέμομαι [kremome] *ρ.* be suspended, hang
κρεμώ [kremo] *ρ.* hang
κρεοπωλείο [kreopolio] *ουσ. ο.* butcher's shop
κρεοπώλης [kreopolis] *ουσ. α.* butcher, meat-cutter
κρεουργώ [kreooryo] *ρ.* butcher. massacre
κρεοφαγία [kreofayia] *ουσ. θ.* meat eating
κρήνη [krini] *ουσ. θ.* fountain
κρηπίδωμα [kripidoma] *ουσ. ο.* foundation
κρησφύγετο [krisfiyeto] *ουσ. ο.* hiding place
κριάρι [kriari] *ουσ. ο.* (ζωολ.) ram
κριθάρι [krithari] *ουσ. ο.* (βοτ.) barley
κρικέλα [krikela] *ουσ. θ.* big ring, link
κρίκος [krikos] *ουσ. α.* link, ring
κρίμα [krima] *ουσ. ο.* sin,

crime, pity
κρίνο [krino] *ουσ. ο.* (βοτ.) lily
κρίνω krino] *ρ.* judge, think, consider
κρίση [krisi] *ουσ. θ.* judgement, opinion
κρίσιμος [krisimos] *επ.* critical, decisive
κριτήριο [kritirio] *ουσ. ο.* criterion, test
κριτής [kritis] *ουσ. α. /θ.* judge
κριτική [kritiki] *ουσ. θ.* criticism
κριτικός [kritikos] *επ.* critical, critic
κροκόδειλος [krokodilos] *ουσ. α.* (ζωολ.) crocodile
κρόκος [krokos] *ουσ. α.* yolk
Κρόνος [kronos] *ουσ. α.* (αστρον.) Saturn
κροταλίας [krotalias] *ουσ. α.* rattlesnake
κροταλίζω [krotalizo] *ρ.* rattle
κροτάλισμα [krotalisma] *ουσ. ο.* rattling
κρόταλο [krotalo] *ουσ. ο.* rattle
κρόταφος [krotafos] *ουσ. α.* temple
κροτίδα [krotida] *ουσ. θ.* petard, firecracker
κρότος [krotos] *ουσ. α.* noise, sound
κροτώ [kroto] *ρ.* crack, sound
κρούση [kroosi] *ουσ. θ.* knocking, hitting
κρούσμα [kroosma] *ουσ. ο.* stroke, case
κρούστα [kroosta] *ουσ. θ.* crust
κρουσταλλιάζω [kroostaliazo] *ρ.* freeze
κρούσταλλο [kroostalo] *ουσ. ο.* ice, crystal
κρουστός [kroostos] *επ.* of percussion
κρούω [kroo-o] *ρ.* knock, strike
κρυάδα [kriada] *ουσ. θ.* chill, coldness
κρύο [krio] *ουσ. ο.* cold, chill
κρυολόγημα [krioloyima] *ουσ. ο.* cold, chill
κρυολογώ [krioloyo] *ρ.* (ιατρ.) catch a cold
κρυοπάγημα [kriopayima] *ουσ. ο.* (ιατρ.) chilblain
κρύος [krios] *επ.* cold, chilly
κρύπτη kripti] *ουσ. θ.* hiding place, crypt

κρύσταλλο [kristalo] *ουσ. ο.* crystal
κρυφός [krifos] *επ.* secret, latent
κρυφτό [krifto] *ουσ. ο.* hide and seek
κρύψιμο [kripsimo] *ουσ. ο.* hiding
κρυψώνας [kripsonas] *ουσ. α.* hiding place
κρύωμα [krioma] *ουσ. ο.* cold, cooling
κρυωμένος [kriomenos] *επ.* having a cold
κρυώνω [kriono] *ρ.* get cold, make cold
κρώζω [krozo] *ρ.* croak, caw
κταπόδι [ktapodi] *ουσ. ο.* (ιχθ.) octapus
κτένα [ktena] *ουσ. ο.* large comb
κτένι [kteni] *ουσ. ο.* comb
κτενίζω [ktenizo] *ρ.* comb
κτένισμα [ktenisma] *ουσ. ο.* combing, coiffure
κτήμα [ktima] *ουσ. ο.* property, estate
κτηματίας [ktimatias] *ουσ. α.* /*θ.* landowner, proprietor
κτηματικός [ktimatikos] *επ.* of property
κτηματομεσίτης [ktimatomesitis] *ουσ. α.* /*θ.* real estate agent
κτηνιατρική [ktiniatriki] *ουσ. θ.* veterinary
κτηνίατρος [ktiniatros] *ουσ. α.* /*θ.* veterinarian
κτήνος [ktinos] *ουσ. ο.* beast, animal
κτηνοτροφία [ktinotrofia] *ουσ. θ.* cattle-raising
κτηνοτρόφος [ktinotrofos] *ουσ. α.* stock-breeder
κτηνώδης [ktinodis] *επ.* brutal, beastly
κτηνωδία [ktinodia] *ουσ. θ.* brutality
κτήριο [ktirio] *ουσ. ο.* building
κτήση [ktisi] *ουσ. θ.* possession
κτητικός [ktitikos] *επ.* possessive
κτήτορας [ktitikos] *ουσ. α.* possessor
κτίζω [ktizo] *ρ.* build, construct
κτίσιμο [ktisimo] *ουσ. ο.* building, construction
κτίσμα [ktisma] *ουσ. ο.* creation
κτίστης [ktistis] *ουσ. α.*

creator
κ. τ. λ. [ke ta lipa] *συντομογραφία* **και τα λοιπά** etc.
κτύπημα [ktipima] *ουσ. ο.* blow, stroke, knock
κτύπος [ktipos] *ουσ. α.* knock, stroke
κτυπώ [ktipo] *ρ.* beat, strike, knock
κυανόλευκος [kianolefkos] *επ.* blue and white
κυβέρνηση [kivernisi] *ουσ. θ.* government
κυβερνήτης [kivernitis] *ουσ. α. /θ.* governor
κυβερνητικός [kivernitikos] *επ.* governmental
κυβερνώ [kiverno] *ρ.* govern, rule, administer
κυβικός [kivikos] *επ.* cubic
κυβισμός [kivismos] *ουσ. α.* cubism
κύβος [kivos] *ουσ. α.* cube
κυδώνι [kidoni] *ουσ. ο.* (βοτ.) quince
κύηση [kiisi] *ουσ. θ.* pregnancy
κυκεώνας [kikeonas] *ουσ. α.* confusion, mess
κυκλικός [kiklikos] *επ.* circular
κύκλος [kiklos] *ουσ. α.* circle
κυκλοφορία [kikloforia] *ουσ. θ.* circulation. traffic
κυκλοφορώ [kikloforo] *ρ.* circulate, go about
κύκλωμα [kikloma] *ουσ. ο.* circuit
κυκλώνας [kiklonas] *ουσ. α.* cyclone, hurricane
κυκλώνω [kiklono] *ρ.* surround, encircle
Κύκλωπας [kiklopas] *ουσ. α.* (μυθ.) Cyclops
κυκλώπειος [kiklopios] *επ.* cyclopean, huge
κύκνειος [kiknios] *επ.* (of) swan
κύκνος [kiknos] *ουσ. α.* swan
κυλικείο [kilikio] *ουσ. ο.* buffet, bar
κυλινδρικός [kilindrikos] *επ.* cylindical
κύλινδρος [kilindros] *ουσ. α.* cylinder
κύλισμα [kilisma] *ουσ. ο.* rolling
κυλώ [kilo] *ρ.* roll
κύμα [kima] *ουσ. ο.* wave
κυμαίνομαι [kimenome] *ρ.* waver, fluctuate

K

κυματίζω [kimatizo] *ρ.* wave, undulate, float
κυματισμός [kimatismos] *ουσ. α.* waving, undulation
κυματιστός [kimatistos] *επ.* waving, undulating
κυματοθραύστης [kimatothrafstis] *ουσ. α.* breakwater
κυματώδης [kimatodis] *επ.* wavy, rough, agitated
κύμινο [kimino] *ουσ. ο.* (βοτ.) cumin
κυνηγετικός [kiniyetikos] *επ.* hunting
κυνηγητό [kiniyito] *ουσ. ο.* chase, pursuit
κυνήγι [kiniyi] *ουσ. ο.* hunt, chase
κυνηγός [kiniyos] *ουσ. α.* hunter, huntsman
κυνηγώ [kiniyo] *ρ.* hunt, chase
κυνικός [kinikos] *επ.* cynical
κυνισμός [kinismos] *ουσ. α.* cynicism
κυοφορία [kioforia] *ουσ. θ.* pregnancy
κυοφορώ [kioforo] *ρ.* be pregnant
κυπαρισσένιος [kiparisenios] *επ.* made of cypress wood
κυπαρίσσι [kiparisi] *ουσ. ο.* cypress, cypress-tree
κύπελλο [kipelo] *ουσ. ο.* cup, bowl
κυπρίνος [kiprinos] *ουσ. α.* (ιχθ.) carp
κυρία [kiria] *ουσ. θ.* madam, lady
κυριακάτικος [kiriakatikos] *επ.* of Sunday
Κυριακή [kiriaki] *ουσ. θ.* Sunday
κυριαρχία [kiriarhia] *ουσ. θ.* sovereignty, dominion
κυριαρχικός [kiriarhikos] *επ.* sovereign
κυρίαρχος [kiriarhos] *ουσ. α. /θ.* sovereign, ruler
κυριαρχώ [kiriarho] *ρ.* prevail, dominate
κυρίευση [kiriefsi] *ουσ. θ.* conquest, capture
κυριεύω [kirievo] *ρ.* capture, conquer
κυριολεκτικός [kiriolektikos] *επ.* literal, exact
κύριος [kirios] *ουσ. α.* chief, master. mister. *επ.* main
κυριότητα [kiriotita] *ουσ. θ.* ownership, possession

κύρος [kiros] *ουσ. ο.* authority, validity
κυρτός [kirtos] *επ.* bent, curved
κύρτωμα [kirtoma] *ουσ. ο.* curvature, curving
κυρτώνω [kirtono] *ρ.* curve, bend
κυρώνω [kirono] *ρ.* ratify, sanction
κύρωση [kirosi] *ουσ. θ.* ratification, sanction, confirmation
κύστη [kisti] *ουσ. θ.* (ιατρ.) cyst
κυτταρικός [kitarikos] *επ.* (βιολ.) cellular
κυτταρίνη [kitarini] *ουσ. θ.* (βιολ.) cellulose
κύτταρο [kitaro] *ουσ. ο.* (βιολ.) cell, cellule
κύφωση [kifosi] *ουσ. θ.* (ιατρ.) hump-back
κυψέλη [kipseli] *ουσ. θ.* beehive, hive
κώδικας [kodikas] *ουσ. α.* code
κωδικοποίηση [kodikopiisi] *ουσ. θ.* codification
κωδικοποιώ [kodikopio] *ρ.* codify
κωδωνοστάσιο [kodonostasio] *ουσ. ο.* belfry
κώλυμα [kolima] *ουσ. ο.* hindrance, obstacle
κωλυσιεργία [kolisieryiia] *ουσ. θ.* obstruction, hindering
κωλυσιεργώ [kolisieryo] *ρ.* obstruct
κώμα [koma] *ουσ. ο.* (ιατρ.) coma
κωμειδύλλιο [komidilio] *ουσ. ο.* musical comedy, operetta
κωμικός [komikos] *επ.* comic, *ουσ. α.* comedian
κωμόπολη [komopoli] *ουσ. θ.* small town
κωμωδία [komodia] *ουσ. θ.* comedy
κωμωδός [komodos] *ουσ. α.* comedian
κώνειο [konio] *ουσ. ο.* hemlock
κωνικός [konikos] *επ.* conical
κωνοειδής [konoidis] *επ.* coniform, conelike
κώνος [konos] *ουσ. α.* (γεωμ.) cone
Κωνσταντίνος [konstantinos] *κύρ. όν. α.* Constantine
κωπηλασία [kopilasia] *ουσ. θ.* rowing

κωπηλάτης [kopilatis] *ουσ. α.* rower

κωπηλατώ [kopilato] *ρ.* row

κωφάλαλος [kofalalos] *επ.* deaf-mute

κώφωση [kofosi] *ουσ. θ.* (ιατρ.) deafness

Λ

Λ, λ [lamda] *ουσ. ο.* the eleventh letter of the Greek alphabet
λάβα [lava] *ουσ. θ.* lava
λάβδανο [lavdano] *ουσ. ο.* laudanum
λαβίδα [lavida] *ουσ. θ.* pincers, nippers
λαβράκι [lavraki] *ουσ. ο.* (ιχθ.) see bass
λαβύρινθος [lavirinthos] *ουσ. α.* labyrinth
λάβωμα [lavoma] *ουσ. ο.* wounding
λαβωματιά [lavomatia] *ουσ. θ.* wound
λαβώνω [lavono] *ρ.* wound
λαγάνα [layana] *ουσ. θ.* flat-cake
λαγάρισμα [lagarisma] *ουσ. ο.* refining
λαγήνι [layini] *ουσ. ο.* pitcher, jug
λαγκάδι [lagadi] *ουσ. ο.* gorge, ravine
λαγνεία [laynia] *ουσ. θ.* lewdness, lust
λάγνος [laynos] *επ.* lewd, lustful
λαγοκοιμάμαι [layokimame] *ρ.* sleep lightly
λαγόνα [layona] *ουσ. θ.* flank. loins
λαγός [layos] *ουσ. α.* (ζωολ.) hare
λαγούμι [layoomi] *ουσ. ο.* mine, underground passage
λαγούτο [layooto] *ουσ. ο.* (μουσ.) lute
λαγωνικό [layoniko] *ουσ. ο.* (ζωολ.) greyhound, hound
λαδάς [ladas] *ουσ. α.* oil

dealer
λαδέμπορος [ladeboros] *ουσ. α.* oil merchant
λαδερό ladero] *ουσ. ο.* oil-can
λαδερός [laderos] *επ.* oily
λάδι [ladi] *ουσ. ο.* oil
λαδιά [ladia] *ουσ. θ.* oil stain
λαδολέμονο [ladolemono] *ουσ. ο.* oil and lemon juice
λαδομπογιά [ladoboyia] *ουσ. θ.* oil colour
λαδόχαρτο [ladoharto] *ουσ. ο.* oil paper
λάδωμα [ladoma] *ουσ. ο.* oiling, anointing with oil
λαδώνω [ladono] *ρ.* lubricate, oil
λάθος [lathos] *ουσ. ο.* mistake, error
λάθρα [lathra] *επίρ.* secretly, in secret
λαθραίος [lathreos] *επ.* furtive, clandestine
λαθρεμπόριο [lathreborio] *ουσ. ο.* contraband, smuggling
λαθρέμπορος [lathreboros] *ουσ. α. /θ.* smuggler
λαθροθήρας [lathrothiras] *ουσ. α.* poacher
λαθροθηρία [lathrothiria] *ουσ. θ.* poaching
λαίδη [ledi] *ουσ. θ.* lady
λαϊκοποίηση [laikopiisi] *ουσ. θ.* popularization
λαϊκοποιώ [laikopio] *ρ.* popularize
λαϊκός [laikos] *επ.* popular
λαϊκότητα [laikotita] *ουσ. θ.* popularity
λαιμαργία [lemaryia] *ουσ. θ.* gluttony, greediness
λαίμαργος [lemaryos] *επ.* gluttonous, greedy
λαιμητόμος [lemitomos] *ουσ. θ.* guillotine
λαιμοδέτης [lemodetis] *ουσ. α.* necktie, cravat
λαιμός [lemos] *ουσ. α.* (ανατ.) neck, throat
λάκκος [lakos] *ουσ. α.* pit, hole, ditch
λακτίζω [laktizo] *ρ.* kick, boot
λάκτισμα [laktisma] *ουσ. ο.* kick
λακωνικός [lakonikos] *επ.* laconic, brief
λακωνικότητα [lakonikotita] *ουσ. θ.* laconicism
λάλημα [lalima] *ουσ. ο.* warbling, singing
λαλιά [lalia] *ουσ. θ.* voice, talk
λαλώ [lalo] *ρ.* speak, say, talk

λάμα [lama] *ουσ. θ.* knife blade
λαμαρίνα [lamarina] *ουσ. θ.* sheet-iron, tin-plate
λαμβάνω [lamvano] *ρ.* take, receive
λάμια [lamia] *ουσ. θ.* (μυθ.) ogress
λάμπα [laba] *ουσ. θ.* lamp
λαμπάδα [labada] *ουσ. θ.* large candle, torch
λαμπαδηφορία [labadiforia] *ουσ. θ.* torch procession
λαμπαδιάζω [labadiazo] *ρ.* be inflamed, flame
λαμπάδιασμα [labadiasma] *ουσ. ο.* burning in flames
λαμπερός [laberos] *επ.* shining, luminous
λαμπερότητα [laberotita] *ουσ. θ.* luminosity
λαμπηδηφόρος [labadiforos] *ουσ. α. /θ.* torch bearer
λαμπιόνι [labioni] *ουσ. ο.* little lamp
λαμπόγυαλο [laboyialo] *ουσ. ο.* lamp glass
λαμποκοπώ [labokopo] *ρ.* glean, gliter, shine
Λαμπρή [labri] *ουσ. θ.* Easter
λαμπριάτικος [labriatikos] *επ.* Easter
λαμπρός [labros] *επ.* splendid, brilliant
λαμπρότητα [labrotita] *ουσ. θ.* brightness, brilliancy
λαμπρύνω [labrino] *ρ.* brighten, make brilliant
λάμπω [labo] *ρ.* shine, glitter
λάμψη [lampsi] *ουσ. θ.* brightness
λαναρίζω [lanarizo] *ρ.* card
λανάρισμα [lanarisma] *ουσ. ο.* carding
λανθάνων [lanthanon] *επ.* latent
λανθασμένος [lanthasmenos] *επ.* erroneous, mistaken
λαξεύω [laxevo] *ρ.* carve
λαογραφία [laoyrafia] *ουσ. θ.* folklore
λαοκρατία [laokratia] *ουσ. θ.* government by the people
λαομίσητος [laomisitos] *επ.* hated by the people
λαοπλάνος [laoplanos] *επ.* charlatan, demagogue
λαοπρόβλητος [laoprovlitos] *επ.* elected by the people
λαός [laos] *ουσ. α.* people, crowd
λάου λάου [laoo laoo] *επίρ.*

Λ

cautiously and cunningly
λαούτο [laooto] *ουσ. ο.* (μουσ.) lute
λαπάς [lapas] *ουσ. α.* (μαγ.) pap, hustypudding
λαρδί [lardi] *ουσ. ο.* (μαγ.) lard, bacon
λάρυγγας [larigas] *ουσ. α.* (ανατ.) larynx, throat
λαρυγγισμός [larigismos] *ουσ. α.* trill
λαρυγγίτιδα [larigitida] *ουσ. θ.* (ιατρ.) laryngitis
λαρυγγολόγος [laringoloyos] *ουσ. α. /θ.* throat specialist
λαρυγγόφωνος [larigofonos] *επ.* guttural
λασκάρω [laskaro] *ρ.* let go, loosen
λασπερός [lasperos] *επ.* muddy, dirty
λάσπη [laspi] *ουσ. θ.* mud, dirt
λάσπωμα [laspoma] *ουσ. ο.* muddying
λασπώνω [laspono] *ρ.* soil with mud
λαστιχένιος [lastihenios] *επ.* made of rubber
λάστιχο [lastiho] *ουσ. ο.* rubber
λατέρνα [laterna] *ουσ. θ.* (μουσ.) street organ
Λατινικά [latinika] *ουσ. ο. πληθ.* Latin
λατινικός [latinikos] *επ.* Latin
λατομείο [latomio] *ουσ. ο.* quarry
λατόμος [latomos] *ουσ. α.* quarryman
λατομώ [latomo] *ρ.* quarry (stones)
λάτρα [latra] *ουσ. θ.* (λαϊκ.) housework
λατρεία [latria] *ουσ. θ.* worship, adoration
λατρευτικός [laterftikos] *επ.* worshiping, adoring
λατρευτός [latreftos] *επ.* adorable
λατρεύω [latrevo] *ρ.* adore, worship
λάτρης [latris] *ουσ. α. /θ.* adorer, worship
λαφυραγωγία [lafirayoyia] *ουσ. θ.* pillage, looting
λαφυραγωγώ [lafirayoyo] *ρ.* pillage, loot
λάφυρο [lafiro] *ουσ. ο.* plunder, loot
λαχαίνω [laheno] *ρ.* occur
λαχαναγορά [lahanayora]

ουσ. θ. vegetable market
λαχανιάζω [lahaniazo] *ϱ.* pant, gasp
λαχάνιασμα [lahaniasma] *ουσ. ο.* panting, gasping
λαχανικά [lahanika] *ουσ. ο. πληθ.* vegetables
λάχανο [lahano] *ουσ. ο.* (βοτ.) cabbage, vegetable
λαχανοπώλης [lahanopolis] *ουσ. α.* green-grocer
λαχανόφυλλο [lahanofilo] *ουσ. ο.* cabbage-leaf
λαχείο [lahio] *ουσ. ο.* lottery
λαχνός [lahnos] *ουσ. α.* lot
λαχτάρα [lahtara] *ουσ. θ.* anxiety. eagerness
λαχταριστός [lahtaristos] *επ.* tempting
λαχταρώ [lahtaro] *ϱ.* be very anxious, yearn
λέαινα [leena] *ουσ. θ.* (ζωολ.) lioness
λεβάντα [levanda] *ουσ. θ.* lavender
λεβέντης [levendis] *επ.* manly built and brave man
λεβεντιά [levendia] *ουσ. α.* bravery, vigour
λεγεώνα [leyeona] *ουσ. θ.* (στϱατ.) legion
λεγεωνάϱιος [leyeonarios] *ουσ. α.* (στϱατ.) legeonary
λέγω [leyo] *ϱ.* say, tell, speak
λεηλασία [leilasia] *ουσ. θ.* plunder, pillage
λεηλατώ [leilato] *ϱ.* plunder, pillage
λεία [lia] *ουσ. θ.* prey, loot
λειαίνω [lieno] *ϱ.* gloss, polish
λείανση [liansi] *ουσ. θ.* polishing, smoothing
λείος [lios] *επ.* polished, smooth
λείπω [lipo] *ϱ.* be absent, be missing
λειϱί [liri] *ουσ. ο.* cockscomb
λειτούϱγημα [litooryima] *ουσ. ο.* function, service
λειτουϱγία [litooryia] *ουσ. θ.* function, operation. (εκκλ.) liturgy
λειτουϱγικός [litooryikos] *επ.* functional. (εκκλ.) liturgical
λειτουϱγός [litooryos] *ουσ. α. /θ.* officer. functionary
λειτουϱγώ [litooryo] *ϱ.* act, work, function
λειχήνα [lihina] *ουσ. θ.* tatter, scurf
λείψανο [lipsano] *ουσ. ο.* relic, remnant

λειψός [lipsos] *επ.* deficient, insufficient
λειψυδρία [lipsidria] *ουσ. θ.* scarsity of water
λειώνω [liono] *ρ.* melt, liquefy
λεκάνη [lekani] *ουσ. θ.* wash-bowl. pelvis
λεκανοπέδιο [lekanopedio] *ουσ. ο.* circular plain
λεκές [lekes] *ουσ. α.* stain, spot
λεκιάζω [lekiazo] *ρ.* soil, stain
λεκτικός [lektikos] *επ.* oratorical, speaking
λέκτορας [lektoras] *ουσ. α. /θ.* lecturer
λελέκι [leleki] *ουσ. ο.* (ζωολ.) stork
λεμονάδα [lemonada] *ουσ. θ.* lemonade
λεμόνι [lemoni] *ουσ. ο.* (βοτ.) lemon
λεμονιά [lemonia] *ουσ. θ.* (βοτ.) lemon-tree
λεμονόφλουδα [lemonoflooda] *ουσ. θ.* (βοτ.) lemon-peel
λέμφος [lemfos] *ουσ. θ.* lymph
λέξη [lexi] *ουσ. θ.* word
λεξικό [lexiko] *ουσ. ο.* dictionary
λεξικογραφία [lexikoyrafia] *ουσ. θ.* lexicography
λεξικογράφος [lexikoyrafos] *ουσ. α. /θ.* lexicographer
λεξιλόγιο [lexiloyio] *ουσ. ο.* vocabulary
λεοντόκαρδος [leondokardos] *επ.* lion-hearted
λεοπάρδαλη [leopardali] *ουσ. θ.* (ζωολ.) leopard
λέπι [lepi] *ουσ. ο.* scale
λεπίδα [lepida] *ουσ. θ.* blade
λεπιδωτός [lepidotos] *επ.* scaly, foliaceous
λέπρα [lepra] *ουσ. θ.* (ιατρ.) leprocy
λεπρός [lepros] *επ.* (ιατρ.) leprous, *ουσ. α.* leper
λεπτά [lepta] *ουσ. ο. πληθ.* money
λεπταίνω [lepteno] *ρ.* make thin. refine
λεπτό [lepto] *ουσ. ο.* minute. centime
λεπτοδείκτης [leptodiktis] *ουσ. α.* the minute hand
λεπτοκαμωμένος [leptokamomenos] *επ.* delicate
λεπτολογία [leptoloyia] *ουσ.*

θ. minuteness, scrutiny
λεπτολόγος [leptoloyos] *ουσ. α.* /*θ.* minute, particular
λεπτολογώ [leptoloyo] *ρ.* examine minutely, scrutinize
λεπτομέρεια [leptomeria] *ουσ. θ.* detail
λεπτός [leptos] *επ.* thin. delicate, fine
λεπτότητα [leptotita] *ουσ. θ.* thinness. fineness
λέρωμα [leroma] *ουσ. ο.* dirtying
λερωμένος [leromenos] *επ.* dirty, filthy
λερώνω [lerono] *ρ.* dirt, stain
λέσχη [leshi] *ουσ. θ.* club
λεύγα [levya] *ουσ. θ.* league
λεύκα [lefka] *ουσ. θ.* (βοτ.) poplar-tree
λευκαίνω [lefkeno] *ρ.* whiten
λεύκανση [lefkansi] *ουσ. θ.* bleaching
λευκαντικός [lefkandikos] *επ.* whitening, bleaching
λευκός [lefkos] *επ.* white
λευκοσίδηρος [lefkosidiros] *ουσ. α.* tin
λευκόχρυσος [lefkohrisos] *ουσ. α.* platinum
λεύκωμα [lefkoma] *ουσ. ο.* (ιατρ.) albumen. album
λευτεριά [lefteria] *ουσ. θ.* freedom, liberty
λευτέρωμα [lefteroma] *ουσ. ο.* liberation, deliverance
λευχαιμία [lefhemia] *ουσ. θ.* (ιατρ.) leukemia
λεφτά [lefta] *ουσ. ο. άκλ.* money
λεχρίτης [lehritis] *επ.* tramp, loafer
λεχώνα [lehona] *ουσ. θ.* a woman in a childbed
λεωφορείο [leoforio] *ουσ. ο.* bus
λεωφόρος [leoforos] *ουσ. θ.* avenue
λήγουσα [liyoosa] *ουσ. θ.* (γραμ.) final syllable
λήγω [liyo] *ρ.* end, terminate
λήθαργος [litharyos] *ουσ. α.* lethargy
λήθη [lithi] *ουσ. θ.* oblivion, forgetfulness
λημέρι [limeri] *ουσ. ο.* hiding-place
λημεριάζω [limeriazo] *ρ.* remain in hiding place
ληξιαρχείο [llixiarhio] *ουσ. ο.* recording office
ληξιαρχικός [lixiarhikos] *επ.*

Λ

of public records
ληξίαρχος [lixiarhos] *ουσ. α. /θ.* registrar, recorder
ληξιπρόθεσμος [lixiprothesmos] *επ.* expired
λήπτης [liptis] *ουσ. α. /θ.* receiver
λησμονιά [lismonia] *ουσ. θ.* oblivion, forgetfulness
λησμονώ [lismono] *ρ.* forget
λήσταρχος [listarhos] *ουσ. α.* chief of brigands
ληστεία [listia] *ουσ. θ.* robbery, holdup
ληστής [listis] *ουσ. α.* robber, brigand
ληστρικός [listrikos] *επ.* predatory
λήψη [lipsi] *ουσ. θ.* receipt, reception
λιάζω [liazo] *ρ.* expose to the sun
λιακάδα [liakada] *ουσ. θ.* sunshine
λιανίζω [lianizo] *ρ.* chop, cut to pieces
λιανικός [lianikos] *επ.* at retail
λιάνισμα [lianisma] *ουσ. ο.* chopping
λιβάδι [livadi] *ουσ. ο.* meadow
λιβάνι [livani] *ουσ. ο.* incense
λιβανίζω [livanizo] *ρ.* incense
λιβάνισμα [livanisma] *ουσ. ο.* incensing
λίβας [livas] *ουσ. α.* hot southwest wind
λιβελογράφημα [livelografima] *ουσ. ο.* libel
λιβελογράφος [liveloyrafos] *ουσ. α. /θ.* libeller
Λιβερία [liveria] *κύρ. όν. θ.* Liberia
λίβρα [livra] *ουσ. θ.* pound
λιβρέα [livrea] *ουσ. θ.* livery
Λίβυος [livios] *ουσ. α.* Libyan
λιγάκι [liyaki] *επίρ.* a little, a bit
λίγδα [liyda] *ουσ. θ.* grease, dirt, filth
λιγδερός [liyderos] *επ.* dirty, filthy
λιγδιάζω [liydiazo] *ρ.* grease, dirt
λιγνίτης [liynitis] *ουσ. α.* (ορυκτ.) lignite
λιγνιτωρυχείο [liynitorihio] *ουσ. ο.* lignite mine
λιγνός [liynos] *επ.* thin, slender
λίγο [liyo] *επίρ.* a little, a bit

λιγοθυμώ [liyothimo] *ρ.* faint
λίγος [liyos] *επ.* little, some
λιγόστεμα [liyostema] *ουσ. ο.* lessening, diminution
λιγοστεύω [liyostevo] *ρ.* become less
λιγοστός [liyostos] *επ.* scarse, very little
λιγόφαγος [liyofayos] *επ.* little-eating
λιγοψυχία [liyopsihia] *ουσ. θ.* faint-heartedness
λιγόψυχος [[liyopsihos] *επ.* faint-hearted
λιγοψυχώ [liyopsiho] *ρ.* lose heart
λίγωμα [liyoma] *ουσ. ο.* fainting, weakness
λιγώνω [liyono] *ρ.* cause to faint, turn someone's stomach
λιθανθρακίτης [lithanthrakitis] *ουσ. α.* (ορυκτ.) coke
λιθαράκι [litharaki] *ουσ. ο.* pebble
λιθάρι [lithari] *ουσ. ο.* stone
λίθινος [lithinos] *επ.* made of stone
λιθοβόλημα [lithovolima] *ουσ. ο.* stoning
λιθοβολώ [lithovolo] *ρ.* stone
λιθογραφείο [lithoyrafio] *ουσ. ο.* lithographic establishment
λιθογράφος [lithoyrafos] *ουσ. α. /θ.* lithographer
λιθόκτιστος [lithiktistos] *επ.* stone-built
λίθος [lithos] *ουσ. α.* stone
λιθοστρώνω [lithostrono] *ρ.* pave with stones
λιθόστρωτο [lithostroto] *ουσ. ο.* pavement
λιθόσφαιρα [lithosfera] *ουσ. θ.* lithosphere
λικνίζω [liknizo] *ρ.* rock, lull
λίκνο [likno] *ουσ. ο.* cradle
λίμα [lima] *ουσ. θ.* file. voracity
λιμάνι [limani] *ουσ. ο.* port, harbour
λιμάρισμα [limarisma] *ουσ. ο.* filing
λιμάρω [limaro] *ρ.* file
λιμεναρχείο [limenarhio] *ουσ. ο.* port-office
λιμενάρχης [limenarhis] *ουσ. α.* harbour master
λιμενικός [limenikos] *επ.* of a harbour
λιμενοβραχίονας [limenovrahionas] *ουσ. α.* jetty

Λ

λιμενοφύλακας [limenofilakas] *ουσ. α. /θ.* harbour guard
λιμνάζω [limnazo] *ρ.* stagnate
λίμνασμα [limnasma] *ουσ. ο.* stagnation
λίμνη [limni] *ουσ. θ.* lake
λιμνοθάλασσα [limnothalasa] *ουσ. θ.* lagoon
λιμνούλα [limnoola] *ουσ. θ.* pond
λιμοκτονία [limoktonia] *ουσ. θ.* starvation, famine
λιμοκτονώ [limoktono] *ρ.* starve
λιμός [limos] *ουσ. α.* famine, starvation
λιμουζίνα [limoozina] *ουσ. θ.* limousine
λιμπίζομαι [libizome] *ρ.* envy, hanger after
λίμπιντο [libindo] *ουσ. ο. άκλ.* libido
λιμπρέτο [libretto] *ουσ. ο.* libretto
λιμώδης [limodis] *επ.* starving, famishing
λινάρι [linari] *ουσ. ο.* flax, linex
λιναρίσιος [linarisios] *επ.* flaxen
λιναρόσπορος [linarosporos] *ουσ. α.* linseed
λινάτσα [linatsa] *ουσ. θ.* burlap
λινός [linos] *επ.* linen
λιόδεντρο [liodendro] *ουσ. ο.* (βοτ.) olive tree
λιόλαδο [liolado] *ουσ. ο.* olive-oil
λιοντάρι [liondari] *ουσ. ο.* (ζωολ.) lion
λιονταρίνα [liondarina] *ουσ. θ.* (ζωολ.) lioness
λιοπύρι [liopiri] *ουσ. ο.* burning heat
λιοστάσι [liostasi] *ουσ. ο.* olive grove
λιπαίνω [lipeno] *ρ.* fertilize
λίπανση [lipansi] *ουσ. θ.* fertilizing
λιπαντικός [lipandikos] *επ.* fertilizing, lubricant
λιπαρός [liparos] *επ.* greasy, fatty
λιπαρότητα [liparotita] *ουσ. θ.* greasiness, fatness
λίπασμα [lipasma] *ουσ. ο.* fertilizer
λιποθυμία [lipothimia] *ουσ. θ.* fainting fit
λιπόθυμος [lipothimos] *επ.*

faint(ed)
λιποθυμώ [lipothimo] *ρ.* faint
λίπος [lipos] *ουσ. ο.* fat
λιποσαρκία [liposarkia] *ουσ. θ.* leanness
λιπόσαρκος [liposarkos] *επ.* lean, thin
λιποτάκτης [lipotaktis] *ουσ. α.* deserter
λιποτακτώ [lipotakto] *ρ.* desert
λιποταξία [[lipotaxia] *ουσ. θ.* desertion
λιποψυχία [lipopsihia] *ουσ. θ.* loss of courage
λιπόψυχος [lipopsihos] *επ.* lacking courage
λιποψυχώ [lipopsiho] *ρ.* lose courage
λίρα [lira] *ουσ. θ.* pound
λίστα [lista] *ουσ. θ.* list
λιτανεία [litania] *ουσ. θ.* litany
λιτοδίαιτος [litodietos] *επ.* frugal in eating
λιτός [litos] *επ.* frugal, plain
λιτότητα [litotita] *ουσ. θ.* frugality, plainness
λίτρο [litro] *ουσ. ο.* litre
λιχνίζω [lihnizo] *ρ.* winnow, fan
λίχνισμα [lihnisma] *ουσ. ο.* winnowing, fanning
λιχούδης [lihoodis] *επ.* gluttonous, greedy
λιχουδιά [lihoodia] *ουσ. θ.* greediness, gluttony
λιώνω [liono] *ρ.* melt
λιώσιμο [liosimo] *ουσ. ο.* melting, fusion
λοβός [lovos] *ουσ. α.* lobe
λογαριάζω [loyariazo] *ρ.* calculate, count
λογαριασμός [loyariasmos] *ουσ. α.* account. bill
λογάριθμος [loyarithmos] *ουσ. α.* (μαθ.) logarithm
λογάς [loyas] *ουσ. α.* talkative
λόγγος [logos] *ουσ. α.* forest, wild wood
λογή [loyi] *ουσ. θ.* kind, species
λόγια [loyia] *ουσ. ο. πληθ.* words
λογιάζω [loyiazo] *ρ.* consider, think
λογίζομαι [loyizome] *ρ.* consider, think
λογικεύομαι [loyikevome] *ρ.* think logically, reason
λογική [loyiki] *ουσ. θ.* reason, logic

λόγιος [loyos] *επ.* learned, man of letters
λογισμός [loyismos] *ουσ. α.* thought, reckoning
λογιστήριο [loyistirio] *ουσ. ο.* counting office
λογιστής [loyistis] *ουσ. α.* accountant
λογιστική [loyistiki] *ουσ. θ.* accountancy, book-keeping
λογιστικός [loyistikos] *επ.* accounting
λογοδιάρροια [loyodiaria] *ουσ. θ.* garrulity, loquacity
λογοδοσία [loyodosia] *ουσ. θ.* accounting, report
λογοδοτώ [loyodoto] *ρ.* give a report or an account
λογοκρίνω [loyokrino] *ρ.* censor
λογοκρισία [loyokrisia] *ουσ. θ.* censorship, censure
λογοκριτής [loyokritis] *ουσ. α.* censor
λογομαχία [loyomahia] *ουσ. θ.* dispute, quarrel
λογομαχώ [loyomaho] *ρ.* quarrel, argue
λογοπαίγνιο [loyopeynio] *ουσ. ο.* pun
λόγος [loyos] *ουσ. α.* speech. word
λογοτέχνημα [loyotehnima] *ουσ. ο.* literary work
λογοτέχνης [loyotehnis] *ουσ. α.* literary man, writer
λογοτεχνία [loyotehnia] *ουσ. θ.* literature
λογοτεχνικός [loyotehnikos] *επ.* literary
λογοφέρνω [loyoferno] *ρ.* wrangle, dispute
λογύδριο [loyidrio] *ουσ. ο.* short speech
λόγχη [loyhi] *ουσ. θ.* lance spear
λογχίζω [loyhizo] *ρ.* lance
λοιδορώ [lidoro] *ρ.* abuse, insult
λοιμός [limos] *ουσ. α.* (ιατρ.) pestilence
λοιμώδης [limodis] *επ.* pestilential, infectious
λοίμωξη [limoxi] *ουσ. θ.* infection, disease
λοιπόν [lipon] *επίρ.* well, then, so, therefore
Λονδίνο [londino] *κύρ. όν. ο.* London
λόξα [loxa] *ουσ. θ.* madness
λοξεύω [loxevo] *ρ.* deviate, slope

λοξοδρομώ [loxodromo] *ρ.* tack, deviate
λοξός [loxos] *επ.* oblique, slanting
λοξότητα [loxotita] *ουσ. θ.* obliqueness, slanting
λόξυγκας [loxigas] *ουσ. α.* hiccup
λόρδος [lordos] *ουσ. α.* lord
λοστός [lostos] *ουσ. α.* lever
λοστρόμος [lostromos] *ουσ. α.* (ναυτ.) boatswain
λοταρία [lotaria] *ουσ. θ.* lottery, lotto
λούζω [loozo] *ρ.* bath, wash
λουκάνικο [lookaniko] *ουσ. ο.* (μαγ.) sausage
λουκέτο [looketo] *ουσ. ο.* padlock
λουκουμάς [lookoomas] *ουσ. α.* kind of doughnut
λουκούμι [lookoomi] *ουσ. ο.* turkish delight
λουλάκι [loolaki] *ουσ. ο.* indigo
λουλούδι [looloodi] *ουσ. ο.* flower
λουλουδίζω [[looloodizo] *ρ.* bloom, blossom
λουλουδισμένος [looloodismenos] *επ.* flowered
λουρί [loori] *ουσ. ο.* strap
λουρίδα [loorida] *ουσ. θ.* strap, belt. tape
λούσιμο [loosimo] *ουσ. ο.* bathing, washing
λούσο [looso] *ουσ. ο.* expensive finery
λουστραδόρος [loosttradoros] *ουσ. α.* polisher
λουστράρισμα [loostrarisma] *ουσ. ο.* polishing
λουστράρω [loostraro] *ρ.* polish, varnish
λουστρίνι [loostrini] *ουσ. ο.* patent leather
λούστρο [loostro] *ουσ. ο.* lustre, polish
λούστρος [loostros] *ουσ. α.* shoeblack
λουτροθεραπεία [lootrotherapia] *ουσ. θ.* bathing-cure
λουτρόπολη [lootropoli] *ουσ. θ.* bathing resort
λούφα [loofa] *ουσ. θ.* lie low
λουφάζω [loofazo] *ρ.* crouch, cower
λούω [loo-o] *ρ.* bathe, wash
λοφίο [lofio] *ουσ. ο.* crest, tuft
λοφίσκος [lofiskos] *ουσ. α.* hillock

λόφος [lofos] *ουσ. α.* hill
λοφώδης [lofodis] *επ.* hilly
λοχαγός [lohayos] *ουσ. α. /θ.* (στρατ.) captain
λοχίας [lohias] *ουσ. α. /θ.* (στρατ.) sergeant
λόχος [lohos] *ουσ. α.* (στρατ.) company
λυγαριά [liyaria] *ουσ. θ.* (βοτ.) osier, wicker
λυγεράδα [liyerada] *ουσ. θ.* slimness, slenderness
λυγερός [[liyeros] *επ.* slim, graceful, slender
λυγίζω [liyizo] *ρ.* bend, fold up
λύγισμα [liyisma] *ουσ. ο.* bending, folding
λυγμός [liyisma] *ουσ. α.* sob, sobbing
λυθρίνι [lithrini] *ουσ. ο.* (ιχθ.) red mullet
λύκαινα [likena] *ουσ. θ.* (ζωολ.) she-wolf
λυκάνθρωπος [likanthropos] *ουσ. α.* lycanthrope
λυκειάρχης [likiarhis] *ουσ. α. /θ.* headmaster of a lyceum
λύκειο [likio] *ουσ. ο.* lyceum
λύκος [likos] *ουσ. α.* (ζωολ.) wolf
λυκόφως [likofos] *ουσ. ο.* twilight, dusk
λυμαίνομαι [limenome] *ρ.* infest, ravage
λυντσάρισμα [lintsarisma] *ουσ. ο.* lynching
λυντσάρω [lintsaro] *ρ.* lynch
λύνω [lino] *ρ.* untie, loosen
λυπάμαι [lipame] *ρ.* feel sorry. be afflicted
λύπη [lipi] *ουσ. θ.* sorrow, grief, sadness
λυπημένος [lipimenos] *επ.* sad, sorry
λυπηρός [lipiros] *επ.* sad, sorrowful
λυπητερός [lipiteros] *επ.* sad, doleful
λυπώ [lipo] *ρ.* afflict, grieve
λύρα [lira] *ουσ. θ.* (μουσ.) lyre
λυράρης [liraris] *ουσ. α.* lyre player
λυρικός [lirikos] *επ.* lyric
λυρισμός [lirismos] *ουσ. α.* lyricism
λύση [lisi] *ουσ. θ.* solution. loosening
λύσιμο [lisimo] *ουσ. ο.* untying, loosening
λύσσα [lisa] *ουσ. θ.* rabies. rage

λυσσάζω [lisazo] *ρ.* rage
λυσσαλέος [lisaleos] *επ.* furious, enraged
λυσσιατρείο [lisiatrio] *ουσ. ο.* hospital for rabies
λυσσικός [lisikos] *επ.* rabid
λυσσομανώ [lisomano] *ρ.* be enraged
λυτός [litos] *επ.* untied, loose, free
λύτρα [litra] *ουσ. ο.* ransom
λυτρώνω [litrono] *ρ.* deliver, release
λυτρωτής [litrotis] *ουσ. α.* deliverer, liberator
λυχνία [lihnia] *ουσ. θ.* lamp
λωλάδα [lolada] *ουσ. θ.* (λαϊκ.) folly, freak
λωποδυσία [lopodisia] *ουσ. θ.* pilfering, theft
λωποδύτης [lopoditis] *ουσ. α.* thief, pilfer
λωποδυτικός [lopoditikos] *επ.* of a thief
λώρος [loros] *ουσ. α.* cord, string
λωτός [lotos] *ουσ. α.* (βοτ.) lotus

M

M, μ [mi] *ουσ. ο.* the twelfth letter of the Greek alphabet
μα [ma] *σύνδ.* by, but
μαβής [mavis] *επ.* purple
μαγαζί [mayazi] *ουσ. ο.* store, shop
μαγγανεία [magania] *ουσ. θ.* sorcery, incantation
μαγγάνιο [manganio] *ουσ. ο.* (χημ.) manganese
μαγεία [mayia] *ουσ. θ.* sorcery, magic
μαγειρείο [mayirio] *ουσ. ο.* kitchen
μαγείρεμα [mayirema] *ουσ. ο.* cooking
μαγειρεύω [mayirevo] *ρ.* cook
μαγειρική [mayiriki] *ουσ. θ.* cooking
μαγειρικός [mayirikos] *επ.* culinary, of cooking
μαγείρισσα [mayirisa] *ουσ. θ.* woman cook
μάγειρος [mayiros] *ουσ. α.* cook
μάγεμα [mayema] *ουσ. ο.* enchantment, bewitchment
μαγευτικά [mayeftika] *επίρ.* charmingly, enchantingly
μαγευτικός [mayeftikos] *επ.* enchanting, charming
μαγεύω [mayevo] *ρ.* charm, bewitch
μάγια [mayia] *ουσ. ο. πληθ.* witchcraft, spell
μαγιάτικος [mayiatikos] *επ.* (of) May
μαγικός [mayikos] *επ.* magic(al)
μαγιό [mayio] *ουσ. ο. άκλ.* bathing suit
μαγιονέζα [mayioneza] *ουσ.*

θ. mayonnaise
μάγισσα [mayisa] *ουσ. θ.* witch
μαγκάλι [magali] *ουσ. ο.* brazier
μάγκανο [magano] *ουσ. ο.* mangle
μαγκανοπήγαδο [maganopigado] *ουσ. ο.* wheel-well
μάγκας [magas] *επ.* urch, rascal
μαγκούρα [magoora] *ουσ. θ.* crook, stick
μαγκώνω [magono] *ρ.* catch, grasp, gripe, pinch
μαγνησία [maynisia] *ουσ. θ.* magnesia
μαγνήσιο [maynisio] *ουσ. ο.* (χημ.) magnesium
μαγνήτης [maynitis] *ουσ. α.* magnet
μαγνητίζω [maynitizo] *ρ.* magnetize
μαγνητικός [maynitikos] *επ.* magnetic
μαγνητισμός [maynitismos] *ουσ. α.* magnetism
μαγνητόφωνο [maynitogono] *ουσ. ο.* cassette recorder
μάγος [mayos] *ουσ. α.* sorceter, magician
μάγουλο [mayoolo] *ουσ. ο.* cheek
μαδέρι [maderi] *ουσ. ο.* thick plank
μάδημα [madima] *ουσ. ο.* plucking, depilation
μαδώ [mado] *ρ.* pluck, pull of
μαεστρία [maestria] *ουσ. θ.* dexterity, masterliness
μαέστρος [maestros] *ουσ. α.* /*θ.* maestro
μάζα [maza] *ουσ. θ.* mass. pulp
μάζεμα [mazema] *ουσ. ο.* collecting, gathering, picking
μαζεύω [mazevo] *ρ.* gather, collect, pick
μαζί [mazi] *επίρ.* together, with
μαζικός [mazikos] *επ.* massive, common
μαζούρκα [mazoorka] *ουσ. θ.* mazurka
μαζούτ [mazoot] *ουσ. ο. άκλ.* fuel oil
μαζοχισμός [mazohismos] *ουσ. α.* masochism
μάζωξη [mazoxi] *ουσ. θ.* concentation, meeting
Μάης [mais] *ουσ. α.* May

μαθαίνω [matheno] *ρ.* learn, teach, instruct
μάθημα [mathima] *ουσ. ο.* lesson, teaching
μαθηματικά [mathimatika] *ουσ. ο. πληθ.* mathematics
μαθηματικός [mathimatikos] *επ.* mathematical
μαθηματικός [mathimatikos] *ουσ. α. /θ.* mathematician
μαθημένος [mathimenos] *επ.* used to
μάθηση [mathisi] *ουσ. θ.* learning, education, instruction
μαθητεία [mathitia] *ουσ. θ.* schooling
μαθητευόμενος [mathitevomenos] *επ. /ουσ. α.* apprentice, learner
μαθητής [mathitis] *ουσ. α.* pupil, scholar
μαθητικός [mathitikos] *επ.* of a pupil
μαθητολόγιο [mathitoloyio] *ουσ. ο.* school-register
μαία [mea] *ουσ. θ.* midwife
μαίανδρος [meandros] *ουσ. α.* meander, maze
μαιευτήρας [meeftiras] *ουσ. α.* obstetrician
μαιευτήριο [meeftirio] *ουσ. ο.* delivery room
μαιευτική [meeftiki] *ουσ. θ.* obstetrics
μαϊμού [maimoo] *ουσ. θ.* (ζωολ.) monkey, ape
μαϊμουδίζω [maimoodizo] *ρ.* ape, mimic
μαίνομαι [menome] *ρ.* rage
Μάιος [maios] *ουσ. α.* May
μαΐστρος [maestros] *ουσ. α.* north-west wind
μαιτρέσσα [metresa] *ουσ. θ.* mistress, kept woman
μακάβριος [makarios] *επ.* macabre
μακάρι [makari] *επιφ.* would to God
μακαρίζω [makarizo] *ρ.* regard happy
μακάριος [makarios] *επ.* happy
μακαριότητα [makariotita] *ουσ. θ.* blessedness
μακαρίτης [makaritis] *επ. /ουσ. α.* late, of happy memory
μακαρονάδα [makaronada] *ουσ. θ.* (μαγ.) macaroni dish
μακελάρης [makelaris] *ουσ. α.* butcher, slaughterer

μακελειό [makelio] *ουσ. ο.* slaughterhouse, massacre
μακέτα [maketa] *ουσ. θ.* clay model
μακραίνω [makreno] *ρ.* lengthen, extend
μακρηγορία [makriyoria] *ουσ. θ.* peroration
μακρηγορώ [makriyoro] *ρ.* talk at length
μακριά [makria] *επίρ.* far, away, far away
μακριά [makria] *επίρ.* far, far away
μακρινός [makrinos] *επ.* distant, remote
μακρινός [makrinos] *επ.* distant, remote, far
μακρόβιος [makrovios] *επ.* long-lived
μακροβιότητα [makroviotita] *ουσ. θ.* longevity
μακροβούτι [makrovooti] *ουσ. ο.* diving
μακροζωία [makrozoia] *ουσ. θ.* long life, longevity
μακροημερεύω [makroimerevo] *ρ.* live long
μακροθυμία [makrothimia] *ουσ. θ.* forbearance, patience
μακρόθυμος [makrothimos] *επ.* forbearing, patient
μακροθυμώ [makrothimo] *ρ.* forbear
μακρόκοσμος [makrokosmos] *ουσ. α.* macrocosm
μακρολογία [makroloyia] *ουσ. θ.* verbosity, peroration
μακρολογώ [makroloyo] *ρ.* talk at length
μακροπρόθεσμος [makroprothesmos] *επ.* of a long term
μακρός [macros] *επ.* long
μάκρος [macros] *ουσ. ο.* length, longitude
μακροσκελής [makroskelis] *επ.* long, lengthy
μακροσκοπικός [makroskopikos] *επ.* macroscopic
μακρουλός [makroolos] *επ.* longish, oblong
μακροχέρης [makroheris] *επ.* long-armed
μακροχρόνιος [makrohronios] *επ.* long-lasting
μακρύνω [makrino] *ρ.* lengthen, prolong, extend
μακρύς [makris] *επ.* long, lengthy

μακρύτερος [makriteros] *επ.* longer, farther
μάλα [mala] *επίρ.* very, much
μάλαγμα [malayma] *ουσ. ο.* handling, massage
μαλάζω [malazo] *ρ.* touch, massage
μαλακά [malka] *επίρ.* softly, feebly
μαλάκιο [malakio] *ουσ. ο.* (ιχθ.) mollusk
μαλακός [malakos] *επ.* soft, mild
μαλακτικός [malaktikos] *επ.* softening, mollifying
μαλάκωμα [malakoma] *ουσ. ο.* softening, mollification
μαλακώνω [malakono] *ρ.* soften, mollify
μάλαμα [malama] *ουσ. ο.* gold
μαλάσσω [malaso] *ρ.* handle, massage
μαλαχίτης [malahitis] *ουσ. α.* (ορυκτ.) malachite
μαλθακός [malthakos] *επ.* soft, smooth, flabby
μάλιστα [malista] *επίρ.* yes, especially
μαλλί [mali] *ουσ. ο.* wool, hair
μαλλιάζω [maliazo] *ρ.* grow hair, become hairy
μαλλιαρός [maliaros] *επ.* hairy
μάλλινος [malinos] *επ.* woolen, wool
μάλωμα [maloma] *ουσ. ο.* quarrel, dispute
μαλώνω [malono] *ρ.* scold, quarrel
μαμά [mama] *ουσ. θ.* mammy, mamma, mum
μαμή [mami] *ουσ. θ.* midwife
μαμμωνάς [mamonas] *ουσ. α.* mammon
μαμούθ [mamooth] *ουσ. ο. άκλ.* (ζωολ. /μεταφ.) mamooth
μαμούνι [mamooni] *ουσ. ο.* (ζωολ.) insect, bug
μάνα [mana] *ουσ. θ.* mother
μανάβης [manavis] *ουσ. α.* greengrocer
μανάβικο [manaviko] *ουσ. ο.* green grocer's shop
μανδύας [mandias] *ουσ. ο.* cloak, mantle
μανία [mania] *ουσ. θ.* mania, rage
μανιάζω [maniazo] *ρ.* get furious, rage

μανιακός [maniakos] *επ.* maniacal, furious

μάνικα [manika] *ουσ. θ.* water pipe

μανικέτι [maniketi] *ουσ. ο.* cuff

μανίκι [maniki] *ουσ. ο.* sleeve

μανικιούρ [manikioor] *ουσ. ο. άκλ.* manicure

μανιτάρι [manitari] *ουσ. ο.* (βοτ.) mushroom

μανιφέστο [manifesto] *ουσ. ο.* manifesto

μανιώδης [maniodis] *επ.* furious, raging

μανόμετρο [manometro] *ουσ. ο.* pressure-gauge

μανούβρα [manoovra] *ουσ. θ.* manoeuvrre

μανουβράρω [manoovraro] *ρ.* manoeuvre, manage

μάνταλο [mandalo] *ουσ. ο.* latch, bolt, bar

μανταλώνω [mandalono] *ρ.* bolt, bar, latch

μανταρίνι [mandarini] *ουσ. ο.* (βοτ.) mandarin, tangerine

μανταρινιά [mandarinia] *ουσ. θ.* (βοτ.) mandarin tree

μαντάρω [mandaro] *ρ.* darn, mend

μαντάτα [mandata] *ουσ. ο. πληθ.* news

μαντάτο [mandato] *ουσ. ο.* information, intelligence

μαντατοφόρος [mandatoforos] *ουσ. α. /θ.* messenger

μαντεία [mandia] *ουσ. θ.* divination, prediction

μαντείο [mandio] *ουσ. ο.* oracle

μάντεμα [mandema] *ουσ. ο.* divination, guessing

μαντέμι [mandemi] *ουσ. ο.* cast iron

μαντεύω [mandevo] *ρ.* guess, predict

μαντζουράνα [mantzurana] *ουσ. θ.* (βοτ.) marjoram

μαντήλι [mandili] *ουσ. ο.* handkerchief

μάντης [mandis] *ουσ. α.* soothsayer, prophet

μαντική [mandiki] *ουσ. θ.* divination, soothsaying

μαντικός [mandikos] *επ.* divining, prophetic

μαντίλα [mandila] *ουσ. θ.* kerchief

μάντισσα [mandisa] *ουσ. θ.* prophetess

μαντολάτο [mandolato] *ουσ. ο.* (μαγ.) nougat
μαντολίνο [mandolino] *ουσ. ο.* mandoline
μαντόνα [mandona] *ουσ. θ.* madonna
μάντρα [mandra] *ουσ. θ.* pen, fold
μαντράχαλος [mandrahalos] *επ. /ουσ. α.* tall and gawky fellow
μαντρί [mandri] *ουσ. ο.* pen, sheep-fold
μαντρόσκυλο [mandroskilo] *ουσ. ο.* sheep dog
μάντρωμα [mandroma] *ουσ. ο.* walling round
μαντρώνω [mandrono] *ρ.* shut in, enclose
μαξιλάρι [maxilari] *ουσ. ο.* pillow, cushion
μαξιλαροθήκη [maxilarothiki] *ουσ. θ.* pillow-case
μαόνι [maoni] *ουσ. ο.* mahogany
μαούνα [maoona] *ουσ. θ.* (ναυτ.) barge
μαραγκός [maragos] *ουσ. α.* carpenter
μαραγκούδικο [maragoodiko] *ουσ. ο.* carpenter's shop
μαράζι [marazi] *ουσ. ο.* pining, depression
μαραζώνω [marazono] *ρ.* wither, fade
μάραθο [maratho] *ουσ. ο.* fennel
μαραίνω [mareno] *ρ.* wither, fade
μαρασμός [marasmos] *ουσ. α.* marasmus, decay
μαραφέτι [marafeti] *ουσ. ο.* (λαϊκ.) trick
μαργαρίνη [maryarini] *ουσ. θ.* (μαγ.) margarine
μαργαρίτα [maryarita] *ουσ. θ.* (βοτ.) daisy
μαργαριταρένιος [maryaritarenios] *επ.* (of) pearl
μαργαριτάρι [maryaritari] *ουσ. ο.* pearl
μαργαριτοφόρος [maryaritoforos] *επ.* containing pearls
μαρίδα [marida] *ουσ. θ.* (ιχθ.) small fry, anchovy
μαριονέτα [marioneta] *ουσ. θ.* marionette, puppet
μάρκα [marka] *ουσ. θ.* mark
μαρκάρισμα [markarisma] *ουσ. ο.* marking

μαρκάρω [markaro] *ρ.* mark, note
μαρκησία [markisia] *ουσ. θ.* marchioness
μαρκήσιος [markisios] *ουσ. α.* marquis
μάρκο [marko] *ουσ. ο.* mark
μαρμαράδικο [marmaradiko] *ουσ. ο.* marble worker's shop
μαρμαράς [marmaras] *ουσ. α.* marble-worker
μαρμάρινος [marmarinos] *επ.* of marble, marble
μάρμαρο [marmaro] *ουσ. ο.* marble
μαρμαρογλύπτης [marmaroyliptis] *ουσ. α.* marble-worker
μαρμαρυγή [marmariyi] *ουσ. θ.* glittering, sparkling
μαρμαρώνω [marmarono] *ρ.* turn into trouble
μαρμελάδα [marmelada] *ουσ. θ.* marmelade
μαρξισμός [marxismos] *ουσ. α.* (φιλοσ.) marxism
μαρξιστής [marxistis] *ουσ. α.* (φιλοσ.) marxist
μαρξιστικός [marxistic] *επ.* marxist
Μαροκινός [marokinos] *ουσ. α.* Maroccan
Μαρόκο [morocco] *κύρ. όν. ο.* Marocco
μαρούλι [marooli] *ουσ. ο.* (βοτ.) lettuce
μαρς [mars] *επιφ.* mars
μάρσιπος [marsipos] *ουσ. α.* bag, marsupium
μαρσιποφόρος [marsipoforos] *επ.* marsupial
μαρτιάτικος [martiatikos] *επ.* of March
μαρτίνι [martini] *ουσ. ο. άκλ.* martini
Μάρτιος [martios] *ουσ. α.* March
μάρτυρας [martiras] *ουσ. α.* /*θ.* witness. martyr
μαρτυρία [martiria] *ουσ. θ.* witness. testimony
μαρτυριάρης [martiriaris] *επ.* tale-bearer
μαρτυρικός [martirikos] *επ.* testimonial. of a martyr
μαρτύριο [martirio] *ουσ. ο.* torment
μαρτυρώ [martiro] *ρ.* witness
μας [mas] *αντ.* προσ. us, our
μασάζ [masaz] *ουσ. ο. άκλ.* massage
μασέλα [masela] *ουσ. θ.* jaw

μάσημα [masima] *ουσ. ο.* chewing, mastication
μασιά [masia] *ουσ. θ.* fire shovel
μάσκα [maska] *ουσ. θ.* mask
μασκαραλίκι [maskariliki] *ουσ. ο.* mean trick
μασκαράς [mascaras] *ουσ. α.* masquerader
μασκάρεμα [maskarema] *ουσ. ο.* masquerading, disguising
μασκαρεύω [maskarevo] *ρ.* mask, disguise
μασόνος [masonos] *ουσ. α.* mason
μασουλίζω [masoolizo] *ρ.* chew softly
μασούλισμα [masoolisma] *ουσ. ο.* chewing softly
μαστίγιο [mastiyio] *ουσ. ο.* whip
μαστίγωμα [mastiyoma] *ουσ. ο.* whipping, lassing
μαστιγώνω [mastiyono] *ρ.* whip
μαστίζω [mastizo] *ρ.* plague, scourge
μαστίτιδα [mastitida] *ουσ. θ.* (ιατρ.) mastitis
μαστίχα [mastiha] *ουσ. θ.* mastich
μαστιχιά [mastihia] *ουσ. θ.* mastic-tree
μαστοειδής [mastoidis] *επ.* mastoid
μαστοράντζα [mastoranja] *ουσ. θ.* the craftsmen, artisans
μάστορας [mastoras] *ουσ. α.* workman, master
μαστορεύω [mastorevo] *ρ.* make, fix, repair
μαστοριά [mastoria] *ουσ. θ.* expert workmanship, skill
μαστορικός [mastorikos] *επ.* skillful
μαστός [mastos] *ουσ. α.* (ανατ.) breast
μαστοφόρος [mastoforos] *επ.* mammalian
μαστραπάς [mastrapas] *ουσ. α.* pot, vase
μαστροπός [mastropos] *ουσ. α.* pimp
μασχάλη [mashali] *ουσ. θ.* (ανατ.) armpit, armhole
μασώ [maso] *ρ.* chew, masticate
ματαιοδοξία [mateodoxia] *ουσ. θ.* vanity
ματαιόδοξος [mateodoxos] *επ.* vain, conceited
ματαιολογία [mateoloyia]

ουσ. θ. idle talk
ματαιολογώ [mateoloyo] ρ. talk idly
ματαιοπονία [mateoponia] ουσ. θ. vain labour
ματαιοπονώ [mateopono] ρ. work in vain
μάταιος [mateos] επ. vain, futile, useless
ματαιότητα [mateotita] ουσ. θ. vanity, futility
ματαιόφρονος [mateofronos] επ. vain, vainglorious
ματαιώνω [mateono] ρ. frustrate, foil
ματαίωση [mateosi] ουσ. θ. frustration, foiling
μάτι [mati] ουσ. ο. (ανατ.) eye
ματιά [matia] ουσ. θ. look, glance
ματιάζω [matiazo] ρ. have an eye on
μάτιασμα [matiasma] ουσ. ο. evil eye
ματογυάλια [matoyialia] ουσ. ο. πληθ. eye glasses
ματόκλαδο [matoklado] ουσ. ο. eyelashes
ματόφυλλα [matofila] ουσ. ο. πληθ. eyelids
ματς [mach] ουσ. ο. άκλ. match
μάτσο [macho] ουσ. ο. bundle, bunch, pack
ματσούκι [machooki] ουσ. ο. club, thick stick
ματώνω [matono] ρ. bleed
μαυλίζω [mavlizo] ρ. (καθ.) seduce
μαυρίζω [mavrizo] ρ. blacken, darken
μαυρίλα [mavrila] ουσ. θ. blackness, darkness
μαύρισμα [mavrisma] ουσ. ο. blackening, darkening
Μαυριτανός [mavritanos] ουσ. α. Moor
μαυροκίτρινος [mavrokitrinos] επ. livid, black and yellow
μαυρομάλλης [mavromalis] επ. black-haired
μαυροπίνακας [mavropinakas] ουσ. α. blackboard
μαυροπούλι [mavropooli] ουσ. ο. (ζωολ.) starling
μαύρος [mavros] επ. black. negro
μαυροφόρος [mavroforos] επ. dressed in black

μαυσωλείο [mavsolio] *ουσ. ο.* mausoleum
μαχαιράδικο [maheradiko] *ουσ. ο.* a cutler's shop
μαχαιράς [maheras] *ουσ. α.* knife maker
μαχαίρι [maheri] *ουσ. ο.* knife, dagger
μαχαιριά [maheria] *ουσ. θ.* stab
μαχαιροβγάλτης [maherovyaltis] *ουσ. α.* cutthroat, murderer
μαχαιροπήρουνα [maheropiroona] *ουσ. ο. πληθ.* cutlery
μαχαιροποιός [maheropios] *ουσ. α.* cutler
μαχαίρωμα [maheroma] *ουσ. ο.* stabbing
μαχαιρώνω [maherono] *ρ.* stab
μαχαλάς [mahalas] *ουσ. α.* quarter, ward
μάχη [mahi] *ουσ. θ.* battle, fight, combat
μαχητής [mahitis] *ουσ. α.* fighter, warrior
μαχητικός [mahitikos] *επ.* fighting, bellicose
μάχιμος [mahimos] *επ.* combatant
μάχομαι [mahome] *ρ.* fight, combat, battle
με [me] *σύνδ.* with, by, through, by means of
μεγαθήριο [meyathirio] *ουσ. ο.* megatherium, monster
μέγαιρα [meyera] *ουσ. θ.* vixen, shrew
μεγαλείο [meyalio] *ουσ. ο.* grandeur, greatness
μεγαλειότατος [meyaliotatos] *επ.* of high dignity
μεγαλειότητα [meyaliotita] *ουσ. θ.* majesty
μεγαλειώδης [meyaliodis] *επ.* grand, magnificent
μεγαλέμπορος [meyaleboros] *ουσ. α.* big merchant
μεγαλόκαρδος [meyalokardos] *επ.* magnanimous
μεγαλομανής [meyalomanis] *επ.* conceited, megalomaniac
μεγαλομανία [meyalomania] *ουσ. θ.* megalomania
μεγαλόπνευστος [meyalopnefstos] *επ.* greatly inspired
μεγαλοποίηση [meyalopiisi] *ουσ. θ.* exaggeration

μεγαλοποιώ [meyalopio] *ρ.* exaggerate, magnify
μεγαλοπρέπεια [meyaloprepia] *ουσ. θ.* grandeur
μεγαλοπρεπής [meyaloprepis] *επ.* magnificent
μεγαλορρημοσύνη [meyalorimosini] *ουσ. θ.* boastfulness
μεγάλος [meyalos] *επ.* great, big, large
μεγαλόστομος [meyalostomos] *επ.* boastful, bombastic
μεγαλοσύνη [meyalosini] *ουσ. θ.* grandeur, greatness
μεγαλόσωμος [meyalosomos] *επ.* large-bodied
μεγαλούργημα [meyalooryima] *ουσ. ο.* great deed
μεγαλουργώ [meyalooryo] *ρ.* achieve great things
μεγαλοφυής [meyalofiis] *επ.* of great genius
μεγαλοφυΐα [meyalofiia] *ουσ. θ.* genius
μεγαλοψυχία [meyalopsihia] *ουσ. θ.* magnanimity
μεγαλόψυχος [meyalopsihos] *επ.* magnanimous
μεγαλύνω [meyalino] *ρ.* exalt, magnify
μεγαλύτερος [meyaliteros] *επ.* bigger, greater, larger
μεγάλωμα [meyaloma] *ουσ. ο.* growth, enlargement
μεγαλώνω [meyalono] *ρ.* make bigger, enlarge
μέγαρο [meyaro] *ουσ. ο.* mansion, palace
μεγάφωνο [meyafono] *ουσ. ο.* megaphone
μέγεθος [meyethos] *ουσ. ο.* size. greatness
μεγέθυνση [meyethinsi] *ουσ. θ.* enlargement
μεγεθυντικός [meyethindikos] *επ.* magnifying
μεγεθύνω [meyethino] *ρ.* enlarge, magnify
μεγιστάνας [meyistanas] *ουσ. α.* magnate
μέγιστος [meyistos] *επ.* greatest, largest
μεδούλι [medooli] *ουσ. ο.* marrow
μέδουσα [medoosa] *ουσ. θ.* (ιχθ.) medusa, jellyfish

μεζές [mezes] *ουσ. α.* tidbit, delicacy, snack
μέθεξη [methexi] *ουσ. θ.* participation
μέθη [methi] *ουσ. θ.* drunkenness, intoxication
μεθοδεύω [methodevo] *ρ.* plan
μεθοδικός [methodikos] *επ.* methodical
μέθοδος [methodos] *ουσ. θ.* method, system
μεθοκοπώ [methokopo] *ρ.* get drunk
μεθόριος [methorios] *ουσ. θ.* boundary, frontier
μεθύσι [methisi] *ουσ. ο.* drunkenness
μεθυσμένος [methismenos] *επ.* drunk, intoxicated
μεθύστακας [methistakas] *ουσ. α.* drunkard, toper
μεθυστικός [methistikos] *επ.* intoxicating
μεθώ [metho] *ρ.* intoxicate, get drunk
μειδίαμα [midiama] *ουσ. ο.* smile, smiling
μειδιώ [midio] *ρ.* smile
μειοδότης [miodotis] *ουσ. α.* /*θ.* the lowest bidder
μείον [mion] *επίρ.* less, minus
μειονέκτημα [mionektima] *ουσ. ο.* disadvantage
μειονεκτικός [mionektikos] *επ.* disadvantageous
μειονεκτώ [mionekto] *ρ.* be inferior
μειονεξία [mionexia] *ουσ. θ.* inferiority
μειονότητα [mionotita] *ουσ. θ.* minority
μειοψηφία [miopsifia] *ουσ. θ.* minority of votes
μειοψηφώ [miopsifo] *ρ.* have the minority of votes
μειώνω [miono] *ρ.* lessen, diminish, decrease
μείωση [miosi] *ουσ. θ.* diminution, lessening, reduction
μελαγχολία [melayholia] *ουσ. θ.* melancholy
μελαγχολικός [melayholikos] *επ.* melancholy, sad
μελαγχολώ [melayholo] *ρ.* melancholy, be in low spirits
μελάνη [melani] *ουσ. θ.* ink
μελανιά [melania] *ουσ. θ.* ink spot. bruise
μελανιάζω [melaniazo] *ρ.* make black. get black

μελάνιασμα [melaniasma] *ουσ. ο.* blackening
μελανοδοχείο [melanodohio] *ουσ. ο.* inkpot, inkstand
μελανός [melanos] *επ.* black, blackish
μελανούρι [melanoori] *ουσ. ο.* blacktail
μελανώνω [melanono] *ρ.* ink, blacken
μελάτος [melatos] *επ.* thickish
μελαχρινός [melahrinos] *επ.* brown, dark-complexioned
μελαψός [melapsos] *επ.* swarthy, dark-skinned
μελένιος [melenios] *επ.* made of honey
μελέτη [meleti] *ουσ. θ.* study, meditation
μελετώ [meleto] *ρ.* study
μέλημα [melima] *ουσ. ο.* care, concern
μέλι [meli] *ουσ. ο.* honey
μελίγγι [meligi] *ουσ. ο.* temple
μέλισσα [melisa] *ουσ. θ.* (ζωολ.) bee
μελίσσι [melisi] *ουσ. ο.* beehive
μελισσοκομείο [melisokomio] *ουσ. ο.* apiary
μελισσοκομία [melisokomia] *ουσ. θ.* apiculture
μελισσοκόμος [melisokomos] *ουσ. α. /θ.* apiculturist
μελιτζάνα [melijana] *ουσ. θ.* (βοτ.) aubergine
μελλοθάνατος [melothanatos] *επ.* moribund, about to die
μέλλον [melon] *ουσ. ο.* future
μελλοντικός [melondikos] *επ.* of the future
μελλόνυμφος [melonimfos] *ουσ. α.* fiancé
μέλλω [melo] *ρ.* be about to, be going to
μέλλων [melon] *ουσ. α.* (γραμ.) future tense
μελόδραμα [melodrama] *ουσ. ο.* opera, melodrama
μελομακάρονο [melomakarono] *ουσ. ο.* (μαγ.) Greek small cake of flour, oil and honey
μελοποίηση [melopiisi] *ουσ. θ.* setting to music
μελοποιώ [melopio-o] *ρ.* set to music, compose
μέλος [melos] *ουσ. ο.* member, part, limb
μελτέμι [meltemi] *ουσ. ο.*

north wind
μελωδία [melodia] *ουσ. θ.* melody, tune
μελωδικός [melodikos] *επ.* melodious
μελώνω [melono] *ρ.* smear with honey
μεμβράνη [memvrani] *ουσ. θ.* membrane
μεμβρανώδης [memvranodis] *επ.* membranous
μεμονωμένος [memonomenos] *επ.* isolated
μέμφομαι [memfome] *ρ.* blame, reproach
μεμψιμοιρία [mempsimiria] *ουσ. θ.* grumbling, murmuring
μεμψίμοιρος [mempsimiros] *επ.* grumbling, murmuring
μεμψιμοιρώ [mempsimiro] *ρ.* grumble, murmure
μενεξές [menexes] *ουσ. α.* (βοτ.) violet
μενού [menoo] *ουσ. ο. άκλ.* menu
μέντα [menda] *ουσ. θ.* (βοτ.) mint, peppermint
μενταγιόν [mendayion] *ουσ. ο. άκλ.* medallion, locket
μέντιουμ [mendioom] *ουσ. ο. άκλ.* medium
μένω [meno] *ρ.* remain, stay, rest
μέρα [mera] *ουσ. θ.* day
μεραρχία [merarhia] *ουσ. θ.* (στρατ.) army division
μέραρχος [merarhos] *ουσ. α.* (στρατ.) lieutenant general
μεριά [meria] *ουσ. θ.* side, part
μερίδα [merida] *ουσ. θ.* part, portion
μερίδιο [meridio] *ουσ. ο.* share, portion
μερικός [merikos] *επ.* particular, partial, certain
μέριμνα [merimna] *ουσ. θ.* care, concern
μεριμνώ [merimno] *ρ.* care for, look after
μέρισμα [merisma] *ουσ. ο.* division, partition
μεριστικός [meristikos] *επ.* partitive, dividing
μερμήγκι [mermigi] *ουσ. ο.* (ζωολ.) ant
μεροδούλι [merodooli] *ουσ. ο.* day's labour
μεροκαματιάρης [merokamatiaris] *ουσ. α.* day laborer
μεροκάματο [merokamato]

ουσ. ο. day's wage

μεροληπτικός [meroliptikos] *επ.* partial, unfair

μεροληπτώ [merolipto] *ρ.* be partial

μεροληψία [merolipsia] *ουσ. θ.* partiality, favouritism

μερόνυχτο [meronihto] *ουσ. ο.* a day and night

μέρος [meros] *ουσ. ο.* part, division, place

μερτικό [mertiko] *ουσ. ο.* part, portion

μέσα [mesa] *επίρ.* in, into, inside

μεσαίος [meseos] *επ.* middle

μεσαίωνας [meseonas] *ουσ. α.* middle ages

μεσαιωνικός [meseonikos] *επ.* medieval

μεσάνυκτα [mesanikta] *ουσ. ο.* midnight

μέση [mesi] *ουσ. θ.* middle, center. waist

μεσήλικας [mesilikas] *ουσ. α.* middle-aged

μεσημβρία [mesimvria] *ουσ. θ.* midday

μεσημβρινός [mesimvrinos] *επ.* midday

μεσημέρι [mesimeri] *ουσ. ο.* noon, midday

μεσημεριάτικος [mesimeriatikos] *επ.* midday

μεσιανός [mesianos] *επ.* middle

μεσιτεία [mesitia] *ουσ. θ.* brokerage, intercession

μεσιτεύω [mesitevo] *ρ.* mediate, interpose

μεσίτης [mesitis] *ουσ. α. /θ.* mediator

μεσιτικός [mesitikos] *επ.* of a mediator

μέσο [meso] *ουσ. ο.* middle. means

μεσογειακός [mesoyiakos] *επ.* mediterranean

μεσόγειος [mesoyios] *επ.* midland. *ουσ. θ.* mediterranean

μεσόκοπος [mesokopos] *επ.* middle-aged

μεσολάβηση [mesolavisi] *ουσ. θ.* intercession, interference

μεσολαβώ [mesolavo] *ρ.* mediate, intervene

μεσονύκτιο [mesoniktio] *ουσ. ο.* midnight

μέσος [mesos] *επ.* medium

μεσούρανα [mesoorana] *επίρ.* midheaven

μεσουράνημα [mesooranima] *ουσ. ο.* zenith

μεσουρανώ [mesoorano] *ρ.* culminate, be at the zenith

μεσοφόρι [mesofori] *ουσ. ο.* petticoat

μεσόφωνος [mesofonos] *επ.* baritone

Μεσσίας [mesias] *ουσ. α.* Messiah

μεστός [mestos] *επ.* full, replete

μεστώνω [mestono] *ρ.* mature, ripen

μετά [meta] *πρόθ.* after

μεταβάλλω [metavalo] *ρ.* change, transform

μετάβαση [metavasi] *ουσ. θ.* transition

μεταβατικός [metavatikos] *επ.* transitive

μεταβιβάζω [metavivazo] *ρ.* transfer

μεταβλητός [metavlitos] *επ.* changeable, variable

μεταβολή [metavoli] *ουσ. θ.* change, alteration

μεταβολισμός [metavolismos] *ουσ. α.* metabolism

μεταγγίζω [metagizo] *ρ.* decant, pour from one vessel to another

μετάγγιση [metagisi] *ουσ. θ.* decanting

μεταγενέστερος [metayenesteros] *επ.* posterior, later

μεταγλωττίζω [metaylotizo] *ρ.* translate, transcribe

μεταγραμματίζω [metayramatizo] *ρ.* transpose

μεταγραφή [metayrafi] *ουσ. θ.* transcription

μεταγράφω [metayrafo] *ρ.* transcribe

μεταγωγικό [metayoyiko] *ουσ. ο.* (στρατ.) transport ship. transport aircraft

μεταδίδω [metadido] *ρ.* impart, communicate

μετάδοση [metadosi] *ουσ. θ.* imparting, communication

μεταδοτικός [metadotikos] *επ.* communicative, expansive. contagious

μετάθεση [metathesi] *ουσ. θ.* removal, transposition

μεταθέτω [metatheto] *ρ.* remove, transpose

μετακίνηση [metakinisi] *ουσ. θ.* removal, removing

μετακινώ [metakino] *ρ.* remove, transfer
μετακομιδή [metakomidi] *ουσ. θ.* removal, conveyance
μετακομίζω [metakomizo] *ρ.* transfer, remove
μετακόμιση [metakomisi] *ουσ. θ.* transfer, transport, moving
μεταλαβαίνω [metalaveno] *ρ.* receive the Holy Communion
μετάληψη [metalipsi] *ουσ. θ.* participation
μεταλλαγή [metalayi] *ουσ. θ.* change, alteration
μεταλλάσσω [metalaso] *ρ.* change, alter, convert
μεταλλεία [metalia] *ουσ. θ.* mining
μεταλλείο [metalio] *ουσ. ο.* mine
μεταλλειολογία [metalioloyia] *ουσ. θ.* mining
μετάλλευμα [metalevma] *ουσ. ο.* ore
μετάλλευση [metalefsi] *ουσ. θ.* mining, diging
μεταλλευτής [metaleftis] *ουσ. α.* miner
μεταλλεύω [metalevo] *ρ.* mine
μεταλλικός [metalikos] *επ.* metallic
μετάλλιο [metalio] *ουσ. ο.* medal
μέταλλο [metalo] *ουσ. ο.* metal
μεταλλοβιομηχανία [metaloviomihania] *ουσ. θ.* metallurgy
μεταλλουργείο [metalooryio] *ουσ. ο.* metal work
μεταλλουργία [metalooryia] *ουσ. θ.* metallurgy
μεταλλουργός [metalooryos] *ουσ. α.* metallurgist, miner
μεταλλωρυχείο [metalorihio] *ουσ. ο.* mine
μεταλλωρύχος [metalorihos] *ουσ. α.* miner
μεταμέλεια [metamelia] *ουσ. θ.* regret
μεταμελούμαι [metameloome] *ρ.* regret
μεταμεσονύκτιος [metamesoniktios] *επ.* after midnight
μεταμορφώνω [metamorfono] *ρ.* transform
μεταμόρφωση [metamorfosi] *ουσ. θ.* transformation
μεταμορφωτής

[metamorfotis] *ουσ. α.* transformer

μεταμόσχευση [metamoshefsi] *ουσ. θ.* transplantation

μεταμοσχεύω [metamoshevo] *ρ.* transplant

μεταμφιέζω [metamfiezo] *ρ.* disguise

μεταμφίεση [metamfiesi] *ουσ. θ.* disguise

μεταμφιεσμένος [metamfiesmnos] *επ.* disguised

μετανάστευση [metanastefsi] *ουσ. θ.* immigration, migration

μεταναστεύω [metanastevo] *ρ.* emigrate, migrate

μετανάστης [metanastis] *ουσ. α.* emigrant

μετάνοια [metania] *ουσ. θ.* receptance

μετανοώ [metano-o] *ρ.* repent, regret

μεταξένιος [metaxenios] *επ.* silken

μετάξι [metaxi] *ουσ. ο.* silk

μεταξοβιομηχανία [metaxoviomihania] *ουσ. θ.* silk industry

μεταξοπαραγωγή [metaxoparayoyi] *ουσ. θ.* silk production

μεταξοσκώληκας [metaxoskolikas] *ουσ. α.* (ζωολ.) silkworm

μεταξοσκωληκοτροφία [metaxoskolikotrofia] *ουσ. θ.* sericulture

μεταξουργείο [metaxooryio] *ουσ. ο.* silkmill

μεταξουργία [metaxooryia] *ουσ. θ.* silk industry

μεταξουργός [metaxooryos] *ουσ. α.* silk worker

μεταξοΰφαντος [metaxoifandos] *επ.* silk-woven

μεταξύ [metaxi] *επίρ.* between, among

μεταξωτός [metaxotos] *επ.* silken

μεταπείθω [metapitho] *ρ.* dissuade

μεταπήδηση [metapidisi] *ουσ. θ.* jumping over

μεταπηδώ [metapido] *ρ.* jump from one place to another

μεταπλάθω [metaplatho] *ρ.* remodel, transform

μετάπλαση [metaplasi] *ουσ.*

θ. remodeling, transformation
μεταποίηση [metapiisi] *ουσ. θ.* transformation, alteration
μεταποιώ [metapio] *ρ.* transform, alter
μεταπολεμικός [metapolemikos] *επ.* postwar
μεταπολίτευση [metapolitefsi] *ουσ. θ.* political change
μεταπράτης [metapratis] *ουσ. α.* retailer
μετάπτωση [metaptosi] *ουσ. θ.* change
μεταπώληση [metapolisi] *ουσ. θ.* resale
μεταπωλώ [metapolo] *ρ.* resell
μεταρρυθμίζω [metarithmizo] *ρ.* reform, rearrange
μεταρρύθμιση [metarithmisi] *ουσ. θ.* reformation, rearrangement
μεταρρυθμιστής [metarithmistis] *ουσ. α.* reformer
μεταρρυθμιστικός [metarithmistikos] *επ.* reformative
μεταρσίωση [metarsiosi] *ουσ. θ.* elevation, exaltation
μεταστρέφω [metastrefo] *ρ.* turn, overturn
μεταστροφή [metastrofi] *ουσ. θ.* turning
μετασχηματίζω [metashimatizo] *ρ.* reshape, transform
μετασχηματισμός [metashimatismos] *ουσ. α.* transformation
μετασχηματιστής [metashimatistis] *ουσ. α.* transformer
μετατάρσιο [metatarsio] *ουσ. ο.* (ανατ.) metatarsus
μετατοπίζω [metatopizo] *ρ.* displace, remove
μετατόπιση [metatopisi] *ουσ. θ.* transpositon, removal
μετατρέπω [metatrepo] *ρ.* revert, convert
μετατροπή [metatropi] *ουσ. θ.* reversion, conversion
μεταφέρω [metafero] *ρ.* transfer, transport
μεταφορά [metafora] *ουσ. θ.* transportation, conveyance
μεταφορικά [metaforika] *επίρ.* metaphorically
μεταφορικός [metaforikos]

επ. transporting
μεταφράζω [metafrazo] *ρ.* translate
μετάφραση [metafrasi] *ουσ. θ.* translation
μεταφραστής [metafrastis] *ουσ. α.* translator
μεταφυσική [metafisiki] *ουσ. θ.* metaphysics
μεταφυσικός [metafisikos] *επ.* metaphysical
μεταφύτευση [metafitefsi] *ουσ. θ.* transplantation
μεταφυτεύω [metafitevo] *ρ.* transplant
μεταχειρίζομαι [metahirizome] *ρ.* use, employ
μεταχειρισμένος [metahirismenos] *επ.* used, second hand
μετεμψυχώνομαι [metempsihonome] *ρ.* transmigrate
μετεμψύχωση [metempsihosi] *ουσ. θ.* transmigration of souls
μετενσάρκωση [metensarkosi] *ουσ. θ.* reincarnation
μετέπειτα [metepita] *επίρ.* afterwards, then
μετερίζι [meterizi] *ουσ. ο.* fortification, bulwark
μετέχω [meteho] *ρ.* participate in
μετεωρίτης [meteoritis] *ουσ. α.* meteorite
μετεωρολογία [meteoroloyia] *ουσ. θ.* meteorology
μετεωρολογικός [meteoroloyikos] *επ.* meteorological
μετεωρολόγος [meteoroloyos] *ουσ. α. /θ.* meteorologist
μετέωρος [meteoros] *επ.* suspended in the air
μετοικίζω [metikizo] *ρ.* colonize
μετοικισμός [metikismos] *ουσ. α.* colonization
μέτοικος [metikos] *ουσ. α. /θ.* immigrant
μετοικώ [metiko] *ρ.* change residence
μετονομάζω [metonomazo] *ρ.* change the name of
μετονομασία [metonomasia] *ουσ. θ.* change of name
μετόπη [metopi] *ουσ. θ.* metope
μετοχή [metohi] *ουσ. θ.* participation. participle.

share, action

μέτοχος [metohos] *ουσ. α. /θ.* participant

μέτρημα [metrima] *ουσ. ο.* measuring, counting

μέτρια [metria] *επίρ.* moderately

μετριοπάθεια [metriopathia] *ουσ. θ.* moderation, temperance

μετριοπαθής [metriopathis] *επ.* moderate, temperance

μέτριος [metrios] *επ.* moderate

μετριότητα [metriotita] *ουσ. θ.* mediocrity, poorness

μετριόφρονας [metriofronas] *επ.* modest

μετριοφροσύνη [metriofrosini] *ουσ. θ.* modesty

μέτρο [metro] *ουσ. ο.* measure, meter

μετρονόμος [metronomos] *ουσ. α.* metronome

μετροταινία [metrotenia] *ουσ. θ.* measuring tape

μετρώ [metro] *ρ.* measure, count

μετωνυμία [metonimia] *ουσ. θ.* metonymy

μετωπικός [metopikos] *επ.* frontal, of the forehead

μέτωπο [metopo] *ουσ. ο.* front, forehead

μέχρι [mehri] *επίρ.* till, until

μη [mi] *μόρ.* don't, not, no

μηδαμινός [midaminos] *επ.* worthless, trivial

μηδαμινότητα [midaminotita] *ουσ. θ.* worthless

μηδέ [mide] *σύνδ.* not even, neither, nor

Μήδεια [midia] *κύρ. όν. θ.* Medea

μηδέν [miden] *ουσ. ο.* zero

μηδενίζω [midenizo] *ρ.* annihiliate

μηδενικό [mideniko] *ουσ. ο.* zero

μηδενισμός [midenismos] *ουσ. α.* nihilism

μηδενιστής [midenistis] *ουσ. α.* nihilist

μηδέποτε [midepote] *επίρ.* never

μήκος [mikos] *ουσ. ο.* length

μηλίγγι [miligi] *ουσ. ο.* temple

μήλο [milo] *ουσ. ο.* (βοτ.) apple

μηλόπιτα [milopita] *ουσ. θ.* (μαγ.) apple pie

μήνας [minas] *ουσ. α.* month

μηνιαίος [minieos] *επ.* monthly

μηνιάτικο [miniatiko] *ουσ. ο.* monthly salary

μηνιγγίτιδα [minigitida] *ουσ. θ.* (ιατρ.) meningitis

μηνίσκος [miniskos] *ουσ. α.* (ιατρ.) meniscus. crescent

μηνολόγιο [minoloyio] *ουσ. ο.* calendar

μήνυμα [minima] *ουσ. ο.* message, mandate

μήνυση [minisi] *ουσ. θ.* complaint, law-suit

μηνυτής [minitis] *ουσ. α.* complainant, plaintiff

μηνύω [minio] *ρ.* denounce, bring a charge against

μηνώ [mino] *ρ.* send a message

μήπως [mipos] *επίρ.* perhaps

μηριαίος [mirieos] *επ.* (ανατ.) thigh

μηρός [miros] *ουσ. α.* (ανατ.) thigh, leg

μηρυκάζω [mirikazo] *ρ.* ruminate

μηρυκαστικός [mirikastikos] *επ.* ruminating

μήτε [mite] *σύνδ.* not even, neither, nor

μητέρα [mitera] *ουσ. θ.* mother

μητράδελφος [mitradelfos] *ουσ. α.* mother's brother

μητριαρχία [mitriarhia] *ουσ. θ.* matriarchy

μητρικός [mitrikos] *επ.* maternal

μητροκτονία [mitroktonia] *ουσ. θ.* matricide

μητροκτόνος [mitroktonos] *επ.* matricidal

μητρόπολη [mitropoli] *ουσ. θ.* mother country

μητροπολίτης [mitropolitis] *ουσ. α.* archbishop

μητροπολιτικός [mitripolitikos] *επ.* metropolitan

μητρότητα [mitrotita] *ουσ. θ.* maternity, motherhood

μητρυιά [mitriia] *ουσ. θ.* stepmother

μητρώο [mitroo] *ουσ. ο.* register

μηχανεύομαι [mihanevome] *ρ.* machinate, intrigue

μηχανή [mihani] *ουσ. θ.* machine, engine

μηχάνημα [mihanima] *ουσ. ο.*

machinery, apparatus
μηχανική [mihaniki] *ουσ. θ.* mechanics, engineering
μηχανικός [mihanikos] *ουσ. α.* mechanic. *επ.* mechanical
μηχανισμός [mihanismos] *ουσ. α.* mechanism
μηχανοδηγός [mihanodiyos] *ουσ. α.* engine driver
μηχανοκίνητος [mihanokinitos] *επ.* mechanized
μηχανολογία [mihanoloyia] *ουσ. θ.* mechanics
μηχανολόγος [mihanoloyos] *ουσ. α. /θ.* mechanical engineer
μηχανοποίηση [mihanopiisi] *ουσ. θ.* mechanization
μηχανορραφία [mihanorafia] *ουσ. θ.* machination, intrigue
μηχανορραφώ [mihanorafo] *ρ.* machinate, intrigue
μηχανοστάσιο [mihanostasio] *ουσ. ο.* engine-room
μηχανουργείο [mihanooryio] *ουσ. ο.* machine factory
μηχανουργός [mihanooryos] *ουσ. α.* machinist
μιαίνω [mieno] *ρ.* pollute, infect
μίανση [miansi] *ουσ. θ.* pollution, contamination
μιασματικός [miasmatikos] *επ.* mismatic, infectious
μιγάδας [miyadas] *ουσ. α.* half-breed, mulatto
μίγμα [miyma] *ουσ. ο.* mixture, blend
μιζέρια [mizeria] *ουσ. θ.* misery
μίζερος [mizeros] *επ.* poor, miserable
μικραίνω [mikreno] *ρ.* lessen, shorten
μικροανάλυση [mikroanalisi] *ουσ. θ.* microanalysis
μικροαστός [mikroastos] *ουσ. α.* petit bourgeois
μικρόβιο [mikrovio] *ουσ. ο.* microbe
μικροβιοκτόνος [mikrovioktonos] *επ.* germicidal
μικροβιολογία [mikrovioloyia] *ουσ. θ.* microbiology
μικροβιολόγος [mikrovioloyos] *ουσ. α. /θ.* microbiologist
μικρογραφία [mikroyrafia] *ουσ. θ.* miniature writing

μικροέξοδα [mikroexoda] *ουσ. ο. πληθ.* pitty expenses
μικροκαμωμένος [mikrokamomenos] *επ.* small, short of stature
μικροκλοπή [mikroklopi] *ουσ. θ.* pitty theft, pilfering
μικρόκοσμος [mikrokosmos] *ουσ. α.* microcosm
μικρόνους [mikronoos] *επ.* narrow-minded
μικροοργανισμός [mikro-oryanismos] *ουσ. α.* microorganism
μικροπράγμα [mikroprayma] *ουσ. ο.* trifle
μικροπρέπεια [mikroprepia] *ουσ. θ.* meanness, pettiness
μικροπρεπής [mikroprepis] *επ.* mean, petty
μικρός [mikros] *επ.* small, little. short
μικροσκοπικός [mikroskopikos] *επ.* microscopic. too small
μικροσκόπιο [mikroskopio] *ουσ. ο.* microscope
μικρόσωμος [mikrosomos] *επ.* small- sized, little
μικροτέχνημα [mikrotehnima] *ουσ. ο.* knick-knack
μικρότητα [mikrotita] *ουσ. θ.* smallness, littleness
μικρούλης [mikroolis] *επ.* rather small, tiny
μικρούτσικος [mikrootsikos] *επ.* small, tiny
μικροψυχία [mikropsihia] *ουσ. θ.* pusillanimity
μικρόψυχος [mikropsihos] *επ.* pusillanimous
μικρύνω [mikrino] *ρ.* make smaller
μικτός [miktos] *επ.* mixed, composite
μίλημα [milima] *ουσ. ο.* speaking, speech
μίλι [mili] *ουσ. ο.* mile
μιλιά [milia] *ουσ. θ.* voice, speech
μιλιούνι [milioni] *ουσ. ο.* a milllion
μιλιταρισμός [militarismos] ουσ. *α.* militarism
μιλιταριστής [militaristis] *ουσ. α.* militarist
μιλώ [milo] *ρ.* speak
μίμηση [mimisi] *ουσ. θ.* imitation
μιμητής [mimitis] *ουσ. α.* imitator

μιμητικός [mimitikos] *επ.* imitative
μιμική [mimiki] *ουσ. θ.* mimicry
μιμικός [mimikos] *επ.* mimic
μίμος [mimos] *ουσ. α. /θ.* mimic, mime
μιμούμαι [mimoome] *ρ.* imitate
μιναρές [minares] *ουσ. α.* minaret
μινιατούρα [miniatoora] *ουσ. θ.* miniature
μινόρε [minore] *ουσ. ο. άκλ.* minor
μίξη [mixi] *ουσ. θ.* mixture, blending
μισαλλοδοξία [misalodoksia] *ουσ. θ.* intolerance
μισαλλόδοξος [misalodoxos] *επ.* intolerant
μισανθρωπία [misanthropia] *ουσ. θ.* misanthropy
μισάνθρωπος [misanthropos] *ουσ. α. /θ.* misanthropic
μισανοίγω [misaniyo] *ρ.* half-open
μισάνοιχτος [misanihtos] *επ.* half-open
μισέλληνας [miselinas] *ουσ. α.* hater of the Greeks
μισεμός [misemos] *ουσ. α.* departure
μισεύω [misevo] *ρ.* depart, leave
μισητός [misitos] *επ.* hated, hateful
μισθοδοσία [misthodosia] *ουσ. θ.* payment of wages
μισθοδοτικός [misthodotikos] *επ.* paying wages
μισθοδοτώ [misthodoto] *ρ.* pay wages
μισθολόγιο [mistholoyio] *ουσ. ο.* payroll, paylist
μισθός [misthos] *ουσ. α.* salary, wages
μισθοφόρος [misthoforos] *ουσ. α.* mercenary
μίσθωμα [misthoma] *ουσ. ο.* wages, hire
μισθώνω [misthono] *ρ.* hire, let
μίσθωση [misthosi] *ουσ. θ.* hiring, hire, renting
μισογεμάτος [misoyematos] *επ.* half-full
μισόγυμνος [misoyimnos] *επ.* half-naked
μισογύνης [misoyinis] *ουσ. α.* woman-hater, misogynist
μισοδρομίς [misodromis]

επίρ. half way

μισοκαμωμένος [misokamomenos] *επ.* half-done

μίσος [misos] *ουσ. ο.* hate

μισοτιμής [misotimis] *επίρ.* at half price

μισοφέγγαρο [misofegaro] *ουσ. ο.* half-moon

μισοφόρι [misofori] *ουσ. ο.* petticoat

μίσχος [mishos] *ουσ. α.* (βοτ.) leaf-stalk

μισώ [miso] *ρ.* hate, detest

μίτος [mitos] *ουσ. α.* thread, yarn

μίτρα [mitra] *ουσ. θ.* miter, mitre

μιτροειδής [mitroidis] *επ.* mitral

μνήμα [mnima] *ουσ. ο.* tomb, grave

μνημείο [mnimio] *ουσ. ο.* monument

μνήμη [mnimi] *ουσ. θ.* memory

μνημονεύω [mnimonevo] *ρ.* mention, commemorate

μνημόσυνο [mnimosino] *ουσ. ο.* requiem

μνησικακία [mnisikakia] *ουσ. θ.* resentment

μνησίκακος [mnisikakos] *επ.* resentful

μνησικακώ [mnisikako] *ρ.* resent

μνηστεύω [mnistevo] *ρ.* betroth, engage

μνηστή [mnisti] *ουσ. θ.* fiancée

μνηστήρας [mnistiras] *ουσ. α.* fiancé

μόδα [moda] *ουσ. θ.* fashion

μοδίστρα [modistra] *ουσ. θ.* dressmaker

μοιάζω [miazo] *ρ.* be alike, resemble

μοίρα [mira] *ουσ. θ.* fate, destiny. piece bit

μοιράζω [mirazo] *ρ.* divide, distribute

μοιραίος [mireos] *επ.* fatal, inevitable

μοιραρχία [mirarhia] *ουσ. θ.* division of gendarmery

μοίρασμα [mirasma] *ουσ. ο.* division, distribution

μοιρογνωμόνιο [miroynomonio] *ουσ. ο.* protractor

μοιρολάτρης [mirolatris] *ουσ. α.* fatalist

μοιρολατρία [mirolatria] *ουσ. θ.* fatalism
μοιρολατρικός [mirolatrikos] *επ.* fatalistic
μοιρολόγι [miroloyi] *ουσ. ο.* dirge, funeral song
μοιρολογώ [miroloyo] *ρ.* sing dirges
μοιχεία [mihia] *ουσ. θ.* adultery
μοιχεύω [mihevo] *ρ.* commit adultery
μοιχός [mihos] *ουσ. α. /θ.* adulterer
μόλις [molis] *επίρ.* scarsely, just
μολονότι [molonoti] *σύνδ.* though, although
μόλος [molos] *ουσ. α.* mole, jetty
μολύβδινος [molivdinos] *επ.* leaden
μολύβι [molivi] *ουσ. ο.* lead, pencil
μόλυνση [molinsi] *ουσ. θ.* infection, pollution. contamination
μολύνω [molino] *ρ.* contaminate. infect, pollute
μολυσματικός [molismatikos] *επ.* contageous, infectious
μομφή [momfi] *ουσ. θ.* reproach, blame
μονάδα [manada] *ουσ. θ.* unit
μοναδικός [monadikos] *επ.* singular, unique
μοναδικότητα [monadikotita] *ουσ. θ.* singularity
μονάζω [monazo] *ρ.* live in solitude
μοναξιά [monaxia] *ουσ. θ.* solitude, loneliness
μονάρχης [monarhis] *ουσ. α.* monarch, sovereign
μοναρχία [monarhia] *ουσ. θ.* monarchy
μοναρχικός [monarhikos] *επ.* monarchic
μοναστήρι [monastiri] *ουσ. ο.* convent, monastery
μοναστηριακός [monastiriakos] *επ.* monastic
μοναστικός [monastikos] *επ.* monastic
μονάχα [monaha] *επίρ.* only
μοναχή [monahi] *ουσ. θ.* nun
μοναχικός [monahikos] *επ.* alone, lonely
Μόναχο [monaho] *κύρ. όν. ο.* Munich
μοναχογιός [monahoyios] *ουσ. α.* the only son

M

μοναχοκόρη [monahokori] *ουσ. θ.* the only daughter
μοναχοπαίδι [monahopedi] *ουσ. ο.* the only child
μοναχός [monahos] *επ.* alone. *ουσ. α.* monk
μονήρης [moniris] *επ.* solitary
μονιάζω [moniazo] *ρ.* hide, settle down
μονιμοποίηση [monimopiisi] *ουσ. θ.* stabilization, consolidation
μονιμοποιώ [monimopio] *ρ.* make permanent
μόνιμος [monimos] *επ.* permanent, stable
μονιμότητα [monimotita] *ουσ. θ.* permanence, stability
μονογαμία [monoyamia] *ουσ. θ.* monogamy
μονόγαμος [monoyamos] *επ.* monogamous
μονογενής [monoyenis] *επ.* only-begotten
μονόγραμμα [monoyrama] *ουσ. ο.* monogram, initials
μονογραφία [monoyrafia] *ουσ. θ.* monography
μονογράφω [monoyrafo] *ρ.* sign with the initials
μονόζυγο [monoziyo] *ουσ. ο.* horizontal bar
μονοθεϊσμός [monotheismos] *ουσ. α.* monotheism
μονοθεϊστής [monotheistis] *ουσ. α.* monotheist
μονοθεϊστικός [monotheistikos] *επ.* monotheistic
μονοθέσιος [monothesios] *επ.* one-seater
μονοιάζω [moniazo] *ρ.* reconcile
μόνοιασμα [moniasma] *ουσ. ο.* reconcoliation
μονοκατοικία [monokatikia] *ουσ. θ.* one family house
μονοκόμματος [monokomatos] *επ.* of one piece
μονοκοπανιά [monokopania] *ουσ. θ.* all at once
μονοκοτυλήδονος [monokotilidonos] *επ.* monocotyledonous
μονοκύτταρος [monokitaros] *επ.* one-celled
μονολεκτικός [monolektikos] *επ.* of one word
μονόλογος [monoloyos] *ουσ. α.* monologue

μονολογώ [monoloyo] *ρ.* say to oneself
μονομανής [monomanis] *επ.* monomaniac
μονομανία [monomania] *ουσ. θ.* monomania
μονομαχία [monomahia] *ουσ. θ.* duel
μονομαχώ [monomaho] *ρ.* fight a duel
μονομέρεια [monomeria] *ουσ. θ.* one-sidedness, partiality
μονομερής [monomeris] *επ.* one-sided, partial
μονομιάς [monomias] *επίρ.* all at once
μονοξείδιο [monoxidio] *ουσ. ο.* (χημ.) monoxide
μονόξυλο [monoxilo] *ουσ. ο.* canoe
μονοπάτι [monopati] *ουσ. ο.* path
μονοπλάνο [monoplano] *ουσ. ο.* monoplane
μονόπλευρος [onoplevros] *επ.* one-sided, unilateral
μονόπρακτος [monopraktos] *επ.* of one act
μονοπώλιο [monopolio] *ουσ. ο.* monopoly
μονορούφι [monoroofi] *ουσ. ο.* in one draught
μόνος [monos] *επ.* alone, single
μονός [monos] *επ.* single. odd
μονοσύλλαβος [monosilavos] *επ.* monosyllabic
μονοτάξιος [monotaxios] *επ.* having one class
μονοτονία [monotonia] *ουσ. θ.* monotony, dullness
μονότονος [monotonos] *επ.* monotonous, dull
μονόφθαλμος [monofthalmos] *επ.* one-eyed
μονοφωνία [monofonia] *ουσ. θ.* solo
μονόχρωμος [monohromos] *επ.* of one colour, one-coloured
μονοψήφιος [monopsifios] *επ.* of one figure
μοντέλο [mondelo] *ουσ. ο.* model. pattern
μοντερνισμός [mondernismos] *ουσ. α.* modernism
μοντέρνος [mondernos] *επ.* modern, up-to-date
μονωδία [monodia] *ουσ. θ.* (μουσ.) solo, monody
μονώνω [monono] *ρ.* isolate,

insulate
μόνωση [monosi] *ουσ. θ.* isolation, insulation. solitude
μονωτικός [monotikos] *επ.* insulating
μοριακός [moriakos] *επ.* molecular
μόριο [morio] *ουσ. ο.* (χημ.) particle, molecule
μορμονισμός [mormonismos] *ουσ. α.* Mormonism
Μορμόνος [mormonos] *ουσ. α.* Mormon
μορφάζω [morfazo] *ρ.* pull faces, grimace
μορφασμός [morfasmos] *ουσ. α.* grimace
μορφή [morfi] *ουσ. θ.* form, shape
μορφίνη [morfini] *ουσ. θ.* morphine
μορφολογία [morfoloyia] *ουσ. θ.* morphology
μορφολογικός [morfoloyikos] *επ.* morphological
μορφώνω [morfono] *ρ.* form, shape. educate
μόρφωση [morfosi] *ουσ. θ.* formation, education
μορφωτικός [morfotikos] *επ.* formative, educative, instructive
μοσχάρι [moshari] *ουσ. ο.* (ζωολ.) calf
μόσχευμα [moshevma] *ουσ. ο.* graft, scion
μοσχοβολιά [moshovolia] *ουσ. θ.* fragrance, perfume
μοσχοβολώ [moshovolo] *ρ.* be fragrant
μοσχοκάρυδο [moshokarido] *ουσ. ο.* (βοτ.) nutmeg
μοσχολίβανο [mosholivano] *ουσ. ο.* (βοτ.) frankincense
μοτέρ [moter] *ουσ. ο. άκλ.* motor
μοτίβο [motivo] *ουσ. ο.* motive
μοτοσακό [motosako] *ουσ. ο. άκλ.* motorbicycle
μοτοσικλέτα [motosikleta] *ουσ. θ.* motor-cycle
μου [moo] *αντ.* my, mine
μουγκαμάρα [moogamara] *ουσ. θ.* dumbness, mutism
μουγκός [moogos] *επ.* dumb, mute
μουγκρίζω [moogrizo] *ρ.* roar, groan
μούγκρισμα [moogrisma] *ουσ. ο.* roaring
μουδιάζω [moodiazo] *ρ.*

numb
μούδιασμα [moodiasma] *ουσ. ο.* numbness
μουζίκος [moozikos] *ουσ. α.* mouzik
μουλαράς [moolaras] *ουσ. α.* muledriver
μουλάρι [moolari] *ουσ. ο.* (ζωολ.) mule
μούμια [moomia] *ουσ. θ.* mummy
μουνουχίζω [moonoohizo] *ρ.* castrate
μουντζούρα [moontzoora] *ουσ. θ.* stain
μουντζουρώνω [moontzoorono] *ρ.* stain
μουντός [moondos] *επ.* darkish, dark
μουριά [mooria] *ουσ. θ.* (βοτ.) mulberry-tree
μουρλαίνω [moorleno] *ρ.* drive mad
μουρλός [moorlos] *επ.* crazy, mad
μουρμούρα [moormoora] *ουσ. θ.* murmur
μουρμούρης [moormooris] *ουσ. α.* murmurer
μουρμουρίζω [moormooorizo] *ρ.* murmur, mutter
μουρμούρισμα [moormoorisma] *ουσ. ο.* murmuring, murmur
μούρο [mooro] *ουσ. ο.* (βοτ.) berry
μουρουνόλαδο [mooroonolado] *ουσ. ο.* codliver-oil
μούσα [moosa] *ουσ. θ.* muse
μουσακάς [moosakas] *ουσ. α.* musakas
μουσαμάς [moosamas] *ουσ. α.* waxcloth
μουσαφίρης [moosafiris] *ουσ. α.* guest, visitor
μουσείο [moosio] *ουσ. ο.* museum
μουσελίνα [mooselina] *ουσ. θ.* muslin
μουσική [moosiki] *ουσ. θ.* music
μουσικοδιδάσκαλος [moosikodidaskalos] *ουσ. α.* music-teacher
μουσικός [moosikos] *επ.* musical. *ουσ. α. /θ.* musician
μουσικοσυνθέτης [moosikosinthetis] *ουσ. α.* composer
μουσκεύω [mooskevo] *ρ.*

M

soak, wet through
μουσμουλιά [moosmoolia] *ουσ. θ.* (βοτ.) medlar-tree
μούσμουλο [moosmoolo] *ουσ. ο.* (βοτ.) medlar
μουσούδα [moosooda] *ουσ. θ.* muzzle, nozzle
Μουσουλμάνος [moosoolmanos] *ουσ. α.* Moslem
μουσουργός [moosooryos] *ουσ. α.* composer
μουσουργώ [moosooryo] *ρ.* compose
μουστάκι [moostaki] *ουσ. ο.* moustache
μουσταλευριά [moostalevria] *ουσ. θ.* (μαγ.) must-jelly
μουστάρδα [moostarda] *ουσ. θ.* mustard
μούστος [moostos] *ουσ. α.* must
μούτρο [mootro] *ουσ. ο.* face. rascal, rogue
μούτσος [mootsos] *ουσ. α.* ship-boy
μούχλα [moohla] *ουσ. θ.* mould, mouldiness
μουχλιάζω [moohliazo] *ρ.* become mouldy
μούχλιασμα [moohliasma] *ουσ. ο.* moldiness
μουχλιασμένος [moohliasmenos] *επ.* mouldy
μοχθηρία [mohthiria] *ουσ. θ.* malice, wickedness
μοχθηρός [mohthiros] *επ.* wicked, malicious
μόχθος [mohthos] *ουσ. α.* labour, fatigue
μοχθώ [mohtho] *ρ.* toil, labour
μόχλευση [mohlefsi] *ουσ. θ.* prying, lifting
μοχλεύω [mohlevo] *ρ.* move with a lever
μοχλοβραχίονας [mohlovrahionas] *ουσ. α.* lever-arm
μοχλός [mohlos] *ουσ. α.* lever, bar
μπαγιατεύω [bayiatevo] *ρ.* become stale
μπαγιάτικος [bayiatikos] *επ.* stale, rancid
μπαγκέτα [bageta] *ουσ. θ.* baton
μπάζα [baza] *ουσ. θ.* profit
μπάζω [bazo] *ρ.* introduce
μπάζωμα [bazoma] *ουσ. ο.* filling with rubble
μπαινοβγαίνω [benovyeno] *ρ.*

go in and out
μπαίνω [beno] *ρ.* get into, go into, come into
μπακάλης [bakalis] *ουσ. α.* grocer
μπακαλιάρος [bakaliaros] *ουσ. α.* (ιχθ.) stockfish
μπακάλικο [bakaliko] *ουσ. ο.* grocery
μπακίρι [bakiri] *ουσ. ο.* copper
μπάλα [bala] *ουσ. θ.* ball
μπαλάντα [balanda] *ουσ. θ.* ballade
μπαλαρίνα [balarina] *ουσ. θ.* ballet-dancer
μπαλάσκα [balaska] *ουσ. θ.* cartridge-pouch
μπαλέτο [baleto] *ουσ. ο.* ballet
μπαλιά [balia] *ουσ. θ.* balling
μπαλκόνι [balkoni] *ουσ. θ.* balcony
μπαλτάς [baltas] *ουσ. α.* hatchet, axe
μπάλωμα [baloma] *ουσ. ο.* patch
μπαλωματής [balomatis] *ουσ. α.* cobbler
μπαλώνω [balono] *ρ.* repair, mend
μπάμια [bamia] *ουσ. θ.* gumbo
μπαμπάκι [babaki] *ουσ. ο.* (βοτ.) cotton
μπαμπάς [babas] *ουσ. α.* daddy, father
μπανάνα [banana] *ουσ. θ.* (βοτ.) banana
μπανανιά [banania] *ουσ. θ.* (βοτ.) banana-tree
μπανιερό [baniero] *ουσ. ο.* bathing-suit
μπάνιο [banio] *ουσ. ο.* bathing, bath
μπάντα [banda] *ουσ. θ.* band
μπαξές [baxes] *ουσ. α.* garden
μπαούλο [baoolo] *ουσ. ο.* trunk, chest
μπάρα [bara] *ουσ. θ.* bar, bolt
μπαρκάρισμα [barkarisma] *ουσ. ο.* embarkation
μπαρκάρω [barkaro] *ρ.* embark
μπάρμπας [barbas] *ουσ. α.* uncle
μπαρμπέρης [barberis] *ουσ. α.* (λαϊκ.) barber
μπαρμπούνι [barbooni] *ουσ. ο.* (ιχθ.) red-mullet
μπαρούτι [barooti] *ουσ. ο.* gunpowder

μπάσιμο [basimo] *ουσ. ο.* entrance, introduction
μπάσταρδος [bastardos] *ουσ. α.* bastard
μπαστούνι [bastooni] *ουσ. ο.* cane, walking-stick
μπαταρία [bataria] *ουσ. θ.* battery
μπαταριά [bataria] *ουσ. θ.* volley, salvo
μπάτης [batis] *ουσ. α.* (ναυτ.) sea-breeze
μπατσίζω [batsizo] *ρ.* slap in the face
μπάτσος [batsos] *ουσ. α.* slap. (λαϊκ.) copper
μπαχαρικά [baharika] *ουσ. ο. πληθ.* spices
μπέης [beis] *ουσ. α.* bey
μπεκάτσα [bekatsa] *ουσ. θ.* (ζωολ.) woodcock
μπεκρής [bekris] *ουσ. α.* drunkard
μπελάς [belas] *ουσ. α.* trouble, nuisance
μπελτές [beltes] *ουσ. α.* marmalade, jelly
μπέμπης [bebis] *ουσ. α.* baby
μπέρδεμα [berdema] *ουσ. ο.* complication, confusion
μπερδεύω [berdevo] *ρ.* confuse, tangle
μπέρτα [berta] *ουσ. θ.* cloak, wrap
μπετόν [beton] *ουσ. ο. άκλ.* concrete
μπήγω [biyo] *ρ.* thrust
μπιζέλι [bizeli] *ουσ. ο.* (βοτ.) pea
μπίλια [bilia] *ουσ. θ.* marble, ball
μπιλιάρδο [biliardo] *ουσ. ο.* pool, biliards
μπιμπίκι [bibiki] *ουσ. ο.* little pustule, pimple
μπιμπίλα [bibila] *ουσ. θ.* scallop
μπίρα [bira] *ουσ. θ.* beer, ale
μπιραρία [biraria] *ουσ. θ.* beer-house
μπισκότο [biskoto] *ουσ. ο.* (μαγ.) biscuit
μπιφτέκι [bifteki] *ουσ. ο.* (μαγ.) beef-steak
μπλε [ble] *επ.* blue
μπλέκω [bleko] *ρ.* entangle, complicate
μπλέξιμο [bleximo] *ουσ. ο.* entanglement, complication
μπλιγούρι [bliyoori] *ουσ. ο.* (μαγ.) oat-meal
μπλοκ [blok] *ουσ. ο. άκλ.*

block
μπλοκάρω [blokaro] *ρ.* block
μπλούζα [blooza] *ουσ. θ.* blouse
μπλοφάρω [blofaro] *ρ.* bluff
μπογιά [boyia] *ουσ. θ.* paint, dye
μπόγιας [boyias] *ουσ. α.* executioner
μπογιατζής [boyiatzis] *ουσ. α.* painter, dyer
μπογιατίζω [boyiatizo] *ρ.* paint, dye
μπογιάτισμα [boyiatisma] *ουσ. ο.* painting
μπόγος [boyos] *ουσ. α.* bundle, package
μπόι [boi] *ουσ. ο.* stature, size
μπόλι [boli] *ουσ. ο.* vaccine
μπολιάζω [boliazo] *ρ.* vaccinate, ingraft
μπόλιασμα [boliasma] *ουσ. ο.* vaccination, graft
μπόλικος [bolikos] *επ.* plenty, abundant
μπολσεβικισμός [bolsevikismos] *ουσ. α.* bolshevism
μπολσεβίκος [bolsevikos] *ουσ. α.* bolshevist, communist
μπόμπα [boba] *ουσ. θ.* bomb
μπομπότα [bobota] *ουσ. θ.* (μαγ.) bread of Indian corn
μποξ [box] *ουσ. ο. άκλ.* (αθλ.) box, boxing
μπόρα [bora] *ουσ. θ.* heavy shower, storm
μπορώ [boro] *ρ.* can, be able to, may
μποστάνι [bostani] *ουσ. ο.* melon field. vegetable garden
μπότα [bota] *ουσ. θ.* boot
μποτίλια [botilia] *ουσ. θ.* bottle
μπουγάδα [booyada] *ουσ. θ.* wash
μπουγαδιάζω [booyadiazo] *ρ.* wash
μπουγάζι [booyazi] *ουσ. ο.* straits, channel
μπούζι [boozi] *ουσ. ο.* (λαϊκ.) ice, cold
μπουκάλα [bookala] *ουσ. θ.* large bottle
μπουκάλι [bookali] *ουσ. ο.* bottle
μπουκαπόρτα [bookaporta] *ουσ. θ.* hatch
μπουκάρω [bookaro] *ρ.* rush into
μπουκέτο [booketo] *ουσ. ο.* bouquet

μπουκιά [bookia] *ουσ. θ.* mouthful
μπούκλα [bookla] *ουσ. θ.* curl
μπούκοτάζ [boikotaz] *ουσ. ο. άκλ.* boycott
μπούκοτάρω [boikotaro] *ρ.* boycott
μπουκώνω [bookono] *ρ.* stuff
μπουλούκι [boolooki] *ουσ. ο.* crowd
μπουλούκος [boolookos] *επ.* fattish
μπουμπούκι [boobooki] *ουσ. ο.* (βοτ.) bud
μπουμπουκιάζω [boobookiazo] *ρ.* bud, sprout
μπουμπούκιασμα [boobookiasma] *ουσ. ο.* budding
μπουμπουνητό [booboonito] *ουσ. ο.* thunder
μπουμπουνίζω [booboonizo] *ρ.* thunder, rattle
μπουνάτσα [boonatsa] *ουσ. θ.* dead calm
μπουνιά [boonia] *ουσ. θ.* punch
μπουντρούμι [boondroomi] *ουσ. ο.* prison
μπουρέκι [booreki] *ουσ. ο.* (μαγ.) small-pie
μπουρζουάς [boorzooas] *ουσ. α.* middle-class man, bourgeois
μπουρί [boori] *ουσ. ο.* chimney-flue
μπουρίνι [boorini] *ουσ. ο.* gusty wind
μπουρλότο [boorloto] *ουσ. ο.* fire-ship
μπουρμπουλήθρα [boorboolithra] *ουσ. θ.* bubble
μπουρνούζι [boornoozi] *ουσ. ο.* bath-gown
μπουσουλίζω [boosoolizo] *ρ.* crawl
μπούστος [boostos] *ουσ. α.* bodice, bust
μπούτι [booti] *ουσ. ο.* thigh, leg
μπούφος [boofos] *ουσ. α.* (ζωολ.) horn-owl, eagleowl
μπουχτίζω [boohtizo] *ρ.* be satiated
μπούχτισμα [boohtisma] *ουσ. ο.* satiety
μπράβο [bravo] *επιφ.* bravo
μπράβος [bravos] *ουσ. α.* body-guard
μπράτσο [bratso] *ουσ. ο.* (ανατ.) arm
μπριγιαντίνη [briyiandini]

ουσ. θ. brilliantine
μπριζόλα [brizola] *ουσ. θ.* steak, cutlet
μπρίκι [briki] *ουσ. ο.* small coffe-pot
μπρος, μπροστά [bros, brosta] *επίρ.* in front of, before
μπροστινός [brostinos] *επ.* front, former
μπρούμυτα [broomita] *επίρ.* with face down
μπρούντζινος [broontzinos] *επ.* of bronze, of brass
μπρούντζος [broontzos] *ουσ. α.* bronze, brass
μυαλό [mialo] *ουσ. ο.* brain, brains
μυαλωμένος [mialomenos] *επ.* prudent, wise
μύγα [miya] *ουσ. θ.* (ζωολ.) fly
μυγδαλιά [miydalia] *ουσ. θ.* (βοτ.) almond-tree
μύγδαλο [miydalo] *ουσ. ο.* (βοτ.) almond
μυγιάγγιχτος [miyiagihtos] *επ.* touchy, pettish
μυγιάζομαι [miyiazome] *ρ.* be offended
μύδι [midi] *ουσ. ο.* (ιχθ.) mussel
μυδράλιο [midralio] *ουσ. ο.* (στρατ.) small bullet
μυελίτιδα [mielitida] *ουσ. θ.* (ιατρ.) myelitis
μυελός [mielos] *ουσ. α.* (ανατ.) marrow, medulla
μυελώδης [mielodis] *επ.* marrowlike, medullary
μύζηση [mizisi] *ουσ. θ.* sucking
μυζητικός [mizitikos] *επ.* sucking
μυζώ [mizo] *ρ.* suck
μύηση [miisi] *ουσ. θ.* initiation
μυητικός [miitikos] *επ.* initiating, initiatory
μυθικός [mithikos] *επ.* fabulous, legendary
μυθιστόρημα [mithistorima] *ουσ. ο.* novel, fiction, romance
μυθιστορηματικός [mithistorimatikos] *επ.* fictional
μυθιστοριογραφία [mithistorioyrafia] *ουσ. θ.* novel-writing
μυθιστοριογράφος [mithistorioyrafos] *ουσ. α. /θ.* novelist
μυθολογία [mitholoyia] *ουσ.*

M

θ. mythology
μυθολογικός [mitholoyikos] *επ.* mythological
μυθοπλάστης [mithoplastis] *ουσ. α.* fabulist
μυθοποιώ [mithopio] *ρ.* mythicise
μύθος [mithos] *ουσ. α.* tale, legend, myth
μυθώδης [mithodis] *επ.* fictitious, legendary
μυϊκός [miikos] *επ.* muscular
μυκηθμός [mikithmos] *ουσ. α.* bellowing, mooing
μυκηναϊκός [mikinaikos] *επ.* mycenaic
Μυκήνες [mikines] *κύρ. όν. θ. πληθ.* Mycenae
μύκητας [mikitas] *ουσ. α.* mushroom, fungus
μυκητοειδής [mikitoidis] *επ.* fungous
μυλόπετρα [milopetra] *ουσ. θ.* millstone
μύλος [milos] *ουσ. α.* mill
μυλωνάς [milonas] *ουσ. α.* miller
μύξα [mixa] *ουσ. θ.* snot
μυξομάντιλο [mixomandilo] *ουσ. ο.* handkerchief
μυξοπαρθένα [mixoparthena] *ουσ. θ.* half-virgin, fast girl
μυοκάρδιο [miokardio] *ουσ. ο.* (ανατ.) myocardium
μυολογία [mioloyia] *ουσ. θ.* myology
μυριάδα [miriada] *ουσ. θ.* ten thousand, a myriad
μυριάκις [miriakis] *επίρ.* ten thousand times
μυρίζω [mirizo] *ρ.* smell, scent
μύριοι [mirii] *επ.* ten thousand
μυριοστός [miriostos] *επ.* innumerable
μυρμήγκι [mirmigi] *ουσ. ο.* (ζωολ.) ant
μυρμηγκίαση [mirmigiasi] *ουσ. θ.* formication, itching
μυρμηγκοφάγος [mirmigofayos] *ουσ. α.* (ζωολ.) ant-eater
μύρο [miro] *ουσ. ο.* aromatic oil
μυροβόλος [mirovolos] *επ.* fragrant
μυροδοχείο [mirodohio] *ουσ. ο.* perfume-pot
μυροπωλείο [miropolio] *ουσ. ο.* perfumer's shop
μυροπώλης [miropolis] *ουσ.*

α. perfumer
μυρτιά [mirtia] *ουσ. θ.* (βοτ.) myrtle
μυρωδάτος [mirodatos] *επ.* fragrant, aromatic
μυρωδιά [mirodia] *ουσ. θ.* odour, smell
μύρωμα [miroma] *ουσ. ο.* annointing with the chrism
μυρώνω [mirono] *ρ.* annoint with the chrism
μυς [mis] *ουσ. α.* (ζωολ.) (καθ.) mouse, rat. (ανατ.) muscle
μυσταγωγία [mistayoyia] *ουσ. θ.* initiation
μυσταγωγικός [mistayoyikos] *επ.* initiating
μυσταγωγός [mistayoyos] *ουσ. α. /θ.* initiator
μυσταγωγώ [mistayoyo] *ρ.* initiate
μυστήριο [mistirio] *ουσ. ο.* mystery
μυστηριώδης [mistiriodis] *επ.* mysterious
μύστης [mistis] *ουσ. α.* adept, initiator
μυστικισμός [mistikismos] *ουσ. α.* mysticism
μυστικιστής [mistikistis] *ουσ. α.* mystic
μυστικό [mistiko] *ουσ. ο.* secret
μυστικοποιώ [mistikopio] *ρ.* mystify
μυστικός [mistikos] *επ.* secret, private
μυστικοσύμβουλος [mistikosimvoolos] *ουσ. α.* private counsellor
μυστικότητα [mistikotita] *ουσ. θ.* secrecy, secretness
μυστρί [mistri] *ουσ. ο.* trowel
μυτερός [miteros] *επ.* sharp, pointed
μύτη [miti] *ουσ. θ.* (ανατ.) nose. point
μύχιος [mihios] *επ.* inward, inmost
μυώ [mio] *ρ.* initiate
μυώδης [miodis] *επ.* muscular
μύωπας [miopas] *ουσ. α. /θ.* shortsighted, myope
μυωπικός [miopikos] *επ.* nearsightedness, myopia
μωαμεθανισμός [moamethanismos] *ουσ. α.* Mohammedanism
Μωαμεθανός [moamethanos] *ουσ. α.* Mohammedan
μώλωπας [molopas] *ουσ. α.*

(ιατρ.) bruise, contusion
μωλωπίζω [molopizo] *ρ.* bruise, contusion
μωραίνω [moreno] *ρ.* make stupid
μωρία [moria] *ουσ. θ.* stupefaction
μωρό [moro] *ουσ. ο.* baby, infant
μωρολογία [moroloyia] *ουσ. θ.* nonsense, idle talk
μωρολογώ [moroloyo] *ρ.* talk foolishly
μωροπιστία [moropistia] *ουσ. θ.* credulity
μωρόπιστος [moropistos] *επ.* credulous
μωρός [moros] *επ.* foolish, stupid
μωσαϊκό [mosaiko] *ουσ. ο.* mosaic
μωσαϊκός [mosaikos] *επ.* Mosaic
Μωυσής [moisis] *κύρ. όν. α.* Moses

N

N, ν [ni] *ουσ. ο.* the thirteenth letter of the Greek alphabet
να [na] *σύνδ.* in order to, that, so as to
ναδίρ [nadir] *ουσ. ο. άκλ.* nadir
νάζι [nazi] *ουσ. ο.* affectation, mincing
ναζιάρης [naziaris] *ουσ. α.* mincing
ναι [ne] *επίρ.* yes, yea
νανισμός [nanismos] *ουσ. α.* dwarfishness
νάνος [nanos] *ουσ. α.* dwarf, shrimp
νανουρίζω [nanoorizo] *ρ.* lull
νανούρισμα [nanoorisma] *ουσ. ο.* lullaby
ναός [naos] *ουσ. α.* church, temple
ναπολιτάνος [napolitanos] *ουσ. α.* Napolitan
ναργιλές [naryiles] *ουσ. α.* nargileh, hookah
νάρθηκας [narthikas] *ουσ. α.* narthex
νάρκη [narki] *ουσ. θ.* torpor, numbness
ναρκισσισμός [narkisismos] *ουσ. α.* narcissism, self-admiration
νάρκισσος [narkisos] *ουσ. α.* narcisus
ναρκώνω [narkono] *ρ.* benumb, numb, drug
νάρκωση [narkosi] *ουσ. θ.* numbness, narcosis, anaesthesia
ναρκωτικό [narkotiko] *ουσ. ο.* anaesthetic, drug, dope
ναρκωτικός [narkotikos] *επ.* narcotic

νάτριο [natrio] *ουσ. ο.* (χημ.) natrium
ναυάγιο [navayio] *ουσ. ο.* shipwreck
ναυαγός [navayos] *ουσ. α. /θ.* shipwrecked
ναυαγοσώστης [navayosostis] *ουσ. α.* salvager
ναυαγοσωστικός [navayosostikos] *επ.* salvaging, lifesaving
ναυαγώ [navayo] *ρ.* be shipwrecked
ναυαρχείο [navarhio] *ουσ. ο.* admirality
ναυαρχία [navarhia] *ουσ. θ.* admirality
ναυαρχίδα [navarhida] *ουσ. θ.* flagship
ναύαρχος [navarhos] *ουσ. α.* (στρατ.) admiral
ναύκληρος [nafkliros] *ουσ. α.* (ναυτ.) boatswain
ναύλος [navlos] *ουσ. α.* carriage, freight
ναύλωμα [navloma] *ουσ. ο.* chartering, freighting
ναυλώνω [navlono] *ρ.* freight, charter
ναύλωση [navlosi] *ουσ. θ.* chartering, freighting
ναυλωτής [navlotis] *ουσ. α.* freighter, charterer
ναυμαχία [navmahia] *ουσ. θ.* sea-fight
ναυμαχώ [navmaho] *ρ.* fight at sea
ναυπηγείο [nafpiyio] *ουσ. ο.* shipyard, dockyard
ναυπηγική [nafpiyiki] *ουσ. θ.* shipbuilding
ναυπηγός [nafpiyos] *ουσ. α. /θ.* shipbuilder
ναυπηγώ [nafpiyo] *ρ.* build ships
ναυσιπλοΐα [nafsiploia] *ουσ. θ.* navigation, shipping
ναύσταθμος [nafstathmos] *ουσ. α.* naval station
ναυτασφάλεια [naftasfalia] *ουσ. θ.* ship insurance
ναύτης [naftis] *ουσ. α.* sailor, seaman
ναυτία [naftia] *ουσ. θ.* seasickness, nausea
ναυτικό [naftiko] *ουσ. ο.* navy, marine
ναυτικός [naftikos] *επ.* naval, marine
ναυτιλία [naftilia] *ουσ. θ.* navigation, sailing
ναυτιλιακός [naftiliakos] *επ.*

of navigaton
ναυτίλος [naftilos] *ουσ. α.* (ναυτ.) navigator
ναυτοδικείο [naftodikio] *ουσ. ο.* admiralty court
ναυτοδίκης [naftodikis] *ουσ. α.* judge of an admiralty court
ναυτολογία [naftoloyia] *ουσ. θ.* establishment of sailors
ναυτολογώ [naftoloyo] *ρ.* enlist sailors
ναφθαλίνη [nafthalini] *ουσ. θ.* napthaline
νέα [nea] *ουσ. ο. πληθ.* news. *ουσ. θ.* young woman
Νέα Ζηλανδία [nea zilandia] *κύρ. όν. θ.* New Zealand
νεανίας [neanias] *ουσ. α.* youth, young man
νεανικός [neanikos] *επ.* youthful, juvenile
νεανικότητα [nenikotita] *ουσ. θ.* youthfulness
νεαρός [nearos] *επ.* young, youthful
νέγρος [neyros] *ουσ. α.* negro
νέκρα [nekra] *ουσ. θ.* deadness, dead silence
νεκρανάσταση [nekranastasi] *ουσ. θ.* resurrection, revival
νεκρικός [nekrikos] *επ.* funeral, of death
νεκροθάφτης [nekrothaftis] *ουσ. α.* grave-digger
νεκροκεφαλή [nekrokefali] *ουσ. θ.* skull
νεκροκρέβατο [nekrokr;ebato] *ουσ. ο.* coffin, bier
νεκρολογία [nekroloyia] *ουσ. θ.* obituary, necrology
νεκρομαντεία [nekromandia] *ουσ. θ.* necromancy
νεκρομάντης [nekromandis] *ουσ. α. /θ.* necromancer
νεκροπομπός [nekropobos] *ουσ. α.* coffin-bearer
νεκρός [nekros] *επ.* dead, lifeless
νεκροσυλία [nekrosilia] *ουσ. θ.* grave-robbing
νεκροταφείο [nekrotafio] *ουσ. ο.* cemetery, grave-yard
νεκροτομείο [nekrotomio] *ουσ. ο.* morgue
νεκροτομή [nekrotomi] *ουσ. θ.* dissection of a dead body
νεκροψία [nekropsia] *ουσ. θ.* autopsy
νεκρώνω [nekrono] *ρ.* deaden, mortify
νέκρωση [nekrosi] *ουσ. θ.* mortification, deadness

νεκρώσιμος [nekrosimos] *επ.* funeral
νέκταρ [nectar] *ουσ. ο. άκλ.* nectar
νέμεση [nemesi] *ουσ. θ.* divine vengeance
νέο [neo] *ουσ. ο.* neon. piece of news
νεογέννητος [neoyenitos] *επ.* new-born
νεογνό [neoyno] *ουσ. ο.* new-born baby
νεόδμητος [neodmitos] *επ.* newly-built
νεοελληνικός [neoelinikos] *επ.* modern Greek
νεολαία [neolea] *ουσ. θ.* youth
νεολιθικός [neolithikos] *επ.* neolithic
νεομάρτυρας [neomartiras] *ουσ. α.* new martyr
νεόνυμφος [neonimfos] *επ.* newly married
νεοπλατωνικός [neoplatonikos] *επ.* Neoplatonic
νεόπλουτος [neoplootos] *επ.* upstart, newly rich
νέος [neos] *επ.* young, new, modern
νεοσσός [neosos] *ουσ. α.* chick, chicken
νεοσύλλεκτος [neosilektos] *επ.* recruit
νεοσύστατος [neosistatos] *επ.* newly established
νεότητα [neotita] *ουσ. θ.* youth
νεοφανής [neofanis] *επ.* new, novel
νεοφερμένος [neofermenos] *επ.* newcomer, recently arrived
νεόφυτος [neofitos] *επ.* newly-planted
νεοφώτιστος [neofotistos] *επ.* newly-baptized, newly converted
νεράιδα [neraida] *ουσ. θ.* fairy, nympth
νεράντζι [nerantzi] *ουσ. ο.* (βοτ.) bitter orange
νεραντζιά [nerantzia] *ουσ. θ.* (βοτ.) bitter-orange tree
νερό [nero] *ουσ. ο.* water
νεροβάρελο [nerovarelo] *ουσ. ο.* water-cask
νερόβραστος [nerovrastos] *επ.* boiled in water
νεροκάλαμο [nerokalamo] *ουσ. ο.* reed
νεροκολοκύθα

[nerokolokitha] *ουσ. θ.* (βοτ.) gourd, squash

νεροκουβάλημα [nerokoovalima] *ουσ. ο.* water-carrying

νεροκουβαλητής [nerokoovalitis] *ουσ. α.* water-carrier

νερομπογιά [neroboyia] *ουσ. θ.* water-colour

νερόμυλος [neromilos] *ουσ. α.* water-mill

νεροποντή [neropondi] *ουσ. θ.* heavy rain

νεροπότηρο [neropotiro] *ουσ. ο.* water-glass

νεροπούλι [neropooli] *ουσ. ο.* water-fowl

νερουλάς [neroolas] *ουσ. α.* water-carrier

νερουλιάζω [nerooliazo] *ρ.* become watery

νερουλός [neroolos] *επ.* watery

νερόφιδο [nerofido] *ουσ. ο.* (ζωολ.) water-snake

νερόχιονο [nerohiono] *ουσ. ο.* snow-water, sleet

νεροχύτης [nerohitis] *ουσ. α.* sink

νέρωμα [neroma] *ουσ. ο.* watering

νερώνω [nerono] *ρ.* add water

νεύμα [nevma] *ουσ. ο.* sign, nod

νευραλγία [nevralyia] *ουσ. θ.* neuralgia

νευραλγικός [nevralyikos] *επ.* (ιατρ.) neuralgic

νευρασθένεια [nevrasthenia] *ουσ. θ.* (ιατρ.) neurasthenia

νευρασθενικός [nevrasthenikos] *επ.* neurasthenic

νευριάζω [nevriazo] *ρ.* make nervous

νευρικός [nevrikos] *επ.* nervous

νευρικότητα [nevrikotita] *ουσ. θ.* nervousness, nerves

νεύρο [nevro] *ουσ. ο.* (ανατ.) nerve

νευρολογία [nevroloyia] *ουσ. θ.* neurology

νευρολογικός [nevroloyikos] *επ.* neurological

νευρολόγος [nevroloyos] *ουσ. α. /θ.* neurologist

νευρώδης [nevrodis] *επ.* nervous

νευρωτικός [nevrotikos] *επ.* neurotic

νεύω [nevo] *ρ.* nod
νεφέλη [nefeli] *ουσ. θ.* cloud
νεφελοειδής [nefeloidis] *επ.* nebular
νεφελώδης [nefelodis] *επ.* cloudy
νεφέλωμα [nefeloma] *ουσ. ο.* nebula
νέφος [nefos] *ουσ. ο.* cloud
νεφρικός [nefrikos] *επ.* reneal, of the kidneys
νεφρίτιδα [nefritida] *ουσ. θ.* (ιατρ.) nephritis
νεφρός [nefros] *ουσ. α.* (ανατ.) kidney
νέφτι [nefti] *ουσ. ο.* turpantine
νεωκόρος [neokoros] *ουσ. α.* sexton, sacristan
νεωτερίζω [neoterizo] *ρ.* innovate
νεωτερισμός [neoterismos] *ουσ. α.* innovation
νεωτεριστής [neoteristis] *ουσ. α.* innovator, modernist
νεωτεριστικός [neoteristikos] *επ.* modern
νεώτερος [neoteros] *επ.* modern
νήμα [nima] *ουσ. ο.* thread, filament
νηματοειδής [nimatoidis] *επ.* thready
νηματουργείο [nimatooryio] *ουσ. ο.* spinning-mill
νηματουργία [nimatooryia] *ουσ. θ.* spinning
νηνεμία [ninemia] *ουσ. θ.* calm, calmness
νηοπομπή [niopobi] *ουσ. θ.* convoy
νηοψία [niopsia] *ουσ. θ.* inspection of a ship
νηπιαγωγείο [nipiayoyio] *ουσ. ο.* infant school
νηπιαγωγός [nipiayoyos] *ουσ. α. /θ.* infant-school teacher
νηπιακός [nipiakos] *επ.* of a baby, infantile
νήπιο [nipio] *ουσ. ο.* baby, infant
νησάκι [nisaki] *ουσ. ο.* islet
νησί [nisi] *ουσ. ο.* island
νησιώτης [nisiotis] *ουσ. α.* islander
νησιωτικός [nisiotikos] *επ.* insular
νηστεία [nistia] *ουσ. θ.* fast, fasting
νηστευτής [nisteftis] *ουσ. α.* faster
νηστεύω [nistevo] *ρ.* fast

νηστήσιμος [nistisimos] *επ.* fasting
νηστικός [nistikos] *επ.* fasting
νηφάλιος [nifalios] *επ.* sober
νηφαλιότητα [nifaliotita] *ουσ. θ.* sobriety
νιαουρίζω [niaoorizo] *ρ.* mew
νιαούρισμα [niaoorisma] *ουσ. ο.* mewing
νιάτα [niata] *ουσ. ο. πληθ.* youth
νίβω [nivo] *ρ.* wash
νικέλιο [nikelio] *ουσ. ο.* (χημ.) nickel
νικελώνω [nikelono] *ρ.* nickel-plate
νίκη [niki] *ουσ. θ.* victory, triumph
νικημένος [nikimenos] *επ.* defeated, beaten
νικητήριος [nikitirios] *επ.* victorious
νικητής [nikitis] *ουσ. α.* victor, winner
νικοτίνη [nikotini] *ουσ. θ.* nicotine
νικώ [niko] *ρ.* win, beat
νιόπαντρος [niopandros] *επ.* newly-married
νιπτήρας [niptiras] *ουσ. α.* washstand
νιρβάνα [nirvana] *ουσ. θ.* nirvana
νιτρικός [nitrikos] *επ.* nitric
νιτρώδης [nitrodis] *επ.* nitrous
νιφάδα [nifada] *ουσ. θ.* flake
νίψιμο [nipsimo] *ουσ. ο.* washing
νοβοκαΐνη [novokaini] *ουσ. θ.* (χημ.) novocaine
Νοέμβριος [noemvrios] *ουσ. α.* November
νοερός [noeros] *επ.* spiritual, mental
νόημα [noima] *ουσ. ο.* meaning, sense
νοήμονας [noimonas] *επ.* clever, intelligent
νοημοσύνη [noimosini] *ουσ. θ.* intelligence, understanding
νόηση [noisi] *ουσ. θ.* intellect, understanding
νοητικός [noitikos] *επ.* intellectual
νοητός [noitos] *επ.* intelligible, conceivable
νοθεία [nothia] *ουσ. θ.* falsification, adulteration
νόθευση [nothefsi] *ουσ. θ.* falsification, adulteration
νοθευτής [notheftis] *ουσ. α.*

falsifier, adulterator
νοθεύω [nothevo] *ρ.* falsify, adulterate
νόθος [nothos] *επ.* illegitimate child, bastard
νοιάζομαι [niazome] *ρ.* care, mind, take care
νοικάρης [nikaris] *ουσ. α.* tenant, lodger
νοίκι [niki] *ουσ. ο.* rent, hire
νοικιάζω [nikiazo] *ρ.* rent, hire
νοίκιασμα [nikiasma] *ουσ. ο.* renting, hiring
νοικοκυρά [nikokira] *ουσ. θ.* housewife, landlady
νοικοκυρεύω [nikokirevo] *ρ.* keep up a house
νοικοκύρης [nikokiris] *ουσ. α.* housekeeper, landlord
νοικοκυριό [nikokirio] *ουσ. ο.* household
νοικοκυροσύνη [nikokirosini] *ουσ. θ.* housewifery
νοιώθω [niotho] *ρ.* feel, understand, comprehend
νομάδας [nomadas] *ουσ. α.* nomad, rover
νομαδικός [nomadikos] *επ.* nomadic, wandering
νομαρχείο [nomarhio] *ουσ. ο.* prefecture
νομάρχης [nomarhis] *ουσ. α.* prefect, governor
νομαρχία [nomarhia] *ουσ. θ.* prefectship
νομαρχιακός [nomarhiakos] *επ.* of a prefect
νομή [nomi] *ουσ. θ.* pasture
νομίζω [nomizo] *ρ.* think, believe, suppose
νομική [nomiki] *ουσ. θ.* law, jurisprudence
νομικός [nomikos] *επ.* legal. *ουσ. α. /θ.* lawyer
νομιμοποίηση [nomimopiisi] *ουσ. θ.* legitimation, legalization
νομιμοποιώ [nomimopio] *ρ.* legalize, legitimate
νόμιμος [nomimos] *επ.* lawful, legal, legitimate
νομιμότητα [nomimotita] *ουσ. θ.* lawfulness, legitimacy
νομιμόφρονας [nomimofronas] *ουσ. α.* loyal
νομιμοφροσύνη [nomimofrosini] *ουσ. θ.* loyalty
νόμισμα [nomisma] *ουσ. ο.* coin, money
νομισματικός [nomismatikos]

επ. monetary
νομισματοκοπείο [nomismatokopio] *ουσ. ο.* mint
νομισματοκοπία [nomismatokopia] *ουσ. θ.* minting, coining
νομισματοκόπος [nomismatokopos] *ουσ. α.* minter, coiner
νομισματολογία [nomismatoloyia] *ουσ. θ.* numismatology
νομισματολόγος [nomismatoloyos] *ουσ. α. /θ.* numismatologist
νομοδιδάσκαλος [nomodidaskalos] *ουσ. α. /θ.* juriconsult
νομοθεσία [nomothesia] *ουσ. θ.* legislation
νομοθέτημα [nomothetima] *ουσ. ο.* law-statute
νομοθέτης [nomothetis] *ουσ. α. /θ.* lawgiver, legislator
νομοθετικός [nomothetikos] *επ.* legislative
νομοθετώ [nomotheto] *ρ.* legislate, enact
νομολογία [nomoloyia] *ουσ. θ.* nomology
νομομάθεια [nomomathia] *ουσ. θ.* jurisprudence
νομομαθής [nomomathis] *ουσ. α. /θ.* jurist, legist
νόμος [nomos] *ουσ. α.* law
νομός [nomos] *ουσ. α.* province
νομοσχέδιο [nomoshedio] *ουσ. ο.* draft of law, bill
νομοταγής [nomotayis] *επ.* loyal, law-abiding
νομοτελεστικός [nomotelestikos] *επ.* executive
νονά [nona] *ουσ. θ.* godmother
νονός [nonos] *ουσ. α.* godfather
νοοτροπία [no-otropia] *ουσ. θ.* mentality, spirit
Νορβηγία [norviyia] *κύρ. όν. θ.* Norway
Νορβηγικός [norviyikos] *επ.* Norwegian
Νορβηγός [norviyos] *ουσ. α.* Norse, Norwegian
νοσηλεία [nosilia] *ουσ. θ.* nursing, treatment
νοσηλευτήριο [nosileftirio] *ουσ. ο.* hospital
νοσηλεύω [nosilevo] *ρ.* nurse the sick, treat

νοσήλια [nosilia] *ουσ. ο. πληθ.* hospital fees
νόσημα [nosima] *ουσ. ο.* illness, sickness
νοσηρός [nosiros] *επ.* weakly, sickly, unhealthy
νοσηρότητα [nosirotita] *ουσ. θ.* unhealthiness, sickliness
νοσογόνος [nosoyonos] *επ.* disease producing
νοσοκομείο [nosokomio] *ουσ. ο.* hospital, infirmary
νοσοκόμος [nosokomos] *ουσ. α. /θ.* nurse
νοσολογία [nosoloyia] *ουσ. θ.* nosology
νοσολογικός [nosoloyikos] *επ.* nosological
νοσολόγος [nosoloyos] *ουσ. α. /θ.* nosologist
νόσος [nosos] *ουσ. θ.* disease, illness
νοσταλγία [nostalyia] *ουσ. θ.* nostalgia
νοσταλγικός [nostalyikos] *επ.* nostalgic
νοσταλγός [nostalyos] *ουσ. α. /θ.* nostalgic
νοσταλγώ [nostalyo] *ρ.* be homesick, long to return home
νοστιμάδα [nostimada] *ουσ. θ.* savour, flavour
νοστιμεύω [nostimevo] *ρ.* give relish to, flavour, season
νόστιμος [nostimos] *επ.* savoury, tasty, delicious
νόστος [nostos] *ουσ. α.* repatriation
νοσώ [noso] *ρ.* be sick
νότα [nota] *ουσ. θ.* note
νοτερός [noteros] *επ.* wet, humid
νοτιάς [notias] *ουσ. α.* south wind
νοτίζω [notizo] *ρ.* wet, damp
νοτιοανατολικός [notioanatolikos] *επ.* southeast
νοτιοδυτικός [notioditikos] *επ.* southwest
νότιος [notios] *επ.* south, southern
νότος [notos] *ουσ. α.* south
νουβέλα [noovela] *ουσ. θ.* novel
νουθεσία [noothesia] *ουσ. θ.* advice, counsel
νουθετώ [nootheto] *ρ.* admonish, advice
νούλα [noola] *ουσ. θ.* zero, nil
νούμερο [noomero] *ουσ. ο.*

number
νουμηνία [noominia] *ουσ. θ.* new moon
νους [noos] *ουσ. α.* mind, intelligence
νούφαρο [noofaro] *ουσ. ο.* (βοτ.) water-lily, nenuphar
νοώ [no-o] *ρ.* understand, comprehend
ντάμα [dama] *ουσ. θ.* partner
νταμάρι [damari] *ουσ. ο.* quarry
νταμιτζάνα [damijana] *ουσ. θ.* carboy
νταντά [dada] *ουσ. θ.* nursemaid, nanny
νταντεύω [dandevo] *ρ.* nurse, dandle
ντελάλης [delalis] *ουσ. α.* town crier
ντελικάτος [delikatos] *επ.* delicate, weak
ντεπόζιτο [depozito] *ουσ. ο.* tank, cistern
ντετέκτιβ [dedektiv] *ουσ. α. /θ.* detective
ντέφι [defi] *ουσ. ο.* (μουσ.) tambourine
ντιβάνι [divani] *ουσ. ο.* couch, sofa
ντοκουμέντο [dokoomendo] *ουσ. ο.* document
ντομάτα [domata] *ουσ. θ.* (βοτ.) tomato
ντοματιά [domatia] *ουσ. θ.* (βοτ.) tomato-plant
ντόμινο [domino] *ουσ. ο. άκλ.* domino
ντόπιος [dopios] *επ.* native, local, indigenous
ντουβάρι [doovari] *ουσ. ο.* wall
ντουζίνα [doozina] *ουσ. θ.* dozen
ντουλάπι [doolapi] *ουσ. ο.* shower
ντούρος [dooros] *επ.* (λαϊκ.) hard, tenacious
ντους [dooz] *ουσ. ο. άκλ.* shower
ντουφέκι [doofeki] *ουσ. ο.* rifle, gun
ντρέπομαι [drepome] *ρ.* be ashamed of
ντροπαλός [dropalos] *επ.* shy, bashful
ντροπή [dropi] *ουσ. θ.* bashfulness, shame
ντροπιάζω [dropiazo] *ρ.* shame, disgrace
ντρόπιασμα [dropiasma] *ουσ. ο.* making ashamed

N

ντύμα [dima] *ουσ. ο.* cover
ντύνω [dino] *ρ.* dress, clothe
ντύσιμο [disimo] *ουσ. ο.* clothing, dressing
νυκτερίδα [nikterida] *ουσ. θ.* (ζωολ.) bat, flittermouse
νυκτικός [niktikos] *επ.* nocturnal
νυκτοβάτης [niktovatis] *ουσ. α. /θ.* somnambulist
νυκτόβιος [niktovios] *επ.* living by night
νυκτοπούλι [niktopooli] *ουσ. ο.* (ζωολ.) screen-owl
νυκτοφύλακας [niktofilakas] *ουσ. α.* night-guard
νυκτωδία [niktodia] *ουσ. θ.* nocturne
νυμφεύω [nimfevo] *ρ.* wed, marry
νύξη [nixi] *ουσ. θ.* prick, pricking
νύστα [nista] *ουσ. θ.* drowsiness, sleepiness
νυστάζω [nistazo] *ρ.* be sleepy
νυσταλέος [nistaleos] *επ.* drowsy, sleepy
νυστέρι [nisteri] *ουσ. ο.* lancet
νύφη [nifi] *ουσ. θ.* bride
νυφικός [nifikos] *επ.* bridal, nuptial
νυφίτσα [nifitsa] *ουσ. θ.* (ζωολ.) weasel, mink
νύχι [nihi] *ουσ. ο.* finger-nail
νυχιά [nihia] *ουσ. θ.* scratch
νύχτα [nihta] *ουσ. θ.* night
νυχτέρι [nihteri] *ουσ. ο.* vigil, night work
νυχτερινός [nihterinos] *επ.* nightly
νυχτώνει [nihtoni] *ρ.* it's getting dark
νυχτώνομαι [nihtonome] *ρ.* be overtaken by the night
νωθρός [nothros] *επ.* indolen, sluggish
νωματάρχης [nomatarhis] *ουσ. α.* police sergeant
νωπός [nopos] *επ.* fresh, recent
νωρίς [noris] *επίρ.* soon, early
νώτα [nota] *ουσ. ο. πληθ.* rear, back
νωτιαίος [notieos] *επ.* (ανατ.) vertebral, dorsal
νωχέλεια [nohelia] *ουσ. θ.* indolence, sluggishness
νωχελικός [nohelikos] *επ.* indolent, lazy

Ξ

Ξ, ξ [xi] *ουσ. ο.* the fourteenth letter of the Greek alphabet
ξαγκιστρώνω [xagistrono] *ρ.* unhook
ξαγρύπνια [xayripnia] *ουσ. θ.* sleeplessness
ξαγρυπνώ [xayripno] *ρ.* be awake, keep awake
ξαδέλφη [xadelfi] *ουσ. θ.* cousin
ξάδελφος [xadelfos] *ουσ. α.* cousin
ξαίνω [xeno] *ρ.* unweave
ξακουστός [xakoostos] *επ.* famous, renowned
ξαλατίζω [xalatizo] *ρ.* unsalt
ξαλάφρωμα [xalafroma] *ουσ. ο.* lightening, relief
ξαλαφρώνω [xalafrono] *ρ.* lighten, relieve
ξαμολώ [xamolo] *ρ.* unchain, let go
ξανά [xana] *επίρ.* again
ξαναβάζω [xanavazo] *ρ.* replace, put again
ξαναβάφω [xanavafo] *ρ.* repaint
ξαναβγάζω [xanavyazo] *ρ.* put out again, take off again
ξαναβλέπω [xanavlepo] *ρ.* see again
ξαναβράζω [xanabrazo] *ρ.* reboil
ξαναβρίσκω [xanavrisko] *ρ.* find again
ξανάβω [xanavo] *ρ.* light again. excite
ξαναγαπώ [xanayapo] *ρ.* love again
ξαναγεννιέμαι [xanayenieme] *ρ.* revive, be reborn

ξαναγεννώ [xanayeno] *ρ.* bear again
ξαναγίνομαι [xanayinome] *ρ.* become again
ξαναγράφω [xanayrafo] *ρ.* rewrite
ξαναγυρίζω [xanayirizo] *ρ.* come back, return
ξαναδείχνω [xanadihno] *ρ.* show again
ξαναδίνω [xanadino] *ρ.* give back
ξαναζυγίζω [xanaziyizo] *ρ.* reweigh
ξαναζώ [xanazo] *ρ.* live again
ξαναθυμάμαι [xanathimame] *ρ.* recall to mind, remember
ξαναθυμίζω [xanathimizo] *ρ.* remind
ξαναλέω [xanaleo] *ρ.* repeat, say again
ξαναμασώ [xanamaso] *ρ.* chew again, ruminate
ξαναμοιράζω [xanamirazo] *ρ.* redistribute
ξανανθίζω [xananthizo] *ρ.* bloom again
ξανάνιωμα [xananioma] *ουσ. ο.* rejuvenation
ξανανιώνω [xananiono] *ρ.* be rejuvenated
ξαναπαίρνω [xanaperno] *ρ.* take again, retake
ξαναποκτώ [xanapokto] *ρ.* regain
ξαναρχίζω [xanarhizo] *ρ.* begin again
ξανάρχομαι [xanarhome] *ρ.* return
ξανατυπώνω [xanatipono] *ρ.* reprint
ξαναφιλιώνω [xanafiliono] *ρ.* reconcile
ξαναφορτώνω [xanafortono] *ρ.* reload
ξανθαίνω [xantheno] *ρ.* make fair
ξανθοκόκκινος [xanthokokinos] *επ.* flame-coloured
ξανθόμαλλος [xanthomalos] *επ.* blond, fair-haired
ξανθός [xanthos] *επ.* fair-haired
ξανοίγω [xaniyo] *ρ.* open up
ξάπλα [xapla] *επίρ.* lying indolently
ξάπλωμα [xaploma] *ουσ. ο.* stretching, spreading out
ξαπλώνω [xaplono] *ρ.* spread out, stretch, extend
ξαποστέλνω [xapostelno] *ρ.*

send off
ξαρματώνω [xarmatono] *ρ.* disarm
ξαρμάτωτος [xarmatotos] *επ.* disarmed
ξαρμυρίζω [xarmirizo] *ρ.* unsalt
ξάρτι [xarti] *ουσ. ο.* shroud
ξασπρίζω [xasprizo] *ρ.* whiten, fade
ξαστεριά [xasteria] *ουσ. θ.* starry sky
ξάστερος [xasteros] *επ.* starry
ξαστερώνω [xasterono] *ρ.* become clear
ξαστοχώ [xastoho] *ρ.* make a mistake, err
ξαφνιάζω [xafniazo] *ρ.* frighten
ξάφνιασμα [xafniasma] *ουσ. ο.* surprise
ξαφνικός [xafnikos] *επ.* sudden, unexpected
ξάφνου [xafnoo] *επίρ.* suddenly
ξαφρίζω [xafrizo] *ρ.* skim, scum
ξάφρισμα [xafrisma] *ουσ. ο.* scumming, skimming
ξεβάφω [xevafo] *ρ.* fade, discolour
ξεβγάζω [xevyazo] *ρ.* rinse
ξέβγαλμα [xevyala] *ουσ. ο.* rinsing
ξεβίδωμα [xevidoma] *ουσ. ο.* unscrewing
ξεβιδώνω [xevidono] *ρ.* unscrew
ξεβούλωμα [xevooloma] *ουσ. ο.* uncorking, unstopping
ξεβουλώνω [xevoolono] *ρ.* uncork, unstopper
ξεβρωμίζω [xevromizo] *ρ.* clean, remove the dirt from
ξεγαντζώνω [xeyanjono] *ρ.* unhook
ξεγάνωτος [xeyanotos] *επ.* untinned
ξεγελώ [xeyelo] *ρ.* deceive, cheat
ξεγεννώ [xeyeno] *ρ.* assist at child birth
ξεγλίστρημα [xeylistrima] *ουσ. ο.* slip, false step
ξεγλιστρώ [xeylistro] *ρ.* slip away, escape
ξεγνοιάζω [xeyniazo] *ρ.* become free from care
ξέγνοιαστος [xeyniastos] *επ.* carefree, careless
ξεγράφω [xeyrafo] *ρ.* strike out

ξεγύμνωμα [xeyimnoma] *ουσ. ο.* undressing
ξεγυμνώνω [xeyimnono] *ρ.* undress, strip
ξεδιαλέγω [xedialeyo] *ρ.* pick out
ξεδιαλύνω [xedialino] *ρ.* explain
ξεδιαντροπιά [xediandropia] *ουσ. θ.* impudence, shameless
ξεδιάντροπος [xediandropos] *επ.* impudent, shameless
ξεδίπλωμα [xediploma] *ουσ. ο.* unfolding, unrolling
ξεδιπλώνω [xediplono] *ρ.* unfold, unroll
ξεδιψώ [xedipso] *ρ.* quench the thirst of
ξεζεύω [xezevo] *ρ.* unharness
ξεζουμίζω [xezoomizo] *ρ.* squeeze out
ξεθάβω [xethavo] *ρ.* unbury, exhume
ξεθαρρεύω [xetharevo] *ρ.* take courage
ξεθέωμα [xetheoma] *ουσ. ο.* exhaustion, weariness
ξεθεώνω [xetheono] *ρ.* exhaust, wear
ξεθολώνω [xetholono] *ρ.* clarify
ξεθυμαίνω [xethimeno] *ρ.* exhale, evaporate
ξεθωριάζω [xethoriazo] *ρ.* discolour, fade
ξεϊδρώνω [xeidrono] *ρ.* cease perspiring
ξεκαβαλίκεμα [xekavalikema] *ουσ. ο.* dismounting
ξεκαθαρίζω [xekatharizo] *ρ.* clear out
ξεκαθάρισμα [xekatharisma] *ουσ. ο.* purifying, netting
ξεκάνω [xekano] *ρ.* undo
ξεκαρδίζομαι [xekardizo] *ρ.* burst out laughing
ξεκαρφώνω [xekarfono] *ρ.* unnail
ξεκάρφωτος [xekarfotos] *επ.* unnailed, detached
ξεκίνημα [xekinima] *ουσ. ο.* start, setting out
ξεκινώ [xekino] *ρ.* start, set out
ξεκλειδώνω [xeklidono] *ρ.* unlock
ξεκληρίζω [xeklirizo] *ρ.* exterminate
ξεκλήρισμα [xeklirisma] *ουσ. ο.* extermination, extirpation
ξεκόβω [xekovo] *ρ.* cut off
ξεκοιλιάζω [xekiliazo] *ρ.* gut

ξεκοίλιασμα [xekiliasma] *ουσ. ο.* gutting
ξεκοκαλίζω [xekokalizo] *ρ.* bone
ξεκοκάλισμα [xekokalisma] *ουσ. ο.* boning
ξεκόλλημα [xekolima] *ουσ. ο.* ungluing, unsticking
ξεκολλώ [xekolo] *ρ.* unglue, unstick
ξεκομμένος [xekomenos] *επ.* cut off
ξεκουκουλώνω [xekookoolono] *ρ.* uncover
ξεκουμπίζω [xekoobizo] *ρ.* send away
ξεκουμπώνω [xekoobono] *ρ.* unbutton
ξεκουράζω [xekoorazo] *ρ.* rest, relieve
ξεκούραση [xekoorasi] *ουσ. θ.* relaxation, rest
ξεκουρδίζω [xekoordizo] *ρ.* unstring
ξεκούρδιστος [xekoordistos] *επ.* unwound
ξεκουφαίνω [xekoofeno] *ρ.* deafen
ξεκρέμασμα [xekremasma] *ουσ. ο.* unhooking
ξεκρεμώ [xekremo] *ρ.* unhook
ξελαρυγγιάζομαι [xelarigiazome] *ρ.* get hoarse from shouting
ξελασπώνω [xelaspono] *ρ.* scrape of the mud
ξελάφρωμα [xelafroma] *ουσ. ο.* alleviation, lightening
ξελαφρώνω [xelafrono] *ρ.* alleviate, lighten
ξελέγω [xeleyo] *ρ.* unsay
ξελογιάζω [xeloyiazo] *ρ.* seduce
ξελόγιασμα [xeloyiasma] *ουσ. ο.* seduction
ξελογιασμένος [xeloyiasmenos] *επ.* fascinated, seduced
ξελογιαστής(-τρα) [xeloyiastis (-tra)] *ουσ. α.* charmer, seducer
ξεμαγεύω [xemayevo] *ρ.* unbewitch
ξέμακρα [xemakra] *επίρ.* far off
ξεμακραίνω [xemakreno] *ρ.* move away, send away
ξεμαλλιάζω [xemaliazo] *ρ.* pull of the hair
ξεμανίκωτος [xemanikotos] *επ.* sleeveless
ξεμανταλώνω [xemandalono]

ρ. unlatch, unbolt
ξεμέθυστος [xemethistos] *επ.* sober
ξεμεθώ [xemetho] *ρ.* make sober
ξεμοναχιάζω [xemonahiazo] *ρ.* take apart, isolate
ξεμουδιάζω [xemoodiazo] *ρ.* take the numbness out of
ξεμπαρκάρω [xebarkaro] *ρ.* land, disembark
ξεμπέρδεμα [xeberdema] *ουσ. ο.* disentanglement
ξεμπερδεύω [xeberdevo] *ρ.* disentangle, unravel
ξεμπλέκω [xebleko] *ρ.* disentangle, unravel
ξεμυαλίζω [xemializo] *ρ.* seduce
ξεμυάλισμα [xemialisma] *ουσ. ο.* infatuation
ξεμυαλισμένος [xemialismenos] *επ.* hare-brained
ξεμυτίζω [xemitizo] *ρ.* peep out, go out
ξεμωραμένος [xemoramenos] *επ.* dotard
ξένα [xena] *ουσ. ο. πληθ.* foreign country
ξεναγός [xenayos] *ουσ. α.* cicerone, guide
ξεναγώ [xenayo] *ρ.* show the sights, guide
ξενέρωτος [xenerotos] *επ.* sober
ξενίζω [xenizo] *ρ.* look stranger
ξενικός [xenikos] *επ.* strange, foreign
ξενιτεμένος [xenitimenos] *επ.* expatriated
ξενιτεμός [xenitemos] *ουσ. α.* expatriation
ξενιτεύω [xenitevo] *ρ.* expatriate, send abroad
ξενιτιά [xenitia] *ουσ. θ.* foreign country
ξενόγλωσσος [xenoylosos] *επ.* of a foreign language
ξενοδουλεύω [xenodoolevo] *ρ.* work for another person
ξενοδοχείο [xenodohio] *ουσ. ο.* hotel
ξενοδόχος [xenodohos] *ουσ. α. /θ.* host, hotel-keeper
ξενοικιάζω [xenikiazo] *ρ.* vacate, leave vacant
ξενοίκιασμα [xenikiasma] *ουσ. ο.* vacancy
ξενοίκιαστος [xenikiastos] *επ.* unlet, free, vacant

ξενοκρατία [xenokratia] *ουσ. θ.* foreign rule
ξενολατρία [xenolatria] *ουσ. θ.* xenomania
ξενομανής [xenomanis] *επ.* xenomaniac
ξενομανία [xenomania] *ουσ. θ.* xenomania
ξένος [xenos] *επ.* strange, foreign
ξενόφιλος [xenofilos] *επ.* loving strangers
ξενοφοβία [xenofovia] *ουσ. θ.* fear of strangers
ξενόφωνος [xenofonos] *επ.* of foreign languages
ξεντύνω [xendino] *ρ.* undress
ξενυστάζω [xenistazo] *ρ.* shake off sleep
ξενύχτης [xenihtis] *ουσ. α.* nightbird
ξενύχτι [xenihti] *ουσ. ο.* wake, spendimg the night
ξενυχτώ [xenihto] *ρ.* spend the night
ξενώνας [xenonas] *ουσ. α.* guest's room
ξεπαγιάζω [xepayiazo] *ρ.* get frozen, freeze
ξεπάγωμα [xepayoma] *ουσ. ο.* defrosting
ξεπαγώνω [xepayono] *ρ.* defrost
ξεπαπουτσώνω [xepapoochono] *ρ.* unshoe
ξεπάστρεμα [xepastrema] *ουσ. ο.* killing
ξεπαστρεύω [xepastevo] *ρ.* wipe out, kill
ξεπατώνω [xepatono] *ρ.* stave, break the bottom of
ξεπεζεύω [xepezevo] *ρ.* alight, dismount
ξεπερασμένος [xeperasmenos] *επ.* surpassed
ξεπερνώ [xeperno] *ρ.* unthread, surpass
ξεπεσμένος [xepesmenos] *επ.* declining, decadent
ξεπεσμός [xepesmos] *ουσ. α.* decadence, decay
ξεπεταλώνω [xepetalono] *ρ.* unshoe
ξεπετιέμαι [xepetieme] *ρ.* spring up
ξεπέφτω [xepefto] *ρ.* decline, degenerate
ξεπηδώ [xepido] *ρ.* jump out, leap out
ξεπίτηδες [xepitides] *επίρ.* on purpose, intentionally
ξεπλακώνω [xeplakono] *ρ.*

unburden
ξέπλεκος [xeplekos] *επ.* disheveled, unbraided
ξεπλέκω [xepleko] *ρ.* unravel, unbraid
ξεπλένω [xepleno] *ρ.* wash off
ξεπλήρωμα [xepliroma] *ουσ. ο.* discharge
ξεπληρώνω [xeplirono] *ρ.* pay off
ξέπλυμα [xeplima] *ουσ. ο.* dishwater, rinsing
ξεπλύνω [xeplino] *ρ.* rinse, wash off
ξεπούλημα [xepoolima] *ουσ. ο.* selling off
ξεπουλώ [xepoolo] *ρ.* sell off
ξεπρήζω [xeprizo] *ρ.* get down the swelling
ξεπρησμένος [xeprismenos] *επ.* no longer swollen
ξεπροβοδώ [xeprovodo] *ρ.* escort
ξέρα [xera] *ουσ. θ.* dryness, drought, reef
ξεραίνω [xereno] *ρ.* dry up, drain
ξερακιανός [xerakianos] *επ.* skinny, thin
ξερίζωμα [xerizoma] *ουσ. ο.* uprooting
ξεριζώνω [xerizono] *ρ.* uproot, deracinate
ξερόβηχας [xerovihas] *ουσ. α.* dry cough
ξερόκαμπος [xerokabos] *ουσ. α.* dry plain
ξερονήσι [xeronisi] *ουσ. ο.* barren island
ξεροπόταμος [xeropotamos] *ουσ. α.* dry river bed
ξερός [xeros] *επ.* dry, withered
ξεροσταλιάζω [xerostaliazo] *ρ.* become exhausted with standing
ξεροτηγανίζω [xerotiyanizo] *ρ.* fry, grill. toast
ξεροτήγανο [xerotiyano] *ουσ. ο.* waffle
ξεροψήνω [xeropsino] *ρ.* roast brown, grill
ξέρω [xero] *ρ.* know
ξεσαμάρωτος [xesamarotos] *επ.* unsaddled
ξεσελλώνω [xeselono] *ρ.* unsaddle
ξεσέρνω [xeserno] *ρ.* scrape
ξεσήκωμα [xesikoma] *ουσ. ο.* arousing, exciting
ξεσηκωμός [xesikomos] *ουσ. α.* revolution, insurrection

ξεσηκώνω [xesikono] *ρ.* excite, rouse
ξεσκάβω [xeskavo] *ρ.* dig up, excavate
ξέσκεπα [xeskepa] *επίρ.* openly
ξεσκεπάζω [xeskepazo] *ρ.* uncover, discover
ξεσκέπαστος [xeskepastos] *επ.* uncovered, open
ξεσκίζω [xeskizo] *ρ.* tear
ξεσκλαβώνω [xesklavono] *ρ.* liberate, deliver
ξεσκονίζω [xeskonizo] *ρ.* dust
ξεσκόνισμα [xeskonisma] *ουσ. ο.* dusting
ξεσκονιστήρι [xeskonistiri] *ουσ. ο.* duster
ξεσκουριάζω [xeskooriazo] *ρ.* polish
ξεσκούφωτος [xeskoofotos] *επ.* uncovered
ξεσπαθώνω [xespathono] *ρ.* draw the sword
ξέσπασμα [xespasma] *ουσ. ο.* overflowing, bursting out
ξεσπιτώνω [xespitono] *ρ.* dislodge, evict
ξεσπώ [xespo] *ρ.* overflow, burst out
ξεστολίζω [xestolizo] *ρ.* untrim
ξεστομίζω [xestomizo] *ρ.* utter, launch
ξεστραβώνω [xestravono] *ρ.* open one's eyes
ξεστρατίζω [xestratizo] *ρ.* go astray
ξεστρώνω [xestrono] *ρ.* take off the cover, undo
ξεσυνηθίζω [xesinithizo] *ρ.* disaccustom
ξεσφηνώνω [xesfinono] *ρ.* unscrew
ξεσφίγγω [xesfigo] *ρ.* relax, loosen
ξεσφραγίζω [xesfrayizo] *ρ.* unseal
ξεσχίζω [xeshizo] *ρ.* tear up, lacerate
ξετινάζω [xetinazo] *ρ.* shake, toss
ξετρελαίνω [xetreleno] *ρ.* make crazy
ξετρυπώνω [xetripono] *ρ.* discover
ξετσίπωτος [xechipotos] *επ.* impudent, shameless
ξετύλιγμα [xetiliyma] *ουσ. ο.* unrolling, unwinding
ξετυλίγω [xetiliyo] *ρ.* unwind, unwrap

ξεφάντωμα [xefandoma] *ουσ. ο.* amusement, feast
ξεφαντώνω [xefandono] *ρ.* feast, revel
ξεφεύγω [xefevyo] *ρ.* run away, escape
ξεφλουδίζω [xefloodizo] *ρ.* peel, pare
ξεφλούδισμα [xefloodisma] *ουσ. ο.* peeling, paring
ξεφορτώνω [xefortono] *ρ.* discharge, unload
ξεφουρνίζω [xefoornizo] *ρ.* take out of the oven
ξεφουσκώνω [xefooskono] *ρ.* let down, deflate
ξέφραγος [xefrayos] *επ.* open, unclosed
ξεφτέρι [xefteri] *ουσ. ο.* sparrow-hawk
ξέφτι [xefti] *ουσ. ο.* fraying, ravelling
ξεφτίζω [xeftizo] *ρ.* unweave, unravel
ξεφυλλίζω [xefilizo] *ρ.* strip off the leaves. turn over the pages
ξεφυσώ [xefiso] *ρ.* pant, gasp
ξεφυτρώνω [xefitrono] *ρ.* spring up, sprout
ξεφωνητό [xefonito] *ουσ. ο.* scream, cry
ξεφωνίζω [xefonizo] *ρ.* scream
ξεχαρβαλωμένος [xeharvalomenos] *επ.* dismembered, disjoint
ξεχαρβαλώνω [xeharvalono] *ρ.* disjoint, dislocate
ξεχασμένος [xehasmenos] *επ.* forgotten
ξεχειλίζω [xehilizo] *ρ.* run over, overflow
ξέχειλος [xehilos] *επ.* overflowing
ξεχειμωνιάζω [xehimoniazo] *ρ.* winter, pass the winter
ξεχνώ [xehno] *ρ.* forget, neglect
ξεχορταριάζω [xehortariazo] *ρ.* weed
ξεχρεώνω [xehreono] *ρ.* pay up
ξεχύνω [xehino] *ρ.* shed, pour out
ξεχώνω [xehono] *ρ.* dig up
ξεχωρίζω [xehorizo] *ρ.* part, separate
ξεχώρισμα [xehorisma] *ουσ. ο.* parting
ξεχωριστός [xehoristos] *επ.* separate. separated

ξεψυχώ [xepsiho] *ρ.* expire, die

ξήλωμα [xiloma] *ουσ. ο.* unsewing, undoing

ξηλώνω [xilono] *ρ.* unsew, undo

ξημερώνει [ximeroni] *ρ.* it is dawning

ξηρά [xira] *ουσ. θ.* land, mainland

ξηρασία [xirasia] *ουσ. θ.* drought, dryness

ξίγκι [xigi] *ουσ. ο.* fat, lard, grease

ξιδάτος [xidatos] *επ.* pickled, sour

ξίδι [xidi] *ουσ. ο.* vinegar

ξιδιάζω [xidiazo] *ρ.* turn sour

ξινάδα [xinada] *ουσ. θ.* sourness

ξινίλα [xinila] *ουσ. θ.* sourness, acidity

ξινισμένος [xinismenos] *επ.* soured

ξινόγαλο [xinoyalo] *ουσ. ο.* butter-milk, soured milk

ξινόμηλο [xinomilo] *ουσ. ο.* (βοτ.) sour-apple

ξινός [xinos] *επ.* sour, acid

ξινούτσικος [xinoochikos] *επ.* sourish

ξιπάζω [xipazo] *ρ.* astonish, frighten

ξιπασιά [xipasia] *ουσ. θ.* conceit, vanity

ξιπασμένος [xipasmenos] *επ.* conceited, vain

ξιφασκία [xifaskia] *ουσ. θ.* fencing

ξιφίας [xifias] *ουσ. α.* (ιχθ.) sword-fish

ξιφίδιο [xifidio] *ουσ. ο.* dagger

ξιφισμός [xifismos] *ουσ. α.* sword-cut, stab

ξιφοειδής [xifoidis] *επ.* swordlike

ξιφολόγχη [xifoloyhi] *ουσ. θ.* bayonet

ξιφομαχία [xifomahia] *ουσ. θ.* fencing

ξιφομάχος [xifomahos] *ουσ. α. /θ.* fencer

ξιφομαχώ [xifomaho] *ρ.* fence

ξίφος [xifos] *ουσ. ο.* sword

ξόανο [xoano] *ουσ. ο.* idol, wooden statue. dolt

ξόβεργα [xoverya] *ουσ. θ.* lime-twing

ξοδεύω [xodevo] *ρ.* expend, spend

ξομολογώ [xomoloyo] *ρ.*

confess
ξόμπλι [xobli] *ουσ. ο.* pattern
ξόρκι [xorki] *ουσ. ο.* conjuration
ξυλάδικο [xiladiko] *ουσ. ο.* wood-yard
ξυλάνθρακας [xilanthrakas] *ουσ. α.* (ορυκτ.) charcoal
ξυλαποθήκη [xilapothiki] *ουσ. θ.* wood-yard
ξυλάς [xilas] *ουσ. α.* wood-seller
ξυλεία [xilia] *ουσ. θ.* lumber, timber
ξυλέμπορος [xileboros] *ουσ. α.* lumber-merchant
ξυλεύομαι [xilevome] *ρ.* collect wood
ξυλιά [xilia] *ουσ. θ.* blow with a stick
ξυλιάζω [xiliazo] *ρ.* harden, stiffen
ξυλίζω [xilizo] *ρ.* beat with a stick
ξύλινος [xilinos] *επ.* wooden
ξύλο [xilo] *ουσ. ο.* wood, piece of wood
ξυλογλυπτική [xiloyliptiki] *ουσ. θ.* wood carving
ξυλογραφία [xiloyrafia] *ουσ. θ.* wood-encarving
ξυλογράφος [xiloyrafos] *ουσ. α.* wood cutter
ξυλογραφώ [xiloyrafo] *ρ.* engrave on wood
ξυλοκάρβουνο [xilokarvoono] *ουσ. ο.* (ορυκτ.) charcoal
ξυλοκέρατο [xilokerato] *ουσ. ο.* carob
ξυλοκόπημα [xilokopima] *ουσ. ο.* beating
ξυλοκόπος [xilokopos] *ουσ. α.* wood-cutter, lumberjack
ξυλοκοπώ [xilokopo] *ρ.* beat
ξυλοκρέβατο [xilokrevato] *ουσ. ο.* wooden bedstead
ξυλόπνευμα [xilopnevma] *ουσ. ο.* wood alcohol
ξυλοπόδαρο [xilopodaro] *ουσ. ο.* stilt
ξυλοπωλείο [xilopolio] *ουσ. ο.* lumber yard
ξυλοπώλης [xilopolis] *ουσ. α.* lumber dealer
ξυλουργείο [xilooryio] *ουσ. ο.* carpenter's shop
ξυλουργία [xilooryia] *ουσ. θ.* carpentry
ξυλουργικός [xilooryikos] *επ.* woodworking
ξυλουργός [xilooryos] *ουσ. α.* carpenter

ξυλουργώ [xilooryo] *ρ.* work in wood

ξυλοφορτώνω [xilofortono] *ρ.* beat soundly

ξυλόφωνο [xilofono] *ουσ. ο.* (μουσ.) xylophone

ξυλώδης [xilodis] *επ.* wood-like

ξυνήθρα [xinithra] *ουσ. θ.* sorrel

ξύνω [xino] *ρ.* scratch, scrape

ξύπνημα [xipnima] *ουσ. ο.* waking up

ξυπνητήρι [xipnitiri] *ουσ. ο.* alarm clock

ξύπνιος [xipnios] *επ.* awake, wakeful

ξυπόλητος [xipolitos] *επ.* unshod, barefooted

ξυράφι [xirafi] *ουσ. ο.* razor

ξυρίζω [xirizo] *ρ.* shave

ξύρισμα [xirisma] *ουσ. ο.* shaving

ξυριστικός [xiristikos] *επ.* shaving

ξύσιμο [xisimo] *ουσ. ο.* scratching, scraping

ξύσμα [xisma] *ουσ. ο.* scraping, grating

ξυστά [xista] *επίρ.* superficially, lightly

ξύστης [xistis] *ουσ. α.* scraper, grater

ξύστρα [xistra] *ουσ. θ.* pencil-sharpener

ξωμάχος [xomahos] *ουσ. α.* field-hand

ξώπορτα [xoporta] *ουσ. θ.* gate

ξωτικό [xotiko] *ουσ. ο.* spirit, ghost, fairy

Ο

Ο, ο [o] *ουσ. ο.* the fifteenth letter of the Greek alphabet
όαση [oasi] *ουσ. θ.* oasis
οβελίας [ovelias] *ουσ. α.* (ζωολ.) lamb roasted on a spit
οβίδα [ovida] *ουσ. θ.* bomb, shell
οβολός [ovolos] *ουσ. α.* obolous
Οβριός [ovrios] *ουσ. α.* Jewish
ογδοηκοστός [ogdoikostos] *επ.* eightieth
ογδόντα [ogdonda] *ουσ. ο.* /*επ.* eighty
ογδοντάρης [ogdondaris] *ουσ. α.* octogenarian
ογδονταριά [ogdondaria] *ουσ. θ.* in number of eighty
όγδοος [ogdoos] *επ.* eighth
ογκόλιθος [ogolithos] *ουσ. α.* large stone
όγκος [ogos] *ουσ. α.* bulk, volume
ογκώδης [ogos] *επ.* bulky, massive, voluminous
ογκώνω [ogono] *ρ.* swell, inflate
οδαλίσκη [odaliski] *ουσ. θ.* odalisque
οδεύω [odevo] *ρ.* travel, go
οδηγητής [odiyitis] *ουσ. α.* guide, conductor
οδηγητικός [odiyitikos] *επ.* guiding, directional
οδηγία [odiyia] *ουσ. θ.* guidance, direction
οδηγός [odiyos] *ουσ. α.* /*θ.* guide, leader, conductor
οδηγώ [odiyo] *ρ.* guide, lead, direct
οδογέφυρα [odoyefira] *ουσ. θ.* viaduct

οδοδείκτης [ododiktis] *ουσ. α.* milestone
οδοιπορία [odiporia] *ουσ. θ.* journey, travel
οδοιπορικό [odiporiko] *ουσ. ο.* itinerary
οδοιπορικός [odiporikos] *επ.* travelling
οδοιπορώ [odiporo] *ρ.* travel, journey
οδοκαθαριστής [odokatharistis] *ουσ. α.* street-cleaner
οδόμετρο [odometro] *ουσ. ο.* odometer
οδοντιατρείο [odondiatrio] *ουσ. ο.* dentist's office
οδοντιατρική [odondiatriki] *ουσ. θ.* dentistry
οδοντιατρικός [odondiatrikos] *επ.* dental
οδοντίατρος [odondiatros] *ουσ. α. /θ.* dentist
οδοντικός [odondikos] *επ.* dental
οδοντίνη [odondini] *ουσ. θ.* dentine
οδοντόβουρτσα [odondovoortsa] *ουσ. θ.* toothbrush
οδοντογλυφίδα [odondoylifida] *ουσ. θ.* toothpick
οδοντόπαστα [odondopasta] *ουσ. θ.* toothpaste
οδοντόπονος [odondoponos] *ουσ. α.* tooth-ache
οδοντοστοιχία [odondostihia] *ουσ. θ.* set of teeth
οδοντοφυία [odondofiia] *ουσ. θ.* teething
οδοντόφωνος [odondofonos] *επ.* dental
οδόντωμα [odondoma] *ουσ. ο.* cog, notch
οδοντωτός [odondotos] *επ.* toothed, notched
οδοποιία [odopiia] *ουσ. θ.* road making
οδοποιός [odopios] *ουσ. α.* road-maker
οδός [odos] *ουσ. θ.* street, road
οδόστρωμα [odostroma] *ουσ. ο.* road surface, pavement
οδοστρωτήρας [odostrotiras] *ουσ. α.* steam-roller
οδόφραγμα [odofrayma] *ουσ. ο.* barricade
οδύνη [odini] *ουσ. θ.* pain, ache
οδυνηρός [odiniros] *επ.*

painful, distressing
οδυρμός [odirmos] *ουσ. α.* lamentation, wailing
οδύρομαι [odirome] *ρ.* lament, mourn
όζον [ozon] *ουσ. ο.* (χημ.) ozone
ο, η, το [o, i, to] *άρθρο* the
οθόνη [othoni] *ουσ. θ.* sheet. screen
οθωμανικός [othomanikos] *επ.* ottoman
οίδημα [idima] *ουσ. ο.* tumour, swelling
οικειοθελής [ikiothelis] *επ.* voluntary, willing
οικειοποίηση [ikiopiisi] *ουσ. θ.* appropriation
οικειοποιούμαι [ikiopioome] *ρ.* appropriate to oneself
οικείος [ikios] *επ.* familiar, domestic
οικειότητα [ikiotita] *ουσ. θ.* familiarity, intimacy
οικείωση [ikiosi] *ουσ. θ.* familiarization
οίκημα [ikima] *ουσ. ο.* home, lodging
οικήσιμος [ikisimos] *επ.* habitable
οικία [ikia] *ουσ. θ.* house, home
οικιακός [ikiakos] *επ.* domestic
οικισμός [ikismos] *ουσ. α.* settling
οικογένεια [ikoyenia] *ουσ. θ.* family
οικογενειακός [ikoyeniakos] *επ.* of a family
οικογενειάρχης [ikoyeniarhis] *ουσ. α.* head of a family
οικοδέσποινα [ikodespina] *ουσ. θ.* housewife
οικοδεσπότης [ikodespotis] *ουσ. α.* householder
οικοδομή [ikodomi] *ουσ. θ.* building, construction
οικοδόμημα [ikodomima] *ουσ. ο.* building, edifice
οικοδόμηση [ikodomisi] *ουσ. θ.* building, construction
οικοδομικός [ikodomikos] *επ.* of building, constructive
οικοδόμος [ikodomos] *ουσ. α.* builder, constructor
οικοδομώ [ikodomo] *ρ.* construct, build
οίκοθεν [ikothen] *επίρ.* from home
οικοκυρικός [ikokirikos] *επ.*

of a household
οικολόγος [ikoloyos] *ουσ. α. /θ.* ecologist
οικονομία [ikonomia] *ουσ. θ.* economy, saving
οικονομικά [ikonomika],*ουσ. ο. πληθ.* finances
οικονομικός [ikonomikos] *επ.* economical, financial
οικονομολογία [ikonomoloyia] *ουσ. θ.* economics
οικονομολογικός [ikonomoloyikos] *επ.* financial
οικονομολόγος [ikonomoloyos] *ουσ. α. /θ.* financier, economist
οικονόμος [ikonomos] *επ.* economical, frugal. *ουσ. α. /θ.* housekeeper. steward, stewardess
οικονομώ [ikonomo] *ρ.* economize, save
οικόπεδο [ikopedo] *ουσ. ο.* building-ground
οικοπεδοφάγος [ikopedofayos] *ουσ. α.* landgrabber
οίκος [ikos] *ουσ. α.* house, home
οικόσημο [ikosimo] *ουσ. ο.* coat of arms
οικοτροφείο [ikotrofio] *ουσ. ο.* boarding house
οικοτροφία [ikotrofia] *ουσ. θ.* board
οικότροφος [ikotrofos] *ουσ. α.* boarder
οικουμένη [ikoomeni] *ουσ. θ.* world, universe
οικουμενικός [ikoomenikos] *επ.* universal
οικτ(ε)ίρω [iktiro] *ρ.* pity, have mercy
οικτιρμός [iktirmos] *ουσ. α.* pity, compassion
οικτίρμων [iktirmon] *επ.* merciful, pitiful
οίκτος [iktos] *ουσ. α.* mercy, pity, compassion
οικτρός [iktros] *επ.* pitiful, miserable
οικτρότητα [iktrotita] *ουσ. θ.* pitifulness, misery
οικώ [iko] *ρ.* inhabit, live
οιναποθήκη [inapothiki] *ουσ. θ.* wine cellar
οινέμπορος [ineboros] *ουσ. α.* wine merchant
οινολογία [inoloyia] *ουσ. θ.* enology
οινολόγος [inoloyos] *ουσ. α.*

/θ. wine expert

οινοπαραγωγός [inoparayoyos] *ουσ. α.* wine-producer

οινόπνευμα [inopnevma] *ουσ. ο.* alcohol

οινοπνευματοποιία [inopnevmatopiia] *ουσ. θ.* alcohol industry

οινοπνευματοποιός [inopnevmatopios] *ουσ. α.* distiller

οινοπνευματώδης [inopnevmatodis] *επ.* alcoholic, spirituous

οινοποιία [inopiia] *ουσ. θ.* wine-making

οινοποσία [inoposia] *ουσ. θ.* wine-drinking

οινοπότης [inopotis] *ουσ. α.* wine-drinker

οινοπωλείο [inopolio] *ουσ. ο.* wine-shop

οισοφάγος [isofayos] *ουσ. α.* (ανατ.) esophagus

οιωνός [ionos] *ουσ. α.* omen, augury

οιωνοσκοπία [ionoskopia] *ουσ. θ.* augury, soothsaying

οιωνοσκόπος [ionoskopos] *ουσ. α.* /θ. augur

οκλαδόν [okladon] *επίρ.* squatting

οκνηρία [okniria] *ουσ. θ.* laziness, indolence

οκνηρός [okniros] *επ.* lazy, indolent

οκτάβα [oktava] *ουσ. θ.* (μουσ.) octave

οκτάγωνος [oktayonos] *επ.* octagonal

οκτάεδρος [oktaedros] *επ.* octahedral

οκτακόσια [oktakosia] *ουσ. ο.* /*επ.* eight hundred

οκτάνιο [oktanio] *ουσ. ο.* octane

οκταπλάσιος [oktaplasios] *επ.* eightfold

οκτώ [okto] *ουσ. ο.* /*επ.* eight

Οκτώβριος [oktovrios] *ουσ. α.* October

ολάκερος [olakeros] *επ.* whole, entire

ολάνοιχτος [olanihtos] *επ.* wide open

ολέθριος [olethrios] *επ.* fatal, disastrous

όλεθρος [olethros] *ουσ. α.* destruction, disaster

ολιγάριθμος [oliyarithmos] *επ.* few in numbers

ολιγαρκής [oliyarkis] *επ.* moderate, frugal
ολιγαρχία [oliyarhia] *ουσ. θ.* oligarchy
ολιγαρχικός [oliyarhikos] *επ.* oligarchical
ολιγοήμερος [oligoimeros] *επ.* short-lived
ολιγολογία [oliyoloyia] *ουσ. θ.* taciturnity
ολιγόλογος [oliyoloyos] *επ.* taciturn, brief
ολιγομάθεια [oliyomathia] *ουσ. θ.* little learning
ολιγοπιστία [oliyopistia] *ουσ. θ.* incredulity
ολιγόψυχος [oliyopsihos] *επ.* faint-hearted
ολιγοψυχώ [oliyopsiho] *ρ.* lose courage
ολιγωρία [oliyoria] *ουσ. θ.* negligence
ολικός [olikos] *επ.* whole, total, entire
ολκή [olki] *ουσ. θ.* attraction, pull
Ολλανδία [olandia] *κύρ. όν. θ.* Holland
Ολλανδός [olandos] *ουσ. α.* Dutch
όλμος [olmos] *ουσ. α.* mortar
ολόγεμος [oloyemos] *επ.* entirely full
ολογράφως [oloyrafos] *επίρ.* fully written
ολόγυμνος [oloyimnos] *επ.* stark naked
ολόγυρα [oloyira] *επίρ.* all round
ολόδροσος [olodrosos] *επ.* quite fresh
ολοένα [oloena] *επίρ.* incessantly, continually
ολοζώντανος [olozondanos] *επ.* alive
ολόιδιος [olidios] *επ.* quite the same, identical
ολοκάθαρος [olokatharos] *επ.* quite clear
ολοκαίνουργιος [olokenooryios] *επ.* brand new
ολοκαύτωμα [olokaftoma] *ουσ. ο.* holocaust
ολόκληρος [olokliros] *επ.* whole, entire
ολοκληρώνω [oloklirono] *ρ.* finish up, complete
ολοκλήρωση [oloklirosi] *ουσ. θ.* completion
ολοκληρωτικός [oloklirotikos] *επ.* integral,

total
ολόλαμπρος [ololabros] *επ.* all risplended, bright
ολόλευκος [ololefkos] *επ.* quite white
ολομέλεια [olomelia] *ουσ. θ.* totality, all the members
ολομελής [olomelis] *επ.* whole
ολομέταξος [olometaxos] *επ.* all silk
ολονυκτία [oloniktia] *ουσ. θ.* vigil
ολόρθος [olorthos] *επ.* erect, upright
όλος [olos] *επ.* all, whole, entire
ολοστρόγγυλος [olostrogilos] *επ.* quite round
ολοσχερής [olosheris] *επ.* complete, entire
ολοταχώς [olotahos] *επίρ.* at full speed
ολότελα [olotela] *επίρ.* entirely
ολότητα [olotita] *ουσ. θ.* entirety, totality
ολούθε [oloothe] *επίρ.* from all sides
ολοφάνερος [olofaneros] *επ.* quite manifest, obvious
ολόφωτος [olofotos] *επ.* glowing up
ολόχαρος [oloharos] *επ.* joyful
ολόχρυσος [olohrisos] *επ.* all of gold
ολόψυχος [olopsihos] *επ.* heartly, gold
Ολυμπιάδα [olibiada] *ουσ. θ.* olympiad
ολυμπιακός [olibiakos] *επ.* olympic. **Ολυμπιακοί αγώνες:** Olympic games
ολυμπιονίκης [oibionikis] *ουσ. α. /θ.* olympic champion/winner
Όλυμπος [olibos] *ουσ. α.* Olympus
ομάδα [omada] *ουσ. θ.* team. group, company
ομαδικός [omadikos] *επ.* collective
ομαδικότητα [omadikotita] *ουσ. θ.* collectiveness
ομαλός [omalos] *επ.* even, level
ομαλότητα [omalotita] *ουσ. θ.* smoothness, evenness
ομαλύνω [omalino] *ρ.* level, smooth
ομελέτα [omeleta] *ουσ. θ.*

(μαγ.) omelet
ομήγυρη [omiyiri] *ουσ. θ.* meeting, assembly
ομηρικός [omirikos] *επ.* Homeric
όμηρος [omiros] *ουσ. α. /θ.* hostage
ομιλητής [omilitis] *ουσ. α.* speaker, lecturer
ομιλητικός [omilitikos] *επ.* talkative
ομιλία [omilia] *ουσ. θ.* talk, conversation
όμιλος [omilos] *ουσ. α.* group, company
ομίχλη [omihli] *ουσ. θ.* fog, mist
ομιχλώδης [omihlodis] *επ.* foggy, misty
ομοαξονικός [omoaxonikos] *επ.* co-axial
ομοβροντία [omovrondia] *ουσ. θ.* volley, salvo
ομογένεια [omoyenia] *ουσ. θ.* homogeny, of the same descent
ομογενής [omoyenis] *επ.* homogeneous, uniform
ομόγλωσσος [omoylosos] *επ.* speaking the same language
ομογνωμία [omoynomia] *ουσ. θ.* unanimity
ομογνωμοσύνη [omoynomosini] *ουσ. θ.* unanimity
ομοεθνής [omoethnis] *επ.* of the same nation
ομοειδής [omoidis] *επ.* similar, alike, uniform
ομόθρησκος [omothriskos] *επ.* of the same region
όμοια [omia] *επίρ.* equally, similarly
ομοιογένεια [omioyenia] *ουσ. θ.* homogeneity
ομοιογενής [omioyenis] *επ.* homogeneous, of the same kind
ομοιοκαταληκτώ [omiokatalikto] *ρ.* rhyme
ομοιοκαταληξία [omiokatalixia] *ουσ. θ.* rhyme
ομοιομορφία [omiomorfia] *ουσ. θ.* uniformimty, similarity
ομοιόμορφος [omiomorfos] *επ.* uniform, similar
ομοιοπαθητική [omiopathitiki] *ουσ. θ.* homeopathy
όμοιος [omios] *επ.* similar, alike
ομοιότητα [omiotita] *ουσ. θ.*

similarity, likeness
ομοίωμα [omioma] *ουσ. ο.* image
ομόκεντρος [omokendros] *επ.* concentric, homocentric
ομολογητής [omoloyitis] *ουσ. α.* confessor
ομολογία [omoloyia] *ουσ. θ.* confession, avowance
ομόλογος [omoloyos] *επ.* homologous
ομολογώ [omoloyo] *ρ.* confess, avow
ομόνοια [omonia] *ουσ. θ.* harmony, concord
ομοούσιος [omooosios] *επ.* consubstantial
όμορφα [omorfa] *επίρ.* nicely, finely
ομορφαίνω [omorfeno] *ρ.* embellish, beautify
ομορφιά [omorfia] *ουσ. θ.* beauty, prettiness
όμορφος [omorfos] *επ.* beautiful, pretty, nice
ομοσπονδία [omospondia] *ουσ. θ.* federation
ομοσπονδιακός [omospondiakos] *επ.* federal
ομόσπονδος [omospondos] *επ.* confederate, united
ομοταξία [omotaxia] *ουσ. θ.* class, order
ομοφροσύνη [omofrosini] *ουσ. θ.* harmony, concord
ομοφυλία [omofilia] *ουσ. θ.* homophily
ομοφυλοφιλία [omofolifilia] *ουσ. θ.* homosexualism
ομοφυλόφιλος [omofilofilos] *επ.* homosexual
ομοφωνία [mofonia] *ουσ. θ.* accord, unanimity
ομόφωνος [omofonos] *επ.* unanimous
ομόχρονος [omohronos] *επ.* simultaneous
ομπρέλα [obrela] *ουσ. θ.* umbrella
ομπρελοθήκη [obrelothiki] *ουσ. θ.* umbrella-stand
ομφάλιος [omfalios] *επ.* umbilical
ομφαλός [omfalos] *ουσ. α.* (ανατ.) umbilicus
ομώνυμος [omonimos] *επ.* homonymous
όμως [omos] *σύνδ.* but, yet, however
ον [on] *ουσ. ο.* being, creature
ονειρεύομαι [onirevome] *ρ.*

dream
όνειρο [oniro] *ουσ. ο.* dream
ονειροκρίτης [onirokritis] *ουσ. α.* dream-book
ονειρομάντης [oniromandis] *ουσ. α.* interpreter of dreams
ονειροπόληση [oniropolisi] *ουσ. θ.* revery, day-dream
ονειροπόλος [oniropolos] *ουσ. α.* dreamer
ονειροπολώ [oniropolo] *ρ.* dream
ονειρώδης [onirodis] *επ.* dreamy
ονείρωξη [oniroxi] *ουσ. θ.* nocturnal emission
όνομα [onoma] *ουσ. ο.* name. (γραμ.) noun
ονομάζω [onomazo] *ρ.* name, call
ονομασία [onomasia] *ουσ. θ.* naming, nomination
ονομαστική [onomastiki] *ουσ. θ.* nominative case
ονομαστικός [onomastikos] *επ.* nominal, titular
ονομαστός [onomastos] *επ.* famous, renowned
ονοματεπώνυμο [onomateponimo] *ουσ. ο.* full name, name and surname
ονοματίζω [onomatizo] *ρ.* name, denominate
ονοματολογικός [onomatoloyikos] *επ.* terminological
ονοματολόγιο [onomatoloyio] *ουσ. ο.* list of names
οντολογία [ondoloyia] *ουσ. θ.* ontology
οντολογικός [ondoloyikos] *επ.* ontological
οντότητα [ondotita] *ουσ. θ.* entity, being, essence
οξείδιο [oxidio] *ουσ. ο.* (χημ.) oxide
οξειδώνω [oxidono] *ρ.* oxide
οξείδωση [oxidosi] *ουσ. θ.* oxidization, rusting
όξινος [oxinos] *επ.* sour, acid
οξυγονοκόλληση [oxiyonokolisi] *ουσ. θ.* oxygen welding
οξυγονούχος [oxiyonoohos] *επ.* oxygenated
οξυγόνωση [oxiyonosi] *ουσ. θ.* oxygenation
οξυγώνιος [oxiyonios] *επ.* acute-angled
οξυδέρκεια [oxiderkia] *ουσ. θ.* perspicacity, sharpeness
οξυδερκής [oxiderkis] *επ.*

keen sighted, perspicacity
οξυζενέ [oxizene] *ουσ. ο. άκλ.* (χημ.) peroxide of hydrogen
οξύθυμος [oxithimos] *επ.* irascible, irritable
οξύμωρος [oximoros] *επ.* inconsistent
οξύνοια [oxinia] *ουσ. θ.* sagacity, acumen
οξύνους [oxinoos] *επ.* sagacious, acute
οξύνω [oxino] *ρ.* sharpen
οξύς [oxis] *επ.* sharp, acute
οξύτητα [oxitita] *ουσ. θ.* acidity. sharpness
οξύτονος [oxitonos] *επ.* oxytone
οξύφωνος [oxifonos] *επ.* shrill-voiced, tenor
όξω [oxo] *επίρ.* out, outside
οπαδός [opados] *ουσ. α.* follower, companion
όπερα [opera] *ουσ. θ.* opera
οπερέτα [opereta] *ουσ. θ.* operetta
όπιο [opio] *ουσ. ο.* opium
οπιομανής [opiomanis] *επ.* opium addict
οπισθάγκωνα [opisthagona] *επίρ.* with the hands tied behind the back
όπισθεν [opisthen] *επίρ.* behind, back, on the rear
οπίσθιος [opisthios] *επ.* back, posterior
οπισθοβαρής [opisthovaris] *επ.* tail heavy
οπισθογράφηση [opisthoyrafisi] *ουσ. θ.* endorsement
οπισθογράφος [opisthoyragos] *ουσ. α. /θ.* endorser
οπισθογραφώ [opisthoyrafo] *ρ.* endorse
οπισθοδρόμηση [opisthodromisi] *ουσ. θ.* retrogression
οπισθοδρομικός [opisthodromikos] *επ.* backward, retrogressive
οπισθοδρομικότητα [opisthodromikotita] *ουσ. θ.* backwardness
οπισθοδρομώ [opisthodromo] *ρ.* retreat, go backward
οπισθοφύλακας [opisthifilakas] *ουσ. α. /θ.* rear-guard
οπισθοφυλακή [opisthofilaki] *ουσ. θ.* rear guard
οπισθοχώρηση [opisthohorisi]

ουσ. θ. retreat, withdrawal
οπισθοχωρώ [opisthohoro] *ρ.* retreat, withdraw
οπλαρχηγός [oplarhiyos] *ουσ. α.* chieftain
οπλή [opli] *ουσ. θ.* hoof
οπλίζω [oplizo] *ρ.* arm, equip
οπλισμός [oplismos] *ουσ. α.* arming, armament
οπλίτης [oplitis] *ουσ. α. /θ.* soldier
όπλο [oplo] *ουσ. ο.* arm, weapon, gun
οπλοδιορθωτής [oplodiorthotis] *ουσ. α.* gunsmith
οπλοθήκη [oplothiki] *ουσ. θ.* armory
οπλομαχία [oplomahia] *ουσ. θ.* fencing
οπλομάχος [oplomahos] *ουσ. α.* fencer
οπλοποιία [oplopiia] *ουσ. θ.* gun-making
οπλοποιός [oplopios] *ουσ. α. /θ.* gunsmith
οπλοπολυβόλο [oplopolivolo] *ουσ. ο.* (στρατ.) submachine-gun
οπλοπωλείο [oplopolio] *ουσ. ο.* arms store
οπλοστάσιο [oplostasio] *ουσ. ο.* armory
οπλοφορία [oploforia] *ουσ. θ.* carrying weapons
οπλοφορώ [oploforo] *ρ.* carry weapons
όποιος [opios] *αντ.* whoever
οποιοσδήποτε [opiosdipote] *αντ.* whoever
οπόταν [opotan] *επίρ.* when, whenever
όποτε [opote] *επίρ.* when
οπότε [opote] *επίρ.* whenever
οποτεδήποτε [opotedipote] *επίρ.* whenever
όπου [opoo] *επίρ.* where, wherever
οπουδήποτε [opoodipote] *επίρ.* wherever, wheresoever
οπτασία [optasia] *ουσ. θ.* vision, apparition
οπτική [optiki] *ουσ. θ.* optics
οπτικός [optikos] *επ.* optical, visual
οπτιμισμός [optimismos] *ουσ. α.* optimism
οπτιμιστής [optimistis] *ουσ. α.* optimist
οπωρικό [oporiko] *ουσ. ο.* fruit
οπωροκαλλιέργεια

[oporokalieryia] *ουσ. θ.* fruit-farming
οπωροπωλείο [oporopolio] *ουσ. ο.* fruit market
οπωροπώλης [oporopolis] *ουσ. α.* fruiterer, fruit-seller
οπωροφόρος [oporoforos] *επ.* fruit-bearing
όπως [opos] *επίρ.* as, like
οπωσδήποτε [oposdipote] *επίρ.* anyway, however
όραμα [orama] *ουσ. ο.* vision
οραματίζομαι [oramatizome] *ρ.* visualize
οραματισμός [oramatismos] *ουσ. α.* hallucination, apparition
οραματιστής [oramatistis] *ουσ. α.* visualizer
όραση [orasi] *ουσ. θ.* eyesight, vision
ορατός [oratos] *επ.* visible
ορατότητα [oratotita] *ουσ. θ.* visibility
οργανικός organikos] *επ.* organic
οργανισμός [oryanismos] *ουσ. α.* organism
όργανο [oryano] *ουσ. ο.* organ, instrument. tool
οργανοπαίκτης [oryanopektis] *ουσ. α.* organist, organ player
οργανώνω [oryanono] *ρ.* organize
οργάνωση [oryanosi] *ουσ. θ.* organization
οργανωτής [oryanotis] *ουσ. α.* organizer
οργανωτικός [oryanotikos] *επ.* organizing
οργασμός [oryasmos] *ουσ. α.* orgasm
οργή [oryi] *ουσ. θ.* anger, fury
οργιά [oryia] *ουσ. θ.* fathom
οργιάζω [oryiazo] *ρ.* give oneself to orgies
οργιαστής [oryiastis] *ουσ. α.* reveller
όργιο [oryio] *ουσ. ο.* orgy, revelry
όργωμα [oryoma] *ουσ. ο.* plowing, tilling
οργώνω [oryono] *ρ.* plow, till
ορδή [ordi] *ουσ. θ.* gang, troop
ορέγομαι [oreyome] *ρ.* relish, desire, will
ορειβασία [orivasia] *ουσ. θ.* mountaineering, climbimg
ορειβάτης [orivatis] *ουσ. α.* mountaineer

ορειβατικός [orivatikos] *επ.* mountaineering
ορεινός [orinos] *επ.* mountainous
ορειχάλκινος [orihalkinos] *επ.* bronzen
ορείχαλκος [orihalkos] *ουσ. α.* bronze, brass
ορεκτικό [orektiko] *ουσ. ο.* appetizer
όρεξη [orexi] *ουσ. θ.* appetite, wish, desire
ορεσίβιος [oresivios] *επ.* mountainous
ορθά [ortha] *επίρ.* upright, straight
ορθάνοικτος [orthaniktos] *επ.* wide open
όρθιος [orthios] *επ.* upright, erect
ορθογραφία [orthoyrafia] *ουσ. θ.* dictation, spelling
ορθογραφικός [orthoyrafikos] *επ.* orthografic, of spelling
ορθογράφος [orthoyrafos] *ουσ. α. /θ.* orthographer
ορθογραφώ [orthografo] *ρ.* write correctly
ορθογώνιος [orthoyonios] *επ.* rectangular
ορθοδοξία [orthodoxia] *ουσ. θ.* orthodoxy
ορθόδοξος [orthodoxos] *επ.* orthodox
ορθοκρισία [orthokrisia] *ουσ. θ.* good judgement
ορθολογικός [ortholoyikos] *επ.* rational
ορθολογισμός [ortholoyismos] *ουσ. α.* rationalism
ορθολογιστής [ortholoyistis] *ουσ. α.* rationalist
ορθολογιστικός [ortholoyistikos] *επ.* rationalistic
ορθοπεδικός [orthopedikos] *ουσ. α. /θ.* orthopaedic
ορθός [orthos] *επ.* erect, upright, proper, right
ορθοστασία [orthostasia] *ουσ. θ.* standing
ορθοστάτης [orthostatis] *ουσ. α.* pilaster
ορθότητα [orthotita] *ουσ. θ.* correctness. rectitude
ορθοφωνία [orthofonia] *ουσ. θ.* orthoepy
όρθρος [orthros] *ουσ. α.* (καθ.) daybreak, dawn
ορθώνω [orthono] *ρ.* set up, erect, raise
ορίζοντας [orizondas] *ουσ. α.*

horizon
οριζόντιος [orizondios] *επ.* horizontal. level
οριζοντιώνω [orizondiono] *ρ.* make horizontal
οριζοντίωση [orizondiosi] *ουσ. θ.* making horizontal
ορίζω [orizo] *ρ.* limit, mark
όριο [orio] *ουσ. ο.* limit, bound
οριοδείκτης [oriodiktis] *ουσ. α.* landmark
οριοθετώ [oriotheto] *ρ.* fix the boundaries
ορισμός [orismos] *ουσ. α.* definition, fixing
οριστική [oristiki] *ουσ. θ.* (γραμ.) indicative
οριστικός [oristikos] *επ.* definitive, indicative
ορκίζομαι [orkizome] *ρ.* swear
ορκίζω [orkizo] *ρ.* put an oath
ορκισμός [orkismos] *ουσ. α.* swearing
ορκοδοτώ [orkodoto] *ρ.* swear
όρκος [orkos] *ουσ. α.* oath, vow
ορκωμοσία [orkomosia] *ουσ. θ.* swearing
ορκωτός [orkotos] *επ.* sworn
ορμέμφυτος [ormemfitos] *επ.* instinctive
ορμή [ormi] *ουσ. θ.* violence, impulse
ορμήνεια [orminia] *ουσ. θ.* advice, guidance
ορμητήριο [ormitirio] *ουσ. ο.* starting place
ορμητικός [ormitikos] *επ.* impetuous, violent
ορμητικότητα [ormitikotita] *ουσ. θ.* impetuosity
ορμίζω [ormizo] *ρ.* moor
ορμίσκος [ormiskos] *ουσ. α.* small bay
ορμόνη [ormoni] *ουσ. θ.* hormone
ορμονικός [ormonikos] *επ.* hormonal, hormonic
ορμονοθεραπεία [ormonotherapia] *ουσ. θ.* hormone-therapy
όρμος [ormos] *ουσ. α.* bay, anchorage
ορμώ [ormo] *ρ.* rush, dash
όρνεο [orneo] *ουσ. ο.* (ζωολ.) bird of prey
όρνιθα [ornitha] *ουσ. θ.* (ζωολ.) hen, chicken
ορνιθοκομείο [ornithokomio] *ουσ. ο.* poultry farm
ορνιθοκομία [ornithokomia]

ουσ. θ. chicken-raising
ορνιθοκόμος [ornithokomos] *ουσ. α. /θ.* fowl-breeder
ορνιθολογία [ornitholoyia] *ουσ. θ.* ornithology
ορνιθολόγος [ornitholoyos] *ουσ. α. /θ.* ornithologist
ορνιθοσκαλίσματα [ornithoskalismata] *ουσ. ο. πληθ.* scrawl, scribblings
ορνιθοτροφείο [ornithotrofio] *ουσ. ο.* poultry farm
ορνιθοτροφία [ornithotrofia] *ουσ. θ.* fowl-breeding
ορνιθοτρόφος [ornithotrofos] *ουσ. α.* poultry raiser
ορνιθώνας [ornithonas] *ουσ. α.* hen-coop
οροθεσία [orothesia] *ουσ. θ.* fixing boundaries
οροθετώ [orotheto] *ρ.* fix the boundaries. delimit
ορολογία [oroloyia] *ουσ. θ.* terminology
οροπέδιο [oropedio] *ουσ. ο.* plateau, tableland
όρος [oros] *ουσ. ο.* term, definition. mountain, mount
ορός oros] *ουσ. α.* serum
οροσειρά [orosira] *ουσ. θ.* mountain range
ορόσημο [orosimo] *ουσ. ο.* landmark
οροφή [orofi] *ουσ. θ.* ceiling, roof
όροφος [orofos] *ουσ. α.* storey, store
ορτανσία [ortansia] *ουσ. θ.* (βοτ.) hydrangea
ορτύκι [ortiki] *ουσ. ο.* (ζωολ.) quail
όρυγμα [oriyma] *ουσ. ο.* trench, ditch
ορυζώνας [orizonas] *ουσ. α.* rice-field
ορυκτέλαιο [orikteleo] *ουσ. ο.* mineral oil
ορυκτογραφία [oriktoyrafia] *ουσ. θ.* descriptive mineralogy
ορυκτολογία [oriktoloyia] *ουσ. θ.* mineralogy
ορυκτολογικός [oriktoloyikos] *επ.* mineralogical
ορυκτολόγος [oriktoloyos] *ουσ. α. /θ.* mineralogist
ορυκτός [oriktos] *επ.* dug up, mineral
όρυξη [orixi] *ουσ. θ.* digging, excavation
ορύσσω [oriso] *ρ.* dig, excavate
ορυχείο [orihio] *ουσ. ο.* mine,

quarry
ορφανεύω [orfanevo] *ρ.* orphan, make orphan
ορφάνια [orfania] *ουσ. θ.* orphanhood
ορφανός [orfanos] *επ.* orphan
ορφανοτροφείο [orfanotrofio] *ουσ. ο.* orphan's home
ορχήστρα [orhistra] *ουσ. θ.* orchestra, band
ορχηστρικός [orhistrikos] *επ.* dancing
όσιος [osios] *επ.* holy, sacred
οσιότητα [osiotita] *ουσ. θ.* holiness
οσμή [osmi] *ουσ. θ.* odour, smell
όσο [oso] *επίρ.* as much as, as far as
όσος [osos] *αντ.* as big as, as great as, as much as
οσοσδήποτε [ososdipote] *αντ.* however great, however much
όσπριο [osprio] *ουσ. ο.* (βοτ.) pea, bean
οστεαλγία [ostealyia] *ουσ. θ.* (ιατρ.) ostealgia
οστεολογία [osteoloyia] *ουσ. θ.* osteology
οστεοποίηση [osteopiisi] *ουσ. θ.* (ιατρ.) ossification
οστεοποιώ [osteopio] *ρ.* ossify
οστεοφυλάκιο [osteofilakio] *ουσ. ο.* charnel-house
οστεώδης [osteodis] *επ.* bony
οστρακιά [ostrakia] *ουσ. θ.* (ιατρ.) scarlatina
όστρακο [ostrako] *ουσ. ο.* (ιχθ.) shell
οστρακόδερμος [ostrakodermos] *επ.* crustecean
οστρακοφόρος [ostarkoforos] *επ.* crustaceous
οσφραίνομαι [osfrenome] *ρ.* smell
όσφρηση [osfrisi] *ουσ. θ.* smell, the sense of smell
οσφρητικός [osfritikos] *επ.* of smell
οσφυαλγία [osfialyia] *ουσ. θ.* (ιατρ.) lumbago
οσφυαλγικός [osfialyikos] *επ.* of the waist, lumbar
όταν [otan] *σύνδ.* when, whenever
ό, τι [oti] *αντ.* anything
ότι [oti] *επίρ.* that
Ουγγαρία [oogaria] *κύρ. όν. θ.* Hungary

Ουγγρικός [oogrikos] *επ.* Hungarian
Ούγγρος [oogros] *ουσ. α.* Hungarian
ούγια [ooyia] *ουσ. θ.* edge, border
ουδείς [oodis] *αντ.* nobody, none
ουδέποτε [oodepote] *επίρ.* never
ουδετερότητα [oodeterotita] *ουσ. θ.* neutrality
ουδόλως [oodolos] *επίρ.* not at all, by no means
ούζο [oozo] *ουσ. ο.* ouzo
ουίσκι [ooiski] *ουσ. ο. άκλ.* whisky, whiskey
ουλαμός [oolamos] *ουσ. α.* platoon, squad
ουλή [ooli] *ουσ. θ.* scar
ουλίτιδα [oolitida] *ουσ. θ.* (ιατρ.) inflammation of the gums
ούλο [oolo] *ουσ. ο.* (ανατ.) gum
ουμανισμός [oomanismos] *ουσ. α.* (φιλοσ.) humanism
ουμανιστής [oomanistis] *ουσ. α.* humanist
ουρά [oora] *ουσ. θ.* tail
ουραγκοτάγκος [ooragotagos] *ουσ. α.* (ζωολ.) orang-outang
ουραγός [oorayos] *επ.* leader of the rear-guard
ουραιμία [ooremia] *ουσ. θ.* (ιατρ.) uremia
ουραιμικός [oremikos] *επ.* uremic
ουραίος [ooreos] *επ.* of the tail
ουράνιος [ooranios] *επ.* heavenly, celestial
ουρανίσκος [ooraniskos] *ουσ. α.* (ανατ.) palate
ουρανοκατέβατος [ooranokatevatos] *επ.* come down from heaven
ουρανοξύστης [ooranoxistis] *ουσ. α.* sky-scraper
ουρανός [ooranos] *ουσ. α.* sky, heaven
ουρήθρα [oorithra] *ουσ. θ.* (ανατ.) urethra
ούρηση [oorisi] *ουσ. θ.* urination, pissing
ουρητήριο [ooritirio] *ουσ. ο.* lavatory
ουρία [ooria] *ουσ. θ.* urea
ουρικός [oorikos] *επ.* uric
ουρλιάζω [oorliazo] *ρ.* yell, scream
ούρλιασμα [oorliasma] *ουσ.*

ο. roaring, yelling

ούρο [ooro] *ουσ. ο.* urine, piss

ουροδόχος [oorodohos] *επ.* urinary

ουρολογία [ooroloyia] *ουσ. θ.* urology

ουρολογικός [ooroloyikos] *επ.* urologic(al)

ουρολόγος [ooroloyos] *ουσ. α. /θ.* urologist

ουροποιητικός [ooropiitikos] *επ.* urine producing

ουρώ [ooro] *ρ.* urinate, piss

ουσία [oosia] *ουσ. θ.* substance. essence

ουσιαστικός [oosiastikos] *επ.* substantial. essential

ουσιώδης [oosiodis] *επ.* essential, important

ούτε... ούτε [oote...oote] *σύνδ.* neither...nor

ουτοπία [ootopia] *ουσ. θ.* utopia

ουτοπικός [ootopikos] *επ.* utopian

ουτοπιστής [ootopistis] *ουσ. α.* utopian

οφειλέτης [ofiletis] *ουσ. α.* debtor

οφειλή [ofili] *ουσ. θ.* debt

οφειλόμενος [ofilomenos] *επ.* due

οφείλω [ofilo] *ρ.* owe, be indebted

όφελος [ofelos] *ουσ. ο.* profit, benefit

οφθαλμαπάτη [ofthalmapati] *ουσ. θ.* optical illusion

οφθαλμιατρείο [ofthalmiatrio] *ουσ. ο.* eye-hospital

οφθαλμιατρική [ofthalmiatriki] *ουσ. θ.* opthalmology

οφθαλμίατρος [ofthalmiatros] *ουσ. α. /θ.* opthalmologist

οφθαλμολογία [ofthalmoloyia] *ουσ. θ.* opthalmology

οφθαλμός [ofthalmos] *ουσ. α.* eye

οφθαλμοφανής [ofthalmofanis] *επ.* obvious, evident

οχεταγωγός [ohetayoyos] *ουσ. α.* drainer

οχετός [ohetos] *ουσ. α.* drain, pipe

όχημα [ohima] *ουσ. ο.* vehicle, carriage

όχθη [ohthi] *ουσ. θ.* bank, shore

όχι [ohi] *επίρ.* no, not
οχιά [ohia] *ουσ. θ.* (ζωολ. /μεταφ.) viper
οχλαγωγία [ohlayoyia] *ουσ. θ.* rout, riot
οχλαγωγικός [ohlayoyikos] *επ.* turbulent, riotous
οχλαγωγός [ohlayoyos] *ουσ. α.* rioter
οχλαγωγώ [ohlayoyo] *ϱ.* raise a riot
οχληρός [ohliros] *επ.* annoying, tedious
όχληση [ohlisi] *ουσ. θ.* annoyance
όχλος [ohlos] *ουσ. α.* crowd, mob
οχυρό [ohiro] *ουσ. ο.* fortress
οχύρωμα [ohiroma] *ουσ. ο.* fortification
οχυρωματικός [ohiromatikos] *επ.* fortificating
οχυρώνω [ohirono] *ϱ.* fortify
οχύρωση [ohirosi] *ουσ. θ.* fortification
όψη [opsi] *ουσ. θ.* sight, view
όψιμος [opsimos] *επ.* late, tardy

Π

Π, π [pi] *ουσ. ο.* the sixteenth letter of the Greek alphabet
παγανισμός [payanismos] *ουσ. α.* paganism
παγανιστής [payanistis] *ουσ. α.* paganist
παγερός [payeros] *επ.* icy, freezing
παγετός [payetos] *ουσ. α.* frost, cold
παγετώδης [payetodis] *επ.* frosty, icy
παγετώνας [payetonas] *ουσ. α.* glacier
παγίδευση [payidefsi] *ουσ. θ.* trapping
παγιδεύω [payidevo] *ρ.* trap
πάγιος [payios] *επ.* solid, firm
παγιώνω [payiono] *ρ.* consolidate, stabilize
παγίωση [payiosi] *ουσ. θ.* consolidation
πάγκος [pagos] *ουσ. α.* bench, seat
παγκόσμιος [pagosmios] *επ.* universal
πάγκρεας [pagreas] *ουσ. ο.* (ανατ.) pancreas
παγκρεατικός [pagreatikos] *επ.* pancreatic
παγόβουνο [payovoono] *ουσ. ο.* iceberg
παγόδα [payoda] *ουσ. θ.* pagoda
παγοδρομία [payodromia] *ουσ. θ.* (αθλ.) skating
παγοδρόμιο [payodromio] *ουσ. ο.* skating rink
παγοδρόμος [payodromos] *ουσ. α.* skater
παγοδρομώ [payodromo] *ρ.* skate

παγοθήκη [payothiki] *ουσ. θ.* ice box
παγοθραύστης [payothrafstis] *ουσ. α.* ice-breaker
παγοθραυστικό [payothrafstiko] *ουσ. ο.* (ναυτ.) ice-ship
παγοπέδιλο [payopedilo] *ουσ. ο.* skate
πάγος [payos] *ουσ. α.* ice
παγούρι [payoori] *ουσ. ο.* flask
παγωμένος [payomenos] *επ.* frozen, frigid
παγώνι [payoni] *ουσ. ο.* (ζωολ.) peacock
παγωνιά [payonia] *ουσ. θ.* frost
παγώνω [payono] *ρ.* freeze, cool
παγωτό [payoto] *ουσ. ο.* ice-cream
παζάρεμα [pazarema] *ουσ. ο.* bargaining
παζαρεύω [pazarevo] *ρ.* bargain
παζάρι [pazari] *ουσ. ο.* market, bargaining, bazaar
παθαίνω [patheno] *ρ.* suffer, endure
πάθημα [pathima] *ουσ. ο.* suffering, accident
πάθηση [pathisi] *ουσ. θ.* affection, disease
παθητικός [pathitikos] *επ.* passive, pathetic
παθητικότητα [pathitikotita] *ουσ. θ.* passivity
παθογένεια [pathoyenia] *ουσ. θ.* pathogeny
παθογόνος [pathoyonos] *επ.* pathogenic
παθολογία [patholoyia] *ουσ. θ.* pathology
παθολογικός [patholoyikos] *επ.* pathological
παθολόγος [patholoyos] *ουσ. α.* /*θ.* pathologist
πάθος [pathos] *ουσ. ο.* passion
παθών [pathon] *ουσ. α.* victim, sufferer
παιγνίδι [pehnidi] *ουσ. ο.* game, toy
παιγνιδιάρης [peynidiaris] *επ.* playful
παιγνιώδης [peyniodis] *επ.* playful
παιδαγώγηση [pedayoyisi] *ουσ. θ.* education, training up
παιδαγωγία [pedayoyia] *ουσ. θ.* education of children,

Π

pedagogy
παιδαγωγικός [pedayoyikos] *επ.* pedagogical
παιδαγωγός [pedayoyos] *ουσ. α.* tutor, pedagogue
παιδαγωγώ [pedayoyo] *ϱ.* bring up, educate
παϊδάκι [paidaki] *ουσ. ο.* small chop
παιδάκι [pedaki] *ουσ. ο.* little child
παιδαριώδης [pedariodis] *επ.* childish
παιδεία [pedia] *ουσ. θ.* education, instruction
παιδεμός [pedemos] *ουσ. α.* torture
παιδεραστής [pederastis] *ουσ. α.* sodomite
παιδεραστία [pederastia] *ουσ. θ.* sodomy
παιδεύω [pedevo] *ϱ.* educate. torment
παιδί [pedi] *ουσ. ο.* child, boy
παιδιαρίζω [pediarizo] *ϱ.* behave like a child
παιδιαρίσματα [pediarismata] *ουσ. ο. πληθ.* childish behaviour
παιδιάστικος [pediastikos] *επ.* childish
παιδιατρική [pediatriki] *ουσ. θ.* paediatrics
παιδίατρος [pediatros] *ουσ. α. /θ.* paediatrician
παιδικός [pedikos] *επ.* childish
παιδοκομείο [pedokomio] *ουσ. ο.* founding hospital
παιδομάνι [pedomani] *ουσ. ο.* youngsters, nippers
παιδονόμος [pedonomos] *ουσ. α. /θ.* usher
παίζω [pezo] *ϱ.* play, sport
παίκτης [pektis] *ουσ. α.* player. gambler
παινεύω [penevo] *ϱ.* praise
παίξιμο [peximo] *ουσ. ο.* playing, gambling
παίρνω [perno] *ϱ.* take, receive, get
πακετάρω [paketaro] *ϱ.* pack
πακέτο [paketo] *ουσ. ο.* pack, box
παλαβομάρα [palavomara] *ουσ. θ.* madness, silliness
παλαβός [palavos] *επ.* mad, silly
παλαίμαχος [palemahos] *επ.* veteran
παλαιολιθικός [paleolithikos] *επ.* paleolithic

παλαιοντολογία [palendoloyia] *ουσ. θ.* paleontology
παλαιοντολόγος [paleontoloyos] *ουσ. α. /θ.* paleontologist
παλαιοπωλείο [paleopolio] *ουσ. ο.* second-hand store
παλαιοπώλης [paleopolis] *ουσ. α.* dealer in second-hand articles
παλαιός [paleos] *επ.* old, ancient
παλαιστής [palestis] *ουσ. α.* wrestler
παλαιστικός [palestikos] *επ.* wrestling
παλαίστρα [palestra] *ουσ. θ.* wrestling ring
παλαμάκια [palamakia] *ουσ. ο. πληθ.* clapping of the hands
παλαμάρι [palamari] *ουσ. ο.* cable
παλάμη [palami] *ουσ. θ.* (ανατ.) palm of the hand
παλάτι [palati] *ουσ. ο.* palace
παλεύω [palevo] *ρ.* wrestle. struggle
πάλη [pali] *ουσ. θ.* wrestling. struggle
πάλι [pali] *επίρ.* again
παλιάνθρωπος [palianthropos] *ουσ. α.* wretch, villain
παλιάτσος [paliatsos] *ουσ. α.* clown, buffon
παλιγγενεσία [paligenesia] *ουσ. θ.* regeneration, renaissance
παλικαράς [palikaras] *ουσ. α.* brave man
παλικάρι [palikari] *ουσ. ο.* brave man
παλικαριά [palikaria] *ουσ. θ.* bravery, courage
παλικαρίσιος [palikarisios] *επ.* brave, bold
παλίνδρομος [palindromos] *επ.* retrogressive
παλινόρθωση [palinorthosi] *ουσ. θ.* restoration
παλίρροια [paliria] *ουσ. θ.* tide, flood-tide
παλλακίδα [palakida] *ουσ. θ.* concubine, mistress
πάλλω [palo] *ρ.* palpitate
παλμικός [palmikos] *επ.* of vibration, pulsating
παλμός [palmos] *ουσ. α.* palpitation, pulsation
παλούκι [palooki] *ουσ. ο.* stake, pole, post

παλτό [palto] *ουσ. ο. άκλ.* overcoat
παμπάλαιος [pabaleos] *επ.* very old
πάμπλουτος [pablootos] *επ.* very rich
παμφάγος [pamfayos] *επ.* omnivorous
παμψηφεί [pampsifi] *επίρ.* unanimously
παν [pan] *ουσ. ο.* everything, all
Παναγία [panayia] *ουσ. θ.* the Blessed Virgin Mary
πανάδα [panada] *ουσ. θ.* freckle, sunburn
πανάκεια [panakia] *ουσ. θ.* panacea
πανδοχείο [pandohio] *ουσ. ο.* inn, hosterly
πανεπιστημιακός [panepistimakos] *επ.* (of) university
πανεπιστήμιο [panepistimio] *ουσ. ο.* university
πανέρι [paneri] *ουσ. ο.* pannier, basket
πανηγύρι [paniyiri] *ουσ. ο.* public feast
πανηγυρίζω [paniyirizo] *ρ.* celebrate
πανηγυρικός [paniyirikos] *επ.* festive, triumphant
πανθεϊσμός [pantheismos] *ουσ. α.* pantheism
πανθεϊστής [pantheistis] *ουσ. α.* pantheist
πανθεϊστικός [pantheistikos] *επ.* pantheistic
πάνθεο [pantheo] *ουσ. ο.* pantheon
πάνθηρας [panthiras] *ουσ. α.* (ζωολ.) panther
πανί [pani] *ουσ. ο.* cloth, stuff
πανικός [panikos] *ουσ. α.* panic
πάνινος [paninos] *επ.* of cotton
πανίσχυρος [panishiros] *επ.* very powerful
πανομοιότυπος [panomiotipos] *επ.* copied, exactly similar
πανοπλία [panoplia] *ουσ. θ.* armour, panoply
πάνοπλος [panoplos] *επ.* fully armed
πανόραμα [panorama] *ουσ. ο.* panorama
πανοραμικά [panoramika] *επίρ.* panoramically
πανόσιος [panosios] *επ.*

saintly, holy
πανούκλα [panookla] *ουσ. θ.* (ιατρ.) plague, pest
πανουργία [panooryia] *ουσ. θ.* cunning, craft
πανούργος [panooryos] *επ.* cunning, crafty
πανσέληνος [panselinos] *ουσ. θ.* full moon
πανσές [panses] *ουσ. α.* (βοτ.) pansy
πανσοφία [pansofia] *ουσ. θ.* omniscience
πάνσοφος [pansofos] *επ.* all wise, omniscient
πάντα [panda] *επίρ.* always, for ever
πανταλόνι [pandaloni] *ουσ. ο.* pair of trousers
παντελεήμων [pandeleimon] *επ.* most merciful
παντελής [pandelis] *επ.* complete, total, entire
παντζάρι [pantzari] *ουσ. ο.* (βοτ.) beet-root
παντζούρι [pantzoori] *ουσ. ο.* window-shutter
παντογνώστης [pandoynostis] *επ.* all-knowing
παντοδύναμος [pandodinamos] *επ.* omnipotent
παντοκρατορία [pandokratoria] *ουσ. θ.* world rule
παντομίμα [pandomima] *ουσ. θ.* pantomime
παντοπωλείο [pandopolio] *ουσ. ο.* grocery
παντοπώλης [pandopolis] *ουσ. α.* grocer
παντοτινός [pandotinos] *επ.* perpetual, everlasting
παντού [pandoo] *επίρ.* everywhere
παντόφλα [pandofla] *ουσ. θ.* slipper
πανύψηλος [panipsilos] *επ.* very tall
πανωλεθρία [panolethria] *ουσ. θ.* complete ruin
παξιμάδι [paximadi] *ουσ. ο.* cracker, biscuit
παπαγαλίζω [papayalizo] *ρ.* repeat like a parrot
παπαγάλος [papayalos] *ουσ. α.* parrot
παπαδιά [papadia] *ουσ. θ.* priest's wife
παπάκι [papaki] *ουσ. ο.* (ζωολ.) duckling

παπαρούνα [paparoona] *ουσ. θ.* (βοτ.) poppy
Πάπας [papas] *ουσ. α.* Pope
παπάς [papas] *ουσ. α.* priest
πάπια [papia] *ουσ. θ.* duck
παπιγιόν [papiyion] *ουσ. ο. άκλ.* bow-tie
παπικός [papikos] *επ.* papal
παπισμός [papismos] *ουσ. α.* papistry
πάπλωμα [paploma] *ουσ. ο.* coverlet, quilt
παπλωματάς [paplomatas] *ουσ. α.* quilt-maker
παπουτσής [papootsis] *ουσ. α.* shoe-maker
παπούτσι [papootsi] *ουσ. ο.* shoe
πάππος [papos] *ουσ. α.* grandfather
παππούλης [papoolis] *ουσ. α.* grandfather
παππούς [papoos] *ουσ. α.* grandfather
πάπυρος [papiros] *ουσ. α.* papyrus
παρά [para] *πρόθ.* by, from, than, in spite of
παραβαίνω [paraveno] *ρ.* break, violate
παραβάλλω [paravalo] *ρ.* compare
παραβάν [paravan] *ουσ. ο. άκλ.* floor screen
παράβαση [paravasi] *ουσ. θ.* violation, transgression
παραβάτης [paravatis] *ουσ. α.* transgressor, violator
παραβγαίνω [paravyeno] *ρ.* compete with
παραβιάζω [paraviazo] *ρ.* violate, force
παραβίαση [paraviasi] *ουσ. θ.* violation, transgression
παραβλέπω [paravlepo] *ρ.* overlook
παράβλεψη [paravlepsi] *ουσ. θ.* oversight
παραβολή [paravoli] *ουσ. θ.* comparison
παραβολικός [paravolikos] *επ.* comparative
παράβολο [paravolo] *ουσ. ο.* deposit
παραγάδι [parayadi] *ουσ. ο.* fishing net
παραγγελία [paragelia] *ουσ. θ.* order, command
παραγγελιοδότης [parageliodotis] *ουσ. α.* buyer
παραγγελιοδόχος [parageliodohos] *ουσ. α. /θ.*

agent, salesman, commissioner
παραγγέλλω [paragelo] *ρ.* order, command
παράγγελμα [paragelma] *ουσ. ο.* order, command
παραγεμίζω [parayemizo] *ρ.* overfill, stuff
παραγέμισμα [parayemisma] *ουσ. ο.* stuffing, overfilling
παραγίνομαι [parayinome] *ρ.* be overdone, become overripe
παραγιός [parayios] *ουσ. α.* adopted son
παράγκα [paraga] *ουσ. θ.* shed, stall
παραγκωνίζω [paragonizo] *ρ.* elbow, push aside
παραγκώνιση [paragonisi] *ουσ. θ.* pushing aside, neglecting
παραγνωρίζω [paraynorizo] *ρ.* disregard
παραγνώριση [paraynorisi] *ουσ. θ.* disregard, ignoring
παράγοντας [parayondas] *ουσ. α.* factor
παραγραφή [parayrafi] *ουσ. θ.* prescription
παράγραφος [parayrafos] *ουσ. θ.* paragraph
παραγράφω [parayrafo] *ρ.* prescribe
παράγω [parayo] *ρ.* produce, bear
παραγωγή [parayoyi] *ουσ. θ.* production
παραγωγικός [parayoyikos] *επ.* productive, fruitful
παραγωγικότητα [parayoyikotita] *ουσ. θ.* productivity
παράγωγος [parayoyos] *ουσ. θ.* (μαθ.) derivative
παραγωγός [parayoyosa] *ουσ. α.* /*θ.* producer
παραγώνι [parayoni] *ουσ. ο.* fireside
παραδεδομένος [paradedomenos] *επ.* given, addicted
παράδειγμα [paradiyma] *ουσ. ο.* example, instance
παραδειγματίζω [paradiymatizo] *ρ.* make an example
παραδειγματικός [paradiymatikos] *επ.* exemplary
παραδειγματισμός [paradiymatismos] *ουσ. α.*

Π

exemplary punishment
παραδείσιος [paradisios] *επ.* of paradise, paradisiac
παράδεισος [paradises] *ουσ. α.* paradise
παραδεκτός [paradektos] *επ.* acceptable, admisssible
παραδέρνω [paraderno] *ρ.* beat hard
παραδέχομαι [paradehome] *ρ.* admit, accept
παραδίδω [paradido] *ρ.* deliver, give up
παραδοξολογία [paradoxoloyia] *ουσ. θ.* paradox
παραδοξολογώ [paradoxoloyo] *ρ.* tell strange things
παραδόπιστος [paradopistos] *επ.* stingy
παράδοση [paradosi] *ουσ. θ.* tradition. delivery
παραδοχή [paradohi] *ουσ. θ.* acceptance, admission
παραδρομή [paradromi] *ουσ. θ.* oversight, omission
παραείμαι [paraime] *ρ.* be beyond measure
παραέξω [paraexo] *επίρ.* farther out
παραέχω [paraeho] *ρ.* have too much
παραζάλη [parazali] *ουσ. θ.* giddiness, confusion
παραζαλίζω [parazalizo] *ρ.* bother too much
παραζαλισμένος [parazalismenos] *επ.* confused
παραθαλάσσιος [parathalasios] *επ.* near the sea
παραθερίζω [paratheerizo] *ρ.* spend the summer in the country
παραθερμαίνω [parathermeno] *ρ.* overheat
παραθέτω [paratheto] *ρ.* compare
παράθλαση [parathlasi] *ουσ. θ.* diffraction
παράθυρο [parathiro] *ουσ. ο.* window
παραθυρόφυλλο [parathirofilo] *ουσ. ο.* window-shutter
παραίνεση [parenesi] *ουσ. θ.* advice, admonition
παραινετικός [parenetikos] *επ.* admonitory, advising
παραινώ [pareno] *ρ.* admonish, advise

παραίσθηση [paresthisi] *ουσ. θ.* hallucination, illusion
παραίτηση [paretisi] *ουσ. θ.* resignation, demission
παραιτώ [pareto] *ρ.* give up, forsake
παράκαιρος [parakeros] *επ.* unseasonable
παρακάλια [parakalia] *ουσ. ο. πληθ.* entreaties
παρακαλώ [parakalo] *ρ.* beg, ask, request
παρακάμπτω [parakampto] *ρ.* get around
παρακάνω [parakano] *ρ.* overdo
παρακαταθήκη [parakatathiki] *ουσ. θ.* deposit, stock
παρακατιανός [parakatianos] *επ.* following, lower
παρακάτω [parakato] *επίρ.* below
παρακεί [paraki] *επίρ.* further on
παρακείμενος [parakimenos] *επ.* adjacent, neighbouring, *ουσ. α.* (γραμ.) present perfect
παρακέντηση [parakendisi] *ουσ. θ.* exhortation, incitement
παρακίνηση [parakinisi] *ουσ. θ.* incitement, urging
παρακινητής [parakinitis] *ουσ. α.* inciter
παρακινητικός [parakinitikos] *επ.* inciting, exhorting
παρακινώ [parakino] *ρ.* incite, urge
παρακλάδι [parakladi] *ουσ. ο.* branch
παράκληση [paraklisi] *ουσ. θ.* request
παρακλητικός [paraklitikos] *επ.* supplicating
παρακμάζω [parakmazo] *ρ.* decline, decay
παρακμή [parakmi] *ουσ. θ.* decline, decay
παρακοή [parakoi] *ουσ. θ.* disobedience
παρακολούθηση [parakoloothisi] *ουσ. θ.* following, attendance
παρακολουθώ [parakolootho] *ρ.* attend, follow
παρακουράζω [parakoorazo] *ρ.* overtire, exhaust
παρακούω [parakoo-o] *ρ.* disobey

παρακράτηση [parakratisi] *ουσ. θ.* withholding, retention
παρακρατώ [parakrato] *ρ.* retain, withhold
παράκρουση [parakroosi] *ουσ. θ.* discord
παράκτιος [paraktios] *επ.* coastal
παρακώλυση [parakolisi] *ουσ. θ.* hindrance, impediment
παραλαβή [paralavi] *ουσ. θ.* receipt
παραλαμβάνω [paralamvano] *ρ.* receive, take
παραλείπω [paralipo] *ρ.* omit, skip
παράλειψη [paralipsi] *ουσ. θ.* omission
παραλήγουσα [paraliyoosa] *ουσ. θ.* (γραμ.) penult
παραλήπτης [paraliptis] *ουσ. α. /θ.* receiver
παραλήρημα [paralirima] *ουσ. ο.* delirium, raving
παραληρώ [paraliro] *ρ.* rave
παραλής [paralis] *επ.* rich, wealthy
παραλία [paralia] *ουσ. θ.* beach, sea-shore
παραλιακός [paraliakos] *επ.* coastal
παραλίγο [paraliyo] *επίρ.* nearly, almost
παράλιος [paralios] *επ.* by the sea, coastal
παραλλαγή [paralayi] *ουσ. θ.* change, variation
παραλλάσσω [paralaso] *ρ.* vary, change
παραλληλεπίπεδο [paralilepipedo] *ουσ. ο.* (γεωμ.) parallelepiped
παραλληλίζω [paralilizo] *ρ.* compare
παραλληλισμός [paralilismos] *ουσ. α.* comparison, paralleling
παραλληλόγραμμο [paraliloyramo] *ουσ. ο.* (γεωμ.) parallelogram
παράλληλος [paralilos] *επ.* parallel
παραλογίζομαι [paraloyizome] *ρ.* talk irrationally
παραλογισμός [paraloyismos] *ουσ. α.* absurdity
παράλογος [paraloyos] *επ.* absurd, unreasonable
παράλυση [paralisi] *ουσ. θ.* paralysis
παραλυτικός [paralitikos] *επ.*

paralytic
παράλυτος [paralitos] *επ.* paralytic
παραλύω [paralio] *ρ.* paralyze
παραμάνα [paramana] *ουσ. θ.* nurse, wet-nurse
παραμεθόριος [paramethorios] *επ.* frontier, border
παραμέληση [paramelisi] *ουσ. θ.* negligence
παραμελώ [paramelo] *ρ.* neglect, disregard
παραμένω [parameno] *ρ.* remain, stay
παράμερα [paramera] *επίρ.* aside
παραμερίζω [paramerizo] *ρ.* put aside
παράμερος [parameros] *επ.* out of the way, remote
παραμιλητό [paramilito] *ουσ. ο.* delirium
παραμιλώ [paramilo] *ρ.* be delirious
παραμονεύω [paramonevo] *ρ.* watch for
παραμονή [paramoni] *ουσ. θ.* eve. stay, sojourn
παραμορφώνω [paramorfono] *ρ.* deform, disfigure
παραμόρφωση [paramorfosi] *ουσ. θ.* deformation, disfiguring
παραμορφωτικός [paramorotikos] *επ.* distortional, deforming
παραμυθένιος [paramithenios] *επ.* fabulous, fairy-like
παραμύθι [paramithi] *ουσ. ο.* story, tale
παρανάλωμα [paranaloma] *ουσ. ο.* something consumed
παρανόηση [paranoisi] *ουσ. θ.* misunderstanding
παράνοια [parania] *ουσ. θ.* insanity, madness
παράνομα [paranoma] *επίρ.* illegally
παρανομία [paranomia] *ουσ. θ.* illegality
παράνομος [paranomos] *επ.* illegal, unlawful
παρανομώ [paranomo] *ρ.* violate the law
παρανοώ [parano-o] *ρ.* misunderstand
παράνυμφος [paranimfos] *ουσ. α.* best man

παρανυχίδα [paranihida] *ουσ. θ.* hangnail
παράξενα [paraxena] *επίρ.* strangely
παραξενεύομαι [paraxenevome] *ρ.* be surprised
παραξενιά [paraxenia] *ουσ. θ.* strangeness, odity
παράξενος [paraxenos] *επ.* strange, odd
παραξηλώνω [paraxilono] *ρ.* overdo, exaggerate
παραπαίδι [parapedi] *ουσ. ο.* adopted child
παραπαίω [parapeo] *ρ.* stagger
παραπανίσιος [parapanisios] *επ.* superfluous, in addition
παραπάνω [parapano] *επίρ.* over, above
παραπάτημα [parapatima] *ουσ. ο.* staggering
παραπατώ [parapato] *ρ.* stumble
παραπέμπω [parapebo] *ρ.* refer, send
παραπέρα [parapera] *επίρ.* further on, beyond
παραπεταμένος [parapetamenos] *επ.* thrown in the scrap heap
παραπέτασμα [parapetasma] *ουσ. ο.* curtain, window-bind
παραπέτο [parapeto] *ουσ. ο.* parapet
παραπετώ [parapeto] *ρ.* reject, throw away
παράπηγμα [parapiyma] *ουσ. ο.* shed, booth
παραπλάνηση [paraplanisi] *ουσ. θ.* seduction
παραπλανητικός [paraplanitikos] *επ.* seductive, misleading
παραπλανώ [paraplano] *ρ.* seduce, mislead
παράπλευρος [paraplevros] *επ.* nearby, lateral
παραπληγία [parapliyia] *ουσ. θ.* paraplegia
παραπληγικός [parapliyikos] *επ.* paraplegic
παραπληρωματικός [parapliromatikos] *επ.* supplementary
παραπλήσιος [paraplisios] *επ.* similar
παραποίηση [parapiisi] *ουσ. θ.* counterfeiting, falsification
παραποιώ [parapio] *ρ.* counterfeit, falsify

παραπομπή [parapobi] *ουσ. θ.* reference, quotation
παραπονιάρης [paraponiaris] *επ.* murmurer, complainer
παραπονιάρικος [paraponiarikos] *επ.* plaintive
παράπονο [parapono] *ουσ. ο.* complaint
παραπονούμαι [paraponoome] *ρ.* complain, murmur
παραπόταμος [parapotamos] *ουσ. α.* affluent
παραπούλι [parapooli] *ουσ. ο.* (ζωολ.) sprout
παράπτωμα [paraptoma] *ουσ. ο.* fault, error
παράρτημα [parartima] *ουσ. ο.* supplement, appendix
παράσημο [parasimo] *ουσ. ο.* decoration
παρασημοφορία [parasimoforia] *ουσ. θ.* decoration
παρασημοφορώ [parasimoforo] *ρ.* decorate
παρασιτικός [parasitikos] *επ.* parasitic
παρασιτισμός [parasitismos] *ουσ. α.* parasitism
παράσιτο [parasito] *ουσ. ο.* parasite
παρασιτώ [parasito] *ρ.* be a parasite
παρασκευάζω [paraskevazo] *ρ.* prepare
παρασκεύασμα [paraskevasma] *ουσ. ο.* anything prepared
παρασκευαστής [paraskevastis] *ουσ. α.* preparer
παρασκευαστικός [paraskevastikos] *επ.* preparatory
Παρασκευή [paraskevi] *ουσ. θ.* Friday
παρασκηνιακός [paraskiniakos] *επ.* in the side lines, backstage
παρασκήνιο [paraskinio] *ουσ. ο.* side-line, side-scene
παρασπονδώ [paraspondo] *ρ.* break a treaty
παράσταση [parastasi] *ουσ. θ.* representation
παραστάτης [parastatis] *ουσ. α.* attendant, assistant
παραστέκω [parasteko] *ρ.* assist, support
παράστημα [parastima] *ουσ. ο.* appearance, bearing

Π

παραστράτημα [parastratima] *ουσ. ο.* deviation, misconduct
παραστρατώ [parastrato] *ρ.* deviate
παρασύνθημα [parasinthima] *ουσ. ο.* password
παρασύρω [parasiro] *ρ.* carry away
παράταξη [parataxi] *ουσ. θ.* array, order
παράταση [paratasi] *ουσ. θ.* prolongation, protracting
παρατάσσω [parataso] *ρ.* array, line up
παρατατικός [paratatikos] *επ.* prolonged, protracted. *ουσ. α.* (γραμ.) imperfect tense
παρατείνω [paratino] *ρ.* prolong, protract
παρατεταμένος [paratetamenos] *επ.* prolonged
παρατήρηση [paratirisi] *ουσ. θ.* observation, remark
παρατηρητήριο [paratiritirio] *ουσ. ο.* observation post
παρατηρητής [paratiritis] *ουσ. α.* observer
παρατηρητικός [paratiritikos] *επ.* observant
παρατηρητικότητα [paratiritikotita] *ουσ. θ.* power of observation, keenness
παρατηρώ [paratiro] *ρ.* observe, notice. remark
παράτολμος [paratolmos] *επ.* foolhardy, bold
παρατονία [paratiro] *ουσ. θ.* discord
παρατραβώ [paratravo] *ρ.* pull overmuch
παρατράγουδο [paratrayoodo] *ουσ. ο.* untoward incident
παρατρώγω [paratroyo] *ρ.* overeat
παρατσούκλι [paratsookli] *ουσ. ο.* nickname
παραφέρνω [paraferno] *ρ.* carry more than necessary
παραφέρομαι [paraferome] *ρ.* get excited
παραφθορά [parafthora] *ουσ. θ.* corruption
παραφίνη [parafini] *ουσ. θ.* (χημ.) paraffine
παραφορά [parafora] *ουσ. θ.* excitement, rage
παράφορος [paraforos] *επ.* furious, frantic
παραφορτώνω [parafortono]

ρ. overload, overcharge
παραφράζω [parafrazo] ρ. paraphrase
παράφραση [parafrasi] *ουσ. θ.* paraphrase
παράφρονας [parafronas] *ουσ. α. /θ.* mad, insane
παραφροσύνη [parafrosini] *ουσ. θ.* madness, insanity
παραφυάδα [parafiada] *ουσ. θ.* (βοτ.) sucker, sprout
παραφωνία [parafonia] *ουσ. θ.* dissonance, discord
παράφωνος [parafonos] *επ.* dissonant, discordant
παραχαράκτης [paraharaktis] *ουσ. α. /θ.* counterfeiter, forger
παραχάραξη [paraharaxi] *ουσ. θ.* counterfeiting, forgery
παραχώνω [parahono] ρ. bury in the ground
παραχώρηση [parahorisi] *ουσ. θ.* granting, concession
παραχωρητής [parahoritis] *ουσ. α.* grantor
παραχωρώ [parahoro] ρ. grant, cede
παραψήνω [parapsino] ρ. overdo
παραψυχολογία [parapsiholoyia] *ουσ. θ.* parapsychology
παρδαλός [pardalos] *επ.* spotty, spotted. (μεταφ.) variegated
παρέα [parea] *ουσ. θ.* company, party
παρεγκεφαλίδα [paregefalida] *ουσ. θ.* (ανατ.) cerebellum
πάρεδρος [paredros] *ουσ. α.* assessor
παρείσακτος [parisaktos] *επ.* intruding
παρεκβολή [parekvoli] *ουσ. θ.* extension
παρεκκλήσι [pareklisi] *ουσ. ο.* chapel
παρεκκλίνω [pareklino] ρ. deviate
παρεκτρέπω [parektrepo] ρ. turn aside, deviate
παρεκτροπή [parektropi] *ουσ. θ.* loss of self control, deviation
παρέλαση [parelasi] *ουσ. θ.* parade
παρελαύνω [parelavno] ρ. parade, march
παρελθόν [parelthon] *ουσ. ο.* past

Π

παρέμβαση [paremvasi] *ουσ. θ.* intervention
παρεμβολή [paremvoli] *ουσ. θ.* interposition, insertion
παρεμποδίζω [parebodizo] *ρ.* hinder, impede, obstruct
παρεμπόδιση [parebodisi] *ουσ. θ.* impeding, obstruction
παρεμφερής [paremferis] *επ.* similar
παρενόχληση [parenohlisi] *ουσ. θ.* annoying, trouble
παρενοχλώ [parenohlo] *ρ.* annoy, harass
παρεξήγηση [parexiyisi] *ουσ. θ.* misunderstanding
παρεξηγώ [parexiyo] *ρ.* misunderstand, misinterpret
πάρεργος [pareryos] *επ.* unessential, secondary
παρερμηνεία [parerminia] *ουσ. θ.* misinterpretation
παρερμηνεύω [parerminevo] *ρ.* misinterpret, misunderstand
παρέρχομαι [parerhome] *ρ.* pass, pass by
παρευρίσκομαι [parevriskome] *ρ.* be present, attend
παρέχω [pareho] *ρ.* give, supply, grant
παρηγορητής [pariyoritis] *ουσ. α.* consoler, comforter
παρηγορώ [pariyoro] *ρ.* console, comfort
παρηκμασμένος [parikmasmenos] *επ.* decayed
παρήχηση [parihisi] *ουσ. θ.* assonance
παρθεναγωγείο [parthenayoyio] *ουσ. ο.* school of girls
παρθενικός [parthenikos] *επ.* virginal, maidenly
παρθένος [parthenos] *ουσ. α. /θ.* virgin
Παρθενώνας [parthenonas] *ουσ. α.* (ιστ.) Parthenon
Παρίσι [parisi] *κύρ. όν. ο.* Paris
παριστάνω [paristano] *ρ.* represent
παρκάρω [parkaro] *ρ.* park
παρκέ [parke] *ουσ. ο. άκλ.* parquet
πάρκο [parko] *ουσ. ο.* park
παροδικός [parodikos] *επ.* transient, temporary
πάροδος [parodos] *ουσ. θ.* passage, side street
παροικία [parikia] *ουσ. θ.*

colony
πάροικος [parikos] *ουσ. α. /θ.* colonist
παροικώ [pariko] *ρ.* reside
παροιμία [parimia] *ουσ. θ.* proverb, saying
παροιμιακός [parimiakos] *επ.* proverbial
παρ'ολίγον [paroliyon] *επίρ.* nearly, almost
παρομοιάζω [paromiazo] *ρ.* liken, compare
παρόμοιος [paromios] *επ.* similar, alike
παρομοίωση [paromiosi] *ουσ. θ.* likening, comparison
παρόν [paron] *ουσ. ο.* present
παρονομαστής [paronomastis] *ουσ. α.* (μαθ.) denominator
παροξύνω [paroxino] *ρ.* excite, provoke
παροξυσμός [paroxismos] *ουσ. α.* paroxysm, excitement
παροπλίζω [paroplizo] *ρ.* disarm
παροπλισμός [paroplismos] *ουσ. α.* disarming
παρόρμηση [parormisi] *ουσ. θ.* urging, incitement
παρορμητικός [parormitikos] *επ.* inciting, impulsive
παρότρυνση [parotrinsi] *ουσ. θ.* urging, exhortation
παροτρύνω [parotrino] *ρ.* exhort, incite
παρουσία [paroosia] *ουσ. θ.* presence
παρουσιάζω [paroosiazo] *ρ.* present
παρουσίαση [paroosiasi] *ουσ. θ.* presentation
παρουσιαστικό [paroosiastiko] *ουσ. ο.* appearance
παροχετεύω [parohetevo] *ρ.* divert to another conduit
παροχή [parohi] *ουσ. θ.* granting, supply
παρρησία [parisia] *ουσ. θ.* outspokenness, frankness
πάρσιμο [parsimo] *ουσ. ο.* taking, receiving
παρτέρι [parteri] *ουσ. ο.* flower-bed
παρτίδα [partida] *ουσ. θ.* game. portion
παρυφή [parifi] *ουσ. θ.* border, fringe
παρωδία [parodia] *ουσ. θ.* parody
παρών [paron] *επ.* present

παρωνύμιο [paronimio] *ουσ. ο.* nickname
παρωπίδες [paropides] *ουσ. θ. πληθ.* blinkers
παρωτίτιδα [parotitida] *ουσ. θ.* (ιατρ.) mumps, parotitis
παρωχημένος [parohimenos] *επ.* past long, past
πάσα [pasa] *ουσ. θ.* pass
πασάλειμμα [pasalima] *ουσ. ο.* smearing
πασαλείφω [pasalifo] *ρ.* daub, smear
πασάς [pasas] *ουσ. α.* (ιστ.) pasha
πασίγνωστος [pasiynostos] *επ.* well-known
πασπαλίζω [paspalizo] *ρ.* sprinkle, powder
πασπατεύω [paspatevo] *ρ.* grope, feel
πάσσαλος [pasalos] *ουσ. α.* stake, pole
πάστα [pasta] *ουσ. θ.* (μαγ.) paste, pastry
παστέλι [pasteli] *ουσ. ο.* (μαγ.) sesame cake
παστεριωμένος [pasteriomenos] *επ.* pasteurized
παστεριώνω [pasteriono] *ρ.* pasteurize
παστερίωση [pasteriosi] *ουσ. θ.* pasteurization, sterilization
παστίλια [pastilia] *ουσ. θ.* lozenge, pastille
παστός [pastos] *επ.* salted
παστρεύω [pastrevo] *ρ.* clean, cleanse
παστρικός [pastrikos] *επ.* clean, neat
πάστωμα [pastoma] *ουσ. ο.* curing, salting
Πάσχα [pasha] *ουσ. θ.* Easter
πασχαλιά [pashalia] *ουσ. θ.* Easter day. (βοτ.) lilac
πασχαλινός [pashalinos] *επ.* (of) Easter
πασχίζω [pashizo] *ρ.* try hard, strive
πάσχω [pasho] *ρ.* suffer, be ill
πάταγος [patayos] *ουσ. α.* loud noise. sensation
παταγώδης [patayodis] *επ.* noisy, loud
πατάτα [patata] *ουσ. θ.* (βοτ.) potato
πατέρας [pateras] *ουσ. α.* father
πατερίτσα [pateritsa] *ουσ. θ.* bishop's staff
πάτημα [patima] *ουσ. ο.* step,

footstep
πατημασιά [patimasia] *ουσ. θ.* footprint, track
πατητήρι [patitiri] *ουσ. ο.* wine-press
πατίκωμα [patikoma] *ουσ. ο.* compression, pressure
πατικώνω [patikono] *ρ.* squeeze in, press
πατινάδα [patinada] *ουσ. θ.* serenade
πατινάζ [patinaz] *ουσ. ο. άκλ.* skating
πατινάρω [patinaro] *ρ.* skate
πατίνι [patini] *ουσ. ο.* skate
πάτος [patos] *ουσ. α.* bottom
πατούσα [patoosa] *ουσ. θ.* sole
πατριαρχείο [patriarhio] *ουσ. ο.* (εκκλ.) patriarchate
πατριάρχης [patriarhis] *ουσ. α.* patriarch
πατριαρχία [patriarhia] *ουσ. θ.* patriarchate
πατριαρχικός [patriarhikos] *επ.* patriarchal
πατρίδα [patrida] *ουσ. θ.* mother land
πατρίκιος [patrikios] *ουσ. α.* (ιστ.) patrician
πατρικός [patrikos] *επ.* paternal, fatherly
πατριός [patrios] *ουσ. α.* step father
πατριώτης [patriotis] *ουσ. α.* patriot, compatriot
πατριωτικός [patriotikos] *επ.* patriotic
πατριωτισμός [patriotismos] *ουσ. α.* patriotism
πατρογονικός [patroyonikos] *επ.* paternal
πατροκτονία [patroktonia] *ουσ. θ.* patricide
πατροκτόνος [patroktonos] *επ.* patricide
πατρολογία [patroloyia] *ουσ. θ.* patrology
πατρόν [patron] *ουσ. ο. άκλ.* pattern, model
πατροπαράδοτος [patroparadotos] *επ.* traditional
πατρότητα [patrotita] *ουσ. θ.* paternity, fatherhood
πατσαβούρα [patsavoora] *ουσ. θ.* rag, duster
πατσάς [patsas] *ουσ. α.* (μαγ.) tripe
πατώ [pato] *ρ.* set foot on, step on
πάτωμα [patoma] *ουσ. ο.*

floor, storey
πατώνω [patono] *ρ.* floor
πατωσιά [patosia] *ουσ. θ.* floor, layer
παύλα [pavla] *ουσ. θ.* dash
παύση [pafsi] *ουσ. θ.* cessation, stoppage
παυσίπονος [pafsiponos] *επ.* analgesic, sedative, pain-killing
παύω [pavo] *ρ.* stop, cease
παφλάζω [paflazo] *ρ.* bubble up
παφλασμός [paflasmos] *ουσ. α.* bubbling up
παχαίνω [paheno] *ρ.* grow fat, fatten
πάχνη [pahni] *ουσ. θ.* hoar-frost
παχνί [pahni] *ουσ. ο.* manger, crib
πάχος [pahos] *ουσ. ο.* fat, fatness
παχουλός [pahoolos] *επ.* plump, fat
παχύδερμος [pahidermos] *επ.* thick-skinned
παχυντικός [pahindikos] *επ.* fattening, nutricious
παχύνω [pahino] *ρ.* fatten, grow fat
παχύς [pahis] *επ.* fat
παχυσαρκία [pahisarkia] *ουσ. θ.* fatness, corpulence
παχύσαρκος [pahisarkos] *επ.* fat, corpulent
πάω [pao] *ρ.* go
πεδιάδα [pediada] *ουσ. θ.* plain
πέδιλο [pedilo] *ουσ. ο.* sandal
πεδινός [pedinos] *επ.* level, flat, low
πεδίο [pedio] *ουσ. ο.* field, plain
πεζεύω [pezevo] *ρ.* dismount
πεζικό [peziko] *ουσ. ο.* infantry
πεζικός [pezikos] *επ.* of infantry
πεζογραφία [pezoyrafia] *ουσ. θ.* prose
πεζογραφικός [pezoyrafikos] *επ.* of prose
πεζογράφος [pezoyrafos] *ουσ. α. /θ.* prose-writer
πεζογραφώ [pezoyrafo] *ρ.* write prose
πεζοδρόμιο [pezodromio] *ουσ. ο.* sidewalk, pavement
πεζομάχος [pezomahos] *ουσ. α.* fighter on foot
πεζοναύτης [pezonaftis] *ουσ.*

α. /θ. (στρατ.) marine
πεζοπορία [pezoporia] *ουσ. θ.* hiking, march
πεζοπορικός [pezoporikos] *επ.* of walking
πεζοπόρος [pezoporos] *ουσ. α. /θ.* walker, pedestrian
πεζοπορώ [pezoporo] *ρ.* walk
πεζός [pezos] *επ.* on foot, pedestrian
πεζότητα [pezotita] *ουσ. θ.* banality
πεζούλι [pezooli] *ουσ. ο.* parapet
πεθαίνω [petheno] *ρ.* die
πεθερά [pethera] *ουσ. θ.* mother-in-law
πεθερός [petheros] *ουσ. α.* father-in-law
πειθαρχία [pitharhia] *ουσ. θ.* discipline
πειθαρχικός [pitharhikos] *επ.* obedient, disciplinary
πειθαρχώ [pitharho] *ρ.* be obedient
πειθήνιος [pithinios] *επ.* docile, obedient
πειθώ [pitho] *ουσ. θ.* persuasion
πείθω [pitho] *ρ.* persuade, convince
πείνα [pina] *ουσ. θ.* hunger, starvation
πειναλέος [pinaleos] *επ.* hungry
πεινώ [pino] *ρ.* be hungry
πείρα [pira] *ουσ. θ.* experience
πείραγμα [pirayma] *ουσ. ο.* teasing
πειράζω [pirazo] *ρ.* tease, annoy
πειρακτήρι [piraktiri] *ουσ. ο.* teaser
πείραμα [pirama] *ουσ. ο.* experiment, test
πειραματίζομαι [piramatizome] *ρ.* experiment, try, test
πειραματικός [piramatikos] *επ.* experimental
πειραματισμός [piramatismos] *ουσ. α.* experimentation
πειραματιστής [piramatistis] *ουσ. α.* experimenter
πειρασμός [pirasmos] *ουσ. α.* temptation
πειρατεία [piratia] *ουσ. θ.* piracy
πειρατής [piratis] *ουσ. α.* pirate, corsair

πειρατικός [piratikos] *επ.* piratical
πείσμα [pisma] *ουσ. ο.* spite, obstinacy
πεισματάρης [pismataris] *ουσ. α.* obstinate, stubborn
πεισματικός [pismatikos] *επ.* spiteful, obstinate
πεισματώνω [pismatono] *ρ.* be obstinate
πειστήριο [pistirio] *ουσ. ο.* proof, evidence
πειστικός [pistikos] *επ.* persuasive, convincing
πειστικότητα [pistikotita] *ουσ. θ.* persuasiveness
πελαγοδρομώ [pelayodromo] *ρ.* sail on the open sea
πέλαγος [pelayos] *ουσ. ο.* open sea
πελαγώνω [pelayono] *ρ.* get bewildered
πελαργός [pelaryos] *ουσ. α.* (ζωολ.) stork
πελατεία [pelatia] *ουσ. θ.* customers, clientage
πελάτης [pelatis] *ουσ. α.* customer, client
πελεκάνος [pelekanos] *ουσ. α.* (ζωολ.) pelican
πελέκημα [pelekima] *ουσ. ο.* hewing, chopping
πελεκητός [pelekitos] *επ.* hewn, carved
πελέκι [peleki] *ουσ. ο.* hatchet
πελεκώ [peleko] *ρ.* hew, cut
πέλμα [pelma] *ουσ. ο.* sole
πέλος [pelos] *ουσ. ο.* nap
πελτές [peltes] *ουσ. α.* jelly
πελώριος [pelorios] *επ.* huge, enormous
Πέμπτη [pempti] *ουσ. θ.* Thursday
πέμπτος [pemptos] *επ.* fifth
πεμπτουσία [pemptoosia] *ουσ. θ.* quintessence
πέμπω [pebo] *ρ.* send
πενήντα [peninda] *επ.* /ουσ. *ο.* fifty
πενηντάρης [penindaris] *ουσ. α.* fifty years old
πενθήμερος [penthimeros] *επ.* of five days
πένθιμος [penthimos] *επ.* mournful, funeral
πένθος [penthos] *ουσ. ο.* mourning, grief
πενθώ [pentho] *ρ.* mourn
πενία [penia] *ουσ. θ.* indigence, poverty
πενικιλίνη [penikilini] *ουσ. θ.*

(χημ.) penicillin
πενιχρός [penihros] *επ.* shabby, poor
πενιχρότητα [penihrotita] *ουσ. θ.* poorness, shabbiness
πέννα [pena] *ουσ. θ.* pen
πεντάγραμμο [pendayramo] *ουσ. ο.* staff
πεντάγωνο [pendayono] *ουσ. ο.* (γεωμ.) pentagonal
πεντάεδρο [pendaedro] *ουσ. ο.* pentahedron
πενταετία [pendaetia] *ουσ. ο.* five years
πένταθλο [pendathlo] *ουσ. ο.* pentathlon
πεντακόσιοι [pendakosii] *ουσ. ο.* /*επ.* five hundred
πεντάλφα [pentalfa] *ουσ. θ.* pentagram
πεντάμορφος [pndamorfos] *επ.* most beautiful
πενταπλασιάζω [pendaplasiazo] *ρ.* quintuple
πενταπλάσιος [pendaplasios] *επ.* five fold
πέντε [pende] *επ.* /*ουσ. ο.* five
Πεντηκοστή [pendikosti] *ουσ. θ.* Pentecost
πεντηκοστός [pendikostos] *επ.* fiftieth
πεντόβολα [pendovola] *ουσ. ο. πληθ.* jacks, jackstones
πέος [peos] *ουσ. ο.* (ανατ.) penis
πεπειραμένος [pepiramenos] *επ.* experienced in, skilled in
πεπιεσμένος [pepiesmenos] *επ.* pressed, compressed
πέπλο [peplo] *ουσ. ο.* veil
πεποίθηση [pepithisi] *ουσ. θ.* conviction, confidence
πεπόνι [peponi] *ουσ. ο.* (βοτ.) melon
πεπρωμένο [pepromeno] *ουσ. ο.* destiny, fate
πεπρωμένος [pepromenos] *επ.* fatal, destined
πεπτικός [peptikos] *επ.* digestive, peptic
πέρα [pera] *επίρ.* over, beyond, further
πέραμα [perama] *ουσ. ο.* passage, pass
πέρασμα [perasma] *ουσ. ο.* passage, crossing
περασμένος [perasmenos] *επ.* past, old
περαστικός [perastikos] *επ.* transitory, passing
περαστικός [perastikos] *ουσ.*

α. passer-by

περάτωση [peratosi] *ουσ. θ.* finishing

περβάζι [pervazi] *ουσ. ο.* frame, cornice

περγαμηνή [peryamini] *ουσ. θ.* parchment

περγαμόντο [peryamondo] *ουσ. ο.* (μαγ.) bergamot

πέρδικα [perdika] *ουσ. θ.* (ζωολ.) partridge

περήφανος [perifanos] *επ.* proud

περί [peri] *επίρ.* about, around

περιαυτολογία [periaftoloyia] *ουσ. θ.* boasting, bragging

περιαυτολογώ [peiaftoloyo] *ρ.* boat, brag

περιβάλλον [perivalon] *ουσ. ο.* environment, surroundings

περιβάλλω [perivalo] *ρ.* surround

περίβλημα [perivlima] *ουσ. ο.* cover, wrapper

περιβόητος [perivoitos] *επ.* notorious, famous

περιβολή [perivoli] *ουσ. θ.* dress, garb

περιβόλι [perivoli] *ουσ. ο.* garden, irchard

περίβολος [perivolos] *ουσ. α.* enclosure

περιβραχιόνιο [perivrahionio] *ουσ. ο.* bracelet

περίγειο [periyio] *ουσ. ο.* perigee

περιγελώ [periyelo] *ρ.* laugh at, mock

περιγιάλι [periyiali] *ουσ. ο.* seashore, beach, coast

περίγραμμα [periyrama] *ουσ. ο.* border, outline

περιγραφή [periyrafi] *ουσ. θ.* description

περιγραφικός [periyrafikos] *επ.* descriptive

περιγράφω [periyrafo] *ρ.* describe

περιδεής [perideis] *επ.* fearful

περιδέραιο [peridereo] *ουσ. ο.* necklace

περίδρομος [peridromos] *ουσ. α.* stomach-ache

περιεκτικός [periektikos] *επ.* comprehensive, concise

περιεκτικότητα [periektikotita] *ουσ. θ.* comprehensiveness

περιελίσσω [perieliso] *ρ.*

wind around
περιεργάζομαι [peieryazome] *ρ.* examine closely
περιέργεια [perieryia] *ουσ. θ.* curiosity
περίεργος [perieryos] *επ.* curious, strange
περιεχόμενο [periehomeno] *ουσ. ο.* content
περιέχω [perieho] *ρ.* contain, include
περιζήτητος [perizititos] *επ.* in great demand
περίζωμα [perizoma] *ουσ. ο.* girdle, belt
περιζώνω [perizono] *ρ.* gird, encircle
περιήγηση [periiyisi] *ουσ. θ.* travel, tour
περιηγητής [periiyitis] *ουσ. α.* traveller, tourist
περιήλιο [periilio] *ουσ. ο.* perihelion
περιθάλπω [perithalpo] *ρ.* take care of
περίθαλψη [perithalpsi] *ουσ. θ.* tender care
περιθώριο [perithorio] *ουσ. ο.* margin
περικάλυμμα [perikalima] *ουσ. ο.* wrapper, cover
περικαλύπτω [perikalipto] *ρ.* wrap, cover
περικάρδιο [perikardio] *ουσ. ο.* (ανατ.) pericardium
περικάρπιο [perikarpio] *ουσ. ο.* (ανατ.) pericarp
περικεφαλαία [perikefalea] *ουσ. θ.* helmet, casque
περικλείω [periklio] *ρ.* enclose
περικοπή [perikopi] *ουσ. θ.* retrenchment
περικόπτω [perikopto] *ρ.* cut, clip
περικυκλώνω [perikiklono] *ρ.* surround, encircle
περικύκλωση [perikiklosi] *ουσ. θ.* encirclement
περιλαίμιο [perilemio] *ουσ. ο.* collar, necklace
περιλαμβάνω [perilamvano] *ρ.* comprise, embrace
περίλαμπρος [perilabros] *επ.* resplended
περιληπτικός [periliptikos] *επ.* comprehensive, summary
περίληψη [perilipsi] *ουσ. θ.* summary, brief
περίλυπος [peilipos] *επ.* sorrowful
περιμάζεμα [perimazema]

ουσ. ο. pickng up, collecting
περιμένω [perimeno] *ρ.* wait for, expect
περίμετρος [perimetros] *ουσ. θ.* circumference, perimeter
περιοδεία [periodia] *ουσ. θ.* tour, travel
περιοδεύω [periodevo] *ρ.* tour, travel
περιοδικό [periodiko] *ουσ. ο.* magazine
περιοδικός [periodikos] *επ.* periodical
περίοδος [periodos] *ουσ. θ.* period, sentence. epoch
περίοπτος [perioptos] *επ.* conspicuous, notable
περιορίζω [periorizo] *ρ.* limit, confine
περιορισμένος [periorismenos] *επ.* limited, confined
περιορισμός [periorismos] *ουσ. α.* limitation, restriction
περιοριστικός [perioristikos] *επ.* restrictive
περιόστεο [periosteo] *ουσ. ο.* (ανατ.) periosteum
περιουσία [perioosia] *ουσ. θ.* fortune, property
περιουσιακός [perioosiakos] *επ.* (of) property
περιοχή [periohi] *ουσ. θ.* district, territory
περιπάθεια [peripathia] *ουσ. θ.* passion
περιπαθής [peripathis] *επ.* passionate
περιπαίζω [peripezo] *ρ.* mock, laugh at
περιπαικτικός [peripektikos] *επ.* derisive
περιπατητής [peripatitis] *ουσ. α.* walker, stroller
περίπατος [peripatos] *ουσ. α.* walk, stroll
περιπατώ [peripato] *ρ.* walk, stroll
περιπέτεια [peripetia] *ουσ. θ.* adventure
περιπετειώδης [peripetiodis] *επ.* adventurous
περιπλάνηση [periplanisi] *ουσ. θ.* wandering, roaming
περιπλανώμαι [periplanome] *ρ.* wander about
περιπλέκω [peripleko] *ρ.* entangle
περιπλέω [peripleo] *ρ.* circumnavigate
περιπλοκή [periploki] *ουσ. θ.* complication

περίπλοκος [periplokos] *επ.* complicated, intricate
περίπλους [periploos] *ουσ. α.* circumnavigation
περιποίηση [peripiisi] *ουσ. θ.* kind treatment, good care
περιποιητικός [peripiitikos] *επ.* kind
περιποιούμαι [peripioome] *ρ.* treat kindly
περιπολία [peripolia] *ουσ. θ.* patrol
περίπολος [peripolos] *ουσ. θ.* patrol
περιπολώ [peripolo] *ρ.* patrol
περίπου [peripoo] *επίρ.* about, nearly, almost
περίπτερο [periptero] *ουσ. ο.* kiosk, pavilion
περίπτωση [periptosi] *ουσ. θ.* case, instance
περίσκεπτος [periskeptos] *επ.* thoughtful, prudent
περίσκεψη [periskepsi] *ουσ. θ.* prudence
περισκόπιο [periskopio] *ουσ. ο.* periscope
περισπασμός [perispasmos] *ουσ. α.* trouble, distraction
περισπωμένη [perispomeni] *ουσ. θ.* (γραμ.) circumflex accent
περίσσευμα [prisevma] *ουσ. ο.* excess
περισσεύω [perisevo] *ρ.* be superfluous
περίσσιος [perisios] *επ.* abundant
περισσότερος [perisoteros] *επ.* more
περισταλτικός [peristaltikos] *επ.* restrictive
περίσταση [peristasi] *ουσ. θ.* circumstance, occasion, situation
περιστατικό [peristatiko] *ουσ. ο.* incident, event
περιστέλλω [peristelo] *ρ.* restrain, reduce
περιστέρι [peristeri] *ουσ. ο.* (ζωολ.) pigeon, dove
περιστερώνας [peristeronas] *ουσ. α.* pigeon-house, dove-cot
περιστοιχίζω [peristihizo] *ρ.* surround, encircle
περιστολή [peristoli] *ουσ. θ.* restriction, reduction
περιστρέφω [peristrefo] *ρ.* rotate, turn around
περιστροφή [peristrofi] *ουσ. θ.* turn, rotation

περίστροφο [peristrofo] *ουσ. ο.* revolver
περισυλλέγω [perisileyo] *ρ.* gather, collect
περισυλλογή [perisiloyi] *ουσ. θ.* gathering, collecting
περισώζω [perisozo] *ρ.* save, rescue
περιτειχίζω [peritihizo] *ρ.* surround with a wall
περιτομή [peritomi] *ουσ. θ.* circumcision
περιτονίτιδα [peritonitida] *ουσ. θ.* (ιατρ.) peritonitis
περίτρανος [peritranos] *επ.* obvious, evident
περιτριγυρίζω [peritriyirizo] *ρ.* encircle, surround
περίτρομος [peritromos] *επ.* terrified, frightened
περιττεύω [peritevo] *ρ.* be unnecessary
περιττολογία [peritoloyia] *ουσ. θ.* superfluous talk
περιττολογώ [peritoloyo] *ρ.* chatter
περιττός [peritos] *επ.* superfluous, unnecessary. odd
περιτύλιγμα [peritiliyma] *ουσ. ο.* wrapper, envelope
περιτυλίσσω [peritiliso] *ρ.* wrap up
περιφέρεια [periferia] *ουσ. θ.* circumference
περιφερειακός [periferiakos] *επ.* of a circumference
περιφέρω [perifero] *ρ.* carry around
περίφημος [perifimos] *επ.* famous, excellent
περιφορά [perifora] *ουσ. θ.* turn, rotation
περίφραγμα [perifrayma] *ουσ. ο.* fenche, hedge
περίφραξη [perifraxi] *ουσ. θ.* fencing
περιφράσσω [periphraso] *ρ.* fence
περιφραστικός [perifrastikos] *επ.* periphrastic
περιφρόνηση [perifronisi] *ουσ. θ.* contempt, disdain
περιφρονητικός [perifronitikos] *επ.* contemptuous
περιφρονώ [perifrono] *ρ.* contempt, disdain
περιφρούρηση [perifroorisi] *ουσ. θ.* protection, safeguard
περιφρουρώ [perifrooro] *ρ.* safeguard, protect
περιχαρής [periharis] *επ.*

joyful, glad
περιχέω [periheo] *ρ.* pour round
περιχύνω [perihino] *ρ.* pour over
περίχωρα [perihora] *ουσ. ο. πληθ.* surroundings
περιωπή [periopi] *ουσ. θ.* importance, eminence
πέρκα [perka] *ουσ. θ.* (ιχθ.) perch
περνώ [peno] *ρ.* pass, cross, surpass
περόνη [peroni] *ουσ. θ.* brooch, pin
περονόσπορος [peronosporos] *ουσ. α.* (ζωολ.) peronosporous, mildew
περούκα [perooka] *ουσ. θ.* wig
περπατώ [perpato] *ρ.* walk
περσικός [persikos] *επ.* persian
πέρυσι [perisi] *επίρ.* last year
περυσινός [perisinos] *επ.* last year's
πέσιμο [pesimo] *ουσ. ο.* fall, falling
πεσκέσι [peskesi] *ουσ. ο.* gift, present
πέστροφα [pestrofa] *ουσ. θ.* (ιχθ.) trout
πέταγμα [petayma] *ουσ. ο.* flight, casting
πετάλι [petali] *ουσ. ο.* pedal
πεταλίδα [petalida] *ουσ. θ.* limpet
πέταλο [petalo] *ουσ. ο.* horseshoe
πεταλούδα [petalooda] *ουσ.* θ. (ζωολ.) butterfly
πετάλωμα [petaloma] *ουσ. ο.* shoeing
πεταλώνω [petalono] *ρ.* shoe
πεταλωτήριο [petalotirio] *ουσ. ο.* farriery
πεταλωτής [petalotis] *ουσ. α.* farrier
πέταμα [petama] *ουσ. ο.* throwing away
πεταχτός [petahtos] *επ.* lively, quick
πετεινός [petinos] *ουσ. α.* (ζωολ.) cock
πετιμέζι [petimezi] *ουσ. ο.* must syrup
πετονιά [petonia] *ουσ. θ.* fishline
πετούγια [petooyia] *ουσ. θ.* springbolt
πέτρα [petra] *ουσ. θ.* stone,

rock
πετράδι [petradi] *ουσ. ο.* pebble
πετραχήλι [petrahili] *ουσ. ο.* (εκκλ.) stole
πετρέλαιο [petreleo] *ουσ. ο.* petroleum
πετρελαιοπηγή [petreleopiyi] *ουσ. θ.* petroleum-well
πετρελαιοφόρο [petrreleoforo] *ουσ. ο.* oil tanker
πέτρινος [petrinos] *επ.* stone
πετροβόλημα [petrovolima] *ουσ. ο.* stoning
πετροβολώ [petrovolo] *ρ.* throw stones at
πετρογραφία [petroyrafia] *ουσ. θ.* petrography
πετροπόλεμος [petropolemos] *ουσ. α.* fight with stones
πετροχελίδονο [petrohelidono] *ουσ. ο.* martin
πετρόψαρο [petropsaro] *ουσ. ο.* (ιχθ.) rock-fish
πετρώδης [petrodis] *επ.* rocky, stony
πέτρωμα [petroma] *ουσ. ο.* petrification. rock
πετρώνω [petrono] *ρ.* petrify
πέτσα [petsa] *ουσ. θ.* crust. skin
πετσέτα [petseta] *ουσ. θ.* towel, napkin
πετσί [petsi] *ουσ. ο.* leather, skin
πέτσινος [petsinos] *επ.* (of) leather
πετσοκόβω [petsokovo] *ρ.* cut to pieces
πετώ [peto] *ρ.* throw. fly
πεύκο [pefko] *ουσ. ο.* (βοτ.) pine-tree
πευκόφυτος [pefkofitos] *επ.* abounding with pines
πευκώνας [pefkonas] *ουσ. α.* pine wood
πέφτω [pefto] *ρ.* fall
πέψη [pepsi] *ουσ. θ.* digestion
πηγάδι [piyadi] *ουσ. ο.* well, pit
πηγάζω [piyazo] *ρ.* spring, emanate
πηγαινοέρχομαι [piyenoerhome] *ρ.* come and go
πηγαίνω [piyeno] *ρ.* go
πηγαίος [piyeos] *επ.* of a spring
πηγή [piyi] *ουσ. θ.* spring, fountain. source

πηγούνι [piyooni] *ουσ. ο.* (ανατ.) chin
πηδάλιο [pidalio] *ουσ. ο.* helm, rudder
πηδαλιούχος [pidalioohos] *ουσ. α.* helmsman, pilot
πηδαλιουχώ [pidaliooho] *ρ.* steer
πήδημα [pidima] *ουσ. θ.* jump, hop
πηδώ [pido] *ρ.* jump, spring, hop
πήζω [pizo] *ρ.* coagulate
πηκτή [pikti] *ουσ. θ.* (μαγ.) jelly
πηλός [pilos] *ουσ. α.* clay, mud
πήξη [pixi] *ουσ. θ.* coagulation
πήχης [pihis] *ουσ. α.* ell
πια [pia] *επίρ.* more
πιανίστας [pianistas] *ουσ. α.* pianist
πιάνο [piano] *ουσ. ο.* piano
πιάνω [piano] *ρ.* catch, seize, take
πιάσιμο [piasimo] *ουσ. ο.* catching, hold
πιασμένος [piasmenos] *επ.* caught, seized. stiffed
πιατάκι [piataki] *ουσ. ο.* saucer
πιατέλα [piatela] *ουσ. θ.* platter
πιατικά [piatika] *ουσ. ο. πληθ.* dishes
πιάτο [piato] *ουσ. ο.* dish, plate
πιατοθήκη [piatothiki] *ουσ. θ.* cupboard, dresser
πιγκουίνος [pigooinos] *ουσ. α.* (ζωολ.) penguin
πίδακας [pidakas] *ουσ. α.* jet of water, fountain
πιέζω [piezo] *ρ.* press, squeeze. oppress
πίεση [piesi] *ουσ. θ.* pressure
πιεστήριο [piestirio] *ουσ. ο.* press
πιεστικός [piestikos] *επ.* pressing
πιθαμή [pithami] *ουσ. θ.* span
πιθανός [pithanos] *επ.* probable, likely
πιθανότητα [pithanotita] *ουσ. θ.* probability
πιθάρι [pithari] *ουσ. ο.* large jar
πιθηκίζω [pithikizo] *ρ.* ape. mimic
πίθηκος [pithikos] *ουσ. α.* (ζωολ.) ape, monkey

πικνίκ [piknik] *ουσ. ο. άκλ.* picnic
πίκρα [pikra] *ουσ. θ.* bitterness. grief
πικραίνω [pikreno] *ρ.* make bitter. grieve
πικρία [pikria] *ουσ. θ.* bitterness
πικρίζω [pikrizo] *ρ.* be bitter
πικροδάφνη [pikrodafni] *ουσ. θ.* (βοτ.) oleander
πικρός [pikros] *επ.* bitter. harsh
πικρόχολος [pikroholos] *επ.* bilious
πιλατεύω [pilatevo] *ρ.* torment, torture
πιλάφι [pilafi] *ουσ. ο.* (μαγ.) pillaf
πιλότος [pilotos] *ουσ. α. /θ.* pilot
πίνακας [pinakas] *ουσ. α.* blackboard. table
πινακίδα [pinakida] *ουσ. θ.* table, slate
πινακοθήκη [pinakothiki] *ουσ. θ.* picture galery
πινελιά [pinelia] *ουσ. θ.* stroke (with a brash)
πινέλο pinelo] *ουσ. ο.* painter's brash
πίνω [pino] *ρ.* drink
πιοτό [pioto] *ουσ. ο.* drink
πίπα [pipa] *ουσ. θ.* pipe
πιπέρι [piperi] *ουσ. ο.* pepper
πιπεριά [piperia] *ουσ. θ.* (βοτ.) pepper-plant
πιπερώνω [piperono] *ρ.* pepper
πιπιλίζω [pipilizo] *ρ.* suck
πιπίλισμα [pipilisma] *ουσ. ο.* sucking
πιρούνι [pirooni] *ουσ. ο.* fork
πιρουνιά [piroonia] *ουσ. θ.* forkful
πιρουνιάζω [pirooniazo] *ρ.* pick up
πισίνα [pisina] *ουσ. θ.* swimming pool
πισινός [pisinos] *ουσ. α.* bottom, butt
πίσσα [pisa] *ουσ. θ.* pitch, tar
πισσώνω [pisono] *ρ.* tar, pitch
πίστα [pista] *ουσ. θ.* race-course
πιστευτός [pisteftos] *επ.* trustworthy, credible
πιστεύω [pistevo] *ρ.* believe
πίστη [pisti] *ουσ. θ.* faith, belief
πιστόλι [pistoli] *ουσ. ο.* pistol
πιστολιά [pistolia] *ουσ. θ.*

pistol-shot
πιστοποίηση [pistopiisi] *ουσ. θ.* certification, testimony
πιστοποιητικό [pistoiitiko] *ουσ. ο.* certificate, testimonial
πιστοποιώ [pistopio] *ρ.* certify, testify
πιστός [pistos] *επ.* faithful, loyal
πιστότητα [pistotita] *ουσ. θ.* faithfulness, fidelity
πιστώνω [pistono] *ρ.* credit
πίστωση [pistosi] *ουσ. θ.* credit
πιστωτής [pistotis] *ουσ. α.* creditor
πιστωτικός [pistotikos] *επ.* of credit
πίσω [piso] *επίρ.* back
πιτζάμα [pitzama] *ουσ. θ.* pyjama
πιτσιλίζω [pitsilizo] *ρ.* splash, sprinkle
πιτσίλισμα [pitsilisma] *ουσ. ο.* splashing, sprinkling
πίττα [pita] *ουσ. θ.* (μαγ.) pie
πιτυρίδα [pitirida] *ουσ. θ.* dandruff, skurf
πίτυρο [pitiro] *ουσ. ο.* bran
πιωμένος [piomenos] *επ.* drunk, tipsy
πλάγια [playia] *επίρ.* sideways
πλαγιά [playia] *ουσ. θ.* slope
πλαγιάζω [playiazo] *ρ.* go to bed
πλαγιαστός [playiastos] *επ.* lying down
πλάγιος [playios] *επ.* oblique, lateral. indirect
πλαδαρός [pladaros] *επ.* flabby, loose
πλαδαρότητα [pladarotita] *ουσ. θ.* flabbiness
πλάθω [platho] *ρ.* mold, knead
πλαίσιο [plesio] *ουσ. ο.* frame, border
πλαισιώνω [plesiono] *ρ.* border, surround
πλαισίωση [plesiosi] *ουσ. θ.* framing
πλάκα [plaka] *ουσ. θ.* slate
πλακάκι [plakaki] *ουσ. ο.* tile
πλακόστρωμα [plakostroma] *ουσ. ο.* pavement
πλακοστρώνω [plakostrono] *ρ.* pave with flagstones
πλακόστρωτος [plakostrotos] *επ.* paved with flagstones
πλακούντας [plakoondas] *ουσ. α.* (ανατ.) placenta

πλακώνω [plakono] *ρ.* crush, squash, press
πλάνεμα [planema] *ουσ. ο.* seduction
πλανευτής [planeftis] *ουσ. α.* seducer
πλανεύω [planevo] *ρ.* seduce
πλάνη [plani] *ουσ. θ.* error, delusion
πλανήτης [planitis] *ουσ. α.* planet
πλανητικός [planitikos] *επ.* planetary
πλανίζω [planizo] *ρ.* plane
πλανόδιος [planodios] *επ.* wandering
πλάνος [planos] *ουσ. α.* deceiver. seducer
πλάνταγμα [plandayma] *ουσ. ο.* torment
πλαντάζω [plandazo] *ρ.* burst
πλανώ [plano] *ρ.* delude, cheat
πλάση [plasi] *ουσ. θ.* creation, formation
πλάσμα [plasma] *ουσ. ο.* creature, work. plasma
πλασματικός [plasmatikos] *επ.* fictitious, immaginary
πλάστης [plastis] *ουσ. α.* creator, molder
πλάστιγγα [plastiga] *ουσ. θ.* balance, scales
πλαστική [plastiki] *ουσ. θ.* plastic art
πλαστικός [plastikos] *επ.* plastic
πλαστικότητα [plastikotita] *ουσ. θ.* plasticity
πλαστογράφηση [plastoyrafisi] *ουσ. θ.* forgery, falsification
πλαστογραφία [plastoyrafia] *ουσ. θ.* forgery, forging
πλαστογράφος [plastoyrafos] *ουσ. α.* forger, falsifier
πλαστογραφώ [plastoyrafo] *ρ.* forge, falsify
πλαστοπροσωπία [plastoprosopia] *ουσ. θ.* false impersonation
πλαστός [plastos] *επ.* false. artificial
πλαστότητα [plastotita] *ουσ. θ.* falsification, forgery
πλαστουργία [plastoooryia] *ουσ. θ.* creation
πλαστουργός [plastooryos] *ουσ. α.* creator, maker
πλαταίνω [plateno] *ρ.* widen, stretch
πλάτανος [platanos] *ουσ. α.*

(βοτ.) platan
πλατειά [platia] *επίρ.* broadly, largely, widely
πλατεία [platia] *ουσ. θ.* square
πλατειάζω [platiazo] *ρ.* speak broadly
πλατειασμός [platiasmos] *ουσ. α.* superfluous talk
πλατίνα [platina] *ουσ. θ.* platinum
πλάτος [platos] *ουσ. ο.* width, breadth
πλατύγυρος [platiyiros] *ουσ. α.* broad-brimmed
πλατυποδία [platipodia] *ουσ. θ.* flat feet
πλατύς [platis] *επ.* broad, wide
πλατύσκαλο [platiskalo] *ουσ. ο.* stairhead
πλατύφυλλος [platifilos] *επ.* broad-leaved
πλατωνικός [platonikos] *επ.* platonic, ideal
πλατωνισμός [platonismos] *ουσ. α.* platonism
πλέγμα [pleyma] *ουσ. ο.* netting
πλειοψηφία [pliopsifia] *ουσ. θ.* majority, plurality
πλειοψηφώ [pliopsifo] *ρ.* have the majority of votes
πλειστηριάζω [plistiriazo] *ρ.* sell at auction
πλειστηριασμός [plistiriasmos] *ουσ. α.* auction
πλειστηριαστής [plistiriastis] *ουσ. α.* auctioneer
πλείστος [plistos] *επ.* very much, most
πλεκτάνη [plektani] *ουσ. θ.* plot, snare
πλεκτήριο [plektirio] *ουσ. ο.* knitting workshop
πλέκτης [plektis] *ουσ. α.* weaver, knitter
πλεκτός [plektos] *επ.* knitted, knit
πλέκω [pleko] *ρ.* knit
πλεμόνι [plemoni] *ουσ. ο.* (λαϊκ.) lung
πλένω [pleno] *ρ.* wash
πλέξη [plexi] *ουσ. θ.* knitting, braiding
πλεξίδα [plexida] *ουσ. θ.* braid, plait
πλέξιμο [pleximo] *ουσ. ο.* knittting, braiding
πλέον [pleon] *επίρ.* more, longer
πλεονάζω [pleonazo] *ρ.* be

superfluous, abound
πλεόνασμα [pleonasma] *ουσ. ο.* surplus, excess
πλεονασμός [pleonasmos] *ουσ. α.* superabundance
πλεονέκτημα [pleonektima] *ουσ. ο.* advantage, benefit
πλεονέκτης [pleonektis] *επ.* greedy
πλεονεκτικός [pleonektikos] *επ.* advantageous
πλεονεκτώ [pleonekto] *ϱ.* have the advantage
πλεονεξία [pleonexia] *ουσ. θ.* greed, greedines
πλευϱά [plevra] *ουσ. θ.* rib, side
πλευϱίζω [plevrizo] *ϱ.* dock, moor
πλευϱικός [plevrrikos] *επ.* of the side
πλευϱίτιδα [plevritida] *ουσ. θ.* pleuritis
πλευϱό [plevro] *ουσ. ο.* rib. side
πλεύση [plefsi] *ουσ. θ.* navigation, sailing
πλέω [pleo] *ϱ.* navigate, sail
πληβείος [plivios] *ουσ. α.* (ιστ.) plebeian
πληγή [pliyi] *ουσ. θ.* wound, injury
πλήγμα [pliyma] *ουσ. ο.* blow, wound
πληγώνω [pliyono] *ϱ.* wound, hurt
πληθαίνω [plitheno] *ϱ.* multiply
πλήθος [plithos] *ουσ. ο.* multitude, crowd
πληθυντικός [plithindikos] *ουσ. α.* (γϱαμ.) plural
πληθυσμός [plithismos] *ουσ. α.* population
πληθώϱα [plithora] *ουσ. θ.* plenitude, plenty
πληθωϱικός [plithorikos] *επ.* plethoric
πληθωϱισμός [plithorismos] *ουσ. α.* inflation
πληκτικός [pliktikos] *επ.* dull, boring
πλήκτϱο [pliktro] *ουσ. ο.* key, plectrum
πλημμελειοδικείο [plimeliodikio] *ουσ. ο.* magistrate's court
πλημμέλημα [plimelima] *ουσ. ο.* misdemeanour
πλημμελής [plimelis] *επ.* defective, faulty
πλημμύϱα [plimira] *ουσ. θ.*

flood, inundation

πλημμυρίδα [plimirida] *ουσ. θ.* flood-tie

πλημμυρίζω [pliimirizo] *ρ.* overflow, inundate

πλην [plin] *πρόθ.* but, except. minus

πλήξη [plixi] *ουσ. θ.* dullness, boredom

πληρεξούσιο [plirexoosio] *ουσ. ο.* proxy

πληρεξούσιος [plirexoosios] *επ.* proxy

πλήρης [pliris] *επ.* full, complete, entire

πληρότητα [plirotita] *ουσ. θ.* fullness, completeness

πληροφόρηση [pliroforisi] *ουσ. θ.* informing

πληροφορία [pliroforia] *ουσ. θ.* information

πληροφοριοδότης [pliroforiodotis] *ουσ. α.* informer

πληροφορώ [pliroforo] *ρ.* inform

πληρώ [pliro] *ρ.* fill, fulfill

πλήρωμα [pliroma] *ουσ. ο.* filling, crew

πληρωμή [pliromi] *ουσ. θ.* payment, pay

πληρώνω [plirono] *ρ.* pay

πλήρως [pliros] *επίρ.* fully, completely

πλήρωση [plirosi] *ουσ. θ.* filling, completion

πληρωτής [plirotis] *ουσ. α.* payer

πλησιάζω [plisiazo] *ρ.* approach, bring near

πλησίασμα [plisiasma] *ουσ. ο.* approach

πλήττω [plito] *ρ.* strike. be bored

πλιγούρι [pliyoori] *ουσ. ο.* gruel

πλίνθος [plinthos] *ουσ. α.* brick, paving brick

πλοηγός [ploiyos] *ουσ. α. /θ.* pilot

πλοηγώ [ploiyo] *ρ.* be a pilot

πλοιάριο [pliario] *ουσ. ο.* small ship, boat

πλοίαρχος [pliarhos] *ουσ. α.* ship-master, captain

πλοίο [plio] *ουσ. ο.* ship, vessel

πλοιοκτήτης [plioktitis] *ουσ. α.* shipowner

πλοκάμι [plokami] *ουσ. ο.* tress

πλοκή [ploki] *ουσ. θ.* twining,

twisting
πλουμίζω [ploomizo] *ρ.* ornament
πλουμιστός [ploomistos] *επ.* ornamented
πλουραλισμός [plooralismos] *ουσ. α.* pluralism
πλουσιοπάροχος [ploosioparohos] *επ.* bountiful, abundant
πλούσιος [ploosios] *επ.* rich, wealthy
πλουτίζω [plootizo] *ρ.* enrich, make rich
πλουτισμός [plootismos] *ουσ. α.* enrichment
πλουτοπαραγωγικός [plootoparayoyikos] *επ.* fecund, prolific
πλούτος [plootos] *ουσ. α.* wealth, riches
πλυντήριο [plindirio] *ουσ. ο.* laundry, washing machine
πλύση [plisi] *ουσ. θ.* washing
πλυσταριό [plistario] *ουσ. ο.* laundry, wash-house
πλύστρα [plistra] *ουσ. θ.* washer woman
πλώρη [plori] *ουσ. θ.* (ναυτ.) prow of a ship
πλωτήρας [plotiras] *ουσ. α.* (ναυτ.) float
πλωτός [plotos] *επ.* navigable, floating
πνεύμα [pnevma] *ουσ. ο.* spirit, mind
πνευματικός [pnevmatikos] *επ.* spiritual, intellectual
πνευματικότητα [pnevmatikotita] *ουσ. θ.* spirituality
πνευματισμός [pnevmatismos] *ουσ. α.* spiritualism
πνευματιστής [pnevmatistis] *ουσ. α.* spiritualist
πνευματώδης [pnevmatodis] *επ.* witty, clever
πνεύμονας [pnevmonas] *ουσ. α.* (ανατ.) lung
πνευμονία [pnevmonia] *ουσ. θ.* (ιατρ.) pneumonia
πνευστός [pnefstos] *επ.* blown
πνέω [pneo] *ρ.* blow, exhale
πνιγηρός [pniyiros] *επ.* suffocating
πνιγμός [pniymos] *ουσ. α.* drowing, suffocation
πνίγω [pniyo] *ρ.* suffocate, drown
πνικτικός [pniktikos] *επ.* stifling

πνίξιμο [pniximo] *ουσ. ο.* drowning, choking
πνοή [pnoi] *ουσ. θ.* breath, breathing
ποδάρι [podari] *ουσ. ο.* foot, leg
ποδαρόδρομος [podarodromos] *ουσ. α.* walk
ποδηλασία [podilasia] *ουσ. θ.* cycling
ποδηλάτης [podilatis] *ουσ. α.* cyclist
ποδηλατικός [podilatikos] *επ.* of a bicycle
ποδήλατο [podilato] *ουσ. ο.* bicycle
ποδηλατοδρομία [podilatodromia] *ουσ. θ.* cycling race
ποδηλατοδρόμιο [podilatodromio] *ουσ. ο.* cycling track
πόδι [podi] *ουσ. ο.* foot, leg
ποδιά [podia] *ουσ. θ.* apron
ποδοβολητό [podovolito] *ουσ. ο.* tramping
ποδόγυρος [podoyiros] *ουσ. α.* hem
ποδοκίνητος [podokinitos] *επ.* moved by foot-power
ποδόλουτρο [podolootro] *ουσ. ο.* foot-bath
ποδοπατώ [podopato] *ρ.* trample under foot
ποδοσφαιριστής [podosferistis] *ουσ. α.* football player
ποδόσφαιρο [podosfero] *ουσ. ο.* foot-ball
πόζα [poza] *ουσ. θ.* pose
ποζάρω [pozaro] *ρ.* pose
ποζιτιβισμός [pozitivismos] *ουσ. α.* (φιλοσ.) positivism
ποθητός [pothitos] *επ.* desired, desirable
πόθος [pothos] *ουσ. α.* desire, wish
ποθώ [potho] *ρ.* desire, wish
ποίημα [piima] *ουσ. ο.* poem
ποίηση [piisi] *ουσ. θ.* poetry
ποιητής [piitis] *ουσ. α.* poet
ποιητικός [piitikos] *επ.* poetical
ποιήτρια [piitria] *ουσ. θ.* poetess
ποικιλία [pikilia] *ουσ. θ.* variety, diversity
ποικίλος [pikilos] *επ.* various, varied
ποικίλω [pikilo] *ρ.* vary
ποιμαντικός [pimandikos] *επ.* pastoral

ποιμενικός [pimenikos] *επ.* pastoral
ποινή [pini] *ουσ. θ.* penalty, punishment
ποινικολόγος [pinikoloyos] *ουσ. α. /θ.* criminalist
ποινικός [pinikos] *επ.* penal, criminal
ποιος [pios] *αντ.* who, which, what
ποιότητα [piotita] *ουσ. θ.* quality, property
ποιοτικός [piotikos] *επ.* qualitative
πολέμαρχος [polemarhos] *ουσ. α.* commander
πολεμικός [polemikos] *επ.* war, martial
πολεμιστής [polemistis] *ουσ. α.* warrior, fighter
πολεμίστρα [polemistra] *ουσ. θ.* loop-hole
πολεμοφόδια [polemofodia] *ουσ. ο. πληθ.* ammunition
πολεμώ [polemo] *ρ.* war, fight
πολεοδομία [poleodomia] *ουσ. θ.* city planning
πολεοδόμος [poleodomos] *ουσ. α. /θ.* city planner
πόλη [poli] *ουσ. θ.* city, town
πολικός [polikos] *επ.* polar
πολικότητα [polikotita] *ουσ. θ.* polarity
πολιομυελίτιδα [poliomielitida] *ουσ. θ.* (ιατρ.) poliomyelitis
πολιορκητής [poliorkitis] *ουσ. α.* besieger
πολιορκητικός [poliorkitikos] *επ.* of a siege
πολιορκία [poliorkia] *ουσ. θ.* siege
πολιορκώ [poliorko] *ρ.* besiege
πολιτεία [politia] *ουσ. θ.* state
πολίτευμα [politevma] *ουσ. ο.* regime
πολιτεύομαι [politevome] *ρ.* be a politician
πολιτευτής [politeftis] *ουσ. α.* statesman
πολίτης [politis] *ουσ. α.* citizen
πολιτική [politiki] *ουσ. θ.* politics, policy
πολιτικομανία [politikomania] *ουσ. θ.* mania for politics
πολιτικός [politikos] *επ.* political, civil
πολιτισμένος [poltismenos] *επ.* civilized, cultured

πολιτισμός [politismos] *ουσ. α.* civilization
πολιτιστικός [politistikos] *επ.* civilizing
πολιτογράφηση [politoyrafisi] *ουσ. θ.* naturalization
πολιτογραφώ [politoyrafo] *ρ.* naturalize
πολιτοφυλακή [politofilaki] *ουσ. θ.* militia, state guard
πόλκα [polka] *ουσ. θ.* (μουσ.) polka
πολλά [pola] *επ.* much, many
πολλαπλασιάζω [polaplasiazo] *ρ.* multiply, increase
πολλαπλασιασμός [polaplasiasmos] *ουσ. α.* (μαθ.) multiplication
πολλαπλασιαστέος [polaplasiasteos] *ουσ. α.* (μαθ.) multiplicand
πολλαπλασιαστής [polaplasiastis] *ουσ. α.* multiplier
πολλαπλάσιος [polaplasios] *επ.* multiple
πόλος [polos] *ουσ. α.* pole
πολτοποίηση [poltopiisi] *ουσ. θ.* pulpefaction
πολτοποιώ [poltopio] *ρ.* pulp
πολτός [poltos] *ουσ. α.* pulp
πολύ [poli] *επίρ.* much, very
πολυάνθρωπος [polianthropos] *επ.* populous, crowded
πολυάριθμος [poliarithmos] *επ.* numerous
πολυάσχολος [poliasholos] *επ.* very busy
πολυβόλο [polivolo] *ουσ. ο.* machine-gun
πολυγαμία [pliyammia] *ουσ. θ.* polygamy
πολύγλωσσος [poliylosos] *επ.* polyglot
πολύγραφος [poliyrafos] *ουσ. α.* polygraph
πολύγωνο [poiyono] *ουσ. ο.* (γεωμ.) polygon
πολύγωνος [poliyonos] *επ.* polygonal
πολυδάπανος [polidapanos] *επ.* costly, extravagant
πολύεδρο [poliedro] *ουσ. ο.* (γεωμ.) polyhedron
πολυεκατομμυριούχος [poliekatomirioohos] *ουσ. α.* /*θ.* multimillionaire
πολυέλαιος [polieleos] *ουσ. α.* chandalier, lustre

πολυέξοδος [poliexodos] *επ.* extravagant, expensive
πολυετής [polietis] *επ.* of many years
πολυθεϊστικός [politheistikos] *επ.* polytheistic
πολυθρόνα [polithrona] *ουσ. θ.* arm-chair
πολυθρύλητος [polithrilitos] *επ.* famous
πολυκαιρίζω [polikerizo] *ρ.* last long
πολυκλινική [polikliniki] *ουσ. θ.* polyclinic
πολυκοσμία [polikosmia] *ουσ. θ.* a large crowd
πολυκοτυλήδονος [polikotilidonos] *επ.* polycotyledonous
πολυλογάς [poliloyas] *επ.* talkative
πολυλογία [polioloyia] *ουσ. θ.* chattering
πολυλογώ [poliloyo] *ρ.* chatter, prattle
πολυμάθεια [polimathia] *ουσ. θ.* erudition
πολυμαθής [polimathis] *επ.* erudite
πολυμελής [polimelis] *επ.* of many members, numerous
πολυμήχανος [polimihanos] *επ.* artful, crafty
πολυμορφία [polimorfia] *ουσ. θ.* multiplicity
πολύμορφος [polimorfos] *επ.* multiform
πολύπλευρος [poliplevros] *επ.* many-sided
πολυπληθής [poliplithis] *επ.* numerous, crowded
πολύπλοκος [poliplokos] *επ.* complicated, intricate
πολύποδας [polipodas] *ουσ. α.* polypode
πολυπόθητος [polipothitos] *επ.* much-desired
πολυπραγμοσύνη [polipraymosini] *ουσ. θ.* officiousness
πολύς [polis] *επ.* much
πολυσύλλαβος [polisilavos] *επ.* polysyllabic
πολύτεκνος [politeknos] *επ.* having many children
πολυτέλεια [politelia] *ουσ. θ.* luxury
πολυτελής [politelis] *επ.* luxurious
πολυτεχνείο [politehnio] *ουσ. ο.* polytechnic school
πολυτεχνία [politehnia] *ουσ.*

θ. knowledge of many arts
πολυτεχνίτης [politehnitis] επ. skilled in many trades
πολύτιμος [politimos] επ. valuable
πολύτροπος [politropos] επ. artful, versatile
πολυφαγία [polifayia] ουσ. θ. excessive eating, gluttony
πολυφυής [polifiis] επ. multifarious
πολύφωτο [polifoto] ουσ. ο. chandelier
πολυχρωμία [polihromia] ουσ. θ. diversification
πολύχρωμος [polihromos] επ. many-coloured
πολυώνυμο [polionimo] ουσ.ο. polynomial
πολυώνυμος [polionimos] επ. of many names
πολώνω [polono] ρ. polarize
πόλωση [polosi] ουσ. θ. polarization
πόμολο [pomolo] ουσ. ο. handle, knob
πομπή [pobi] ουσ. θ. procession
πομπός [pobos] ουσ. α. transmitter
πομπώδης [pobodis] επ. pompous, bombastic
πονεμένος [ponemenos] επ. sore, painful
πονετικός [ponetikos] επ. compassionate
πονηράδα [ponirada] ουσ. θ. cunning
πονηρία [poniria] ουσ. θ. cunning, perversity
πονηρός [poniros] επ. perverse, crafty
πονόδοντος [pnodondos] ουσ. α. toothache
πονοκεφαλιάζω [ponokefaliazo] ρ. bore, weary
πονοκέφαλος [ponokefalos] ουσ. α. headache
πονόλαιμος [pnolemos] ουσ. α. sorethroat
πόνος [ponos] ουσ. α. pain, ache
ποντάρισμα [pondarisma] ουσ. ο. staking, punting
ποντάρω [pondaro] ρ. stake
ποντίκι [pondiki] ουσ. ο. (ζωολ.) mouse. (λαϊκ.) muscle
ποντικοπαγίδα [pondikopayida] ουσ. θ. mouse-trap
ποντικοφάρμακο

[pondikofarmako] *ουσ. ο.* rat poison

ποντικοφωλιά [pondikofolia] *ουσ. θ.* rat-hole

ποντοπορία [pondoporia] *ουσ. θ.* sailing

ποντοπόρος [pondoporos] *επ.* seafarer

ποντοπορώ [pondoporo] *ρ.* navigate

πόντος [pondos] *ουσ. α.* sea. centimeter

πονώ [pono] *ρ.* ache, hurt

ποπός [popos] *ουσ. α.* bottom, backside

πορεία [poria] *ουσ. θ.* march, course

πορεύομαι [porevome] *ρ.* go, proceed

πόρθηση [porthisi] *ουσ. θ.* conquest

πορθητής [porthitis] *ουσ. α.* conqueror

πορθμείο [porthmio] *ουσ. ο.* ferry-boat

πορθμός [porthmos] *ουσ. α.* straits, channel

πόρισμα [porisma] *ουσ. ο.* deduction, conclusion

πορνεία [pornia] *ουσ. θ.* prostitution, whoring

πόρνη [porni] *ουσ. θ.* prostitute, whore

πορνογραφία [pornoyrafia] *ουσ. θ.* pornography

πορνογραφικός [pornoyrafikos] *επ.* pornographic

πορνογράφος [porniyrafos] *ουσ. α. /θ.* pornographer

πόρος [poros] *ουσ. α.* way, ford, passage

πόρπη [porpi] *ουσ. θ.* buckle, clasp

πορσελάνη [porselani] *ουσ. θ.* porcelain

πόρτα [porta] *ουσ. θ.* door, gate

πορτιέρης [portieris] *ουσ. α.* door-keeper

Πορτογαλία [portoyalia] *κύρ. όν. θ.* Portugal

Πορτογάλος [portoyalos] *ουσ. α.* Portuguese

πορτοκαλάδα [portokalada] *ουσ. θ.* orange juice

πορτοκάλι [portokali] *ουσ. ο.* (βοτ.) orange

πορτοφόλι [portofoli] *ουσ. ο.* wallet, purse

πορτραίτο [portreto] *ουσ. ο.* portrait

πορφύρα [porfira] *ουσ. θ.* purple
πορφυρός [porfiros] *επ.* purple
πόσιμος [posimos] *επ.* drinkable
ποσό [poso] *ουσ. ο.* sum, amount
πόσος [posos] *επ.* how much
ποσοστό [pososto] *ουσ. ο.* percentage
ποσότητα [posotita] *ουσ. θ.* quantity
ποσοτικός [posotikos] *επ.* quantitative
ποταμάκι [potamaki] *ουσ. ο.* rivulet, stream
ποτάμι [potami] *ουσ. ο.* river, stream
ποταπός [potapos] *επ.* base, mean
ποταπότητα [potapotita] *ουσ. θ.* baseness, meanness
ποτάσσα [potasa] *ουσ. θ.* (χημ.) potash
πότε [pote] *επίρ.* when
ποτέ [pte] *επίρ.* never
ποτήρι [potiri] *ουσ. ο.* glass
πότης [potis] *ουσ. α.* drinker, topper
ποτίζω [potizo] *ρ.* water, give to drink
ποτιστικός [potistikos] *επ.* irrigated
ποτό [poto] *ουσ. ο.* drink, beverage
ποτοποιείο [potopiio] *ουσ. ο.* distillery
ποτοποιός [potopios] *ουσ. α.* distiller
που [poo] *αντ.* who, which, that, what
που [poo] *επίρ.* where
πουγκί [poogi] *ουσ. ο.* purse
πούδρα [poodra] *ουσ. θ.* face-powder
πουδράρω [poodraro] *ρ.* powder
πούθε [poothe] *επίρ.* whence, from where
πουθενά [poothena] *επίρ.* nowhwre, anywhere
πουκαμίσα [pookamisa] *ουσ. θ.* long shirt
πουκάμισο [pookamiso] *ουσ. ο.* shirt
πουλάδα [poolada] *ουσ. θ.* (ζωολ.) pullet
πουλάρι [poolari] *ουσ. ο.* colt, young horse
πουλερικά [poolerika] *ουσ. ο. πληθ.* (ζωολ.) poultry

πουλί [pooli] *ουσ. ο.* bird
πουλώ [poolo] *ρ.* sell
πουντιάζω [poondiazo] *ρ.* cool, chill
πουπουλένιος [poopoolenios] *επ.* of feathers, downy
πούπουλο [poopoolo] *ουσ. ο.* down, feather
πουρές [poores] *ουσ. α.* (μαγ.) mashed potatoes
πουριτανισμός [pooritanismos] *ουσ. α.* puritanism
πουριτανός [pooritanos] *ουσ. α.* puritan
πουρνάρι [poornari] *ουσ. ο.* (βοτ.) evergreen oak
πουτίγκα [pootiga] *ουσ. θ.* (μαγ.) pudding
πράγμα [prayma] *ουσ. ο.* thing, matter
πραγματεία [praymatia] *ουσ. θ.* treatise, essay
πραγματεύομαι [praymatevome] *ρ.* treat, deal
πράγματι [praymati] *επίρ.* in fact, really, indeed
πραγματικός [praymatikos] *επ.* real, actual, true
πραγματικότητα [praymatikotita] *ουσ. θ.* reality, truth
πραγματοποίηση [praymatopiisi] *ουσ. θ.* realization, fulfilment
πραγματοποιώ [praymatopio] *ρ.* realize, fulfil, accomplish
πραγμάτωση [praymatosi] *ουσ. θ.* realization
πρακτική [praktiki] *ουσ. θ.* practice
πρακτικό [praktiko] *ουσ. ο.* record, act
πράκτορας [praktoras] *ουσ. α. /θ.* agent
πρακτορείο [praktorio] *ουσ. ο.* agency
πραματευτής [pramateftis] *ουσ. α.* merchant, mercer
πράξη [praxi] *ουσ. θ.* act, action
πραξικόπημα [praxikopima] *ουσ. ο.* stroke of policy
πράος [praos] *επ.* meek, mild
πραότητα [praotita] *ουσ. θ.* meekness, mildness
πρασινάδα [prasinada] *ουσ. θ.* greenness
πράσινος [prasinos] *επ.* green
πράσο [praso] *ουσ. ο.* (βοτ.) leek
πρατήριο [pratirio] *ουσ. ο.*

sale-room
πράττω [prato] *ρ.* act, do, perform
πραϋντικός [praindikos] *επ.* soothing
πρεβάζι [prevazi] *ουσ. ο.* window-frame
πρέκι [preki] *ουσ. ο.* angle bar
πρεμιέρα [premiera] *ουσ. θ.* premiere
πρέπει [prepi] *ρ.* must
πρέσα [presa] *ουσ. θ.* press
πρεσβεία [presvia] *ουσ. θ.* embassy
πρεσβευτής [presveftis] *ουσ. α.* ambassador
πρεσβεύω [presvevo] *ρ.* profess, believe
πρεσβυωπία [presviopia] *ουσ. θ.* (ιατρ.) presbyopia
πρήξιμο [priximo] *ουσ. ο.* swelling, tumour
πρίγκιπας [prigipas] *ουσ. α.* prince
πριγκιπάτο [prigipato] *ουσ. ο.* principate
πριγκίπισσα [prigipisa] *ουσ. θ.* princess
πριν [prin] *επίρ.* before
πριόνι [prioni] *ουσ. ο.* saw
πρίσμα [prisma] *ουσ. ο.* prism
πρισματικός [prismatikos] *επ.* prismatical
προάγγελος [proagelos] *ουσ. α.* herald, foreteller
προάγω [proayo] *ρ.* promote, advance
προαγωγή [proayoyi] *ουσ. θ.* promotion
προαισθάνομαι [proesthanome] *ρ.* have a presentiment
προαίσθημα [proesthima] *ουσ. ο.* presentiment
προανακρίνω [proanakrino] *ρ.* make a preliminary inquiry
προανάκριση [proanakrisi] *ουσ. θ.* preliminary inquiry
προαποφασίζω [proapofasizo] *ρ.* predetermine
προάσκηση [proaskisi] *ουσ. θ.* preparatory exercise
προασπίζω [proaspizo] *ρ.* shield, protect
προάσπιση [proaspisi] *ουσ. θ.* defense, protection
προάστιο [proastio] *ουσ. ο.* suburb
προάστιος [proastios] *επ.* suburban
προαύλιο [proavlio] *ουσ. ο.*

Π

front-yard
πρόβα [prova] *ουσ. θ.* trial, rehearsal
προβάδισμα [provadisma] *ουσ. ο.* precedence
προβάλλω [provalo] *ρ.* propose, project
προβάρω [provaro] *ρ.* rehearse
προβατίνα [provatina] *ουσ. θ.* (ζωολ.) ewe, lamb
πρόβατο [provato] *ουσ. ο.* sheep
προβιβάζω [provivazo] *ρ.* promote
προβιβασμός [provivasmos] *ουσ. α.* promotion
προβλέπω [provlepo] *ρ.* foresee, anticipate
πρόβλεψη [provlepsi] *ουσ. θ.* foresight, forecast
πρόβλημα [provlima] *ουσ. ο.* problem
προβληματικός [provlimatikos] *επ.* problematic
προβολέας [provoleas] *ουσ. α.* searchlight
προβολή [provoli] *ουσ. θ.* projection
προβοσκίδα [provoskida] *ουσ. θ.* trunk, proboscis
προγενέστερος [proyenesteros] *επ.* earllier, anterior
πρόγευμα [proyevma] *ουσ. ο.* breakfast
προγευματίζω [proyevmatizo] *ρ.* take breakfast
πρόγνωση [proynosi] *ουσ. θ.* forecast
προγνωστικός [proynostikos] *επ.* prognostic, foreseeing
προγονή [proyoni] *ουσ. θ.* step-daughter
προγονικός [proyonkos] *επ.* hereditary, ancestral
προγονολατρία [proyonolatria] *ουσ. θ.* worshipping one's ancestors
πρόγονος [proyonos] *ουσ. α.* ancestor, forefather
πρόγραμμα [proyrama] *ουσ. ο.* programme, plan
προγραφή [proyrafi] *ουσ. θ.* prescription
προγυμνάζω [proyimnazo] *ρ.* prepare, exercise
προγύμναση [proyimnasi] *ουσ. θ.* preparatory exercise
προγυμναστής [proyimnastis]

ουσ. α. trainer, tutor
πρόδηλος [prodilos] *επ.* obvious, evident
προδιαγράφω [prodiayrafo] *ρ.* prescribe, direct
προδιάθεση [prodiathesi] *ουσ. θ.* predisposition
προδιαθέτω [prodiatheto] *ρ.* predispose, prepare
προδίδω [prodido] *ρ.* betray
προδικάζω [prodikazo] *ρ.* prejudge foresee
προδοσία [prodosia] *ουσ. θ.* treachery, betrayal
προδότης [prodotis] *ουσ. α.* traitor, betrayer
προδοτικός [prodotikos] *επ.* treacherous
πρόδρομος [prodromos] *ουσ. α.* precursor
προεδρείο [proedrio] *ουσ. ο.* president's office
προεδρεύω [proedrevo] *ρ.* be president
προεδρία [proedria] *ουσ. θ.* presidency
πρόεδρος [proedros] *ουσ. α. /θ.* president
προειδοποίηση [proidopiisi] *ουσ. θ.* warning, notice
προειδοποιώ [proidopio] *ρ.* warn
προεκλογικός [proekloyikos] *επ.* pre-electional
προέκταση [proektasi] *ουσ. θ.* prolongation, extension
προεκτείνω [proektino] *ρ.* prolong, extend
προελαύνω [proelavno] *ρ.* advance
προέλευση [proelefsi] *ουσ. θ.* coming arrival
προελληνικός [proelinkos] *επ.* pre-Hellenic
προεξέχω [proexeho] *ρ.* project
προεξόφληση [proexoflisi] *ουσ. θ.* discount, discounting
προεξοφλώ [proexoflo] *ρ.* discount
προεξοχή [proexohi] *ουσ. θ.* prominence, projection
προεόρτια [proeortia] *ουσ. ο. πληθ.* celebration in advance
προεργασία [proeryasia] *ουσ. θ.* preparatory work
προέρχομαι [proerhome] *ρ.* result from, come from
προεστός [proestos] *ουσ. α.* notable, elder
προετοιμάζω [proetimazo] *ρ.* prepare

Π

προετοιμασία [proetimasia] *ουσ. θ.* preparation
προζύμι [prozimi] *ουσ. ο.* leaven, yeast
προηγούμαι [proiyoome] *ρ.* precede, go ahead
προηγούμενος [proiyoomenos] *επ.* prior, previous
προθάλαμος [prothalamos] *ουσ. α.* lobby, antechamber
πρόθεμα [prothema] *ουσ. ο.* prefix
προθερμαίνω [prothermeno] *ρ.* heat previously
προθέρμανση [prothermansi] *ουσ. θ.* preliminary heating
πρόθεση [prothesi] *ουσ. θ.* intention, aim, purpose
προθεσμία [prothesmia] *ουσ. θ.* term, limit
προθυμία [prothimia] *ουσ. θ.* readiness, willingness
πρόθυμος [prothimos] *επ.* willing, eager
προϊδεάζω [proideazo] *ρ.* warn, advise beforehand
προίκα [prika] *ουσ. θ.* dowry
προικίζω [prikizo] *ρ.* dower, endow
προίκιση [prikisi] *ουσ. θ.* endowment
προικοδότηση [prikodotisi] *ουσ. θ.* giving a dowry
προικοθήρας [prikothiras] *ουσ. α.* dowry hunter
προϊόν [proion] *ουσ. ο.* product
προϊστάμενος [proistamenos] *ουσ. α. /θ.* employer, superior
προϊστορία [proistoria] *ουσ. θ.* prehistoric times
προϊστορικός [proistorikos] *επ.* prehistoric
προκάλυμμα [prokalima] *ουσ. ο.* screen, curtain
προκαλύπτω [prokalipto] *ρ.* cover, screen
προκάλυψη [prokalipsi] *ουσ. θ.* hiding, concealing
προκαλώ [prokalo] *ρ.* chalenge, provoke
προκαταβάλλω [prokatavalo] *ρ.* pay in advance
προκαταβολή [prokatavoli] *ουσ. θ.* deposit
προκαταβολικά [prokatavolika] *επίρ.* in advance, in anticipation
προκαταβολικός [prokatavolikos] *επ.* in advance

προκαταλαμβάνω [prokatalamvano] *ρ.* preoccupy
προκατάληψη [prokatalipsi] *ουσ. θ.* prejudice
προκαταρκτικός [prokatarktikos] *επ.* preliminary
προκατειλημμένος [prokatilimenos] *επ.* prejudiced
προκάτοχος [prokatohos] *ουσ. α.* predecessor
προκείμενος [prokimenos] *επ.* present
προκήρυξη [prokiroxi] *ουσ. θ.* proclamation, announcement
προκηρύσσω [prokiriso] *ρ.* pre-announce
πρόκληση [proklisi] *ουσ. θ.* provocation, challenge
προκλητικός [proklitikos] *επ.* provocative
προκόβω [prokovo] *ρ.* progress, improve
προκομμένος [prokomenos] *επ.* assiduous, intelligent, able
προκοπή [prokopi] *ουσ. θ.* progress, ability
προκριματικός [prikrimatikos] *επ.* preliminary
προκρίνω [prokrino] *ρ.* predeterminate, prefer
προκυμαία [prokimea] *ουσ. θ.* quay, pier
προκύπτω [prokipto] *ρ.* result, arise
προλαβαίνω [prolaveno] *ρ.* prevent, anticipate
προλεγόμενα [proleyomena] *ουσ. ο. πληθ.* preface, introduction
προλέγω [proleyo] *ρ.* foretell, predict
προλεταριάτο [proletariato] *ουσ. ο.* proletariate
προλετάριος [proletarios] *ουσ. α.* proletarian
προληπτικός [proliptikos] *επ.* superstitious
πρόληψη [prolipsi] *ουσ. θ.* prejudice, superstition
προλογίζω [proloyizo] *ρ.* speak first, preface
πρόλογος [proloyos] *ουσ. α.* preface
προμαντεύω [promandevo] *ρ.* divine, foretell
πρόμαχος [promahos] *ουσ. α.* champion, defender
προμαχώνας [promahonas]

ουσ. α. rampart
προμελέτη [promeleti] *ουσ. θ.* preparatory study
προμελετώ [promeleto] *ρ.* premeditate
προμήθεια [promithia] *ουσ. θ.* supply, provision
προμηθευτής [promitheftis] *ουσ. α.* supplier, provider
προμηθευτικός [promitheftikos] *επ.* providing, supplying
προμηθεύω [promithevo] *ρ.* provide, supply
προμήνυμα [prominima] *ουσ. ο.* presage
προμηνύω [prominio] *ρ.* announce, presage
πρόναος [pronaos] *ουσ. α.* (αρχιτ.) church vestibule
προνοητικός [pronoitikos] *επ.* provident, foreseeing
πρόνοια [pronia] *ουσ. θ.* providence, foresight
προνόμιο [pronomio] *ουσ. ο.* privilege, prerogative
προνομιούχος [pronomioohos] *επ.* privileged, favoured
προνοώ [prono-o] *ρ.* foresee, provide
προξενείο [proxenio] *ουσ. ο.* consulate
προξενεύω [proxenevo] *ρ.* bring about a marriage
προξενητής [proxeneftis] *ουσ. α.* match-maker
προξενιά [proxenia] *ουσ. ο. πληθ.* match making
προξενικός [proxenikos] *επ.* consular
πρόξενος [proxenos] *ουσ. α.* consul
προοδευτικός [pro-odeftikos] *επ.* progressive
προοδεύω [pro-odevo] *ρ.* progress, advance
πρόοδος [pro-odos] *ουσ. θ.* improvement, progress
προοίμιο [proimio] *ουσ. ο.* preface, prelude
προοιωνίζομαι [proionizome] *ρ.* presage
προοπτική [pro-optiki] *ουσ. θ.* perspective
προορίζω [pro-orizo] *ρ.* predestinate
προορισμός [pro-orismos] *ουσ. α.* predestination, destiny
προπαγάνδα [propayanda] *ουσ. θ.* propaganda
προπαγανδίζω

[propayandizo] *ρ.* propagandize

προπαγανδιστικός [propayandistikos] *επ.* propagandistic

προπαίδεια [propedia] *ουσ. θ.* preparatory instruction. multiplication table

προπαιδεύω [propedevo] *ρ.* give a preparatory education

προπάππος [propapos] *ουσ. α.* great-grandfather

προπαραλήγουσα [proparaliyoosa] *ουσ. θ.* (γραμ.) antepenultima

προπαραμονή [proparamoni] *ουσ. θ.* the day before the eve

προπαρασκευάζω [proparaskevazo] *ρ.* prepare

προπαρασκευαστικός [proparaskevastikos] *επ.* preparatory

προπατορικός [propatorikos] *επ.* ancestral

προπέλα [propela] *ουσ. θ.* propeller

πρόπερσι [properisi] *επίρ.* two years ago

προπέτασμα [propetasma] *ουσ. ο.* curtain

πρόπλασμα [proplasma] *ουσ. ο.* model, cast

προπληρωμή [propliromi] *ουσ. θ.* prepayment

προπληρώνω [proplirono] *ρ.* prepay

πρόποδες [propodes] *ουσ. α. πληθ.* foot of a mountain

προπόνηση [proponisi] *ουσ. θ.* training

προπονητής [proponitis] *ουσ. α.* trainer. coach

προπονώ [propono] *ρ.* train, coach

προπορεύομαι [proporevome] *ρ.* precede, go first

πρόποση [proposi] *ουσ. θ.* toast

προπύλαιο [propileo] *ουσ. ο.* porch, portio

προπύργιο [propiryio] *ουσ. ο.* bastion, rampart

προς [pros] *πρόθ.* to, at, toward, for

προσάναμμα [prosanama] *ουσ. ο.* fuel, tinder

προσανατολίζω [prosanatolizo] *ρ.* orientate

προσανατολισμός [prosanatolismos] *ουσ. α.* orientation

προσάραξη [prosaraxi] *ουσ. θ.*

grounding
προσαράσσω [prosaraso] *ρ.* strand
προσαρμογή [prosarmoyi] *ουσ. θ.* adaptation, adjustment
προσαρμόζω [prosarmozo] *ρ.* adapt, adjust
προσάρτημα [prosartima] *ουσ. ο.* attachment, appendix, annex
προσάρτηση [prosartisi] *ουσ. θ.* annexation
προσαύξηση [prosafxisi] *ουσ. θ.* augmentation, increase
προσβάλλω [prosvalo] *ρ.* offend, attack
πρόσβαση [prosvasi] *ουσ. θ.* access
προσβλητικός [prosvlitikos] *επ.* offensive
προσβολή [prosvoli] *ουσ. θ.* offense, insult
προσγειώνω [prosyiono] *ρ.* land
προσγείωση [prosyiosi] *ουσ. θ.* landing
προσδιορίζω [prosdiorizo] *ρ.* fix, appoint
προσδιορισμός [prosdiorismos] *ουσ. α.* definition, designation
προσδοκία [prosdokia] *ουσ. θ.* expectation
προσδοκώ [prosddoko] *ρ.* expect, hope
προσεγγίζω [prosegizo] *ρ.* approach
προσέγγιση [prosegisi] *ουσ. θ.* approach
προσεκτικός [prosektikos] *επ.* careful, attentive
προσέλευση [proselefsi] *ουσ. θ.* coming, arrival
προσελκύω [proselkio] *ρ.* attract
προσέρχομαι [proserhome] *ρ.* come forward
προσευχή [prosefhi] *ουσ. θ.* prayer
προσευχητάριο [prosefhitario] *ουσ. ο.* prayer-book
προσεύχομαι [prosefhome] *ρ.* pray
προσεχής [prosehis] *επ.* next, coming
προσέχω [proseho] *ρ.* be careful, pay attention
προσεχώς [prosehos] *επίρ.* soon, shortly
προσηλυτίζω [prosilitizo] *ρ.* convent, proselytize

προσηλυτισμός [prosolitismos] *ουσ. α.* conversion, proselytism
προσηλυτιστής [prosilitistis] *ουσ. α.* converter
προσηλυτιστικός [prosilitistikos] *επ.* proselytizing
προσηλώνω [prosilono] *ρ.* fix, nail up
προσήλωση [prosilosi] *ουσ. θ.* fixing, nailing
προσημείωση [prosimiosi] *ουσ. θ.* previous note
προσήνεια [prosinia] *ουσ. θ.* kindness
προσηνής [prosinis] *επ.* kind
πρόσθεση [prosthesi] *ουσ. θ.* addition
προσθετέος [prostheteos] *επ.* addable
προσθετικός [prosthetikos] *επ.* additional
πρόσθετος [prosthetos] *επ.* additional
προσθέτω [prostheto] *ρ.* add
προσθήκη [prosthiki] *ουσ. θ.* addition
πρόσθιος [prosthios] *επ.* front
προσιτός [prositos] *επ.* accessible
πρόσκαιρος [proskeros] *επ.* temporary
προσκαλώ [proskalo] *ρ.* invite, call
προσκέφαλο [proskefalo] *ουσ. ο.* pillow, cushion
προσκήνιο [proskinio] *ουσ. ο.* proscenium
πρόσκληση [prosklisi] *ουσ. θ.* invitation
προσκλητήριο [prosklitirio] *ουσ. ο.* invitation card
προσκόλληση [proskolisi] *ουσ. θ.* adherence
προσκολλώ [proskolo] *ρ.* stick, attach, glue
προσκομιδή [proskomidi] *ουσ. θ.* producing, bringing
προσκομίζω [proskomizo] *ρ.* bring, carry
προσκοπικός [proskopikos] *επ.* scouting
πρόσκοπος [proskopos] *ουσ. α. /θ.* scout
πρόσκρουση [proskroosi] *ουσ. θ.* stumbling, collision
προσκρούω [proskroo-o] *ρ.* stumble, strike against, collide
προσκύνημα [proskinima] *ουσ. ο.* shrine, worship
προσκυνητής [proskinitis]

ουσ. α. worshiper, pilgrim
προσκυνώ [proskino] *ρ.* worship, adore
προσλαμβάνω [proslamvano] *ρ.* take, assume, receive
πρόσληψη [proslipsi] *ουσ. θ.* taking, engaging
προσμένω [prosmeno] *ρ.* wait for, expect
πρόσμιξη [prosmixi] *ουσ. θ.* mingling, mixing
πρόσοδος [prosodos] *ουσ. θ.* income, revenue
προσοδοφόρος [prosodoforos] *επ.* bearing income
προσόν [proson] *ουσ. ο.* qualification
προσόρμηση [prosormisi] *ουσ. θ.* mooring
προσορμίζω [prosormizo] *ρ.* moor
προσοχή [prosohi] *ουσ. θ.* attention
πρόσοψη [prosopsi] *ουσ. θ.* front view
προσπάθεια [prospathia] *ουσ. θ.* effort, attempt
προσπαθώ [prospatho] *ρ.* try, make an effort
προσπέλαση [prospelasi] *ουσ. θ.* approach
προσπερνώ [prosperno] *ρ.* pass by, overtake
προσπίπτω [prospipto] *ρ.* fall before, bow down
προσποίηση [prospiisi] *ουσ. θ.* affectation
προσποιητός [prospiitos] *επ.* affected
προσποιούμαι [prospioome] *ρ.* affect
προσταγή [prostayi] *ουσ. θ.* order, command
πρόσταγμα [prostayma] *ουσ. ο.* command, order
προστάζω [prostazo] *ρ.* order, command
προστακτική [prostaktiki] *ουσ. θ.* (γραμ.) imperative
προστακτικός [prostaktikos] *επ.* imperative
προστασία [prostasia] *ουσ. θ.* protection, defence
προστατευτικός [prostateftikos] *επ.* protective
προστατεύω [prostatevo] *ρ.* protect, defend
προστάτης [prostatis] *ουσ. α.* protector. (εκκλ.) patron
προστάτιδα [prostatida] *ουσ. θ.* protectress

πρόστιμο [prostimo] *ουσ. ο.* fine, penalty
προστριβή [prostrivi] *ουσ. θ.* friction, rubbing
προστυχιά [prostihia] *ουσ. θ.* meanness, baseness
πρόστυχος [prostihos] *επ.* mean, base
προσυμφωνία [prosimfonia] *ουσ. θ.* previous agreement
προσυνεννόηση [prosinenoisi] *ουσ. θ.* preliminary agreement
προσυπογράφω [prosipoyrafo] *ρ.* countersign
πρόσφατος [prosfatos] *επ.* recent, fresh, new
προσφέρω [prosfero] *ρ.* offer, give
προσφεύγω [prosfevyo] *ρ.* seek refuge
προσφιλής [prosfilis] *επ.* dear, beloved
προσφορά [prosfora] *ουσ. θ.* offer
πρόσφορος [prosforos] *επ.* proper, suitable
πρόσφυγας [prosfiyas] *ουσ. α.* refugee
προσφυγή [prosfiyi] *ουσ. θ.* recourse, resort
προσφώνηση [prosfonisi] *ουσ. θ.* speech
προσφωνώ [prosfono] *ρ.* address
πρόσχαρος [prosharos] *επ.* cheerful, jolly
προσχεδιάζω [proshediazo] *ρ.* plan in advance
προσχέδιο [proshedio] *ουσ. ο.* rough plan
πρόσχημα [proshima] *ουσ. θ.* pretext, pretense
προσχώρηση [proshorisi] *ουσ. θ.* accession, adhesion
προσχωρώ [proshoro] *ρ.* accede, adhere
προσωδία [prosodia] *ουσ. θ.* prosody
προσωπάρχης [prosoparhis] *ουσ. α. /θ.* staff manager
προσωπείο [prosopio] *ουσ. ο.* mask
προσωπιδοφόρος [prosopidoforos] *επ.* masked
προσωπικό [prosopiko] *ουσ. ο.* personnel, staff
προσωπικός [prosopikos] *επ.* personal, individual
προσωπικότητα [prosopikotita] *ουσ. θ.* personality

πρόσωπο [prosopo] *ουσ. ο.* face
προσωπογραφία [prosopoyrafia] *ουσ. θ.* portrait
προσωποκράτηση [prosopokratisi] *ουσ. θ.* arrest, detention
προσωπολατρία [prosopolatria] *ουσ. θ.* hero-worship
προσωποληψία [prosopolipsia] *ουσ. θ.* partiality, favoritism
προσωποποίηση [prosopopiisi] *ουσ. θ.* personification
προσωποποιώ [prosopopio] *ρ.* impersonate
προσωρινός [prosorinos] *επ.* temporary
προσωρινότητα [prosorinotita] *ουσ. θ.* temporariness
πρόταξη [protaxi] *ουσ. θ.* placing first, moving first
πρόταση [protasi] *ουσ. θ.* proposal, offer. sentence
προτείνω [protino] *ρ.* propose, suggest
προτεκτοράτο [protektorato] *ουσ. ο.* protectorate
προτεραιότητα [protereotita] *ουσ. θ.* priority
προτέρημα [proterima] *ουσ. ο.* advantage, superiority
προτεστάντης [protestandis] *ουσ. α.* protestant
προτίμηση [protimisi] *ουσ. θ.* preference
προτιμότερος [protimoteros] *επ.* preferable, better
προτιμώ [protimo] *ρ.* prefer
προτομή [protomi] *ουσ. θ.* bust
προτού [protoo] *επίρ.* before, previously
προτρεπτικός [protreptikos] *επ.* exhortative, inciting
προτρέπω [protrepo] *ρ.* urge, exhort, incite
προτροπή [protropi] *ουσ. θ.* exhortation
πρότυπο [protipo] *ουσ. ο.* model, original
προϋπάντηση [proipandisi] *ουσ. θ.* meeting
προϋπάρχω [proiparho] *ρ.* preexist
προϋπόθεση [proipothesi] *ουσ. θ.* presupposition
προϋποθέτω [proipotheto] *ρ.*

presuppose, presume
προϋπολογισμός [proipoloyismos] *ουσ. α.* estimate, budget
προύχοντας [proohondas] *ουσ. α.* notable, leading citizen
πρόφαση [profasi] *ουσ. θ.* pretext
προφασίζομαι [profasizome] *ρ.* set up as a pretext
προφέρω [profero] *ρ.* pronounce
προφητεία [profitia] *ουσ. θ.* prophecy, prediction
προφητεύω [profitevo] *ρ.* predict
προφήτης [profitis] *ουσ. α.* prophet
προφθάνω [profthano] *ρ.* overtake, catch
προφορά [profora] *ουσ. θ.* pronunciation, accent
προφορικός [proforikos] *επ.* oral, verbal
προφύλαγμα [profilayma] *ουσ. ο.* precaution
προφυλακή profilaki] *ουσ. θ.* vanguard
προφυλακίζω [profilakizo] *ρ.* detain in custody
προφυλάκιση [profilakisi] *ουσ. θ.* detention
προφυλακτικός [profilaktikos] *επ.* cautious, preventive
προφύλαξη [profilaxi] *ουσ. θ.* precaution
προφυλάσσω [profilaso] *ρ.* protect, preserve
προχειρολόγος [prohiroloyos] *ουσ. α.* extempore speaker
πρόχειρος [prohiros] *επ.* handy, ready
προχθές [prohthes] *επίρ.* the day before yesterday
πρόχωμα [prohoma] *ουσ. ο.* dike
προχωρώ [prohoro] *ρ.* advance, go on
προώθηση [proothisi] *ουσ. θ.* propulsion. promotion
προωθώ [protho] *ρ.* propel. promote
πρόωρος [prooros] *επ.* premature, precocious
πρύμνη [primni] *ουσ. θ.* stern, poop
πρυτανεία [pritania] *ουσ. θ.* rectorship
πρυτανείο [pritanio] *ουσ. ο.* rector's office

πρύτανης [pritanis] *ουσ. α.* rector
πρώην [proin] *επ.* former
πρωθυπουργία [prothipooryia] *ουσ. θ.* premiership
πρωθυπουργός [prothipooryos] *ουσ. α.* prime minister
πρωί [proi] *ουσ. ο.* morning
πρώιμος [proimos] *επ.* early, premature
πρωινός [proinos] *επ.* morning
πρωκτός [proktos] *ουσ. α.* (ανατ.) anus
πρώτα [prota] *επίρ.* at first, firstly
πρωταγωνιστής [protayonistis] *ουσ. α.* first actor
πρωταγωνίστρια [protayonistria] *ουσ. θ.* first actresss
πρωταγωνιστώ [protayonisto] *ρ.* play the principal role
πρωτάθλημα [protathlima] *ουσ. ο.* contest, championship
πρωταθλητής [protathlitis] *ουσ. α.* champion
πρωταίτιος [protetios] *ουσ. α.* ringleader, principal cause
πρωτάκουστος [protakoostos] *επ.* unheard of
πρωταρχικός [protarhikos] *επ.* the very first
πρωτεΐνη [proteini] *ουσ. θ.* protein
πρωτεύουσα [protevoosa] *ουσ. θ.* capital
πρωτεύω [protevo] *ρ.* be the first
πρωτοβουλία [protovoolia] *ουσ. θ.* initiative
πρωτοβρόχια [protovrohia] *ουσ. ο. πληθ.* the first rains of autumn
πρωτόγονος [protoyonos] *επ.* primitive. rude
πρωτοετής [protoetis] *επ.* of the first year. freshman
πρωτοκαθεδρία [protokathedria] *ουσ. θ.* the first place
πρωτόκολλο [protokolo] *ουσ. ο.* protocol, register, record
πρωτομαγιά [protomayia] *ουσ. θ.* May-Day
πρωτομάρτυρας [protomartiras] *ουσ. α.* first martyr
πρωτομάστορας

[protomastoras] *ουσ. α.* chief workman
πρωτόπειρος [protopiros] *επ.* beginner, novice
πρωτόπλασμα [protoplasma] *ουσ. ο.* protoplasm
πρωτοπορία [protoporia] *ουσ. θ.* vanguard
πρωτοπόρος [protoporos] *επ.* pioneer, vanguard
πρώτος [protos] *επ.* first, principal
πρωτοστάτης [protostatis] *ουσ. α.* leader
πρωτοστατώ [protostato] *ρ.* be the leader
πρωτότοκος [prototokos] *επ.* first-born, eldest
πρωτοτυπία [prototipia] *ουσ. θ.* originality
πρωτότυπος [prototipos] *επ.* original
πρωτοφανής [protofanis] *επ.* novel, new
πρωτοχρονιά [protohronia] *ουσ. θ.* New Year's Day
πρωτοψάλτης [protopsaltis] *ουσ. α.* first chanter
πρωτύτερα [protitera] *επίρ.* earlier, formerly
πταίσμα [ptesma] *ουσ. ο.* fault, error
πτηνό [ptino] *ουσ. ο.* bird, fowl
πτηνοτροφείο [ptinotrofio] *ουσ. ο.* aviary
πτηνοτροφία [ptinotrofia] *ουσ. θ.* breeding of birds
πτηνοτρόφος [ptinotrofos] *ουσ. α.* bird breeder
πτήση [ptisi] *ουσ. θ.* flight
πτητικός [ptitikos] *επ.* flying, volatile
πτοώ [pto-o] *ρ.* frighten, scare
πτυχίο [ptihio] *ουσ. ο.* diploma, certificate. degree
πτυχιούχος [ptihioohos] *ουσ. α. /θ.* graduate, certificated
πτυχώνω [ptihono] *ρ.* fold, cease
πτώμα [ptoma] *ουσ. ο.* corpse. carcass
πτωμαΐνη [ptomaini] *ουσ. θ.* ptomaine
πτώση [ptosi] *ουσ. θ.* fall, falling
πτώχευση [ptohefsi] *ουσ. θ.* bankruptcy
πτωχεύω [ptohevo] *ρ.* go bankrupt
πτωχοκομείο [ptohokomio] *ουσ. ο.* poorhouse

πτωχός [ptohos] *επ.* poor, needy
πυαιμία [piemia] *ουσ. θ.* (ιατρ.) pyaemia
πυγμαίος [piymeos] *ουσ. α.* pygmy
πυγμαχία [piymahia] *ουσ. θ.* bohing, pugilism
πυγμάχος [piymahos] *ουσ. α.* boxer, pugilist
πυγμαχώ [piymaho] *ρ.* box
πυγμή [piymi] *ουσ. θ.* fist, boxing
πυγολαμπίδα [piyolabida] *ουσ. θ.* (ζωολ.) fire fly
πυθμένας [pithmenas] *ουσ. α.* bottom, trunk
πυκνός [piknos] *επ.* thick, dense
πυκνότητα [piknotita] *ουσ. θ.* density, thickness
πυκνόφυλλος [piknofilos] *επ.* bushy
πυκνώνω [piknono] *ρ.* thicken, condense
πύκνωση [piknosi] *ουσ. θ.* thickening, condensation
πυκνωτής [piknotis] *ουσ. α.* condenser
πύλη [pili] *ουσ. θ.* gate, door, gateway
πυξίδα [pixida] *ουσ. θ.* compass
πύο [pio] *ουσ. ο.* (ιατρ.) pus
πυρ [pir] *ουσ. ο.* fire
πυρά [pira] *ουσ. θ.* fire
πυρακτώνω [piraktono] *ρ.* heat in the fire
πυραμιδοειδής [piramidoidis] *επ.* pyramidal
πυρασφάλεια [pirasfalia] *ουσ. θ.* fire insurance, fireproofing
πύραυλος [piravlos] *ουσ. α.* rocket
πυργίσκος [piryiskos] *ουσ. α.* turret
πυργοδέσποινα [piryodespina] *ουσ. θ.* lady of a manor
πυργοδεσπότης [piryodespotis] *ουσ. α.* lord of a manor
πύργος [piryos] *ουσ. α.* tower, castle
πυρετικός [piretikos] *επ.* febrile
πυρετός [piretos] *ουσ. α.* fever. excitement
πυρετώδης [piretodis] *επ.* feverish
πυρήνας [pirinas] *ουσ. α.* (βοτ.) kernel. nucleous
πυρηνικός [pirinikos] *επ.* of the kernel. nuclear

πύρινος [pirinos] *επ.* burning, fiery
πυριταποθήκη [piritapothiki] *ουσ. θ.* powder magazine
πυρίτης [piritis] *ουσ. α.* (ορυκτ.) pyrites
πυρκαγιά [pirkayia] *ουσ. θ.* fire
πυροβολαρχία [pirovolarhia] *ουσ. θ.* battery
πυροβολείο [pirovolio] *ουσ. ο.* implacement
πυροβολητής [pirovolitis] *ουσ. α.* gunner
πυροβολικό [pirovoliko] *ουσ. ο.* artillery
πυροβολισμός [pirovolismos] *ουσ. α.* shot, gunshot, firing
πυροβόλο [pirovolo] *ουσ. ο.* gun, firearm
πυροβολώ [pirovolo] *ρ.* fire, shoot
πυροδοτώ [pirodoto] *ρ.* set off
πυρομανία [piromania] *ουσ. θ.* pyromania
πυρομαχικά [piromahika] *ουσ. ο. πληθ.* ammunition
πυροσβέστης [pirosvestis] *ουσ. α.* fireman
πυροτέχνημα [pirotehnima] *ουσ. ο.* firework
πυρπόληση [pirpolisi] *ουσ. θ.* burning, setting on fire
πυρπολητής [pirpolitis] *ουσ. α.* incendiary, burner
πυρπολικό [pirpoliko] *ουσ. ο.* fireship
πυρπολώ [pirpolo] *ρ.* set on fire
πυρσός [pirsos] *ουσ. α.* beacon, torch
πυρώνω [pirono] *ρ.* heat, warm
πυώδης [piodis] *επ.* purulent
πώληση [polisi] *ουσ. θ.* sale, selling
πωλητήριο [politirio] *ουσ. ο.* bill of sale
πωλητής [politis] *ουσ. α.* seller, vendor
πωλήτρια [politria] *ουσ. θ.* saleswoman
πωλώ [polo] *ρ.* sell, vend
πώμα [poma] *ουσ. ο.* cover, stopper
πωρόλιθος [porolithos] *ουσ. α.* (ορυκτ.) limestone
πωρώνω [porono] *ρ.* harden. render insensible
πώρωση [porosi] *ουσ. θ.* hardness. insensibility
πως [pos] *σύνδ.* that, *επίρ.* how

Ρ

Ρ, ϱ [ro] *ουσ. ο.* the seventeenth letter of the Greek alphabet
ϱαβανί [ravani] *ουσ. ο. άκλ.* (μαγ.) kind of Turkish cake
ϱαβασάκι [ravasaki] *ουσ. ο.* love-letter
ϱαβδί [ravdi] *ουσ. ο.* stick, cane
ϱαβδιά [ravdia] *ουσ. θ.* blow with a stick
ϱαβδίζω [ravdizo] *ϱ.* beat with a sick
ϱαβδισμός [ravdismos] *ουσ. α.* cudgelling, flogging
ϱάβδος [ravdos] *ουσ. θ.* stick, rod
ϱάβδωση [ravdosi] *ουσ. θ.* flute, stripe
ϱαβδωτός [ravdotos] *επ.* fluted, striped
ϱαβίνος [ravinos] *ουσ. α.* (εκκλ.) rabbi, rabbin
ϱάβω [ravo] *ϱ.* sew, stitch
ϱαγδαίος [raydeos] *επ.* violent, heavy
ϱάγια [rayia] *ουσ. θ.* rail
ϱαγίζω [rayizo] *ϱ.* crack, break
ϱάγισμα [rayisma] *ουσ. ο.* crack
ϱαδιενέϱγεια [radieneryia] *ουσ. θ.* radioactivity
ϱαδιενεϱγός [radieneryos] *επ.* radioactive
ϱαδίκι [radiki] *ουσ. ο.* (βοτ.) succory, chiccory
ϱάδιο [radio] *ουσ. ο.* (χημ.) radium. radiophone
ϱαδιογϱάφημα [radioyrafima] *ουσ. ο.* radiogram
ϱαδιοθεϱαπεία

[radiotherapia] *ουσ. θ.* radiotherapy
ραδιοσκοπία [radioskopia] *ουσ. θ.* radioscopy
ραδιοτηλεγράφημα [radiotileyrafima] *ουσ. ο.* radiotelegram
ραδιοτηλεγραφία [radiotileyrafia] *ουσ. θ.* radiotelegraphy
ραδιουργία [radiooryia] *ουσ. θ.* intrigue, plot
ραδιούργος [radiooryos] *ουσ. α.* intriguing
ραδιουργώ [radiooryo] *ρ.* intrigue
ραδιοφωνία [radiofonia] *ουσ. θ.* radiophony
ραδιοφωνικός [radiofonkos] *επ.* radiophonic
ραδιόφωνο [radiofono] *ουσ. ο.* radio, radiophone
ραθυμία [rathimia] *ουσ. θ.* indolence, sluggishness
ράθυμος [rathimos] *επ.* indolent, sluggish
ραιβοσκελής [revoskelis] *επ.* bow-legged
ραίνω [reno] *ρ.* sprinkle
ρακένδυτος [rakenditos] *επ.* ragged
ρακί [raki] *ουσ. ο.* Cretan brandy
ρακόρ [rakor] *ουσ. ο. άκλ.* joint, connector
ράκος [rakos] *ουσ. ο.* rag, tatter
ρακοσυλλέκτης [rakosilektis] *ουσ. α.* ragman
ράμμα [rama] *ουσ. ο.* stitch, thread
ραμφίζω [ramfizo] *ρ.* peck with the beak
ραμφοειδής [ramfoidis] *επ.* beak-like
ράμφος [ramfos] *ουσ. ο.* beak
ρανίδα [ranida] *ουσ. θ.* drop, blod
ραντίζω [randizo] *ρ.* sprinkle
ράντισμα [randisma] *ουσ. ο.* sprinkling
ραντιστήρι [randistiri] *ουσ. ο.* sprinkler, watering pot
ραπάνι [rapani] *ουσ. ο.* radish
ραπίζω [rapizo] *ρ.* slap, smack
ράπισμα [rapisma] *ουσ. ο.* slap, stroke
ράπτης raptis] *ουσ. α.* tailor
ραπτική [raptiki] *ουσ. θ.* tailor's trade
ραπτομηχανή [raptomihani] *ουσ. θ.* sewing machine

ράπτρια [raptria] *ουσ. θ.* dressmaker
ράσο [raso] *ουσ. ο.* gown, cassock
ρασοφόρος [rasoforos] *επ.* frocked, priest
ράτσα [ratsa] *ουσ. θ.* race, generation
ραφείο [rafio] *ουσ. ο.* tailor's shop
ραφή [rafi] *ουσ. θ.* seam, stitch
ράφι [rafi] *ουσ. ο.* shelf
ραφινάρισμα [rafinarisma] *ουσ. ο.* refinement
ράχη [rahi] *ουσ. θ.* back, dorsal
ραχιαίος [rahieos] *επ.* dorsal
ραχίτιδα [rahitida] *ουσ. θ.* (ιατρ.) rachitis
ραχιτικός rahitikos] *επ.* rachitic
ραχοκοκαλιά [rahokokalia] *ουσ. θ.* backbone, spine, spinal column
ραχούλα [rahoola] *ουσ. θ.* hillock
ράψιμο [rapsimo] *ουσ. ο.* sewing, stitching
ραψωδία [rapsodia] *ουσ. θ.* rhapsody
ραψωδός [rhapsodos] *ουσ. α.* rhapsodist, bard
ρεαλισμός [realismos] *ουσ. α.* realism
ρεαλιστής [realistis] *ουσ. α.* realist
ρεαλιστικός [realistikos] *επ.* realistic
ρεβιζιονιστής [revizionistis] *ουσ. α.* revisionist
ρεβίθι [revithi] *ουσ. ο.* (βοτ.) chick-pea
ρέγκα [rega] *ουσ. θ.* herring
ρεζέρβα [rezerva] *ουσ. θ.* spare part
ρεζιλεύω [rezilevo] *ρ.* make ridiculous
ρεζιλίκι [reziliki] *ουσ. ο.* shame, ridicule
ρεκλάμα [reklama] *ουσ. θ.* advertisement
ρεκόρ [rekor] *ουσ. ο. άκλ.* record
ρεμάλι [remali] *ουσ. ο.* worthless person
ρεματιά [rematia] *ουσ. θ.* ravine, stream
ρεμβάζω [remvazo] *ρ.* muse
ρεμβασμός [remvasmos] *ουσ. α.* musing, reverie
ρεμπελεύω [rebelevo] *ρ.* live

recklessly
ρεμπελιό [rebelio] *ουσ. ο.* disorderly life
ρέμπελος [rebelos] *ουσ. α.* disorderly, reckless
ρεμπέτης [rebetis] *ουσ. α.* outcast, gutter-snipe
ρεπόρτερ [reporter] *ουσ. α. /θ. άκλ.* reporter
ρέπω [repo] *ρ.* be inclined, be prone to
ρέστα [resta] *ουσ. ο. πληθ.* change
ρετάλι [retali] *ουσ. ο.* remnant
ρετσίνα [retsina] *ουσ. θ.* resin
ρεύμα [revma] *ουσ. ο.* current. stream
ρευματισμός [revmatismos] *ουσ. α.* rheumatism
ρευστοποίηση [refstopiisi] *ουσ. θ.* liquefaction
ρευστοποιώ [refstopio] *ρ.* liquefy
ρευστός [refstos] *επ.* liquid, fluid
ρευστότητα [refstotita] *ουσ. θ.* liquidity, fluidity
ρέω [reo] *ρ.* flow, run
ρήγας [riyas] *ουσ. α.* king
ρηγάτο [riyato] *ουσ. ο.* kingdom
ρηγόπουλο [riyopoolo] *ουσ. ο.* prince
ρήμα [rima] *ουσ. ο.* verb
ρήμαγμα [rimayma] *ουσ. ο.* devastation, ruin
ρημάδι [rimadi] *ουσ. ο.* wreck, ruins
ρημάζω [rimazo] *ρ.* ruin, devastate
ρήξη [rixi] *ουσ. θ.* break
ρηξικέλευθος [rixikelefthos] *επ.* pioneering, enterprizing
ρήση [risi] *ουσ. θ.* saying, word
ρητό [rito] *ουσ. ο.* saying
ρήτορας [ritoras] *ουσ. α.* orator, speaker
ρητορεία [ritoria] *ουσ. θ.* rhetoric, oration
ρητορεύω [ritorevo] *ρ.* make a speech
ρητορική [ritoriki] *ουσ. θ.* oratory, rhetoric
ρητορικός [ritorikos] *επ.* oratorical
ρητός [ritos] *επ.* positive, categorical
ρήτρα [ritra] *ουσ. θ.* clause
ρηχός [rihos] *επ.* shallow, flat
ρίγα [riya] *ουσ. θ.* stripe, line

ρίγανη [riyani] *ουσ. θ.* (βοτ.) origan
ρίγος riyos] *ουσ. ο.* chill, shivering
ριγώ [riyo] *ρ.* shiver
ρίγωμα [riyoma] *ουσ. ο.* ruling
ριγώνω [riyono] *ρ.* rule
ριγωτός [riyotos] *επ.* ruled
ρίζα [riza] *ουσ. θ.* root
ριζικός [rizikos] *επ.* radical, fundamental
ριζοβολώ [rizovolo] *ρ.* take root
ριζοβούνι [rizovooni] *ουσ. ο.* foot of a mountain
ριζοσπάστης [rizospastis] *ουσ. α.* radical
ριζοσπαστικός [rizospastikos] *επ.* radical
ριζοτομία [rizotomia] *ουσ. θ.* eradication
ριζοτομώ [rizotomo] *ρ.* eradicate
ρίζωμα [rizoma] *ουσ. ο.* rooting
ριζωμένος [rizomenos] *επ.* rooted
ριζώνω [rizono] *ρ.* root
ρινικός [rinikos] *επ.* nasal
ρίνισμα [rinisma] *ουσ. ο.* filling
ρινόκερως [rinokeros] *ουσ. α.* (ζωολ.) rhinoceros, rhino
ρίξιμο [riximo] *ουσ. ο.* throw
ριπή [ripi] *ουσ. θ.* rush, throwing
ρίχνω [rihno] *ρ.* throw
ρίψη [ripsi] *ουσ. θ.* rush, throwing
ριψοκινδυνεύω [ripsokindinevo] *ρ.* risk
ριψοκίνδυνος [ripsokindinos] *επ.* daring, rash
ροβολώ [rovolo] *ρ.* roll down
ρόγχος [ronhos] *ουσ. α.* wheezing
ρόδα [roda] *ουσ. θ.* wheel
ροδακινιά [rodakinia] *ουσ. θ.* (βοτ.) peach-tree
ροδάκινο [rodakino] *ουσ. ο.* (βοτ.) peach
ροδαλός [rodalos] *επ.* rosy
ροδάνι [rodani] *ουσ. ο.* spinning-wheel
ροδέλαιο [rodeleo] *ουσ. ο.* rose-oil
ρόδι [rodi] *ουσ. ο.* pomegranate
ροδιά [rodia] *ουσ. θ.* pomegranate-tree
ροδίζω [rodizo] *ρ.* grow rosy

ρόδινος [rodinos] *επ.* rosy, pink
ρόδισμα [rodisma] *ουσ. ο.* rosiness
ρόδο [rodo] *ουσ. ο.* (βοτ.) rose
ροδοκόκκινος [rodokokinos] *επ.* rosy, roseate
ροδώνας [rodonas] *ουσ. α.* rose-bed
ροζιάρικος [roziarikos] *επ.* knotty
ρόζος [rozos] *ουσ. α.* knot
ροή [roi] *ουσ. θ.* flow, flowing
ρόκα [roka] *ουσ. θ.* distaff
ροκανίδια [rokanidia] *ουσ. ο. πληθ.* shavings
ροκανίζω [rokanizo] *ρ.* plane, shave
ροκάνισμα [rokanisma] *ουσ. ο.* planing
ρόλος [rolos] *ουσ. α.* roll, part
ρομβοειδής [romvoidis] *επ.* rhomboid(al)
ρόμβος [romvos] *ουσ. α.* (γεωμ.) rhomb
ρόμπα [roba] *ουσ. θ.* dressing-gown
ρομφαία [romfea] *ουσ. θ.* large sword
ρόπαλο [ropalo] *ουσ. ο.* club, cudgel
ροπαλοφόρος [ropaloforos] *επ.* club-bearer
ροπή [ropi] *ουσ. θ.* inclination, tendency
ρούβλι [roovli] *ουσ. ο.* rouble
ρουθούνι [roothooni] *ουσ. ο.* (ανατ.) nostril
ρουθουνίζω [roothoonizo] *ρ.* breathe noisely
ρουθούνισμα roothoonisma] *ουσ. ο.* snorting
ρουλεμάν [rooleman] *ουσ. ο.* (τεχν.) ball-bearing
ρούμι [roomi] *ουσ. ο.* rum
ρουμπίνι [roobini] *ουσ. ο.* ruby
ρουσφέτι [roosfeti] *ουσ. ο.* patronage, favour
ρουτίνα [rootina] *ουσ. θ.* routine
ρουφιάνος [roofianos] *ουσ. α.* pimp, procurer
ρουφώ [roofo] *ρ.* gulp down
ρούχο [rooho] *ουσ. ο.* cloth, garment
ρουχισμός [roohismos] *ουσ. α.* clothes
ρόφημα [rofima] *ουσ. ο.* sipping, beverage
ρυάκι [riaki] *ουσ. ο.* rivulet, streamlet
ρύγχος [rinhos] *ουσ. ο.* muzzle

P

ρυζάλευρο [rizalevro] *ουσ. ο.* rice-flour
ρύζι [rizi] *ουσ. ο.* rice
ρυζόγαλο [rizoyalo] *ουσ. ο.* (μαγ.) rice pudding
ρυθμίζω [rithmizo] *ρ.* regulate, adjust, arrange
ρυθμικός [rithmikos] *επ.* rhythmical
ρύθμιση [rithmisi] *ουσ. θ.* regulation, arrangement
ρυθμιστής [rithmistis] *ουσ. α.* regulator
ρυθμιστικός [rithmistikos] *επ.* regulative
ρυθμός [rithmos] *ουσ. α.* rhythm, order
ρυμοτομία [rimotomia] *ουσ. θ.* street plan
ρυμοτομώ [rimotomo] *ρ.* make the street plan
ρυμούλκηση [rimoolkisi] *ουσ. θ.* wing, tugging
ρυμουλκό [rimoolko] *ουσ. ο.* (ναυτ.) tug-boat
ρυπαίνω [ripeno] *ρ.* soil, pollute
ρύπανση [ripansi] *ουσ. θ.* soiling, dirting
ρυπαρός [riparos] *επ.* dirty, unclean
ρυπαρότητα [riparotita] *ουσ. θ.* dirtiness
ρύπος [ripos] *ουσ. α.* dirt, filth
ρυτίδα [ritida] *ουσ. θ.* wrinkle
ρυτιδώνω [ritidono] *ρ.* wrinkle
ρώγα [roya] *ουσ. θ.* (ανατ.) nipple. (βοτ.) berry
ρωγμή [roymi] *ουσ. θ.* crevice, cleft
ρωμαίικος [romeikos] *επ.* modern Greek
ρωμαλέος [romaleos] *επ.* robust, vigorous
ρωμαλεότητα [romaleotita] *ουσ. θ.* strength, robustness
Ρώμη [romi] *κύρ. όν. θ.* Rome
ρώμη [romi] *ουσ. θ.* vigor, strength
Ρωμιός [romios] *ουσ. α.* modern Greek
ρωμιοσύνη [romiosini] *ουσ. θ.* the modern Greeks
Ρωσία [rossia] *κύρ. όν. θ.* Russia
Ρώσος [rossos] *ουσ. α.* Russian
ρώτημα [rotima] *ουσ. ο.* question
ρωτώ [roto] *ρ.* ask, question

Σ

Σ, σ [siyma] *ουσ. ο.* the eighteenth letter of the Greek alphabet
σάβανο [savano] *ουσ. ο.* shroud, pall
σαβάνωμα [savanoma] *ουσ. ο.* shrouding
σαβανώνω [savanono] *ρ.* shroud
Σαββατοκύριακο [savatokiriako] *ουσ. ο.* weekend
Σάββατο [savato] *ουσ. ο.* Saturday
Σαββατόβραδο [savatovrado] *ουσ. ο.* Saturday evening
σαβούρα [savoora] *ουσ. θ.* ballast, dregs
σαγανάκι [sayanaki] *ουσ. ο.* small frying pan
σαγηνευτικός [sayineftikos] *επ.* charming, alluring
σαγηνεύω [sayinevo] *ρ.* allure, fascinate
σαγήνη [sayini] *ουσ. θ.* dragnet
σαγόνι [sayoni] *ουσ. ο.* chin
σαδισμός [sadismos] *ουσ. α.* sadism
σαδιστής [sadistis] *ουσ. α.* sadist
σαδιστικός [sadistikos] *επ.* sadistic
σαδομαζοχισμός [sadomazohismos] *ουσ. α.* sado-masochism
σαθρός [sathros] *επ.* rotten
σαθρότητα [sathrotita] *ουσ. θ.* rottenness
σαιζόν [sezon] *ουσ. θ.* season
σαΐτα [saita] *ουσ. θ.* arrow
σαϊτεύω [saitevo] *ρ.* dart

σαϊτιά [aitia] *ουσ. θ.* bowshot
σαϊτοθήκη [aitothiki] *ουσ. θ.* quiver
σάκα [saka] *ουσ. θ.* bag, satchel
σακάκι [sakaki] *ουσ. ο.* jacket, coat
σακαράκα [sakaraka] *ουσ. θ.* wreck
σακάτεμα [sakatema] *ουσ. ο.* crippling
σακατεύω [sakatevo] *ρ.* cripple
σακάτης [sakatis] *ουσ. α.* cripple
σακί [saki] *ουσ. ο.* sack, bag
σακίδιο [sakidio] *ουσ. ο.* small bag, sack
σακοράφα [sakorafa] *ουσ. θ.* thick needle
σάκος [sakos] *ουσ. α.* sack, bag
σακούλα [sakoola] *ουσ. θ.* bag, sack
σακουλιάζω [sakooliazo] *ρ.* bag, pocket
σάλα [sala] *ουσ. θ.* parlor, hall, saloon
σαλαμάνδρα [salamandra] *ουσ. θ.* salamander
σαλάμι [salami] *ουσ. ο.* salame
σαλαμούρα [salamoora] *ουσ. θ.* brine
σαλάτα [salata] *ουσ. θ.* salad
σαλατιέρα [aslatiera] *ουσ. θ.* salad bowl
σαλάχι [salahi] *ουσ. ο.* (ιχθ.) ray
σάλεμα [salema] *ουσ. ο.* stirring, moving
σαλεύω [salevo] *ρ.* move, stir
σάλι [sali] *ουσ. ο.* shawl, raft
σάλιαγκας [asliagas] *ουσ. α.* snail
σαλιάζω [saliazo] *ρ.* slaver
σαλιάρα [saliara] *ουσ. θ.* baby's bib
σαλιάρης [saliaris] *ουσ. α.* slavery
σαλιαρίζω [saliarizo] *ρ.* babble, drivel
σαλιάρισμα [asliarisma] *ουσ. ο.* drivel
σάλιο [salio] *ουσ. ο.* saliva, slaver
σαλιώνω [saliono] *ρ.* lick
σαλόνι [saloni] *ουσ. ο.* saloon
σάλος [salos] *ουσ. α.* agitation, shaking
σαλπάρισμα [salparisma] *ουσ. ο.* weighing the anchor

σαλπάρω [salparo] *ρ.* weigh anchor, leave
σαλπιγκτής [salpigtis] *ουσ. α.* trumpeter
σαλπίζω [salpizo] *ρ.* trumpet
σάλπισμα [salpisma] *ουσ. ο.* trumpet call
σαλτάρω [saltaro] *ρ.* leap, jump
σάλτο [salto] *ουσ. ο.* jump
σάλτσα [saltsa] *ουσ. θ.* sauce
σαμαράς [samaras] *ουσ. α.* saddlemaker
σαμάρι [samarii] *ουσ. ο.* pack saddle
σαμάρωμα [samaroma] *ουσ. ο.* saddling
σαμαρώνω [samarono] *ρ.* saddle
σαματάς [samatas] *ουσ. α.* noise, uproar
σαμιαμίδι [samiamidi] *ουσ. θ.* lizard
σαμοβάρι [samovari] *ουσ. ο.* samovar
σαμπάνια [sampania] *ουσ. θ.* champagne
σαμποτάζ [sabotaz] *ουσ. ο. άκλ.* sabotage
σαμποτάρω [abotaro] *ρ.* commit acts of sabotage
σαμποτέρ [saboter] *ουσ. α. /θ. άκλ.* saboteur
σαμπρέλα [sabrela] *ουσ. θ.* inside tube
σάμπως [sabos] *επίρ.* as, as if
σα(ν) [sa(n)] *επίρ.* as, like
σανατόριο [sanatorio] *ουσ. ο.* sanatorium
σανδάλι [sandali] *ουσ. ο.* sandal
σανίδα [sanida] *ουσ. θ.* board, plank
σανίδωμα [sanidoma] *ουσ. ο.* planking
σανιδώνω [sanidono] *ρ.* plank
σανός [sanos] *ουσ. α.* hay, fodder
σανσκριτικός [sanskritikos] *επ.* sanscritic
σαντάλι [sandali] *ουσ. ο.* sandal
σάντουιτς [sandooits] *ουσ. ο. άκλ.* (μαγ.) sandwich
σαξόφωνο [saxofono] *ουσ. ο.* (μουσ.) saxophone
σαπίζω [sapizo] *ρ.* rot, decay, decompose
σαπίλα [sapila] *ουσ. θ.* rottenness, putridity
σάπιος [sapios] *επ.* rotten, putrid

σάπισμα [sapisma] *ουσ. ο.* rotting, decay, putrification
σαπουνάδα [sapoonada] *ουσ. θ.* lather, suds
σαπούνι [sapooni] *ουσ. ο.* soap
σαπουνίζω [sapoonizo] *ϱ.* soap
σαπούνισμα [sapoonisma] *ουσ. ο.* soaping
σαπουνόνερο [sapoononero] *ουσ. ο.* soapy water
σαπουνόφουσκα [sapoonofooska] *ουσ. θ.* soap bubble
σαπρός [sapros] *επ.* rotten, putrid
σαραβαλιάζω [saravaliazo] *ϱ.* wreck, dislocate
σαράβαλο [saravalo] *ουσ. ο.* ψροψκ, ςρεψκ
σαράκι [saraki] *ουσ. ο.* (ζωολ.) bore-worm
σαράκιασμα [sarakiasma] *ουσ. ο.* getting moth-eaten
Σαρακοστή [sarakosti] *ουσ. θ.* (εκκλ.) Lent
σαρακοστιανός [sarakstianos] *επ.* lenten
σαρακοφάγωμα [sarakofayoma] *ουσ. ο.* wormhole
σαρακοφαγωμένος [sarakofayomenos] *επ.* eaten by moths
σαράντα [saranda] *επ. /ουσ. ο.* forty
σαρανταποδαρούσα [sarandapodaroosa] *ουσ. θ.* (ζωολ.) centipede
σαράντισμα [sarandisma] *ουσ. ο.* churching
σαργός [saryos] *ουσ. α.* (ιχθ.) sargus
σαρδέλα [sardela] *ουσ. θ.* (ιχθ.) sardine
σαρδόνιος [sardonios] *επ.* sardonic. bitter
σαρίκι [sariki] *ουσ. ο.* turban
σάρκα [sarka] *ουσ. θ.* flesh
σαρκάζω [sarkazo] *ϱ.* jeer
σαρκασμός [sarkasmos] *ουσ. α.* sarcasm, jeer
σαρκαστικός [sarkastikos] *επ.* sarcastic, jeering
σαρκικός [sarkikos] *επ.* carnal, fleshly
σαρκοβόρος [sarkovoros] *επ.* carnivorous
σαρκοφάγος [sarkofayos] *επ.* carnivorous
σαρκώδης [sarkodis] *επ.*

fleshy

σάρπα [sarpa] *ουσ. θ.* scarf, shawl

σάρωμα [saroma] *ουσ. ο.* sweeping

σαρώνω [sarono] *ρ.* sweep

σαρωτικός [sarotikos] *επ.* sweeping

σας [sas] *αντ.* you

σασί [sasi] *ουσ. ο. άκλ.* (αυτ.) chassis

σαστίζω [sastizo] *ρ.* confuse, embarass

σάστισμα [sastisma] *ουσ. ο.* confusion

σατανάς [satanas] *ουσ. α.* satan, devil

σατανικός [satanikos] *επ.* satanic, devilish

σατέν [saten] *ουσ. ο. /επ. άκλ.* satin

σάτιρα [satira] *ουσ. θ.* satire

σατιρίζω [satirizo] *ρ.* satirize

σατιρικός [satirikos] *επ.* satiric(al)

σατραπεία [satrapia] *ουσ. θ.* satrapy

σατραπεύω [satrapevo] *ρ.* rule as a satrap

σατράπης [satrapis] *ουσ. α.* satrap

σατραπικός [satrapikos] *επ.* satrapal

σατυρικός [satirikos] *επ.* satiric, satirical

σάτυρος [satiros] *ουσ. α.* satyr

σαύρα [savra] *ουσ. θ.* (ζωολ.) lizard

σαφήνεια [safinia] *ουσ. θ.* clearness, clarity

σαφηνίζω [safinizo] *ρ.* elucidate, explain

σαφήνιση [safinisi] *ουσ. θ.* elucidation, explanation

σαφηνιστικός [safinistikos] *επ.* elucidative, explanatory

σαφής [safis] *επ.* clear, explicit

σάχης [sahis] *ουσ. α.* shah

σαχλαμάρα [sahlamara] *ουσ. θ.* flabbiness, twaddle

σαχλαμαρίζω [sahlamarizo] *ρ.* twaddle

σαχλός [sahlos] *επ.* insipid, silly

σβάρνα [svarna] *ουσ. θ.* harrow

σβάστικα [svastika] *ουσ. θ.* swastica

σβελτάδα [sveltada] *ουσ. θ.* quickness

σβέλτος [sveltos] *επ.* quick, slender
σβέρκος [sverkos] *ουσ. α.* nape
σβήνω [svino] *ρ.* put out, turn out, turn off, extinguish
σβήσιμο [svisimo] *ουσ. ο.* extinguishing, extinction
σβηστήρα [svistira] *ουσ. θ.* rubber
σβηστός [svistos] *επ.* extinguished, put out
σβούρα [svoora] *ουσ. θ.* spinning top
σβουρίζω [svoorizo] *ρ.* bugg, whiz
σβώλος [svolos] *ουσ. α.* lump, clod
σγουραίνω [syooreno] *ρ.* curl
σγουρομάλλης [syooromalis] *επ.* curly-haired
σγουρός [syooros] *επ.* curly
σγούρωμα [syooroma] *ουσ. ο.* curling
σε [se] *πρόθ.* to, at, in. *αντ.* you
σεβάσμιος [sevasmios] *επ.* venerable
σεβασμιότητα [sevasmiotita] *ουσ. θ.* venerableness
σεβασμός [sevasmos] *ουσ. α.* respect, veneration
σεβαστός [sevastos] *επ.* venerable, respectable
σεβντάς [sevntas] *ουσ. α.* (λαϊκ.) love
σέβομαι [sevome] *ρ.* respect
σειρά [sira] *ουσ. θ.* row. series. order, succession
σειρήνα [sirina] *ουσ. θ.* siren
σεισμικός [sismikos] *επ.* seismic
σεισμογραφικός [sismoyrafikos] *επ.* seismographic
σεισμογράφος [sismoyrafos] *ουσ. α.* seismograph
σεισμολογία [sismoloyia] *ουσ. θ.* seismology
σεισμολόγος [sismoloyos] *ουσ. α. /θ.* seismologist
σεισμοπαθής [sismopathis] *επ.* earthquake sufferer
σεισμόπληκτος [sismopliktos] *επ.* hit by the earthquake
σεισμός [sismos] *ουσ. α.* earthquake
σεισμοσκόπιο [sismoskopio] *ουσ. ο.* seismoscope
σείω [sio] *ρ.* shake
σεκλέτι [sekleti] *ουσ. ο.* sorrow

σελάς [selas] *ουσ. α.* saddler
σέλας [selas] *ουσ. ο.* light
σελάχι selahi] *ουσ. ο.* (ιχθ.) ray
σελήνη [selini] *ουσ. θ.* moon
σεληνιάζομαι [seliniazome] *ρ.* be epileptic
σεληνιακός [seliniakos] *επ.* lunar, epileptic
σεληνιασμός [seliniasmos] *ουσ. α.* epilepsy
σεληνόφως [selinofos] *ουσ. ο.* moonlight
σελίδα [selida] *ουσ. θ.* page
σελίνι [selini] *ουσ. ο.* shilling
σέλινο [selino] *ουσ. ο. ουσ. ο.* celery
σέλλα [sela] *ουσ. θ.* saddle
σέλωμα [seloma] *ουσ. ο.* saddling
σελώνω [selono] *ρ.* saddle
σεμινάριο [seminario] *ουσ. ο.* seminary
σεμνολογία [semnoloyia] *ουσ. θ.* grave speech
σεμνοπρέπεια [semnoprepia] *ουσ. θ.* dignity, decency, modesty
σεμνοπρεπής [semnoprepis] *επ.* dignified, modest, decent
σεμνός [semnos] *επ.* modest, decent
σεμνότητα [semnotita] *ουσ. θ.* modesty, decency
σεμνοτυφία [semnotifia] *ουσ. θ.* prudery
σεμνότυφος [semnotifos] *επ.* prudish, demure
σεμνύνομαι [semninome] *ρ.* be proud
σενάριο [senario] *ουσ. ο.* scenario, script
σεντόνι [sendoni] *ουσ. ο.* sheet
σεντούκι [sendooki] *ουσ. ο.* chest, box, trunk
σεξ-απήλ [sex-apil] *ουσ. ο. άκλ.* sex appeal
σεξολόγος [sexoloyos] *ουσ. α. /θ.* sexologist
σεξουαλικός [sexooalikos] *επ.* sexual
σεξουαλικότητα [sexooalikotita] *ουσ. θ.* sexuality
σέπαλο [sepalo] *ουσ. ο.* (βοτ.) sepal
Σεπτέμβριος [septemvrios] *ουσ. α.* September
σεραφείμ [serafim] *ουσ. ο. άκλ.* seraph
σερβίρισμα [servirisma] *ουσ.*

ο. elping, serving
σερβίρω [serviro] *ρ.* serve
σερβιτόρα [servitora] *ουσ. θ.* waitress
σερβιτόρος [servitoros] *ουσ. α.* waiter
σερβίτσιο [servitsio] *ουσ. ο.* set, service
σεργιάνι [seryiani] *ουσ. ο.* promenade
σεργιανίζω [seryianizo] *ρ.* promenade, take a walk
σερενάτα [serenata] *ουσ. θ.* serenade
σέρνω [serno] *ρ.* drag
σέσουλα [sesoola] *ουσ. θ.* scoop
σεφτές [seftes] *ουσ. α.* the first sale
σήκωμα [sikoma] *ουσ. ο.* raising, lifting
σηκώνω [sikono] *ρ.* lift, raise
σήμα [sima] *ουσ. ο.* sign, mark
σημάδεμα [simadema] *ουσ. ο.* marking
σημαδεμένος [simademenos] *επ.* crippled, marked
σημαδεύω [simadevo] *ρ.* mark. aim
σημάδι [simadi] *ουσ. ο.* mark, sign
σημαδούρα [simadoora] *ουσ. θ.* buoy
σημαιοστόλιστος [simeostolistos] *επ.* decorated with flags
σημαία [simea] *ουσ. θ.* flag
σημαίνω [simeno] *ρ.* mean, mark
σημαιοστολίζω [simeostolizo] *ρ.* decorate with flags
σημαιοστολισμός [simeostolismos] *ουσ. α.* dressing with flags
σημαιοφόρος [simeoforos] *ουσ. α.* standard bearer
σήμανση [simansi] *ουσ. θ.* stamping
σημαντικός [simantikos] *επ.* significant, considerable, important
σημαντικότητα [simandikotita] *ουσ. θ.* importance
σήμαντρο [simandro] *ουσ. ο.* bell, stamp
σημασία [simasia] *ουσ. θ.* meaning. significance, importance
σημείο [simio] *ουσ. ο.* sign. spot, point
σημειογραφία [simioyrafia]

ουσ. θ. writing in ciphers
σημειογραφώ [simioyrafo] *ρ.* cipher
σημείωμα [simioma] *ουσ. ο.* note
σημειωματάριο [simiomatario] *ουσ. ο.* note-book
σημειώνω [simiono] *ρ.* note, mark
σημείωση [simiosi] *ουσ. θ.* note
σήμερα [simera] *επίρ.* today
σημερινός [simerinos] *επ.* of today
σημύδα [simida] *ουσ. θ.* (βοτ.)birch-tree
σήραγγα [siraga] *ουσ. θ.* tunnel
σηψαιμία [sipsemia] *ουσ. θ.* (βοτ.) blood poisoning
σηψαιμικός [sipsemikos] *επ.* (ιατρ.) septicemic
σθεναρός [sthenaros] *επ.* vigorous, strong
σθένος [sthenos] *ουσ. ο.* strength
σιάζω [siazo] *ρ.* straighten. accommodate. repair
σιάξιμο [siaximo] *ουσ. ο.* adjusting, arrangement. repair
Σιβηρία [siviria] *κύρ. όν. θ.* Siberia
σιβηρικός [sivirikos] *επ.* siberian
σιγά [siya] *επίρ.* slowly, gently, quietly
σιγάζω [siyazo] *ρ.* silence
σιγαλιά [siyalia] *ουσ. θ.* calm
σιγανός [siyanos] *επ.* silent, calm, quiet
σιγή [siyi] *ουσ. θ.* silence, quiet
σιγοβράζω [siyovrazo] *ρ.* simmer
σίγουρος [siyooros] *επ.* sure, secure, safe
σιγώ [siyo] *ρ.* be silent
σιδεράδικο [sideradiko] *ουσ. ο.* forge
σιδεράς [sideras] *ουσ. α.* blacksmith
σιδερένιος [siderenios] *επ.* of iron
σίδερο [sidero] *ουσ. ο.* iron
σιδερόβεργα [sideroverya] *ουσ. θ.* iron rod
σιδέρωμα [sideroma] *ουσ. ο.* ironing
σιδερώνω [siderono] *ρ.* iron
σιδερωτής [siderotis] *ουσ. α.* ironer

σιδηροδρομικός [sidirodromikos] *επ.* of a railroad
σιδηρόδρομος [sidirodromos] *ουσ. α.* railroad
σιδηροτροχιά [sidirotrohia] *ουσ. θ.* track
σιδηρουργείο [sidirooryio] *ουσ. ο.* forge
σιδηρουργός [sidirooryos] *ουσ. α.* blacksmith
σιδηρούχος [sidiroohos] *επ.* ferrous
σίκαλη [sikali] *ουσ. θ.* (βοτ.) rye
σιλουέτα [silooeta] *ουσ. θ.* silhouette, outline
σιμιγδάλι [simiydali] *ουσ. ο.* (βοτ.) semolina
σιμώνω [simono] *ρ.* come near
σινάπι [sinapi] *ουσ. ο.* mustard
σινιάλο [sinialo] *ουσ. ο.* sign, signal
σινικός [sinikos] *επ.* chinese
σιντριβάνι [sindrivani] *ουσ. ο.* fountain
σιρίτι [siriti] *ουσ. ο.* lace, ribbon
σιρόπι [siropi] *ουσ. ο.* syrup
σιτάλευρο [sitalevro] *ουσ. ο.* wheaten flour
σιταποθήκη [sitapothiki] *ουσ. θ.* grenary
σιταρένιος [sitarenios] *επ.* of wheat
σιτάρι [sitari] *ουσ. ο.* wheat, grain
σιτεμπορία [siteboria] *ουσ. θ.* corn trade
σιτεμπόριο[siteburi] *ουσ. ο.* wheat-trade
σιτέμπορος [siteboros] *ουσ. α.* grain dealer
σιτηρά [sitira] *ουσ. ο. πληθ.* cereals, grain
σιτίζω [sitizo] *ρ.* feed
σίτιση [sitisi] *ουσ. θ.* feeding
σιτισμός [sitismos] *ουσ. α.* provisioning, feeding
σιτοπαραγωγή [sitoparayoyi] *ουσ. θ.* wheat crop
σιφόνι [sifoni] *ουσ. ο.* siphon
σιφονιέρα [sifoniera] *ουσ. θ.* chest of drawers
σίφουνας [sifoonas] *ουσ. α.* wirlwind
σιχαίνομαι [sihenome] *ρ.* detest
σίχαμα [sihama] *ουσ. ο.* detestable

σιχαμάρα [sihamara] *ουσ. θ.* disgust
σιχαμένος [sihamenos] *επ.* disgusting
σιχαμερός [sihameros] *επ.* disgusting
σιχασιά [sihasia] *ουσ. θ.* disgust
σιχασιάρης [sihasiaris] *επ.* squeamish
σιωπή [siopi] *ουσ. θ.* silence
σιωπηλός [siopilos] *επ.* silent, quiet
σιωπηρός [siopiros] *επ.* silent, tacit
σιωπητήριο [siopitirio] *ουσ. ο.* lights-out
σιωπώ [siopo] *ρ.* keep silent
σκάβω [skavo] *ρ.* dig, engrave
σκάγι [skayi] *ουσ. ο.* small-hot
σκάζω [skazo] *ρ.* burst, crack
σκαθάρι [skathari] *ουσ. ο.* beetle, scarabee
σκαιός [skeos] *επ.* rude, impolite
σκαιότητα [skeotita] *ουσ. θ.* rudeness, impoliteness
σκάκι [skaki] *ουσ. ο.* chess
σκακιέρα [skakiera] *ουσ. θ.* chess-board
σκάλα [skala] *ουσ. θ.* staircase, ladder, stairs
σκαληνός [skalinos] *επ.* (γεωμ.) oblique
σκαλί [skali] *ουσ. ο.* outstep, stair
σκαλίζω [skalizo] *ρ.* dig, engrave
σκάλισμα [skalistiri] *ουσ. ο.* hoeing
σκαλιστήρι [skalistiri] *ουσ. ο.* mattock, poker
σκαλιστής [skalistis] *ουσ. α.* digger. carver
σκαλιστός [skalistos] *επ.* engraved. carved
σκαλοπάτι [skalopati] *ουσ. ο.* step
σκάλωμα [skaloma] *ουσ. ο.* hindrance
σκαλώνω [skalono] *ρ.* climb, hitch
σκαλωσιά [skalosia] *ουσ. θ.* scaffold
σκαλωτός [skalotos] *επ.* scaled, graduated
σκάμμα [skama] *ουσ. ο.* digging
σκαμνί [skamni] *ουσ. ο.* stool
σκαμπάζω [skabazo] *ρ.* understand
σκαμπανεβάζω

[skabanevazo] *ρ.* pitch
σκαμπίλι [skabili] *ουσ. ο.* slap in the face
σκαμπιλίζω [skabilizo] *ρ.* slap
σκανδαλιάρης [skandaliaris] *επ.* mischievous, scandalous
σκανδαλίζω [skandalizo] *ρ.* scandalize
σκάνδαλο [skandalo] *ουσ. ο.* scandal
σκανδαλοθήρας [skandalothiras] *ουσ. α. /θ.* scandal monger
σκανδαλώδης [skandalodis] *επ.* scandalous
Σκανδιναβία [skandinavia] *κύρ. όν. θ.* Scandinvavia
σκανδιναβικός [skandinavikos] *επ.* Scandinavian
σκαπάνη [skapani] *ουσ. θ.* pick, spade
σκαπουλάρω [skapoolaro] *ρ.* escape
σκάρα [skara] *ουσ. θ.* grill
σκαραβαίος [skaraveos] *ουσ. α.* (ζωολ.) scarab
σκαρί [skari] *ουσ. ο.* frame, slip
σκαρπέλο [skarpelo] *ουσ. ο.* scarpel
σκάρτος [skartos] *επ.* outcast, useless
σκαρφάλωμα [skarfaloma] *ουσ. ο.* climbing
σκαρφαλώνω [skarfalono] *ρ.* climb
σκαρφίζομαι [skarfizome] *ρ.* invent, devise
σκάρωμα [skaroma] *ουσ. ο.* contriving
σκαρώνω [skarono] *ρ.* contrive
σκασιαρχείο [skasiarhio] *ουσ. ο.* truancy
σκασίλα [skasila] *ουσ. θ.* heartbreak, vexation
σκάσιμο [skasimo] *ουσ. ο.* bursting, cracking
σκασμός [skasmos] *ουσ. α.* suffocation
σκαστός [skastos] *επ.* loud, noisy
σκατζόχειρος [skantzohiros] *ουσ. α.* (ζωολ.) hedgehog
σκάφανδρο [skafandro] *ουσ. ο.* diving-suit
σκάφη [skafi] *ουσ. θ.* trough
σκαφοειδής [skafoidis] *επ.* scaphoid
σκάφος [skafos] *ουσ. ο.* vessel, ship

σκαφτιάς [skaftias] *ουσ. α.* digger
σκάψιμο [skapsimo] *ουσ. ο.* digging
σκάω [skao] *ρ.* burst, crack
σκεβρός [skevros] *επ.* warping, croocked
σκέβρωμα [skevroma] *ουσ. ο.* warping, bending
σκεβρωμένος [skevromenos] *επ.* warped, bent
σκεβρώνω [skevrono] *ρ.* warp, bend
σκελετός [skeletos] *ουσ. α.* skeleton
σκελετώδης [skeletodis] *επ.* skeleton-like
σκελίδα [skelida] *ουσ. θ.* clove
σκέλος [skelos] *ουσ. ο.* leg
σκεπάζω [skepazo] *ρ.* cover, screen
σκεπάρνι [skeparni] *ουσ. ο.* adz
σκέπασμα [skepasma] *ουσ. ο.* covering, cover
σκεπαστός [skepastos] *επ.* covered, veiled
σκεπή [skepi] *ουσ. θ.* roof
σκεπτικισμός [skeptikismos] *ουσ. α.* skeptikism
σκεπτικιστής [skeptikistis] *ουσ. α.* skeptic
σκεπτικός [skeptikos] *επ.* thoughtful, pensive
σκέπτομαι [skeptome] *ρ.* think
σκέρτσο [skertso] *ουσ. ο.* joke, jest
σκέτος [skeetos] *επ.* plain, simple, pure
σκευάζω [skevazo] *ρ.* prepare, pack
σκευοθήκη [skevothiki] *ουσ. θ.* cupboard, closet
σκεύος [skevos] *ουσ. ο.* utensil, article
σκευοφυλάκιο [skevofilakio] *ουσ. ο.* store-room, vestry
σκευωρία [skevoria] *ουσ. θ.* machination, plot, intrigue
σκευωρώ [skevoro] *ρ.* plot, intrigue
σκέφτομαι [skeftome] *ρ.* think
σκέψη [skepsi] *ουσ. θ.* thought, meditation
σκηνή [skini] *ουσ. θ.* tent. stage, scene
σκηνικός [skinikos] *επ.* scenical
σκηνίτης [skinitis] *ουσ. α.* who lives in a tent

σκηνογραφία [skinoyrafia] *ουσ. θ.* scenery

σκηνογραφικός [skinoyrafikos] *επ.* scenographic

σκηνογράφος [skinoyrafos] *ουσ. α. /θ.* scenographer

σκηνογραφώ [skinoyrafo] *ρ.* paint scenes

σκηνοθεσία [skinothesia] *ουσ. θ.* staging, direction

σκηνοθέτης [skinothetis] *ουσ. α. /θ.* director

σκηνοθετώ [skinotheto] *ρ.* stage

σκηνοποιία [skinopiia] *ουσ. θ.* tent-making

σκηνοποιός [skinopios] *ουσ. α. /θ.* tent-maker

σκήνωμα [skinoma] *ουσ. ο.* lodge, tent

σκηνώνω [skinono] *ρ.* camp, lodge

σκήπτρο [skiptro] *ουσ. ο.* sceptre

σκι [ski] *ουσ. ο. άκλ.* ski

σκιά [skia] *ουσ. θ.* shade, shadow

σκιαγράφημα [skiayrafima] *ουσ. ο.* sketch, outline

σκιαγραφώ [skiayrafo] *ρ.* sketch, outline

σκιάζω [skiazo] *ρ.* frighten, overshadow

σκιάχτρο [skiahtro] *ουσ. ο.* scarecrow

σκιερός [skieros] *επ.* shadowy

σκίζω [skizo] *ρ.* tear

σκίουρος [skiooros] *ουσ. α.* (ζωολ.) squirrel

σκίρτημα [skirtima] *ουσ. ο.* leap, frisk

σκιρτώ [skirto] *ρ.* leap

σκίτσο [skitso] *ουσ. ο.* sketch

σκιτσογράφος [skitsoyrafos] *ουσ. α. /θ.* sketcher

σκλαβιά [sklavia] *ουσ. θ.* bondage, slavery

σκλάβος [sklavos] *ουσ. α.* slave

σκλάβωμα [sklavoma] *ουσ. ο.* enslaving

σκλαβώνω [sklavono] *ρ.* enslave

σκληραγωγία [sklirayoyia] *ουσ. θ.* hardening

σκληραγωγώ [sklirayoyo] *ρ.* harden

σκληράδα [sklirada] *ουσ. θ.* hardness

σκληραίνω [sklireno] *ρ.* harden

σκληρόκαρδος [sklirokardos] *επ.* hard-hearted
σκληρός [skliros] *επ.* hard, tough
σκληρότητα [sklirotita] *ουσ. θ.* hardness, toughness
σκληροτράχηλος [sklirotrahilos] *επ.* stiff-necked
σκλήρυνση [sklirinsi] *ουσ. θ.* hardening, stiffening
σκληρύνω [sklirino] *ρ.* harden
σκνίπα [sknipa] *ουσ. θ.* (ζωολ.) midge
σκοινί [skini] *ουσ. ο.* rope
σκολάζω [skolazo] *ρ.* repose
σκολίωση [skoliosi] *ουσ. θ.* (ιατρ.) scoliosis
σκονάκι [skonaki] *ουσ. θ.* powder
σκονίζω [skonizo] *ρ.* dust, powder
σκόνταμμα [skondama] *ουσ. ο.* stumbling, tripping
σκοντάφτω [skondafto] *ρ.* stumble, trip
σκόντο [skondo] *ουσ. ο.* (λαϊκ.) reduction
σκόπελος [skopelos] *ουσ. α.* reef, rock
σκόπευση [skopefsi] *ουσ. θ.* aiming
σκοπευτήριο [skopeftirio] *ουσ. ο.* shooting-place
σκοπευτής [skopeftis] *ουσ. α.* gunner, shooter
σκοπευτικός [skopeftikos] *επ.* shooting
σκοπεύω [skopevo] *ρ.* aim, point
σκοπιά [skopia] *ουσ. θ.* watchtower
σκόπιμος [skopimos] *επ.* intentional
σκοπιμότητα [skopimotita] *ουσ. θ.* expediency
σκοποβολή [skopovoli] *ουσ. θ.* shooting
σκοπός [skopos] *ουσ. α.* aim, intention, goal, target. sentinel
σκορβούτο [skorvooto] *ουσ. ο.* (ιατρ.) scurvy
σκορδαλιά [skordalia] *ουσ. θ.* (μαγ.) garlic sauce
σκόρδο [skordo] *ουσ. ο.* (βοτ.) garlic
σκοροφαγωμένος [skorofayomenos] *επ.* moth-eaten
σκορπίζω [skorpizo] *ρ.* disperse, scatter

σκόρπιος [skorpios] *επ.* scattered, dispersed
σκορπιός [skorpios] *ουσ. α.* (ζωολ.) scorpion
σκόρπισμα [skorpisma] *ουσ. ο.* scattering, dispersion
σκοτάδι [skotadi] *ουσ. ο.* dark, darkness
σκοταδισμός [skotadismos] *ουσ. α.* obscurantism
σκοταδιστής [skotadistis] *ουσ. α.* obscurantist
σκοτεινιά [skotinia] *ουσ. θ.* darkness
σκοτεινιάζω [skotiniazo] *ρ.* darken, get dark
σκοτείνιασμα [skotiniasma] *ουσ. ο.* darkening, obscuring
σκοτεινός [skotinos] *επ.* dark, obscury
σκοτίζω [skotizo] *ρ.* bother, worry
σκοτοδίνη [skotodini] *ουσ. θ.* (ιατρ.) dizziness
σκότος [skotos] *ουσ. ο.* darkness, dark
σκοτούρα [skotoora] *ουσ. θ.* dizzines, trouble
σκότωμα [skotoma] *ουσ. ο.* murder, killing
σκοτωμός [skotomos] *ουσ. α.* murder, killing
σκοτώνω [skotono] *ρ.* murder, kill
σκούζω [skoozo] *ρ.* scream, shout
σκουλαρίκι [skoolariki] *ουσ. ο.* earring
σκουληκαντέρα [skoolikandera] *ουσ. θ.* (ζωολ.) earthworm
σκουλήκι [skooliki] *ουσ. ο.* (ζωολ.) worm
σκουληκιάζω [skoolikiazo] *ρ.* get wormy
σκουληκιασμένος [skoolikiasmenos] *επ.* wormy
σκουληκοφαγωμένος [skoolikofayomenos] *επ.* worm-eaten
σκουμπρί [skoobri] *ουσ. ο.* (ιχθ.) mackerel
σκούνα [skoona] *ουσ. θ.* (ναυτ.) schooner
σκούντημα [skoondima] *ουσ. ο.* push
σκουντούφλημα [skoondooflima] *ουσ. ο.* stumbling, tripping
σκουντουφλώ [skoondoflo] *ρ.* stumble
σκουντώ [skoondo] *ρ.* push

σκούξιμο [skooximo] *ουσ. ο.* screaming
σκούπα [skoopa] *ουσ. θ.* broom
σκουπίδι [skoopidi] *ουσ. ο.* rubbish
σκουπιδιάρης [skoopidiaris] *ουσ. α.* sweeper, street cleaner
σκουπίζω [skoopizo] *ρ.* sweep, clean
σκούπισμα [skoopisma] *ουσ. ο.* sweeping, wiping
σκουπόξυλο [skoopoxilo] *ουσ. ο.* broom-stick
σκουραίνω [skooreno] *ρ.* darken
σκουριά [skooria] *ουσ. θ.* rust
σκουριάζω [skooriazo] *ρ.* rust
σκούριασμα [skooriasma] *ουσ. ο.* rusting
σκουριασμένος [skooriasmenos] *επ.* rusty
σκούρος [skooros] *επ.* dark, dark-coloured
σκουτάρι [skootari] *ουσ. ο.* shield
σκούφια [skoofia] *ουσ. θ.* cap, bonnet
σκούφος [skoofos] *ουσ. α.* bonnet, cap
σκρόφα [skrofa] *ουσ. θ.* sow
σκύβω [skivo] *ρ.* stoop, bow
σκυθρωπιάζω [skithropiazo] *ρ.* sulk, frown
σκυθρωπός [skithropos] *επ.* sullen, frown
σκυθρωπότητα [skithropotita] *ουσ. θ.* sulkiness
σκύλα [skila] *ουσ. θ.* (ζωολ. /μεταφ.) bitch
σκυλάκι [skilaki] *ουσ. ο.* puppy
σκυλί [skili] *ουσ. ο.* (ζωολ.) dog
σκυλιάζω [skiliazo] *ρ.* enrage
σκυλόδοντο [skilodondo] *ουσ. ο.* dogtooth
σκυλολόι [skiloloi] *ουσ. ο.* a pack of dogs
σκυλόψαρο [skilopsaro] *ουσ. ο.* (ιχθ.) shark, dogfish
σκυρόδεμα [skirodema] *ουσ. ο.* concrete
σκυτάλη [skitali] *ουσ. θ.* staff
σκυφτός [skiftos] *επ.* stooping
σκύψιμο [skipsimo] *ουσ. ο.* stooping
σκωληκοειδίτιδα [skolikoiditida] *ουσ. θ.* (ιατρ.) appendicitis

σκωληκοφάγος [skolikofayos] *επ.* vermivorous
σκωπτικός [skoptikos] *επ.* (καθ.) derisive
σκωρίαση [skoriasi] *ουσ. θ.* rusting, corrosion
σκώρος [skoros] *ουσ. α.* (ζωολ.) moth
σλαβικός [slavikos] *επ.* slavic
Σλοβακία [slovakia] *κύρ. όν. θ.* Slovakia
Σλοβενία [slovenia] *κύρ. όν. θ.* Slovenia
σμάλτο [smalto] *ουσ. ο.* enamel
σμαραγδένιος [smaraydenios] *επ.* of emerald
σμαράγδι [smaraydi] *ουσ. ο.* emerald
σμάρι [smari] *ουσ. ο.* swarm
σμέρνα [smerna] *ουσ. θ.* (ιχθ.) moray, eel
σμηναγός [sminayos] *ουσ. α. /θ.* (στρατ.) squadron leader
σμήναρχος [sminarhos] *ουσ. α.* (στρατ.) squadron commander
σμηνίτης [sminitis] *ουσ. α. /θ.* (στρατ.) member of the air force
σμήνος [sminos] *ουσ. ο.* swarm, crowd
σμίγω [smiyo] *ρ.* mix, mingle
σμίκρυνση [smikrinsi] *ουσ. θ.* diminution, reduction
σμικρύνω [smikrino] *ρ.* lessen, diminish
σμιλεμένος [smilemenos] *επ.* chiselled
σμίλευση [smilefsi] *ουσ. θ.* chiselling
σμιλευτός [smileftos] *επ.* carved
σμιλεύω [smilevo] *ρ.* chisel, carve
σμίλη [smili] *ουσ. θ.* chisel, scalpel
σμίξιμο [smiximo] *ουσ. ο.* mixing, joining
σμόκιν [smokin] *ουσ. ο. άκλ.* dinner jacket
σμπαράλια [sbaralia] *ουσ. ο. πληθ.* bits and pieces, fragments
σμπάρος [sbaros] *ουσ. α.* shot
σμυρίδα [smirida] *ουσ. θ.* emery
σμυριδόχαρτο [smiridoharto] *ουσ. ο.* sandpaper
σμύρνα [smirna] *ουσ. θ.* myrrh
σνομπ [snob] *επ. άκλ.* snob

σνομπισμός [snobismos] *ουσ. α.* snobbism
σοβαρεύομαι [sovarevome] *ρ.* look serious
σοβαρολογώ [sovaroloyo] *ρ.* speak in earnest
σοβαρός [sovaros] *επ.* serious
σοβαρότητα [sovarotita] *ουσ. θ.* seriousness
σοβαροφανής [sovarofanis] *επ.* serious-looking
σοβάς [sovas] *ουσ. α.* plaster
σοβατζής [sovatzis] *ουσ. α.* plasterer
σοβατίζω [sovatizo] *ρ.* plaster
σοβάτισμα [sovatisma] *ουσ. ο.* plastering
σοβιέτ [soviet] *ουσ. ο. άκλ.* soviet
σοβιετικός [sovietikos] *επ.* soviet
σόγια [soyia] *ουσ. θ.* (βοτ.) soya
σόδα [soda] *ουσ. θ.* soda
σοδειά [sodia] *ουσ. θ.* crop
σοδιάζω [sodiazo] *ρ.* gather
σόι [soi] *ουσ. ο.* race, kind, family
σοκ [sok] *ουσ. ο. άκλ.* shock
σοκάκι [sokaki] *ουσ. ο.* lane, alley
σοκάρισμα [sokarisma] *ουσ. ο.* shocking
σοκάρω [sokaro] *ρ.* shock
σόκιν [sokin] *επ. άκλ.* shocking
σοκολάτα [sokolata] *ουσ. θ.* chocolate
σοκολατένιος [sokolatenios] *επ.* chocolate
σόλα [sola] *ουσ. θ.* sole
σολιάζω [soliazo] *ρ.* sole
σόλο [solo] *ουσ. ο. άκλ.* solo
σολομός [solomos] *ουσ. α.* (ιχθ.) salmon
σόμπα [soba] *ουσ. θ.* stove
σονάτα [sonata] *ουσ. θ.* sonata
σονέτο [soneto] *ουσ. ο.* (μουσ.) sonnet
σοπράνο [soprano] *ουσ. α. /θ.* soprano
σοσιαλισμός [sosialismos] *ουσ. α.* socialism
σοσιαλιστής [sosialistis] *ουσ. α.* socialist
σούβλα [soovla] *ουσ. θ.* spit
σουβλερός [soovleros] *επ.* pointed
σουβλί [soovli] *ουσ. ο.* awl, pricker
σουβλίζω [soovlizo] *ρ.* spit
σούβλισμα [soovlisma] *ουσ. ο.*

roasting on a spit
σουγιάς [sooyias] *ουσ. α.* penknife
Σουηδία [sooidia] *κύρ. όν. θ.* Sweden
Σουηδικός [sooidikos] *επ.* Swedish
Σουηδός [sooidos] *ουσ. α.* Swede, Swedish
σουίτα [sooita] *ουσ. θ.* suite
σουλατσαδόρος [soolatsadoros] *ουσ. α.* lounger
σουλατσάρω [soolatsaro] *ρ.* walk about
σουλτάνα [sooltana] *ουσ. θ.* sultana
σουλτανάτο [sooltanato] *ουσ. ο.* sultanate
σουλτάνος [sooltanos] *ουσ. α.* sultan
σούμα [sooma] *ουσ. θ.* sum, total
σουμάδα [soomada] *ουσ. θ.* orgeat
σούπα [soopa] *ουσ. θ.* soup
σουπιά [soopia] *ουσ. θ.* cuttlefish, sepia
σουπιέρα [soopiera] *ουσ. θ.* soup-bowl
σούρα [soora] *ουσ. θ.* fold, crease
σουραύλι [sooravli] *ουσ. ο.* (μουσ.) flute
σούρουπο [sooroopo] *ουσ. ο.* nightfall, dusk
σουρουπώνει [soorooponi] *ρ.* it is getting dark
σούρωμα [sooroma] *ουσ. ο.* straining, filtering
σουρώνω [soorono] *ρ.* strain, filter
σουρωτήρι [soorotiri] *ουσ. ο.* strainer
σουσάμι [soosami] *ουσ. ο.* sesame
σουσαμόλαδο [soosamolado] *ουσ. ο.* sesame-oil
σουσουράδα [soosoorada] *ουσ. θ.* (ζωολ.) wagtail
σούσουρο [soosooro] *ουσ. ο.* commotion, rumour
σούστα [soosta] *ουσ. θ.* spring
σουτ [soot] *ουσ. ο. άκλ.* shoot
σουτ! [soot] *επιφ.* hush!
σουτάρω [sootaro] *ρ.* shoot
σουτζούκι [sootzooki] *ουσ. ο.* (μαγ.) sausage
σούφρα [soofra] *ουσ. θ.* fold, plait
σούφρωμα [soofroma] *ουσ. ο.* plaiting, folding

σουφρωμένος [soofromenos] *επ.* wrinkled
σουφρώνω [soofrono] *ρ.* plait, fold
σοφάς [sofas] *ουσ. α.* sofa
σοφέρ [sofer] *ουσ. α. /θ. άκλ.* chauffeur
σοφία [sofia] *ουσ. θ.* wisdom
σοφίζομαι [sofizome] *ρ.* devise, invent
σόφισμα [sofisma] *ουσ. ο.* sophism
σοφιστεία [sofistia] *ουσ. θ.* sophism
σοφιστής [sofistis] *ουσ. α.* sophist
σοφιστική [sofistiki] *ουσ. θ.* sophistry
σοφιστικός [sofistikos] *επ.* sophistical
σοφίτα [sofita] *ουσ. θ.* attic
σοφός [sofos] *επ.* wise, sapient
σπαγκοραμμένος [spagoramenos] *επ.* stingy
σπάγκος [spagos] *ουσ. α.* string, twine
σπάζω [spazo] *ρ.* break, burst
σπάθα [spatha] *ουσ. θ.* large sword
σπαθί [spathi] *ουσ. ο.* sword
σπαθιά [spathia] *ουσ. θ.* sword-cut
σπαθίζω [spathizo] *ρ.* cut with a sword
σπαθισμός [spathismos] *ουσ. α.* sword-stroke
σπαθιστής [spathistis] *ουσ. α.* swordsman
σπάλα [spala] *ουσ. θ.* shoulder blade
σπανάκι [spanaki] *ουσ. ο.* spinach
σπανακόπιτα [spanakopita] *ουσ. θ.* spinach-pie
σπάνια [spania] *επίρ.* rarely, seldom, scarcely
σπανίζω [spanizo] *ρ.* be rare
σπάνιος [spanios] *επ.* scarce, rare
σπανιότητα [spaniotita] *ουσ. θ.* rareness, scarceness
σπανός [spanos] *επ.* beardless
σπαράγγι [sparagi] *ουσ. ο.* (βοτ.) asparagus
σπαραγμός [sparaymos] *ουσ. α.* tearing
σπαράζω [sparazo] *ρ.* wriggle
σπαρακτικός [sparaktikos] *επ.* distressing
σπαρακτικός [sparaktikos] *επ.* tearing

Σ

σπαραξικάρδιος [sparaxikardios] *επ.* distressing
σπαράσσω [sparaso] *ρ.* tear to pieces
σπάργανο [sparyano] *ουσ. ο.* swaddling cloth
σπαργάνωμα [sparyanoma] *ουσ. ο.* swaddling
σπαρμένος [sparmenos] *επ.* sown
σπάρος [sparos] *ουσ. α.* (ιχθ.) sea-bream
σπαρτά [sparta] *ουσ. ο. πληθ.* standing corn
σπαρτάρισμα [spartarisma] *ουσ. ο.* frisking
σπαρταριστός [spartaristos] *επ.* exciting, frisky
σπαρταρώ [spartaro] *ρ.* frisk, wriggle
σπαρτό [sparto] *ουσ. ο.* crop, grain
σπάσιμο [spasimo] *ουσ. ο.* breaking
σπασμένος [spasmenos] *επ.* broken
σπασμός [spasmos] *ουσ. α.* convulsion, spasm
σπασμωδικός [spasmodikos] *επ.* spasmodic
σπατάλη [spatali] *ουσ. θ.* waste, prodigality
σπάταλος [spatalos] *επ.* wasteful, prodigal
σπαταλώ [spatalo] *ρ.* waste, dissipate
σπάτουλα [spatoola] *ουσ. θ.* spatula
σπάω [spao] *ρ.* break
σπείρα [spira] *ουσ. θ.* spiral, band
σπέρμα [sperma] *ουσ. ο.* seed. sperm
σπερματικός [spermatikos] *επ.* seminal, spermatic
σπερματοζωάριο [spermatozoario] *ουσ. ο.* spermatozoon
σπέρνω [sperno] *ρ.* sow
σπεύδω [spevdo] *ρ.* hurry, hasten
σπήλαιο [spileo] *ουσ. ο.* cave
σπηλαιολογία [spileo-oloyia] *ουσ. θ.* speleology
σπηλιά [spilia] *ουσ. θ.* cave
σπίθα [spitha] *ουσ. θ.* sparkle
σπιθαμή [spithami] *ουσ. θ.* span
σπιθίζω [spithizo] *ρ.* sparkle
σπίλωμα [spiloma] *ουσ. ο.* staining

σπιλώνω [spilono] *ρ.* stain, spot
σπινθήρας [spinthiras] *ουσ. α.* spark, sparkle
σπινθηρίζω [spinthirizo] *ρ.* sparkle, glitter
σπινθηρισμός [spinthirismos] *ουσ. α.* sparkling
σπινθηροβόλημα [spinthirovolima] *ουσ. ο.* sparkling
σπινθηροβολώ [spinthirovolo] *ρ.* sparkle
σπίνος [spinos] *ουσ. α.* (ζωολ.) chaffinch
σπιουνάρω spioonaro] *ρ.* spy
σπιουνιά [spioonia] *ουσ. θ.* calumny, machination
σπιούνος [spioonos] *ουσ. α.* spy
σπιρούνι [spirooni] *ουσ. ο.* spur
σπιρουνιά [spiroonia] *ουσ. θ.* prickling with a spur
σπιρουνίζω [spiroonizo] *ρ.* spur
σπίρτο [spirto] *ουσ. ο.* match
σπιτάκι [spitaki] *ουσ. ο.* small house
σπίτι [spiti] *ουσ. ο.* house, home
σπιτικός [spitikos] *επ.* home-made, domestic
σπιτονοικοκυρά [spitonikokira] *ουσ. θ.* landlady
σπιτονοικοκύρης [spitonikokiris] *ουσ. α.* landlord
σπιτώνω [spitono] *ρ.* house, lodge
σπλάχνα [splahna] *ουσ. ο. πληθ.* bowels, intestines
σπλαχνίζομαι [splahnizome] *ρ.* pity
σπλαχνικός [splahnikos] *επ.* merciful
σπλήνα [splina] *ουσ. θ.* (ανατ.) spleen
σπληνάντερο [splinandero] *ουσ. ο.* (μαγ.) the thick intestine
σπογγαλιεία [spogaliia] *ουσ. θ.* sponge-fishing
σπογγαλιευτικός [spogalieftikos] *επ.* sponge-fishing
σπογγίζω [spogizo] *ρ.* sponge, wipe off
σπόγγος [spogos] *ουσ. α.* sponge
σπογγώδης [spogodis] *επ.*

spongy
σπονδή [spondi] *ουσ. θ.* libation
σπονδυλικός [spondilikos] *επ.* vertebral
σπόνδυλος [spondilos] *ουσ. α.* vertebra
σπονδυλωτός [spondilotos] *επ.* vertebrate
σπορ [spor] *ουσ. ο. άκλ.* sport
σπορά [spora] *ουσ. θ.* sowing
σποραδικός [sporadikos] *επ.* dispersed, scattered
σπορέας [sporeas] *ουσ. α.* sower
σπορέλαιο [sporeleo] *ουσ. ο.* seed-oil
σποριάζω [sporiazo] *ρ.* go to seed
σπόριασμα [sporiasma] *ουσ. ο.* seeding
σπόρος [sporos] *ουσ. α.* seed
σπουδάζω [spoodazo] *ρ.* study
σπουδαίος [spoodeos] *επ.* important, significant
σπουδαιότητα [spoodeotita] *ουσ. θ.* importance, seriousness
σπουδαιοφανής [spoodeofanis] *επ.* important in appearance
σπούδασμα [spoodasma] *ουσ. ο.* education
σπουδασμένος [spoodasmenos] *επ.* learned, educated
σπουδαστήριο [spoodastirio] *ουσ. ο.* study-room
σπουδαστής [spoodastis] *ουσ. α.* student
σπουδή [spoodi] *ουσ. θ.* study
σπουργίτης [spooryitis] *ουσ. α.* (ζωολ.) sparrow
σπρωξιά [sproxia] *ουσ. θ.* push
σπρώξιμο [sproximo] *ουσ. ο.* push
σπυρί [spiri] *ουσ. ο.* grain. pimple
σπυριάρης [spiriaris] *επ.* full of pimples
σπυρωτός [spirotos] *επ.* granular
σταβλάρχης [stavlarhis] *ουσ. α.* stable-master
σταβλίζω [stavlizo] *ρ.* stable
σταβλισμός [stavlismos] *ουσ. α.* putting in a stable
σταβλίτης [stavlitis] *ουσ. α.* stable-man
στάβλος [stavlos] *ουσ. α.*

stable, stall
σταγόνα [stayona] *ουσ. θ.* drop
σταγονόμετρο [stayonometro] *ουσ. ο.* droper
στάδιο [stadio] *ουσ. ο.* stadium
σταδιοδρομία [stadiodromia] *ουσ. θ.* career
σταδιοδρομώ [stadiodromo] *ρ.* have a career
στάζω [stazo] *ρ.* drop
σταθεροποίηση [statheropiisi] *ουσ. θ.* stabilization
σταθεροποιώ [statheropio] *ρ.* stabilize
σταθερός [statheros] *επ.* firm, steady, stable
σταθερότητα [statherotita] *ουσ. θ.* firmness, stability
σταθμά [stathma] *ουσ. ο. πληθ.* weights
σταθμάρχης [stathmarhis] *ουσ. α.* station-chief
σταθμεύω [stathmevo] *ρ.* stop, park
στάθμη [stathmi] *ουσ. θ.* level
σταθμίζω [stathmizo] *ρ.* weigh, level
στάθμιση [stathmisi] *ουσ. θ.* weighing, levelling
σταθμός [stathmos] *ουσ. α.* station, stand
στάλα [stala] *ουσ. θ.* drop
σταλαγματιά [stalaymatia] *ουσ. θ.* drop
σταλαγμίτης [stalaymitis] *ουσ. α.* stalagmite
σταλάζω [stalazo] *ρ.* drip, instil
σταλακτίτης [stalaktitis] *ουσ. α.* stalactite
σταλιά [stalia] *ουσ. θ.* drop
στάλσιμο [stalsimo] *ουσ. ο.* sending
σταμάτημα stamatima] *ουσ. ο.* stopping, stop
σταματώ [stamato] *ρ.* stop, halt
στάμνα [stamna] *ουσ. θ.* jug
στάμπα [staba] *ουσ. θ.* stamp, seal
σταμπαρισμένος [stabarismenos] *επ.* stamped, marked
σταμπάρω [stabaro] *ρ.* stamp, seal
στάνη [stani] *ουσ. θ.* sheepfold
στανιό [stanio] *ουσ. ο.* (λαϊκ.) unwillingly, by force

Σ

στάξιμο [staximo] *ουσ. ο.* dripping, leaking
σταρ [star] *ουσ. θ. άκλ.* star, actress
στάρι [stari] *ουσ. ο.* (βοτ.) wheat, grain
στάση [stasi] *ουσ. θ.* stop. station. rebellion, riot
στασιάζω [stasiazo] *ρ.* revolt, rebel
στασιαστής [stasiastis] *ουσ. α.* rebel
στασίδι [stasidi] *ουσ. ο.* pew
στάσιμος [stasimos] *επ.* stationary
στασιμότητα [stasimotita] *ουσ. θ.* immobility
στατική [statiki] *ουσ. θ.* statics
στατικός [statikos] *επ.* static
στατιστική [statistiki] *ουσ. θ.* statistics
στατιστικολόγος [statistikoloyos] *ουσ. α. /θ.* statistician
στατιστικός [statistikos] *επ.* statistical
σταυροβελονιά [stavrovelonia] *ουσ. θ.* cross-stitch
σταυροδρόμι [stavrodromi] *ουσ. ο.* crossway
σταυροειδής [stavroidis] *επ.* cross-shaped
σταυρόλεξο [stavrolexo] *ουσ. ο.* crossword puzzle
σταυροπόδι [stavropodi] *ουσ. ο.* with crossed legs
σταυρός [stavros] *ουσ. α.* cross
σταυροφορία [stavroforia] *ουσ. θ.* crusade
σταυροφόρος [stavroforos] *ουσ. α.* crusader
σταύρωμα [stavroma] *ουσ. ο.* crucification
σταυρώνω [stavrono] *ρ.* crucify, cross
σταύρωση [stavrosi] *ουσ. θ.* crucification, crucifixion
σταυρωτής [stavrotis] *ουσ. α.* crucifier
σταυρωτός [stavrotos] *επ.* crossed
σταφίδα [stafida] *ουσ. θ.* (βοτ.) raisin
σταφιδοπαραγωγός [stafidoparayoyos] *ουσ. α.* raisin grower
σταφιδόψωμο [stafidopsomo] *ουσ. ο.* currant bread
σταφύλι [stafili] *ουσ. ο.* (βοτ.) grape

σταφυλόκοκκος [stafilokokos] *ουσ. α.* (ιατρ.) staphylococcus
στάχτη [stahti] *ουσ. θ.* ash, cinder
σταχτής [stahtis] *επ.* ashy, gray
σταχτοπούτα [stahtopoota] *ουσ. θ.* cinderella
στάχυ [stahi] *ουσ. ο.* (βοτ.) ear of corn
σταχυολόγημα [stahioloyima] *ουσ. ο.* gleaning
σταχυολογώ [stahioloyo] *ρ.* glean
στεατικός [steatikos] *επ.* steatic
στεγάζω [steyazo] *ρ.* roof, cover
στεγανός [steyanos] *επ.* water-proof, impervious
στεγανότητα [steyanotita] *ουσ. θ.* imperviousness
στέγαση [steyasi] *ουσ. θ.* roofing, sheltering
στέγασμα [steyasma] *ουσ. ο.* roof, shelter
στεγαστικός [steyastikos] *επ.* housing
στέγη [steyi] *ουσ. θ.* roof
στεγνός [steynos] *επ.* dry
στεγνότητα [steynotita] *ουσ. θ.* dryness
στέγνωμα [steynoma] *ουσ. ο.* drying
στεγνώνω [steynono] *ρ.* dry
στεγνωτήριο [steynotirio] *ουσ. ο.* drying-room
στειλιάρι [stiliari] *ουσ. ο.* handle, helve
στείρος [stiros] *επ.* barren
στειρώνω [stirono] *ρ.* make barren
στείρωση [stirosi] *ουσ. θ.* sterility, barreness
στέκα [steka] *ουσ. θ.* billiard-cue
στεκάμενος [stekamenos] *επ.* standing
στέκομαι [stekome] *ρ.* stand
στέλεχος [stelehos] *ουσ. ο.* stem, stock, trunk. staff
στέλνω [stelno] *ρ.* send, transmit
στέμμα [stema] *ουσ. ο.* crown
στεναγμός [stenaymos] *ουσ. α.* sigh, groan, moan
στενάζω [stenazo] *ρ.* sigh, groan, moan
στένεμα [stenema] *ουσ. ο.* tightening, narrowing
στενεύω [stenevo] *ρ.* narrow,

take in
στενογραφία [stenografia] *ουσ. θ.* shorthand, stenography
στενογράφος [stenoyrafos] *ουσ. α. /θ.* stenographer
στενοκέφαλος [stenokefalos] *επ.* narrow-minded
στενόμακρος [stenomakros] *επ.* oblong
στενός [stenos] *επ.* narrow, strait
στενότητα [stenotita] *ουσ. θ.* narrowness
στενόχωρα [stenohora] *επίρ.* in straits
στενοχωρημένος [stenohorimenos] *επ.* embarrassed, distressed
στενοχώρια [stenohoria] *ουσ. θ.* distress
στενόχωρος [stenohoros] *επ.* narrow. impatient
στενοχωρώ [stenohoro] *ρ.* worry, annoy
στένωμα [stenoma] *ουσ. ο.* narrowing
στέπα [stepa] *ουσ. θ.* steppe
στέρεμα [sterema] *ουσ. θ.* exhaustion
στερεογραφία [stereoyrafia] *ουσ. θ.* stereography
στερεομετρία [stereometria] *ουσ. θ.* stereometry
στερεοποίηση [stereopiisi] *ουσ. θ.* solidification
στερεοποιώ [stereopio] *ρ.* solidify
στερεός [stereos] *επ.* solid, firm
στερεοσκοπικός [stereoskopikos] *επ.* stereoscopical
στερεοσκόπιο [stereoskopio] *ουσ. ο.* stereoscope
στερεότητα [stereotita] *ουσ. θ.* solidity, durability
στερεοτυπικός [stereotipikos] *επ.* stereotyping. invariable
στερεότυπο [stereotipo] *ουσ. ο.* stereotype
στερεότυπος [stereotipos] *επ.* invariable
στερεύω [sterevo] *ρ.* dry up, make dry
στερέωμα [stereoma] *ουσ. ο.* fastening, fixing
στερεώνω [stereono] *ρ.* fasten, fix
στερέωση [stereosi] *ουσ. θ.* fastening
στερεωτής [stereotis] *ουσ. α.*

fastener, securer
στέρηση [sterisi] *ουσ. θ.* deprivation
στεριά [steria] *ουσ. θ.* land
στεριώνω [steriono] *ρ.* get solid
στέρνα [sterna] *ουσ. θ.* cistern, tank
στέρνο [sterno] *ουσ. ο.* (ανατ.) sternum, chest
στερνός [sternos] *επ.* ultimate, kast
στερώ [stero] *ρ.* deprive (of), dispossess
στεφάνι [stefani] *ουσ. ο.* crown, wreath
στεφανιαίος [stefanieos] *επ.* (ιατρ.) coronary
στεφάνωμα [stefanoma] *ουσ. ο.* crowning. wedding
στεφανώνω [stefanono] *ρ.* crown. marry
στέφω [stefo] *ρ.* crown
στέψη [stepsi] *ουσ. θ.* coronation, crowning
στηθάγχη [stithayhi] *ουσ. θ.* (ιατρ.) angina, quincy
στηθόδεσμος [stithodesmos] *ουσ. α.* corset, stays, bra
στηθόπονος [stithoponos] *ουσ. α.* (ιατρ.) pain in the chest
στήθος [stithos] *ουσ. ο.* (ανατ.) chest, breast
στηθοσκόπηση [stithoskopisi] *ουσ. θ.* stethoscopy
στηθοσκόπιο [stithoskopio] *ουσ. ο.* stethoscope
στήλη [stili] *ουσ. θ.* column, pillar
στηλιτεύω [stilitevo] *ρ.* stigmatize, brand
στημόνι [stimoni] *ουσ. ο.* warp
στήνω [stino] *ρ.* put up, set up, raise
στήριγμα [stiriyma] *ουσ. ο.* prop, support
στηρίζω [stirizo] *ρ.* support, prop up
στήριξη [stirixi] *ουσ. θ.* support
στήσιμο [stisimo] *ουσ. ο.* raising, setting up
στιβάδα [stivada] *ουσ. θ.* pile
στιβαρός [stivaros] *επ.* robust, strong
στίβος [stivos] *ουσ. α.* track, arena
στίγμα [stiyma] *ουσ. ο.* (ιατρ.) stigma. spot, stain,

mark
στιγματίζω [stiymatizo] *ρ.* stigmatize, brand
στιγμή [stiymi] *ουσ. θ.* point, moment. dot
στιγμιαίος [stiymieos] *επ.* instantaneous, momentary
στιγμιότυπο [stiymiotipo] *ουσ. ο.* snap-shot
στικτός [stiktos] *επ.* spotted, dotted
στίλβωμα [stilvoma] *ουσ. ο.* polishing
στιλβώνω [stilvono] *ρ.* polish, shine
στιλβωτήριο [stilvotirio] *ουσ. ο.* shoeshining
στιλβωτής [stilvotis] *ουσ. α.* polisher
στιλέτο [stileto] *ουσ. ο.* dagger
στιλπνός [stilpnos] *επ.* shinning, glossy
στιλπνότητα [stilpnotita] *ουσ. θ.* brilliancy, luster
στίξη [stixi] *ουσ. θ.* punctuation, dotting
στιφάδο [stifado] *ουσ. ο.* (μαγ.) stew
στιχογράφος [stihoyrafos] *ουσ. α. /θ.* versifier
στιχουργία [stihooryia] *ουσ. θ.* versification
στιχουργός [stihooryos] *ουσ. α. /θ.* versifier
στιχουργώ [stihooryo] *ρ.* versify
στοά [stoa] *ουσ. θ.* arcade, coronade, gallery
στοίβα [stiva] *ουσ. θ.* pile, heap
στοίβαγμα [stivayma] *ουσ. ο.* packing, piling
στοιβάδα [stivada] *ουσ. θ.* pile
στοιβάζω [stivazo] *ρ.* pile
στοιχείο [stihio] *ουσ. ο.* element, component
στοιχειό [stihio] *ουσ. ο.* ghost, phantom, spirit
στοιχειώδης [stihiodis] *επ.* elementary
στοίχειωμα [stihioma] *ουσ. ο.* state of being haunted
στοιχειωμένος [stihiomenos] *επ.* haunted
στοιχειώνω [stihiono] *ρ.* become a ghost
στοίχημα [stihima] *ουσ. ο.* bet, wager
στοιχηματίζω [stihimatizo] *ρ.* bet, wager
στοιχίζω [stihizo] ρ. cost

στοίχος [stihos] *ουσ. α.* row, line, file

στοκ [stok] *ουσ. ο. άκλ.* stock

στοκάρισμα [stokarisma] *ουσ. ο.* puttying

στοκάρω [stokaro] *ρ.* putty

στόκος [stokos] *ουσ. α.* putty

στολή [stoli] *ουσ. θ.* uniform, custom

στολίδι [stolidi] *ουσ. ο.* ornament, decoration

στολίζω [stolizo] *ρ.* ornament, decorate

στολισμός [stolismos] *ουσ. α.* ornamenting, embellishing

στόλος [stolos] *ουσ. α.* fleet, navy

στόμα [stoma] *ουσ. ο.* (ανατ.) mouth. opening

στοματικός [stomatikos] *επ.* stomatic

στοματίτιδα [stomatitida] *ουσ. θ.* (ιατρ.) stomatitis

στομάχι [stomahi] *ουσ. ο.* (ανατ.) stomach

στομαχικός [stomahikos] *επ.* stomach

στόμιο [stomio] *ουσ. ο.* mouth. opening

στόμφος [stomfos] *ουσ. α.* pomposity

στομφώδης [stomfodis] *επ.* bombastic, pompous

στομώνω [stomono] *ρ.* temper. dull, blunt

στοργή [storyi] *ουσ. θ.* love, affection, tenderness

στοργικός [storyikos] *επ.* affectionate

στόρι [stori] *ουσ. ο.* window-blind

στουμπώνω [stoobono] ρ. cram, stuff

στούντιο [studio] *ουσ. ο.* studio

στουπί [stoopi] *ουσ. ο.* tow, oakum

στουρνάρι [stoornari] *ουσ. ο.* flint

στόφα [stofa] *ουσ. θ.* stove, range

στοχάζομαι [stohazome] *ρ.* think, guess

στοχασμός [stohasmos] *ουσ. α.* thought, meditation

στοχαστικός [stohastikos] *επ.* reflective, thoughtful

στόχος [stohos] *ουσ. α.* target

στραβίζω [stravizo] *ρ.* squint, be cross-eyed

στραβισμός [stravismos] *ουσ. α.* (ιατρ.) squint

Σ

στραβολαιμιάζω [stravolemiazo] *ρ.* get a stiff neck
στραβομάρα [stravomara] *ουσ. θ.* blindness
στραβοπόδης [stravopodis] *επ.* bow-legged
στραβός [stravos] *επ.* crooked, oblique, blind
στράβωμα [stravoma] *ουσ. ο.* turning, curving, blinding
στραβώνω [stravono] *ρ.* blind. bend, curve
στραγάλι [strayali] *ουσ. ο.* roasted chick-peas
στραγγαλίζω [stragalizo] *ρ.* strangle
στραγγαλισμός [stragalismos] *ουσ. ο.* strangulation
στραγγαλιστής [stragalistis] *ουσ. α.* strangler
στραγγίζω [stragizo] *ρ.* strain, drain
στράγγισμα [stragisma] *ουσ. ο.* straining, draining
στραγγιστήρι [stragistiri] *ουσ. ο.* strainer
στραμπουλίζω [straboolizo] *ρ.* sprain
στραμπούλισμα [straboolisma] *ουσ. ο.* spraining
στραπατσάρισμα [strapatsarisma] *ουσ. ο.* maltreatment
στραπατσάρω [strapatsaro] *ρ.* deform, maltreat
στραπάτσο [strapatso] *ουσ. ο.* maltreatment
στράτα [strata] *ουσ. θ.* road, street
στρατάρχης [stratarhis] *ουσ. α.* (στρατ.) field marshal
στράτευμα [stratevma] *ουσ. ο.* army
στρατεύομαι [stratevome] *ρ.* serve in the army, join the army
στράτευση [stratefsi] *ουσ. θ.* military service
στρατεύω [stratevo] *ρ.* take the field, march against
στρατηγείο [stratiyio] *ουσ. ο.* general quarters
στρατηγία [stratiyia] *ουσ. θ.* generalship
στρατηγική [stratiyiki] *ουσ. θ.* strategy, tactics
στρατηγικός [stratiyikos] *επ.* strategic
στρατηγός [stratiyos] *ουσ. α.* (στρατ.) general

στρατηλάτης [stratilatis] *ουσ. α.* leader. general commander of an army
στρατιά [stratia] *ουσ. θ.* army, troops
στρατικοποίηση [stratikopiisi] *ουσ. θ.* militarization
στρατιώτης [stratiotis] *ουσ. α.* soldier
στρατιωτικός [stratiotikos] *επ.* military
στρατοδικείο [stratodikio] *ουσ. ο.* court-martial
στρατοκράτης [stratokratis] *ουσ. α.* militarist
στρατοκρατικός [stratokratikos] *επ.* militaristic
στρατολογία [stratoloyia] *ουσ. θ.* recruiting
στρατολογώ [stratoloyo] *ρ.* recruit
στρατονομία [stratonomia] *ουσ. θ.* military police
στρατοπέδευση [stratopedefsi] *ουσ. θ.* encampment, camping
στρατοπεδεύω [startopedevo] *ρ.* encamp, camp
στρατόπεδο [stratopedo] *ουσ. ο.* camp
στρατός [stratos] *ουσ. α.* army
στρατόσφαιρα [stratosfera] *ουσ. θ.* stratosphere
στρατώνας [stratonas] *ουσ. α.* barrack
στρεβλός [strevlos] *επ.* crooked, distorted
στρέβλωμα [strevloma] *ουσ. ο.* distortion, perversion. bending
στρεβλώνω [strevlono] *ρ.* distort, twist
στρείδι [stridi] *ουσ. ο.* (ιχθ.) oyster
στρέμμα [strema] *ουσ. ο.* acre
στρεπτόκοκκος [streptokokos] *ουσ. α.* (ιατρ.) streptococcus
στρέφω [strefo] *ρ.* turn, revolve
στρεψόδικος [strepsodikos] *ουσ. α.* /*θ.* distorting the truth
στρεψοδικώ [strepsodiko] *ρ.* quibble
στρίβω [strivo] *ρ.* turn, twist
στρίγγλα [strigla] *ουσ. θ.* vixen, witch
στριγκλιά [striglia] *ουσ. θ.* scream
στριγκλίζω [striglizo] *ρ.* scream

Σ

στριμμένος [strimenos] *επ.* twisted. perverse
στριμώχνω [strimohno] *ρ.* press together. crowd
στριφογυρίζω [strifoyirizo] *ρ.* twirl
στριφογύρισμα [strifoyirisma] *ουσ. ο.* twirling
στριφτός [striftos] *επ.* twisted
στρίφωμα [strifoma] *ουσ. ο.* hemming
στριφώνω [strifono] *ρ.* hem
στρίψιμο [stripsimo] *ουσ. ο.* turning, twisting
στροβιλίζω [strovilizo] *ρ.* whirl
στροβιλισμός [strovilismos] *ουσ. α.* whirling
στροβιλοκινητήρας [strovilokinitiras] *ουσ. α.* turbine motor
στρόβιλος [strovilos] *ουσ. α.* whirl, tornado
στρογγυλεύω [strogilevo] *ρ.* round
στρογγυλοκάθομαι [strogilokathome] *ρ.* install oneself comfortably
στρογγυλοπρόσωπος [strogiloprosopos] *επ.* round-faced
στρογγυλός [strogilos] *επ.* round, circular
στρουθοκάμηλος [stroothokamilos] *ουσ. θ.* (ζωολ.) ostrich
στρουμπουλός [stroboolos] *επ.* dumpy, plump
στροφή [strofi] *ουσ. θ.* turn
στρόφιγγα [strofiga] *ουσ. θ.* hinge
στρυφνός [strifnos] *επ.* rude, harsh, acrid
στρυφνότητα [strifnotita] *ουσ. θ.* harshness, roughness
στρυχνίνη [strihnini] *ουσ. θ.* (χημ.) strychnine
στρώμα [stroma] *ουσ. ο.* mattress, layer
στρώνω [strono] *ρ.* spread, lay
στρώσιμο [strosimo] *ουσ. ο.* laying, spreading
στρωτός [strotos] *επ.* laid, spread, regular
στυγερός [stiyeros] *επ.* atrocious, odious
στυγνός [stiynos] *επ.* gloomy, dismal, morose
στυλ [stil] *ουσ. ο. άκλ.* style
στυλό [stilo] *ουσ. ο. άκλ.* fountain-pen
στυλοβάτης [stilovatis] *ουσ. α.*

/θ. pedestal
στύλος [stilos] *ουσ. α.* pillar, column
στύλωμα [stiloma] *ουσ. ο.* propping up, support
στυλώνω [stilono] *ρ.* support, prop up
στυπόχαρτο [stipoharto] *ουσ. ο.* blotting-paper
στύση [stisi] *ουσ. θ.* erection
στυφός [stifos] *επ.* acrid, sour, bitter
στωικός [stoikos] *επ.* stoic(al)
συ [si] *αντ.* you
συγγένεια [sigenia] *ουσ. θ.* relationship
συγγενεύω [sigenevo] *ρ.* be related
συγγενής [sigenis] *ουσ. α.* /*θ.* related. relative
συγγενικός [sigenikos] *επ.* relative
συγγενολόι [sigenoloi] *ουσ. ο.* relations, kin
σύγγραμμα [sigrama] *ουσ. ο.* work, writing
συγγραφέας [sigrafeas] *ουσ. α.* /*θ.* writer, author
συγγραφή [sigrafi] *ουσ. θ.* writing
συγγραφικός [sigrafikos] *επ.* author's, writer's
συγγράφω [sigrafo] *ρ.* write
συγκαλύπτω [sigalipto] *ρ.* cover, hide
συγκάλυψη [sigalipsi] *ουσ. θ.* covering
συγκαλώ sigalo] *ρ.* convoke, assemble
σύγκαμα [sigama] *ουσ. ο.* inflammation of the skin
συγκατάβαση [sigatavasi] *ουσ. θ.* condescension, consent
συγκατάθεση [sigatathesi] *ουσ. θ.* consent, assent
συγκαταλέγω [sigataleyo] *ρ.* include, count among
συγκατανεύω [sigatanevo] *ρ.* consent
συγκατοικώ [sigatiko] *ρ.* live together
συγκεκομμένος [sigekomenos] *επ.* abbreviated
συγκεκριμένος [sigekrimenos] *επ.* concrete, exact
συγκεντρώνω [sigendrono] *ρ.* concentrate, gather
συγκέντρωση sigendrosi] *ουσ. θ.* concentration.

meeting
συγκίνηση [siginisi] *ουσ. θ.* emotion, sensation
συγκινητικός [siginitikos] *επ.* moving, touching
συγκινώ [sigino] *ρ.* move, touch
συγκλητικός [siglitikos] *επ.* senatorial
σύγκλητος [siglitos] *ουσ. θ.* senate
συγκλίνω [siglino] *ρ.* converge, tend
συγκλονίζω [siglonizo] *ρ.* shake, shock
συγκοινωνία [siginonia] *ουσ. θ.* communication
συγκοινωνώ [siginono] *ρ.* communicate, be connected
συγκόλληση [sigolisi] *ουσ. θ.* soldering. glueing
συγκολλώ [sigolo] *ρ.* glue together
συγκομιδή [sigomidi] *ουσ. θ.* crop, harvesting
συγκοπή [sigopi] *ουσ. θ.* syncope. contraction
συγκράτηση [sigratisi] *ουσ. θ.* restraining, containing
συγκρατώ [sigrato] *ρ.* restrain
συγκρίνω [sigrino] *ρ.* compare
σύγκριση [sigrisi] *ουσ. θ.* comparison
συγκρότημα [sigrotima] *ουσ. ο.* group
συγκρότηση [sigrotisi] *ουσ. θ.* constitution, assembling
συγκροτώ [sigroto] *ρ.* constitute, assemble
συγκρούομαι [sigroo-ome] *ρ.* crash, collide
σύγκρουση [sigroosi] *ουσ. θ.* collision, crash, conflict
σύγκρυο [sigrio] *ουσ. ο.* chill
συγκυρία [sigiria] *ουσ. θ.* chance, coincidence
συγνώμη [siynomi] *ουσ. θ.* pardon, forgiveness
συγυρίζω [siyirizo] *ρ.* tidy, put in order
συγύρισμα [siyirisma] *ουσ. ο.* tidying
συγχαίρω [siyhero] *ρ.* confratulate
συγχαρητήρια [siyharitiria] *ουσ. ο. πληθ.* congratulations
συγχέω [sigheo] *ρ.* confuse
συγχρονίζω [sighronizo] *ρ.* synchronize
συγχρονισμός [siyhronismos] *ουσ. α.* synchronism

σύγχρονος [siyhronos] *επ.* simultaneous. contemporary
συγχρόνως [siyhronos] *επίρ.* simultaneously
συγχύζω [siyhizo] *ρ.* confuse
σύγχυση [siyhisi] *ουσ. θ.* confusion
συγχώνευση [siyhonefsi] *ουσ. θ.* fusion, blending
συγχώρηση [siyhorisi] *ουσ. θ.* pardon, forgiveness
συγχωρώ [siyhoro] *ρ.* pardon, forgive, excuse
σύζευξη [sizefxi] *ουσ. θ.* union. connection
συζήτηση [sizitisi] *ουσ. θ.* discussion, debate
συζητώ [sizito] *ρ.* discuss
συζυγικός [siziyikos] *επ.* marital
σύζυγος [siziyos] *ουσ. α.* husband. *ουσ. θ.* wife, consort
συκιά [sikia] *ουσ. θ.* (βοτ.) fig-tree
σύκο [siko] *ουσ. ο.* (βοτ.) fig
συκοφάντης [sikofandis] *επ.* calumniator
συκοφαντία [sikofandia] *ουσ. θ.* calumny
συκοφαντώ [sikofando] *ρ.* calumniate
συκώτι [sikoti] *ουσ. ο.* liver
συλλαβή [silavi] *ουσ. θ.* syllable
συλλαβίζω [silavizo] *ρ.* syllabicate, spell
συλλαλητήριο [silalitirio] *ουσ. ο.* demonstration, mass meeting
συλλαμβάνω [silamvano] *ρ.* catch, arrest
συλλέγω sileyo] *ρ.* collect, gather
συλλέκτης [silektis] *ουσ. α. /θ.* collector
σύλληψη [silipsi] *ουσ. θ.* capture, arrest. pregnancy
συλλογή [siloyi] *ουσ. θ.* collection
συλλογίζομαι [siloyizome] *ρ.* meditate, think
σύλλογος [siloyos] *ουσ. α.* society, association, corporation
συλλυπητήριος [silipitirios] *επ.* of condolence
συλλυπούμαι [silipoome] *ρ.* condole
συμβαδίζω [simvadizo] *ρ.* keep pace with
συμβαίνω [simveno] *ρ.* happen, occur

συμβάλλω [simvalo] *ρ.* contribute
συμβάν [simvan] *ουσ. ο.* incident, event
σύμβαση [simvasi] *ουσ. θ.* treaty, convention
συμβατικός [simvatikos] *επ.* conventional
συμβιβάζω [simvivazo] *ρ.* reconcile
συμβιβασμός [simvivasmos] *ουσ. α.* reconciliation, compromise
συμβιβαστής [simvivastis] *ουσ. α.* reconciler
συμβιβαστικός [simvivastikos] *επ.* reconciliatory, conciliative
συμβόλαιο [simvoleo] *ουσ. ο.* contract
συμβολαιογραφείο [simvoleoyrafio] *ουσ. ο.* notary's office
συμβολαιογράφος [simvoleoyrafos] *ουσ. α. /θ.* notary
συμβολή [simvoli] *ουσ. θ.* contribution
συμβολίζω [simvolizo] *ρ.* symbolize
συμβολικός [simvolikos] *επ.* symbolic
συμβολισμός [simvolismos] *ουσ. α.* symbolism
σύμβολο [simvolo] *ουσ. ο.* symbol
συμβουλευτής [simvooleftis] *ουσ. α.* adviser, counsellor
συμβουλευτικός [simvooleftikos] *επ.* advisory, consultative
συμβουλεύω [simvoolevo] *ρ.* advise, counsel
συμβουλή [simvooli] *ουσ. θ.* advice, counsel
συμβούλιο [simvoolio] *ουσ. ο.* council. board
σύμβουλος [simvoolos] *ουσ. α. /θ.* adviser, counsellor
συμμαζεύω [simazevo] *ρ.* gather together, collect
συμμαθητής [simathtis] *ουσ. α.* schoolmate, schoolfellow
συμμαχία [simahia] *ουσ. θ.* alliance
συμμαχικός [simahikos] *επ.* allied
σύμμαχος [simahos] *ουσ. α. /θ.* ally
συμμαχώ [simaho] *ρ.* form an alliance, ally
συμμερίζομαι [simerizome] *ρ.* share

συμμετέχω [simeteho] *ρ.* participate
συμμετοχή [simetohi] *ουσ. θ.* participation
συμμετρία [simetria] *ουσ. θ.* symmetry, proportion
συμμετρικός [simetrikos] *επ.* symmetrical
σύμμικτος [simiktos] *επ.* mixed
συμμορία [simoria] *ουσ. θ.* gang, band
συμμορίτης [simoritis] *ουσ. α.* gangster
συμμορφώνω [simorfono] *ρ.* conform, adjust
συμμόρφωση [simorfosi] *ουσ. θ.* compliance, conformity
συμπαγής [sibayis] *επ.* compact, solid
συμπάθεια [sibathia] *ουσ. θ.* sympathy
συμπαθητικός [sibathitikos] *επ.* sympathetic
συμπαθώ [sibatho] *ρ.* sympathize
συμπαίκτης [sibektis] *ουσ. α.* playmate
σύμπαν [siban] *ουσ. ο.* universe
συμπαράσταση [sibarastasi] *ουσ. θ.* assistance, help
συμπαραστάτης [sibarastatis] *ουσ. α.* assistant
συμπάσχω [sibasho] *ρ.* suffer
συμπατριώτης [sibatriotis] *ουσ. α.* compatriot
συμπεραίνω [sibereno] *ρ.* conclude
συμπέρασμα [siberasma] *ουσ. ο.* conclusion
συμπερασματικός [siberasmatikos] *επ.* resultant, conclusive
συμπεριλαμβάνω [siberilamvano] *ρ.* comprise, include
συμπεριφορά [siberifora] *ουσ. θ.* behaviour, conduct
συμπιέζω [sibiezo] *ρ.* compress
συμπίεση [sibiesi] *ουσ. θ.* compression
συμπιεστής [sibiestis] *ουσ. α.* compressor
συμπίπτω [sibipto] *ρ.* coincide
σύμπλεγμα [sibleyma] *ουσ. ο.* group, interlacement
συμπλεκτικός [siblektikos] *επ.* copulative. interlacing, co-ordinate

συμπλέκω [sibleko] *ρ.* interlace
συμπλήρωμα [sibliroma] *ουσ. ο.* complement
συμπληρωματικός [sibliromatikos] *επ.* complementary
συμπληρώνω [siblirono] *ρ.* complete
συμπλήρωση [siblirosi] *ουσ. θ.* completion
συμπλοκή [sibloki] *ουσ. θ.* fight, conflict
σύμπνοια [sibnia] *ουσ. θ.* accord, concord
συμπολίτης [sibolitis] *ουσ. α.* fellow-citizen
συμπονετικός [sibonetikos] *επ.* compasionate
συμπόνια [sibonia] *ουσ. θ.* compassion
συμπονώ [sibono] *ρ.* sympathize with
συμπόσιο [sibosio] *ουσ. ο.* banquet, feast
σύμπτωμα [simptoma] *ουσ. ο.* symptom
συμπτωματικός [simptomatikos] *επ.* accidental
σύμπτωση [simptosi] *ουσ. θ.* coincidence
συμπυκνώνω [sibiknono] *ρ.* condense
συμπύκνωση [sibiknosi] *ουσ. θ.* condensation
συμφέρον [simferon] *ουσ. ο.* interest
συμφεροντολόγος [simferondoloyos] *ουσ. α. /θ.* self-interested
συμφιλιώνω [simfiliono] *ρ.* conciliate
συμφιλίωση [simfiliosi] *ουσ. θ.* reconciliation
συμφοιτητής [simfititis] *ουσ. α.* fellow-student
συμφορά [simfora] *ουσ. θ.* disaster, calamity, misfortune
συμφόρηση [simforisi] *ουσ. θ.* congestion
συμφυής [simfiis] *επ.* innate
συμφωνία [simfonia] *ουσ. θ.* agreement, accord
σύμφωνο [simfono] *ουσ. ο.* consonant. convention, pact
σύμφωνος [simfonos] *επ.* agreeing
συμφωνώ [simfono] *ρ.* agree
συμψηφίζω [simpsifizo] *ρ.* offset
συν [sin] *πρόθ.* with, to. plus

συναγερμός [sinayermos] *ουσ. α.* rally, alert
συναγρίδα [sinayrida] *ουσ. θ.* (ιχθ.) gurnet
συνάγω [sinayo] *ρ.* gather
συναγωγή [sinayoyi] *ουσ. θ.* gathering. synagogue
συναγωνίζομαι [sinayonizome] *ρ.* compete, fight
συναγωνισμός [sinayonismos] *ουσ. α.* contest
συναγωνιστικός [sinayonistikos] *επ.* competitive
συνάδελφος [sinadelfos] *ουσ. α.* /*θ.* colleague
συναθλητής [sinathlitis] *ουσ. α.* fellow-contestant
συναθροίζω [sinathrizo] *ρ.* assemble, gather
συνάθροιση [sinathrisi] *ουσ. θ.* meeting, gathering. assemblage
συναινώ [sineno] *ρ.* consent
συναισθάνομαι [sinesthanome] *ρ.* feel
συναίσθημα [sinesthima] *ουσ. ο.* sentiment, feeling
συναισθηματικός [sinesthimatikos] *επ.* sentimental
συναίτιος [sinetios] *επ.* accomplice
συναλλαγή [sinalayi] *ουσ. θ.* exchange, transaction
συνάλλαγμα [sinalayma] *ουσ. ο.* exchange
συναλλαγματική [sinalaymatiki] *ουσ. θ.* draft
συναναστρέφομαι [sinanastrefome] *ρ.* associate with
συναναστροφή [sinanastrofi] *ουσ. θ.* company, association
συνάνθρωπος [sinanthropos] *ουσ. α.* fellow-man
συνάντηση [sinandisi] *ουσ. θ.* meeting
συναντώ [sinando] *ρ.* meet
συναξάρι [sinaxari] *ουσ. ο.* legendary
σύναξη [sinaxi] *ουσ. θ.* collecting, gathering
συναπάντημα [sinapandima] *ουσ. ο.* meeting
συνάπτω [sinapto] *ρ.* unite, join. contract
συναρμόζω [sinarmozo] *ρ.* join, fit
συναρμολόγηση [sinarmoloyisi] *ουσ. θ.*

adjustment
συναρμολογώ [sinarmoloyo] *ρ.* adjust, fit
συνάρτηση [sinartisi] *ουσ. θ.* connection, cohesion
συνασπισμός [sinaspismos] *ουσ. α.* coalition, alliance
συναυλία [sinavlia] *ουσ. θ.* concert
συνάφεια [sinafia] *ουσ. θ.* connection, contact, relation
συνάχι [sinahi] *ουσ. ο.* (ιατρ.) cold, catarrh
σύνδεσμος [sindesmos] *ουσ. α.* bond
συνδετήρας [sindetiras] *ουσ. α.* paper clip
συνδέω [sindeo] *ρ.* connect, join, link
συνδιάλεξη [sindialexi] *ουσ. θ.* conversation
συνδιασκέπτομαι [sindiaskeptome] *ρ.* confer
συνδικαλισμός [sindikalismos] *ουσ. α.* syndicalism
συνδικαλιστής [sindikalistis] *ουσ. α.* syndicalist
συνδικάτο [sindikato] *ουσ. ο.* syndicate, trust
συνδρομή [sindromi] *ουσ. θ.* assistance, subscription
συνδρομητής [sindromitis] *ουσ. α.* contributor, subscriber
σύνδρομο [sindromo] *ουσ. ο.* syndrome
συνδυάζω [sindiazo] *ρ.* combine
συνδυασμός [sindiasmos] *ουσ. α.* combination
συνεγγυητής [sinegiitis] *ουσ. α.* joint-guarantor
συνεδριάζω [sinedriazo] *ρ.* confer, meet
συνεδρίαση [sinedriasi] *ουσ. θ.* meeting, session
συνέδριο [sinedrio] *ουσ. ο.* congress
σύνεδρος [sinedros] *ουσ. α.* congressman, assessor
συνείδηση [sinidisi] *ουσ. θ.* conscience
συνειδητός [siniditos] *επ.* conscious
συνειρμός [sinirmos] *ουσ. α.* coherence
συνεισφέρω [sinisfero] *ρ.* contribute
συνεισφορά [sinisfora] *ουσ. θ.* contribution
συνεκτικός [sinektikos] *επ.* cohesive

συνέλευση [sinelefsi] *ουσ. θ.* assembly
συνεννόηση [sinenoisi] *ουσ. θ.* understanding
συνενοχή [sinenohi] *ουσ. θ.* complicity
συνένοχος [sinenohos] *ουσ. α. /θ.* accomplice
συνέντευξη [sinendefxi] *ουσ. θ.* interview
συνενώνω [sinenono] *ρ.* unite, join
συνένωση [sinenosi] *ουσ. θ.* uniting, joining
συνεορτάζω [sineortazo] *ρ.* celebrate together
συνεπάγομαι [sinepayome] *ρ.* entail, involve
συνέπεια [sinepia] *ουσ. θ.* consequence
συνεπής [sinepis] *επ.* consequent
συνεπώς [sinepos] *επίρ.* consequently
συνεργάζομαι [sineryazome] *ρ.* cooperate, collaborate
συνεργασία [sineryasia] *ουσ. θ.* cooperation, collaboration
συνεργάτης [sineryatis] *ουσ. α.* collaborator, fellow-worker
συνεργείο [sineryio] *ουσ. ο.* workshop, factory
συνέργια [sineryia] *ουσ. θ.* cooperation
σύνεργο [sineryo] *ουσ. ο.* tool
συνέρχομαι [sinerhome] *ρ.* assemble, meet
σύνεση [sinesi] *ουσ. θ.* prudence
συνεσταλμένος [sinestalmenos] *επ.* shy, modest
συνεταιρίζομαι [sineterizome] *ρ.* associate
συνέταιρος [sineteros] *ουσ. α. /θ.* associate, partner
συνετός [sinetos] *επ.* wise, prudent
συνεφαπτομένη [sinefaptomeni] *ουσ. θ.* (γεωμ.) cotangent
συνέχεια [sinehia] *ουσ. θ.* continuation, continuity
συνεχής [sinehis] *επ.* continuous
συνεχίζω [sinehizo] *ρ.* continue, go on
συνήγορος [siniyoros] *ουσ. α. /θ.* advocate, defender
συνήθεια [sinithia] *ουσ. θ.* habit, custom
συνηθίζω [sinithizo] *ρ.*

accustom, get used
συνηθισμένος [sinithismenos] *επ.* usual, habitual
συνήθως [sinithos] *επίρ.* usually, habitually
συνημίτονο [sinimitono] *ουσ. ο.* (μαθ.) cosine
σύνθεση [sinthesi] *ουσ. θ.* composition
συνθέτης [sinthetis] *ουσ. α.* composer
συνθετικός [sinthetikos] *επ.* component
σύνθετος [sinthetos] *επ.* compound
συνθέτω [sintheto] *ρ.* compose
συνθήκη [sinthiki] *ουσ. θ.* treaty
συνθηκολόγηση [sinthikoloyisi] *ουσ. θ.* capitulation, surrender
συνθηκολογώ [sinthikoloyo] *ρ.* capitulate
σύνθημα [sinthima] *ουσ. ο.* signal, password
συνθηματικός [sinthimatikos] *επ.* symbolic
συνθλίβω [sinthlivo] *ρ.* squeeze, compress
συνίσταμαι [sinistame] *ρ.* consist of
συνιστώ [sinisto] *ρ.* recommend, introduce. consist
συννεφιά [sinefia] *ουσ. θ.* cloudy weather
συννεφιάζω [sinefiazo] *ρ.* become cloudy, overcast
σύννεφο [sinefo] *ουσ. ο.* cloud
συνοδεία [sinodia] *ουσ. θ.* accompanying, escort
συνοδεύω [sinodevo] *ρ.* accompany, escort
συνοδοιπόρος [sinodiporos] *ουσ. α. /θ.* fellow-traveler
συνοδός [sinodos] *ουσ. α. /θ.* escort
σύνοδος [sinodos] *ουσ. θ.* synod, congress
συνοικέσιο [sinikesio] *ουσ. ο.* match-making
συνοικία [sinikia] *ουσ. θ.* neighbourhood, quarter
συνοικισμός [sinikismos] *ουσ. α.* settlement
συνολικός [sinolikos] *επ.* total
σύνολο [sinolo] *ουσ. ο.* total, entire
συνομήλικος [sinomilikos]

επ. of the same age
συνομιλία [sinomilia] *ουσ. θ.* conversation
συνομιλώ [sinomilo] *ρ.* converse
συνομοσπονδία [sinomospondia] *ουσ. θ.* confederation
συνομοταξία [sinomotaxia] *ουσ. θ.* class, group
συνονθύλευμα [sinonthilevma] *ουσ. ο.* mixture, muddle
συνοπτικός [sinoptikos] *επ.* brief, summary
συνορεύω [sinorevo] *ρ.* border
σύνορο [sinoro] *ουσ. ο.* border, frontier
συνοφρυώνομαι [sinofrionome] *ρ.* frown
συνοχή [sinohi] *ουσ. θ.* cohesion
σύνοψη [sinopsi] *ουσ. θ.* summary, synopsis
συνοψίζω [sinopsizo] *ρ.* sum up
συνταγή [sindayi] *ουσ. θ.* prescription
σύνταγμα [sindayma] *ουσ. ο.* constitution
συνταγματάρχης [sindaymatarhis] *ουσ. α.* (στρατ.) colonel
συνταγολόγιο [sindayoloyio] *ουσ. ο.* prescription book
συντάκτης [sindaktis] *ουσ. α.* editor, writer
συντακτικό [sindaktiko] *ουσ. ο.* syntax
σύνταξη [sindaxi] *ουσ. θ.* writing, syntax. pension
συνταξιδιώτης [sindaxidiotis] *ουσ. α.* fellow-traveller
συνταξιούχος [sindaxioohos] *ουσ. α.* pensioner
συνταράζω [sindarazo] *ρ.* shock, agitate
συντάσσω [sindaso] *ρ.* edit, write
συνταυτίζω [sindaftizo] *ρ.* identify
σύντεκνος [sindeknos] *ουσ. α.* godfather of one's child
συντέλεια [sindelia] *ουσ. θ.* end
συντελεστής [sindelestis] *ουσ. α.* factor, contributor
συντελώ [sindelo] *ρ.* contribute
συντεχνία [sindehnia] *ουσ. θ.* corporation

Σ

σύντηξη [sindixi] *ουσ. θ.* melting together
συντήρηση [sindirisi] *ουσ. θ.* conservation
συντηρητικός [sindiritikos] *επ.* conservative
συντηρώ [sindiro] *ρ.* conserve, maintain
σύντομα [sindoma] *επίρ.* quickly, shortly
συντομία [sindomia] *ουσ. θ.* brevity
σύντομος [sindomos] *επ.* short, brief
συντονίζω [sindonizo] *ρ.* tune, coordinate
συντονισμός [sindonismos] *ουσ. α.* coordination
συντριβή [sindrivi] *ουσ. θ.* crush, crash
συντρίβω [sindrivo] *ρ.* break, crush, crash
σύντριμμα [sindrima] *ουσ. ο.* fragment, piece
συντριπτικός [sindriptikos] *επ.* crushing
συντροφεύω [sindrofevo] *ρ.* accompany
συντροφιά [sindrofia] *ουσ. θ.* company
σύντροφος [sindrofos] *ουσ. α. /θ.* companion
συνύπαρξη [siniparxi] *ουσ. θ.* coexistence
συνυπάρχω [siniparho] *ρ.* coexist
συνυφαίνω [sinifeno] *ρ.* plot
συνωμοσία [sinomosia] *ουσ. θ.* conspiracy, plot
συνωμότης [sinomotis] *ουσ. α.* conspirator
συνωμοτικός [sinomotikos] *επ.* conspirational
συνωμοτώ [sinomoto] *ρ.* conspire
συνωνυμία [sinonimia] *ουσ. θ.* synonymy
συνώνυμος [sinonimos] *επ.* synonymous
συνωστίζομαι [sinostizome] *ρ.* be crowded together
συνωστισμός [sinostismos] *ουσ. α.* crowding together
σύριγγα [siriga] *ουσ. θ.* syrinx
συριστικός [siristikos] *επ.* hissing, whistling
σύρμα [sirma] *ουσ. ο.* wire
συρματόπλεγμα [sirmatopleyma] *ουσ. ο.* wire netting
συρμός [sirmos] *ουσ. α.* fashion, train

συρρέω [sireo] *ρ.* flow together, flock
συρροή [siroi] *ουσ. θ.* confluence
σύρσιμο [sirsimo] *ουσ. ο.* crawling, dragging
συρτάρι [sirtari] *ουσ. ο.* drawer
σύρτης [sirtis] *ουσ. α.* blot, bar
συρφετός [sirfetos] *ουσ. α.* mob, rabble
σύρω [siro] *ρ.* pull, drag
συσκευάζω [siskevazo] *ρ.* pack up, can
συσκευασία [siskevasia] *ουσ. θ.* packing, canning
συσκευαστής [siskevastis] *ουσ. α.* packer
συσκευή [siskevi] *ουσ. θ.* apparatus, device
σύσκεψη [siskepsi] *ουσ. θ.* deliberation, conference
συσκοτίζω [siskotizo] *ρ.* darken
συσκότιση [siskotisi] *ουσ. θ.* darkening
σύσπαση [sispasi] *ουσ. θ.* contraction. spasm
συσπειρώνω [sispirono] *ρ.* coil, curl
συσπείρωση [sispirosi] *ουσ. θ.* gathering around
συσπώ [sispo] *ρ.* contract
συσσίτιο [sisitio] *ουσ. ο.* mess
συσσωματώνω [sisomatono] *ρ.* incorporate, unite
συσσώρευση [sisorefsi] *ουσ. θ.* accumulation
συσσωρευτής [sisoreftis] *ουσ. α.* accumulator
συσσωρεύω [sisorevo] *ρ.* accumulate
σύσταση [sistasi] *ουσ. θ.* recommendation, reference. consistence
συστατικός [sistatikos] *επ.* component
συστέλλω [sistelo] *ρ.* contract
σύστημα [sistima] *ουσ. ο.* system
συστηματικός [sistimatikos] *επ.* systematic
συστηματοποίηση [sistimatopiisi] *ουσ. θ.* systematization
συστηματοποιώ [sistimatopio] *ρ.* systemize
συστολή [sistoli] *ουσ. θ.* contraction
συστρέφω [sistrefo] *ρ.* twist, wind

συσχετίζω [sishetizo] *ρ.* correlate
συσχέτιση [sishetisi] *ουσ. θ.* correlating
σύφιλη [sifili] *ουσ. θ.* (ιατρ.) syphilis
συχνά [sihna] *επίρ.* often
συχνάζω [sihnazo] *ρ.* frequent
συχνοουρία [sihno-ooria] *ουσ. θ.* (ιατρ.) frequent urination
συχνός [sihnos] *επ.* frequent
συχνότητα [sihnotita] *ουσ. θ.* frequency
σφαγέας [sfayeas] *ουσ. α.* butcher
σφαγή [sfayi] *ουσ. θ.* slaughter, butchery
σφαγιάζω [sfayiazo] *ρ.* slaughter, butcher
σφαγιαστής [sfayiastis] *ουσ. α.* slaughterer, slayer
σφαδάζω [sfadazo] *ρ.* writhe, struggle
σφάζω [sfazo] *ρ.* kill, slaughter
σφαίρα [sfera] *ουσ. θ.* sphere. globe. bullet
σφαιρικός [sferikos] *επ.* spherical, round
σφαιριστήριο [sferistirio] *ουσ. ο.* billiards
σφαλίζω [sfalizo] *ρ.* shut, close, lock
σφάλισμα [sfalisma] *ουσ. ο.* shutting
σφαλιστός [sfalistos] *επ.* shut, locked
σφάλλω [sfalo] *ρ.* make a mistake, err, mistake
σφάλμα [sfalma] *ουσ. ο.* mistake
σφάξιμο [sfaximo] *ουσ. ο.* slaying, slaughter
σφεντόνα [sfendona] *ουσ. θ.* sling
σφετερίζομαι [sfeterizome] *ρ.* usurp
σφετερισμός [sfeterismos] *ουσ. α.* usurpation
σφετεριστής [sfeteristis] *ουσ. α.* usurper
σφήγκα [sfiga] *ουσ. θ.* (ζωολ.) wasp
σφηκοφωλιά [sfigofolia] *ουσ. θ.* hornet's nest. (μεταφ.) place of evil resort
σφήνα [sfina] *ουσ. θ.* wedge
σφηνώνω [sfinono] *ρ.* wedge
σφίγγω [sfigo] *ρ.* tighten
σφικτός [sfiktos] *επ.* tight, compact
σφίξιμο sfiximo] *ουσ. ο.*

tightening
σφοδρός [sfodros] *επ.* violent
σφοδρότητα [sfodrotita] *ουσ. θ.* violence
σφονδύλι [sfondili] *ουσ. ο.* spindle
σφουγγαράς [sfoogaras] *ουσ. α.* sponge-fisher
σφουγγάρι [sfoogari] *ουσ. ο.* sponge
σφουγγαρίζω [sfoogarizo] *ρ.* scrub
σφουγγάρισμα [sfoogarisma] *ουσ. ο.* mopping, scrubbing
σφουγγαρόπανο [sfoogaropano] *ουσ. ο.* mop
σφουγγίζω [sfoogizo] *ρ.* wipe off, sponge
σφραγίδα [sfrayida] *ουσ. θ.* seal, stamp
σφραγίζω [sfrayizo] *ρ.* seal
σφράγισμα [sfrayisma] *ουσ. ο.* sealing
σφραγιστός [sfrayistos] *επ.* sealed
σφριγηλός [sfriyilos] *επ.* full of vigour, robust
σφρίγος [sfriyos] *ουσ. ο.* vigour
σφυγμομέτρηση [sfiymometrisi] *ουσ. θ.* feeling the pulse. (μεταφ.) opinion poll
σφυγμομετρώ [sfiymometro] *ρ.* feel the pulse. poll
σφυγμός [sfiymos] *ουσ. α.* pulse
σφύζω [sfizo] *ρ.* throb
σφυρί [sfiri] *ουσ. ο.* hammer
σφύριγμα [sfiriyma] *ουσ. ο.* whistling, hissing
σφυρίδα [sfirida] *ουσ. θ.* (ιχθ.) pike
σφυρίζω [sfirizo] *ρ.* whistle, hiss
σφυρίχτρα [sfirihtra] *ουσ. θ.* whistle
σφυροβολία [sfirihtra] *ουσ. θ.* throwing the hammer
σφυροκοπώ [sfirokopo] *ρ.* hammer
σχάρα [shara] *ουσ. θ.* grill
σχεδία [shedia] *ουσ. θ.* raft, float
σχεδιάγραμμα [shediayrama] *ουσ. θ.* sketch, plan
σχεδιάζω [shediazo] *ρ.* sketch, draw
σχεδιαστής [shediastis] *ουσ. α.* designer
σχέδιο [shedio] *ουσ. ο.* plan, sketch. design

σχεδόν [shedon] *επίρ.* almost, nearly
σχέση [shesi] *ουσ. θ.* relation. connection
σχετίζω [shetizo] *ρ.* relate, associate
σχετικός [shetikos] *επ.* relative
σχετικότητα [shetikotita] *ουσ. θ.* relativity
σχήμα [shima] *ουσ. ο.* form, shape
σχηματίζω [shimatizo] *ρ.* form, shape
σχηματισμός [shimatismos] *ουσ. α.* formation, shaping
σχηματογραφία [shimatoyrafia] *ουσ. θ.* drawing
σχιζοφρένεια [shizofrenia] *ουσ. θ.* schizophrenia
σχιζοφρενής [shizofrenis] *επ.* schizophrenic
σχιζοφρενικός [shizofrenikos] *επ.* schizophrenic
σχίζω [shizo] *ρ.* tear
σχίνος [shinos] *ουσ. α.* (βοτ.) lentisk
σχίσιμο [shisimo] *ουσ. ο.* tearing
σχίσμα [shisma] *ουσ. ο.* split. (εκκλ.) schism
σχισματικός [shismatikos] *επ.* schismatic
σχισμή [shismi] *ουσ. θ.* fissure. crack
σχιστόλιθος [shistolithos] *ουσ. α.* schist
σχοινάκι [shinaki] *ουσ. ο.* small rope. jumping rope
σχοινί [shini] *ουσ. ο.* rope
σχοινοβάτης [shinovatis] *ουσ. α.* rope-walker
σχοινοβατώ [shinovato] *ρ.* walk on a rope
σχολάζω [sholazo] *ρ.* leave school. stop work
σχολαστικός [sholastikos] *επ.* scholastic, pedantic. trifling
σχολαστικότητα [sholastikotita] *ουσ. θ.* pedantry. fastidiousness
σχολείο [sholio] *ουσ. ο.* school
σχόλη [sholi] *ουσ. θ.* holiday, day of rest
σχολή [sholi] *ουσ. θ.* school
σχολιάζω [sholiazo] *ρ.* comment, annotate
σχολιασμός [sholiasmos] *ουσ. α.* annotation, gloss
σχολιαστής [sholiastis] *ουσ.*

α. commentator
σχολικός [sholikos] *επ.* of school
σχόλιο [sholio] *ουσ. ο.* comment
σώζω [sozo] *ρ.* save, rescue
σωθικά [sothika] *ουσ. ο. πληθ.* entrails, bowels
σωληνάριο [solinario] *ουσ. ο.* tube
σωλήνας [solinas] *ουσ. α.* pipe, tube
σωληνοειδής [solinoidis] *επ.* tubular
σωληνώνω [solinono] *ρ.* pipe
σώμα [soma] *ουσ. ο.* body, figure. (στρατ.) corps, force
σωματείο [somatio] *ουσ. ο.* society, association
σωματεμπορία [somateboria] *ουσ. θ.* slave-trade
σωματέμπορος [somateboros] *ουσ. α.* slave-trader
σωματικός [somatikos] *επ.* bodily, corporal
σωματοφύλακας [somatofilakas] *ουσ. α.* bodyguard
σωματοφυλακή [somatofilaki] *ουσ. θ.* bodyguard
σωματώδης [somatodis] *επ.* stout, corpulent
σώος [so-os] *επ.* safe, sound
σωπαίνω [sopeno] *ρ.* keep silent
σωριάζω [soriazo] *ρ.* heap up
σωρός [soros] *ουσ. α.* heap
σωσίας [sosias] *ουσ. α.* one's double
σωσίβιο [sosivio] *ουσ. ο.* lifebelt, life-jacket
σωστά [sosta] *επίρ.* correctly
σωστικός [sostikos] *επ.* salutary
σωστός [sostos] *επ.* right, correct, true
σωτηρία [sotiria] *ουσ. θ.* salvation, rescue
σωτήριος [sotirios] *επ.* saving, salutary
σωφρονίζω [sofronizo] *ρ.* render wise, correct, reform
σωφρονιστήριο [sofronistirio] *ουσ. ο.* reformatory
σωφροσύνη [sofrosini] *ουσ. θ.* prudence, wisdom

Τ

Τ, τ [taf] *ουσ. ο.* the nineteenth letter of the Greek alphabet
τα [ta] *άρθρο πληθ.* the
ταβάνι [tavani] *ουσ. ο.* ceiling
ταβανώνω [tavanono] *ρ.* cover with a ceiling
ταβέρνα [taverna] *ουσ. θ.* tavern
ταβερνιάρης [taverniaris] *ουσ. α.* tavern keeper
τάβλα [tavla] *ουσ. θ.* plank, board
τάβλι [tavli] *ουσ. ο.* backgammon
ταγάρι [tayari] *ουσ. ο.* (λαϊκ.) bag, sack
ταγέρ [tayer] *ουσ. ο. άκλ.* woman's suit
τάγμα [tayma] *ουσ. ο.* (στρατ.) battalion
ταγματάρχης [taymatarhis] *ουσ. α. /θ.* (στρατ.) major
τάζω [tazo] *ρ.* promise
ταΐζω [taizo] *ρ.* feed
ταινία [tenia] *ουσ. θ.* ribbon, stripe. film. (ιατρ.) tapeworm
ταίρι [teri] *ουσ. ο.* match, mate
ταιριάζω [teriazo] *ρ.* match, suit, fit
ταίριασμα [teriasma] *ουσ. ο.* matching
ταιριαστός [teriastos] *επ.* well-matched
τακούνι [takooni] *ουσ. ο.* heel
τακτικά [taktika] *επίρ.* regularly
τακτική [taktiki] *ουσ. θ.* tactics, method
τακτικός [taktikos] *επ.* regular

τακτοποίηση [taktopiisi] *ουσ. θ.* arrangement
τακτοποιώ [taktopio] *ρ.* arrange, put in order
ταλαιπωρία [taleporia] *ουσ. θ.* hardship
ταλαίπωρος [taleporos] *επ.* miserable, wretched
ταλαιπωρώ [taleporo] *ρ.* distress, torment
ταλανίζω [talanizo] *ρ.* pity, deplore
ταλάντευση [talandefsi] *ουσ. θ.* balancing, wavering. oscillation
ταλαντεύω [talandevo] *ρ.* balance. oscillate
τάλαντο [talando] *ουσ. ο.* (καθ.) talent, faculty
ταλαντούχος [talandooho] *επ.* talented
τάμα [tama] *ουσ. ο.* vow, promise
ταμείο [tamio] *ουσ. ο.* treasury
Τάμεσης [tamesis] *ουσ. α.* Thames
ταμιακός [tamiakos] *επ.* fiscal
ταμίας [tamias] *ουσ. α. /θ.* cashier
ταμιευτήριο [tamieftirio] *ουσ. ο.* savings bank
ταμπακέρα [tabakiera] *ουσ. θ.* snuff-box, tobacco-box
ταμπάκος [tabakos] *ουσ. α.* snuff. tobacco
ταμπούρλο [taboorlo] *ουσ. ο.* (μουσ.) drum
τανάλια [tanalia] *ουσ. θ.* pincers, nippers
τανύζω [tanizo] *ρ.* extend
τάξη [taxi] *ουσ. θ.* class, order
ταξί [taxi] *ουσ. ο. άκλ.* taxi
ταξιαρχία [taxiarhia] *ουσ. θ.* (στρατ.) brigade
ταξίαρχος [taxiarhos] *ουσ. α. /θ.* (στρατ.) brigade general
ταξιδεύω [taxidevo] *ρ.* travel
ταξίδι [taxidi] *ουσ. ο.* travel, trip, journey
ταξιδιώτης [taxidiotis] *ουσ. α.* traveller
ταξιδιωτικός [taxidiotikos] *επ.* travelling
ταξιθέτης [taxithetis] *ουσ. α.* theatre usher
ταξικός [taxikos] *επ.* of a class
ταξίμετρο [taximetro] *ουσ. ο.* taximeter
τάξιμο [taximo] *ουσ. ο.* vow, promise

ταξινόμηση [taxinomisi] *ουσ. ο.* classification, sorting
ταξινομώ [taxinomo] *ρ.* classify
τάπα [tapa] *ουσ. θ.* stopper, plug
ταπεινός [tapinos] *επ.* humble, modest
ταπεινότητα [tapinotita] *ουσ. θ.* humility, modest
ταπεινόφρονας [tapinofronas] *επ.* humble
ταπεινοφροσύνη [tapinofrosini] *ουσ. θ.* humility, modesty
ταπεινώνω [tapinono] *ρ.* humble, humiliate
ταπείνωση [tapinosi] *ουσ. θ.* humiliation
ταπεινωτικός [tapinotikos] *επ.* humiliating
ταπετσαρία [tapetsaria] *ουσ. θ.* upholstery
ταπετσιέρης [tapetsieris] *ουσ. α.* upholsterer
τάπητας [tapitas] *ουσ. α.* carpet
ταπητουργία [tapitooryia] *ουσ. θ.* carpet-making
ταπώνω [tapono] *ρ.* plug, cork
τάραγμα [tarayma] *ουσ. ο.* stirring
ταράζω [tarazo] *ρ.* shake, stir
ταραμάς [taramas] *ουσ. α.* paste of salted fish roe
τάρανδος [tarandos] *ουσ. α.* (ζωολ.) reindeer
ταραντούλα [tarandoola] *ουσ. θ.* (ζωολ.) tarantula
ταραξίας [taraxias] *ουσ. α.* agitator, disturber
ταράτσα [taratsa] *ουσ. θ.* roof, terrace
ταραχή [tarahi] *ουσ. θ.* agitation, trouble
ταραχοποιός [tarahopios] *ουσ. α.* agitator
ταραχώδης [tarahodis] *επ.* turbulent. riotous
ταρίχευση [tarihefsi] *ουσ. θ.* embalming
ταριχευτής [tariheftis] *ουσ. α.* embalmer
ταριχεύω [tarihevo] *ρ.* embalm, preserve
ταρσός [tarsos] *ουσ. α.* (ανατ.) tarsus
τάση [tasi] *ουσ. θ.* tendency, tension
τάσσω [taso] *ρ.* place, arrange
ταυρομαχία [tavromahia]

ουσ. θ. bullfight
ταυρομάχος [tavromahos] *ουσ. α.* bullfighter
Ταύρος [tavros] *ουσ. α.* (αστρολ.) Taurus
ταύρος [tavros] *ουσ. α.* (ζωολ.) bull
ταυτίζω [taftizo] *ρ.* identify
ταύτιση [taftisi] *ουσ. θ.* identification
ταυτόσημος [taftosimos] *επ.* of the same meaning, equivalent
ταυτότητα [taftotita] *ουσ. θ.* identity
ταυτόχρονος [taftohronos] *επ.* simultaneous
ταφή [tafi] *ουσ. θ.* burial
τάφος [tafos] *ουσ. α.* grave, tomb
τάφρος [tafros] *ουσ. θ.* ditch, trench
ταχυδακτυλουργία [tahidaktilooryia] *ουσ. θ.* jugglery
ταχυδακτυλουργός [tahidaktilooryos] *ουσ. α.* juggler
ταχυδρομείο [tahidromio] *ουσ. ο.* post-office
ταχυδρόμηση [tahidromisi] *ουσ. θ.* mailing, posting
ταχυδρομικός [tahidromikos] *επ.* postal, mailing
ταχυδρόμος [tahidromos] *ουσ. α.* postman
ταχυδρομώ [tahidromo] *ρ.* mail, post
ταχυκαρδία [tahikardia] *ουσ. θ.* fast pulsation
ταχύμετρο [tahimetro] *ουσ. ο.* speedometer
ταχύνους [tahinoos] *επ.* quick in thinking
ταχύς [tahis] *επ.* quick, rapid
ταχύτητα [tahitita] *ουσ. θ.* quickness, speediness
ταψί [tapsi] *ουσ. ο.* pan
τεζάρω [tezaro] *ρ.* stretch
τείνω [tino] *ρ.* stretch, tend
τειχίζω [tihizo] *ρ.* wall
τείχος [tihos] *ουσ. ο.* wall
τεκμήριο [tekmirio] *ουσ. ο.* token, sign, proof
τελάλης [telalis] *ουσ. α.* town crier
τελάρο [telaro] *ουσ. ο.* loom, frame
τέλεια [telia] *επίρ.* fully, perfectly
τελεία [telia] *ουσ. θ.* dot, full stop

τελειοποίηση [teliopiisi] *ουσ. θ.* perfection
τελειοποιώ [teliopio] *ρ.* perfect
τέλειος [telios] *επ.* perfect
τελειότητα [teliotita] *ουσ. θ.* perfection
τελειωμός [teliomos] *ουσ. α.* completion, end
τελειώνω [teliono] *ρ.* finish, end
τελειωτικός [teliotikos] *επ.* conclusive, final
τελεολογία [teleoloyia] *ουσ. θ.* teleology
τελεσίγραφο [telesiyrafo] *ουσ. ο.* ultimatum
τελεσίδικος [telesidikos] *επ.* final
τελεσφορώ [telesforo] *ρ.* bring results, succeed
τελετή [teleti] *ουσ. θ.* ceremony
τελετουργία [teletooryia] *ουσ. θ.* celebration
τελετουργικό [teletooryiko] *ουσ. ο.* ritual
τελευταίος [telefteos] *επ.* final, last
τελικός [telikos] *επ. /ουσ. α.* final
τέλμα [telma] *ουσ. ο.* swamp
τελματώνω [telmatono] *ρ.* bog down, render swampy
τέλος [telos] *ουσ. ο.* end, close
τελώ [telo] *ρ.* perform, do
τελωνείο [telonio] *ουσ. ο.* custom-house
τελωνοφύλακας [telonofilakas] *ουσ. α.* custom-clerk
τεμαχίζω [temahizo] *ρ.* cut in pieces
τεμάχιο [temahio] *ουσ. ο.* piece, fragment
τέμενος [temenos] *ουσ. ο.* temple
τέμνω [temno] *ρ.* (καθ.) cut
τεμπέλης [tebelis] *επ.* lazy
τεμπελιά [tebelia] *ουσ. θ.* laziness
τεμπελιάζω [tebeliazo] *ρ.* get lazy
τενεκεδένιος [tenekedenios] *επ.* tin
τενεκές [tenekes] *ουσ. α.* tin, tin pot
τένις [tenis] *ουσ. ο. άκλ.* (αθλ.) tennis
τένοντας [tenondas] *ουσ. α.* (ανατ.) tendon

τενόρος [tenoros] *ουσ. α.* tenor
τέντα [tenda] *ουσ. θ.* tent
τέντζερης [tentzeris] *ουσ. α.* (λαϊκ.) kettle, pot
τέντωμα [tendoma] *ουσ. ο.* tension. stretching
τεντώνω [tendono] *ρ.* stretch
τέρας [teras] *ουσ. ο.* monster
τεράστιος [terastios] *επ.* enormous, huge
τερατολογία [teratoloyia] *ουσ. θ.* absurdity
τερατολογώ [teratoloyo] *ρ.* rave
τερατόμορφος [teratomorfos] *επ.* monstrous
τερατούργημα [teratooryima] *ουσ. ο.* monstrosity
τερατώδης [teratodis] *επ.* monstrous
τερατωδία [teratodia] *ουσ. θ.* monstrosity
τερετίζω [teretizo] *ρ.* twitter, warble
τερέτισμα [teretisma] *ουσ. ο.* trill, quiver
τερηδόνα [teridona] *ουσ. θ.* caries
τέρμα [terma] *ουσ. ο.* end, limit
τερματίζω [termatizo] *ρ.* end, finish
τερματοφύλακας [termatofilakas] *ουσ. α.* goal-keeper
τερπνός [terpnos] *επ.* delightful
τέρψη [terpsi] *ουσ. θ.* delight
τεσσαρακοστός [tesarakostos] *επ.* fortieth
τεταμένος [tetamenos] *επ.* stretched
τέτανος [tetanos] *ουσ. α.* (ιατρ.) tetanus
Τετάρτη [tetarti] *ουσ. θ.* Wednesday
τέταρτο [tetarto] *ουσ. ο.* quarter
τέτοιος [tetios] *αντ.* such, so
τετραγωνίζω [tetrayonizo] *ρ.* square
τετραγωνικός [tetrayonikos] *επ.* quandrangular, square
τετράγωνο [tetrayono] *ουσ. ο.* square. quandrangular
τετράγωνος [tetrayonos] *επ.* quandrangular
τετράδιο [tetradio] *ουσ. ο.* note book
τετρακόσιοι [tetrakosii] *επ.* four hundred

τετραπέρατος [tetraperatos] *επ.* very clever, witty
τετραπλάσιος [tetraplasios] *επ.* fourfold
τετράπλευρος [tetraplevros] *επ.* four-sided
τετράποδο [tetrapodo] *ουσ. ο.* (ζωολ.) quadruped
τετράτροχος [tetratrohos] *επ.* four-wheeled
τετραφωνία [tetrafonia] *ουσ. θ.* (μουσ.) quartet
τετραψήφιος [tetrapsifios] *επ.* of four figures
τετριμμένος [tetrimenos] *επ.* worn, trite
τεύτλο [teftlo] *ουσ. ο.* (βοτ.) beet
τεύχος [tefhos] *ουσ. ο.* book, part
τέφρα [tefra] *ουσ. θ.* ash, cinder
τεφτέρι [tefteri] *ουσ. ο.* (λαϊκ.) account-book
τέχνασμα [tehnasma] *ουσ. ο.* artifice, trick
τέχνη [tehni] *ουσ. θ.* art
τεχνητός [tehnitos] *επ.* artificial
τεχνικός [tehnikos] *επ.* technical. *ουσ. α.* technician
τεχνίτης [tehnitis] *ουσ. α.* craftsman
τεχνοκρατία [tehnokratia] *ουσ. θ.* technocracy
τεχνολογία [tehnoloyia] *ουσ. θ.* technology
τεχνολογικός [tehnoloyikos] *επ.* technological
τεχνοτροπία [tehnotropia] *ουσ. θ.* technique
τζάκι [tzaki] *ουσ. ο.* fireplace
τζαμαρία [tzamaria] *ουσ. θ.* glass panelling
τζαμί [tzami] *ουσ. ο.* mosque
τζάμι [tzami] *ουσ. ο.* window-pane, glass
τζάμπα [tzaba] *επίρ.* free of charge, gratis
τζίτζικας [tzitzikas] *ουσ. α.* (ζωολ.) cicada
τηγανητός [tiyanitos] *επ.* fried
τηγάνι [tiyani] *ουσ. ο.* frying-pan
τηγανίζω [tiyanizo] *ρ.* fry
τηγάνισμα [tiyanisma] *ουσ. ο.* frying
τηγανίτα [tiyanita] *ουσ. θ.* (μαγ.) fritter
τηλεβόλο [tilevolo] *ουσ. ο.* cannon
τηλεγράφημα [tileyrafima]

ουσ. ο. telegram
τηλεγραφία [tileyrafia] *ουσ. θ.* telegraphy
τηλέγραφος [tileyrafos] *ουσ. α.* telegraph
τηλεγραφώ [tileyrafo] *ρ.* telegraph
τηλεόραση [tileorasi] *ουσ. θ.* television
τηλεπάθεια [tilepathia] *ουσ. θ.* telepathy
τηλεπικοινωνία [tilepikinonia] *ουσ. θ.* telecommunication
τηλεσκόπιο [tileskopio] *ουσ. ο.* telescope
τηλεφωνητής [tilefonitis] *ουσ. α.* telephone operator
τηλεφωνικός [tilefonikos] *επ.* telephonic
τηλέφωνο [tilefono] *ουσ. ο.* telephone
τηλεφωνώ [tilefono] *ρ.* telephone
τήξη [tixi] *ουσ. θ.* melting
τήρηση [tirisi] *ουσ. θ.* keeping, observance
τηρητής [tiritis] *ουσ. α.* keeper, observer
τηρώ [tiro] *ρ.* keep, observe
τι [ti] *αντ.* what
τιάρα [tiara] *ουσ. θ.* tiara, diadem
τίγρη [tiyri] *ουσ. θ.* (ζωολ.) tiger
τιθασεύω [tithasevo] *ρ.* tame
τιμάριθμος [timarithmos] *ουσ. α.* price index
τιμή [timi] *ουσ. θ.* price
τίμημα [timima] *ουσ. ο.* price, honour
τιμητικός [timitikos] *επ.* honorary
τίμιος [timios] *επ.* honest
τιμιότητα [timiotita] *ουσ. θ.* honesty
τιμοκατάλογος [timokataloyos] *ουσ. α.* price list
τιμολόγιο [timoloyio] *ουσ. ο.* invoice
τιμόνι [timoni] *ουσ. ο.* steering wheel, helm
τιμονιέρης [timonieris] *ουσ. α.* helmsman
τιμώ [timo] *ρ.* honour
τιμωρημένος [timorimenos] *επ.* punished
τιμωρητικός [timoritikos] *επ.* punitive
τιμωρία [timoria] *ουσ. θ.* punishment, penalty

τιμωρός [timoros] *ουσ. α.* punisher
τιμωρώ [timoro] *ρ.* punish
τίναγμα [tinayma] *ουσ. ο.* shaking
τινάζω [tinazo] *ρ.* shake
τίποτε [tipote] *αντ.* nothing
τιποτένιος [tipotenios] *επ.* worthless
τιράντες [tirandes] *ουσ. θ. πληθ.* suspenders
τίτλος [titlos] *ουσ. α.* title
τιτλοφορώ [titloforo] *ρ.* title
τμήμα [tmima] *ουσ. ο.* department, section
τμηματικός [tmimatikos] *επ.* sectional, partial
το [to] *άρθρο* the
τοιχίζω [tihizo] *ρ.* wall
τοιχίο [tihio] *ουσ. ο.* parapet, low wall
τοιχογραφία [tihoyrafia] *ουσ. θ.* wall painting
τοιχοκολλώ [tihokolo] *ρ.* placard
τοίχος [tihos] *ουσ. α.* wall
τοκετός [toketos] *ουσ. α.* childbirth
τοκίζω [tokizo] *ρ.* lend (money) at interest
τοκογλυφία [tokoylifia] *ουσ. θ.* usury
τοκογλυφικός [tokoylifikos] *επ.* usurious
τοκογλύφος [tokoylifos] *ουσ. α.* usurer
τόκος [tokos] *ουσ. α.* interest
τόλμη [tolmi] *ουσ. θ.* audacity, courage
τολμηρός [tolmiros] *επ.* bold, daring
τολμώ [tolmo] *ρ.* dare, risk
τομάρι [tomari] *ουσ. ο.* skin
τομάτα [tomata] *ουσ. θ.* (βοτ.) tomato
τομέας [tomeas] *ουσ. α.* section. segment
τόμος [tomos] *ουσ. α.* volume
τονίζω [tonizo] *ρ.* accentuate, emphasize
τονικός [tonikos] *επ.* tonic
τονισμός [tonismos] *ουσ. α.* accentuation
τόννος [tonos] *ουσ. α.* (ιχθ.) tunny-fish
τόνος [tonos] *ουσ. α.* tone
τονώνω [tonono] *ρ.* invigorate, strengthen
τόνωση [tonosi] *ουσ. θ.* strengthening
τονωτικός [tonotikos] *επ.* tonic, strengthening

τοξεύω [toxevo] *ρ.* dart
τοξικός [toxikos] *επ.* toxic
τόξο [toxo] *ουσ. ο.* bow, arch
τοξοβολία [toxovolia] *ουσ. θ.* archery
τοξότης [toxotis] *ουσ. α.* archer. (αστρολ.) Sagittarious
τοπάζι [topazi] *ουσ. ο.* topaz
τόπι [topi] *ουσ. ο.* ball
τοπικιστής [topikistis] *ουσ. α.* localist
τοπικός [topikos] *επ.* local
τοπίο [topio] *ουσ. ο.* landscape
τοπογραφία [topoyrafia] *ουσ. θ.* topography
τοπογράφος [topoyrafos] *ουσ. α.* topographer
τοποθεσία [topothesia] *ουσ. θ.* site, place, locality
τοποθέτηση [topothetisi] *ουσ. θ.* placing
τοποθετώ [topotheto] *ρ.* place, put, lay, set
τόπος [topos] *ουσ. α.* place, site. country
τοπωνυμία [topoimia] *ουσ. θ.* name of a place
τόρνευση [tornefsi] *ουσ. θ.* turning
τορνεύω [tornevo] *ρ.* turn
τόρνος [tornos] *ουσ. α.* turning-lathe
τορπίλη [torpili] *ουσ. θ.* torpedo
τορπιλίζω [torpilizo] *ρ.* torpedo
τόσος [tosos] *αντ.* so, so much, so big
τότε [tote] *επίρ.* then, at that time
τουαλέτα [tooaleta] *ουσ. θ.* toilet
τούβλο [toovlo] *ουσ. ο.* brick
τουλάχιστον [toolahiston] *επίρ.* at least
τούλι [tooli] *ουσ. θ.* tulle
τουλίπα [toolipa] *ουσ. θ.* (βοτ.) tulip
τούμπα [tooba] *ουσ. θ.* somersault
τούμπανο toobano] *ουσ. ο.* drum
τουμπάρω [toobaro] *ρ.* reverse
τουρισμός [toorismos] *ουσ. α.* tourism
τουρίστας [tooristas] *ουσ. α.* tourist
τουριστικός [tooristikos] *επ.* touristic
Τουρκία [toorkia] *κύρ. όν. θ.*

Turkey

Τουρκικός [toorkikos] *επ.* Turkish

Τούρκος [toorkos] *ουσ. α.* Turk

τουρσί [toorsi] *ουσ. ο. άκλ.* (μαγ.) pickle

τούρτα [toorta] *ουσ. θ.* tart, cake

τουρτουρίζω [toortoorizo] *ρ.* shiver with cold

τούτος [tootos] *αντ.* this, that

τούφα [toofa] *ουσ. α.* tuff

τουφέκι [toofeki] *ουσ. ο.* gun, rifle

τουφεκιά [toofekia] *ουσ. θ.* rifle-shot

τουφεκίζω [toofekizo] *ρ.* shoot

τράβηγμα [traviyma] *ουσ. ο.* pulling, drawing

τραβώ [travo] *ρ.* pull, draw

τραγανίζω [trayanizo] *ρ.* crunch

τραγανός [trayanos] *επ.* crunchy, gristly

τραγελαφικός [trayelafikos] *επ.* strange, ridiculous

τραγικοκωμικός [trayikokomikos] *επ.* tragi-comical

τραγικός [trayikos] *επ.* tragic(al)

τράγος [trayos] *ουσ. α.* (ζωολ.) he-goat

τραγούδι [trayoodi] *ουσ. ο.* song

τραγουδιστής [trayoodistis] *ουσ. α.* singer

τραγουδιστός [trayoodistos] *επ.* sung

τραγουδώ [trayoodo] *ρ.* sing

τραγωδία [trayodia] *ουσ. θ.* tragedy

τραγωδός [trayodos] *ουσ. α.* tragedian

τρακ [trak] *ουσ. ο. άκλ.* funk, fright

τρακάρισμα [trakarisma] *ουσ. ο.* crash, collision

τρακάρω [trakaro] *ρ.* crash, collide, bump into

τρακτέρ [trakter] *ουσ. ο. άκλ.* tractor

τραμπάλα [trabala] *ουσ. θ.* swing

τραμπούκος [trabookos] *ουσ. α.* scamp

τρανός [tranos] *επ.* great. perspicuous

τράνταγμα [trandayma] *ουσ. ο.* rattling, shake

τραντάζω [trandazo] *ρ.* shake, rattle
τράπεζα [trapeza] *ουσ. θ.* bank
τραπεζαρία [trapezaria] *ουσ. θ.* dining-room
τραπέζι [trapezi] *ουσ. ο.* table
τραπεζίτης [trapezitis] *ουσ. α.* banker
τραπεζομάντιλο [trapezomandilo] *ουσ. ο.* table-cloth
τραπεζώνω [trapezono] *ρ.* dine
τράπουλα [trapoola] *ουσ. θ.* pack of cards
τραυλίζω [travlizo] *ρ.* stammer
τραύλισμα [travlisma] *ουσ. ο.* stammering
τραυλός [travlos] *επ.* stammerer
τραύμα travma] *ουσ. ο.* wound
τραυματίας [travmatias] *ουσ. α.* wounded person, casualty
τραυματίζω [travmatizo] *ρ.* wound
τραυματισμός [travmatismos] *ουσ. α.* wounding
τραχεία [trahia] *ουσ. θ.* (ανατ.) trachea
τράχηλος [trahilos] *ουσ. α.* neck
τραχύνω [trahino] *ρ.* make harsh
τραχύς [trahis] *επ.* rough, coarse, harsh
τραχύτητα [trahitita] *ουσ. θ.* roughness, rudeness
τρεις [tris] *επ.* three
τρεκλίζω [treklizo] *ρ.* stagger
τρελά [trela] *επίρ.* madly, crazily
τρέλα trela] *ουσ. θ.* madness, insanity
τρελαίνω [treleno] *ρ.* drive mad
τρελοκομείο [trelokomio] *ουσ. ο.* insane asylum
τρελός [trelos] *επ.* mad, crazy, insane
τρεμούλα [tremoola] *ουσ. θ.* trembling, tremor
τρέμω [tremo] *ρ.* tremble, shake
τρέξιμο [treximo] *ουσ. ο.* running
τρέπω [trepo] *ρ.* turn, change
τρέφω [trefo] *ρ.* feed, nourish
τρεχούμενος [trehoomenos] *επ.* running, current

τρέχω [treho] *ρ.* run

τρέχων [trehon] *επ.* current, running

τρία [tria] *ουσ. ο.* /*επ.* three

τριαδικός [triadikos] *επ.* trinitarian, triune

τρίαινα [triena] *ουσ. θ.* trident

τριακοστός [triakostos] *επ.* thirtieth

τριάντα [trianda] *επ.* /*ουσ. ο.* thirty

τριανταφυλλιά [triandafilia] *ουσ. θ.* (βοτ.) rosebush

τριαντάφυλλο [triandafilo] *ουσ. ο.* (βοτ.) rose

τριάρι [triari] *ουσ. ο.* three-room apartment

τριβή [trivi] *ουσ. θ.* friction, rubbing. practice

τρίβω [trivo] *ρ.* rub, grind

τρίγλωσσος [triylosos] *επ.* trilingual

τριγυρίζω [triyirizo] *ρ.* surround

τριγύρω [triyiro] *επίρ.* around, round

τριγωνικός [triyonikos] *επ.* triangular

τρίγωνο [triyono] *ουσ. ο.* (γεωμ.) triangle

τριγωνομετρία [triyonometria] *ουσ. ο.* trigonometry

τρίγωνος [triyonos] *επ.* triangular

τρίδιπλος [tridiplos] *επ.* triple

τρίδυμα [tridima] *ουσ. ο.* *πληθ.* triplets

τρίζω [trizo] *ρ.* creak

τριήρης triiris] *ουσ. θ.* (ναυτ.) trireme

τρικλίζω [triklizo] *ρ.* stagger, totter

τρίκλισμα [triklisma] *ουσ. ο.* tottering, staggering

τρικλοποδιά [triklopodia] *ουσ. θ.* tripping-up

τρικυμία [trikimia] *ουσ. θ.* storm

τρικυμιώδης [trikimiodis] *επ.* stormy, rough

τρίμμα [trima] *ουσ. ο.* rubbing, chip

τρίξιμο [triximo] *ουσ. ο.* cracking

τριπλασιάζω [triplasiazo] *ρ.* triple

τριπλάσιος [triplasios] *επ.* triple, threefold

τριπλός [triplos] *επ.* threefold

τρίποδο [tripodo] *ουσ. ο.*

tripod
τρίπτυχο [triptiho] *ουσ. ο.* triptych
τρισεκατομμύριο [trisekatomirio] *ουσ. ο.* trillion
Τρίτη [triti] *ουσ. θ.* Tuesday
τριτοβάθμιος [tritovathmios] *επ.* of the third grade
τρίτος [tritos] *επ.* third
τρίφτης [triftis] *ουσ. α.* grater
τριφύλλι [trifili] *ουσ. ο.* (βοτ.) trefoil
τρίχα [trixa] *ουσ. θ.* hair
τριχιά [trihia] *ουσ. θ.* rope
τριχόπτωση [trihoptosi] *ουσ. θ.* falling hair
τρίχορδος [trihordos] *επ.* three-stringed
τριχοφυΐα [trihofiia] *ουσ. θ.* growth of hair
τρίχωμα [trihoma] *ουσ. ο.* hair
τριχωτός [trihotos] *επ.* hairy
τρίψιμο [tripsimo] *ουσ. ο.* rubbing
τρόμαγμα [tromayma] *ουσ. ο.* fright
τρομάζω [tromazo] *ρ.* frighten, scare
τρομακτικός [tromaktikos] *επ.* terrible, frightful
τρομάρα [tromara] *ουσ. θ.* terror, fright
τρομερά [tromera] *επίρ.* terribly
τρομερός [tromeros] *επ.* terrible, dreadful
τρομοκράτης [tromokratis] *ουσ. α.* terrorist
τρομοκρατία [tromokratia] *ουσ. θ.* terrorism
τρομοκρατικός [tromokratikos] *επ.* terroristic
τρομοκρατώ [tromokrato] *ρ.* terrorize
τρόμος [tromos] *ουσ. α.* terror, fright
τρόμπα [troba] *ουσ. θ.* pump
τρομπάρω [trobaro] *ρ.* pump up
τρομπέτα [trobeta] *ουσ. θ.* trumpet
τρομπόνι [troboni] *ουσ. ο.* trombone
τρόπαιο [tropeo] *ουσ. ο.* trophy
τροπάρι [tropari] *ουσ. ο.* hymne
τροπή [tropi] *ουσ. θ.* turn, change
τροπικός [tropikos] *επ.* tropical

τροποποίηση [tropopiisi] *ουσ. θ.* modification
τροποποιώ [tropopio] *ρ.* modify
τρόπος [tropos] *ουσ. α.* manner, way, means
τρούλος [troolos] *ουσ. α.* dome
τροφή [trofi] *ουσ. θ.* food
τρόφιμα [trofima] *ουσ. ο. πληθ.* aliments, provisions
τροφοδοσία [trofodosia] *ουσ. θ.* provisioning
τροφοδότης [trofodotis] *ουσ. α.* provisioner
τροφοδοτώ [trofodoto] *ρ.* provide
τροχαλία [trohalia] *ουσ. θ.* pulley
τροχιά [trohia] *ουσ. θ.* track. orbit
τροχίζω [trohizo] *ρ.* sharpen
τρόχισμα [trohisma] *ουσ. ο.* grinding, sharpening
τροχοπέδη [trohopedi] *ουσ. θ.* brake
τροχός [trohos] *ουσ. α.* wheel
τροχοφόρος [trohoforos] *επ.* wheeled
τρύγημα [triyima] *ουσ. ο.* vintage
τρυγητής [triyitis] *ουσ. α.* vintager
τρυγόνι [triyoni] *ουσ. ο.* (ζωολ.) turtle-dove
τρύγος [triyos] *ουσ. α.* vintage, vine-harvest
τρυγώ [triyo] *ρ.* harvest/gather grapes
τρύπα [tripa] *ουσ. θ.* hole
τρυπάνι [tripani] *ουσ. ο.* drill
τρύπημα [tripima] *ουσ. ο.* boring, drilling. piercing
τρύπιος [tripios] *επ.* pitted
τρυπώ [tripo] *ρ.* bore. pierce, make a hole
τρύπωμα [tripoma] *ουσ. ο.* perforation, stitching
τρυπώνω [tripono] *ρ.* tack, get into
τρυφερά [trifera] *επίρ.* tenderly, softly
τρυφερός [triferos] *επ.* tender, soft
τρυφερότητα [triferotita] *ουσ. θ.* tenderness
τρώγλη [troyli] *ουσ. θ.* burrow, cavern
τρωγλοδύτης [troyloditis] *ουσ. α.* cave-dweller
τρώγω [troyo] *ρ.* eat
τρωκτικός [troktikos] *επ.*

rodent
τρωτός [trotos] *επ.* vulnerable
τσαγιέρα [tsayiera] *ουσ. θ.* tea pot
τσαγκάρης [tsagaris] *ουσ. α.* shoemaker
τσάι [tsai] *ουσ. ο.* tea
τσακάλι [tsakali] *ουσ. ο.* (ζωολ.) jackal
τσακίζω [tsakizo] *ρ.* break, crush
τσάκισμα [taskisma] *ουσ. ο.* breaking
τσακμακόπετρα [tsakmakopetra] *ουσ. θ.* flint
τσακωμός [tsakomos] *ουσ. α.* fight, quarrel
τσακώνομαι [tsakonome] *ρ.* quarrel, fight
τσακώνω [tsakono] *ρ.* catch
τσαλαβουτώ [tsalavooto] *ρ.* splash, dabble
τσαλακώνω [tsalakono] *ρ.* crumple, wrinkle
τσαλαπετεινός [tsalapetinos] *ουσ. α.* (ζωολ.) hoopoe
τσαμπί [tsabi] *ουσ. ο.* bunch
τσάντα [tsanda] *ουσ. θ.* bag, handbag
τσαντίρι [tsandiri] *ουσ. ο.* tent
τσάπα [tsapa] *ουσ. θ.* spade, hoe
τσαρλατάνος [tsarlatanos] *ουσ. α.* charlatan
τσάρος [tsaros] *ουσ. α.* (ιστ.) tzar
τσατσάρα [tsatsara] *ουσ. θ.* comb
τσεκούρι [tsekoori] *ουσ. ο.* hatchet
τσεμπέρι [tseberi] *ουσ. ο.* kerchief
τσέπη [tsepi] *ουσ. θ.* pocket
τσεπώνω [tsepono] *ρ.* pocket
Τσεχία [tsehia] *κύρ. όν. θ.* Czech Republic
Τσέχος [tsehos] *ουσ. α.* Czech
Τσεχοσλοβακία [tsehoslovakia] *κύρ. όν. θ.* Czechoslovakia
τσιγάρο [tsiyaro] *ουσ. ο.* cigarette
τσιγγάνος [tsiganos] *ουσ. α.* gypsy
τσιγκέλι [tsigeli] *ουσ. ο.* hook
τσίγκος [tsigos] *ουσ. α.* zinc
τσιγκούνης [tsigoonis] *επ.* stingy person. avaricious
τσιγκουνιά [tsigoonia] *ουσ. θ.* stinginess

τσιμέντο [tsimendo] *ουσ. ο.* cement
τσιμουδιά [tsimoodia] *ουσ. θ.* silence
τσίμπημα [tsibima] *ουσ. ο.* pinch
τσιμπίδα [tsibida] *ουσ. θ.* nippers, pincers
τσιμπιδάκι [tsibidaki] *ουσ. ο.* tweezers. hairclip
τσίμπλα [tsibla] *ουσ. θ.* rheum
τσιμπούκι [tsibooki] *ουσ. ο.* tobacco pipe
τσιμπούρι [tsiboori] *ουσ. ο.* (ζωολ.) tick
τσιμπώ [tsibo] *ρ.* pinch, sting, nip
τσίνορο [tsinoro] *ουσ. ο.* eyelash
τσιπούρα [tsipoora] *ουσ. θ.* (ιχθ.) porgy
τσιρίζω [tsirizo] *ρ.* scream
τσίτωμα [tsitoma] *ουσ. ο.* stretching
τσιτώνω [tsitono] *ρ.* stretch
τσιφλίκι [tsifliki] *ουσ. ο.* estate
τσίχλα [tsihla] *ουσ. θ.* (ζωολ.) thrush. chewing-gum. (μεταφ.) a very thin person
τσόκαρο [tsokaro] *ουσ. ο.* wooden shoe
τσοπάνης [tsopanis] *ουσ. α.* shepherd
τσουβάλι [tsoovali] *ουσ. ο.* sack
τσουγκρίζω [tsoogrizo] *ρ.* clink
τσούγκρισμα [tsoogrisma] *ουσ. ο.* clinking
τσούζω [tsoozo] *ρ.* smart
τσουκάλι [tsookali] *ουσ. ο.* pot
τσουκνίδα [tsooknida] *ουσ. θ.* (βοτ.) nettle
τσούξιμο [tsooximo] *ουσ. ο.* smarting
τσουχτερός [tsoohteros] *επ.* stinging, sharp, caustic, smart
τσόφλι [tsofli] *ουσ. ο.* shell, husk
τσόχα [tsoha] *ουσ. θ.* felt
τύλιγμα [tiliyma] *ουσ. ο.* winding up
τυλίγω [tiliyo] *ρ.* wind up
τύμβος [timvos] *ουσ. α.* grave, tomb
τυμπανίζω [tibanizo] *ρ.* beat a drum
τυμπανιστής [tibanistis] *ουσ. α.* drummer
τύμπανο [tibano] *ουσ. ο.*

(μουσ.) drum
τυπικός [tipikos] *επ.* typical. formal
τυπικότητα [tipikotita] *ουσ. θ.* formality
τυπογραφείο [tipoyrafio] *ουσ. ο.* printing office
τυπογραφικός [tipoyrafikos] *επ.* typographic(al)
τυπογράφος [tipoyrafos] *ουσ. α. /θ.* printer
τυποποίηση [tipopiisi] *ουσ. θ.* standardization
τυποποιώ [tipopio] *ρ.* standardize
τύπος [tipos] *ουσ. α.* type, model, form. the press
τύπωμα [tipoma] *ουσ. ο.* printing
τυπώνω [tipono] *ρ.* print
τυραννία [tirania] *ουσ. θ.* tyranny
τύραννος [tiranos] *ουσ. α.* tyrant
τυραννώ [tirano] *ρ.* torture
τυρί [tiri] *ουσ. ο.* cheese
τυρόγαλα [tiroyala] *ουσ. ο.* (μαγ.) whey
τυροκομείο [tirokomio] *ουσ. ο.* cheese-dairy
τυροκόμος [tirokomos] *ουσ. α. /θ.* cheese-maker
τύφλα [tifla] *ουσ. θ.* blindness
τυφλοπόντικας [tiflopondikas] *ουσ. α.* (ζωολ.) mole
τυφλός [tiflos] *επ.* blind
τυφλώνω [tiflono] *ρ.* blind
τύφλωση [tiflosi] *ουσ. θ.* (ιατρ.) blinding
τυφοειδής [tifoidis] *επ.* (ιατρ.) typhoid
τύφος [tifos] *ουσ. α.* (ιατρ.) typhus
τυφώνας [tifonas] *ουσ. α.* typhoon, cyclone, hurricane
τυχαίνω [tiheno] *ρ.* chance, happen
τυχαίος [tiheos] *επ.* accidental, casual
τυχερός [tiheros] *επ.* lucky
τύχη [tihi] *ουσ. θ.* luck, fortune
τυχοδιώκτης [tihodioktis] *ουσ. α.* adventurer
τυχόν [tihon] *επίρ.* by chance
τύψη [tipsi] *ουσ. θ.* remorse
τώρα [tora] *επίρ.* now, presently
τωρινός [torinos] *επ.* present

Y

Y, υ [ipsilon] *ουσ. ο.* the twentieth letter of the Greek alphabet
ύαινα [iena] *ουσ. θ.* (ζωολ.) hyaena
υάκινθος [iakinthos] *ουσ. α.* (βοτ.) hyacinth
υαλικά [ialika] *ουσ. ο. πληθ.* glassware
υαλοβάμβακας [ialovamvakas] *ουσ. α.* fibreglass
υαλογραφία [ialoyrafia] *ουσ. θ.* painting on glass
υαλοπίνακας [ialopinakas] *ουσ. α.* pane of glass
υαλοπωλείο [ialopolio] *ουσ. ο.* glassware shop
υαλοπώλης [ialopolis] *ουσ. α.* glassware dealer
υαλουργείο [ialooryio] *ουσ. ο.* glassworks
υαλουργία [ialooryia] *ουσ. θ.* vitrifacture
υαλουργός [ialooryos] *ουσ. α.* glassmaker
υάρδα [iarda] *ουσ. θ.* yard
υβρεολόγιο [ivreoloyio] *ουσ. ο.* an outburst of insults
υβρίζω [ivrizo] *ρ.* insult, abuse
υβριστής [ivristis] *ουσ. α.* reviler, insulter
υβριστικός [ivristikos] *επ.* abusive, offensive
υγεία [iyia] *ουσ. θ.* health
υγειονομικός [iyionomikos] *επ.* sanitary
υγιαίνω [iyieno] *ρ.* be in good health
υγιεινή [iyiini] *ουσ. θ.* hygiene
υγιεινός [iyiinos] *επ.* healthy
υγραίνω [iyreno] *ρ.* wet,

moisten
υγρασία [iyrasia] *ουσ. θ.* humidity, moisture
υγρό [iyro] *ουσ. ο.* liquid, fluid
υγροποίηση [iyropiisi] *ουσ. θ.* liquefaction
υγροποιώ [iyropio] *ρ.* liquefy
υγρός [iyros] *επ.* moist, damp, wet
υδαταγωγός [idatayoyos] *ουσ. α.* water pipe
υδατάνθρακας [idatanthrakas] *ουσ. α.* (χημ.) carbohydrate
υδάτινος [idatinos] *επ.* watery, acquatic
υδατογραφία [idatoyrafia] *ουσ. θ.* painting in water colours
υδατοφράκτης [idatofraktis] *ουσ. α.* water-gate
υδραγωγείο [idrayoyio] *ουσ. ο.* aqueduct
υδραγωγός [idrayoyos] *ουσ. α.* water-carrier
υδραντλία [idrandlia] *ουσ. θ.* water-pump
υδράργυρος [idraryiros] *ουσ. α.* (χημ.) mercury
υδρατμός [idratmos] *ουσ. α.* vapor of water
υδραυλικός [idravlikos] *ουσ. α.* plumber. *επ.* hydraulic
ύδρευση [idrefsi] *ουσ. θ.* water supply
υδρόβιος [idrovios] *επ.* aquatic
υδρόγειος [idroyios] *ουσ. θ.* earth. *επ.* terraqueous
υδρογονάνθρακας [idroyonanthrakas] *ουσ. α.* (χημ.) hydrocarbon
υδρογόνο [idroyono] *ουσ. ο.* (χημ.) hydrogen
υδροδυναμική [idrodinamiki] *ουσ. θ.* hydrodynamics
υδροδυναμικός [idrodinamikos] *επ.* hydrodynamic
υδροθεραπεία [idrotherapia] *ουσ. θ.* water cure
υδροκέφαλος [idrokefalos] *επ.* hydrocephalous
υδροκίνητος [idrokinitos] *επ.* water-driven
υδροκυάνιο idrokianio] *ουσ. ο.* (χημ.) prussic acid
υδρόμυλος idromilos] *ουσ. α.* water-mill
υδροπλάνο [idroplano] *ουσ. ο.* hydroplane
υδροστατική [idrostatiki]

ουσ. θ. hydrostatics
υδρόφιλος [idrofilos] *επ.* water-loving, hydrophilous
υδρόφοβος [idrofovos] *επ.* hydrophobe
υδροφράκτης [idrofraktis] *ουσ. α.* floodgate, dam
υδροχλωρικός [idrohlorikos] *επ.* hydrochloric
Υδροχόος [idroho-os] *ουσ. α.* (αστρολ.) Aquarius
υδροχόος [idroho-os] *ουσ. α.* water-pourer
υιοθεσία [iothesia] *ουσ. θ.* adoption
υιοθετώ [iotheto] *ρ.* adopt
υιός [ios] *ουσ. α.* (καθ.) son
ύλη [ili] *ουσ. θ.* matter, material
υλικό [iliko] *ουσ. ο.* material, stuff
υλικός [ilikos] *επ.* material
υλισμός ilismos] *ουσ. α.* (φιλοσ.) materialism
υλιστής [ilistis] *ουσ. α.* materialist
υλιστικός [ilistikos] *επ.* materialistic
υλοποίηση [ilpiisi] *ουσ. θ.* materialization
υλοποιώ [ilopio] *ρ.* materialize
υμένας [imenas] *ουσ. α.* membrane
υμενώδης [imenodis] *επ.* membranous
ύμνηση [imnisi] *ουσ. θ.* glorification
υμνητής [imnitis] *ουσ. α.* one who praises
υμνογράφος [imnoyrafos] *ουσ. α.* writer of hymnes
υμνολογία [imnoloyia] *ουσ. θ.* hymnology
υμνολόγιο [imnoloyio] *ουσ. ο.* hymn-book
ύμνος [imnos] *ουσ. α.* hymn, anthem
υμνώ [imno] *ρ.* praise in hymns
υνί [ini] *ουσ. ο.* ploughshare
υπαγόρευση [ipayorefsi] *ουσ. θ.* dictation
υπαγορεύω ipayorevo] *ρ.* dictate
υπαίθριος [ipethrios] *επ.* open-air, outdoor
υπαινιγμός [ipeniymos] *ουσ. α.* hint, allusion
υπαινίσσομαι [ipenisome] *ρ.* hint, allude
υπαίτιος [ipetios] *επ.*

responsible, guilty
υπακοή [ipakoi] *ουσ. θ.* obedience
υπακούω [ipakoo-o] *ρ.* obey
υπάλληλος ipalilos] *ουσ. α. /θ.* employee, clerk
υπαναχώρηση [ipanahorisi] *ουσ. θ.* withdrawal
υπαξιωματικός [ipaxiomatikos] *ουσ. α. /θ.* (στρατ.) petty officer
υπαρκτός [iparktos] *επ.* existing, real
ύπαρξη [iparxi] *ουσ. θ.* existence, life
υπαρξισμός [iparxismos] *ουσ. α.* (φιλοσ.) existentialism
υπαρξιστής [[iparxistis] *ουσ. α.* existentialist
υπαρχηγός [iparhiyos] *ουσ. α. /θ.* deputy chief
υπάρχω [iparho] *ρ.* exist, be
υπασπιστής [ipaspistis] *ουσ. α.* (στρατ.) adjutant
υπέδαφος [ipedafos] *ουσ. ο.* subsoil
υπεκφεύγω [ipekfevyo] *ρ.* evade, escape
υπεκφυγή [ipekfiyi] *ουσ. θ.* escape, evasion
υπενθυμίζω [ipenthimizo] *ρ.* remind of
υπενθύμιση [ipenthimisi] *ουσ. θ.* reminding
υπεξαίρεση [ipexeresi] *ουσ. θ.* taking away
υπεραγαπώ [iperayapo] *ρ.* love beyond measure
υπεράνθρωπος [iperanthropos] *επ.* superhuman
υπεράριθμος [iperarithmos] *επ.* supernumerary
υπερασπίζω [iperaspizo] *ρ.* defend
υπεράσπιση [iperaspisi] *ουσ. θ.* defense
υπερασπιστής [iperaspistis] *ουσ. α.* defender
υπεραστικός [iperastikos] *επ.* suburban, long-distance
υπερατλαντικός [iperatlandikos] *επ.* transatlantic
υπερβάλλω [ipervalo] *ρ.* exceed, surpass
υπερβολή [ipervoli] *ουσ. θ.* excess, exaggeration
υπερβολικός [ipervolikos] *επ.* excessive, exaggerated
υπέργειος [iperyios] *επ.* superterrestrial

υπερένταση [iperendasi] *ουσ. θ.* overstrain
υπερευαίσθητος [iperevesthitos] *επ.* oversensitive
υπερέχω [ipereho] *ρ.* excel, exceed
υπερήλικας [iperilikas] *επ.* very old
υπερηφάνεια [iperifania] *ουσ. θ.* pride, haughtiness
υπερηφανεύομαι [iperifanevome] *ρ.* be proud of
υπερήφανος [iperifanos] *επ.* proud, haughty
υπερηχητικός [iperihitikos] *επ.* supersonic
υπερθέρμανση [iperthermansi] *ουσ. θ.* overheating
υπερθετικός [iperthetikos] *επ.* (γραμ.) superlative
υπερίσχυση [iperishisi] *ουσ. θ.* predominancy
υπερισχύω [iperishio] *ρ.* predominate
υπερκόπωση [iperkoposi] *ουσ. θ.* overwork
υπερκόσμιος [iperkosmios] *επ.* ultramundane
υπέρμαχος [ipermahos] *ουσ. α. /θ.* defender
υπέρμετρος [ipremetros] *επ.* huge, excessive
υπερνικώ [iperniko] *ρ.* overcome
υπέρογκος [iperogos] *επ.* enormous, colossal
υπεροξείδιο [iperoxidio] *ουσ. ο.* (χημ.) peroxide
υπεροπτικός [iperoptikos] *επ.* presumptuous, haughty
υπεροχή [iperohi] *ουσ. θ.* superiority, predominance
υπέροχος [iperohos] *επ.* excellent, superior, eminent
υπεροψία [iperopsia] *ουσ. θ.* arrogance, haughtness
υπερπαραγωγή [iperparayoyi] *ουσ. θ.* overproduction. superproduction
υπερπέραν [iperperan] *ουσ. ο. άκλ.* the beyond, the unseen
υπερπόντιος [iperpondios] *επ.* overseas
υπερσυντέλικος [ipersindelikos] *ουσ. α.* (γραμ.) past perfect
υπέρταση [ipertasi] *ουσ. θ.*

(ιατρ.) high blood pressure
υπερτασικός [ipertasikos] *επ.* hypertensive
υπερτερώ [ipertero] *ρ.* surpass, exceed
υπερτίμηση [ipertimisi] *ουσ. θ.* rise in prices, overrate
υπερφυσικός [iperfisikos] *επ.* supernatural. prodigious
υπερωκεάνιο [iperokeanio] *ουσ. ο.* ocean liner
υπερωκεάνιος [iperokeanios] *επ.* transoceanic
υπερωρία [iperoria] *ουσ. θ.* overtime
υπεύθυνος [ipefthinos] *επ.* responsible
υπήκοος [ipiko-os] *ουσ. α. /θ.* obedient, subject
υπηκοότητα [ipiko-otita] *ουσ. θ.* citizenship
υπηρεσία [ipiresia] *ουσ. θ.* service, attendance
υπηρεσιακός [ipiresiakos] *επ.* of service
υπηρέτης [ipiretis] *ουσ. α.* servant
υπηρετικός [ipiretikos] *επ.* of service
υπηρέτρια [ipiretria] *ουσ. θ.* maid-servant
υπηρετώ [ipireto] *ρ.* serve
υπναράς [ipnaras] *ουσ. α.* sleepyhead
υπνηλία [ipnilia] *ουσ. θ.* sleepiness
υπνοβασία [ipnovasia] *ουσ. θ.* somnambulism
υπνοβάτης [ipnovatis] *ουσ. α.* somnambulist, sleep-walker
υπνοβατώ [ipnovato] *ρ.* walk in my sleep
ύπνος [ipnos] *ουσ. α.* sleep
ύπνωση [ipnosi] *ουσ. θ.* hypnosis
υπνωτίζω [ipnotizo] *ρ.* hypnotize
υπνωτικός [ipnotikos] *επ.* somniferous
υπνώτιση [ipnotisi] *ουσ. θ.* hypnotizing
υπνωτιστής [ipnotistis] *ουσ. α.* hypnotizer
υπόβαθρο [ipovathro] *ουσ. ο.* support, base
υποβάλλω [ipovalo] *ρ.* submit, subject
υποβαστάζω [ipovastazo] *ρ.* support
υποβιβάζω [ipovivazo] *ρ.* lower
υποβίβαση [ipovivasi] *ουσ. θ.*

debasement, lowering
υποβοηθώ [ipovoitho] *ρ.* help, assist, aid
υποβολέας [ipovoleas] *ουσ. α. /θ.* prompter
υποβόσκω [ipovosko] *ρ.* smolder
υποβρύχιο [ipovrihio] *ουσ. ο.* submarine
υπογάστριο [ipoyastrio] *ουσ. ο.* (ανατ.) abdomen
υπόγειο [ipoyio] *ουσ. ο.* subsoil, basement
υπόγειος [ipoyios] *ουσ. α. /επ.* underground
υπογραμμίζω [ipoyramizo] *ρ.* underline
υπογραφή [ipoyrafi] *ουσ. θ.* signature
υπογράφω [ipoyrafo] *ρ.* sign
υποδαυλίζω [ipodavlizo] *ρ.* stir up
υπόδειγμα [iodiyma] *ουσ. ο.* example, model
υποδειγματικός [ipodiymatikos] *επ.* exemplary
υποδεικνύω [ipodiknio] *ρ.* indicate, point out
υπόδειξη [ipodixi] *ουσ. θ.* suggestion, indication
υποδεκάμετρο [ipodekametro] *ουσ. ο.* decimetre
υποδέχομαι [ipodehome] *ρ.* welcome
υποδηλώνω [ipodilono] *ρ.* indicate, suggest
υποδήλωση [ipodilosi] *ουσ. θ.* suggestion, indication
υπόδημα [ipodima] *ουσ. ο.* shoe
υποδηματοποιείο [ipodimatopiio] *ουσ. ο.* shoemaker's shop
υποδηματοποιός [ipodimatopios] *ουσ. α.* shoemaker
υποδηματοπώλης [ipodimatopolis] *ουσ. α.* shoe seller
υποδιαίρεση [ipodieeresi] *ουσ. θ.* subdivision
υποδιαιρώ [ipodiero] *ρ.* subdivide
υποδιεύθυνση [ipodiefthinsi] *ουσ. θ.* sub-direction
υποδιευθυντής [ipodiefthindis] *ουσ. α.* sub-director
υπόδικος [ipodikos] *ουσ. α. /θ.* accused, under trial

υποδιοίκηση [ipodiikisi] *ουσ. θ.* sub-direction
υποδιοικητής [ipodiikitis] *ουσ. α.* sub-director
υπόδουλος [ipodoolos] *επ.* enslaved
υποδουλώνω [ipodoolono] *ρ.* enslave
υποδούλωση [ipodoolosi] *ουσ. θ.* enslaving
υποδοχή [ipodohi] *ουσ. θ.* reception, welcome
υποδύομαι [ipodiome] *ρ.* play the part of
υποζύγιο [ipoziyio] *ουσ. ο.* beast of burden
υπόθεση ipothesi] *ουσ. θ.* affair. supposition
υποθετικός [ipothetikos] *επ.* conditional, hypothetical
υποθέτω [ipotheto] *ρ.* suppose, presume
υποθήκη [ipothiki] *ουσ. θ.* mortgage
υποθηκοφυλακείο [ipothikofilakio] *ουσ. ο.* mortgage bureau
υποκατάστημα [ipokatastima] *ουσ. ο.* branch-office
υποκειμενικός [ipokimenikos] *επ.* subjective
υποκειμενικότητα [ipokimenikotita] *ουσ. θ.* subjectivity
υποκείμενο [ipokimeno] *ουσ. ο.* subject
υποκίνηση ipokinisi] *ουσ. θ.* incitement, incitation
υποκινητής [ipokinitis] *ουσ. α.* inciter, promoter
υποκινώ [ipokino] *ρ.* incite, excite
υποκλίνομαι [ipoklinome] *ρ.* bow
υπόκλιση [ipoklisi] *ουσ. θ.* bow
υποκόμης ipokomis] *ουσ. α.* viscount
υποκοριστικός [ipokoristikos] *επ.* diminutive
υποκρίνομαι [ipokrinome] *ρ.* pretend, feign
υποκρισία [ipokrisia] *ουσ. θ.* hypocrisy, feint
υποκριτής [ipokritis] *ουσ. α.* hypocrite. actor, player
υποκριτικός [ipokritikos] *επ.* hypocritical, feigned. theatrical
υπόκρουση [ipokroosi] *ουσ. α.* accompaniment
υποκύπτω [ipokipto] *ρ.*

submit, succumb
υπόκωφος [ipokofos] *επ.* hollow, dull
υπόλειμμα [ipolima] *ουσ. ο.* residue, rest
υπόληψη [ipolipsi] *ουσ. θ.* credit, reputation, esteem
υπολογίζω [ipoloyizo] *ϱ.* calculate, estimate
υπολογισμός [ipoloyismos] *ουσ. α.* calculation, estimate
υπολογιστής [ipoloyistis] *ουσ. α.* calculator. reckoner
υπόλογος [ipoloyos] *ουσ. α. /θ.* responsible, accountable
υπόλοιπος [ipolipos] *επ.* remaining
υπομένω [ipomeno] *ϱ.* support, bear
υπόμνημα [ipomnima] *ουσ. ο.* memorandum
υπομονετικός [ipomonetikos] *επ.* patient
υπομονή [ipomoni] *ουσ. θ.* patience, endurance
υπομόχλιο [ipomohlio] *ουσ. ο.* fulcrum
υπόνοια [iponia] *ουσ. θ.* suspicion
υπονόμευση [iponomefsi] *ουσ. θ.* undermining
υπονομεύω [iponomevo] *ϱ.* undermine
υπόνομος [iponomos] *ουσ. α.* mine, drain. sewer
υπονοώ [ipono-o] *ϱ.* understand, mean
ύποπτος [ipoptos] *επ. /ουσ. α. /θ.* suspect, *επ.* suspicious
υποσημείωση [iposimiosi] *ουσ. θ.* footnote
υποσιτίζομαι [ipositizome] *ϱ.* eat insufficiently
υποσιτισμός [ipositismos] *ουσ. α.* insufficient nourishment, undernutrition
υποσμηναγός [iposminayos] *ουσ. α. /θ.* (στϱατ.) air force lieutenant
υπόσταση [ipostasi] *ουσ. θ.* foundation. existence
υπόστεγο [iposteyo] *ουσ. ο.* shed, pavilion
υποστήϱιγμα [ipostiriyma] *ουσ. ο.* support
υποστηϱίζω [ipostirizo] *ϱ.* support
υποστήϱιξη [ipostirixi] *ουσ. θ.* support, prop
υπόστϱωμα [ipostroma] *ουσ. ο.* substratum
υποστϱώνω ipostrono] *ϱ.*

underlay
υποσυνείδητο [iposinidito] *ουσ. ο.* subconscious
υπόσχεση [iposhesi] *ουσ. θ.* promise
υπόσχομαι iposhome] *ρ.* promise
υποταγή [ipotayi] *ουσ. θ.* submission, subjection
υποτακτική [ipotaktiki] *ουσ. θ.* (γραμ.) subjunctive (mood)
υποτακτικός [ipotaktikos] *επ.* subjective, dependent
υπόταση [ipotasi] *ουσ. θ.* (ιατρ.) low blood pressure
υποτάσσω [ipotaso] *ρ.* subdue, subject
υποτείνουσα [ipotinoosa] *ουσ. θ.* (γεωμ.) hypotenuse
υποτέλεια [ipotelia] *ουσ. θ.* subjection
υποτελής [ipotelis] *επ.* tributary, subordinate
υποτίμηση ipotimisi] *ουσ. θ.* fall in price, devaluation
υποτιμώ [ipotimo] *ρ.* undervalue, undertate
υπότιτλος [ipotitlos] *ουσ. α.* subtitle
υποτροπή [ipotropi] *ουσ. θ.* relapse
υποτροπιάζω [ipotropiazo] *ρ.* relapse, recur
υποτροφία [ipotrofia] *ουσ. θ.* scholarship
υπότροφος [ipotrofos] *ουσ. α. /θ.* scholar, bursar
υποτυπώδης [ipotipodis] *επ.* primitive
ύπουλος [ipoolos] *επ.* insidious, sly
υπουργείο [ipooryio] *ουσ. ο.* ministry, cabinet
υπουργία [ipooryia] *ουσ. θ.* ministry
υπουργικός [ipooryikos] *επ.* ministerial
υπουργός [ipooryos] *ουσ. α. /θ.* minister
υποφαινόμενος [ipofenomenos] *επ.* undersigned
υποφερτός [ipofertos] *επ.* tolearable, bearable
υποχθόνιος [ipohthonios] *επ.* infernal
υποχονδριακός [ipohondriakos] *επ.* hypohondriac
υπόχρεος [ipohreos] *επ.* obliged
υποχρεώνω [ipohreono] *ρ.*

oblige
υποχρεωτικός [ipohreotikos] *επ.* obligatory, compulsory
υποχώρηση [ipohorisi] *ουσ. θ.* retreat
υποχωρητικός [ipohoritikos] *επ.* yielding, compliant
υποχωρώ [ipohoro] *ρ.* retreat, withdraw
υποψήφιος [ipopsifios] *επ.* prospective, would-be
υποψήφιος [ipopsifios] *ουσ. α.* candidate
υποψηφιότητα [ipopsifiotita] *ουσ. θ.* candidacy
υποψία [ipopsia] *ουσ. θ.* suspicion, distrust
υποψιάζομαι [ipopsiazome] *ρ.* suspect
ύπτιος [iptios] *επ.* supine
ύστερα [istera] *επίρ.* afterwards
υστερία [isteria] *ουσ. θ.* hysteria
υστερικός [isterikos] *επ.* hysterical
υστεροβουλία [isterovoolia] *ουσ. θ.* ulterior motive, afterthought
υστερόγραφο [isteroyrafo] *ουσ. ο.* post-scriptum
υστεροφημία [isterofimia] *ουσ. θ.* fame after death
υστερώ [istero] *ρ.* come behind
υφάδι [ifadi] *ουσ. ο.* woof
υφαίνω [ifeno] *ρ.* weave, spin
ύφαλα [ifala] *ουσ. ο. πληθ.* beam, plur
υφάλμυρος [ifalmiros] *επ.* brackish, of a saline taste
ύφαλος [ifalos] *ουσ. α.* reef
υφαντήριο [ifandirio] *ουσ. ο.* cloth mill
υφαντουργείο [ifandooryio] *ουσ. ο.* weaving factory
υφαντουργός [ifandooryos] *ουσ. α. /θ.* weaver
ύφασμα [ifasma] *ουσ. ο.* cloth, tissue
υφασματέμπορος [ifasmateboros] *ουσ. α.* cloth-merchant
ύφεση [ifesi] *ουσ. θ.* (ιατρ.) abatement. decrease. (μουσ.) flat note
υφηγητής [ifiyitis] *ουσ. α.* lecturer
υφήλιος [ifilios] *ουσ. θ.* earth, world
υφιστάμενος [ifistamenos] *ουσ. α.* subaltern, inferior

ύφος [ifos] *ουσ. ο.* style, air
υψηλά [ipsila] *επίρ.* high up
υψηλός [ipsilos] *επ.* high, tall
υψηλοφροσύνη [ipsilofrosini] *ουσ. θ.* haughtiness, pride
υψηλόφρων [ipsilofron] *επ.* high-minded, proud
υψικάμινος [ipsikaminos] *ουσ. θ.* blast-furnace
υψίπεδο [ipsipedo] *ουσ. ο.* plateau
ύψιστος [ipsistos] *επ.* highest
υψίφωνος [ipsifonos] *ουσ. α.* tenor. *ουσ. θ.* soprano
ύψος [ipsos] *ουσ. ο.* height
υψώνω [ipsono] *ρ.* raise

Φ

Φ, φ [fi] *ουσ. ο.* the twenty-first letter of the Greek alphabet

φάβα [fava] *ουσ. θ.* (βοτ.) chick pea

φαβορί [favori] *ουσ. ο. άκλ.* favourite

φαβορίτες [favorites] *ουσ. θ. πληθ.* whiskers

φαγητό [fayito] *ουσ. ο.* meal, food, dinner

φαγκρί [fagri] *ουσ. ο.* (ιχθ.) sea-bream

φαγοπότι [fayopoti] *ουσ. ο.* eating and drinking

φαγούρα [fayoora] *ουσ. θ.* itching

φάγωμα [fayoma] *ουσ. ο.* eating

φαγωμάρα [fayomara] *ουσ. θ.* quarelling

φαγώσιμος [fayosimos] *επ.* eatable, edible

φαεινός [fainos] *επ.* bright, brilliant

φαΐ [fai] *ουσ. ο.* food, meal, lunch, dinner

φαιδρός [fedros] *επ.* gay, cheerful

φαιδρότητα [fedrotita] *ουσ. θ.* cheerfulness

φαινόλη [fenoli] *ουσ. θ.* (χημ.) phenol

φαίνομαι [fenome] *ρ.* appear, seem

φαινομενικός [fenomenikos] *επ.* apparent, seeming

φαινόμενο [fenomeno] *ουσ. ο.* phenomenon, appearance

φαιός [feos] *επ.* brown, dark-coloured

φάκα [faka] *ουσ. θ.* trap

φάκελος [fakelos] *ουσ. α.* envelope
φακελώνω [fakelono] *ρ.* put in an envelope
φακή [faki] *ουσ. θ.* (βοτ.) lentil
φακίδα [fakida] *ουσ. θ.* freckle
φακίρης [fakiris] *ουσ. α.* fakir
φακός [fakos] *ουσ. α.* lens
φάλαγγα [falaga] *ουσ. θ.* phalanx. convoy
φαλαγγίτης [falagitis] *ουσ. α.* legionnaire
φάλαινα [falena] *ουσ. θ.* whale
φαλαινοθήρας [falenothiras] *ουσ. α.* whaler
φαλάκρα [falakra] *ουσ. θ.* bald head
φαλακρός falakros] *επ.* bald, bald-headed
φαλλός [falos] *ουσ. α.* (ανατ.) penis
φάλτσο [faltso] *ουσ. ο.* discordance
φαμελιά [famelia] *ουσ. θ.* family
φάμπρικα [fabrika] *ουσ. θ.* factory
φανάρι [fanari] *ουσ. ο.* lantern, lamp
φαναρτζής [fanartzis] *ουσ. α.* lantern-maker
φανατίζω [fanatizo] *ρ.* make fanatical
φανατικός [fanatikos] *επ.* fanatic(al)
φανατισμός [fanatismos] *ουσ. α.* fanaticism
φανέλα [fanela] *ουσ. θ.* flannel
φανερά [fanera] *επίρ.* clearly, obviously
φανερός [faneros] *επ.* clear, obvious, plain
φανερώνω [fanerono] *ρ.* reveal, manifest
φανέρωση [fanerosi] *ουσ. θ.* revelation, manifestation
φανοποιός [fanopios] *ουσ. α.* lantern-maker
φανοστάτης [fanostatis] *ουσ. α.* lamp-bracket
φαντάζομαι [fandazome] *ρ.* imagine, think to be true
φαντάζω [fandazo] *ρ.* make a show
φαντάρος [fandaros] *ουσ. α.* foot-soldier
φαντασία [fandasia] *ουσ. θ.* imagination, fancy
φαντασιολογία

[fandasioloyia] *ουσ. θ.* saying imaginary things
φαντασιόπληκτος [fandasiopliktos] *επ.* fanciful, whimsical
φαντασιοπληξία [fandasioplixia] *ουσ. θ.* fad, illusion
φαντασίωση [fandasiosi] *ουσ. θ.* illusion, vision
φάντασμα [fandasma] *ουσ. ο.* phantom, ghost
φαντασμαγορικός [fandasmayorikos] *επ.* phantasmagoric
φαντασμένος [fandasmenos] *επ.* presumptuous, vain
φανταστικός [fandastikos] *επ.* imaginary. fantastic
φανταχτερός [fandahteros] *επ.* showy
φανφαρονισμός [fanfaronismos] *ουσ. α.* fanfaronade
φανφαρόνος [fanfaronos] *ουσ. α.* fanfaron
φάπα [fapa] *ουσ. θ.* (λαϊκ.) cuff, slap in the face
φάρα [fara] *ουσ. θ.* race, progeny
φαράγγι [faragi] *ουσ. ο.* ravine, gorge, gully
φαράσι [farasi] *ουσ. ο.* dustpan
φαρδαίνω [fardeno] *ρ.* widen, stretch
φάρδος [fardos] *ουσ. ο.* width, breadth
φαρδύς [fardis] *επ.* wide, large
φαρέτρα [faretra] *ουσ. θ.* quiver
φαρίνα [farina] *ουσ. θ.* flour
φαρμακαποθήκη [farmakapothiki] *ουσ. θ.* medicine store
φαρμακείο [farmakio] *ουσ. ο.* pharmacy
φαρμακερός [farmakeros] *επ.* poisonous. pungent
φαρμακευτική [farmakeftiki] *ουσ. θ.* pharmacy
φαρμακευτικός [farmakeftikos] *επ.* medicinal
φαρμάκι [farmaki] *ουσ. ο.* poison, venom
φάρμακο [farmako] *ουσ. ο.* medicine, drug
φαρμακοποιός [farmakopios] *ουσ. α.* druggist, pharmacist
φαρμάκωμα [farmakoma] *ουσ. ο.* poisoning

φαρμακώνω [farmakono] *ρ.* poison
φαρμπαλάς [farbalas] *ουσ. α.* (λαϊκ.) furbelow
φάρος [faros] *ουσ. α.* lighthouse
φάρσα [farsa] *ουσ. θ.* farse, trick, prank
φαρσέρ [farser] *ουσ. α. άκλ.* joker
φάρυγγας [farigas] *ουσ. α.* (ανατ.) pharynx
φαρυγγίτιδα [farigitida] *ουσ. θ.* (ιατρ.) pharyngitis
φασαρία [fasaria] *ουσ. θ.* fuss, trouble, noise
φάση [fasi] *ουσ. θ.* aspect, phase, stage
φασιανός [fasianos] *ουσ. α.* (ζωολ.) pheasant
φασισμός [fasismos] *ουσ. α.* fascism
φασίστας [fasistas] *ουσ. α.* fascist
φασιστικός [fasistikos] *επ.* fascistic
φασκιά [faskia] *ουσ. θ.* band, swaddling-clothes
φασκιώνω [faskiono] *ρ.* swaddle
φασκομηλιά [faskomilia] *ουσ. θ.* (βοτ.) sage
φάσμα [fasma] *ουσ. ο.* phantom, ghost. (φυσ.) spectrum
φασματογράφος [fasmatoyrrafos] *ουσ. α.* spectrograph
φασματοσκόπιο [fasmatoskopio] *ουσ. ο.* spectroscope
φασολάδα [fasolada] *ουσ. θ.* (μαγ.) bean soup
φασόλι [fasoli] *ουσ. ο.* (βοτ.) bean
φάτνη [fatni] *ουσ. θ.* manger, stall
φατρία [fatria] *ουσ. θ.* faction, party, clique
φατριαστής [fatriastis] *ουσ. α.* partisan
φατριαστικός [fatriastikos] *επ.* factional
φαυλοκρατία [favlokratia] *ουσ. θ.* political coruption, jobbery
φαύλος [favlos] *επ.* unscrupulous, corrupt
φαυλότητα [favlotita] *ουσ. θ.* depravity, vice
φαφλατάς [faflatas] *ουσ. α.* babbler, swaggerer

φαφούτης [fafootis] *επ.* toothless
Φεβρουάριος [fevrooarios] *ουσ. α.* February
φεγγάρι [fegari] *ουσ. ο.* moon
φεγγίτης [fegitis] *ουσ. α.* skylight
φεγγοβόλος [fegovolos] *επ.* luminous, bright
φεγγοβολώ [fegovolo] *ρ.* shine, glitter
φέγγω [fego] *ρ.* shine, gleam, light
φελλός [felos] *ουσ. α.* cork
φεμινισμός [feminismos] *ουσ. α.* feminism
φεμινιστής [feministis] *ουσ. α.* feminist
φεμινιστικός [feministikos] *επ.* feministic
φενάκη [fenaki] *ουσ. θ.* (καθ.) wig. (μεταφ.) deception
φέξιμο [feximo] *ουσ. ο.* lighting, dawn
φεουδαλισμός [feoodalismos] *ουσ. α.* feudalism
φέουδο [feoodo] *ουσ. ο.* feud
φέρετρο [feretro] *ουσ. ο.* coffin, casket
φερετροποιός [feretropios] *ουσ. α.* coffin-maker
φερέφωνο [ferefono] *ουσ. ο.* mouthpiece
φέρσιμο [fersimo] *ουσ. ο.* behaviour, conduct
φέρω [fero] *ρ.* bring, carry
φέσι [fesi] *ουσ. ο.* fez
φέτα [feta] *ουσ. θ.* slice, white Greek cheese
φέτος [fetos] *επίρ.* this year
φευγάλα [fevyala] *ουσ. θ.* flight, escape
φευγάτος [fevyatos] *επ.* gone, departed
φεύγω [fevyo] *ρ.* run away, leave
φήμη [fimi] *ουσ. θ.* fame, renown, repute
φημίζω [fimizo] *ρ.* make renowned
φημισμένος [fimismenos] *επ.* famous
φθάνω [fthano] *ρ.* reach, arrive, attain
φθαρτός [fthartos] *επ.* perishable
φθαρτότητα [fthartotita] *ουσ. θ.* perishableness
φθειρίαση [fthiriasi] *ουσ. θ.* lousiness
φθείρω [fthiro] *ρ.* destroy, ruin, spoil

φθηναίνω [fthineno] *ρ.* cheapen
φθηνός [fthinos] *επ.* cheap
φθινοπωρινός [fthinoporinos] *επ.* autumnal
φθινόπωρο [fthinoporo] *ουσ. ο.* autumn, fall
φθίνω [fthino] *ρ.* wither
φθίση [fthisi] *ουσ. θ.* tuberculosis
φθισικός [fthisikos] *επ.* tuberculous
φθόγγος [fthogos] *ουσ. α.* sound, voice
φθονερός [fthoneros] *επ.* invidious, envious
φθόνος [fthonos] *ουσ. α.* envy, malice
φθονώ [fthono] *ρ.* envy
φθορά [fthora] *ουσ. θ.* ruin, destruction
φθόριο [fthorio] *ουσ. ο.* (χημ.) fluor
φιάλη [fiali] *ουσ. θ.* bottle
φιαλίδιο [fiallidio] *ουσ. ο.* vial, small bottle
φιάσκο [fiasco] *ουσ. ο.* fiasco, flop
φιγούρα [fiyoora] *ουσ. θ.* figure, image
φίδι [fidi] *ουσ. ο.* (ζωολ.) snake
φιλάγαθος [filayathos] *επ.* benevolent
φίλαθλος [filathlos] *ουσ. α. /θ.* fond of athletics
φιλαλήθεια [filalithia] *ουσ. θ.* truthfulness
φιλαλήθης [filalithis] *επ.* truthful
φιλαλληλία [filalithia] *ουσ. θ.* mutual love, altruism
φιλανθρωπία [filanthropia] *ουσ. θ.* charity
φιλανθρωπικός [filanthropikos] *επ.* charitable, philanthropic
φιλάνθρωπος [filanthropos] *ουσ. α. /θ.* philanthropist
φιλαργυρία [filaryiria] *ουσ. θ.* avarice, avariciousness
φιλάργυρος [filaryiros] *επ.* avaricious, stingy
φιλαρέσκεια [filareskia] *ουσ. θ.* coquetry
φιλάρεσκος [filareskos] *επ.* coquetish
φιλαρμονική [filarmoniki] *ουσ. θ.* musical band
φιλαρχία [filarhia] *ουσ. θ.* lust for power
φίλαρχος [filarhos] *επ.* fond

of power, ambitious
φιλάσθενος [filasthenos] *επ.* sickly, unhealthy
φιλαυτία [filaftia] *ουσ. θ.* selfishness
φίλαυτος [filaftos] *επ.* selfish
φιλειρηνικός [filirinikos] *επ.* peaceful, pacifist
φιλελεύθερος [fileleftheros] *επ.* liberal
φιλέλληνας [filelinas] *ουσ. α.* philhellene
φιλελληνικός [filelinikos] *επ.* philhellenic
φιλελληνισμός [[filelinismos] *ουσ. α.* philhellenism
φίλεμα [filema] *ουσ. ο.* treat
φιλενάδα [filenada] *ουσ. θ.* girlfriend
φίλεργος [fileryos] *επ.* industrious, dilligent
φιλεύσπλαχνος [filefsplahnos] *επ.* merciful, benevolent
φιλεύω [filevo] *ρ.* treat, regale
φίλη [fili] *ουσ. θ.* girl friend
φιλήδονος [filidonos] *επ.* sensual
φίλημα [filima] *ουσ. ο.* kiss
φιλήσυχος [filisihos] *επ.* peaceful, quiet
φιλί [fili] *ουσ. ο.* kiss
φιλία [filia] *ουσ. θ.* friendship, amity
φιλικός [filikos] *επ.* friendly, amicable
φιλικότητα [filikotita] *ουσ. θ.* friendliness
φιλιώνω [filiono] *ρ.* reconcile, conciliate
φιλμ [film] *ουσ. ο. άκλ.* film
φίλντισι [filndisi] *ουσ. ο.* ivory
φιλοβασιλικός [filovasilikos] *επ.* royalist
φιλοδίκαιος [filodikeos] *επ.* righteous
φιλοδοξία [filodoxia] *ουσ. θ.* ambition
φιλόδοξος [filodoxos] *επ.* ambitious
φιλοδοξώ [filodoxo] *ρ.* aspire, have the ambition
φιλοδώρημα [filodorima] *ουσ. ο.* tip
φιλοδωρώ [filodoro] *ρ.* tip
φιλοζωία [filozoia] *ουσ. θ.* self-love
φιλόζωος [filozo-os] *επ.* fond of animals.
φιλόθρησκος [filothriskos] *επ.* religious

φιλοκέρδεια [filokerdia] *ουσ. θ.* avidity, greed
φιλολογία [filoloyia] *ουσ. θ.* literature, philology
φιλολογικός [filoloyikos] *επ.* literary, philological
φιλόλογος [filoloyos] *ουσ. α. /θ.* philologist
φιλομάθεια [filomathia] *ουσ. θ.* love of learning
φιλομαθής [filomathis] *επ.* fond of learning
φιλόμουσος [filomoosos] *επ.* fond of music, music-lover
φιλονικία [filonikia] *ουσ. θ.* quarrel, dispute
φιλόνικος [filonikos] *επ.* quarrelsome
φιλονικώ [filoniko] *ρ.* quarrel, dispute
φιλοξενία [filoxenia] *ουσ. θ.* hospitality
φιλόξενος [filoxenos] *επ.* hospitable
φιλοξενώ [filoxeno] *ρ.* offer hospitality, put up
φιλοπατρία [filopatria] *ουσ. θ.* patriotism
φιλόπατρις [filopatris] *επ.* patriotic, patriot
φιλοπερίεργος [filoperieryos] *επ.* curious
φιλοπόλεμος [filopolemos] *επ.* warlike, bellicose
φιλοπονία [filoponia] *ουσ. θ.* diligence
φιλόπονος [filoponos] *επ.* diligent, industrious
φιλόπτωχος [filoptohos] *επ.* charitable
φίλος [filos] *ουσ. α.* friend
φιλοσοφία [filosofia] *ουσ. θ.* philosophy
φιλοσοφικός [filosofikos] *επ.* philosophical
φιλόσοφος [filosofos] *ουσ. α. /θ.* philosopher
φιλοσοφώ [filosofo] *ρ.* philosophize
φιλόστοργος [filostoryos] *επ.* affectionate, loving
φιλοτέλεια [filotelia] *ουσ. θ.* philately
φιλοτελικός [filotelikos] *επ.* philatelic
φιλοτελισμός [filotelismos] *ουσ. α.* philately, stamp-collecting
φιλοτέχνημα [filotehnima] *ουσ. ο.* work of art
φιλότεχνος [filotehnos] *ουσ. α. /θ.* an art lover

φιλοτεχνώ [filotehno] *ϱ.* work out artistically
φιλοτιμία [filotimia] *ουσ. θ.* pride, sense of honour
φιλότιμο [filotimo] *ουσ. ο.* pride
φιλότιμος [filotimos] *επ.* loving honour, generous
φιλοφρόνημα [filofronima] *ουσ. ο.* compliment
φιλοφρόνηση [filofronisi] *ουσ. θ.* compliment
φιλοφρονώ [filofrono] *ϱ.* receive amiably
φιλοφροσύνη [filofrosini] *ουσ. θ.* courtesy, amiability
φιλοχρήματος [filohrimatos] *επ.* greedy, avaricious
φιλτράρω [filtraro] *ϱ.* filter, strain
φίλτρο [filtro] *ουσ. ο.* filter, philtre
φιλύποπτος [filipoptos] *επ.* suspicious
φιλώ [filo] *ϱ.* kiss
φιμώνω [fimono] *ϱ.* gag, muzzle
φίμωση [fimosi] *ουσ. θ.* gagging muzzling
φίμωτρο fimotro] *ουσ. ο.* muzzle, gag
φινάλε [finale] *ουσ. ο. άκλ.* finale
Φινλανδία [filandia] *κύϱ. όν. θ.* Finland
Φινλανδικός [finlandikos] *επ.* Finnish
Φινλανδός [finlandos] *ουσ. α.* Finn
φιόγκος [fiogos] *ουσ. α.* bow, knot
φιστίκι [fistiki] *ουσ. ο.* (βοτ.) pistachio-nut
φιστικιά [fistikia] *ουσ. θ.* (βοτ.) pistachio-tree
φιτίλι [fitili] *ουσ. ο.* wick
φλαμούρι [flamoori] *ουσ. ο.* (βοτ.) lime-wood
φλαμουριά [flamooria] *ουσ. θ.* (βοτ.) lime-tree
φλάμπουρο [flabooro] *ουσ. ο.* flag
φλάουτο [flaooto] *ουσ. ο.* (μουσ.) flute
φλέβα [fleva] *ουσ. θ.* vein
Φλεβάρης [flevaris] *ουσ. α.* February
φλεβικός [flevikos] *επ.* venous
φλεβίτιδα [flevitida] *ουσ. θ.* (ιατϱ.) phlebitis
φλεβοτομία [flevotomia] *ουσ.*

θ. phlebotomy
φλέγμα [fleyma] *ουσ. ο.* phlegm, mucus
φλεγματικός [fleymatikos] *επ.* phlegmatic. cool-blooded
φλεγμονή [fleymoni] *ουσ. θ.* (ιατρ.) inflammation
φλέγω [fleyo] *ρ.* inflame
φλιτζάνι [flitzani] *ουσ. ο.* cup
φλόγα [floya] *ουσ. θ.* flame
φλογέρα [floyera] *ουσ. θ.* (μουσ.) flute
φλογερός [floyeros] *επ.* burning, flaming
φλογίζω [floyizo] *ρ.* inflame, burn
φλόγισμα [floyisma] *ουσ. ο.* inflammation
φλογοβόλο [floyovolo] *ουσ. ο.* flame-thrower
φλόγωση [floyosi] *ουσ. θ.* inflammation
φλοιός [flios] *ουσ. α.* crust, peel. skin. bark
φλοίσβος [flisvos] *ουσ. α.* roaring, murmur
φλοκάτη [flokati] *ουσ. θ.* mantle of floss
φλούδα [flooda] *ουσ. θ.* peel, skin. rind
φλυαρία [fliaria] *ουσ. θ.* babble, prattle
φλύαρος [fliaros] *επ.* babbler
φλυαρώ [fliaro] *ρ.* prattle, chatter
φλώρος [floros] *ουσ. α.* (ζωολ.) greenfinch, loriot
φοβερά [fovera] *επίρ.* terribly
φοβέρα [fovera] *ουσ. θ.* threat, menace
φοβερίζω [foverizo] *ρ.* threaten
φοβέρισμα [foverisma] *ουσ. ο.* threatening
φοβερός [foveros] *επ.* terrible, dreadful
φόβητρο [fovitro] *ουσ. ο.* bugbear
φοβητσιάρης [fovitsiaris] *επ.* timid, coward
φοβία [fovia] *ουσ. θ.* phobia
φοβίζω [fovizo] *ρ.* frighten, scare
φόβος [fovos] *ουσ. α.* fear, terror, fright
φοβούμαι [fovoome] *ρ.* fear, be afraid of
φόδρα [fodra] *ουσ. θ.* lining
φοδράρω [fodraro] *ρ.* line
φοίνικας [finikas] *ουσ. α.* (βοτ.) palm-tree
φοίτηση [fitisi] *ουσ. θ.*

Φ

attendance, frequenting
φοιτητής [fititis] *ουσ. α.* student
φοιτητικός [fititikos] *επ.* of a student
φοιτώ [fito] *ρ.* attend
φόλα [fola] *ουσ. θ.* poison-ball
φολιδωτός [folidotos] *επ.* scaly
φονεύω [fonevo] *ρ.* kill, murder
φονιάς [fonias] *ουσ. α.* murderer
φονικό [foniko] *ουσ. ο.* murder
φονικός [fonikos] *επ.* murderous
φόνος [fonos] *ουσ. α.* murder, killing
φόντο [fondo] *ουσ. ο.* background
φόρα [fora] *ουσ. θ.* impetus, start
φορά [fora] *ουσ. θ.* time, course. trend
φοράδα [forada] *ουσ. θ.* (ζωολ.) mare
φορέας [foreas] *ουσ. α.* carrier, porter
φορείο [forio] *ουσ. ο.* stretcher
φόρεμα [forema] *ουσ. ο.* dress, garment
φορεμένος [foremenos] *επ.* worn, used
φορεσιά [foresia] *ουσ. θ.* suit, dress
φορητός [foritos] *επ.* portable, bearable
φοροδιαφυγή [forodiafiyi] *ουσ. θ.* tax evasion
φορολογία [foroloyia] *ουσ. θ.* taxation, taxing
φορολογικός [foroloyikos] *επ.* of taxation
φορολογούμενος [foroloyoomenos] *επ.* /*ουσ. α.* tax payer
φορολογώ [foroloyo] *ρ.* tax
φόρος [foros] *ουσ. α.* tax duty
φορτίζω [fortizo] *ρ.* load
φορτικός [fortikos] *επ.* burdensome, wearisome
φορτίο [fortio] *ουσ. ο.* burden, load
φόρτιση [fortisi] *ουσ. θ.* burdening, loading
φόρτος [fortos] *ουσ. α.* load, burden
φόρτωμα [fortoma] *ουσ. ο.* load, loading
φορτώνω [fortono] *ρ.* load

φορτωτής [fortotis] *ουσ. α.* loader
φορώ [foro] *ρ.* wear, put on
φουγάρο [fooyaro] *ουσ. ο.* funnel, chimney
φουκαράς [fookaras] *ουσ. α.* poor, needy
φουμάρω [foomaro] *ρ.* smoke
φούντα [foonda] *ουσ. θ.* tuft, tassel
φουντούκι [foondooki] *ουσ. ο.* (βοτ.) hazelnut, filbert
φουντουκιά [foondookia] *ουσ. θ.* filbert-tree
φουντώνω [foondono] *ρ.* grow tuffy
φούρναρης [foornaris] *ουσ. α.* baker
φουρνιά [foornia] *ουσ. θ.* batch
φουρνίζω [foornizo] *ρ.* bake
φούρνος [foornos] *ουσ. α.* bakery
φουρτούνα [foortoona] *ουσ. θ.* storm, tempest
φουρτουνιάζω [foortooniazo] *ρ.* become stormy
φουρτουνιασμένος [foortooniasmenos] *επ.* storm-struck
φουσκάλα [fooskala] *ουσ. θ.* blister, bubble
φουσκαλιάζω [fooskalliazo] *ρ.* blister
φουσκοθαλασσιά [fooskothalasia] *ουσ. θ.* surge, heavy sea, rough sea
φούσκωμα [fooskoma] *ουσ. ο.* swelling, blowing
φουσκώνω [fooskono] *ρ.* inflate
φούστα [foosta] *ουσ. θ.* skirt
φουστανέλα [foostanela] *ουσ. θ.* fustanella
φουστάνι [foostani] *ουσ. ο.* dress
φουτουρισμός [footorismos] *ουσ. α.* futurism
φούχτα [foohta] *ουσ. θ.* handful
φουχτώνω [foohtono] *ρ.* grasp, gripe
φράγκο [frago] *ουσ. ο.* franc
φραγκοστάφυλο [fragostafilo] *ουσ. ο.* (βοτ.) gooseberry
φραγκόσυκο [fragosiko] *ουσ. ο.* (βοτ.) prickly pear
φράγμα [frayma] *ουσ. ο.* dam, fence
φραγμένος [fraymenos] *επ.* fenced
φραγμός [fraymos] *ουσ. α.*

barrier, bar
φράζω [frazo] *ρ.* fence, block
φράντζα [frantza] *ουσ. θ.* fringe
φραντζόλα [frantzola] *ουσ. θ.* roll of bread, loaf
φράξιμο [fraximo] *ουσ. ο.* fencing
φράουλα [fraoola] *ουσ. θ.* (βοτ.) strawberry
φραουλιά [fraoolia] *ουσ. θ.* strawberry-bush
φρασεολογία [fraseoloyia] *ουσ. θ.* phraseology
φράση [frasi] *ουσ. θ.* phrase
φρεγάτα [freyata] *ουσ. θ.* (ναυτ.) frigate
φρενιάζω [freniazo] *ρ.* become furious
φρένιασμα [freniasma] *ουσ. ο.* frenzy
φρένο [freno] *ουσ. ο.* brake
φρενοβλάβεια [frenovlavia] *ουσ. θ.* madness, insanity
φρενοβλαβής [frenovlavis] *επ.* mad, insane
φρενοκομείο [frenokomio] *ουσ. ο.* insane asylum
φρεσκάδα [freskada] *ουσ. θ.* freshness
φρεσκάρισμα [freskarisma] *ουσ. ο.* freshening
φρεσκάρω [freskaro] *ρ.* freshen, cool
φρέσκος [freskos] *επ.* fresh, green
φρικαλέος [frikaleos] *επ.* horrible
φρικαλεότητα [frikaleotita] *ουσ. θ.* autrocity
φρίκη [friki] *ουσ. θ.* horror
φρικιαστικός [frikiastikos] *επ.* horrible
φρικτός [friktos] *επ.* horrible, frightful
φρίττω [frito] *ρ.* be horrified
φρόνημα [fronima] *ουσ. ο.* spirit, mind, opinion
φρόνηση [fronisi] *ουσ. θ.* prudence, wisdom
φρονιμάδα [fronimada] *ουσ. θ.* wisdom, prudence. carefulness
φρονιμεύω [fronimevo] *ρ.* grow wise
φρονιμίτης [fronimitis] *ουσ. α.* wisdom tooth, eye-tooth
φρόνιμος [fronimos] *επ.* wise, prudent. quiet
φροντίδα [frondida] *ουσ. θ.* care, concern
φροντίζω [frondizo] *ρ.* care,

look after
φροντιστήριο [frondistirio] *ουσ. ο.* preparatory/tutorial school
φροντιστής [frondistis] *ουσ. α.* guardian, tutor, tender
φρονώ [frono] *ρ.* think, believe
φρουκτόζη [frooktozi] *ουσ. θ.* (χημ.) fructose
φρουρά [froora] *ουσ. θ.* guard, guardian
φρούραρχος [froorarhos] *ουσ. α.* garrison commander
φρούρηση [froorisi] *ουσ. θ.* guarding, watching
φρούριο [froorio] *ουσ. ο.* fortress
φρουρός [frooros] *ουσ. α. /θ.* guard, watchman
φρουρώ [frooro] *ρ.* guard, watch
φρούτο [frooto] *ουσ. ο.* fruit
φρυγανιά [friyania] *ουσ. θ.* toast
φρύδι [fridi] *ουσ. ο.* eye-brow
φταίξιμο [fteximo] *ουσ. ο.* fault, error
φταίω [fteo] *ρ.* do wrong
φτάνω [ftano] *ρ.* be enough, reach, arrive, attain, catch up (with)
φταρνίζομαι [ftarnizome] *ρ.* sneeze
φτέρη [fteri] *ουσ. θ.* (βοτ.) fern
φτερό [ftero] *ουσ. ο.* feather
φτερουγίζω [fterooyizo] *ρ.* flap the wings
φτηνός [ftinos] *επ.* cheap
φτυάρι ftiari] *ουσ. ο.* shovel
φτυαρίζω [ftiarizo] *ρ.* shovel
φτύνω [ftino] *ρ.* spit
φτύσιμο [ftisimo] *ουσ. ο.* spitting
φτώχια [ftohia] *ουσ. θ.* poverty
φτωχός [ftohos] *επ.* poor
φυγαδεύω [figadevo] *ρ.* help one to escape
φυγάς [fiyas] *ουσ. α. /θ.* fugitive, runaway
φυγή [fiyi] *ουσ. θ.* escape, running away
φυγοδικία [fiyodikia] *ουσ. θ.* contumacy
φυγόδικος [fiyodikos] *επ.* fugitive from justice
φυγόκεντρος [fiyokendros] *επ.* centrifugal
φυγοπονία [fiyoponia] *ουσ. θ.* laziness, idleness

φυγόπονος [fiyoponos] *επ.* lazy, idle
φύκι [fiki] *ουσ. ο.* (βοτ.) seaweed
φυλακή [filaki] *ουσ. θ.* prison, jail
φυλακίζω [filakizo] *ϱ.* imprison, jail
φυλάκιο [filakio] *ουσ. ο.* guardhouse
φυλάκιση [filakisi] *ουσ. θ.* imprisonment, confinement
φυλακισμένος [filakismenos] *επ.* prisoner
φυλακτό [filakto] *ουσ. ο.* talisman, amulet
φύλαξη [filaxi] *ουσ. θ.* guarding, keeping
φύλαϱχος [filarhos] *ουσ. α.* chief of a tribe
φυλάω [filao] *ϱ.* keep, watch
φυλετικός [filetikos] *επ.* racial, tribal
φυλή [fili] *ουσ. θ.* race, tribe
φυλλάδα [filada] *ουσ. θ.* pamphlet
φυλλάδιο [filadio] *ουσ. ο.* pamphlet, booklet, leaflet, brochure
φύλλο [filo] *ουσ. ο.* leaf
φυλλοκάϱδια [filokardia] *ουσ. ο. πληθ.* recesses of the heart
φυλλομετϱώ [filometro] *ϱ.* turn over the leaves
φυλλοξήϱα [filoxira] *ουσ. θ.* phylloxera
φύλλωμα [filoma] *ουσ. ο.* foliation
φύλο [filo] *ουσ. ο.* sex
φυματικός [fimatikos] *επ.* tubercular
φυματίωση [fimatiosi] *ουσ. θ.* (ιατϱ.) tuberculosis
φυντάνι [findani] *ουσ. ο.* offshout, sprout
φύϱαμα [firama] *ουσ. ο.* mixture, jumble
φυσαλίδα [fisalida] *ουσ. θ.* bubble
φυσαϱμόνικα [fisarmonika] *ουσ. θ.* (μουσ.) harmonica
φυσεϱό [fisero] *ουσ. ο.* bellows
φύση [fisi] *ουσ. θ.* nature
φύσημα [fisima] *ουσ. ο.* blowing, blast
φυσίγγι [fisigi] *ουσ. ο.* cartridge
φυσικά [fisika] *επίϱ.* naturally, of course
φυσική [fisiki] *ουσ. θ.* physics
φυσικός [fisikos] *επ.* natural,

physical, *ουσ. α. /θ.* physicist
φυσικότητα [fisikotita] *ουσ. θ.* naturalness
φυσιογνωμία [fisioynomia] *ουσ. θ.* physiognomy
φυσιογνωσία [fisioynosia] *ουσ. θ.* natural science
φυσιογνώστης [fisioynostis] *ουσ. α.* naturalist
φυσιοδίφης [fisiodifis] *ουσ. α.* naturalist
φυσιοθεραπεία [fisiotherapia] *ουσ. θ.* physiotherapy
φυσιολάτρης [fisiolatris] *ουσ. α.* lover of nature
φυσιολογία [fisioloyia] *ουσ. θ.* physiology
φυσιολογικός [fisioloyikos] *επ.* physiological, normal
φυσιολόγος [fisioloyos] *ουσ. α. /θ.* physiologist
φυσώ [fiso] *ρ.* blow
φυτεία [fitia] *ουσ. θ.* plantation
φύτεμα [fitema] *ουσ. ο.* planting
φυτεύω [fitevo] *ρ.* plant
φυτικός [fitikos] *επ.* vegetable
φυτίλι [fitili] *ουσ. ο.* wick
φυτό [fito] *ουσ. ο.* plant
φυτοζωώ [fitozo-o] *ρ.* live miserably
φυτοκομία [fitokomia] *ουσ. θ.* horticulture
φυτολογία [fitoloyia] *ουσ. θ.* botany, phytology
φυτολόγος [fitoloyos] *ουσ. α. /θ.* botanist, phytologist
φυτοφάγος [fitofayos] *ουσ. α. /θ.* vegetarian, herbivorous
φυτοφάρμακο [fitofarmako] *ουσ. ο.* pesticide
φύτρωμα [fitroma] *ουσ. ο.* shooting up
φυτρώνω [fitrono] *ρ.* sprout, spring up
φυτώριο [fitorio] *ουσ. ο.* nursery
φώκια [fokia] *ουσ. θ.* (ζωολ.) seal
φωλιά [folia] *ουσ. θ.* nest
φωλιάζω [foliazo] *ρ.* nestle
φωνάζω [fonazo] *ρ.* cry, scream
φωνακλάς [fonaklas] *ουσ. α.* shouter, bawler
φωναχτός [fonahtos] *επ.* said in a loud voice
φωνή [foni] *ουσ. θ.* voice. call. cry

φωνήεν [fonien] *ουσ. ο.* (γραμ.) vowel
φωνητικός [fonitikos] *επ.* vocal, phonetic
φωνογράφος [fonoyrafos] *ουσ. α.* phonograph
φως [fos] *ουσ. ο.* light
φωσφορικός [fosforikos] *επ.* phosphoric
φωσφορισμός [fosforismos] *ουσ. α.* phosphorescence
φωσφόρος [fosforos] *ουσ. α.* phosphor
φωσφορούχος [fosforoohos] *επ.* phosphorated
φωσφωρίζω [fosforizo] *ρ.* phosphorise
φωταγωγός [fotayoyos] *ουσ. α.* illuminator
φωταγωγώ [fotayoyo] *ρ.* illuminate
φωταέριο [fotaerio] *ουσ. ο.* gas
φωτεινός [fotinos] *επ.* luminous, bright
φωτιά [fotia] *ουσ. θ.* fire
φωτίζω [fotizo] *ρ.* light, illuminate, enlighten
φώτιση [fotisi] *ουσ. θ.* enlightenment
φώτισμα [fotisma] *ουσ. ο.* lighting
φωτιστικός [fotistikos] *επ.* lighting, illuminating
φωτοβολίδα [fotovolida] *ουσ. θ.* burner of gaslight
φωτογραφείο [fotoyrafio] *ουσ. ο.* photographic studio
φωτογράφηση [fotoyrafisi] *ουσ. θ.* photographing
φωτογραφία [fotoyrafia] *ουσ. θ.* photography
φωτογραφικός [fotoyrafikos] *επ.* photographic
φωτογράφος [fotoyrafos] *ουσ. α. /θ.* photographer
φωτογραφώ [fotoyrafo] *ρ.* photograph
φωτομετρία [fotometria] *ουσ. θ.* photometry
φωτόμετρο [fotometro] *ουσ. ο.* photometer
φωτοστέφανο [fotostefano] *ουσ. ο.* halo, gloriole
φωτοτυπία [fototipia] *ουσ. θ.* phototype

Χ

Χ, χ [hi] *ουσ. ο.* the twenty-second letter of the Greek alphabet
χαβιάρι [haviari] *ουσ. ο.* caviar
Χάγη [hayi] *κύρ. όν. θ.* Hague
χαζεύω [hazevo] *ρ.* idle about
χάζι [hazi] *ουσ. ο.* pleasure
χαζομάρα [hazomara] *ουσ. θ.* dullness, stupidity
χαζός [hazos] *επ.* stupid
χάιδεμα [haidema] *ουσ. ο.* caress, caressing
χαϊδεμένος [haidemenos] *επ.* spoiled
χαϊδευτικά [haideftika] *επίρ.* caressingly
χαϊδευτικός [haideftikos] *επ.* caressing
χαϊδεύω [haidevo] *ρ.* caress, pet
χαϊμαλί [haimali] *ουσ. ο.* amulet
χαιρεκακία [herekakia] *ουσ. θ.* malevolence, ill-will
χαιρέκακος [herekakos] *επ.* malicious, malevolent
χαιρετίσματα [heretismata] *ουσ. ο. πληθ.* greetings
χαιρετισμός [heretismos] *ουσ. α.* salute, greeting
χαιρετώ [hereto] *ρ.* salute, greet
χαίρομαι [herome] *ρ.* be glad
χαίτη [heti] *ουσ. θ.* mane
χαλάζι [halazi] *ουσ. ο.* hail
χαλαζίας [halazias] *ουσ. α.* (ορυκτ.) quartz
χαλαρός [halaros] *επ.* slack, loose
χαλαρότητα [halarotita] *ουσ. θ.* looseness, slackness

χαλαρώνω [halarono] ρ. loose, relax
χαλάρωση [halarosi] *ουσ. θ.* loosening, slackening
χάλασμα [halasma] *ουσ. ο.* ruin, destruction
χαλασμένος [halasmenos] *επ.* ruined, destroyed
χαλασμός [halasmos] *ουσ. α.* destruction
χαλαστής [halastis] *ουσ. α.* destroyer
χαλβάς [halvas] *ουσ. α.* (μαγ.) halvah
χαλεπός [halepos] *επ.* hard, difficult
χάλι [hali] *ουσ. ο.* plight
χαλί [hali] *ουσ. ο.* rug, carpet
χαλίκι [haliki] *ουσ. ο.* pebble
χαλικοστρώνω [halikostrono] ρ. pave with gravel
χαλικόστρωση [halikostrosi] *ουσ. θ.* paving with gravel
χαλινάρι [halinari] *ουσ. ο.* bridle, rein
χαλίφης [halifis] *ουσ. α.* (ιστ.) caliph
χαλκάς [halkas] *ουσ. α.* ring, link
χάλκευμα [halkevma] *ουσ. ο.* forging
χαλκεύω [halkevo] ρ. forge
χάλκινος [halkinos] *επ.* of copper
χαλκογραφία [halkoyrafia] *ουσ. θ.* copper engraving
χαλκογράφος [halkoyrafos] *ουσ. α.* engraver on copper
χαλκομανία [halkomania] *ουσ. θ.* transfer
χαλκός [halkos] *ουσ. α.* copper, bronze
χάλκωμα [halkoma] *ουσ. ο.* brass, copper
χαλκωρυχείο [halkorihio] *ουσ. ο.* copper-mine
χάλυβας [halivas] *ουσ. α.* steel
χαλυβουργία [halivooryia] *ουσ. θ.* steel industry
χαλυβουργός [halivooryos] *ουσ. α.* steel worker
χαλώ [halo] ρ. spoil. destroy, ruin
χαμαιλέων [hameleon] *ουσ. α.* (ζωολ. /μεταφ.) chameleon
χαμάλης [hamalis] *ουσ. α.* porter, bearer
χαμαλίκι [hamaliki] *ουσ. ο.* porter's work
χαμένος [hamenos] *επ.* lost. disappeared
χαμερπής [hamerpis] *επ.*

(καθ.) base, mean, vile
χαμηλός [hamilos] *επ.* low
χαμηλώνω [hamilono] *ρ.* lower
χαμόγελο [hamoyelo] *ουσ. ο.* smile
χαμογελώ [hamoyelo] *ρ.* smile
χαμόδεντρο [hamodendro] *ουσ. ο.* shrub, bush
χαμόκλαδο [hamoklado] *ουσ. ο.* shrub, bush
χαμός [hamos] *ουσ. α.* loss, ruin
χαμπάρι [habari] *ουσ. ο.* news
χάμω [hamo] *επίρ.* on the ground
χάνδρα [handra] *ουσ. θ.* bead
χάνι [hani] *ουσ. ο.* inn, hostelry
χαντάκι [handaki] *ουσ. ο.* ditch, trench
χαντάκωμα [handakoma] *ουσ. ο.* destruction, ruin
χαντακώνω [handakono] *ρ.* ruin, destroy
χάνω [hano] *ρ.* lose
χάος [haos] *ουσ. ο.* chaos
χάπι [hapi] *ουσ. ο.* pill
χαρά [hara] *ουσ. θ.* joy, joyfulness
χάραγμα [harayma] *ουσ. ο.* engraving. daybreak
χαραγματιά [haraymatia] *ουσ. θ.* incision, cut
χαράδρα [haradra] *ουσ. θ.* ravine, gully
χαράζω [harazo] *ρ.* incise, engrave
χάρακας [harakas] *ουσ. α.* ruler
χαρακιά [harakia] *ουσ. θ.* rule, stripe
χαρακίρι [harakiri] *ουσ. ο.* hara-kiri
χαρακτήρας [haraktiras] *ουσ. α.* character, nature
χαρακτηρίζω [haraktirizo] *ρ.* characterize
χαρακτηρισμός [haraktirismos] *ουσ. α.* characterization
χαρακτηριστικό [haraktiristiko] *ουσ. ο.* characteristic
χαρακτηριστικός [haraktiristikos] *επ.* characteristic
χαράκτης [haraktis] *ουσ. α.* engraver, carver
χαράκωμα [harakoma] *ουσ. ο.* ruling, incision
χαρακώνω [harakono] *ρ.* line,

rule
χάραμα [harama] *ουσ. ο.* daybreak
χαραμάδα [haramada] *ουσ. θ.* crack. fissure
χαράματα [haramata] *ουσ. ο. πληθ.* dawn
χαραμίζω [haramizo] *ρ.* waste
χάραξη [haraxi] *ουσ. θ.* engraving, carving
χαράσσω [haraso] *ρ.* engrave, carve
χαράτσι [haratsi] *ουσ. ο.* head-tax
χαρατσώνω [haratsono] *ρ.* tax
χαραυγή [haravyi] *ουσ. θ.* daybreak, dawn
χαρέμι [haremi] *ουσ. ο.* harem
χάρη [hari] *ουσ. θ.* grace, charm. favor
χαριεντίζομαι [hariendizome] *ρ.* speak pleasantly, gracefully
χαρίζω [harizo] *ρ.* make a present
χάρισμα [harisma] *ουσ. ο.* gift, talent
χαριστικός [haristikos] *επ.* gratuitous
χαριτολογία [haritoloyia] *ουσ. θ.* pleasantry, witticism
χαριτολόγος [haritoloyos] *ουσ. α. /θ.* amusing talker
χαριτολογώ [haritoloyo] *ρ.* talk wittily
χαριτωμένος [haritomenos] *επ.* charming, lovely
χάρμα [harma] *ουσ. ο.* delight
χαρμόσυνος [harmosinos] *επ.* joyful, glad
χαροποίηση [haropiisi] *ουσ. θ.* gladdening
χαροποιώ [haropio] *ρ.* gladden, cause joy
χάρος [haros] *ουσ. α.* death
χαρούμενος [haroomenos] *επ.* joyful, merry, cheerful
χαρούπι [haroopi] *ουσ. ο.* (βοτ.) carob
χαρταετός [hartaetos] *ουσ. α.* kite
χαρτζιλίκι [hartziliki] *ουσ. ο.* pocket-money
χαρτζιλικώνω [hartzilikono] *ρ.* tip
χάρτης [hartis] *ουσ. α.* map
χαρτί [harti] *ουσ. ο.* paper
χαρτικά [hartika] *ουσ. ο. πληθ.* stationery
χάρτινος [hartinos] *επ.* paper
χαρτογραφία [hartoyrafia] *ουσ. θ.* map-making

χαρτογράφος [hartoyrafos] *ουσ. α.* map-maker
χαρτοδένω [hartodeno] *ρ.* bind in paper
χαρτόδετος [hartodetos] *επ.* paper-bound
χαρτομαντεία [hartomandia] *ουσ. θ.* cartomancy
χαρτομάντης [hartomandis] *ουσ. α.* fortune-teller
χαρτόνι [hartoni] *ουσ. ο.* cardboard
χαρτονόμισμα [hartonomisma] *ουσ. ο.* banknote, bankbill
χαρτοπαίγνιο [hartopeynio] *ουσ. ο.* card-playing, gambling
χαρτοπαίκτης [hartopektis] *ουσ. α.* gambler, card-player
χαρτοπαικτικός [hartopektikos] *επ.* gambling
χαρτοπαιξία [hartopexia] *ουσ. θ.* gambling
χαρτοπωλείο [hartopolio] *ουσ. ο.* stationery store
χαρτοπώλης [hartopolis] *ουσ. α.* stationer
χαρτόσημο [hartosimo] *ουσ. ο.* stamped paper
χαρτοφύλακας [hartofilakas] *ουσ. α.* paper-case
χασάπης [hasapis] *ουσ. α.* butcher
χασάπικο [hasapiko] *ουσ. ο.* butcher's shop. kind of Greek dance
χάσιμο [hasimo] *ουσ. ο.* loss, waste
χασίς [hasis] *ουσ. ο. άκλ.* hashish
χάσκω [hasko] *ρ.* gape
χάσμα [hasma] *ουσ. ο.* gap, abyss
χασμουρητό [hasmoorito] *ουσ. ο.* yawning
χασμωδία [hasmodia] *ουσ. θ.* dissonance, hiatus
χασομέρης [hasomeris] *ουσ. α.* idler, loafer
χασομερώ [hasomero] *ρ.* lose time
χαστούκι [hastooki] *ουσ. ο.* slap, cuff
χατίρι [hatiri] *ουσ. ο.* favour
χατιρικός [hatirikos] *επ.* as a favour
χαυλιόδοντας [havliodondas] *ουσ. α.* tusk
χαύνωση [havnosi] *ουσ. θ.* indolence
χαυνωτικός [havnotikos] *επ.*

enervating
χαχανίζω [hahanizo] *ρ.* laugh loudly
χάχανο [hahano] *ουσ. ο.* loud laughter
χάχας [hahas] *επ.* simpleton, a silly fellow
χαψιά [hapsia] *ουσ. θ.* mouthful
χαώδης [haodis] *επ.* chaotic
χειλεόφωνος [hileofonos] *επ.* labial
χείλι [hili] *ουσ. ο.* (ανατ.) lip
χείλος [hilos] *ουσ. ο.* edge, brim
χειμάζω [himazo] *ρ.* winter
χείμαρρος [hiaros] *ουσ. α.* torrent
χειμερινός [himerinos] *επ.* of the winter
χειμώνας [himonas] *ουσ. α.* winter
χειμωνιάζω [himoniazo] *ρ.* winter
χειμώνιασμα [himoniasma] *ουσ. ο.* wintering
χειμωνιάτικος [himoniatikos] *επ.* winter
χειραγώγηση [hirayoyisi] *ουσ. θ.* guidance
χειραγωγώ [hirayoyo] *ρ.* guide, direct
χειράμαξα [hiramaxa] *ουσ. θ.* wheelbarrow
χειραφετώ [hirafeto] *ρ.* emancipate
χειραψία [hirapsia] *ουσ. θ.* handshaking
χειρίζομαι [hirizome] *ρ.* handle, manage
χειρισμός [hirismos] *ουσ. α.* operation, handling
χειριστής [hiristis] *ουσ. α.* operator
χειροβομβίδα [hirovomvida] *ουσ. θ.* grenade
χειρόγραφο [hiroyrafo] *ουσ. ο.* manuscript
χειρόγραφος [hiroyrafos] *επ.* written by hand
χειροδύναμος [hirodinamos] *επ.* strong, having strong hands
χειροκίνητος [hirokinitos] *επ.* moved by the hand
χειροκρότημα [hirokrotima] *ουσ. ο.* clapping, applause
χειροκροτώ [hirokroto] *ρ.* clap the hands, applaud
χειρολαβή [hirolavi] *ουσ. θ.* handle
χειρομαντεία [hiromandia]

ουσ. θ. palmistry
χειρομάντης [hiromandis] ουσ. α. palmist
χειρόμυλος [hiromilos] ουσ. α. hand-mill
χειρονομία [hironomia] ουσ. θ. gesture
χειρονομώ [hironomo] ρ. gesticulate
χειροπιαστός [hiropiastos] επ. palpable, tangible
χειροποίητος [hiropiitos] επ. hand-made
χειρότερα [hirotera] επίρ. worse
χειροτέρευση [hiroterefsi] ουσ. θ. deterioration
χειροτερεύω [hiroterevo] ρ. deteriorate, make worse
χειρότερος [hiroteros] επ. worse
χειροτέχνημα [hirotehnima] ουσ. ο. piece of handicraft
χειροτεχνία [hirotehnia] ουσ. θ. handicraft
χειροτεχνικός [hirotehnikos] επ. of handicraft
χειροτονία [hirotonia] ουσ. θ. ordination
χειροτονώ [hirotono] ρ. ordain
χειρουργείο [hirooryio] ουσ. ο. operating room
χειρουργική [hirooryiki] ουσ. θ. surgery
χειρουργικός [hirooryikos] επ. surgical
χειρουργός [hirooryos] ουσ. α. /θ. surgeon
χειρουργώ [hirooryo] ρ. operate
χειροφίλημα [hirofilima] ουσ. ο. kissing of hands
χειρόφρενο [hirofreno] ουσ. ο. handbreak
χειρώνακτας [hironaktas] ουσ. α. laborer
χειρωνακτικός [hironaktikos] επ. of a laborer
χέλι [heli] ουσ. ο. (ιχθ.) eel
χελιδόνι [helidoni] ουσ. ο. (ζωολ.) swallow, martin
χελιδονόψαρο [helidonopsaro] ουσ. ο. (ιχθ.) flying-fish
χελώνα [helona] ουσ. θ. (ζωολ.) turtle, tortoise
χέρι [heri] ουσ. ο. hand, arm
χεριά [heria] ουσ. θ. handful
χερούλι [herooli] ουσ. ο. handle
χερσαίος [herseos] επ. of

land, terrestrial

χερσόνησος [hersonisos] *ουσ. θ.* peninsula

χέρσος [hersos] *επ.* uncultivated

χερσώνω [hersono] *ρ.* render fallow

χημεία [himia] *ουσ. θ.* chemistry

χημείο [hmio] *ουσ. ο.* chemical laboratory

χημικός [himikos] *επ.* chemical. *ουσ. α. /θ.* chemist

χήνα [hina] *ουσ. θ.* (ζωολ.) goose

χήρα [hira] *ουσ. θ.* widow

χηρεία [hiria] *ουσ. θ.* widowhood

χηρεύω [hirevo] *ρ.* become widow

χήρος [hiros] *ουσ. α.* widower

χθες [hthes] *επίρ.* yesterday

χθεσινός [hthesinos] *επ.* yesterday's

χίλια [hilia] *επ. /ουσ. ο.* thousand

χιλιάδα [hiliada] *ουσ. θ.* a thousand

χιλιετηρίδα [hilietirida] *ουσ. θ.* millenium

χιλιετής [hilietis] *επ.* of a thousand years

χιλιόγραμμο [hilioyramo] *ουσ. ο.* kilogram, kilo

χίλιοι [hilii] *επ. πληθ.* a thousand

χιλιόμετρο [hiliometro] *ουσ. ο.* kilometer

χιλιοστόγραμμο [hiliostoyramo] *ουσ. ο.* milligram

χιλιοστόμετρο [hiliostometro] *ουσ. ο.* millimetre

χιλιοστός [hiliostos] *επ.* thousandth

χίμαιρα [himera] *ουσ.* θ. /μεταφ. chimera

χιμπαντζής [hibantzis] *ουσ. α.* (ζωολ.) chimpanzee

χιονάτος [hionatos] *επ.* snow-white

χιόνι [hioni] *ουσ. ο.* snow

χιονιά [hionia] *ουσ. θ.* snowy weather

χιονίζει [hionizi] *ρ.* it snows, it is snowing

χιονίστρα [hionistra] *ουσ. θ.* chilblain

χιονοδρομία [hionodromia] *ουσ. θ.* skiing

χιονοδρόμος [hionodromos] *ουσ. α. /θ.* skier

χιονοθύελλα [hionothiela] *ουσ. θ.* blizzard, snowstorm
χιονόνερο [hiononero] *ουσ. ο.* sleet
χιονοπέδιλο [hionopedilo] *ουσ. ο.* snowshoe
χιονοστιβάδα [hionostivada] *ουσ. θ.* snowdrift, avalanche
χιονοστρόβιλος [hionostrovilos] *ουσ. α.* snow-whirl
χιονόσφαιρα [hionosfera] *ουσ. θ.* snowball
χιονώδης [hionodis] *επ.* snowy
χιούμορ [hioomor] *ουσ. ο. άκλ.* humor
χιτώνας [hitonas] *ουσ. α.* tunic, shirt
χλαμύδα [hlamida] *ουσ. θ.* mantle, cloak
χλευάζω [hlevazo] *ρ.* jeer, sneer
χλευασμός [hlevasmos] *ουσ. α.* sneer, derision
χλευαστής [hlevastis] *ουσ. α.* sneerer
χλιαρός [hliaros] *επ.* tepid, lukewarm
χλιαρότητα [hliarotita] *ουσ. θ.* tepidness, lykewarmness
χλιδή [hlidi] *ουσ. θ.* luxury
χλιμιντρίζω [hlimindrizo] *ρ.* neigh, whinny
χλιμίντρισμα [hlimindrisma] *ουσ. ο.* neighing, whinnying
χλοερός [hloeros] *επ.* green, verdant
χλόη [hloi] *ουσ. θ.* grass
χλομάδα [hlomada] *ουσ. θ.* paleness
χλομιάζω [hlomiazo] *ρ.* become pale
χλωρίδα [hlorida] *ουσ. θ.* flora, greenfinch
χλωρικός [hlorikos] *επ.* chloric
χλώριο [hlorio] *ουσ. ο.* (χημ.) chlorine
χλωριούχος [hlorioohos] *επ.* chloride
χλωροφύλλη [hlorofili] *ουσ. θ.* chlorophyll
χνούδι [hnoodi] *ουσ. ο.* down, nap
χνώτα [hnota] *ουσ. ο. πληθ.* breath
χοάνη [hoani] *ουσ. θ.* (καθ.) crucible, funnel
χόβολη [hovoli] *ουσ. θ.* embers
χοιρινό [hirino] *ουσ. ο.* pork

χοιρινός [hirinos] *επ.* of pork
χοιροβοσκός [hirovoskos] *ουσ. α.* swineherd
χοιρομέρι [hiromeri] *ουσ. ο.* (μαγ.) ham, bacon
χοίρος [hiros] *ουσ. α.* (ζωολ.) pig, swine, hog
χοιροστάσιο [hirostasio] *ουσ. ο.* pigsty
χολέρα [holera] *ουσ. θ.* (ιατρ.) cholera
χολερικός [holerikos] *επ.* choleric
χολή [holi] *ουσ. θ.* (ανατ.) bile, gall
χολόλιθος [hololithos] *ουσ. α.* (ιατρ.) gall-stone
χονδρικός [hondrikos] *επ.* wholesale
χονδροειδής [hondroidis] *επ.* coarse, rough
χόνδρος [hondros] *ουσ. α.* (ανατ.) cartilage
χοντραίνω [horteno] *ρ.* get fat, make thick
χοντροκομμένος [hondrokomenos] *επ.* coarsely cut
χοντροκοπιά [hondrokopia] *ουσ. θ.* rough work
χοντρός [hondros] *επ.* fat, thick, stout
χορδή [hordi] *ουσ. θ.* string, cord
χορευτής [horeftis] *ουσ. α.* dancer
χορευτικός [horeftikos] *επ.* dancing
χορεύω [horevo] *ρ.* dance
χορήγηση [horiyisi] *ουσ. θ.* allowance
χορηγία [horiyia] *ουσ. θ.* granting
χορηγός [horiyos] *ουσ. α. /θ.* provider, giver
χορηγώ [horiyo] *ρ.* provide, give, grant, furnish
χορογράφος [horoyrafos] *ουσ. α. /θ.* choreographer
χοροδιδάσκαλος [horodidaskalos] *ουσ. α. /θ.* dancing master
χορόδραμα [horodrama] *ουσ. ο.* ballet
χοροεσπερίδα [horoesperida] *ουσ. θ.* dancing party, dance
χοροπηδώ [horopido] *ρ.* gambol
χορός [horos] *ουσ. α.* dance
χορταίνω [horteno] *ρ.* satisfy the hanger of
χορτάρι [hortari] *ουσ. ο.* grass

χωριστός [horistos] *επ.* separate, different

χωρίστρα [horistra] *ουσ. θ.* parting of the hair

χώρος [horos] *ουσ. α.* room, space, area

χωροφύλακας [horofilakas] *ουσ. α.* /*θ.* gendarme, constable

χωροφυλακή [horofilaki] *ουσ. θ.* gendarmery

χωρώ [horo] *ρ.* take in, hold, contain

χωσιά [hosia] *ουσ. θ.* ambush

χώσιμο [hosimo] *ουσ. ο.* pushing in

Ψ

Ψ, ψ [psi] *ουσ. ο.* twenty-third letter of the Greek alphabet
ψάθα [psatha] *ουσ. θ.* mat, straw-hat
ψαθάκι [psathaki] *ουσ. ο.* straw-hat
ψάθινος [psathinos] *επ.* made of straw
ψαλίδι [psalidi] *ουσ. ο.* scissors
ψαλιδιά [psalidia] *ουσ. θ.* cut with scissors
ψαλιδίζω [psalidizo] *ρ.* cut with scissors
ψαλίδισμα [psalidisma] *ουσ. ο.* cutting with scissors
ψάλλω [psalo] *ρ.* sing, chant
ψαλμός [psalmos] *ουσ. α.* (εκκλ.) psalm, hymn
ψαλμωδία [psalmodia] *ουσ. θ.* (εκκλ.) psalmody
ψαλμωδός [psalmodos] *ουσ. α.* psalmist
ψάλσιμο [psalsimo] *ουσ. ο.* chanting
ψαλτήρι [psaltiri] *ουσ. ο.* psalm-book
ψάλτης [psaltis] *ουσ. α.* singer, chanter
ψάξιμο [psaximo] *ουσ. ο.* search, searching
ψαράδικο [psaradiko] *ουσ. ο.* fish-market
ψαράδικος [psaradikos] *επ.* of a fisherman
ψαράς [psaras] *ουσ. α.* fisherman, fisher
ψάρεμα [psarema] *ουσ. ο.* fishing
ψαρόβαρκα [psarovarka] *ουσ. θ.* fishing boat
ψαροκόκαλο [psarokokalo]

ουσ. ο. fish-bone

ψαρομάλλης [psaromalis] *επ.* gray-haired

ψαροπούλι [psaropooli] *ουσ. ο.* (ιχθ.) kingfisher

ψαρός [psaros] *επ.* gray

ψαροφάγος [psarofayos] *ουσ. α.* fisheater

ψαχνό [psahno] *ουσ. ο.* lean

ψάχνω [psahno] *ρ.* search, seek, look for

ψεγάδι [pseyadi] *ουσ. ο.* defect, fault

ψέγω [pseyo] *ρ.* blame

ψείρα [[sira] *ουσ. θ.* louse

ψειριάρης [psiriaris] *επ.* infested with lice

ψεκάζω [psekazo] *ρ.* drizzle, spray

ψεκασμός [psekasmos] *ουσ. α.* spraying

ψεκαστής [psekastis] *ουσ. α.* sprinkler, sprayer

ψελλίζω [pselizo] *ρ.* stammer

ψέλλισμα [pselisma] *ουσ. ο.* stammering

ψέμα [psema] *ουσ. ο.* lie, falsehood

ψευδαίσθηση [psevdesthisi] *ουσ. θ.* hallucination

ψευδάργυρος [psevdaryiros] *ουσ. α.* zinc

ψευδής [psevdis] *επ.* false

ψευδίζω [psevdizo] *ρ.* lisp, stammer

ψεύδισμα [psevdisma] *ουσ. ο.* lisp, stammer

ψευδομάρτυρας [psevdomartiras] *ουσ. α.* false witness

ψευδομαρτυρία [psevdomartiras] *ουσ. θ.* false testimony

ψευδομαρτυρώ [psevdomartiro] *ρ.* give false testimony

ψευδοπροφήτης [psevdoprofitis] *ουσ. α.* false prophet

ψευδορκία [psevdorkia] *ουσ. θ.* (νομ.) perjury

ψευδορκώ [psevdorko] *ρ.* commit perjury

ψεύδος [psevdos] *ουσ. ο.* lie

ψευδωνυμία [psevdonimia] *ουσ. θ.* pseudonimity

ψευδώνυμος [psevdonimos] *επ.* pseudonymous

ψεύτης [pseftis] *επ.* liar

ψευτιά [pseftia] *ουσ. θ.* lie

ψεύτικος [pseftikos] *επ.* false

ψήγμα [psiyma] *ουσ. ο.*

molecule, grain
ψηλά [psila] *επίρ.* high, high up
ψηλάφηση [psilafisi] *ουσ. θ.* touching, feeling
ψηλαφητός [psilafitos] *επ.* palpable
ψηλαφίζω [psilafizo] *ρ.* touch, feel
ψηλαφώ [psilafo] *ρ.* feel, touch
ψηλομύτης [psilomitis] *επ.* haughty
ψηλός [psilos] *επ.* high, tall
ψήλωμα [psiloma] *ουσ. ο.* elevation
ψηλώνω [psilono] *ρ.* make tall, rise
ψημένος [psimenos] *επ.* cooked, baked
ψήνω [psino] *ρ.* cook, bake
ψήσιμο [psisimo] *ουσ. ο.* baking, roasting
ψητό [psito] *ουσ. ο.* (μαγ.) roast, roast meat
ψηφιδωτό [psifidoto] *ουσ. ο.* mosaic
ψηφίζω [psifizo] *ρ.* vote, pass
ψηφίο [psofio] *ουσ. ο.* figure, character, letter
ψήφισμα [psifisma] *ουσ. ο.* resolution, edict, decree
ψηφοδέλτιο [psifodeltio] *ουσ. ο.* ballot
ψηφοθήρας [psifothiras] *ουσ. α.* canvasser
ψηφοθηρία [psifothiria] *ουσ. θ.* canvassing
ψηφοθηρώ [psifothiro] *ρ.* canvass
ψήφος [psifos] *ουσ. θ.* vote
ψηφοφορία [psifoforia] *ουσ. θ.* voting
ψηφοφόρος [psifoforos] *ουσ. α.* /*θ.* voter
ψιθυρίζω [psithirizo] *ρ.* whisper, murmur
ψιθύρισμα [psithirisma] *ουσ. ο.* whispering, whisper
ψιθυριστής [psithiristis] *ουσ. α.* whisperer
ψίθυρος [psithiros] *ουσ. α.* whisper
ψιλά [psila] *ουσ. ο. πληθ.* change
ψιλικά [psilika] *ουσ. ο. πληθ.* mercery, small wares
ψιλοδουλειά [psilodoolia] *ουσ. θ.* delicate work
ψιλολογώ [psiloloyo] *ρ.* examine minutely
ψιλός [psilos] *επ.* thin, fine

ψίχα [psiha] *ουσ. θ.* crumb
ψιχάλα [psihala] *ουσ. θ.* light rain, drizzle
ψιχάλισμα [psihalisma] *ουσ. ο.* drizzling
ψίχουλο [psihoolo] *ουσ. ο.* crumb
ψόγος [psoyos] *ουσ. α.* blame
ψοφίμι [psofimi] *ουσ. ο.* carrion, carcass
ψόφιος [psofios] *επ.* dead
ψόφος [psofos] *ουσ. α.* dull noise. death
ψοφώ [psofo] *ρ.* die
ψυγείο [psiyio] *ουσ. ο.* refrigerator
ψυκτικός [psiktikos] *επ.* cooling, freezing
ψύλλος [psilos] *ουσ. α.* (ζωολ.) flea
ψύξη [psixi] *ουσ. θ.* cooling, freezing
ψυχαγωγία [psihayoyia] *ουσ. θ.* recreation
ψυχαγωγικός [psihayoyikos] *επ.* recreative, amusing
ψυχαγωγώ [psihayoyo] *ρ.* recreate, entertain
ψυχανάλυση [psihanalisi] *ουσ. θ.* psychoanalysis
ψυχαναλυτής [psihanalitis] *ουσ. α.* psychoanalyst
ψυχαναλυτικός [psihanalitikos] *επ.* psychoanalytical
ψυχή [psihi] *ουσ. θ.* soul
ψυχιατρείο [psihiatrio] *ουσ. ο.* sanitarium
ψυχιατρική [psihiatriki] *ουσ. θ.* psychiatry
ψυχιατρικός [psihiatrikos] *επ.* psychiatric(al)
ψυχίατρος [psihiatros] *ουσ. α. /θ.* psychiatrist
ψυχικός [psihikos] *επ.* psychical
ψυχογιός [psihoyios] *ουσ. α.* adopted son
ψυχοθεραπεία [psihotherapia] *ουσ. θ.* psychotherapy
ψυχοκόρη [psihokori] *ουσ. θ.* adopted daughter
ψυχολογία [psiholoyia] *ουσ. θ.* psychology
ψυχολογικός [psiholoyikos] *επ.* psychological
ψυχολόγος [psiholoyos] *ουσ. α. /θ.* psychologist
ψυχολογώ [psiholoyo] *ρ.* analyze physologically
ψυχομαχώ [psihomaho] *ρ.* I

am dying
ψυχοπάθεια [psihopathia] *ουσ. θ.* psycosis, insanity
ψυχοπαθής [psihopathis] *επ.* insane, psycopathic
ψυχοπαίδι [psihopedi] *ουσ. ο.* adopted child
ψυχοσύνθεση [psihosinthesi] *ουσ. θ.* psycosynthesis
ψυχοφθόρος [psihofthoros] *επ.* soul-destroying
ψύχρα [psihra] *ουσ. θ.* chill, cold
ψυχραιμία [psihremia] *ουσ. θ.* coolness
ψύχραιμος [psihremos] *επ.* cool, calm
ψυχραίνω [psihreno] *ρ.* cool, chill
ψυχρολουσία [psihroloosia] *ουσ. θ.* cold bath
ψυχρός [psihros] *επ.* cold, cool
ψυχρότητα [psihrotita] *ουσ. θ.* coldness, coolness
ψύχω [psiho] *ρ.* cool, chill
ψυχωμένος [psihomenos] *επ.* plucky
ψύχωση [psihosi] [psihosi] *ουσ. θ.* (ιατρ.) psychosis
ψωμάκι [psomaki] *ουσ. ο.* roll
ψωμί [psomi] *ουσ. ο.* bread
ψώνια [psonia] *ουσ. ο.* purchases, provisions
ψωνίζω [psonizo] *ρ.* go shopping, buy
ψώνισμα [psonisma] *ουσ. ο.* purchase, shopping
ψώρα [psora] *ουσ. θ.* itch
ψωράλογο [psoraloyo] *ουσ. ο.* miserable hack
ψωριάζω [psoriazo] *ρ.* have the itch
ψωριάρης [psoriaris] *επ.* itchy, scabby
ψωρίαση [psoriasi] *ουσ. θ.* (ιατρ.) psoriasis
ψωροπερήφανος [psoroperifanos] *επ.* foolishly proud

Ω

Ω, ω [omeya] *ουσ. ο.* the twenty-fourth letter of the Greek alphabet
ωάριο [oario] *ουσ. ο.* ovum, ovule
ωδείο [odio] *ουσ. ο.* conservatory
ωδή [odi] *ουσ. θ.* ode, song
ωδικός [odikos] *επ.* singing
ωδίνη [odini] *ουσ. θ.* labor, pain of childbirth
ώθηση [othisi] *ουσ. θ.* push, impulse
ωθώ [otho] *ϱ.* push, urge
ωκεάνιος [okeanios] *επ.* oceanic
ωκεανός [okeanos] *ουσ. α.* ocean
ωλένη [oleni] *ουσ. θ.* (ανατ.) ulna, forearm
ωμοπλάτη [omoplati] *ουσ. θ.* (ανατ.) shoulder-blade
ωμός [omos] *επ.* raw, crude
ώμος [omos] *ουσ. α.* (ανατ.) shoulder
ωμότητα [omotita] *ουσ. θ.* rawness, crudeness
ωοθήκη [o-othiki] *ουσ. θ.* (ανατ.) ovary
ωοτοκία [o-otokia] *ουσ. θ.* laying of eggs
ώρα [ora] *ουσ. θ.* hour
ωραία [orea] *επίϱ.* fine
ωραιοπαθής [oreopathis] *επ.* lover of beauty
ωραίος [oreos] *επ.* beautiful, handsome
ωράριο [orario] *ουσ. ο.* time-table
ωριαίος [orieos] *επ.* hourly, lasting one hour
ωριμάζω [orimazo] *ϱ.* ripen,

mature
ώριμος [orimos] *επ.* ripe, mature
ωριμότητα [orimotita] *ουσ. θ.* maturity
ωροδείκτης [orodiktis] *ουσ. α.* hour hand
ωρολόγιο [oroloyio] *ουσ. ο.* watch, clock
ωρολογοποιείο [oroloyopiio] *ουσ. ο.* watch maker's shop
ωροσκόπιο [oroskopio] *ουσ. ο.* horoscope
ωροσκόπος [oroskopos] *ουσ. α.* horoscoper
ωρύομαι [oriome] *ρ.* howl, roar
ώστε [oste] *σύνδ.* so, that, then
ωστόσο [ostoso] *σύνδ.* nevertheless
ωταλγία [otalyia] *ουσ. θ.* (ιατρ.) earache
ωτίτιδα [otitida] *ουσ. θ.* (ιατρ.) otitis
ωφέλεια [ofelia] *ουσ. θ.* usefulness
ωφελιμιστής [ofelimistis] *ουσ. α.* utilitarian
ωφέλιμος [ofelimos] *επ.* useful
ωφελιμότητα [ofelimotita] *ουσ. θ.* usefulness
ωφελώ [ofelo] *ρ.* do good, benefit
ώχρα [ohra] *ουσ. θ.* ocher, ochre
ωχραίνω [ohreno] *ρ.* make pale. turn pale
ωχρός [ohros] *επ.* pale, pallid
ωχρότητα [ohrotita] *ουσ. θ.* paleness, pallor
ωχρούτσικος [ohrootsikos] *επ.* palish

ΟΜΑΔΑ ΚΑΘΗΓΗΤΩΝ ΓΑΛΛΙΚΗΣ ΓΛΩΣΣΑΣ

ΓΑΛΛΟ-ΕΛΛΗΝΙΚΟ ΕΛΛΗΝΟ-ΓΑΛΛΙΚΟ ΛΕΞΙΚΟ

FRANCO-HELLENIQUE HELLENIQUE-FRANÇAIS DICTIONNAIRE

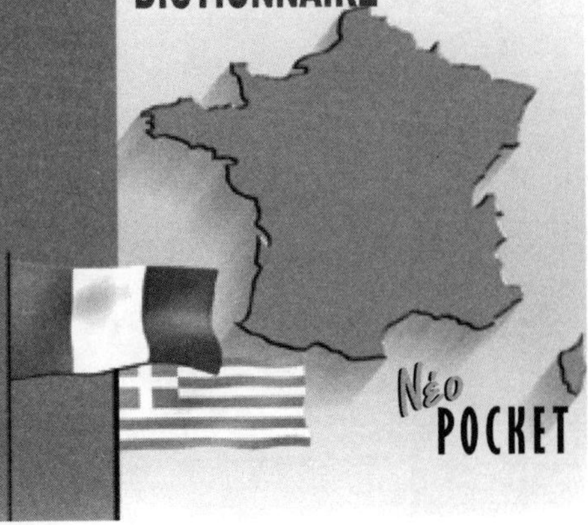

PUBLICATIONS
ΕΚΔΟΣΕΙΣ ΚΑΛΟΚΑΘΗ

ΕΚΔΟΣΕΙΣ ΚΑΛΟΚΑΘΗ

PUBLICATIONS

ΟΜΑΔΑ ΚΑΘΗΓΗΤΩΝ ΙΤΑΛΙΚΗΣ ΓΛΩΣΣΑΣ

ΙΤΑΛΟ-ΕΛΛΗΝΙΚΟ
ΕΛΛΗΝΟ-ΙΤΑΛΙΚΟ ΛΕΞΙΚΟ

ITALIANO-ELLENICO
ELLENICO-ITALIANO
DIZIONARIO

Νέο
POCKET

PUBLICATIONS

ΕΚΔΟΣΕΙΣ ΚΑΛΟΚΑΘΗ

ΟΜΑΔΑ ΚΑΘΗΓΗΤΩΝ ΑΓΓΛΙΚΗΣ ΓΛΩΣΣΑΣ

ΑΓΓΛΟ-ΕΛΛΗΝΙΚΟ
ΕΛΛΗΝΟ-ΑΓΓΛΙΚΟ ΛΕΞΙΚΟ

ENGLISH-GREEK
GREEK-ENGLISH DICTIONARY

Νέο
POCKET